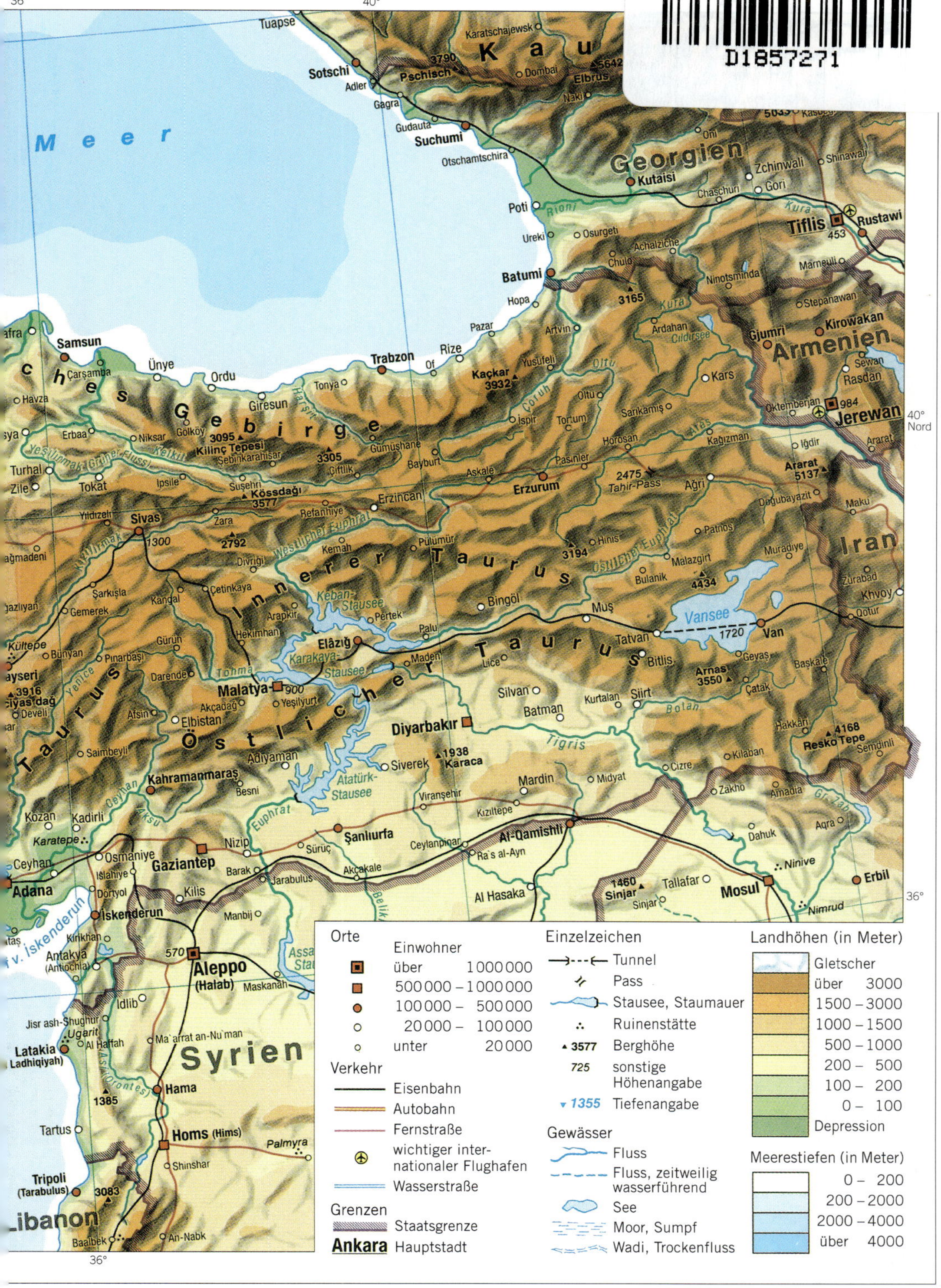

Topographische Karte Türkei

Quelle: Westermann Schul...

Wolf-Dieter Hütteroth
Volker Höhfeld

Türkei

Wissenschaftliche Länderkunden

Wissenschaftliche Buchgesellschaft
Darmstadt

Türkei

von Wolf-Dieter Hütteroth
und
Volker Höhfeld

Mit 107 Abbildungen,
76 Bildern und 5 Tabellen

Wissenschaftliche Buchgesellschaft
Darmstadt

Die Deutsche Bibliothek – CIP-Einheitsaufnahme
Ein Titeldatensatz für diese Publikation ist bei
Der Deutschen Bibliothek erhältlich.

Gedruckt auf säurefreiem und alterungsbeständigem Bilderdruckpapier
Layout, Satz und Prepress: Schreiber VIS, Seeheim
Gesamtfertigung: Wissenschaftliche Buchgesellschaft
Printed in Germany
Schrift: Trade

Besuchen Sie uns im Internet: **www.wbg-darmstadt.de**

ISSN 0174-0725
ISBN 3-534-13712-4

Inhaltsverzeichnis

Verzeichnis der Abbildungen

Historische Raumstrukturen

Traditionelle Lebensformen

Bevölkerung

Historische Grundstrukturen des Agrarraumes

Agrarraum der Gegenwart

„Moderne" Wirtschaftsbereiche und ihr West-Ost-Gefälle

Verstädterung und Städte der Gegenwart

Abbau oder Verstärkung regionaler Disparitäten?

Verzeichnis der Bilder

Der Agrarraum der Gegenwart

„Moderne" Wirtschaftsbereiche und ihr West-Ost-Gefälle

Verstädterung und Städte der Gegenwart

Abbau oder Verstärkung regionaler Disparitäten?

Einblicke

Verzeichnis der Tabellen

Vorwort

Aus dem Vorwort zur 1. Auflage

In den vielen Jahren, die der Verfasser an dieser Landeskunde der Türkei gearbeitet hat, wurde die Konzeption dessen, was „Länderkunde" sei oder sein sollte, lebhaft und mit unterschiedlicher Kompetenz diskutiert und in ihrer Wissenschaftlichkeit in Frage gestellt. Zu dieser Diskussion soll hier kein Beitrag geliefert und auch kein spezifisches „Modell" länderkundlicher Darstellung hinzugefügt werden. Den gängigen Postulaten, dass Länderkunde praktisch als Lehre von den regionalen Ressourcen den aktuellen Bedürfnissen des wirtschaftenden Menschen dienen solle, dass sie raumpolitische Entscheidungen mit vorzubereiten oder zur Völkerverständigung beizutragen habe, fühlt sich der Verfasser nicht verpflichtet.

Der Ausschnitt der Erde, den der derzeitige Staat Türkei einnimmt, bietet schon in seinem komplizierten physischen Gefüge eine Fülle wissenschaftlicher Probleme, von denen nur Teilaspekte einen aktuellen Bezug zur Lebenswirklichkeit der heutigen Bewohner haben. Eine Orientierung physisch-geographischer Erörterungen an einer „Potenzial"-Vorstellung würde jedoch eine Verkürzung der Perspektive bedeuten, die den jeweiligen Sachproblemen nicht gerecht wird und sie aus ihrem kausalen Zusammenhang löst – ganz abgesehen davon, dass die Einschätzung eines Potenzials bekanntlich ständigem Wandel unterworfen ist. Allerdings wurde versucht, die Bedeutung einzelner physischer Faktoren für die gegenwärtigen wirtschaftlichen Probleme des Landes in gesonderten Abschnitten darzustellen und so die physisch-geographischen und die kulturgeographischen Kapitel möglichst eng zu verklammern. So ist etwa das Vorkommen bestimmter Bodenschätze im Zusammenhang mit der geologisch-tektonischen Entwicklung des Raumes zu sehen, während der Grad der Ausbeutung wiederum von historischen Bedingungen und gegenwärtigen wirtschaftlichen Faktoren abhängig und in diesen Zusammenhängen darzustellen ist. Die arealmäßige Verbreitung bestimmter Kulturpflanzen schließt an entsprechende Vegetationszonen an, die Intensität ihres Anbaus jedoch ist das Ergebnis jüngerer kolonisatorischer und innovatorischer Prozesse und demgemäß in einem historischen Kontext zu sehen. Der Versuch, genetische Entwicklung und kausale Beziehungen, historische Tendenzen und funktionale Verflechtungen herauszuarbeiten, wird also dem Leser, trotz aller Knappheit im Einzelnen, immer wieder begegnen.

Die Beschränkung auf eine reine Darstellung der aktuellen Situation des Landes, wie sie der Geographie teils vorgeworfen, teils von ihr erwartet wird, schien auch aus einem anderen Grunde unangemessen: Der Raum der heutigen Türkei gehört zu den ältesten Kulturländern der Erde. Die gegenwärtige Struktur des Landes ist das Resultat der Aktivitäten von mehreren hundert Generationen von Menschen, deren unterschiedliche Motivationen, Bedürfnisse und Möglichkeiten ihren räumlichen Niederschlag fanden und damit Voraussetzungen für die Gegenwart und die Zukunft schufen. Das Verständnis für das heutige Land Türkei und seine Entwicklungsprobleme bleibt unvollständig ohne Berücksichtigung des „Gewordenseins". Man täte den Türken Unrecht, wollte man etwa nur den heutigen Entwicklungsstand ihres Landes dem anderer europäischer Nationen gegenüberstellen. Eine lange historische Entwicklung in orientialischer Tradition kann nicht so einfach abgelegt werden (und sollte es wohl auch nicht, weil das Bewusstsein nationaler Identität darauf aufbaut). Gerade im heutigen Übergangsstadium der Türkei zu einem modernen Staat machen sich die Determinanten der Vergangenheit als Hemmnisse wie als Stimulans stärker bemerkbar, als das vielleicht in entwickelteren Gesellschaften noch der Fall ist. In allen Kapiteln dieses Buches, die überwiegend kulturgeographischen Fragen gewidmet sind, wird deshalb den historischen Zusammenhängen und ihren Entwicklungen besonderes Gewicht beigemessen, nicht zuletzt deshalb, weil sich daraus Gesichtspunkte für die Abschätzung der Raumstruktur kommender Jahrzehnte ergeben.

Die Zusammenfassung des Kenntnisstandes konnte natürlich nicht in allen Abschnitten gleichgewichtig geschehen, v.a. da nicht, wo die Darstellung weit in die Forschungsbereiche anderer Fächer übergreifen muss. Stärkere Spezifizierung wurde nur bei den Sachgebieten angestrebt, die traditionellerweise zum Kanon geographischer Disziplinen gehören. Dem Leser wird dabei auffallen, wie oft bei einzelnen Fragestellungen die Unvollkommenheit unseres Wissens hervorgehoben oder auf ungelöste Fragen hingewiesen werden musste. Es ist aber gerade eine der Hauptaufgaben einer zusammenfassenden länderkundlichen Darstellung, zu zeigen, was alles noch problematisch, unzureichend oder gar überhaupt nicht bekannt ist und künftige Untersuchung verdient.

Erlangen, den 1. April 1980
Wolf-Dieter Hütteroth

Vorwort zur Neubearbeitung

Diese Neubearbeitung der Landeskunde der Türkei hat erstens zwei Verfasser und ist zweitens entscheidend aktualisiert, was eine weitgehende Umschreibung und Ergänzung des Textes nötig machte. Der technische Fortschritt erlaubte und erforderte die Beigabe zahlreicher Photos und die Darstellung aller Karten in Farbe. Der Text wurde – allerdings sehr schweren Herzens – gestrafft und gekürzt; trotzdem blieb der Versuch bestehen, den Stil und v.a. den wissenschaftlichen Charakter beizubehalten.

Die Erfahrung ist immerhin ganz befriedigend, dass eine Reihe der in der ersten Auflage gemachten Prognosen sich inzwischen als zutreffend herausgestellt haben. So ist die damals vorausgesagte rapide Entwicklung des Fremdenverkehrs eingetreten, ebenso das weit überdurchschnittliche Wachstum der meisten Städte oder der infrastrukturelle Ausbau des Landes. Auch die Entwicklung von Wasserbaumaßnahmen, der Ausbau von Bewässerungsland und von Talsperren, ist so kräftig fortgeschritten, dass aktuelle kartographische Darstellungen ziemlich schwierig werden. Auch der in der ersten Auflage dieses Buches vielfach angesprochene West-Ost-Gegensatz hat sich in den letzten Jahrzehnten eher verstärkt als gemildert. Das Gleiche gilt für die beschleunigte Umsiedlung der Menschen von den Bergen in die Ebenen und in die größeren Städte.

Demgegenüber ist der Kenntnisstand über die Physis des Raumes und über das ganze Land in zurückliegenden Epochen nur begrenzt erweitert, und manche der diesbezüglichen Karten dieses Buches konnten mit geringen Veränderungen aus der ersten Auflage übernommen werden. Rasche Wandlungen und Entwicklungen vollzogen sich dagegen in der Infrastruktur, im Bildungsstand der Bevölkerung, in der Verstädterung und in der Industrialisierung. Hier mussten die einschlägigen Kapitel deutlich überarbeitet und ergänzt werden.

Beide Verfasser haben seit Jahrzehnten in der Türkei wissenschaftlich gearbeitet und kennen wohl jede Region des Landes. Darüber hinaus sind viele Informationen und Erkenntnisse zahlreichen Kollegen, Freunden, türkischen und deutschen Bekannten zu verdanken, die die Verfasser im Laufe der Jahrzehnte kennen gelernt haben. Der herzliche Dank gilt ihnen allen. Hervorzuheben und besonders bei der Materialbeschaffung für die Neubearbeitung sehr hilfreich waren U. Amann/Tübingen, H. Brückner/Marburg, I. Kayan/Bornova, L. Uncu/İzmir.

Die Verfasser hoffen, allen Türkei-Interessierten mit dieser Landeskunde ein brauchbares Werk vorgelegt zu haben und freuen sich über jede kritische Reaktion.

Erlangen/Tübingen, den 1. April 2001
Wolf-Dieter Hütteroth, Volker Höhfeld

Zur Schreibweise türkischer Namen und Bezeichnungen

Entsprechend dem Gebrauch in den meisten neueren Arbeiten über die Türkei werden Namen und sonstige türkische Bezeichnungen in der neutürkischen Orthographie geschrieben. Dabei gilt das lateinische Alphabet mit folgenden, vom Deutschen abweichenden Lautwerten:

c = dsch
ç = tsch
s = ß (stimmloses s)
ş = sch
z = stimmhaftes s
ğ = aspiriertes g
(etwa wie bei dt. „Wagen" im Berliner Dialekt)
ı = i ohne Punkt = e
in unbetonten deutschen Endsilben
e = ä

Die türkischen Suffixe werden hier nicht mitgeschrieben, außer da, wo sie Bestandteil eines Eigennamens sind. Wo nötig, werden türkische Wörter in der im Deutschen bei Fremdwörtern üblichen Weise flektiert (z. B. Sancak – Pl. Sancaks). Einzelne wenige, bereits in der Literatur eingebürgerte Begriffe werden in der üblichen deutschen Orthographie verwendet. Für Ortsnamen werden je nach Kontext der heutige oder ein historischer Name oder beide gebraucht.

VOM GROSSREICH ZUM NATIONALSTAAT

Bild 1: Dolmabahçe-Palast in İstanbul: *Als letzte Residenz der osmanischen Sultane und auch von Atatürk, der hier 1938 starb, ist der Palast aus dem 19. Jh. ein Bindeglied zwischen Tradition und Moderne.*

Überblick

- „Türkiye Cumhuriyeti" – die „Republik Türkei" ist ein junger Staat. Vorher gab es ein islamisches Imperium, dessen Dynastie und Kernvolk zwar türkisch waren, das sich aber in erster Linie als Beschützer der Kalifenwürde und reines Herrschaftsgebilde verstand. „Devlet-i Aliye-i Osmaniye", der „Erhabene Osmanische Staat", herrschte zur Zeit seiner Blüte bis vor die Tore von Wien und bis zum Kaukasus, vom Persischen Golf bis zum Jemen; er kontrollierte den Norden des Schwarzen Meeres und die Nordküste Afrikas. Diese Großmachtherrlichkeit hatte sich tief in das Selbstbewusstsein der Türken eingeprägt, die in diesem Imperium in erster Linie Beamte und Soldaten, also die Herrschenden, stellten.
- Seit etwa 1700 verlor dieses Reich einen Krieg nach dem anderen, war am Anfang des 20. Jh.s hoch verschuldet, durch Korruption zerrüttet, und seine Grenzen waren zurückgedrängt. Unsicherheit und Misswirtschaft herrschten, die wirtschaftliche und militärische Überlegenheit Europas wurde jedem Türken bewusst. Dieses Bewusstsein, Verwirrung über Verluste politischer Traditionen nach dem verlorenen Weltkrieg, Stolz, aber auch nackter Überlebenswille – das prägte die Bevölkerung jenes Gebietes, das zur heutigen Türkei werden sollte.
- Hier bildete das tragende Staatsvolk der Türken die Bevölkerungsmehrheit. Der Gedanke des Nationalstaates konnte fruchtbaren Boden finden. Vom Weltkrieg geschwächt, führte die türkische Bevölkerung unter Führung der Nationalen Partei nach allen Seiten Befreiungskämpfe, um sich einen Staat zu erhalten. Grenzen mussten neu festgelegt, ein anderer Name und eine neue Hauptstadt für den jungen Staat gefunden werden. 1923 entstand auf den Trümmern des alten Osmanenreiches die junge Republik. Eine Persönlichkeit, die dabei die Führungsrolle übernehmen sollte, stand bereit: Mustafa Kemal Paşa, später genannt Atatürk.

Das Erbe eines Imperiums

Das Gebiet des heutigen türkischen Staates ist nicht nur ein „Rest" des alten *osmanischen Imperiums*. Dieser Staat hat seine Grenzen erheblich gegenüber dem Territorium ausgeweitet, das ihm nach dem Ersten Weltkrieg von den Siegermächten zugedacht war. Seine politische Entstehungsgeschichte ist bereits in zahlreichen Abhandlungen dargestellt worden (u.a. Ziemke 1930, Jäschke 1927/29, Lewis 1968).

Die *relativ stabilste Grenze* ist seit Jahrhunderten die Ostgrenze gegen Iran. Sie liegt seit der Eroberung der turkmenischen und kurdischen Fürstentümer durch die Osmanensultane im frühen 16. Jh. in groben Zügen unverändert fest. Abgesehen von einer kurzzeitigen Besetzung Aserbaidschans im 17. Jh. führt sie entlang der Gebirgskämme, die südlich des Großen Ararat die Wasserscheide zwischen Van- und Urmiasee bilden. Sie wurde im 19. Jh. durch eine britisch-russisch-türkisch-persische Kommission in einer für jene Zeit bemerkenswert genauen Karte festgelegt. Sie ist zudem unproblematisch, weil die dünnbesiedelten, kargen Gebirgsgaue auf beiden Seiten für keinen der betroffenen Staaten besonders attraktiv waren. So bildeten lokale kurdische Kleinherrschaften und Stammesterritorien, oft nur oberflächlich kontrolliert von den Provinzstatthaltern, einen Grenzsaum an dieser Peripherie des osmanischen Staates.

Das Augenmerk der Sultansregierung war seit Jahrhunderten auf Europa gerichtet (Bild 2). Von dieser Seite war auch der Osmanenstaat am empfindlichsten in seinem Umfang reduziert worden. Im Lauf des 19. Jh.s waren die *Balkanstaaten* unabhängig geworden, und in den Jahren 1910–13 hatte die Türkei fast ihren gesamten Restbesitz in Europa durch die Balkankriege verloren (vgl. Abb. 1). Bulgarien hatte sogar die Nordwesthälfte des heutigen Türkisch-Thrakien bis zur Linie Maritzamündung–Midye erobert und war zeitweilig bis zur Çatalca-Linie, 40 km vor Konstantinopel, vorgestoßen. Der Einfluss der Großmächte bewirkte, dass dieses Glacis der Weltstadt am Bosporus wieder osmanisch wurde. Die Grenze hatte 1913 bis 1918 etwa den heutigen Verlauf.

Bild 2: Wegweiser nach „Avrupa" (Europa) in İstanbul: *Nicht erst seit dem 20. Jh., sondern bereits seit Jahrhunderten war das Augenmerk der osmanischen Regierung auf Europa gerichtet.*

Abb. 1: Die Schrumpfung des Osmanischen Reiches: *Angegeben ist jeweils das Jahr der staatsrechtlichen Abtretung oder Verselbständigung türkischer Provinzen. Bei mehreren Jahreszahlen bedeutet die erste die faktische, die letzte die rechtlich definitive Abtrennung.*

Zusammenbruch und nationaler Neubeginn

Die schwierigste Situation trat nach dem verlorenen Ersten Weltkrieg ein. Nach den Vorstellungen der Ententemächte wäre die Türkei auf einen nordanatolischen Rumpfstaat sowie französische, britische, italienische und russische Interessengebiete aufgeteilt worden. Die Meerengen sollten internationaler Kontrolle unterstellt werden. Beim Waffenstillstand, am 29.10.1918 an Bord eines britischen Kriegsschiffes vor Mudros (Insel Lemnos) unterzeichnet, waren zwar erst Teile von Südostanatolien nördlich der Linie der Bagdadbahn von den Ententemächten besetzt, aber mit dem Einlaufen der alliierten Flotte in den Bosporus am 13.10.1918 wurde die Sultansregierung praktisch machtlos. Der Friedensvertrag, der von ihr in Sèvres (10.8.1920) unterzeichnet werden musste, sah eine Aufteilung des Landes vor (vgl. Kettermann 2001; vgl. Abb. 2). Die Ansprüche Russlands, im Sykes-Picot-Abkommen von 1916 noch berücksichtigt (Abtretung Ostanatoliens bis zur Euphratlinie), brauchte man nach der russischen Oktoberrevolution nicht mehr einzulösen. Dafür traten die Armenier mit beträchtlichen territorialen Forderungen auf, die namentlich von den USA (Präsident Wilson) unterstützt wurden.

Die innenpolitischen Verhältnisse waren in der ersten Zeit nach dem Waffenstillstand zunächst ziemlich chaotisch, und das Land drohte auch von innen heraus völlig zu zerfallen. Unter dem Schutz britischer und französischer Besatzungstruppen entstanden innerhalb der christlichen Bevölkerung in Thrakien, in İzmir und im ganzen Ägäisgebiet Aufstandsbewegungen mit separatistischen Zielen. Eine (griechische) „Republik Pontos" versuchte sich im Raum Batum-Trabzon-Rize zu etablieren. Armenische Gruppen verfolgten im franzö-

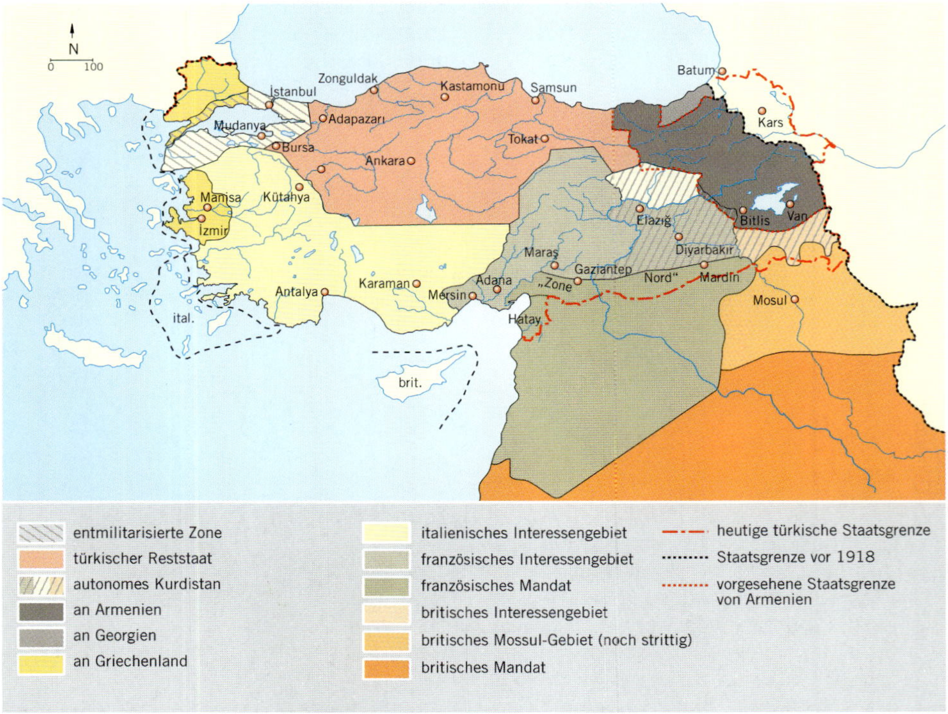

Abb. 2: Aufteilungsplan von Sèvres: *Wegen Unklarheiten hinsichtlich Ostanatolien und fehlender Abstimmung mit Wilsons Grenzvorschlag für Armenien blieb ein Teil des für Autonomie vorgesehenen Gebietes außerhalb des französischen Interessengebietes (Tunceli).*

Quelle: Entwurf nach dem geplanten Vertragstext: Triepel 1924.

sisch besetzten Kilikien und in Teilen Ostanatoliens Autonomiebestrebungen. Türkische Freischärlergruppen stellten sich dagegen. Religiös motivierte Aufstände in Konya, Tokat und anderen Orten traten hinzu, und Tscherkessengruppen in Nordwestanatolien bildeten selbständig operierende Privatarmeen.

Ehe jedoch der Friedensvertrag von Sèvres in Kraft gesetzt wurde, trat ein Mann auf, dessen persönlicher Initiative, politischem Geschick und militärischem Prestige die Existenz der Türkischen Republik zu danken ist: *Mustafa Kemal Paşa*, später genannt Atatürk. Die Geschichte des von ihm initiierten und geleiteten Kampfes um die Unabhängigkeit und territoriale Geschlossenheit des türkischen Kernlandes und um den Aufbau eines modernen Staates soll hier nicht dargestellt werden. Jedoch muss auf die räumlichen Auswirkungen der politischen und militärischen Aktionen eingegangen werden, weil daraus die bis heute gültigen Staatsgrenzen und entsprechende Verträge entstanden. Darüber hinaus zeigen die Befreiungsfeldzüge der türkischen Nationalarmee, rückwirkend als Gesamtablauf betrachtet, ein Ausbreitungsmuster „von innen nach außen“: vom kargen, schlecht erschlossenen Hochland aus in die reichen, durch Separatismus und fremde Okkupation gefährdeten Randlandschaften. Parallelen zur ersten Eroberung Anatoliens durch Türken im 11.–14. Jh. drängen sich auf, und in der Tat ist dieser Vergleich in türkischen geopolitischen Darstellungen sehr populär.

Die von Mustafa Kemal Paşa ins Leben gerufene Nationale Bewegung konnte sich zunächst nur in diesem zentralen Teil Anatoliens etablieren, fern von den Seestreitkräften und den Küstengarnisonen der Alliierten. Demgemäß sind Erzurum (Jun. 1919), Sivas (Sept. 1919) und Ankara (Dez. 1919) jene Orte, in denen nacheinander Kongresse zur Konstituierung einer Nationalversammlung tagten und in denen die Bildung einer unabhängigen nationalen Regierung vorbereitet wurde. Von hier aus wurden die versprengten Truppen gesammelt, koordiniert und im Unabhängigkeitskrieg eingesetzt. Zunächst wurde die Ostgrenze erreicht, dann der Süden befreit und schließlich der Ägäisraum erobert.

Kampf um die Ostgrenze

Im Osten hat die Auseinandersetzung mit Russland eine lange Vorgeschichte. Anfang des 19. Jh.s besetzte Russland Transkaukasien (Georgien), 1828 wurden die unter persischer Oberhoheit stehenden Chanate Eriwan (einschließlich des Iğdır-Gebietes) und Nachitschewan durch Russland erobert. Die Grenze von 1828 blieb dann bis 1878 bestehen, als Russland im Frieden von San Stefano das *Gebiet der drei Sancaks* (die Bezirke Artvin, Kars und Ardahan) zugesprochen wird. Im Ersten Weltkrieg führte die russische Offensive von 1915/16 weit nach Ostanatolien hinein. Sie wurde von Armenieraufständen unterstützt. Der Aufstand von Van 1915 war der unmittelbare Anlass für die türkische Regierung, die Deportation aller Armenier des Osmanischen Reiches aus Sicherheitsgründen zu verfügen, was vielfach in Massaker an Zivilisten ausartete. Infolge der Oktoberrevolution hörten die Kampfhandlungen auf, im Februar 1918 begannen die Russen mit der Räumung Ostanatoliens. Armenische Truppen und Freischärler versuchten, die Macht zu übernehmen und die Front gegen die Türken zu halten. Dabei und bei der Rückeroberung durch die Türken kam es zu zahlreichen Pogromen und Vertreibungen (McCarthy 1983).

Dem *Frieden von Brest-Litowsk* zwischen den Mittelmächten und der Sowjetregierung schloss sich die Türkei an. Da sie zu diesem Zeitpunkt auf der Siegerseite stand, erhielt sie ganz Ostanatolien sowie das Gebiet der „drei Sancaks“ zurück, dazu das Gebiet von Iğdır, das nicht türkisch war, sondern vor der russischen Okkupation zum Chanat Eriwan (unter persischer Oberhoheit) gehört hatte. Der Sinn des Letzteren war, entsprechend der damals herrschenden „pan-turanischen Idee“ eine Landverbindung zu den Turkvölkern Russlands und Zentralasiens zu haben, in diesem Fall zu Nachitschewan,

Abb. 3: Stadien der Auseinandersetzung um Ostanatolien: *Die Jahreszahlen bezeichnen das Jahr der russischen Besetzung kaukasischer Territorien sowie die Grenzfestlegung gegenüber der Türkei.*

das seinerseits nach der Oktoberrevolution der turksprachigen Republik Aserbaidschan eingegliedert worden war.

Beim Zusammenbruch des Osmanischen Reiches wurden die türkischen Truppen zunächst zum Rückzug hinter die „alte" Grenze von 1878 gezwungen. Im Gebiet der drei Sancaks hielt sich kurzfristig eine lokale (vorwiegend türkische) *Südwestkaukasische Regierung*. In Batum landete im März 1919 ein britisches Expeditionskorps, unter dessen Deckung die Armenier den Süden, die Georgier den Norden der drei Sancaks wieder besetzten. Armenische und z. T. georgische Militäraktionen zielten weiter nach Westen auf die Grenzen, die sie bei den Friedensverhandlungen von Sèvres durchzusetzen hofften.

Im Juni 1920 wurde der türkische Widerstand im Osten organisiert, General Kasım Karabekir schlug die Armenier zurück. Als am 9. Juli 1920 das britische Expeditionskorps Batum verließ, waren die Armenier geschlagen und baten am 6.11.1920 um Waffenstillstand. Am 2.12.1920 wurde in Gümrü (Alexandropol, später Leninakan, heute Kumajri) der Friedensvertrag unterzeichnet. Noch am gleichen Tag wurde in Eriwan die Armenische Sowjetrepublik ausgerufen, die bürgerlichen armenischen Unterhändler waren nicht mehr legitimiert. Dennoch blieb es bei den abgemachten Grenzen, Kars und Iğdır wurden türkisch. Es ist eine Ironie des Schicksals, dass genau eine Woche danach der US-amerikanische Präsident Wilson im Auftrage des Völkerbundes seine Entscheidung über die „Westgrenze Armeniens" vorlegte, die bis zum oberen Euphrat reichen sollte (Abb. 3).

Am 21.2.1921 verlangte die türkische nationale Regierung von Georgien ultimativ die Räumung des besetzten Nordostens. Wenig später, am 13.3.1921, schloss Atatürk mit den Sowjets den Vertrag von Moskau, in dem bestimmt wurde, dass Batum bei Sowjet-Georgien verbleiben, die georgisch besetzten Gebiete von Artvin und Ardahan jedoch an die Türkei zurückgegeben werden sollten.

Die türkische Nationalregierung hatte damit ihre Ostgrenze gesichert und zugleich ihre ersten, bis heute gültigen Verträge abgeschlossen. Sie erhielt allerdings im Osten ein Land zurück, das durch sechs Jahre Krieg, durch mehrfaches Hin und Her der Fronten, durch beiderseitige Massaker und Vertreibungen weitgehend entvölkert (zu 60% lt. McCarthy 1983) und zerstört war.

Abgrenzung im Südosten und Süden

Im Südosten war der britische Vormarsch in Syrien bis knapp über die heutige Staatsgrenze gedrungen. Diese „Grenze der Bajonette" forderte die nationale Regierung in Ankara als Staatsgrenze. Dem standen allerdings Abmachungen der Alliierten entgegen. Nach dem berühmten Sykes-Picot-Abkommen sollte Frankreich Syrien und den Norden Mesopotamiens (Vilayet Mossul) erhalten, England hingegen Palästina und den Irak. Italien war später beigetreten und bekam ein „Interessengebiet" in Südanatolien zugesprochen.

Im Dezember 1918 wurden die Abkommen modifiziert: Lloyd George erhielt von Clemenceau die Zusage, dass Frankreich auf die Besetzung des Mossulgebietes (wo britische Ölinteressen lagen) verzichte.

Syrien war jedoch im Wesentlichen von britischen Truppen erobert worden. Gemäß dem britisch-französischen Abkommen über die Interessengebiete erfolgte im September 1919 die Übergabe an Frankreich. Allerdings erwachte dabei sofort der türkische Widerstand: Die Bevölkerung betrachtete den Wechsel der Besatzungsmacht als eine neue Invasion und leistete Widerstand. Trotz Unterstützung durch lokale armenische Freischärler konnte Frankreich in den Jahren 1920–21 nur unter schweren Kämpfen die Städte Antep, Urfa, Maraş, Adana und Teile des dazwischenliegenden Landes besetzen. In den kilikischen Pässen wurden französische Truppen geschlagen und gefangen, das türkische Selbstbewusstsein begann wieder zu steigen. An eine definitive Besetzung der gesamten „Zone Nord" des französischen Mandatsgebietes in Syrien (Antep-Urfa-Mardin) war nicht mehr zu denken, erst recht nicht mehr an einen Durchbruch in das nördlich davon liegende „Interessengebiet", das bis Sivas und Tokat reichen sollte. Daraufhin räumte Frankreich die „Zone Nord" des beanspruchten Mandatsgebietes im November/Dezember 1921. Nur der Sancak Hatay wurde Teil des französischen Mandatsgebietes.

Im östlichen Teil der mesopotamischen Grenze besetzte England nach dem Waffenstillstand das Mossulgebiet. Der Sancak Hakkâri, theoretisch britisches Interessengebiet, blieb unbesetzt. Als raues Hochgebirgsland mit vorwiegend kurdischer, militanter Bevölkerung war es für Großbritannien uninteressant (Bild 3). Die türkische Regierung erhielt allerdings ihren Anspruch auf das Mossulgebiet aufrecht.

Die Frage einer Autonomie der überwiegend kurdischsprachigen Gebiete im Bereich der vorgesehenen Resttürkei und im Mossulgebiet wurde im Völkerbund diskutiert. Im Sèvresvertrag wird sogar lokale Autonomie für Kurdistan zwischen der Euphratlinie und der armenischen, persischen, irakischen und syrischen Grenze vorgesehen. Dieses Territorium der Kurden soll später unabhängig werden können

Bild 3: Oberes Zaptal, Provinz Hakkâri: *Das raue Hochgebirgsland der Region Hakkâri um das Tal des oberen Zap im östlichen Südostanatolien gilt als einer der Kernräume der kurdischen Bevölkerung.*

(Artikel 62–64 des Vertrages von Sèvres), selbst die Vereinigung mit dem überwiegend kurdischsprachigen Teil des Mossulgebietes wird als möglich vorgesehen. Die Delegationen kurdischer und armenischer Nationalisten einigten sich in Paris über ihre jeweiligen territorialen Ansprüche. Aber alle diese Überlegungen blieben ohne Folgen: Zu dem Zeitpunkt, als die Regierung des Sultans den Vertrag von Sèvres unterschrieb, lag die faktische Macht schon bei der nationalen Regierung in Ankara, und die erkannte diesen Vertrag nicht an.

Im Südwesten versuchte Italien, seit 1912 im Besitz der Inseln des Dodekanes, auf das Festland überzugreifen und das ihm zugesprochene Interessengebiet zu besetzen. Im Spätherbst 1918 und im Frühjahr 1919 werden Antalya und Umgebung, das Menderesgebiet, Burdur und Eğridir besetzt. Der Großteil des italienischen Interessengebietes blieb jedoch unbesetzt, denn die italienische Okkupation ist technisch die schwierigste: Von Süden her ist Anatolien verkehrsmäßig am schlechtesten erschlossen und am leichtesten im Taurusgebirge durch türkische Freischärler zu verteidigen. 1921/22 änderte sich jedoch die italienische Politik: Die Regierung in Ankara wurde offiziell anerkannt, im März 1922 schlossen Italien und die Türkei ein Abkommen über die Räumung der italienischen Stützpunkte in Anatolien. Italien lieferte der türkischen Nationalregierung sogar Waffen für den Kampf gegen Griechenland.

Eroberung des Westens im Freiheitskrieg

Der Kampf im Westen gegen Griechenland war der schwierigste Teil des *türkischen Befreiungskrieges*. Auf beiden Seiten standen emotionale Ambitionen im Vordergrund: In Griechenland sah man die Chance der „Abrechnung über fünfhundert Jahre“ gekommen und propagierte die „Megali Idea“, den Gedanken der Wiederherstellung von Großgriechenland (Byzanz) mit der Hauptstadt Konstantinopel. Auf türkischer Seite weckte der Gedanke, türkisches Land ausgerechnet an die Nation abzugeben, die man so lange beherrscht, geduldet und verachtet hatte, bitterste Empfindungen. Eine Welle der Empörung erfasste die türkische Bevölkerung, als bekannt wurde, dass die Landung griechischer Streitkräfte in Smyrna (İzmir) vom „Großen Rat“ der Alliierten (Clemenceau, Lloyd George, Wilson und Orlando) genehmigt worden war. Mitte Mai 1919 landeten die Griechen und besetzten die Stadt und das Umland zunächst bis zu der Grenzlinie, die von den Alliierten vorgesehen war. Am 22.6.1922 überschritten sie jedoch diese, nach dem britischen Oberbefehlshaber Milne benannte Linie (vgl. Abb. 4) und stießen weiter nach Osten vor. Die Alliierten blieben dabei neutral.

Die Hauptrichtungen des griechischen Vormarsches waren durch die damals schon existierenden Bahnlinien vorgezeichnet: Über Alaşehir führte die wichtigste Linie von der Ägäis ins Landesinnere nach Afyon, wo sie Anschluss an die Anatolische Bahn fand. Entlang dieser Linie sowie im Süden entlang der Mendereslinie erfolgte die Eroberung. Im Norden, im Raum südlich des Marmarameeres, unterstützten Tscherkessenfreischärler unter Anzawur und später unter Çerkes Ezem – wenn auch mit ganz anderen Motiven – den Kampf gegen die Nationalregierung von Ankara.

Die ersten Abwehrerfolge errang Ismet Paşa am 10.1. und am 20.3.1921 beim Ort Inönü. Die entscheidende Abwehrschlacht, auf türkischer Seite von Mustafa Kemal Paşa selbst geleitet, fand im August/September 1921 am Sakaryafluss südwestlich von Ankara statt. Die Griechen mussten sich zurückziehen.

Fast ein Jahr hatte die Ankararegierung Zeit für innere Stabilisierung, für Organisation und Wiederaufbau der Armee, und für diplomatische Aktivitäten. Letztere hatten immerhin den freiwilligen Abzug der Franzosen und der Italiener im Süden zur Folge. Im August 1922 schließlich gab Mustafa Kemal Paşa den Befehl zum Großangriff im Westen. Am Pass von Dumlupınar, wo die Bahnlinie İzmir – Afyon die westanatolische Gebirgsschwelle überwindet, wurde die griechische Armee vernichtend geschlagen und kapitulierte. Die rückwärtigen griechischen Garnisonen zogen sich eiligst nach İzmir zurück, ein Teil der griechischen Minderheit folgte ihnen. Zahlreiche Städte und Dörfer wurden bei diesem Rückzug in Brand gesteckt. Am 9.9.1922 zog die türkische Armee in İzmir ein. Den Alliierten blieb nichts anderes übrig, als die Einschiffung der flüchtenden Griechen zu decken und die Zivilbevölkerung zu schützen. In Mudanja am Marmarameer wurde am 11.10.1922 der Waffenstillstand geschlossen.

Abb. 4: Besatzungszonen in Westanatolien 1919 – 22.

Nach Thrakien konnte die türkische Nationalregierung zunächst nicht militärisch übergreifen. In dem weitgehend von türkischem Militär entblößtem Land konnten folglich die Griechen im Laufe des Jahres 1919 ihre Besetzung durchführen, unterstützt von der lokalen griechischen Minderheit.

Bulgarien hatte 1915 das westlich des Meriç-(Maritza-)Flusses gelegene Dimotika-Gebiet von der Türkei erhalten und mit dem seit 1913 bulgarischen Westthrakien vereinigt. Auf Druck der Alliierten mussten jedoch beide Gebiete an Griechenland übergeben werden. Griechenland beherrschte nun die Nordseite der Ägäis und des Marmarameeres von Makedonien bis zur Çatalcalinie, jener historischen Verteidigungslinie, die etwa 40 km westlich von İstanbul die thrakische Halbinsel durchzieht. An der Marmaraküste, an den Dardanellen und am Bosporus standen alliierte Garnisonen, um die „Neutrale Zone" zu schützen, wodurch das beabsichtigte Vorrücken der Griechen nach İstanbul verhindert wurde.

Nach den westanatolischen Siegen verlangte die türkische Nationalregierung die Räumung Thrakiens durch die Griechen. Nach anfänglichem Zögern der Briten erfolgte die Einwilligung der Alliierten. Die griechischen Truppen räumten Thrakien kampflos. Der Meriçfluss wurde, wie 1913–1919 gegen Bulgarien, nun die Grenze gegen das griechische Westthrakien. Nachträglich trat Griechenland noch das auf dem Westufer der Meriç gelegene Karaağaç, das Bahnhofsviertel von Edirne, an die Türkei ab.

Die Rückeroberung der türkischen Westgebiete war mehr als eine rein militärische Aktion. Die erfochtenen Siege gaben dem türkischen Volk, bis hinein in die ländlichen Schichten, zum ersten Mal so etwas wie „nationales" Selbstbewusstsein. Die Orte und Daten des Befreiungskrieges sind bekannter als die des Weltkrieges. Der siegreiche Feldherr Mustafa Kemal Paşa erwarb sich beim Volk ein unerschütterliches Ansehen, das es ihm letztlich erst ermöglichte, beim späteren Aufbau der Republik auch viele unpopuläre Maßnahmen durchzusetzen.

Festlegung der heutigen Grenzen

Im Herbst 1922 begann die *Friedenskonferenz von Lausanne*, auf der inzwischen die Nationalregierung aus Ankara allein die türkischen Interessen vertrat. Bei der Unterzeichnung am 24.7.1923 hatte der türkische Delegationsleiter Ismet Paşa (Inönü) die uneingeschränkte Souveränität des Staates in den erreichten Grenzen durchgesetzt. Mit wenigen Ausnahmen – u.a. dem *Sancak Hatay* – beruht die heutige Umgrenzung des türkischen Staates nach wie vor auf diesem Vertrag, der am 6.4.1924 in Kraft trat.

Einzelne territoriale und hoheitsrechtliche Punkte dieses Vertrages waren jedoch noch nicht abschließend geregelt und führten noch zu späteren Verhandlungen und Revisionen: Die gegenüber dem Vertrag von Sèvres erheblich verkleinerte Meerengenzone wurde einer internationalen Kommission unterstellt. Die noch griechischen (und bis heute von Griechen besiedelten) Inseln Imbroz (Gökçeada) und Tenedos (Bozcaada) vor dem Dardanellenausgang wurden zur Türkei geschlagen, jedoch mit der Auflage eines innenpolitischen Autonomiestatus, der bis heute gilt.

Im Jahre 1936 wurde im Vertrag von Montreux eine neue Meerengenkonvention geschlossen, die der Türkei die volle staatliche und militärische Souveränität über die Meerengen wiedergab. Am 21.7.1936 besetzten türkische Truppen die Ufer von Bosporus und Dardanellen.

Die Inseln vor der Ägäisküste, die bereits 1913 griechisch geworden waren, sollten nach dem Lausanner Vertrag griechisch bleiben, jedoch entmilitarisiert. Diese Bestimmung gilt theoretisch bis heute. Im Zusammenhang mit Disputen um die Hoheitsrechte am Schelfmeer, die 1975 im Zuge der Erdölexploration in Küstennähe auftraten, spielte diese Entmilitarisierungsforderung wieder eine Rolle (vgl. Abb. 9).

Die Frage der Zugehörigkeit des Vilayets Mossul war im Vertrag von Lausanne zu Ungunsten der Türkei entschieden worden. Sie brach 1924/25 wieder auf, als nach lokalen Aufständen im Bergland von Hakkâri türkische Truppen die unmarkierte Grenze zum britischen Mandatsgebiet überschritten und mit britischen Truppen zusammenstießen. Der Völkerbund und der Haager Gerichtshof entschieden, nicht zuletzt unter dem Eindruck der türkischen Niederschlagung lokaler Kurdenaufstände, dass Mossul beim britischen Mandatsgebiet blieb. Als Grenze wurde die nach dem Konferenzort benannte „Brüsseler Linie" festgelegt, die der heutigen türkischen Grenze zum Irak entspricht.

An einer einzigen Stelle erfuhr der türkische Staat noch eine spätere Erweiterung. Die französische Mandatsmacht in Syrien gestattete im Gebiet des Sancaks Hatay (İskenderun/Alexandrette) 1926 die lokale Selbstverwaltung und 1937 die Autonomie unter nomineller französischer Kontrolle. Für kurze Zeit war Hatay ein quasi souveräner Staat. Dann beschloss das mehrheitlich türkische Parlament den Anschluss an die Türkei, der durch den türkisch-französischen Vertrag vom 23. Juli 1939 bestätigt wurde. Dieser Anschluss eines kleinen, ethnisch gemischten Gebietes (knappe absolute Mehrheit von Turkophonen, starke arabisch-islamische und kleinere arabisch-christliche und armenische Minderheiten) über ein Stadium der „Selbstbestimmung" gewann unerwartete Aktualität durch die Situation in *Zypern* seit 1974, wo ebenfalls eine Regionalautonomie des türkischsprachigen Inselteils realisiert wurde.

Die neue Hauptstadt

Seit dem Beschluss der Großen Nationalversammlung vom 9.10.1923 ist Ankara die Hauptstadt der Türkischen Republik. Konstantinopel, die alte Metropole am Bosporus, ist damit administrativ zu einer Provinzstadt zurückgestuft, hat aber nicht seinen kosmopolitischen Charakter verloren. Als offiziellen Namen ließ man allerdings nur noch die türkisierte Form „İstanbul" gelten.

Die Gründe für die Hauptstadtentscheidung waren teils emotionaler, teils rein technischer Art. So war eine Schwerpunktverlagerung vom Bosporus nach Anatolien schon längst nahe liegend, nachdem im 19. Jh. die Balkanprovinzen Schritt um Schritt verloren worden waren. Konstantinopel war an eine gefährdete Peripherie gerückt.

Darüber hinaus sprach aus der Sicht der Nationalregierung vieles gegen Konstantinopel. In erster Linie war es die osmanische Tradition, von der man sich radikal zu lösen gedachte. Ein republikanischer Neubeginn wäre in İstanbul ständig mit den Traditionen von fünfhundert Jahren osmanischer Geschichte konfrontiert gewesen. Daneben galt die ethnisch noch stark gemischte İstanbuler Bevölkerung nicht als unbedingt loyal. Sie wurde als kosmopolitisch-levantinisch eingeschätzt, und das war gerade die Mentalität, die man überwinden wollte. Mit der neuen Hauptstadt sollte sich die schlichte anatolische Landbevölkerung identifizieren können, bei İstanbul war das nicht zu erwarten. Schließlich hatte sich mehrfach gezeigt, dass İstanbul aufgrund seiner Lage am Meer unter den politischen Bedingungen des frühen 20. Jh.s leicht militärischen Pressionen von außen ausgesetzt sein konnte.

Ebenfalls wegen der potenziellen Gefährdung von außen schieden andere Küstenstädte aus, obwohl z. B. İzmir aufgrund seiner guten Verkehrslage und des wirtschaftlichen Potenzials seines Hinterlandes durchaus hätte in Frage kommen können.

Unter den Binnenlandstädten lag das große, traditionsreiche Bursa noch zu nahe am Meer und außerdem noch zu exzentrisch innerhalb des neuen Staatsgebietes. Von den Städten des inneranatolischen Hochlandes, auf die sich die Wahl zuspitzen musste, schied Konya als Zentrum des Mevleviordens und als Stadt mit immer wieder aufflackerndem religiösem Fanatismus aus. Kayseri lag bereits ein wenig zu weit östlich und war zudem durch armenische Traditionen belastet, um ein geeigneter Schwerpunkt werden zu können. Darüber hinaus hatte es zur Zeit der Bildung der Republik noch keinen Eisenbahnanschluss, war also mit den anderen Landesteilen, insbesondere des Westens, zu schlecht verbunden. Sivas war noch schlechter erreichbar.

Ankara, eine Provinzstadt von etwa 25 000 Einw., war bereits Sitz der provisorischen Nationalregierung. Seine Traditionen waren die einer durchschnittlichen kleineren Provinzstadt: So gut wie keine hervorragenden historischen Ereignisse, Baudenkmäler oder Traditionen riefen beim Durchschnittstürken eine Assoziation mit byzantinischer Geschichte, mit islamisch-osmanischer Tradition oder mit dem Einfluss nichttürkischer Minoritäten hervor. Es standen also keinerlei Emotionen im Wege. Zudem war die großräumige Lage günstig: Vom nördlichen Rand des inneranatolischen Hochlandes war sowohl das Schwarzmeergebiet wie İstanbul und der Marmararaum, als auch Ostanatolien und der Süden etwa gleichmäßig zu erreichen, zumindest war das nach dem gewünschten Ausbau der Verkehrslinien zu erwarten. An die anatolische Bahn war Ankara bereits vor dem Weltkrieg angeschlossen.

Durch einen Großbrand war Ankara 1915 zu etwa zwei Dritteln zerstört worden. Aus der Sicht der neuen Regierung ergab sich daraus, dass die Stadt gerade dadurch relativ leicht „neu planbar" war, auch und gerade in ihren älteren Stadtteilen.

Schließlich, und das dürften die entscheidenden Gesichtspunkte gewesen sein, hatte sich 1920–22 die Verteidigungsfähigkeit Ankaras erwiesen, und der Name der Stadt war bereits mit der neuen Regierung verknüpft, die international vielfach die „Ankara-Regierung" genannt wurde, im Gegensatz zur Sultansregierung in İstanbul. Diese wenige Jahre alte Tradition als Zentrum der Bewegung, die man in den führenden Kreisen als nationale Revolution auffasste, konnte nicht wieder aufs Spiel gesetzt werden. Die Identifizierung von Ankara mit der jungen nationalen Türkei musste erhalten bleiben. Am 9.10.1923 beschloss die Große Nationalversammlung: „Ankara ist der Verwaltungssitz des türkischen Staates."

Namen des Landes und seiner Teile

Die Benennung des Landes und seiner einzelnen Teile wirft einige Probleme auf. Zwar greift der Name des Staates – *Republik Türkei* – den Volksnamen der Türken auf und gleicht sich damit seit 1923 den in Europa schon lange üblichen Bezeichnungen Türkei, Turkey, Turchia, la Turquie usw. an, jedoch war „die Türkei" noch im frühen 19. Jh. eine Bezeichnung für ein Imperium, das so nicht hieß. Wenn man von der „europäischen Türkei" und der „asiatischen Türkei" sprach, dann waren die Balkanvölker auf der einen Seite und die Araber auf der anderen Seite einbezogen, Völker, die sich allenfalls als Untertanen des osmanischen Sultans und Kalifen verstanden, nie und nimmer aber als Türken. Demgegenüber ist die Bezeichnung „Türkei" für den heutigen Staat gerechtfertigt: Der weitaus überwiegende Teil der Bevölkerung spricht Türkisch als Muttersprache, Staat und Volksgebiet sind, abgesehen vom kurdischsprachigen Südosten, weitgehend deckungsgleich.

Die Bezeichnung *Kleinasien* ist historisch immer nur für die eigentliche Halbinsel zwischen Schwarzem Meer, Mittelmeer und Agäis verwendet worden. Der Begriff entstand in der Antike, als der ältere, vorgriechische (semitische) Begriff „asia" seinen Geltungsbereich vom Ostgestade der Ägäis über die römische „provincia asia" (= Westanatolien) auf die gesamte damals bekannte Ländermasse östlich des Mittelmeeres ausgedehnt hatte. Ein Gebiet, gegenüber dem das altbekannte nur noch als „asia minor", Kleinasien, erschien. Eine Ostgrenze Kleinasiens müsste eigentlich entsprechend dem Halbinselcharakter des Landes definiert werden. Oft begrenzt man Kleinasien an einer Linie, die der schwachen Einschnürung der Halbinsel zwischen dem Golf von İskenderun und der östlichen Schwarzmeerküste etwa bei Trabzon folgt. Ganz ohne Berechtigung ist diese Grobabgrenzung nicht, wenngleich sie sich im Einzelnen schwer ziehen lässt. Immerhin ist dies aber die Linie, die vom inneren Osttaurus weithin deutlich akzentuiert wird, die die Becken- und Plateaulandschaften des inneranatolischen Raumes von den Vulkanplateaus und Gebirgsketten Ostanatoliens scheidet und etwa die Wasserscheide zwischen den großen Strömen Euphrat im Osten und Kızılırmak im Westen trägt. Zudem hat diese Linie auf langen Strecken während eines halben Jahrtausends den Grenzsaum zwischen Byzanz und den islamischen Staaten getragen und vorher schon zeitweise die Grenze zwischen römischen Provinzen und dem Reich der Parther und Sassaniden bzw. deren Pufferzone halbselbständiger Staaten Armeniens. Verwendbar ist die Bezeichnung „Kleinasien" auch heute noch für alle jene Sachverhalte geographischer Art, die sich vorwiegend auf die Halbinsel selbst beziehen.

Ähnlich von Westen nach Osten gewachsen ist der Begriff *Anatolien*. Das ursprüngliche „anatolikon", „Land des (Sonnen-) Aufganges", war genauso wie „asia" zunächst das östliche Gegengestade der Griechen. Räumlich fixiert wurde dieser Terminus in byzantinischer Zeit als Name eines „Thema" (Provinz) im Südwesten der Halbinsel. Die im 11. und 12. Jh. eingewanderten Türken übernahmen diesen Begriff, wenn auch mit abgewandelter bzw. erweiterter Bedeutung. Die Halbinsel selbst hieß bei ihnen noch lange „Rum" (= Rom), und das Reich der „Rum"-Seldschuken war daher, wie ein Historiker einmal formulierte, das „Römische Reich türkischer Nation". Der Name Anatolien lebte in früher osmanischer Zeit im 15. Jh. wieder auf, und zwar als Name für die Großprovinz (Eyalet) Anadolu, und umfasste die am frühesten von den Osmanen eroberten Teile von West-, Zentral- und Nordanatolien. Der ursprünglich griechische Landschaftsname wurde im türkischen Sprachgebrauch als Anadolu so geläufig, dass er – im Gegensatz zu anderen griechischen Landschaftsnamen – von den heutigen Türken längst akzeptiert wird.

Im Gebrauch der staatsbewussten Oberschicht und in offiziellen Schriftstücken ist der Begriff „Anadolu" in der republikanischen Zeit auf den gesamten Staatsteil auf der asiatischen Seite von Bosporus und Dardanellen bis hin zur iranischen Grenze ausgedehnt worden. Er umfasst damit Gebiete, die in der älteren europäischen Literatur als Armenien oder Kurdistan bezeichnet wurden. Im Volk hat sich diese Begriffsausdehnung noch nicht völlig durchgesetzt, und es geschieht nicht selten, dass ein Bewohner der östlichen Schwarzmeerküste oder des südöstlichen Taurusvorlandes sagt, er fahre „nach Anadolu", wenn er von Ankara oder Eskişehir spricht.

Die terminologische Einbeziehung des Ostens der heutigen Türkei in den Begriff „Anatolien" hat die Bezeichnungen „Armenien" und „Kurdistan" außer Gebrauch kommen lassen. Abgesehen von Fällen historischer und eventuell historisch-geographischer Verwendung sind beide Regionalbegriffe schon deswegen nie präzise fassbar gewesen, weil sie aus den Namen von Völkern abgeleitet sind, deren disperses Verbreitungsgebiet sich nicht mit den Regionalbegriffen zur Deckung bringen ließ. Der Begriff „Armenien" soll hier nicht deshalb vermieden werden, weil er bei manchen Türken unangenehme Assoziationen weckt. Aus geographischer Sicht hat er nie die eigentlich dazu gehörenden Gebirgsketten, Plateaus und Vulkanlandschaften zwischen äußerem Osttaurus und Ziganagebirge vollständig abgedeckt. Darüber hinaus ist der Name heute durch den Namen einer eigenen Republik festgelegt.

„Kurdistan" ist heute ein politisches Postulat kurdischsprachiger Nationalisten, das den Gesamtraum in unterschiedlichen Staaten (Türkei, Iran, Irak, Syrien sowie frühere Sowjetrepubliken) umfasst, in dem Menschen mit kurdischen Dialekten wohnen. Das damit bezeichnete Gebiet ist außerordentlich inhomogen, dazu durch vielfältige ethnische Mischungen nicht einmal regional geschlossen und auch nicht sprachlich einheitlich. Abgesehen von der Durchsetzung mit türkisch- oder arabischsprachigen Bevölkerungsgruppen sind auch die kurdischen Dialekte voneinander sehr verschieden. Als länderkundlicher Begriff ist dieser Terminus kaum verwendbar. Zwar kannte das Osmanische Reich ein „Eyalet Kurdistan", eine Provinz also, die diesen Namen trug, aber diese hatte klare Grenzen: Sie umfasste eine Reihe von Sandschaks zwischen der Syrischen Wüste und dem oberen Euphrat, mit der Hauptstadt Diyarbakır. Weite Teile des von Kurden ganz oder teilweise besiedelten Areals im Osten und Südosten gehörten nicht dazu. Zudem waren ethnische Gesichtspunkte zu jener Zeit für die Abgrenzung von Verwaltungsgebieten noch völlig irrelevant.

Ungebräuchlich, z.T. sogar unverständlich waren bis vor kurzem in der heutigen Türkei die *antiken Landschaftsnamen*, wie Ionien, Karien, Isaurien, Paphlagonien, Galatien usw. Erst mit dem modernen Fremdenverkehr leben sie z.T. wieder auf. Für den Geographen bezeichnen sie relativ „handliche" räumliche Einheiten, die allerdings den Nachteil haben, dass sie schon zur Zeit ihrer Verwendung in der Antike und in byzantinischer Zeit regional schwankende Geltungsbereiche hatten (vgl. Abb. 51). Jedoch zeigt sich bei historisch-geographischer Analyse, dass viele der antiken Landschaftsnamen auffallend mit den mittelalterlichen türkischen Fürstentümern zusammenstimmen, die sich im 13. Jh. in ihren Kernräumen etablierten. Deren Bezeichnungen wurden nach der osmanischen Eroberung als Namen der Sandschaks noch bis zum 19. Jh. beibehalten, z.T. waren sie bis 1923 gebräuchlich (vgl. Abb. 55, 58). So fällt z.B. Pisidien weitgehend mit Tekke, Karien mit Menteşe, Phrygien mit Germiyan und Lykaonien mit Karaman-Konya zusammen. Zahlreiche andere Beispiele ließen sich anführen. Aber selbst diese türkischen Landschaftsnamen sind vom offiziellen Sprachgebrauch der heutigen Türkei nicht übernommen worden. Es gibt eigentlich nur drei Ausnahmen: Der alte Name Thrakien, obwohl alles andere als türkisch, wurde als Bezeichnung für den Teil des Staatsgebietes übernommen (Trakya), der auf der europäischen Seite der Meerengen liegt. Merkwürdigerweise hat hier der antike Name sogar die osmanisch-türkische Bezeichnung „Rum İli" (oder „Rumeli"), wörtlich die „römische Provinz", ersetzt und verdrängt. Die beiden anderen Ausnahmen sind İçel, ursprünglich Iç İli, für die Provinz Mersin, und Kocaeli, ursprünglich Koca İli, für die Provinz am Marmarameer mit der Hauptstadt İzmit.

Für fast alle anderen Provinzen und sonstigen regionalen Einheiten anthropogener Art verwendet man Raumbegriffe, die von den Namen der betreffenden Hauptorte übernommen sind. Nur die Provinzen Sakarya, Ceyhan und Çorum sind, wie französische Departements, nach ihren wichtigsten Flüssen benannt. Eigenständige Landschaftsbezeichnungen für kleinere räumliche Einheiten, wie etwa anderswo Galiläa, Attika, Vintschgau oder Dithmarschen gibt es in der Türkei kaum. Dies ist ein Kennzeichen eines Landes, in dem die gesamte alte bäuerliche Tradition im Mittelalter abriss und wo die Ansiedlung einer neuen Bevölkerung mit weitgehend nomadischen Traditionen ganz andere Raumkonzepte einführte. Im heutigen Sprachgebrauch der Türken folgt jede räumliche Zuordnung den administrativen Grenzen, v.a. denjenigen der 79 Provinzen (Provinz: İl, Plur.: İller; früher: Vilayet). Die Identifikation der Menschen geht so weit, dass man sich auch dann als „Adanalı" oder „Konyalı" – Bewohner von Adana oder Konya – bezeichnet, wenn man gar nicht aus dieser Stadt, sondern aus einem Dorf der betreffenden Provinz kommt. Es entwickelt sich hier ein fast „Polis-artiges" Zugehörigkeitsgefühl zur jeweils übergeordneten Stadt; die Provinzen werden quasi als Stadtterritorien empfunden, obwohl ihre Hauptstädte mehr Exekutivzentren eines zentralistischen Staates sind.

Bei den Provinzen und ihren Hauptorten ist eine derartige Benennung deshalb möglich, weil diese trotz aller nationalistischen Umbenennungsaktionen ihre Namen, die in den meisten Fällen auf römische, griechische oder gar vorgriechische Wurzeln zurückgehen, behalten haben. Vor der Umbenennung dieser eingebürgerten Bezeichnungen größerer Städte schreckt man daher zurück. Demgegenüber erhalten kleinere Städte und v.a. Dörfer, deren Name nicht eindeutig türkischen Ursprungs ist – und das sind Zehntausende –, radikal neue Namen. Diese Praxis erschwert die Übertragung derartiger Ortsbezeichnungen auf die umgebenden Landschaften, und sie erschwert jeglichen historisch-landeskundlichen Vergleich über einen längeren Zeitraum hinweg.

Versuche wissenschaftlicher Regionalisierung und sachlich begründeter Benennung einzelner Landesteile, eventuell sogar deren kleinerer Untergliederungen, hat es mehrfach gegeben (u.a. Gürsoy 1957, Erol 1983). Sie haben sich im praktischen Gebrauch nur partiell durchgesetzt. Politisch motivierte Benennungen dringen immer wieder durch, bis in veröffentlichte Karten, Lehr- und Schulbücher. Selbst physische Raumeinheiten, wie einzelne Gebirgsgruppen, Berge, Plateaus, Becken, unterliegen den Experimenten der Sprachpuristen.

Relativ weite Verbreitung hat hingegen das System der „Regionen" gefunden, das vornehmlich zu statistischen Zwecken konzipiert ist. Es wurde dafür jeweils eine Gruppe von Provinzen zu Regionen wie „Marmaragebiet", „Südinneranatolien", „Mittelmeergebiet" zusammengefasst. Da die Regionsgrenzen jedoch nur amtlichen Provinzgrenzen folgen, umfassen diese Regionen immer noch Gebiete von sehr heterogener physischer wie kulturgeographischer Struktur (Bazin 1986). Lediglich für grobe statistische Vergleiche zwischen Großräumen hat diese Einteilung einigen Wert.

Der Unvollkommenheit der regionalen Nomenklatur ist vorerst kein anderes, sachlich begründetes System entgegenzusetzen. Für den praktischen Gebrauch wird man je nach Fragestellung auf Bezeichnungen zurückgreifen, die teils administrativen Gliederungen entstammen, teils mehr oder weniger bekannte eingebürgerte Namen sind. Es ist dabei in Kauf zu nehmen, dass nicht immer der aktuellste Stand amtlicher Namengebung eingehalten werden kann.

DER TÜRKISCHE STAAT IM 20. JAHRHUNDERT

Bild 4: Anit Kabir in Ankara: *Das Mausoleum Atatürks (Anit Kabir) ist bis heute Sinnbild des modernen türkischen Staates und eine Gedenkstätte seines Gründers Mustafa Kemal.*

Überblick

- Die meist „natürlichen" Staatsgrenzen bilden ideale Voraussetzungen für die staatliche Stabilität der heutigen Türkei. Aufgrund politischer und militärischer Ereignisse ist das Staatsgebiet seit dem frühen 20. Jh. weitgehend auf Anatolien begrenzt, nur 3 % der Staatsfläche liegen in Europa. Trotzdem rechnet man die Türkei in vielen internationalen Statistiken als Ganzes zu Europa, und schon seit langem werden Politik und Wirtschaft des Landes beherrscht vom Wunsch zum Anschluss an Europa.
- Vier Lagebeziehungen beeinflussen entscheidend Individualität und innere Gliederung des Landes: die durch den großen Abstand zu den Ozeanen bedingte kontinentale Lage, die Lage im Gürtel der Subtropen, die Lage im Faltengebirgsgürtel Eurasiens und die Lage zwischen den Kulturräumen Europas und des islamischen Orients.
- Trotz erheblicher sozioökonomischer Reibungsverluste begleiten Teile der Staatsprinzipien des Staatsgründers Kemal Atatürk bis heute als politische Leitgedanken den schwierigen Weg des türkischen Staates hin zur Integration in die europäische Staaten- und Wirtschaftswelt.
- Auf dem Wege der Türkei nach Europa und in die Europäische Gemeinschaft spielt die Bundesrepublik Deutschland wegen ihrer traditionell engen Bindungen an die Türkei und aufgrund ihrer Rolle als wichtiges Gastland für türkische Arbeitsmigranten eine besondere Rolle.

Landbrücke zwischen Kontinenten und Meeren

Größe, Form und Grenzen des Staatsgebietes

Das Staatsgebiet der heutigen Türkei ist in der Folge politischer und militärischer Aktionen im frühen 20. Jh. in seiner heutigen Umgrenzung entstanden. Es umfasst ein in Fläche und Umriss geschlossenes Territorium, ohne extreme Ausbuchtungen und Einschnürungen der Grenzen, wie sie bei anderen Staaten leicht zu Konflikten, mangelnder Erschließbarkeit oder schlechter Kontrollierbarkeit führen.

Das Staatsgebiet ist ungefähr dreimal so „lang" wie „breit" und hat somit grob die Form eines breitenparallelen Rechtecks. Die West-Ost-Erstreckung beträgt etwas mehr als 1500 km bei einer Breite von Nord nach Süd von 500 bis 600 km, was beträchtliche Landschaftsunterschiede erwarten lässt.

Der Staat umfasst eine Fläche von 779 452 km^2, einschließlich der Binnengewässer. 3,2 % dieser Fläche (23 721 km^2) liegen nordwestlich der Meerengen, also in Europa im gebräuchlichen Sinn. Die Flächenangaben schwanken in verschiedenen Quellenangaben, was teils auf die wechselnde Einrechnung von Wasserflächen, teils auch auf die noch unvollkommene Landesvermessung zurückzuführen ist. Rechnet man den Staat als Ganzes zu Europa, was in vielen internationalen Statistiken geschieht, dann ist die Türkei nach Russland das flächengrößte Land, rund ein Drittel größer als Spanien (ca. 580 000 km^2) oder Frankreich (ca. 550 000 km^2). In Südwestasien hingegen sind Iran und Saudi-Arabien jeweils gleich mehr als doppelt so groß. Rund drei Viertel der Grenzen sind geopolitisch günstige „natürliche Grenzen". Etwa 2750 km Landgrenzen stehen rund 5972 km Seegrenzen (ohne Inseln) gegenüber. Von den Landgrenzen folgen zudem die Grenzen zum Iran weitgehend Gebirgskämmen in einem siedlungsarmen Hochland.

Die Türkei generell als „Mittelmeerstaat", als „orientalisches" oder „südosteuropäisches" Land einzustufen, ist ebenso problematisch wie die letztlich unfruchtbare Diskussion über die Zugehörigkeit zu Europa oder Asien.

Die physisch-geographische Gestaltung des Raumes bietet kaum Anhaltspunkte für eine klare Abtrennung von Europa und Zuordnung zu Asien. Lange, geschwungene Kettengebirgszüge ziehen vom Balkan nach Kleinasien, umgrenzen im Norden und Süden ein zentrales Hochland und setzen damit den Baustil des europäischen Mittelmeergebietes nach Osten fort. Jedoch beginnt mit der kleinasiatischen Halbinsel, von Westen her gesehen, eine regelmäßigere Anordnung des Großreliefs als in Europa, die sich bis Zentralasien verfolgen lässt. Nördliche und südliche Gebirge schwenken auseinander, um große Hochländer wie Kleinasien, Iran und Tibet zu umschließen. Dazwischen treten sie in Scharungen wieder zusammen. Die Grenzen der Türkei umfassen dabei die zierlichsten Glieder dieser großen südasiatischen Draperie: Das gebirgsumschlossene Kleinasien ist das kleinste der Hochländer und die Gebirgsscharungen im Westen und Osten des Landes sind nur wenig markant. Die Dimensionen des Landes sind gleichsam noch „europäisch".

Vier wichtige Lagebeziehungen verdienen hervorgehoben zu werden, weil sie die Individualität des Landes und seine innere Gliederung entscheidend beeinflussen:

- die *Lage innerhalb der altweltlichen Kontinentalmasse* und die Distanz zu den Ozeanen, woraus sich Kriterien für die Kontinentalität des Landes ergeben;
- die *Lage in den Klimagürteln*, wonach die Türkei eigentlich ein überwiegend subtropisches Land sein müsste;
- die *Lage im jungen alpidischen Gebirgsgürtel* der Alten Welt, mit ihren Konsequenzen für Höhenlagen, Höhenstufung und Kleinkammerung des Reliefs;
- die *Lage zu den Zivilisationszentren* und Bevölkerungsballungsgebieten der Geschichte und der Gegenwart, woraus sich Chancen wirtschaftlicher Kommunikation ableiten.

Die Großraumlage

Im Westen erreicht die Türkei an der Meriç-(Maritza-)Mündung und am Kap Baba Burun südlich des Dardanellenausganges den 26. Meridian östlicher Länge. Die beiden einzigen zur Türkei gehörigen, bewohnten Ägäisinseln Imroz (Imbros, Gökçeada) und Bozcaada (Tenedos) liegen etwas darüber hinaus nach Westen. Die Ostgrenze erreicht am Ararat und im östlichen Taurus nahezu 45° östlicher Länge, dies entspricht der Länge von Bagdad, Tiflis, Wolgograd. Entlang des 40. Breitengrades sind es von der Atlantikküste bis zum Westen der Türkei gut 3000 km, etwa so weit wie von der Atlantikküste Irlands nach Moskau. Ohne das Mittelmeer mit seinen Teilbecken – einschließlich des Schwarzen Meeres – wäre die *Kontinentalität* der Lage schon fast extrem.

Diese Kontinentalität der Lage lässt sich gut durch die Linien der auf Meeresniveau reduzierten Mitteltemperaturen der Extremmonate Januar und Juli ausdrücken. Die 0-°C-Januar-Isotherme, die von der norwegischen Küste quer durch Mitteleuropa läuft und dann entlang des dinarischen und des Balkangebirges zum Schwarzen Meer zieht, erreicht ihre südlichsten Ausbuchtungen in der nordöstlichen Türkei (Kettermann 2001). Umgekehrt biegt die 30-°C-Juli-Isotherme, die – abgesehen von einer Wärmeinsel in Südostspanien – Europa gar nicht erreicht, in der Levante weit nach Norden aus und schließt den Südosten der Türkei ein. Kontinenteinwärts reichen also die kalten Winter weiter nach Süden und die heißen Sommer weiter nach Norden. Der „west-östliche Formenwandel", der in den Mittelbreiten eine ozeanisch-kontinentale Abstufung darstellt, drückt sich hierin aus.

Die Lage im Subtropengürtel

Nach ihrer Lage in der geographischen Breite müsste die Türkei ein subtropisches Land sein, mit milden Wintern und warmen Sommern, mit Winterregen und Sommertrockenheit, wie es in dieser Breitenlage an den Westseiten eines Großkontinents zu erwarten ist. In Nordthrakien und am Kap Ince Burun bei Sinop am Schwarzen Meer ragt die Türkei ein wenig über den 42. Breitengrad nach Norden hinaus, das heißt bis auf die Breite von Ragusa, Rom, Barcelona oder Porto. An der Südküste wird der 36. Breitengrad bei Kaş Burun östlich Rhodos und bei Anamur Burun gegenüber Zypern nahezu erreicht, der Südzipfel der Provinz Hatay reicht ein wenig darüber hinaus. Damit erstreckt sich das Land über ungefähr die gleichen Breitenkreise wie Portugal oder wie Italien zwischen Sizilien und Rom. Es ist aber ganz offensichtlich, dass eine Charakterisierung als „subtropisch" wegen des Gebirgscharakters des Staates nur für sehr begrenzte Teile des Landes zutreffen kann. Fast zwei Drittel der Staatsfläche liegen höher als 1000 m, die mittlere Höhe beträgt 1130 m. Im Gegensatz dazu hat die von der Breitenlage her am ehesten vergleichbare Iberische Halbinsel eine mittlere Höhe von nur 640 m. Gleichzeitig liegt sie an der ozeanischen Peripherie des Kontinents, am Atlantik. Alle Extreme der Temperatur, v. a. die winterlichen, werden dadurch gemildert. Die Ölbaumgrenze im nordöstlichen Spanien, die bis fast 1000 m ansteigt, ist ein charakteristischer Anzeiger dafür. In Anatolien liegen die klimatischen Grenzen subtropisch-mediterraner Vegetation dagegen erheblich tiefer.

Infolgedessen beschränkt sich das *subtropisch-mediterrane* Klima auf relativ schmale Küstensäume. Die Nordflanke der Türkei, die „Schwarzmeerfront", zeigt zwar im Niederschlagsregime gerade noch mediterranen Charakter mit winterlichen Niederschlagsmaxima. Die Existenz des Schwarzen Meeres im Norden hat in Nordanatolien jedoch ganzjährige Niederschläge zur Folge. Die Analogie zur Iberischen Halbinsel lässt sich damit weiter führen, da auch Asturien und Galicien der nördlich vorgelagerten Biskaya ihre Sommerniederschläge verdanken. Wenn man den Vergleich noch weiter ausdehnen wollte, müsste man als drittes Vergleichsgebiet den kaspischen Nordsaum Irans hinzuziehen. An allen drei Nordflanken der genannten Hochländer ist es ganzjährig feucht. Diese *Nordküstengebiete* haben ein Klima, das eigentlich auf die Ostseiten der Großkontinente gehört, nach Ostchina oder nach Florida bis Georgia. Lediglich die zeitliche Lage der eigentlichen Niederschlagsmaxima im Herbst, Winter und Frühjahr deutet noch die Verwandtschaft zum mediterranen Klimaregime an.

Eine der Folgen ist der Kontrast zwischen der Nordflanke und der Südflanke des Landes, der sich mit einem Vergleich zwischen Sizilien und deutschen Mittelgebirgslandschaften etwa veranschaulichen lässt. Der Kern des Landes, die Halbinsel Kleinasien, gewinnt damit fast den Charakter eines Kontinents im Kleinen. Die antike Bezeichnung „asia minor“ hat also, aus heutiger Kenntnis, mehr Berechtigung, als es auf den ersten Blick scheinen mag.

Die Lage im alpidischen Faltengebirgsgürtel

Ein drittes Lagekennzeichen ist die Tatsache, dass der türkische Staat fast zur Gänze im *alpidischen Faltengebirgsgürtel* der Alten Welt liegt, in jener Folge von Kettengebirgen und zwischengeschalteten Hochländern und Einbruchsbecken, die sich vom Atlas und den Pyrenäen bis nach Hinterindien zieht. Eines der Grundmuster dieses Gebirgsgürtels, die Umschließung von Hochländern durch randliche Gebirge, ist in Anatolien sehr deutlich ausgeprägt. Eine nördliche und eine südliche Serie von Gebirgsketten umschließen ein Hochland, das seinerseits durch vielfältige tektonische Indizien seine Zugehörigkeit zu diesem Gebirgsgürtel erkennen lässt. Die Analogien zum Bau der Iberischen Halbinsel, zu Pannonien, zu Iran und Tibet drängen sich auf. Einmalig ist allerdings bei der Türkei, dass im Norden und Süden gleichzeitig ein Meeresbecken auf die küstenparallelen Gebirgsketten folgt.

Folge dieser Lage im jungen Gebirgsgürtel Eurasiens sind mancherlei Nachteile und Vorteile. Ohne den Gebirgscharakter wäre das Land zum einen erheblich trockener. Die Randgebirge fangen die Niederschläge auf, die mit mediterranen oder atlantischen Zyklonen oder durch den sommerlichen Nordostpassat herangeführt werden. Ohne die Gebirge wäre das Land so trocken wie die Südukraine. Gebirgs- und Hochlandcharakter innerhalb der Subtropenzone bedingen zum anderen aber auch eine ganz spezifische Höhenstufung der Vegetation. Damit ergeben sich entsprechend vertikal abgestufte Möglichkeiten für die landwirtschaftliche Nutzung. Diese Höhenstufung, die im Prinzip der der anderen mediterranen Halbinseln ähnelt, wird in der Türkei durch markante Expositionseffekte akzentuiert.

Folge der Lage im Gebirgsgürtel ist weiterhin ein Grundmuster der Gestaltung des Reliefs – die *Kammerung* des Landes in Gebirgsstöcke und Gebirgsketten mit zwischengelagerten Becken oder Senkungsfeldern aller Größenordnungen. Ein Kennzeichen fast aller Flusstäler besteht folglich darin, dass sie von Becken zu Becken „durchbrechen“, dass Schluchten und steile Gefällstrecken die Kommunikation hindern und dass schiffbare Flüsse nicht vorhanden sind. Hingegen gibt es zahlreiche für die Gewinnung von Wasserkraft geeignete Engtäler.

Die Parallelen zu anderen jungen Gebirgslandschaften, v.a. zur Balkanhalbinsel und zum Iran, sind offensichtlich. Wesentliche kulturgeographische Konsequenzen für die Anordnung des menschlichen Lebensraumes sind Folgen des Gebirgsbaus. Die türkische Sprache bezeichnet die ganz oder teilweise von Gebirgen umschlossenen Beckenebenen mit dem eigenständigen Begriffs Ova, der gleichzeitig eine mehr oder weniger umschlossene und geschlossene Siedlungskammer bezeichnet.

Schließlich folgt die Verteilung zahlreicher wichtiger *Bodenschätze* den Strukturlinien der alpidischen Faltung. Allerdings sind die Erdölhoffnungen im Vergleich zu anderen Ländern des Nahen Ostens bescheiden, da die Türkei nur randlich Anteil am großen Geosynklinaltrog im Südosten hat. Relativ unbedeutend sind, wie in vielen jungen Faltengebirgsländern auch, die kohleführenden oder kohlehöffigen Gebiete des Karbons. Dagegen folgen die Erzlagerstätten den Strukturlinien des alpidischen Bauplans. Eine große Zahl von mineralischen Bodenschätzen ist teilweise schon seit dem Altertum bekannt.

Eine letzte, sehr folgenreiche Konsequenz aus der Lage im Faltengebirgsgürtel mit seiner jungen Tektonik ist die Fortdauer der Krustenbewegungen. Aktiver Vulkanismus hat bis in historische Zeit angedauert, und junge Krustenbewegungen führen bis in die Gegenwart zu oft katastrophenartigen Erdbeben in den Zonen tektonischer Prozesse.

Zwischen Europa und islamischem Orient

Die heutige Türkei liegt peripherer zu den Zentren der europäischen Bevölkerungs- und Wirtschaftsballung als Portugal oder Finnland (vgl. Abb. 5), gehört aber den-

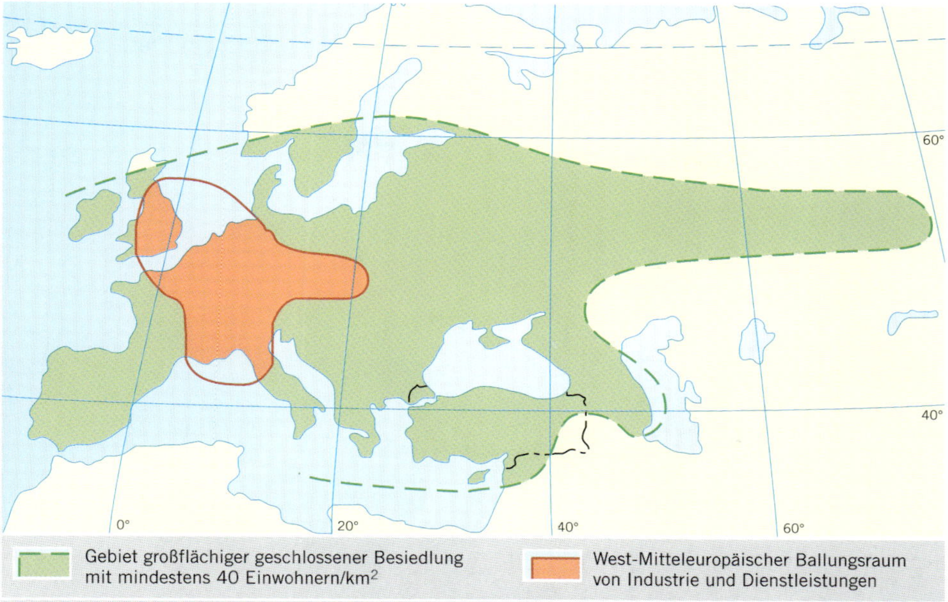

Abb. 5: Lage der Türkei an der Peripherie des Europäischen Ballungsraums.

noch noch nahezu komplett zu jenem flächenhaft geschlossenen Teil der Ökumene, den Louis (1954) als anthropogeographisches Europa bezeichnet. Die südlich und östlich anschließenden Länder sind zwar in ihren Kernräumen nicht weniger dicht, z.T. erheblich dichter besiedelt, aber ihre Kernräume sind kleiner, zersplitterter (Iran, Arabien) oder auf schmale Säume beschränkt (Levante, Maghreb, Ägypten). Ausgedehnte Wüsten, Steppen und schwach besiedelte große Gebirge trennen dort die einzelnen Lebensräume in einer Weise, die es in Europa nicht gibt. In diesem kulturgeographischen Sinne gehört die Türkei eindeutig zu Europa.

Wenn man andererseits geneigt ist, die Türkei als einen Staat Asiens anzusehen, dann steht dahinter nicht nur die Tatsache, dass ihr überwiegender Flächenanteil jenseits der physisch wie kulturgeographisch nichtssagenden konventionellen Kontinentgrenze Bosporus – Dardanellen liegt. Vielmehr steht dahinter, dass das Gebiet der Türkei in der Geschichte vom Achämenidenreich über den griechischsprachigen „Oriens" des Imperium Romanum, über Byzanz bis hin zum Osmanenreich zu Staaten oder Imperien gehörte, die von Europa aus gesehen den „Orient" verkörperten. Die Metropole am Bosporus war in den anderthalbtausend Jahren byzantinischer und osmanischer Geschichte der nordwestliche Eckpfeiler der orientalischen Welt (vgl. Abb. 6). Von hier aus wurde die orientalische Form des Christentums nach Osteuropa und später der Islam nach Südosteuropa hineingetragen, von hier aus wurde lange der Orient oder wurden mindestens große Teile davon beherrscht. Die Spuren dieser Geschichte, dieser langen Zugehörigkeit zu orientalischen Staaten, sind tief in das kulturgeographische Bild des Landes eingegraben und geben zahlreiche Probleme auf.

Die doppelte Lagequalität – Südostecke des gegenwärtigen Europa und Nordwestrand des orientalischen Kulturraumes – hat ein bestimmtes kulturgeographisches Nordwest-Südost-Gefälle zur Folge. In den vorchristlichen Jahrtausenden war die Richtung noch umgekehrt: Die Schwerpunkte von politischer und wirtschaftlicher Macht, die Ausgangsgebiete geistiger und technischer Innovationen lagen im Orient, in Ägypten, Mesopotamien und im fruchtbaren Halbmond, mit dem Hethiterreich auch eine Zeit lang in Kleinasien. Erst in der

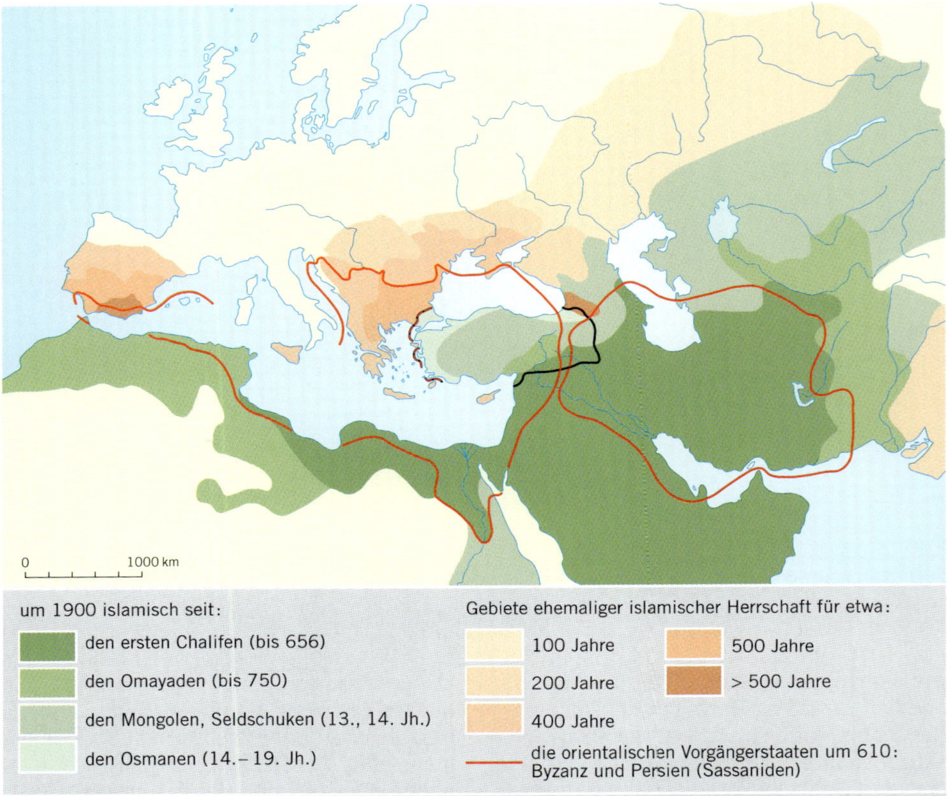

***Abb. 6: Lage der Türkei am heutigen Nordsaum des islamischen Kulturraums:** Die Umgrenzungen basieren auf der Zeitdauer seit der Islamisierung bzw. der Dauer der Herrschaft islamischer Staaten in heute nichtislamischen Gebieten.*

Blütezeit Griechenlands gewinnt der Ägäisraum eigenes Gewicht. Aber bis weit in die Zeit des Römischen Reiches hinein gehört das Gebiet der heutigen Türkei zum kulturell und wirtschaftlich bedeutenderen, viel dichter besiedelten, städtereichen Ostteil des Reiches.

Allmählich verschob sich dieses Gefälle: In den ersten byzantischen Jahrhunderten lag der Schwerpunkt von Macht und Wirtschaftskraft zwar noch am Bosporus, und die Landschaften und Städte Anatoliens erlebten ihre höchste Blüte. Danach aber entwickelten sich die europäischen Staaten, und im Südosten gewann das Chalifenreich Einfluss und kulturelle Eigenbedeutung. Anatolien konnte die Funktion als „Brücke von Abendland und Morgenland" nicht länger erfüllen, sie ging auf die italienischen Stadtrepubliken über.

In der frühen Neuzeit entfaltete sich noch einmal für Jahrhunderte ein imponierender Staat unter den osmanischen Sultanen, die Verklammerung des Ostens mit dem Westen schien wieder greifbar zu sein. Jedoch lag der Schwerpunkt von Kultur, Wirtschaftskraft und politischer Macht dieses Reiches bis zum 19. Jh. auf der europäischen Seite, damit im wirtschaftlich entwickelteren Teil des Reiches. Der technische und wirtschaftliche Vorsprung, den Europa seit dem späten Mittelalter gewonnen hatte, wirkte sich bis in die innere Gliederung und Differenzierung des Osmanenstaates aus. Damit lag das historische türkische Kernland Anatolien im toten Winkel der Entwicklung in der Neuzeit. Alle Anstöße der Modernisierung erreichten zunächst den Westen des Landes. Der Gegensatz zwischen den verwestlichten Städten

Konstantinopel und Smyrna (İzmir) einerseits und dem in Rückständigkeit verharrenden Zentral- und Ostanatolien andererseits war nie so markant wie im späten 19. Jh.

Mit der Entstehung der jungen türkischen Republik fand zwar ein Ausgleich in vielen Bereichen statt, die Lagequalitäten aber wirken sich unverändert aus: Die Entfernung zu den Ballungszentren Europas zwingt zur Orientierung nach Westen. Unabhängig von der Naturgunst, die das Ägäisgebiet und der Marmararaum ohnehin haben, ist es v. a. die geringere Distanz zu Europa und umgekehrt die Zugänglichkeit von Europa aus, die den Hauptvorteil der westlichen Türkei ausmachen. Der Standort im „Großraum der Weltwirtschaft“ ist günstiger.

Umgekehrt hat die verzögerte Entwicklung der zentralen und östlichen Landesteile in den Bereichen Infrastruktur, Wirtschaftsaufbau und Volksbildung u. a. den Effekt, dass sich konservative Traditionen viel länger halten können, was der Innovationsbereitschaft nicht besonders förderlich ist. In deren Folge wird das Entwicklungsgefälle von Westen nach Osten wohl noch längere Zeit charakteristisch bleiben. Das Spannungsfeld „Manchester – Mekka“ verdichtet sich innerhalb der Staatsgrenzen der Türkei.

Kemalismus – Vision und Wirklichkeit

Der Weg in die 1990er-Jahre

Flankiert von sechs Staatsprinzipien sollte sich nach dem Willen des Staatsgründers Mustafa Kemal Atatürk der Weg des jungen Staates in die Moderne an Leitlinien von Unabhängigkeit und Souveränität orientieren (Bild 5). Deren Durchsetzung blieb jedoch in vielerlei Hinsicht eine Vision, weil sie auf dem Hintergrund wirtschaftlicher und politischer Globalisierung nicht realisierbar war. Mit den reformistischen kemalistischen Staatsprinzipien *Nationalişmuş*, *Laizismus*, *Republikanismus*, *Populismus*, *Reformismus* und *Etatismus*, die bis heute Doktrin des türkischen Staates sind, wurden zwar die Grundsteine zur wirtschaftlichen, sozialen und auch kulturellen Neuerung, auch zur Industrialisierung gelegt, die Reibungsverluste zu ihrer Realisierung aber belasten Wirtschaft und Gesellschaft bis zur Gegenwart.

Dagegen brachten die Reformen die erhoffte Bildung breiter Bevölkerungsschichten in einem Staat, in dem von nun an jede türkische Familie ihren Familiennamen erhielt, wo man seither nach dem gregorianischen Kalender (Reformismus) rechnet und wo der Einfluss der Religion auf Bildung, Rechtswesen und Staatsgeschäfte weitgehend ausgeschaltet ist (Laizismus). Atatürks Hauptanliegen allerdings – die grundsätzliche Vorrangigkeit der Staatsinteressen (Etatismus) bis ins Soziale, Kulturelle, Bildungspolitische und v.a. Ökonomische – und seine Ideen von vollständiger nationaler Unabhängigkeit mit einer gemeinsamen Sprache und *einer* Kultur (Nationalismus) sowie sein Traum einer Art „klassenloser Gesellschaft“ (Populismus) mit uneingeschränkter Volkssouveränität bei Freiheit und Gleichheit vor dem Gesetz (Republikanismus) sind heute in vieler Hinsicht überholt.

Die kompromisslos durchgesetzten Reformen – bis hin zur Ausmerzung nicht-türkischer Ortsnamen – stießen nur bei einer Minderheit nationaldenkender Städter, bei Beamten, beim Bildungsbürgertum und bei der Armee auf Zustimmung. Die Masse der Landbevölkerung und ihre gesellschaftlichen und wirtschaftlichen Bedingungen änderten sich dadurch jedoch kaum. Bereits 1921 und in den Folgejahren hatte sich religiös, politisch wie sozioökonomisch motivierter Widerstand gegen die kemalistische Elite geregt. Nach der Abschaffung des Kalifats und dem Verbot der kurdischen Sprache (1923/24) war es 1925 unter traditionell konservativ ausgerichteten kurdischen Bevölkerungsteilen in Ostanatolien zum Aufstand gegen den türkischen Nationalismus gekommen. Wachsender Unmut in der Gesellschaft führte 1926 sogar zu einer Verschwörung gegen Atatürk.

Die Entwicklung seit den frühen 1920er-Jahren bis heute ist geprägt durch wirtschaftspolitische Balanceakte zwischen Versorgungsengpässen (Zweiter Weltkrieg, Ölkrise) und kurzfristigen wirtschaftlichen

Bild 5: Ankara, Atatürk-Gedenktag: *Die türkische Jugend dankt Atatürk jedes Jahr mit einem Gedenktag am 19. Mai für die Reformprogramme zur Alphabetisierung.*

Booms, zwischen Liberalisierung mit Hinwendung zu den westlichen Industrienationen (USA, Deutschland) und Versuchen der Rückkehr zum Etatismus. Man schwankte zwischen Nationalisierung und außenpolitischer Neuorientierung mit Zugeständnissen in der Wirtschafts- und Bildungspolitik bis hin zur Einführung der freien Marktwirtschaft und Wiedereinführung des Religionsunterrichts an den Schulen. Machtkämpfe zwischen einzelnen Parteien und schnell wechselnde Koalitionen und Regierungen mit jeweils unterschiedlichen wirtschafts- und sozialpolitischen Zielen bestimmen bis heute das Bild der innenpolitischen Landschaft.

Nach Atatürks Tod im Jahre 1939 beantworteten die jeweils politisch Verantwortlichen innenpolitische Krisen mit oft fragwürdigen Methoden, zu denen Notstandsgesetze, Deportationen, Parteiverbote, Einschränkung der Pressefreiheit und andere unpopuläre Maßnahmen zählten. Selbst die Umsetzung wirtschaftlicher Liberalisierungen, zuerst in den 50er-Jahren, brachte der türkischen Wirtschaft unter Ministerpräsident Turgut Özal in den 80er-Jahren nicht nur ökonomisches Wachstum und Anschluss an den Weltmarkt. So verstärkte sich die Bevorzugung einzelner Wirtschaftsregionen im Nordwesten, Westen und Süden. Vor dem Hintergrund versäumter Steuer- und Landreformen verschärfte damit die für Geschäftsleute und Großunternehmer günstige wirtschaftliche Öffnungspolitik das West-Ost-Gefälle und die Einkommensunterschiede zwischen einzelnen Gesellschaftsschichten. Zusätzlich wuchs die Inflation. Kontroversen wegen Amtsmissbrauch, Klientelismus, Korruption und Menschenrechtsverletzungen sowie die verfahrene Kurdenpolitik überschatteten den türkischen Alltag. Man leistete sich diverse teure politische Aktionen (Zypernkrise 1974, Schelfkonflikt um Öl-Bohrlizenzen in der Ägäis mit Griechenland 1973–1994, Kurdistankonflikt seit 1984). Allein 8 Mrd. US-$ beansprucht jährlich der Krieg mit der PKK (Akkaya 1998).

Neben wirtschaftlichen Problemen führte eine wachsende Radikalisierung der politischen Kräfte zu Spannungen in der Bevölkerung, die sich in Streiks und Demonstrationen, bisweilen auch heftigen bürgerkriegsähnlichen Auseinandersetzungen zwischen verschiedensten politischen Gruppierungen entluden: Mehrfach seit den 60er-Jahren (1960, 1971, 1980) griff die Armee als Hüterin des kemalistischen Erbes angesichts derartiger sozioökonomischer Spannungssituationen in die Politik und die Rechte der Zivilbevölkerung ein. Das bislang letzte Mal geschah dies 1996, als in der damals 73-jährigen Geschichte des laizistischen türkischen Staates zum ersten Mal der Führer einer islamisch-konservativen Partei, Necmettin Erbakan, das Amt des Ministerpräsidenten übernommen hatte und versuchte, eine Re-Islamisierung von Politik und Gesellschaft voranzutreiben (Akkaya 1998).

Darüber hinaus überschatten seit 1984, als die radikale kurdische Gruppierung der PKK ihren bewaffneten Kampf gegen türkische Sicherheitskräfte und „Kollaborateure“ aufnahm, gewalttätige Auseinandersetzungen in Südost-Anatolien mit inzwischen über 30 000 Toten das Tagesgeschehen in der Türkei. Dabei verlagerten sich die Konflikte in die Nachbarländer Irak und Syrien und – vor dem Hintergrund des Gastarbeitertums – verstärkt auch in unbeteiligte Länder der EU, speziell nach Deutschland. An dieser Situation hat auch die von Turgut Özal initiierte Auflockerung in der türkischen Kurdenpolitik seit dem Kuwait-Konflikt (1990/91: 2. Golfkrieg) mit Zugeständnissen in den Bereichen kurdischer Sprache, Kultur und Geschichte bis in die Tagesmedien, Vereins- und Parteienlandschaft hinein wenig geändert. Lediglich demokratische Lösungen der „kurdischen Frage“ werden mittlerweile von kurdischer Seite zunehmend artikuliert.

Fremd im eigenen Land

Die Probleme des jungen türkischen Staates, die in den späten 90er-Jahren durch die Ausweitung des Kurdenkonflikts auf Deutschland ins Blickfeld gestellt wurden, waren bis dahin trotz zahlreicher *türkischer Gastarbeiter* in der Bundesrepublik von den meisten Deutschen kaum bewusst zur Kenntnis genommen worden.

Umgekehrt war aufgrund relativ enger traditioneller Verbindungen zu Deutschland der hohe Stellenwert des Außenhandels auf beiden Seiten seit Jahrzehnten für die Türkei von großem Interesse. Dieses hat sich in den letzten vier Jahrzehnten durch das Assoziationsabkommen (1963) mit der Europäischen Gemeinschaft und die große Zahl jener Türken, die seit mehr als einem Jahrzehnt als ausländische Mitbürger in den Staaten Europas leben und arbeiten, weiter intensiviert.

Was 1961 über ein eher kurzfristig konzipiertes *Anwerbeabkommen* mit knapp 1500 Arbeitsmigranten begann, überschritt bald die Millionengrenze, sodass dem vermehrten Zuzug von türkischen Gastarbeitern und ihren Familien aus wirtschaftspolitischen Erwägungen 1973 ein Anwerbestopp entgegengesetzt wurde. Etwa 3 Mio. türkische Staatsbürger leben derzeit in Europa, über zwei Drittel davon in der Bundesrepublik. Sie bilden hier somit nach den Deutschen die zweitgrößte Volksgruppe.

Einer der ausschlaggebenden Gründe für die *Gastarbeitermigration* in den frühen 60er-Jahren war der zunehmende Bevölkerungsdruck auf dem Land. Das fast bis heute anhaltende rasche Bevölkerungswachstum als Folge effektiverer medizinischer Versorgung konnte nur teilweise durch Binnenmigration aufgefangen werden. Die Fertilitätsraten lagen damals mit 6,2 Kindern je Familie (1960) im Landesdurchschnitt recht hoch und dürften auf dem Land noch höher gewesen sein. Dort betrug die Fertilitätsrate noch 1993 3,1 Kinder je Familie (im Landesdurchschnitt 2,7). Wegen des geringen Angebots von Arbeitsplätzen außerhalb der Landwirtschaft und verstärkt durch Technisierung bestanden wenig Aussichten auf Arbeit. Deshalb wurde die Arbeitsmigration nach Europa von türkischer Seite von Beginn an als ein Mittel zur Entlastung des innertürkischen Arbeitsmarktes angesehen.

Bereits die auffällig große Zahl von Selbstständigen (1997: 31 %, meist „Ein-Mann-Betriebe" im marginalen Dienstleistungssektor) und mithelfenden Familienangehörigen (ohne Verdienst: 28,1 %) unter der arbeitenden Bevölkerung signalisiert im Vergleich zu den abhängig Beschäftigten (40,9 %) den hohen Anteil von versteckter Arbeitslosigkeit, der jährlich weiter zunimmt. Arbeitslosigkeit auf dem Land und im Zuge davon wachsende Verarmung, wo jede Verdienstquelle, also auch Kinderarbeit, trotz niedriger Lebensansprüche ausgeschöpft werden muss, sind für viele Landfamilien selbstverständlich. Die offiziellen Arbeitslosenquoten auf dem Land (1997: 9,2 %) spiegeln dies kaum wider. Allein 57 % der Beschäftigten im Agrarsektor sind unbezahlte mithelfende Familienangehörige, und von den 1,2 Mio. arbeitenden Kindern unter 14 Jahren entfallen drei Viertel auf die Landwirtschaft (Akkaya 1998).

Die Möglichkeit zur Arbeitsmigration war somit eine willkommene Alternative gegen drohende Sozialkonflikte. Die gesellschaftlichen, kulturellen, rechtlichen und Identitätsprobleme der Migranten im Gastland hatten demgegenüber eine weit geringere Bedeutung, sodass eine steuernde Strategie zur Arbeitsmigration von Seiten der Türkei nicht verfolgt wurde.

Anfangs hatte die Masse der türkischen Gastarbeiter – immer begleitet von der Vorstellung einer späteren Rückkehr in die Heimat – an einen zeitlich befristeten Aufenthalt gedacht. Als jedoch zunehmend Familien nachgeholt wurden und sich in deutschen Großstädten beträchtliche Anteile türkischer Bevölkerung in eigenen Wohnvierteln mit eigenem türkischen Informations- und Wohnumfeld (z. B. Berlin-Kreuzberg) sammelten, mehrten sich die Anzeichen für einen dauernden Verbleib in der Bundesrepublik. Trotz Anwerbestopp (1973) und Rückkehrförderungsgesetz (1983) nahm die Zahl der türkischen Wohnbevölkerung in Deutschland in den letzten Jahrzehnten um 1,2 Mio. auf 2,1 Mio. Personen zu.

Viele türkische Familien sind im Zuge der *Familienzusammenführung* vollständig oder teilweise nach Deutschland umgesiedelt. Ein Großteil der ersten Generation hat inzwischen mehr als ein halbes Leben in Deutschland gelebt und gearbeitet, fühlt sich den alten idealisierten Vorstellungen über das Heimatland entfremdet und ist über moderne Entwicklungen in der Türkei enttäuscht. Vor allem die zweite, bisweilen bereits die dritte Generation möchte gar nicht oder nicht so bald in die Türkei zurück, weil für sie deutsche Lebensweisen und Strukturen selbstverständlich geworden sind und sie mittlerweile manchen wirtschaftlichen, sozialen und auch politischen Usancen in der Türkei kritisch gegenüberstehen. Andererseits möchten sich viele aufgrund des derzeit gesellschaftlich (Integrationsprobleme, Fremdenfeindlichkeit), wirtschaftlich (Massenarbeitslosigkeit) und politisch herrschenden Klimas in der Bundesrepublik über die doppelte Staatsbürgerschaft eine Rückkehroption in die Türkei offen halten.

Die gegenwärtige türkische Politik geht davon aus, dass die Masse der türkischen Gastarbeiter im Ausland bleiben will, zumal Medien, Telefon und Flugzeug Informationsbarrieren und Entfernungen haben schrumpfen lassen. Vom deutschen *Gastarbeiter-Rückkehrgesetz* von 1984 machen derzeit jährlich lediglich etwa 40 000 Personen Gebrauch.

Für die Älteren ist die Rückkehr in der Regel noch ein Schritt in die Heimat, für die Jugendlichen jedoch bereits eine Auswanderung in die Fremde. Da sie immer weniger durch traditionell-religiöse Erziehung und Sprache im Sinne der türkischen Gesellschaft sozialisiert werden und zunehmend liberal in der „Fremde" aufwachsen, sind sie nach der Rückkehr in die Heimat nicht oder nur mit großen Problemen eingliederbar. Viele fühlen sich fremd und isoliert, müssen erkennen, dass im Gegensatz zu bisher erworbenen Verhaltensmustern, Einsichten und Einstellungen in der Türkei in vielen Bereichen andersartige Wertvorstellungen und Normen herrschen. Als *Almancı* („Deutschler, Deutschling") werden sie von vielen ihrer daheim gebliebenen Landsleute abqualifiziert – aus Missgunst bisweilen oder weil man das „freiere" Verhalten, die „andere" europäisierte Lebensweise der Heimkehrer nicht akzeptiert. Der Begriff, der in zunehmendem Maße mit abfälligen Untertönen wie „selbstgefällig", „Angeber", „Wohlstandstürke" schon fast zum Schimpfwort wurde, betrifft so auch Menschen, die seit Jahren durch beträchtliche Geldüberweisungen zur Konsolidierung der türkischen Volkswirtschaft beigetragen haben.

Berufliche Qualifikation, Erfahrungen und im Ausland erworbene Fähigkeiten spielen bei der Wiedereingliederung ins türkische Arbeitsleben eine große Rolle, denn mit dem wirtschaftlichen und technischen Aufschwung ist auch der Bedarf an Facharbeitern gestiegen. Viele Rückkehrer haben aber keinen höheren Berufsabschluss und haben auch mit ihren aus Europa mitgebrachten Lohnvorstellungen und Sozialforderungen auf dem türkischen Arbeitsmarkt schlechte Aussichten. Es besteht in der Türkei ohnehin ein Überfluss an verfügbaren Arbeitnehmern. Oft wird im Ausland erworbenes und von türkischen Industriebetrieben dringend benötigtes Know-how deshalb nicht transferiert, weil Heimkehrer im eigenen Land schon aus Prestigegründen kaum bereit sind, Jobs mit (zu deutschen Alternativen) unattraktiven Arbeitsbedingungen zu akzeptieren. Vielfach haben Rückkehrer nur dann Aussicht auf ein gesichertes Auskommen, wenn sie nach der Rückkehr über ausreichendes Kapital verfügen.

Die Mehrheit der ersten Generation der Remigranten in der Türkei hat keinen adäquaten Arbeitsplatz gefunden. Viele leben von den Zinsen ihrer Ersparnisse, die jedoch von der hohen Inflation aufgezehrt werden. Andere haben – mit größtmöglicher Sicherheit für das eingebrachte Kapital – in eine selbständige Existenz im Handwerk, Handel und Transportwesen investiert, weniger in der Industrie (etwa 1 %), da sie über entsprechende Betriebsführungskenntnisse kaum verfügen. Eine andere Möglichkeit zur Existenzsicherung ist der Immobilienankauf in den städtischen Randgebieten oder verstädterten Landgemeinden wegen zinsgünstiger Kredite in der Wohnbauförderung und zu erwartender Rendite. Die Bautätigkeit dort wird inzwischen zum größten Teil von Gastarbeitern und Remigranten finanziert, die bis zu 40 % ihrer Gesamtinvestitionen in den Haus- und Wohnungsbau stecken. Entsprechende Spekulationsgeschäfte fördern die bestehenden sozialen Ungleichheiten und Spannungen zwischen Rückkehrern und Daheimgebliebenen.

Die Landwirtschaft profitiert wenig vom Gastarbeiterkapital, obwohl mehr als die Hälfte der Remigranten zunächst in die Heimatdörfer zurückkehrt. Jeder Zweite investiert außerhalb des Dorfes, in den Ballungsgebieten oder im Küstentourismus. Die Verarmung ländlicher Räume wird damit verstärkt (Höhfeld 1995).

Auf dem Weg nach Europa?

Nicht erst seit den 80er-Jahren mit gesteigerter Exportorientierung der Wirtschaft unter Turgut Özal strebt die Türkei die Eingliederung in die Wirtschaftsgemeinschaft europäischer Staaten an. Das an landwirtschaftlichem Potenztial reiche und an industrieller Kraft zunehmend attraktivere Land sucht seit langem die Erweiterung und Verbesserung der wirtschaftlichen Aktionsfelder auch außerhalb des eigenen Landes. Ihrer Geschichte und dem daraus abgeleiteten Selbstverständnis entsprechend verhält sich die Türkei wie ein „Grenzland" zwischen Asien und Europa mit wirtschaftlichen und politischen Beziehungen zu islamischen Staaten (ECO = Economic Cooperation Organization; Islamische Konferenz) und zugleich engen Bindungen nach Westen (NATO; WEU; Europarat; EU-Assoziierung).

Wirtschaftliche, kulturelle und politische Kontakte mit Europa hatten nach und nach eine Hinwendung nach Europa gebracht und zeigten im frühen 19. Jh. mit den Reformen der Tanzimat-Periode erste Ansätze. Ihre Fortsetzung fanden sie in der Übernahme rechtlicher, kultureller, sozialer und ökonomischer europäischer Vorbilder unter Atatürk und dem Wunsch nach Vollmitgliedschaft in der europäischen Staatengemeinschaft (EU). Die Länge der Verfahrensdauer von der Beantragung (1959) bis zum In-Kraft-Treten der Assoziierung (1964) an die damalige EWG (Europäische Wirtschaftgemeinschaft) signalisierte schon damals die Problematik dieser Verknüpfung, was durch die langen und zähen Verhandlungen um die endgültige, noch ausstehende Voll-Mitgliedschaft bestätigt wird. Damit verbunden war auch die zurückhaltende Entscheidung bei der Einführung der Freizügigkeit für türkische Arbeitnehmer innerhalb der EG, die – obwohl sie im Assoziierungsvertrag für 1986 vorgesehen ist – aus arbeitsmarktpolitischen Gründen zurückgestellt wurde.

Die Zollerleichterungen seit 1971, das In-Kraft-Treten der Zollunion zwischen der EU und der Türkei (1996) und die Möglichkeiten zur Teilnahme an den Europa-Konferenzen brachten weitere Näherungsschritte. Zudem erwies sich die Türkei im Golfkrieg und im Kuwait-Konflikt trotz drohender wirtschaftlicher Verluste als verlässlicher Partner der westlichen Welt. Andererseits ist das Land, gemessen am BSP von umgerechnet nur ca. 1400 € (1994) pro Person (zum Vergleich BRD ca. 14 000 €), „ärmer" als einige Balkanstaaten. Eine Eingliederung in die EG würde Kosten verursachen, die z. B. Spanien, Portugal, Griechenland oder Irland, deren Zustimmung notwendig ist, kaum tragen könnten.

Darüber hinaus wird der wirtschaftspolitische Dialog zur EU bis heute immer wieder in Frage gestellt durch

- mehrere Militärputsche in der Türkei zur innenpolitischen Stabilisierung,
- das deutliche Entwicklungsgefälle der Türkei zur EG mit unzureichender Wettbewerbsfähigkeit und den zu erwartenden wirtschaftlichen Schwierigkeiten bei der Erfüllung der Handelsverpflichtungen gegenüber der EG/EU,
- Defizite in der Praktizierung der Menschenrechte,
- Spannungen der Türkei gegenüber dem EU-Mitglied Griechenland,
- religiös-kulturelle Vorbehalte gegenüber einem Land des islamisch-orientalischen Kulturkreises (vgl. z.B. Äußerungen der europäischen Christdemokraten in Brüssel 1997 oder des früheren mecklenburg-vorpommerischen Ministerpräsidenten 1998) und aufgrund spürbarer Re-Islamisierungstendenzen in der jüngsten Vergangenheit (unter Erbakan 1997),
- die schwindende Bedeutung der Türkei als Eckpfeiler der NATO seit Beendigung des „Kalten Krieges".

Auf dem Hintergrund der oft zitierten traditionellen „deutsch-türkischen Freundschaft" und des hohen Anteils türkischer Gastarbeiter in Deutschland nimmt die Bundesrepublik innerhalb der Beziehungen zwischen der Türkei und der Europäischen Gemeinschaft eine besondere Stellung ein. Die Türkei setzt deshalb bis heute bei ihrem Wunsch nach Vollmitgliedschaft in der EU ungebrochen auf deren Unterstützung – ungeachtet der problematischen wirtschaftlichen und sozialen Aussichten. Umso ernüchternder für die türkischen Erwartungen war die Reaktion der Bundesregierung unter Bundeskanzler Kohl, die innerhalb der EU-Kommission noch 1997 den Beitritt der Türkei von Fragen zur Menschenrechtssituation und zur Freizügigkeit der Gastarbeiter in Europa abhängig machte und damit die Diskrepanz zwischen Integrationswunsch und -realität nachhaltig beleuchtete. Mittlerweile (seit Ende 1999) zählt die Türkei zu den so genannten Beitrittsländer-Kandidaten.

RELIEFGESTALTUNG UND BODENSCHÄTZE

Bild 6: Hoher Bolkar Dağ (Mittlerer Taurus): *Hoch aufragende Gebirgsketten, wie der Mittlere Taurus bei Ulukışla, umrahmen als gewaltige Barrieren das anatolische Hochland.*

Überblick

- Eine der für die heutige Türkei wichtigsten Folgen der variskischen Orogenese war die Bildung des oberkarbonischen Steinkohlenlagers am Nordwestrand der inneranatolischen Masse, heute ein bedeutender einheimischer Energielieferant des Landes.
- Von entscheidender Bedeutung für die Gestaltung des Großreliefs der Türkei war die alpidische Gebirgsbildung zwischen Oberkreide und Jungtertiär, in deren Verlauf die großen Faltengebirgsgürtel der Pontiden im Norden und Tauriden im Süden als Rahmen des Hochlandes aufgefaltet wurden. Mit ihr wurden nutzbare Erz-Lagerstätten und die Erdölvorkommen im Südosten zugänglich.
- Die seit dem Jungtertiär intensiven tektonischen Aktivitäten mit Grabenbrüchen und Transversalverschiebungen brachten dem Land katastrophale Erdbeben, formten ein breites Spektrum vulkanischer Erscheinungen, schufen aber eine Vielzahl intramontaner Becken mit ihren für die Energieversorgung wichtigen Braunkohle-Lagerstätten.
- Hochflächen bilden die Voraussetzung für ausgedehnten Getreidebau, jedoch haben Winderosion und fluvialer Bodenabtrag erhebliche agrarwirtschaftliche Schäden angerichtet. Die Gebirge dienen Bauern als sommerliche Ergänzungsweiden. Die Schmelzwässer ihrer Firnfelder und Gletscher garantieren die Wasserführung mancher Flüsse. Durch Deltas, Küstenebenen, Grabensenken und zahlreiche Binnenbecken erhält das Land seine typische Kleinkammerung mit zahlreichen markant engen Durchbruchstälern.

Struktur des Großreliefs und Verteilung von Bodenschätzen

Der Raum der heutigen Türkei vor der alpidischen Gebirgsbildung

Die etwas grob generalisierte Vorstellung der alpidischen Gebirgsbildung, in deren Verlauf zwei große Faltengebirgsgürtel im Norden und im Süden an ein zentrales, bereits früher stabilisiertes Massiv angeschweißt wurden, bedarf der verfeinernden Modifikation, denn die heutigen Gebirge stimmen durchaus nicht überall mit den tektonischen Achsen überein.

Das Verständnis für den strukturellen Bau fällt am leichtesten, wenn man jene Phasen dieser Entstehung betrachtet, die für den heutigen Gebirgsbau des Raumes ausschlaggebend waren (Brinkmann 1976).

Zur Zeit der *variskischen Gebirgsbildung* (Orogenese) erstreckte sich im Norden ein kontinentales Festland von Südrussland bis in den gesamten Raum des heutigen Schwarzen Meeres. Davon durch einen zunächst noch flachen Meeresarm getrennt lag südlich ein etwa dreiecksförmiger, schon in vorvariskischer Zeit stabilisierter Landblock im Raum des heutigen Inneranatolien: die inneranatolische Masse oder die Halysmasse der älteren oder das *Kırşehirmassiv* der heutigen türkischen Geologen, mit seinen westlichen, heute von mächtigen ungefalteten Sedimentdecken verhüllten Ausläufern.

Vor der Südseite des Festlandgebietes im Raum des jetzigen Schwarzen Meeres bildete sich während des Paläozoikums – gleichzeitig mit fortdauernder Heraushebung des Schwarzmeerblockes – eine Saumsenke, in die hinein die Abtragungsprodukte des nördlichen Festlandblockes sedimentiert wurden. Diese Ablagerungen wurden während der variskischen Gebirgsbildung gefaltet und bildeten Gebirge, die sich in eine Zentralzone und zwei Außenzonen gliedern lassen (vgl. Abb. 7). Demnach bestand dieses ehemalige Gebirgssystem aus einer kristallinen Innenzone und nichtmetamorphen Außenzonen, ähnlich wie es von anderen Faltengebirgen bekannt ist. Auch eine Faltenvergenz nach den Außenseiten des Ge-

Abb. 7: Variskische Gebirgsbildungszonen.

Quelle: nach Brinkmann 1976 aus Hü. 1982.

birges lässt sich an einzelnen Stellen nachweisen, desgleichen Granitintrusionen.

Die *oberkarbone Steinkohlenbildung* als Folge der variskischen Gebirgsbildung in der Saumsenke zwischen Schwarzmeerkraton und inneranatolischer Masse ist der paläogeographischen Situation der entsprechenden Steinkohlenlagerstätten an den Rändern der mittel- und nordwesteuropäischen Gebirge ziemlich ähnlich:
Es ist der Rand eines Festlandgebietes gegen einen flachen Meerestrog, an dessen Rändern sich terrestrische Sedimentation und litorale Sumpfbildung abwechselten. Wie bei jeder jungen Gebirgsfaltung setzte sich auch hier der Prozess „von innen nach außen" fort. So wurden die jungpaläozoischen Schichten in der Saumsenke nach und nach von der Faltung erfasst, gehoben und eingerumpft, von neuen Sedimenten (v.a. Kreide) bedeckt und im Verlauf der alpidischen Gebirgsbildung schließlich wieder gehoben.

Der Nordteil des damals entstandenen variskischen Gebirges wurde in geologisch junger Zeit erneut abgesenkt und setzt sich heute unter dem Schwarzen Meer fort. Die Südflanke dagegen liegt heute unmittelbar an der Küste. Die tief eingeschnittenen Täler der heutigen Gebirgsabdachung haben das gefaltete Paläozoikum aufgeschlossen und zahlreiche Flöze der oberkarbonen Steinkohle streichen direkt an den Talflanken aus. Für die Entdeckung und erste Erschließung des nordanatolischen Steinkohlenreviers war das von unschätzbarem Wert, brauchte man doch nicht gleich mit den schwierigen Techniken des Schachtbaus zu beginnen, sondern konnte von den Tälern aus direkt seitlich die Stollen in den Berg vortreiben. Zudem liegen die Verschiffungsmöglichkeiten mit den Häfen von Zonguldak und Ereğli in der Nähe.

Für die Eisen- und Stahlindustrie der Türkei ist das Steinkohlenrevier von Zonguldak ein wichtiger Energielieferant. Etwa 50 Flöze sind in den kohleführenden Schichten des Oberkarbon (Namur und Westfal, zusammen etwa 1500 m mächtig) bekannt. Die Flözmächtigkeiten schwanken zwischen 0,4 und 8 m, stellenweise liegen sie auch darüber. Der flözreichste Teil ist das untere Westfal mit (bei Kozlu) 17 abbauwürdigen Flözen von zusammen 29 m Kohlemächtigkeit.

Das produktive Karbon tritt in einem schmalen Saum von 3 – 40 km Breite entlang der Schwarzmeerküste zutage. Das westlichste Vorkommen bei Çamlı liegt wenig nordöstlich von Ereğli, das östlichste bei Söğütözü, 30 km südwestlich von İnebolu, das heißt rund 160 km weiter nordöstlich. Es ist jedoch zweifelhaft, ob es sich um eine zusammenhängende Lagerstätte handelt. Die mehrfache Einbeziehung des Gebietes in Gebirgsbildungsprozesse hat zu starken Störungen der Lagerungsverhältnisse geführt. Die großen Synklinalen (Mulden) und Antiklinalen (Sättel) der variskischen Faltung wurden im Verlauf der alpidischen Gebirgsbildung in zahlreiche Einzelschollen zerlegt und verstellt. Die Flöze sind also von ganz verschiedener Zugänglichkeit.

Eine weite geologische Antiklinalzone, die sich weiter landeinwärts von İnebolu bis etwa Safranbolu/Karabük hinzieht, gilt ebenfalls als kohlehöffig. Abgebaut wird bisher nur in einem etwa 50 km langen Gebiet nahe der Küste zwischen Kandilli im Westen und Gelik bei Çaycuma im Osten, Zonguldak liegt etwa im Zentrum.

Die Qualität der nordwestanatolischen Steinkohle ist regional verschieden. Die westlichen Gruben bei Kandilli liefern eine gute Gasflammkohle mit einem Heizwert von 7000 – 7500 cal, der Aschenanteil liegt hier allerdings mit 20 – 30 % recht hoch, in den östlicheren Abbaugebieten sogar bei 35 %. Dafür liefern diese Gruben eine gut bis sehr gut zur Verkokung geeignete Kohle, was für die nahen Stahlwerke von Karabük und Ereğli von Bedeutung ist. Die abbauwürdigen Vorräte werden auf 1100 Mio. t Rohkohle (ungereinigt) geschätzt (Fördermengen und Vermarktung vgl. S. 259).

Die alpidischen Gebirge

Während des Mesozoikums hatte das alte Festland im Norden, der Schwarzmeerkraton, zunächst noch weiter existiert. Die variskisch gefalteten Gebiete im Süden davon, also im Bereich der heutigen nordwestlichen und zentralen Türkei, dürften relativ abgetragen und abgesenkt gewesen sein, da sich auf den darüber ziehenden Rumpfflächen spätmesozoische Sedimente (v.a. Kreide) auflagern konnten. Teile Westanatoliens (das so genannte *Menderesmassiv*) und des heutigen äußeren Osttaurus (das *Bitlismassiv*) wurden tektonisch so weit abgesenkt, dass sie der Metamorphisierung unterlagen. Meerestransgressionen konnten mehrfach weithin das Land überfluten, wenn auch wohl vorwiegend als Flachsee. Das Land war noch eine Art Vorfeld des nördlichen Kontinents, im Süden dehnte sich noch der Tethysozean in viel größerer Breite als das heutige Mittelmeer aus. Die Landblöcke von Afrika und Arabien als Teile der alten Gondwanascholle waren noch relativ weit entfernt.

Während des Mesozoikums deutete sich bereits die spätere alpidische Faltungsrichtung durch Geosynklinaltröge an. Der Festlandblock im Gebiet des Schwarzen Meeres hob sich vermutlich permanent und langsam, denn seine Abtragungsprodukte füllten die Saumsenke an seiner Südseite, zwischen dem Schwarzmeerblock und dem variskisch stabilisierten Nordanatolien. Diese „Naht" zwischen den beiden Blöcken, aus der später das Pontische Gebirge entstehen sollte, war zunächst noch labil: Durch regionale Dehnung der Erdkruste verdünnte sich die Erdkruste in der Synklinalzone zwischen beiden Blöcken, Absenkungstendenzen mussten folgen, Teile des variskisch bereits gefalteten Gebietes sanken mit ab.

Zwischen dem variskisch stabilisierten Nordwestanatolien und der zentralanatolischen Masse zeichnete sich eine weitere Senkenzone ab, die nördlich entlang des altverfestigten inneranatolischen Massivs aus dem heutigen Nord-Ägäisgebiet nach Osten führte. Schließlich zeigte sich eine dritte Synklinalzone südlich des inneranatolischen Massivs und einiger Reste angeschweißter variskischer Gebirgsteile. Ihr Verlauf lässt sich aus dem Westtaurus über Zypern und den heutigen äußeren Osttaurus bis zum Zagrosgebirge verfolgen.

Diese drei für die Entwicklung unseres Raumes bedeutsamen Geosynklinalen des Mesozoikums (vgl. Abb. 8) hatten in den einzelnen Stadien dieses Erdzeitalters jeweils eine etwas verschiedene Lage, leichte Verschiebungen nach Norden oder Süden kamen vor, die generellen Verlaufsrich-

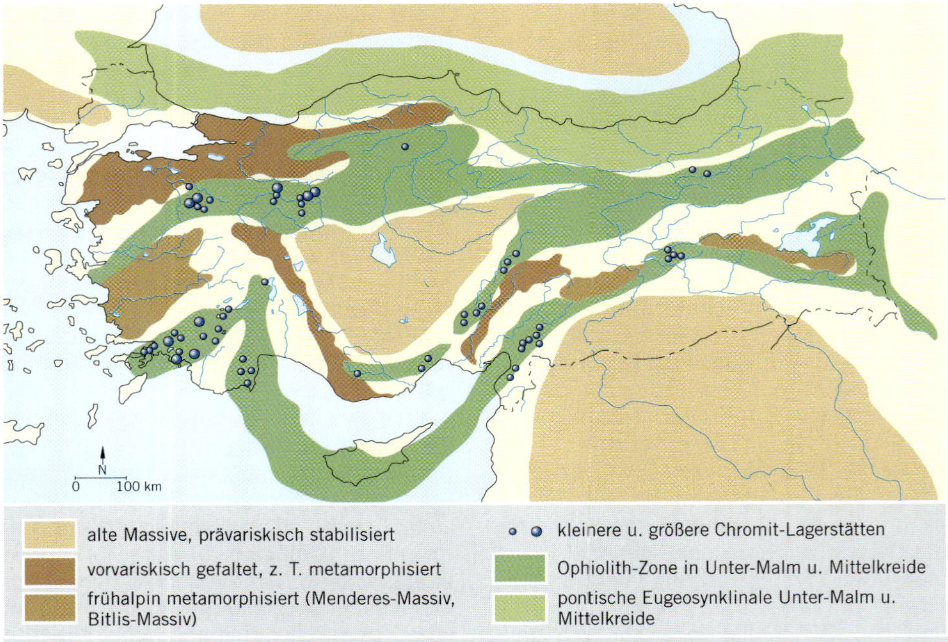

Abb. 8: Synklinalzonen der alpidischen Orogenese und Chromitlagerstätten: *Die Vorkommen von Chromerzen sind an die Ophiolithserie der tiefen Synklinalen des Mesozoikums gebunden.*

Quelle: nach Brinkmann 1976 aus Hü. 1982.

tungen blieben aber ziemlich gleich. Wichtig ist, dass sie alle in einer bestimmten Abfolge gewisse Entwicklungsstadien durchliefen, die zur tektonischen Bewegung der benachbarten Erdschollen in Beziehung standen und ihrerseits für die spätere Gebirgsbildung bedeutsam waren.

Das Stadium einer flachen *Miogeosynklinale*, die sich nur mit Sediment von den randlichen Festländern füllte, stand in allen drei Fällen am Anfang. Bei verstärkter Absenkung können sich daraus als zweiter Typ die tieferen *Eugeosynklinalen* entwickeln, die durch Aufdringen magmatischer Gesteine (andesitische Laven und Tuffe) charakterisiert sind, welche die Sedimentgesteine durchsetzen oder überlagern. Bis zu diesem Stadium kam die nördlichste (pontische) Geosynklinale.

Beim dritten Geosynklinalstadium tritt starke seitliche Zerrung der benachbarten Schollen hinzu, wodurch der Boden der Senke so extrem ausgedünnt wird, dass dieser hier fast unmittelbar durch die untere Erdkruste gebildet wird, so wie etwa bei Ozeanböden. Als Folge können basische bis ultrabasische Tiefengesteine in diesen grabenartigen Senkungszonen aufsteigen, sodass die Füllungen der Synklinalen eine z.T. metamorphisierte Zusammensetzung haben, die man als Ophiolithserie bezeichnet. Neben den magmatischen Tiefengesteinen treten Tiefsee-Sedimente auf (Radiolarite), aber auch andere wie Flysch, Sandstein und Kalkstein.

Dieser letztgenannte Geosynklinal-Typ bildete sich seit der Trias im mittleren und im südlichen Anatolien z.T. wiederholt entlang der gleichen beiden Achsen aus. Damit zeichneten sich Nahtstellen und Säume eines neuen, werdenden Landblocks ab, und diese zunächst noch instabilen Geosynklinalzonen zwischen älter stabilisierten Blöcken sollten bald die Hauptachsen der Gebirgsbildung werden. Ihr ehemaliger Senkencharakter und ihr Verlauf sind bis heute an der räumlichen Anordnung der Gesteine der Ophiolithserie, unter denen die Serpentine besonders auffallen, zu verfolgen.

Diese Gebirgsbildung begann, vom Kontinent Eurasien aus gesehen, „von innen nach außen“: Sie ist zuerst im Schwarzmeergebiet bemerkbar; bereits im Lias treten Diskordanzen auf, die auf erste Bewegungen hinweisen (Kimmeridgephase). Die Inneren Pontiden bildeten sich, unter gleichzeitigem Eindringen granodioritischer Plutone, im mittleren und späten Kimmeridge.

Größere Faltungen müssen gegen Ende der Kreide bis zum frühen Tertiär stattgefunden haben, in der Reschenphase und (in Südanatolien) in der laramischen Phase. Insbesondere Ophiolithtröge der mittleren Geosynklinale wurden zusammengequetscht und bekamen ihre chaotische Struktur, die die Geologen als „coulered melange“, „facies brouillé“, „bunte Serie“ bezeichnen. Stellenweise wurde die gefaltete Ophiolithzone schubdeckenartig überfahren: Im äußeren Osttaurus wurde so das kristalline Bitlismassiv bis zu 15 km auf die Ophiolithserie geschoben. Auch im Westtaurus sind Überschiebungen wahrscheinlich.

Die Faltung der so genannten äußeren Pontiden, die heute den Hauptteil des Pontischen Gebirges einnehmen, vollzog sich in der pyrenäischen Phase der (jüngeren) alpidischen Gebirgsbildung. Eine leichte Kipprichtung der Falten nach Norden ist vielfach erkennbar, Plutone drangen in den Antiklinalen auf. In diese Phase fiel auch die Faltung des inneren Westtaurusbogens, der sich geologisch von Bodrum nach Nordosten Richtung Eğridir und dann nach Südosten zur Küste bei Alanya hinzieht. Die Faltung bildete Schuppen und (nach Brunn 1974) Überschiebungen von bis zu 150 km.

Die jüngsten Faltungen im westlichen Taurus gehörten der Steirischen Phase an, in der der „Restkeil“ im Winkel des Westtaurus gefaltet wurde, wiederum wahrscheinlich mit Überschiebungen. In Südostanatolien fand mit den pliozänen Randfalten vom Typ des Schweizer Jura, die partiell schon in den Decksedimenten der Arabischen Tafel angelegt sind, die Faltengebirgsbildung im Taurusbereich ihr Ende.

Am kompliziertesten waren die Vorgänge im heutigen Mittelanatolien. Das alte inneranatolische Massiv (Kırşehirmassiv) blieb fast unbeeinflusst und wurde nur entlang einer markanten Bruchlinie am Tuz Gölü in einen östlichen, leicht gehobenen und einen westlichen, stärker abgesenkten Flügel zerlegt. Der Bereich der mittelanatoli-

Bild 7: Ararat (Ağrı Dağ) in Ostanatolien: *Der mit 5137 m Höhe höchste Berg der Türkei verdankt seine Entstehung dem spät- bis postorogenen Vulkanismus.*

schen Ophiolithzone aber war von zahlreichen, in der Richtung wechselnden Faltungen und Brüchen betroffen. Die Einbeziehung von Teilen variskisch konsolidierter Massen komplizierte das Gefüge.

Im östlichen Teil modifizieren Salzdome das Bild. In Ostanatolien sind die letzten gebirgsbildenden Phasen von intensiver vulkanischer Tätigkeit begleitet. Der größte Teil der ausgedehnten Basalt- und Andesitareale des Ararathochlandes verdankt seine Entstehung dem spät- bis postorogenen Vulkanismus (Bild 7). Die Ostfortsetzung der mittleren Ophiolithzone wird damit weitgehend verschleiert und ihre Rekonstruktion bleibt hypothetisch.

Gebirgsbau und Lagerstätten

Viele für die Türkei wichtige oder charakteristische *Lagerstätten* ordnen sich mehr oder weniger deutlich entlang der tektonischen Zonen an. Das gilt besonders für die Vorkommen des für die Türkei wichtigen *Chromits* (vgl. Abb. 8).

Die bedeutendste Mineralisierung trat während und nach der pyrenäischen Faltungsphase (Alttertiär) ein: Im Bereich der Pontiden entstanden die hydrothermalen *Kupfererz*-(meist Pyrit-)Lager im Kontaktbereich zu verschiedenen Plutonen. Vorkommen bei Küre nördlich Kastamonu und bei Murgul östlich Rize sind zum Abbau reich genug. Eine weitere Kupferzone zieht sich entlang des äußeren Osttaurus, wo u. a. die bekannte Lagerstätte Ergani Maden liegt.

Der zentrale Hauptteil des Landes gilt als *Blei-Zink-Zone*. Die Mineralisierung konzentriert sich dabei auf Gebiete der Ophiolithzonen. Die kristallinen Gebiete des Menderes- und des Kırşehirmassivs sind nach bisherigem Kenntnisstand auffallend arm an metallischen Lagerstätten.

Die im Zusammenhang mit der Gebirgsbildung in den Geosynklinalräumen aufgedrungenen Plutone (Granit, Syenit, Granodiorit) haben in ihren Kontaktzonen ebenfalls zur Bildung metallischer Lagerstätten geführt. Dazu gehören die ostanatolischen *Eisenerzvorkommen* im Raum Sivas, wo u. a. bei Divriği das wichtigste türkische Vorkommen im Kontaktbereich eines Syenitplutons zu umgebendem Kreidekalkstein entstanden ist. Es handelt sich vorwiegend um Hämatit mit einem Eisengehalt zwischen 50 % und 60 %.

Nach Abklingen der geologisch gebirgsbildenden Vorgänge war der Raum, den die heutige Türkei einnimmt, noch keineswegs jenes gebirgsumwallte Hochland, das wir heute kennen. Im frühen Tertiär zeichnet sich der Zentralteil des Landes schon als Festland ab, aber die Räume der heutigen nördlichen und südlichen Randgebirge sind noch Meer. Diese jungen Orogene sind noch nicht oder kaum gehoben, während die geologische Gebirgsbildung in den Synklinalräumen schon im Wesentlichen vollzogen ist. Marine, limnische und terrestrische Sedimente des Oligozän, z.T. noch des Miozän, können sich darüber ablagern.

Eine grundlegende Änderung ist im Norden eingetreten: Der altstabilisierte Landblock im Bereich des Schwarzen Meeres sinkt seit der späten Kreidezeit ab. Damit bildet sich, vorwiegend im Tertiär, das Meeresbecken des Schwarzen Meeres.

Im Oligozän heben sich die Randgebirge allmählich heraus, die inneranatolischen Landesteile sind damals flache, z.T. von Seen oder Lagunen bedeckte Rumpfflächen. Damit hat sich ein Festlandblock zwischen einem nördlichen und einem südlichen Meer gebildet, und die Frage der Meeresverbindungen zwischen beiden taucht auf. Noch hat das Schwarze Meer über Kaukasien und Ostanatolien eine breite Schelfmeerverbindung zum Mittelmeer. Der Osten des Landes liegt noch im Miozän tiefer als der Westen. Aber auch eine westliche Meeresverbindung zeichnet sich ab: Die flächenhaft breite Seeverbindung über ganz Thrakien hinweg verengt sich im Miozän zu einer relativ schmalen Meerenge, die bereits die heutigen Meerengen von Bosporus und Dardanellen andeutet.

Im Jungtertiär, während des Neogens (Miozän und Pliozän werden aus stratigraphisch-praktischen Gründen oft zum Neogen zusammengefasst), vollziehen sich in der steirischen Phase der alpidischen Gebirgsbildung die letzten Sedimentfaltungen in Südostanatolien.

Dieses System der Randfalten mit mächtigem Sedimentpaket, das auf dem Nordrand der arabischen Tafel lagert, stellt eine Nordwestverlängerung des äußeren Zagrosgebirges dar. Die Verformung in der steirischen Phase der Gebirgsbildung ist dort somit vorwiegend vom Juratyp. Einfache Antiklinalen und Synklinalen dominieren, nur hin und wieder treten überkippte oder leicht überschobene Falten auf.

Damit hat die Türkei randlich Anteil an geologischen Strukturen, die sich im Persisch-Arabischen Golf durch ihre gewaltigen *Erdölvorkommen* auszeichnen. In den mäßig verformten Antiklinalen bestehen ideale Voraussetzungen für den Aufstieg des Erdöls in Speichergesteine. Allerdings existiert ein Erdölmuttergestein im Liegenden auf türkischem Gebiet nur noch sehr begrenzt; die reichen Erdölvorkommen vom Golf nehmen deshalb nach Nordwesten hin an Ergiebigkeit ab.

Grundsätzlich sind Erdöl- und Erdgasvorkommen auch in einigen anderen Gebieten der Türkei nicht ausgeschlossen, wo relativ mächtige, nur wenig gestörte Sedimentpakete auf einer mehr oder weniger stabilen Basis liegen. Das gilt für den Westflügel des südöstlichen Taurusvorlandes, wo im Raum Adıyaman immerhin kleinere Funde gemacht wurden; das gilt auch für das Tuz-Gölü-Becken in Zentralanatolien, wo mehrere Probebohrungen vorgenommen wurden, und für das thrakische Becken, wo kleinere Erdgaslagerstätten gefunden wurden (vgl. Abb. 9).

Hoheitsrechte und Erdöl im ägäischen Schelfgebiet

Von sehr aktuellem Interesse sind die „untergetauchten“ Küstengebiete der Schelfregion. An allen die Türkei begrenzenden Meeren gibt es Schelfgürtel verschiedener Breite, von denen bekannt ist, dass hier Sedimenttafeln flach abgesenkt wurden und demnach dort Erdölfunde nicht auszuschließen sind. Entsprechende Explorationskonzessionen wurden vom türkischen Staat für fast das gesamte Schelfgebiet am Schwarzen Meer sowie für den Mittelmeerschelf im Golf von Antalya und von Silifke bis İskenderun vergeben. Türkische und ausländische Gesellschaften halten die Konzessionen für Felder von wechselnder Größe.

Die volle Souveränität Griechenlands über die Inseln vor der anatolischen Westküste wird von der Türkei nicht bestritten. Die Küsten des Festlandes wie aller Inseln werden von Hoheitsgewässern umgeben, für die Griechenland wie die Türkei – jeweils auch unbestritten – im Ägäisgebiet

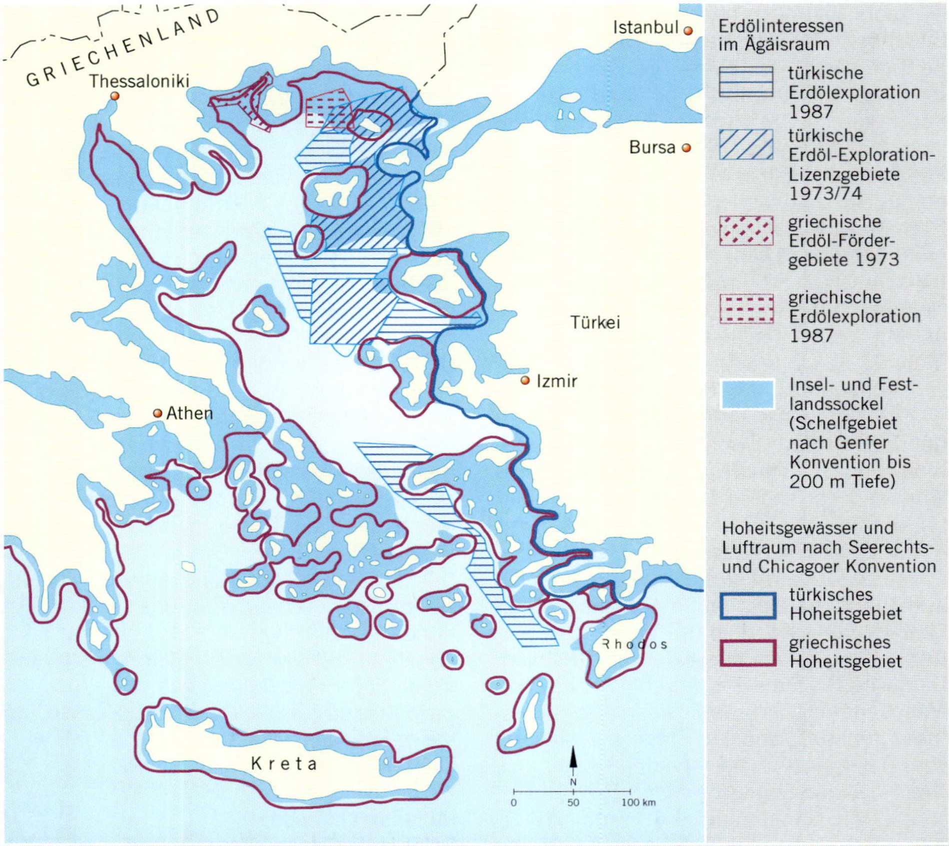

Abb. 9: Hoheitsgrenzen, Schelfrand und Erdölinteressen im Ägäisraum.

Quelle: nach Struck 1996.

eine 6-Seemeilen-Zone beanspruchen. Bei den Inseln Mytilene, Chios, Samos und Kos sowie bei einigen kleineren Inseln überlappen sich jedoch die entsprechenden Ansprüche. Die Entfernung vom türkischen Festland beträgt bei Mytilene 3 sm, bei Chios 5, bei Kos 2 und bei Samos 1 sm. In allen diesen Fällen gilt der internationale Rechtsgrundsatz, dass die Hoheitsgewässer jeweils bis zur Mittellinie der betreffenden Meeresstraße reichen. Von allen größeren türkischen Seehäfen ist das offene Meer ohne Berührung griechischer Hoheitsgewässer erreichbar. Insoweit ist der Seegrenzverlauf unproblematisch. Erst die von Griechenland gelegentlich in Erwägung gezogene Ausdehnung des Hoheitsgebietes auf 12 Seemeilen würde bewirken, dass griechische Hoheitsgewässer vor der türkischen Westküste einen geschlossenen Gürtel bilden, womit ein sehr ernster Konflikt aufbrechen würde. Im Mittelmeer und im Schwarzen Meer beansprucht die Türkei allerdings eine 12-sm-Hoheitszone.

Die Schwierigkeiten im Ägäisraum begannen sich abzuzeichnen, als an anderen Stellen der Welt die Ausbeutung von Bodenschätzen im Schelfgebiet außerhalb der Hoheitsgewässer begann, nachdem die Seerechtskonferenz der UNO 1958 Grundsätze über die Aufteilung der Nutzungsberechtigungen vereinbarte und 1969 der Streit um den Nordseeschelf geregelt wurde. Das allgemeine Prinzip dieser Abmachungen ist die Aufhebung des Grundsatzes von der „Freiheit der Meere" für den Schelfbereich und das Anrecht eines jeden Staates auf ausschließliche Nutzung eventueller Bodenschätze auf dem Schelf vor seinen Küsten. Das Problem der Abgrenzung bei Inseln dicht vor einer fremdstaatlichen Küste tauchte in der generellen Diskussion bislang nicht auf, sodass es bis heute keine Vorbilder internationaler Übereinkommen gibt.

Als Anfang der 70er-Jahre das Schelfproblem auch im Mittelmeerbecken aktuell wurde, sah sich die Türkei vor die Situation gestellt, dass die Ägäis von Griechenland quasi als griechisches Binnenmeer angesehen wurde. Griechenland forderte die Rechte am Schelf um alle seine Inseln herum, auch außerhalb der Hoheitsgebietsgrenzen.

Nun sind bei den meisten ostägäischen Inseln keine besonderen, isoliert definierbaren Schelfgebiete um die Inseln vorhanden. Der Schelf zieht sich vom Festland bis zum Rand der tiefen zentralägäischen Becken, und die Inseln sitzen ihm als abgesenkte Gebirge auf. Die Türkei bediente sich deshalb im Laufe der Auseinandersetzungen nicht einer politischen, sondern einer geowissenschaftlichen Argumentation: Schelf sei ein Phänomen am Rand größerer Festlandsgebiete, und Inseln hätten keinen „eigenen" Schelf. Der Rand des anatolischen Schelfs seien die zentralägäischen Becken und damit etwa durch die Mittellinie des Meeres zu beschreiben. Auf der östlichen Seite dieser Linie, also auf dem anatolischen und ostthrakischen Schelf, fühle sich die Türkei berechtigt, Explorationskonzessionen zu vergeben, selbstverständlich nur außerhalb der 6-sm-Hoheitszone um die griechischen Inseln.

Sachlich ist diese Argumentation zweifellos verständlich. Zu ihrem besseren Verständnis versuche man sich vorzustellen, dass Helgoland etwa heute noch, wie de jure bis 1890, zu Großbritannien gehören würde. Die ganze innere Deutsche Bucht könnte von England zwecks Ausbeutung der Bodenschätze beansprucht werden, und für eine sinnvolle Abgrenzung der Interessengebiete gäbe es nirgendwo eine natürliche Grenzlinie.

Im Ägäisraum laufen die Explorationen von türkischer und griechischer Seite weiter, und zwar teils in den gleichen Seegebieten. Die türkischen Interessen- und Lizenzgebiete sind in Abb. 9 dargestellt (Struck 1996).

Bruch-Tektonik und Vulkanismus seit dem Jungtertiär

Gegen Ende des Tertiärs beginnt fast das gesamte Gebiet des heutigen Anatolien aufzusteigen, einerseits en bloc, andererseits selektiv, wobei einzelne Schollen rascher ansteigen, andere dagegen zurückbleiben oder absinken. In Westanatolien ist diese Hebung relativ schwach, z.T. handelt es sich sogar um absolute Absenkung. Dadurch wird die Verbindung zu den östlichen ägäischen Inseln, die eigentlich Teile des anatolischen Festlandes sind, unterbrochen. Im Osten ist die Hebungsintensität erheblich stärker: Das Gebiet der nördlichen syrisch-mesopotamischen Tafel wurde ab dem späten Miozän landfest, Anatolien und der Block der arabischen Tafel wuchsen orographisch zusammen. Selektive Hebung lässt Horste, Gräben und flache Becken hervortreten. In wechselnder Ausdehnung können sich in den tieferen Teilen terrestrische und limnische Sedimente des Neogens ablagern, deren Material bereits aus den aufsteigenden Gebirgen stammt.

Diese wohl zunächst noch recht flachen Becken des Jungtertiärs werden in ihrer späteren Entwicklung, mit akzentuierter Absenkung (bzw. Heraushebung der umgebenden Gebirgsstöcke), zu jenen Landschaftstypen, die die Türken als *Ova*, als Beckenebene, bezeichnen. Es gibt Tausende davon, in allen Dimensionen. Sie wurden in historischer Zeit die Kernräume menschlicher Siedlung und Wirtschaft, sie sind die eigentlichen Gunstlandschaften in dem ansonsten vorwiegend gebirgigen Land.

Von besonderer Bedeutung ist, dass die jungtertiären Frühformen dieser Becken anscheinend zunächst noch flach und häufig hydrographisch isoliert voneinander waren. So konnten oder mussten sich in vielen dieser Becken Seen oder Sumpfgebiete mit mächtigen Torflagern bilden. Die Becken wurden dann früher oder später von der peripheren Erosion erreicht und damit drainiert, Seen und Sümpfe trockneten weitgehend aus, und die Sedimentation von den Rändern der umgebenden Gebirge deckte die See- und Sumpfablagerungen zu. Bei den Torflagerstätten trat damit ein Inkohlungsprozess ein, der bis zum Stadium der Braunkohle (Lignit) gelangen konnte.

Diese *Braunkohlenlagerstätten* treten fast in allen größeren und in vielen kleineren Ovas auf, bisweilen in zahlreichen getrennten Flözen. Für die türkische Energieversorgung sind diese Vorkommen von unschätzbarem Wert, wenngleich ihre absolute Bedeutung nicht übermäßig groß ist. Zwei Umstände schränken ihren Wert ein: Die meisten Braunkohlenlagerstätten liegen in relativ eng begrenzten Becken mit viel anorganischem Einschwemm-Material. Die Verunreinigung ist also hoch, die Qualität folglich gering, die Kalorienwerte liegen nur bei den besten Lagerstätten um 5000–7000 Kcal/kg (Karaisalı/Kozan, Suluova, Yusufeli). Die fortschreitende Beckenabsenkung im Pleistozän betraf bevorzugt die Zentren der Becken, sodass entsprechende flözhaltige Sedimente oft am Beckenrand noch anstehen, zur Beckenmitte hin jedoch, wo die mächtigsten Flöze zu erwarten sind, von umfangreichen jungen Beckenfüllungen überdeckt sind. Dort sind sie infolge ihrer tiefen Lage nicht rentabel abbaubar. Noch schwieriger wird das Problem des Abbaus im Falle der jungtertiären oder pleistozänen Überlagerung mit Vulkaniten.

Der Kenntnisstand über die Braunkohlenvorkommen ist noch sehr unvollkommen. Die Karte von Lüttig (1968) zeigt weit über hundert bekannte Vorkommen und „Hoffnungsgebiete" zwischen Thrakien und Vansee. Viele der bekannten Vorkommen liegen allerdings in Becken, die trotzdem nicht zu den Hoffnungsgebieten gehören: Die Vorkommen sind zu geringmächtig oder zu stark gestört. Chancen für noch zu entdeckende Vorkommen bestehen in den Becken Westanatoliens, auch im südwestanatolischen Seengebiet sowie in den Ketten intramontaner Becken Nordanatoliens. Kaum Chancen haben Inneranatolien und das Gebiet am Nordrand der arabischen Tafel.

Bis zum Tertiär waren die Hauptvorgänge, die zur Stabilisierung und zum Zusammenwachsen der anatolischen Landmasse führten, orogener Natur. Aus großen Synklinaltrögen entwickelten sich Faltengebirgskomplexe, die die älteren, bereits stabilisierten Massive miteinander verkitteten. Vulkanische Tätigkeit war zunächst auch an diese Zonen gebunden.

Gegen Ende des Tertiärs und im Pleistozän änderte sich die ganze Mechanik. Der anatolische Block war inzwischen stabilisiert, aber der Schub der alten Gondwanascholle Afrika-Arabien nach Norden dauerte noch an. Dieser bewirkte noch die Entstehung der Randfalten vor dem äußeren Osttaurus und im Zagrosgebiet. In größerer Tiefe pflanzte er sich weiter nach Norden fort. Dort lagen bereits ebenfalls quasi starre Teile der Erdkruste, die nicht mehr durch Faltung reagieren konnten. Nur im Westen lag mit dem Levantebecken des Mittelmeeres und mit Teilen der Ägäis ein Rest des alten Tethysozeans.

Der Druck der Arabischen Scholle von Süden bis Südosten und das Widerlager Anatolien im Norden und Nordosten mussten also zu einer keilförmigen Ausscherung eines Großteils der anatolischen Scholle nach Westen führen (vgl. Abb. 10).

Mehrere große, tief greifende Verwerfungssysteme rissen infolge dieses Druckes auf. Das bedeutendste ist die große nordanatolische Verschiebungsachse, die sich von Ostanatolien, etwa von Bingöl über Erzincan, das Kelkittal, das Kızılırmakknie, durch die Beckenreihe von Gerede – Bolu – Düzce – Adapazarı bis zum Marmarameer und bis in die nördliche Ägäis verfolgen lässt. Entlang dieser Achse verschob sich der südlich gelegene Hauptteil Anatoliens nach Westen, Verschiebungsbeträge von ca. 30 km sind bekannt (Kopp u. a. 1969). Horizontalverschiebungsbeträge während eines einzelnen Erdbebens erreichen bis zu 4,5 m, vertikale Verstellungen bis zu 1,5 m wurden beobachtet.

Eine derartige Schollenbewegung stabilisierter Massen kann nur entlang von Störungslinien erfolgen, die relativ geradlinig oder sehr großzügig geschwungen sind und die tief in die Erdkruste hineinreichen. Das bedeutet, dass diese Störungslinien sich nicht oder nur sehr begrenzt an die alten Strukturzonen des alpidischen Faltengebirgsbaus halten können. Die große nordanatolische Verschiebungsachse läuft zwar im Mittelteil parallel zur nördlichen Ophiolithzone der alpidischen Gebirgsbildung, schneidet aber im Westen durch variskisch stabilisierte Massen und im Osten schräg

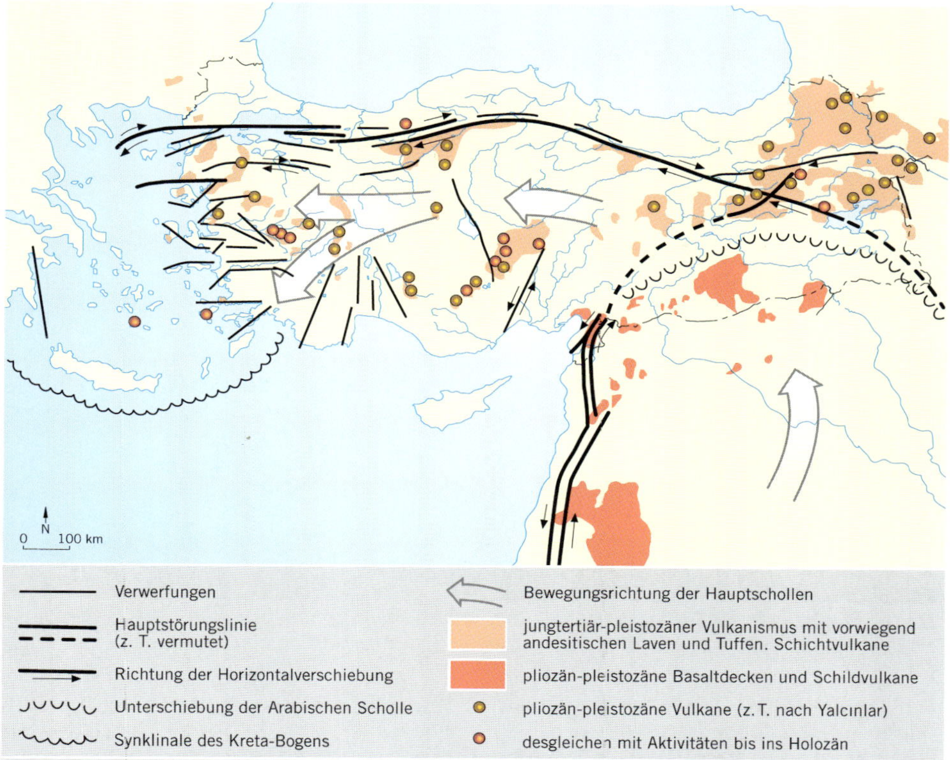

Abb. 10: Horizontalverschiebungen, Hauptstörungslinien und junger Vulkanismus.

Quelle: z. T. nach Brinckmann 1976.

durch mehrere Zonen der alpidischen Gebirgsbildung hindurch. Auch die Abscherung der Hauptmasse Anatoliens an der nach Norden pressenden arabischen Scholle erfolgt nicht entlang der Linie, an der die arabische Scholle unter das Orogon des äußeren Osttaurus abtaucht, sondern nördlich davon, entlang einer (allerdings noch umstrittenen) Störungslinie, die sich vom Nordende des Rotmeer-Jordan-Grabens bei Maraş über Elazığ-Bingöl Dağ auf den oberen Arasfluss verfolgen oder (nach Epizentren von Erdbeben) vermuten lässt. Im Gebiet nördlich Bingöl schneidet sie die Südostfortsetzung der nordanatolischen Horizontalverschiebungslinie, die über den Vansee in Richtung auf den nördlichen Zagros weiterläuft. Das zentrale Ostanatolien ist also gewissermaßen das „Scharnier“, wo entlang mehrerer sich schneidender tiefer Störungen der Nordschub der arabischen Scholle in eine Westbewegung der anatolischen Scholle umgesetzt wird. Das erklärt auch die Tatsache, dass in diesem Teil der Türkei spättertiäre und pleistozäne vulkanische Tätigkeit in besonders starkem Maße zum Aufbau des heutigen Reliefs beigetragen hat.

Die generelle West- bis Südwestverschiebung des Hauptteils Anatoliens findet im Westen und im Südwesten kein „Widerlager“. Die anatolische Scholle kann sich bei ihrer Verschiebung nach Westen im Ägäisraum verbreitern und nach Südwesten ausweichen. Die Folge ist das Aufreißen zahlreicher Gräben, die vom westlichen Inneranatolien nach Westen und Südwesten in den Ägäisraum hinein auffächern.

Erdbebenzonen

Die jungen Verwerfungslinien sind bis in die Gegenwart aktiv, der Prozess der seitlichen Verschiebung an der großen nordanatolischen Störung und anderen Linien hält an (Bild 8). Für den Menschen der Gegenwart zeigt sich diese fortdauernde

Bild 8: Pamukkale bei Denizli: *Deutliche breite und tiefe Erdbebenspalten quer zu den Tuffrinnen von Pamukkale zeigen die fortdauernde tektonische Unruhe des Raumes.*

tektonische Unruhe v. a. in der Häufigkeit, Stärke und Verteilung von Erdbeben.

Die Verbreitung der Erdbebenzonen zeigt nach Karnik (1971) eine eindeutige Bindung an die Achsen rezenter Tektonik (vgl. Abb. 10 und 11). Die bedeutendste Erdbebenzone folgt der nordanatolischen Horizontalverschiebungslinie vom Marmarameer bis nach Erzincan, wo sie sich in zwei Äste aufspaltet. In dieser Zone wurden Beben bis Stärke 8,1 der zwölfteiligen Mercalli-Skala registriert. Andere Achsen folgen den Scherzonen am Rand der arabischen Tafel, treffen im inneren Ostanatolien mit der nordanatolischen Achse zusammen und markieren eines der erdbebenreichsten Gebiete der Erde. Auch in Westanatolien ist der Gesamtraum der jungen Grabentektonik von Erdbeben stark betroffen. Hier zerstörte, nach Vorbeben am 26. und 27. September, am 1. Oktober 1995 gegen 18 Uhr ein Erdbeben mit einer Stärke von 6,1 auf der nach oben offenen Richter-Skala die Kreisstadt Dinar (30 000 Einw.). Es gab 90 Tote und 260 Verletzte. 45 % der Häuser Dinars wurden zerstört. Die Region um Dinar wurde im 20. Jh. dreimal von katastrophalen Erdstößen erschüttert: 3.10.1914 (Burdursee: Stärke 7; 4000 Tote), 1925 (Stärke 6; 300 Tote) und 1971 (Burdur: Stärke 6,2; 57 Tote). Zentralanatolien, der südliche Taurus und Thrakien sind dagegen vergleichsweise stabil.

Stärke und Häufigkeit der Beben sind in weiten Teilen der Türkei eine schwere Belastung. In den Haupterdbebenregionen wiederholen sich starke Beben in Abständen von wenigen Jahrzehnten. Tausende von Menschen werden jeweils obdachlos, Hunderte, manchmal Tausende kommen in den Trümmern der Gebäude um. An den extremen Personen- und Sachschäden hat allerdings neben der traditionellen Bautechnik nicht zuletzt auch verantwortungslose moderne Bauweise der Häuser ihren Anteil. Die locker zusammengefügten, oft nur mit Lehm verschmierten Bruchsteinbauten und Häuser aus luftgetrockneten Lehmziegeln sind selbst mäßigen Erdstößen nicht gewachsen. Da zudem in weiten Teilen des Landes Dächer meist aus einer dicken Lehmdecke über einer tragenden Balkenlage bestehen, bedeutet deren Einsturz jedesmal eine Katastrophe. Die Fachwerkkonstruktionen des nordanatolischen Waldlandes sind dagegen widerstandsfähiger.

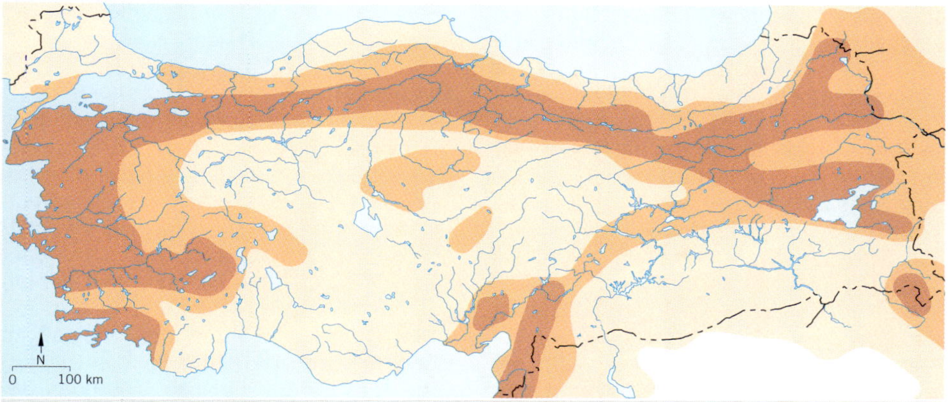

Quelle: nach Karnik 1971.

Abb. 11: Erdbebenzonen der Türkei: *Die Zonen mit Häufungen schwerer Erdbeben folgen den Achsen junger Transversal- und Grabentektonik (vgl. Abb. 10).*

Als ein Einzelbeispiel aus den zahlreichen Fällen der letzten Jahrzehnte mag das schwere Erdbeben von Gölcük in der Nordwesttürkei (1999) angeführt werden, über das wir aus verschiedenen Quellen informiert sind (Gleick 1999, McGeary 1999, Struck 1999).

Die Kreisstadt Gölcük liegt ca. 90 km ostsüdöstlich von İstanbul am Südrand der Bucht von Kocaeli gegenüber der Groß- und Industriestadt İzmit unmittelbar im Bereich der nordanatolischen Hauptverwerfung. Das geologisch recht kompliziert gebaute Gebiet besteht aus älteren, teils kristallinen Massiven (Paläozoikum), teils mesozoischen Gesteinen, jungen Vulkaniten und dazwischen mehr oder weniger flach wannenförmig eingelagerten Jungtertiärsedimenten (vgl. Abb. 12). Verwerfungslinien vorwiegend in Ost-West-Richtung zeichnen Tiefenlinien vor, die im Westen vom İzmit-Golf eingenommen werden, weiter östlich von Gewässern z.T. ausgeräumt und zu Ovas erweitert wurden. Türkische Geologen bzw. Seismologen geben für diese Region horizontale Verschiebungsbeträge von 1 – 11 cm im Jahr und von bis zu 15 km insgesamt an.

Der Hauptstoß des verheerenden Bebens im Golf von İzmit mit dem Epizentrum nahe der Stadt Gölcük und einer Stärke von 7,4 auf der Richterskala erfolgte am 17. August 1999 um 03.01 Uhr, dauerte 45 Sekunden und bewirkte eine Lateralverschiebung von 2,60 m. Mehrere Monate lang wurden Nachbeben beobachtet, die weitere Schäden verursachten (bei Düzce am 12.11.99 Stärke 7,2). Das Unglücksgebiet erstreckt sich weitgehend südöstlich von İstanbul. Die Metropole am Bosporus blieb deshalb fast ganz vom Beben verschont. In einer Breite von bis zu 50 km reicht die betroffene Region von Avcılar, einem westlichen Vorort von İstanbul, über 150 km nach Osten bis zur Provinzstadt Adapazarı und liegt damit in einer der am dichtesten besiedelten Regionen mit fast 15 Mio. Einw. mitten im wirtschaftlichen Herz der Türkei. Insgesamt wurden in dem Unglücksgebiet 60 000 Häuser total zerstört und etwa 54 000 stark beschädigt. Nahezu 16 000 Menschen kamen zu Tode, rund 23 000 wurden verletzt und 200 000 obdachlos. Wichtige Fernverkehrswege wurden blockiert, und die mit 41 % der Raffinerie-Kapazitäten des Landes größte türkische Erdölraffinerie (Tüpraş) bei İzmit, die 36 % des türkischen Bedarfs deckt, geriet in Brand. Die Istanbuler Wirtschaftspresse „Finansyal Forum" bezifferte die unmittelbaren Erdbebenschäden für die Wirtschaft des Landes auf 25 Mrd. US-$ (ohne Wiederaufbaukosten der Wohnhäuser).

Das Beben hatte tektonische Ursachen. Mehrere Verwerfungslinien, vorwiegend in West-Ost-Richtung, wurden in Form der Lateralverschiebung reaktiviert, wobei in alluvialem Gelände östlich des Golfs Zerrungsspalten von über 2,50 m Breite aufrissen, die sich über eine Länge von 50 km verfolgen lassen. Alles lässt darauf schließen, dass sich in diesem Beben großräumige Spannungen lösten, die im Prinzip auf die Ost-West-Verschiebung des Hauptteils Anatoliens zurückgehen (vgl. Abb. 10 u. 11).

Das Verteilungsmuster der aufgetretenen Schäden weicht erheblich von einem theoretisch konzentrischen Muster ab. Die Achsen der Zonen von etwa gleicher Bebenstärke fallen weitgehend mit den Linien der Verwerfungen zusammen. Am stärksten betroffen sind die Siedlungen auf Lockersedimenten in Verwerfungsnähe, während Dörfer auf älterem Gebirge oder auf stärker verfestigten Neogentafeln selbst in der Nähe der reaktivierten Verwerfungslinien weit weniger Schäden aufweisen.

Vulkanismus

Der Wechsel von alpinotyper Gebirgsbildung zu Schollenverschiebung und Bruchtektonik seit dem späten Tertiär hatte eine bemerkenswerte Verlagerung der Zonen vulkanischer Tätigkeit zur Folge. Bis ins Spättertiär war Vulkanismus, submarin oder subaerisch, an Geosynklinalzonen gebunden, insbesondere in Nordanatolien.

Nach Konsolidierung der ehemaligen Geosynklinalen weitete sich die vulkanische Aktivität auf die anschließenden Bereiche aus und erreichte dort ihr Maximum im späten Miozän und im Pliozän. Die jungen Faltengebirgszonen blieben, einmal ge-

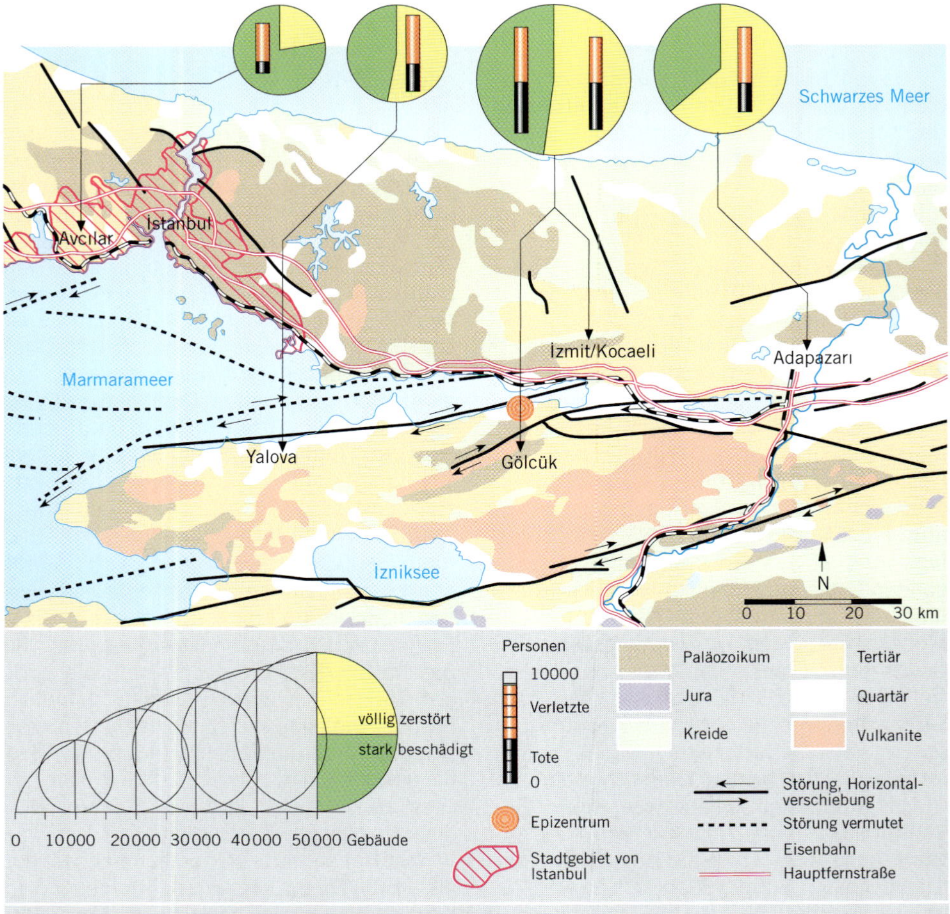

Abb. 12: Erdbebengebiet von İzmit/Kocaeli 1999.

Quelle: nach Struck 1999.

Bild 9: Mekke Gölü bei Karapınar: *Bei dem Maar des Mekke Gölü bei Karapınar ist der junge Vulkanismus an der fast rein erhaltenen Krater- und Kegelform klar erkennbar.*

bildet und herausgehoben, frei von weiterem Vulkanismus.

Die Zusammensetzung der vulkanischen Gesteine änderte sich zunächst nicht, Andesite dominierten weiterhin. Im Pliozän und Pleistozän traten dann stärker Rhyolithe, Rhyodazite, Obsidiane und Alkalibasalte auf. Zu dieser Zeit wurden große Teile von Westanatolien und Nordanatolien von mächtigen Lava- und Tufflagen bedeckt, die das ältere Relief verhüllen.

Einen Sondertyp stellen die jungtertiären und pleistozänen Effusiva Südostanatoliens dar. Hier drang im Grenzbereich zur arabischen Tafel dünnflüssige basaltische Lava auf und bildete weite Decken und flache Schildvulkane vom gleichen Typ, wie sie aus Syrien bekannt sind. Der Karaca Dağ südwestlich von Diyarbakır ist das ausgedehnteste dieser Basaltareale. In der Südosttürkei werden solche frischen Basaltlavafelder wie in den nordarabischen Ländern *Lece* (Ledja) genannt.

Die Zonen noch rezent aktiven Vulkanismus sind in den jugendlichen, fast rein erhaltenen Kegelformen der Vulkane erkennbar, z.T. mit noch erhaltenem Krater (Sür 1972) (Bild 9). Abgesehen von dem noch relativ kleinen jungvulkanischen Gebiet bei Kula in Westanatolien sind es im Wesentlichen zwei südwest-nordost streichende Achsen, an denen sich die jungen Vulkane anordnen. Die *inneranatolische Achse* begleitet den Innenrand des Taurus und zieht sich vom Karaca Dağ südsüdöstlich Konya über die Vulkan- und Maargruppe bei Karapınar, über den 3150 m hohen Hassan Dağ und seine Nebenkrater bis zum Erciyas Dağ (3916 m) bei Kayseri. Ausgedehnte Tuffdecken wurden im weiten Umkreis, besonders des Erciyas Dağ, abgelagert. Eruptionen hielten bis ins späte Pleistozän an, einige kleine Krater bei Nevşehir und bei Karapınar sind wahrscheinlich noch frühgeschichtlich. Strabo (ca. 54 v. Chr. – 19 n. Chr.) berichtet noch über schwefelhaltige heiße Wasserdämpfe am Erciyas Dağ zu seiner Zeit.

Die zweite große Vulkanachse ist die *ostanatolische*. Ihr Südwesteckpfeiler ist der Nemrut Dağ am Vansee. Nach Nordosten zu folgen – neben kleineren Kegeln – der Süphan Dağ, der Tendürek Dağ und schließlich der Große und der Kleine Ararat (Ağrı Dağ). In Transkaukasien lässt sich diese Linie weiterverfolgen.

Weiter westlich, im Raum zwischen Bingöl und Elazığ, liegen zahlreiche weitere Vulkane, deren Formen jedoch nicht die entsprechend „jugendliche" Frische zeigen.

Auch die Eruptionszentren nördlich und südlich Ankara sowie diejenigen Westanatoliens (hier mit Ausnahme des Kulagebietes) sind ihrer Form nach nicht zur jüngsten Generation des Vulkanismus zu rechnen.

Neben der jungen Tektonik und dem jungen Vulkanismus ist die relativ niedrige geothermische Tiefenstufe ein Ausdruck der Labilität der Erdkruste Anatoliens. Die Folge ist eine Aufheizung und unter Umständen Mineralisierung von in Spalten eindringenden Wässern, die sich in einer überaus großen Zahl von heißen Quellen und Mineralquellen im ganzen Land zeigt. Die Karte von Erentöz und Ternek (1968) zeigt eine ziemlich gleichmäßige Verbreitung in West-, Mittel- und Ostanatolien, während Thrakien und das Gebiet der jüngeren Faltengebirgszonen im Norden und Süden etwas ärmer an Thermalquellen sind. Regionale Häufungen treten im nördlichen Westanatolien zwischen Menderesmassiv und Marmarameer auf, die Thermalquellenhäufung im Raum Bursa ist seit alters bekannt.

Tendenzen der Reliefgestaltung

Rumpfflächen und ihre Reste

Ein Grundzug im Landschaftsbild weiter Teile der Türkei ist die scheinbare „Sanftheit der Reliefformen", die Zurundung der Rücken und Kuppen und die weite Verbreitung von Arealen, die in relativ hoher Lage über den Tälern noch auffallend flach sind. Bei näherer Untersuchung stellt man fest, dass diese Gebiete nicht zugerundet sind, sondern in ihren oberen Teilen von Resten alter Flachreliefs (*Rumpfflächen*) überzogen werden. Die schroffen Formen junger Steilhänge dominieren mehr in den tieferen Taleinschnitten als in den höheren Gebirgsteilen und in den Kammregionen (vgl. Abb. 13).

Natürlich gibt es auch Gebirgsstöcke und Ketten, die kaum noch solche Rumpfflächenreste erkennen lassen oder nie davon überzogen wurden. Dazu gehören beispielsweise die jüngeren Vulkane und Vulkangebirge. Auch die besonders hoch gehobenen Teile der beiden Randgebirge Anatoliens weisen nur selten Reste von Altflächen auf: Die tief eingeschnittenen Gebirgstäler haben die Flächen bereits aufgezehrt, oder glaziale Überformung im Hochgebirge hat sie zerstört. Bei der Mehrzahl der Gebirge sind Verebnungen in verschiedenen Niveaus jedoch auffälliges Charakteristikum, lassen sich aber nur selten über größere Distanzen hinweg zu einheitlichen skulpturellen Etagen verbinden. Die junge, oft sehr kleinräumige Tektonik hat zu viele Verstellungen bewirkt.

Auszugehen ist nach vorliegenden Erkenntnissen (u.a. Erol 1963, Louis 1974) etwa vom Zustand am Ende des Alttertiärs, als nach vielen Indizien weite Teile Anatoliens Festland waren, jedoch kaum über den Meeresspiegel herausragten. Neben einzelnen Gebirgen waren große Landesteile von einem Flachrelief ohne große Höhendifferenzen überzogen, insbesondere im Zentrum der Halbinsel, die im Oligozän ein großer kontinentaler Sedimentationsraum war (vgl. Brinkmann 1976, Abb. 25). Vulkanische, vorwiegend andesitische Eruptiva haben im Miozän ein sanftwelliges Relief zugedeckt.

In den wenig eingetieften Becken dieses Flachreliefs hatten sich bereits alttertiäre (vorwiegend oligozäne) Sedimente akkumuliert (unter anderem Salze, Gips, aber auch Braunkohle), die bei der Gebirgsbildung noch z.T. mitgefaltet und im späten Alttertiär gekappt wurden.

Während des Miozäns begann die lokale Absenkung von Beckenräumen bzw. die Heraushebung von Gebirgsstöcken, die in ihren Achsen häufig älteren Strukturlinien folgte. Sie hatte teils den Charakter flacher Verbiegung, teils vollzog sie sich an gestaffelten Brüchen.

Verbunden mit dieser Verstärkung der Reliefunterschiede entstanden verschiedentlich gewisse Taleintiefungen, wodurch sich Grundzüge des heute die Becken verbindenden Gewässernetzes herausbildeten. Auf den nunmehr steiler gestellten oder gehobenen Altflächen tieften sich mäßig geböschte Täler in Abdachungsrichtung ein. Daneben bestanden die klimatischen Bedingungen für Flächenbildung bis zum

Ende des Miozäns weiterhin. Infolge selektiver Tektonik von Teilschollen bildeten sich Flächen in ganz verschiedenen Niveaus aus oder weiter, die sich kaum über längere Distanzen miteinander verbinden lassen, weil benachbarte Abtragungsbasen ganz verschieden hoch liegen können.

Vom Pontikum bis zum Jungpliozän, teilweise bis ins Altquartär, hat sich der Abtragungsmechanismus und damit die Formung offenbar geändert. Fortschreitende Abtragung von den Gebirgen führte bei stark periodischer Wasserführung, wie wir sie aus heutigen semiariden Gebieten kennen, zu mächtiger Akkumulation in den Becken. Ältere Täler wurden stellenweise wieder verschüttet. Die andauernde Absenkung in den Becken führte dazu, dass bei gleich-

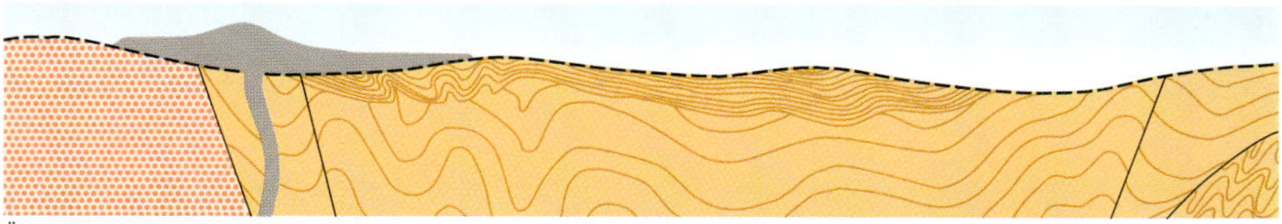

Über ältere Massive, gefaltetes Mesozoikum und zum Teil noch mitgefaltetes Alttertiär zieht sich ein Flachrelief (Oligozän, gestrichelte Linie), das stellenweise von andesitischen Ergussgesteinen überlagert wird.

Im Miozän beginnt die Absenkung von Becken bzw. die Heraushebung von Gebirgsschollen, stellenweise begleitet von der Eintiefung mäßig geböschter Täler. Auf flacheren Reliefteilen schreitet die Flächenbildung fort.

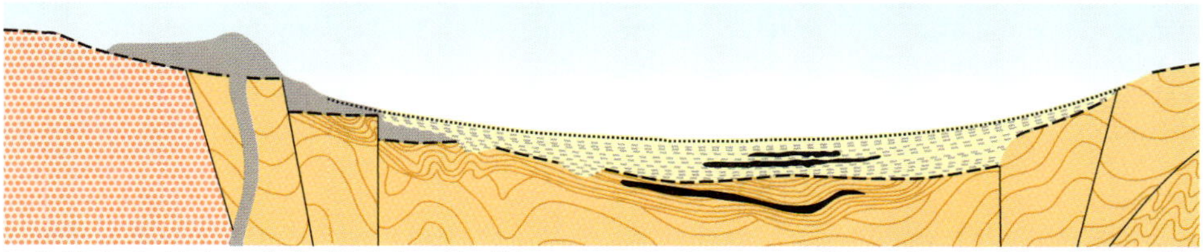

Im Spätmiozän bis Jungpliozän führt ein arider Abtragungsmechanismus zu verstärktem Schuttanfall und zu verstärkter Sedimentation bis Verschüttung in Tälern und Becken, von wo aus sich jetzt glacisartige (pedimentartige) Abtragungsflächen (vgl. punktierte Linie) mit etwas steilerem Anstieg zu den Gebirgen hinaufziehen und ältere Flächenstücke überformen.

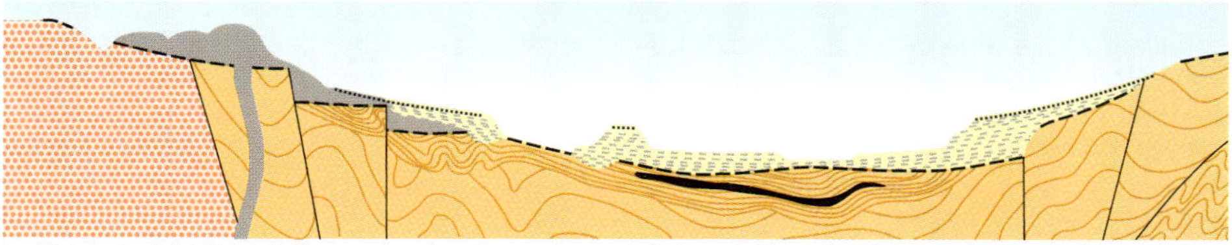

Im Pleistozän folgt Taleintiefung und mehr oder weniger weit fortgeschrittene Ausräumung der jungtertiären Beckenfüllungen. Die älteren Flachreliefs werden in Sporne, Flächenriedel, Tafelberge etc. zerlegt.

Abb. 13: Entwicklung von Flächensystemen und Becken: *Über ältere Gebirgsreste zieht sich ein stellenweise von Ergussgestein überlagertes Flachrelief. Die miozänen Hebungen und Senkungen führten zur Talbildung, gleichzeitig dauerte die Flächenbildung noch an. Verstärkter Schuttanfall im Spätmiozän bis Jungpliozän hatte eine stärkere Sedimentation zur Folge. Glacisartige Abtragungsflächen (vgl. punktierte Linie) mit etwas steilerem Anstieg ziehen sich zu den Gebirgen hinauf. Eine Taleintiefung und Ausräumung tertiärer Beckenfüllungen erfolgte im Pleistozän.*

Bild 10: Altflächenreste am Bingecid bei Kızılcadağ (Westtaurus): *Die Existenz der hoch gelegenen Altflächenreste ist eine Voraussetzung für den ausgedehnten Getreidebau.*

zeitiger Akkumulation die jeweils älteren Flächenteile beckenwärts in immer tieferen Positionen zu liegen kamen und verschüttet wurden, während die späteren, jüngeren Flächen sich in den Sedimenten darüber ausbildeten.

Die Vielzahl verschieden hoch gelegener Flachreliefs ist folglich auf tektonische Verstellung älterer Flächen, teils auf Flächenneubildung in tiefer Lage, teils auf Weiterbildung und Überformung älterer Flächen zurückzuführen, was die genetische Zuordnung und Deutung schwierig macht. Die spätere, pleistozäne Zerschneidung hat sie zudem noch in einzelne Reststücke zerlegt, die sich auf den Rücken und an den Flanken der Gebirge erhalten haben (Bild 10).

Die Bedeutung dieser hoch gelegenen Flachreliefs ist in einem vorwiegend gebirgigen Land gar nicht hoch genug einzuschätzen: Ihre Existenz ist die Voraussetzung des ausgedehnten Getreidebaus, der Basis der türkischen Agrarwirtschaft. Sie sind meist noch flach genug, um eine hinreichende Bodendecke zu entwickeln. Sie haben darüber hinaus gute natürliche Dränage und sind zusammengenommen von beträchtlicher Ausdehnung. Auch die Verebnungen und flachen Hänge auf den Tertiärriedeln um die Becken sind Domänen des unbewässerten Getreidebaus. Grob geschätzt dürften etwa zwei Drittel der türkischen Getreidebauareale (Weizen, Gerste und zugehörige Rotationsbrachen) auf derartige Flachreliefs entfallen. Erol hat (1964) für das Haymanabergland südwestlich Ankara aufgrund seiner Kartierungen geschätzt, dass die Hänge der Täler bis zu 10 % kultiviert sind und im Übrigen nur als Weideflächen genutzt werden, während die Hochflächen (sowohl die ehemaligen Akkumulations- wie die ehemaligen Abtragungsflächen) zu 30 – 60 % dem Getreidebau dienen. Demgegenüber sind die eigentlichen Ovas zwar bis zu 90 % kultiviert, sie machen jedoch im von Erol kartierten Gebiet keine 10 % der Gesamtfläche aus, während die Hochflächen etwa 40 – 50 % der Gesamtfläche stellen.

Selbstverständlich sind mit dieser ausgedehnten Ackerbaunutzung der Hochflächen auch Nachteile verbunden: Einzelne

Flachreliefstücke sind durch Täler oder steilere Hänge voneinander getrennt und daher, zumindest für Maschineneinsatz, schlecht erreichbar und erschließbar. Viele vom Relief her geeignete Flächen sind für rationelle Bewirtschaftung zu klein. Die Hauptgefahr besteht darin, dass in den letzten Jahrzehnten auch zu stark geneigte Flächen in die Nutzung mit einbezogen wurden. Hier setzte vielerorts die Bodenabspülung ein, und die Rinnenerosion frisst sich von den Tälern aus in die Flächenreste vor.

Selbst wo Flächenreste in Gebirgshöhen erhalten sind, in denen aus thermischen Gründen der Feldbau nicht mehr möglich oder lohnend ist, haben sie große Bedeutung für die Bergweidewirtschaft. Beweidet werden zwar in der Regel die Hänge des Gebirges, wobei vorhandene Waldreste wenig geschont werden. Im Gegensatz zu solchen oft weithin abgespülten Hängen mit sehr kargen Weidetriften sind die hoch gelegenen Flachformen die Kerngebiete der *Yaylas* (Almen), wo die Sommerdörfer oder die Sommerlager der Hirten liegen.

Anthropogen beeinflusste Abtragungs- und Formungsprozesse der Gegenwart

Einige geomorphologische Prozesse, die wir in ihrem Ablauf unmittelbar in der Gegenwart beobachten, sind durch menschlichen Eingriff direkt ausgelöst, zumindest aber verstärkt worden.

Während der sommerlichen und herbstlichen Trockenperiode kann der *Wind* in den Getreidesteppen Inner- und Südostanatoliens spürbare Schäden anrichten. Wichtig sind dabei weniger die auffälligen „Windhosen“ (*Tromben*), die bei Hochdruckwetter infolge lokaler Konvektion entstehen, als vielmehr Staubstürme, die mit ersten herbstlichen Zykloneneinbrüchen oder auch in trockenen Frühjahren aus vegetationsfreien Feldern die abgetrocknete Bodenkrume ausblasen und verwehen. Christiansen-Weniger (1970) hat die Windauswehung der Böden im Wesentlichen als ein Phänomen des 20. Jh.s erklärt, als direkte Folge der Expansion der Ackerflächen in den Steppengebieten. Selbst da, wo keine Beackerung erfolgt, führt die Überweidung zu dem gleichen Effekt: Der im Herbst mehrere Dezimeter ausgetrocknete Boden wird normalerweise durch eine millimeterdicke, durch nächtlichen Taufall verursachte Staubhaut geschützt. Diese „Haut“ wird jedoch allenthalben durch Wagenspuren und Viehtritt zerstört, sodass im Sommer und Herbst mächtige Staubwolken hinter jedem Fahrzeug und hinter jeder Viehherde aufwirbeln.

Bisher ist in den betroffenen Teilen der Türkei kein Gebiet bekannt, in dem regelmäßige Akkumulation äolisch verfrachteten Materials zu lössähnlichen Sedimenten führte. Diese Wirkung des Windes gehört dort somit nicht zu den natürlichen geomorphologischen Prozessen und hätte ohne Eingriff des Menschen keine nennenswerte Bedeutung. In einem sehr begrenzten Gebiet in Zentralanatolien allerdings ist die Wirkung des Windes eindrucksvoll zu beobachten. In einem der trockensten Teile im Süden des großen Salzsees südlich der Kreisstadt Karapınar (279,9 mm Niederschlag im Jahresmittel) haben die sommerlich vorherrschenden Nordwinde zur Bildung eines mehrere tausend Hektar großen Feldes von Sandschilden mit Rippelmarken, kleinen Querdünen und in Ansätzen zu kleinen Barchanen (Sicheldünen) von maximal 2 m Höhe geführt. Sie überlagern rezente Steppenböden und Steppenvegetation. Obwohl ihre Entstehung durch die weite Verbreitung litoraler Sande des pleistozänen Konyasees extrem begünstigt wurde, ist sie eindeutig anthropogen ausgelöst (Erinç 1962).

Der wichtigste geomorphologische Gegenwartsprozess der Massenverlagerung und Reliefformung ist die *Bodenerosion* (soil erosion).

An allen nicht ausreichend durch Pflanzenwuchs geschützten geneigten Flächen kommt es zur *flächenhaften Abspülung* der Bodenkrume. Das abgespülte Feinmaterial akkumuliert in größeren Tälern, Becken oder in den Deltas der Flüsse, deren starkes Wachstum in historischer Zeit ursächlich mit der vom Menschen ausgelösten Bodenerosion in Verbindung steht.

In allen semiariden Gebieten mit schütterer Vegetationsdecke und häufigem Auftreten von Starkregen – zu denen fast alle Teile der Türkei mit Ausnahme des Schwarzmeergebietes gehören – besteht ein labiles Gleichgewicht zwischen den Neigungswinkeln der Hänge, deren Vegetationsdecke und dem durchschnittlichen Starkregenabfluss. Daraus ergibt sich eine natürliche Dichte von größeren und kleineren Tälern, die die Hänge und Flächen mäßig gliedern.

In dieses System hat der Mensch in Anatolien mindestens seit dem Neolithikum eingegriffen, als Ackerbau und Herdenviehzucht begannen, das heißt seit etwa 7000–8000 Jahren. Entwaldung, Überweidung und Beackerung veränderten oder zerstörten die natürliche Vegetationsdecke und beraubten den Boden damit seines natürlichen Schutzes. Bei Starkregenfällen kann der Abfluss ohne die bremsende Pflanzendecke beschleunigt erfolgen, und ein verstärkter Bodenabspülungsprozess setzt auf allen gestörten Flächen ein (Christiansen-Weniger 1970).

Besonders eindrucksvoll abzulesen sind die Prozesse an der Çubuk I Baraj bei Ankara (nach Untersuchungen des türkischen Staatswasserbauamtes). Diese Talsperre hatte 1935 ein Fassungsvermögen von rund 13 Mio. m^3. 1959, nach etwa einem Vierteljahrhundert, waren darin bereits etwa 4 Mio. m^3 Schlamm abgelagert. Aus dem Einzugsgebiet von 70 km^2 wurden demnach jährlich mindestens ca. 161 000 m^3 abgetragen, was einer mittleren jährlichen Abtragung von 5,7 mm auf der Gesamtfläche entspricht. Unter Berücksichtigung der Ebenen und felsigen Hänge, von denen kaum etwas abgespült werden kann, muss der mittlere jährliche Abtrag noch beträchtlich höher sein.

Derartiger flächenhafter Bodenabtrag verändert nicht nur das Bodengefüge. Markante Unterschiede der Bodenmächtigkeit sind die Folge und lassen agrarische Erträge am Oberhang bis auf ein Fünftel der zugehörigen Unterhänge zurückgehen (Jung 1962). Die Bodenverluste sind irreversibel, denn die nachschaffende Verwitterung kann die Abspülungsverluste nicht in derselben Geschwindigkeit ausgleichen, auch wenn das abgespülte Material aus den jeweiligen höheren Hangteilen an den tieferen Hangteilen z.T. bereits wieder abgelagert wird.

Eine weitere Folge der Vegetationszerstörung ist die *Hangrinnenbildung* (gully erosion), die im inneren und südlichen Anatolien schon wie selbstverständlich zum Landschaftsbild gehört (vgl. Abb. 14). An Hangunebenheiten, wie Wegen, Ackerfurchen und Viehtriften, entfaltet sich bei einem stärkeren Regenguss ungebremst die maximale Erosionskraft. Ein erster Anriss (Kerbensprung) frisst sich hangaufwärts, vergrößert sein Einzugsgebiet und mit vermehrter Wassermenge auch die Erosionsleistung. Sie erreicht am mittleren Hang häufig eine Tiefe und Breite von mehreren Metern bis Zehnern von Metern. Nach den Beobachtungen von Bauern können Rinnen von mehreren Metern Tiefe und Breite schon bei einem einzigen Starkregen entstehen oder um Zehner von Metern weiter wachsen.

Mit Annäherung an die lokale Wasserscheide wird die Erosionsleistung immer geringer, denn je weiter sich die Kerbe aufwärts „frisst", umso geringer wird das verfügbare Einzugsgebiet. Während im oberen Teil noch aktive Einschneidung herrscht, wird im unteren Teil der Rinne zunehmend schon sedimentiert, der Sedimentationsbereich wächst langsam rinnenaufwärts und im unteren Teil beginnen die Seitenhänge durch Abspülung abzuflachen. Schließlich erlahmt auch am „Kopfende" der Rinne infolge des zu kleinen Einzugsgebietes die Erosionskraft.

Einzelne Starkabflussereignisse, in der Türkei *sel* genannt, treten in allen Teilen des Landes jedes Jahr auf. Der Hang wird so durch weitgehend parallele Erosionsrinnen in eine Vielzahl von kleineren, steileren Hängen aufgelöst und hat sich damit auf rascheren Abfluss und größeren Materialtransport eingestellt.

Der Schaden, der durch derartige Hangrinnen entsteht, ist beträchtlich. Vorhandenes Acker- und Weideland wird zerstört oder randlich „angefressen" und in minimale, nicht mehr bearbeitbare Reststücke zerlegt. Schätzungen über das Ausmaß dieser Kulturlandverluste schwanken zwischen einigen hundert und einigen tausend Hektar pro Jahr.

Die Vernichtung des Bodens und der Restvegetation in der Erosionsrinne bleibt allerdings nicht zwangsläufig Dauerzustand. Die in der Rinne aufwärts wachsende Sedimentation schafft neuen Rohboden und Grundwasserspeicherkapazität, und die Seitenhänge flachen ab. Zurück auf dem Hang bleibt ein welliges „Waschbrettrelief" mit großen Unterschieden in der Boden-

Abb. 14: Hangrinnenerosion im Tertiärhügelland südlich Ankara: *Durch Signaturen sind Riedel und Rücken angedeutet, an deren Flanken sich die älteren und jüngeren Hangrinnen aufreihen. Ackerparzellen und Feldwege sind nach Luftbildern gezeichnet.*

Bild 11: Tuffkegellandschaft in Kappadokien: *Die Tuffkegel und Höhlenkirchen bei Ürgüp, Uchisar und Göreme sind ein petrographischer Sonderfall der Rinnenerosion (gully erosion).*

mächtigkeit zwischen Rinnen und Rippen. Die Dimension der Rinnen von wenigen Zehnern von Metern Breite und selten mehr als 200–400 m Länge ist häufig und typisch und bleibt auch nach der „Vernarbung" erkennbar.

Die Rinnen entstehen überall da, wo wenig verfestigte Gesteine, wie Mergel, Tuffe oder schwach verfestigte Schuttdecken anstehen oder wo mächtige Bodendecken vorhanden sind. Das touristisch bekannte Gebiet der Tuffkegel und der Höhlenkirchen bei Ürgüp und Göreme ist nur ein petrographischer Sonderfall dieses Phänomens (Bild 11). Die Standfestigkeit der vulkanischen Tuffe und Ignimbrite ermöglicht besonders engständige und steilwandige Rinnen, durch deren seitliche Verschneidung dann nach und nach einzelne Teile der dazwischen stehen gebliebenen Rippen isoliert und zu Kegeln und Türmen zugeformt werden (Bartsch 1936, Becker 1963). Ähnliche Formen, wenn auch nicht so malerisch und meist ohne die anthropogene Ausnutzung für Höhlenwohnungen, finden sich in weiten Teilen der türkischen Tuffgebiete. Etwas sanfter erscheinen die Hangrinnen in den ausgedehnten Verbreitungsgebieten alttertiärer Mergel und Gipsmergel im nördlichen und nordöstlichen Inneranatolien oder in den neogenen Süßwassermergeln des südlichen Inneranatolien.

In Gebieten stärkeren Niederschlags, wie z. B. im türkischen Mittelmeergebiet, ist mehr Schutz gegen Rinnenerosion durch die klimatisch bedingte dichtere Vegetationsdecke gegeben. Wenn diese aber vom Menschen zerstört ist, müssen mindestens die gleichen Folgen, wenn nicht noch größere, auftreten, da die Ergiebigkeit von Starkregen im Mittelmeergebiet höher ist als in Inneranatolien. Selbst im vollhumiden Schwarzmeergebiet kann flächenhafte Vegetationszerstörung durch Ackerbau an Hängen sehr rasch zu genau den gleichen Rinnenformen führen wie in den semiariden Gebieten (Tuncdilek 1951).

Rinnenerosionsprozesse an den Hängen haben in historischen Phasen staatlicher Stabilität, von Bevölkerungsvermehrung und Landesausbau stellenweise schon mehrfach stattgefunden. Ein Fall ist aus dem südlichen Inneranatolien bekannt (Hütteroth 1968), wo an den Hängen des vulkanischen

Karadağ (nordwestl. Karaman) vernarbte ehemalige Hangrinnen durch Ackerterrassen überbaut sind. Ganz in der Nähe liegt der Ruinenort Binbirkilise, das antike Barata. Diese Stadt hat wahrscheinlich seit dem Ende der byzantinischen Periode, mindestens seit dem Mongoleneinfall wüst gelegen. Da türkische Bauern, von der jüngsten Zeit abgesehen, nirgendwo in Anatolien Terrassenbau dieses Typs betrieben, der Ruinenort aber erst im 19. Jh. wieder besiedelt wurde, dürften die Terrassen spätestens aus der byzantinischen Zeit stammen.

Die Problematik der Hangrillenbildung kann im Zusammenhang mit der Erhaltung des Agrarpotenzials der Türkei gar nicht hoch genug eingeschätzt werden, und sie ist für die betroffene türkische Bevölkerung von einer Gefährlichkeit, die weithin noch gar nicht erkannt ist.

Ein weiterer Effekt der Abspülung ist die *Sedimentation des abgespülten Materials.* Viele Talböden und Beckenböden werden bei stärkeren Niederschlagsereignissen überschwemmt, und in ihnen lagert sich zunächst ein beträchtlicher Teil des verspülten Feinmaterials ab. Talsedimentaufschlüsse von der Ägäis bis zum oberen Euphrat zeigten überall das prinzipiell gleiche Bild: Der obere Teil, untergliedert von schmalen Bändern oder Linsen von Kiesen oder Sanden, wird von einer bisweilen mehrere Meter mächtigen Schichtung von Lehmen aufgebaut, während der tiefere Teil des Aufschlusses von Schottern eingenommen wird. Fast immer fanden sich dabei im Feinmaterial menschliche Artefakte, meist Scherben oder Ziegelsteinfragmente. Das bedeutet, dass sich die Bedingungen während der Sedimentation geändert haben und dass die Masse des sedimentierten Feinmaterials in den Tälern in historischer Zeit abgelagert wurde. Die mächtigen Talbodenlehme sind somit das Ergebnis der seit Jahrtausenden vom Menschen ausgelösten verstärkten Hangabtragung. Das Phänomen als solches ist auch aus anderen Mittelmeerländern und Mitteleuropa bekannt.

Ein erheblicher Teil des abgespülten Feinmaterials gelangt mit den Flüssen ins Meer und hat seit historischer Zeit die Deltas beträchtlich vorgeschoben. Nach Untersuchungen des türkischen Amtes für Elektrische Arbeiten (EIE) transportieren Gediz, Großer Menderes, Kızılırmak und Yeşilırmak jährlich jeweils 12 – 15 Mio. m^3 Feinerde ins Meer (Christiansen-Weniger 1970, S. 145). Man geht davon aus, dass je 10 mm Starkregenfall im Mittel auf geneigten Äckern zu einem Flächenabtrag von 1 mm Boden führen. Warnungen vor Übernutzung der Hänge durch Ackerbau und Überweidung müssen also sehr ernst genommen werden. Agrartechnische Alternativen, wie Terrassenanlagen, Konturpflügen, Schutzstreifenanlage, Bachverbauung etc. sind durchaus bekannt, aber als ein Problem der Aufklärung und der Finanzierung ist ihre Realisierung erst an sehr wenigen Stellen in Angriff genommen.

Die pleistozäne Zerschneidung und die Ausräumung der Becken

Die feinere Gestaltung des alten Flächenreliefs vollzog sich durch *Einschneiden der Flüsse* und durch partielle Ausräumung der jungtertiären Beckenfüllungen mit dem Übergang von vorherrschender Flächenbildung zu linearer Erosion an der Wende Pliozän/Quartär. Dabei lieferte lokale Tektonik die Erosionsimpulse, während ein Umschwung zu kühlerem und wohl auch feuchterem Klima mit entsprechend mehr Vegetation den linearen gegenüber dem flächenhaften Abfluss begünstigte.

Im Verlauf der größeren Flüsse, die sich seit dem Ausgang des Tertiärs entwickelten, kann von einheitlichen generellen Abdachungsrichtungen keine Rede sein. Man findet vielmehr bisweilen abenteuerliche Richtungsänderungen. So fließen Ober- und Unterläufe von Kızılırmak, Yeşilırmak und Sakarya z. B. jeweils über mehr als 100 km in die je entgegengesetzte Richtung. Allerdings lassen sich dabei Regelhaftigkeiten erkennen und mit dem strukturellen Bau des ganzen Raumes erklären.

In Inneranatolien sind die Oberläufe von Yeşilırmak, Çekerek, Delice, Kızılırmak, von Sakarya und Porsuk „nach innen", zum zentralen Hochland hin gerichtet. Obwohl die Flusstäler stellenweise schluchtartig eingetieft sein können, durchlaufen sie dabei insgesamt breit gespannte Depressionen. Man kann in der generellen Richtung dieser Laufstrecken eine relativ alte Anlage erblicken, die bis in das Oberoligozän/Mio-

Abb. 15: Gliederung des Reliefs.

zän zurückreicht. Die Randgebirge waren zu dieser Zeit als flache Schwellen landfeste Abtragungsgebiete, die zentralen Teile Anatoliens dagegen festländische Sedimentationsgebiete, denen die Gewässer von den Rändern zuströmten.

Gegen Ende des Pliozäns und im Pleistozän bildeten sich mit selektiver Hebung einzelner Gebirgsachsen z.T. neue Flussstrecken in den Senken zwischen den Schollen heraus. Derartige Subsequenzzonen sind sowohl im Taurussystem als auch im Pontischen Gebirge deutlich ausgebildet.

Dass die westanatolischen Flüsse die Grabenbrüche zum Abfluss benutzen, ist selbstverständlich. Aber nur wenige der neuen Tiefenlinien, in denen sich Flüsse entwickeln sollten, streichen zum Meer hin aus. Kelkit, Kızılırmak, Devrez- und Gerefluss folgen streckenweise der Schwächezone der nordanatolischen Horizontalverschiebungsachse quer zur eigentlichen Abflussrichtung. Der Hatay-Maraş-Graben als Nordfortsetzung des Syrischen Grabens, der über Hatay bis zum Rand des Taurusbogens reicht, ist zwar ohne einheitliches Flusssystem geblieben, zeigt aber das gleiche Phänomen und entwässert, da er durch quartäre Basaltergüsse blockiert wurde, nach Norden zum Ceyhan und nach Süden zum Orontes (Asi). Dieser letztere Fluss, von dem nur der Unterlauf noch türkisches Gebiet durchfließt, trägt den merkwürdigen, tektonisch bedingten Flussrichtungsänderungen auch in seinem Namen Rech-

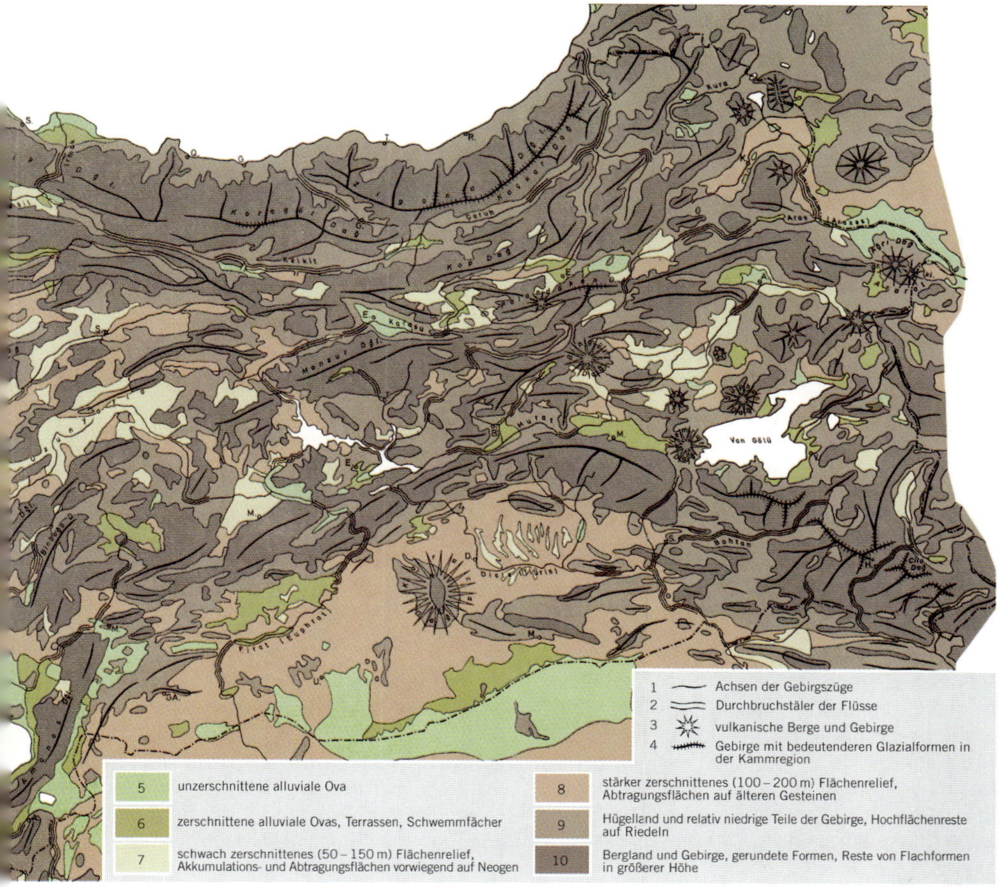

nung: Türkisch wie arabisch heißt er Asi, d.h. „der Ungehorsame“, weil er nicht, wie alle großen Wadisysteme der Arabischen Halbinsel, konsequent nach Osten zum Golf fließt, sondern mit plötzlichem Knick bei Hama in Syrien wieder in das Grabensystem zurückkehrt und dann bei Antakya zum Mittelmeer durchbricht.

In den meisten Fällen sind die Subsequenzzonen durch tief eingeschnittene *Durchbruchstäler* verbunden, in denen die Flüsse die dazwischen liegenden Hebungsachsen kreuzen (vgl. Abb. 15 und Bild 12).

Ein untersuchtes Beispiel ist der Sakaryadurchbruch durch eine der Ketten des Pontischen Gebirges (Tanoğlu/Erinç 1956). Über alte Flussterrassensysteme ließ sich im Bereich der heutigen Wasserscheide zwischen Sakarya und İzniksee nachweisen, dass der frühpleistozäne Sakaryalauf etwa von Osmaneli an, wo der große Sakaryabogen heute seinen westlichsten Punkt erreicht, die tektonische Senkenzone über den İzniksee zum Golf von Gemlik benutzte. Er hinterließ dabei einen für den rezenten Abfluss des İzniksees viel zu breiten Hochtalboden.

Bei Erosion jungtertiärer Beckenfüllungen haben die Flüsse teilweise ältere, miozäne Täler unter der Verschüttung wieder aufgedeckt und ausgeräumt, sich teilweise aber auch als Folge einer Laufverlegung in neuen Betten eingetieft. Dabei wurden bisweilen neogenumschüttete, widerständige Gesteinspartien vom Fluss durchschnitten, während die umgebenden, morphologisch weicheren Neogensedimente erst nachträglich ausgeräumt wurden: Mitten in der Stadt Ankara findet sich der klassische Prototyp. Der Hatıp Çay, einer der Quellflüsse des

Bild 12: Demre-Çay-Durchbruch (Südwestanatolien): *Subsequenzzonen innerhalb der anatolischen Gebirge sind durch tief eingeschnittene Durchbruchstäler verbunden.*

Ankaraflusses, schneidet einen isolierten Andesitstock mitten durch (auf der südlichen der beiden Höhen steht heute die Burg von Ankara). Vor der Eintiefung lag das Niveau des gesamten Beckens und damit des Flusses noch über den heutigen Gipfeln von Burgberg und Altın Dağ (Timur Tepe).

Schwellen, ob von einem Fluss durchschnitten oder nicht, zerlegen derartige Senken in eine Serie von Becken, in *Ovaketten*, wie sie topographische Übersichtskarten vielfach erkennen lassen. Klassische Beispiele hiefür finden sich am Südrand des Marmarameeres oder am oberen Euphrat und Murat (vgl. Abb. 16).

Gefällsreiche Durchbruchsstrecken trennen Becken sehr verschiedener Höhenlage voneinander, und je weiter die einzelnen Becken dabei binnenwärts liegen, umso weniger vollständig sind sie ausgeräumt. Die vorwiegend pleistozäne Aufschließung der Subsequenzzonen für die periphere Entwässerung hat also noch lange keinen Ausgleichszustand erlangt. Bald hinter den ersten, küstenparallelen Gebirgen liegen die Becken schon mehrere hundert Meter hoch, und die Flüsse mäandrieren trotzdem darin wie in einer Küstenebene (vgl. Abb. 17).

Beträchtliche Teile Anatoliens sind sogar bisher auch hydrographisch noch gar nicht an die periphere Entwässerung angeschlossen, oder im Pleistozän bestehende Abflüsse wurden im Holozän wieder blockiert. In den meisten Fällen finden sich in solchen geschlossenen Hohlformen Seen oder Salzseen (Lahn 1948).

Dazu gehört das Becken des Vansees, dessen alter Abfluss zum Murat und damit zum Euphrat während des Pleistozäns durch Lavaströme vom Nemrut Dağ blockiert wurde. In den Kaltzeiten ist der Seespiegel zwar jeweils angestiegen, aber zu einem Überlauf z. B. zu den Quellflüssen des Tigris kam es nicht (Schweizer 1975). Der natürliche Zufluss des Sees reicht auch in der Gegenwart nicht aus, um einen Überlauf zu bewirken.

Ebenso sind die Becken des Türkischen Seengebietes (*Göller Bölgesi*) um Burdur, Isparta und Eğridir z.T. ohne Abfluss zum Meer. Das Becken des Burdursees ist ringsum von Gebirgen umschlossen, hier hat bisher noch nie ein Abfluss bestanden. Entsprechend deutlich hat der See auf die pleistozänen Klimaänderungen durch Spiegelschwankungen reagiert (Louis 1938). Der sehr flache, im Sommer weitgehend

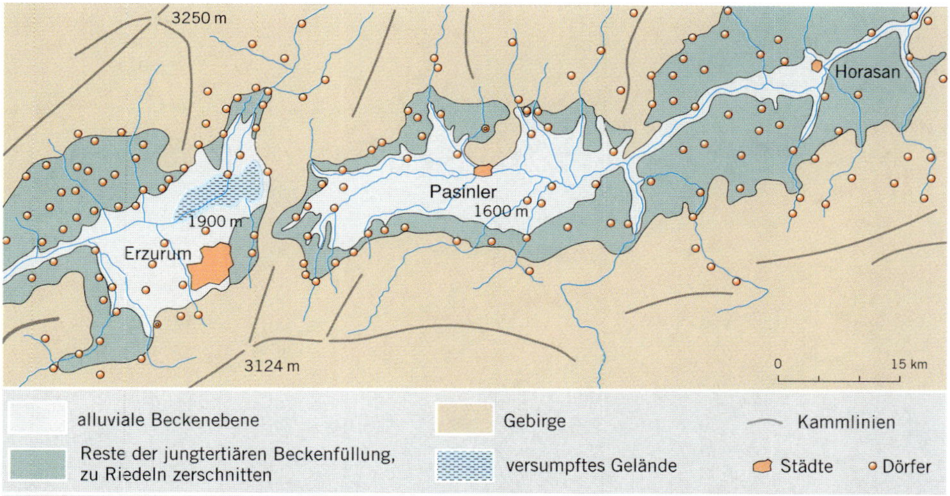

Abb. 16: Ovakette von Erzurum-Pasinler-Horasan: *Die Dörfer konzentrieren sich auf das Tertiärhügelland der jeweiligen Beckenumrandung und zum Teil auf einige Gebirgstäler.*

austrocknende Acigöl (Bittersee) ist nur durch eine flache Schwelle von den Zuflüssen des oberen Menderes getrennt und muss bei wenig höherem Spiegelstand einen Abfluss gehabt haben. Der Eğridirsee hat über eine tektonisch angelegte Senke nach Süden Abfluss zu dem kleinen See in der Kovada-Ova, von wo karstische Entwässerung nach Süden und bei höherem Wasserstand auch oberirdischer Abfluss erfolgt. Die hoch gelegenen Becken um Kestel, Korkuteli und Elmali im westlichen Taurus sind echte Poljen, ihre periodischen Seen werden durch *Ponore* (Schlucklöcher) dräniert (Güldalı 1970). Das Beyşehirbecken hat, neben Karstschwinden an den Südwestufern des Sees, oberflächlichen Abfluss zum flachen Suğlasee im Becken von Seydişehir und von da weiter zum großen abflusslosen Becken von Konya.

Das größte Gebiet mit Binnenentwässerung schließt an die Nordabdachung des Taurus an; es umfasst fast das ganze südliche Inneranatolien. Die Becken am Innenrand des Gebirges, zwischen Afyon Karahisar im Westen und etwa Kayseri im Osten, sind flache Akkumulationsgebiete. Die seichten, bisweilen austrocknenden Seen dieser südinneranatolischen Ovakette schwanken in ihrer Größe entsprechend dem jahreszeitlichen oder mehrjährigen Zufluss. Das Gleiche gilt für das Becken des Tuz Gölü im Zentrum Inneranatoliens, der fast jeden Herbst trockenfällt. Diese beiden größten Becken, die Konyaova und das Tuz-Gölü-Becken, dürften wohl immer abflusslos gewesen sein, während die kleineren Becken bei Kadınhan nordwestlich Konya in den Kaltphasen des Pleistozäns wohl noch Abfluss zum Sakarya hatten (Wenzel 1935) und auch die Yeşilova (südlich des Erciyas Dağ bei Kayseri) noch durch eine inaktive Talrinne mit dem Kızılırmak verbunden ist.

Der Tuz Gölü hatte im Pleistozän wohl die doppelte Ausdehnung. In die flachen Kalktafeln auf seiner Südseite sind entsprechende Strandterrassenniveaus eingeschnitten. Einen Überlauf hatte er allerdings weder zum Sakarya im Westen noch zum Kızılırmak im Osten.

Die Becken, die in einem Halbkreis den Innenrand des Taurus säumen, lassen ihren Charakter als Endseebecken bis heute fast alljährlich erkennen: Weite Teile dieser Ovas, klimatisch das trockenste Gebiet der Halbinsel, stehen aber nach Schneeschmelze und Frühjahrsstarkregen unter Wasser.

Auch in Teilen Inneranatoliens, die Anschluss an die periphere Entwässerung haben, gibt es Talzüge, in denen dieser Abfluss nicht in allen Jahren vorhanden ist. Unter den gegenwärtigen Niederschlagsverhältnissen bedeutet das, dass Schwemm-

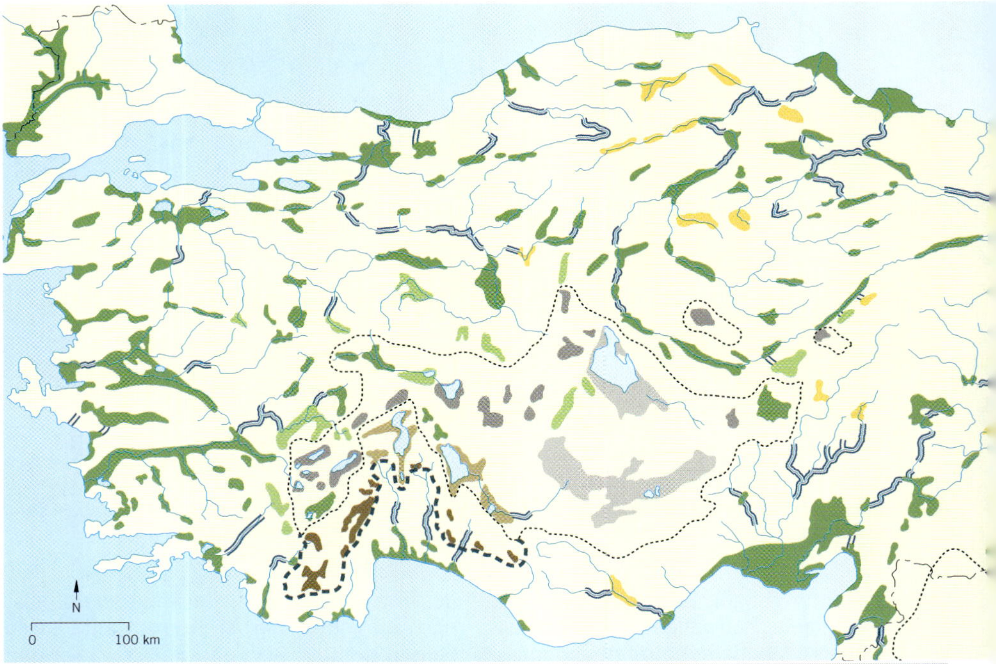

Abb. 17: Typen von Beckenebenen: *Morphologie und Hydrographie wurden zur Differenzierung kombiniert. Auffällig ist die halbkreisförmige Anordnung unregelmäßig und unvollständig drainierter Becken um das zentrale abflusslose Gebiet.*

kegel aus Seitentälchen solche Täler zunehmend abdämmen und in einzelne Teilbecken zerlegen. Der Moğan Gölü südlich Ankara ist ein bekanntes Beispiel dieses Typs. Dieser flache See ist durch Schwemmkegel von Elma-Dağ-Bächen aufgestaut; der ehemals durchgehende Talzug ist bei dem Ort Gölbaşı blockiert.

Ähnlich inaktiv sind zahlreiche kleinere Täler des zentralen Hochlandes, sodass die Grenze zwischen Gebieten der exorheischen und der endorheischen Entwässerung verwischt wird. Eigentlich ist sie durch einen Saum von kleinen Gerinnen zu ersetzen, die nur in besonders niederschlagsreichen Jahren bis zu den größeren Flüssen und Strömen durchstoßen können (vgl. Abb. 17).

In derartigen Becken und Talböden liegt seit etwa 1960 einer der Schwerpunkte der Tätigkeit des staatlichen Wasserbauamtes (DSI), um durch Kanalbauten jenen Abfluss wiederherzustellen, der unter den natürlichen Bedingungen des gegenwärtigen Klimas nicht mehr ausreichend funktioniert. Das größte Projekt dieser Art ist die künstliche Drainage des abflusslosen Konyabeckens.

Der Landschaftstyp der Ova

Beckenebenen vom Typ der *Ova* sind von Thrakien bis zum östlichen Taurus verbreitet. Ihre Dimension reicht von kleinen Talweitungen, die gerade von einer Dorfgemarkung eingenommen werden können, bis hin zu Becken in der Größe mehrerer Landkreise. Diese Becken sind eines der markantesten Kennzeichen des Reliefs in der Türkei. Sie sind die Kernräume der landwirtschaftlichen Nutzung und die Leitlinien des Verkehrs. Ihre Vielzahl bewirkt die charakteristische Kammerung des Landes, die kulturhistorisch immer von Bedeutung war und bis heute ist.

Man kann die Ova allgemein als Landschaftstypus bezeichnen, darüber hinaus aber regionaltypische Varianten unterscheiden:

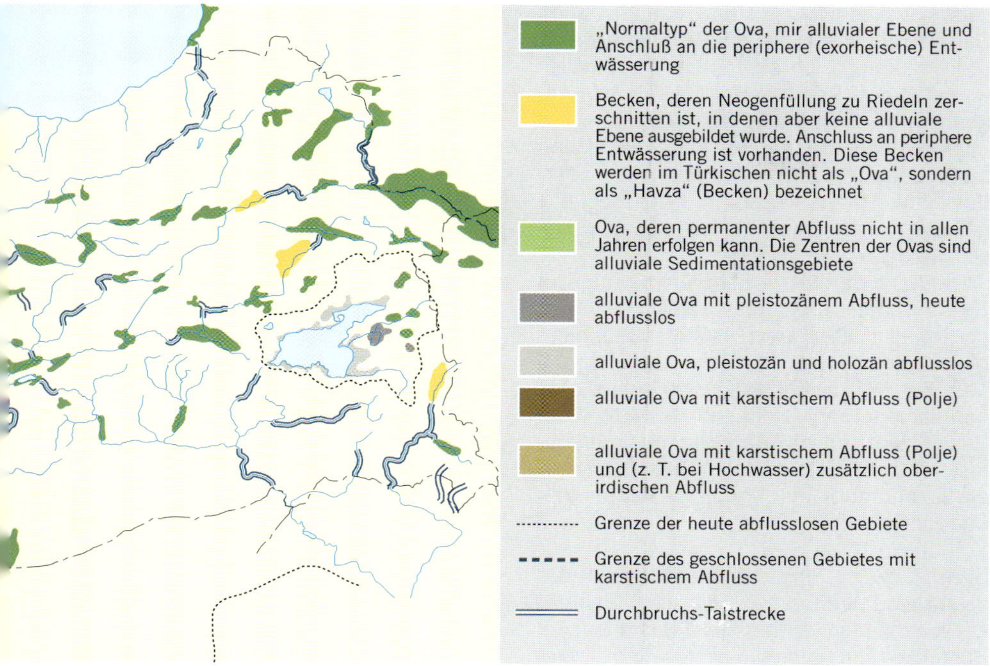

1) Die Ova ist ein Flachrelief, das wenigstens teilweise von höherem Gelände umrahmt ist. Sie hat somit Beckencharakter und ist nicht Ebene schlechthin. Ihre randliche Begrenzung ist Türken bei Verwendung des Begriffes bewusst. Das Wort fehlt in den zentralasiatischen Turksprachen. Es ist eine Schöpfung der anatolischen Türken, die damit ein für sie wesentliches Landschaftselement mit einem Namen versahen. Die großen Ebenen Arabiens oder Turkestans werden volkssprachlich nie als Ova bezeichnet. Der volkssprachliche Gebrauch des südslawischen *Polje* kommt dem Ovabegriff nahe, ist durch eingebürgerte Bindung an Karstprozesse aber keine geeignete Übersetzung.

2) Zu den Teillandschaften einer Ova gehört als Ergebnis von Akkumulation bis in die Gegenwart die alluviale *Schwemmlandebene* im Beckenzentrum. Es kann eine Talweitung sein, in der sich beiderseitige Schwemmkegel fast berühren, oder ein weites ebenes Schwemmlandbecken. Die tiefsten Teile werden bei abflusslosen Ovas, oder wenn sie durch gefällsarme, wenig eingetiefte Flüsse drainiert sind, von Seen, Salzseen oder Sümpfen eingenommen. Entsprechend sind zum Beckenzentrum hin die Ovaböden meist feinkörnig, während der Sand-, Kies- und Geröllanteil zu den Rändern hin zunimmt.

3) Am Rand der alluvialen Ebene haben Bäche aus umrahmenden Gebirgen *Schwemmfächer* aufgeschüttet, die sich unterschiedlich weit ins Becken hineinziehen und auch seitlich berühren können, sodass eine ganze Schwemmfächerzone mit grobkörnigen Böden entsteht. Dort versickert ein Teil des herabströmenden Wassers und speist den obersten Grundwasserhorizont der Ova. Ist der Gebirgsrahmen asymmetrisch mit erheblich ungleichen Einzugsbereichen und unterschiedlicher Wasserführung der Bäche, kann die ganze Beckenebene ein merkliches Gefälle zu einer Seite hin haben, an die auch der Hauptvorfluter gedrängt wird.

4) Den Rahmen der alluvialen Ebene bilden jungtertiäre Sedimente, die bei gleichzeitiger tektonischer Absenkung abgelagert wurden. Sie enthalten wie die holozänen Sedimente neben einer Beckenzentrumfa-

zies, die neben Tonen und Mergeln auch Salze, Gips und eventuell Braunkohle enthalten kann, auch eine Beckenrandfazies aus gröberen Sedimenten bis hin zu Konglomeraten. Auch in diesen Schichten kann ein *Grundwasserstrom* von den Randhöhen als artesisch gespanntes Wasser bis unter den feinkörnigen Untergrund des Beckens gelangen, wo er durch Bohrungen erschlossen werden kann.

Bedingt durch die relative Hebung der Beckenränder und damit randlicher Teile der Neogenfüllung sind viele dieser Schichten relativ steil gestellt. Spätere Abtragung hat dort bisweilen Miniaturschichtstufen herausmodelliert. Neogenreste mehr zum Beckenzentrum hin haben demgegenüber ihre horizontale Lagerung stärker bewahrt, die Ausräumung ließ hier mehr tafelbergartige Reste stehen.

5) Jenseits des Neogenrahmens beginnt das eigentliche Gebirge, wobei sich Flachreliefs verschiedenen Alters und verschiedener Höhenlage von Riedeln und Hügeln des Neogenrahmens noch in gleichmäßigem Anstieg in das Gebirge hineinziehen und Stockwerke bzw. Verebnungen auf Seitenkämmen bilden. Dann folgt der steilere Anstieg, der den äußeren Rahmen des Beckens bildet. Deutlich stärker gehobene, rumpfflächenartige Flachformen in den höheren Gebirgsteilen werden von türkischen Geographen bisweilen mit dem aus der Kulturgeographie stammenden Begriff Yayla im Sinne von Hochplateau bezeichnet.

6) Die menschliche Siedlung zeigt eine deutliche Anpassung an die Formelemente der Beckenebenen. Über Jahrhunderte waren die Ovas administrative Einheiten osmanisch-türkischer Herrschaft, je nach Dimension Kreise oder Amtsbezirke. Der *Gau*, die geschlossene, überschaubare Siedlungskammer, ist von der Tektonik vorgezeichnet. Die umgebenden Gebirge und Wasserscheiden bieten leicht definierbare Grenzlinien. Fast jede größere Ova hat eine traditionsreiche alte Stadt, nach der sie ihren Namen führt. Diese Städte liegen in der Regel am Rand des inneren, alluvialen Beckens, bevorzugt dort, wo die jungtertiären Randhöhen die Anlage einer Burg erlaubten. Die Dörfer, oft ein wenig in die Taltrichter hineingezogen, sitzen meist da an den alluvialen Rändern, wo Gebirgsbäche in die Ebene hinaustreten. Sie sind damit von den nicht immer ungefährlichen Verkehrswegen, die das offene Becken durchziehen, etwas entfernt, und man kann die Bäche vor ihrem Austritt in die Ebene leichter durch einfache Anlagen zur Gartenbewässerung nutzen. Auch die Täler des Tertiärhügellandes und partiell des Gebirges sind noch von Dörfern durchsetzt. Auffallend siedlungsarm sind, mindestens bis zum späten 19. Jh., die zentralen Teile der alluvialen Beckenzentren. Hier finden sich keine geschützten, versteckten oder verteidigungsfähigen Ortslagen, das Wasser muss durch Brunnen erschlossen werden, die alluvialen Böden sind schwerer zu bearbeiten, und Versumpfung wie Malariagefahr haben Siedler lange Zeit abgeschreckt.

7) Die agrare Landnutzung zeigt in den alluvialen Beckenzentren heute die modernsten Formen: Die flacheren Ovas werden weitgehend geschlossen bewirtschaftet und sind heute auch die wertvolleren landwirtschaftlichen Nutzflächen im Vergleich zu den hoch gelegenen Plateaus. Im Winter kann das Vieh die Stoppeln und die Steppenreste im Beckenzentrum abgrasen oder in die Sumpfgebiete getrieben werden. Die Böden sind viel tiefgründiger, und vom Hauptfluss oder von den randlichen Gebirgsbächen her gibt es nicht selten Bewässerungsmöglichkeiten, sodass in den Becken der Anbau von Getreide zunehmend von Spezialkulturen zurückgedrängt werden kann. Hier ist Maschineneinsatz auf großen Flächen möglich, zumal die Beckenzentren meist erst im 20. Jh. aufgeteilt und parzelliert wurden, also noch relativ wenig zersplittert sind. Bewässerung durch staatliche Kanäle oder durch private Pumpen erlaubt auch auf Terrassen und Schwemmfächern den Anbau von Spezialkulturen. An den Austritten der Bäche in die innere Ova konzentrieren sich bei den alten Dörfern die bewässerten Baum- und Gartenkulturen. Aber die Beckenebenen sind flächenmäßig sehr beschränkte Areale, und sie bringen durch die Notwendigkeit von Drainage oder Entsalzung vielfach ernste Probleme mit sich.

Die so beschriebenen Strukturelemente kennzeichnen Ovas in den mehr gebirgigen Landesteilen. Daneben gibt es verschiedene regionaltypische Varianten, die gesondert charakterisiert werden müssen:

1) Bereits erwähnt wurden die Ovas des südlichen und zentralen Anatolien, deren Hauptkennzeichen die fehlende oder die mangelhafte Dränage ist. Verglichen mit den intramontanen Becken kehrt sich hier das Größenverhältnis von Becken zu Gebirgsrahmen um: Neben schmale Gebirgscheiden oder sanfte Schwellen treten ausgedehnte flache Becken, in denen Tafel- und Hügellandschaften den größten Flächenanteil einnehmen. Breite Flächenreste ziehen sich von meist flach lagernden Neogensedimenten in den nur wenig gehobenen äußeren Gebirgsrahmen hinein. Bisweilen fehlt dieser äußere Rahmen völlig, und die Neogentafel reicht hinüber bis zum nächsten alluvialen Becken. Die Bezeichnung Ova wird in diesen großen Becken meist auf den alluvialen Zentralteil beschränkt, dessen Neogenränder eine deutlichere Begrenzung für eine überschaubare Siedlungskammer bilden als die fernen Gebirgszüge.

2) Weitere derart großräumige Becken finden sich nur außerhalb der Gebirgszonen von Taurus und Pontischem Gebirge: das Ergenebecken in Thrakien und das Becken des oberen Tigris um Diyarbakır. Beide haben etwa die gleiche Größe wie das Tuz-Gölü-Becken in Zentralanatolien, sind aber im Gegensatz dazu durch ein dichtes Talnetz erschlossen. Zahlreiche Flüsse zerlegen die jungtertiäre Beckenfüllung in parallele, zur Beckenachse abdachende Riedel. Angesichts der fehlenden Alluvialebenen und der beträchtlichen Dimension ist hier die Bezeichnung Ova nicht gebräuchlich. Türkische Geographen benutzen dafür den neu eingeführten Fachausdruck *havza*, Becken, jedoch ohne die zusätzliche Begriffsassoziation Ebene oder Siedlungskammer.

3) Ein gewisser Sonderfall sind die Grabensenken des westanatolischen Ägäisgebietes. Ihre ausgeprägte Längserstreckung entspricht den jungen Grabenbrüchen, deren Verlauf sich streckenweise an der schnurgeraden Reihe der Bergsporne ablesen lässt. Die beträchtlichen Vertikalbeträge der Absenkung bzw. der Gebirgsheraushebung haben dazu geführt, dass die ältere neogene Beckenfüllung kaum noch vorhanden ist. An ihre Stelle treten hier und da die mitgehobenen altpleistozänen Schuttablagerungen, die die Gebirge des kristallinen Menderesmassivs umgeben und die, nach dem antiken Namen des heutigen Aydıngebirges, als *Tmolosschutt* bezeichnet werden. Die Achse, das Grabeninnere, wird in allen Fällen von einer breiten Alluvialaue gebildet, in der die fast ganzjährig wasserreichen westanatolischen Flüsse mäandrieren. Der Terminus *Mäander* stammt vom größten dieser Flüsse, dem Großen Menderes (Büyük Menderes, in der Antike Maiandros). Diese bis zum 19. Jh. weitgehend versumpften Talauen sind heute fast durchweg dräniert und für den Anbau bewässerter Baumwolle erschlossen. Parallel dazu ziehen sich an den Grabenrändern mehr oder weniger breite Terrassen entlang, auf denen Schwemmkegel seitlicher Gebirgszuflüsse auslaufen. Das ist die Zone der Baumkulturen, in den tieferen Teilen noch bewässert (Zitrus), weiter bergwärts unbewässert (Wein, Oliven und Feigen). Wo die Schwemmkegel zum Gebirgsrand ansteigen, reihen sich perlschnurartig Dörfer, Marktflecken und Städte auf, deren ältere Ortsteile sich die Hänge hinaufziehen, bisweilen von einer alten Burg auf den Spornen des Tmolosschuttes gekrönt, während die neueren Ortsteile auf die grabenparallelen modernen Verkehrsachsen am Fuß der Schwemmkegel zuwachsen.

Die Entwicklung von Küsten und Meerengen
Die Gestaltung der Küsten der Türkei und damit die Möglichkeiten ihrer Nutzung durch Häfen steht in unmittelbarem Zusammenhang mit der jungen Tektonik des Landes.

Die Küsten des Schwarzen Meeres und des Mittelmeeres im Bereich der Türkei sind so genannte Längsküsten: Die Ufer folgen parallel dem Verlauf des Gebirges. Einbuchtungen sind deshalb relativ unbedeutend, große Golfe fehlen oder zeichnen, wie der Golf von Antalya, die Streichrichtung des ganzen Gebirges nach.

Demgegenüber verlaufen die Küsten an der Ägäis und z.T. am Marmarameer oft quer zu den Richtungen junger Tektonik. In die Grabenzonen konnte das Meer weit eindringen, und die Gebirgshorste bilden Halbinseln und Inseln. Neun größere, 30–100 km in das Land eingreifende Golfe gliedern markant die westlichen Küsten: die Gökovabucht zwischen den Halbinseln von Marmaris und Bodrum, die Golfe von Güllük und Kuşadası, von İzmir, Çandarlı und Edremit am Ägäischen Meer, und dazu die Golfe von Erdek/Bandırma, Gemlik und İzmit am Marmarameer.

Die feinere Gestaltung des Küstenverlaufs unterliegt den üblichen Gestaltungsprozessen, den Einflüssen von Meeresspiegelschwankungen, von Brandung und Küstenströmung. Gezeiten bewirken lediglich einen Wasseranstieg von 20–30 cm, nur in den inneren Buchten bis zu etwa 50 cm. Auf die Küstenformung bleibt das ohne Einfluss.

Es gibt im Wesentlichen nur zwei Typen der Küstenform in wiederkehrender Anordnung: Wo Ausläufer des Gebirges etwas weiter gegen das Meer vorspringen, hat sich eine *Steilküste* ausgebildet, die vielerorts mit markanten Kliffs, mit Brandungskehlen und mit mehr oder weniger ausgebildeter Schorre in das Gestein hineingearbeitet ist. Solche Steilküstenabschnitte können in älterem Gestein, in Neogensedimenten wie auch in verfestigten Terrassen- oder Schwemmfächerablagerungen ausgebildet sein. Von diesen Vorsprüngen wird das von der Brandung aufbereitete Material küstenparallel abtransportiert und als Sandbank vor den weniger tief eingreifenden benachbarten Buchten abgelagert. Feinmaterial von Gebirgsflüssen gelangt hier ebenfalls zur Ablagerung, für den Aufbau der Nehrungen ist sein Anteil wohl sogar entscheidend. Vor allem Sand wird – besonders nach Frühjahrshochwässern – von den Mündungen durch die Brandungsströmung küstenparallel versetzt. Kleinere Buchten werden damit abgeriegelt, Flüsse und Bäche des Hinterlandes füllen sie allmählich auf, und es entstehen die kleineren Küstenovas.

Die Tendenz zur Begradigung der Küste, zur *Ausgleichsküste*, über derartige Akkumulation und Abschnürung durch Nehrungshaken ist nur bei kleineren Buchten mit flachem Wasser möglich. Die Golfe der Westküste als Ganzes sind dafür zu groß und zu tief. Aber auch zahlreiche kleinere Buchten sind bis heute noch dort offen, wo infolge tektonischer Absenkung älteres Relief partiell untergetaucht ist, andererseits keine Flüsse die für eine Abschnürung und Auffüllung der Buchten notwendigen Sedimentmassen liefern. Das ist an Teilen der Westküste der Fall, wie z. B. an der Halbinsel von Çeşme westlich İzmir, oder beim malerischen Poyrazarchipel bei Ayavalık, einem klassischen Beispiel einer Ingressions- oder Riaküste. Aber auch die türkischen Süd- und Südwestküsten kennen derartige offene, allerdings meist recht kleine Buchten. Sie finden sich an der Marmarishalbinsel, am Küstenabschnitt Kaş–Finike und gelegentlich zwischen Alanya und Mersin (vgl. Abb. 18). Ihre Offenhaltung wird an der Südküste dadurch begünstigt, dass die Wässer des weitgehend verkarsteten Hinterlandes erst im Küstenniveau austreten und oberirdische sedimentreiche Gerinne nicht in die Buchten münden. Diese Buchten sind oft nur wenige hundert Meter breit. Sie bieten Landungsmöglichkeit allenfalls für Fischerboote und kleine traditionelle Küstenfahrzeuge.

Der Mangel bekannter altgriechischer Kolonien an weiten Teilen der Südküste ist z.T. daraus zu erklären, dass diese Kleinbuchten wegen der fehlenden ackerfähigen alluvialen Ebenen für die siedelnden Griechen in der Antike nicht attraktiv waren (Blumenthal 1963). Sie boten allerdings als versteckte Kleinhäfen ideale Schlupfwinkel für Bewohner weiter landeinwärts, geschützt im Gebirge liegender Orte. Hier konnten sich die Seeräuber entfalten, gegen die Pompeius seinen bekannten Krieg führte, und von hier aus konnten einheimische Piraten ihr Gewerbe im Mittelalter und bis in die frühe Neuzeit wiederaufnehmen.

Erheblich wichtiger sind verlandete Buchten, die durch Sandbarren oder Nehrungen abgeriegelt sind und in denen sich alluviale Ebenen aufbauen konnten. Eine Nehrung ist immer vorhanden, Dünen allerdings sind selten. Lagunen oder Sümpfe hinter der Nehrung dokumentieren, dass der Auffüllungsprozess noch nicht abgeschlossen ist.

Die Mehrzahl der kleineren Flüsse an Mittelmeer und Ägäis erreichen im Sommer und Herbst das Meer überhaupt nicht, mündet vielmehr in die Sümpfe oder Lagunen hinter der Nehrung, durch die das Wasser zum Meer versickert. Nur bei Starkabflüssen im Winter und Frühjahr gibt es breitere Durchbrüche, die oft von Jahr zu Jahr an anderer Stelle erfolgen und im Sommer von der Brandung bald wieder zugespült werden. Entsprechend ungünstig sind die Hafenbedingungen: Einfahrten in Flussmündungen sind kaum möglich, Landungsmöglichkeiten bestehen nur dort, wo man Boote auf den Strand ziehen kann. Immerhin hat dies in hellenistischer Zeit oft genügt, sofern die übrigen Bedingungen für eine Siedlungsanlage gegeben waren. Viele dieser kleinen Schwemmlandebenen sind identisch mit der Siedlungskammer einer Polis (Kirsten 1956, Blumenthal 1963).

Am Schwarzen Meer hingegen sind meist auch kleinere Flüsse ganzjährig so wasserreich, dass ein Durchbruch durch die Nehrung fast immer vorhanden ist. Fischerboote und kleinere Küstenschiffe können vielerorts in die Flussmündungen hineinfahren, bis in eine Lagune oder sogar ein Stück flussaufwärts, soweit das geringe Gefälle in der Flussstrecke reicht. Allerdings sind diese Punkte aus klimatischen Gründen nur in wenigen Fällen von griechischen Siedlungen besetzt worden.

Wo die westanatolischen Grabensenken sich zur Ägäis öffnen, konnten sich ausgedehntere Schwemmlandebenen entwickeln. Im Laufe des jüngeren Pleistozäns wurden die Gräben phasenweise von innen nach außen verfüllt, bis zur heutigen Talsohle hinauf allerdings erst im Postglazial. Die *Deltabildung* lag zunächst innerhalb des Grabens und füllte diesen auf. Die noch weit landeinwärts reichenden Buchten wuchsen zu. Erst an der Stelle (bei heutigem Meeresspiegel), wo der Graben sich zum Meer öffnet, wurde das *Ausfüllungsdelta* allmählich zum *Vorschüttungsdelta*, mit der klassischen Deltaform. Dieses Stadium ist beim Großen Menderes, beim Gediz und beim Bakır Çay erreicht. Soweit die Vorschüttung dieser Flüsse zum offenen Meer gerichtet ist, werden ihre Deltas am Außensaum von Sandriffen oder flachen Nehrungen begrenzt. Wo sie noch in geschützte Buchten einmünden, wie z. B. der Südteil des Gedizdeltas in die

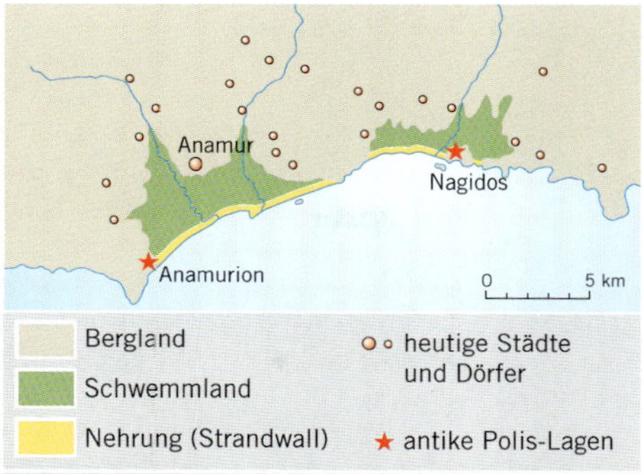

Abb. 18: Küstenebenen vom Typ der abgeschnürten Buchten bei Anamur.

innere Bucht von İzmir, bilden sie einen auffasernden amphibischen Übergangssaum von Land und Meer.

Durch dieses Wachsen der Deltas der westanatolischen Flüsse hat sich in historisch überschaubarer Zeit, etwa seit den ionischen Städtegründungen, die gesamte Schwemmlandfläche beträchtlich vergrößert. Bilitza (1973) schätzt etwa einen Zuwachs von 700 km^2, wovon der Hauptteil auf die Alluvionen des Großen Menderes und des Gediz entfällt.

Für die antiken Städte Westkleinasiens war das Vorrücken der Schwemmlandebenen oft eine Existenzbedrohung. Zahlreiche griechische Städte wurden in inneren Winkeln damaliger Buchten gegründet, die in der Folge zunehmend verlandeten. Myos, Priene und Herakleia waren einst Seestädte in der Bucht von Milet. Bereits in vorchristlicher Zeit waren sie durch das vorrückende Delta des Großen Menderes vom Meer abgeschnitten. Einzelne Seitenbuchten, in die keine besonderen Flüsse münden, wurden dabei blockiert und zu Seen, die allmählich aussüßten. Der Bafasee am Fuße des Latmos-Gebirges östlich Milet ist ein solches Reststück der alten Meeresbucht. Bereits in römischer Zeit hatte Milet keinen Seehafen mehr bei der Stadt, und das Schwemmland erreichte die Insel Lade, bei der noch 494 v. Chr. die bekannte Seeschlacht zwischen der persischen und milesischen Flotte stattgefunden hatte. Heute allerdings erreicht die Deltaschüttung das offene Meer, verlangsamte sich dadurch und bildet Nehrungen aus. Genauso wurde Ephesus vom Kleinen Mende-

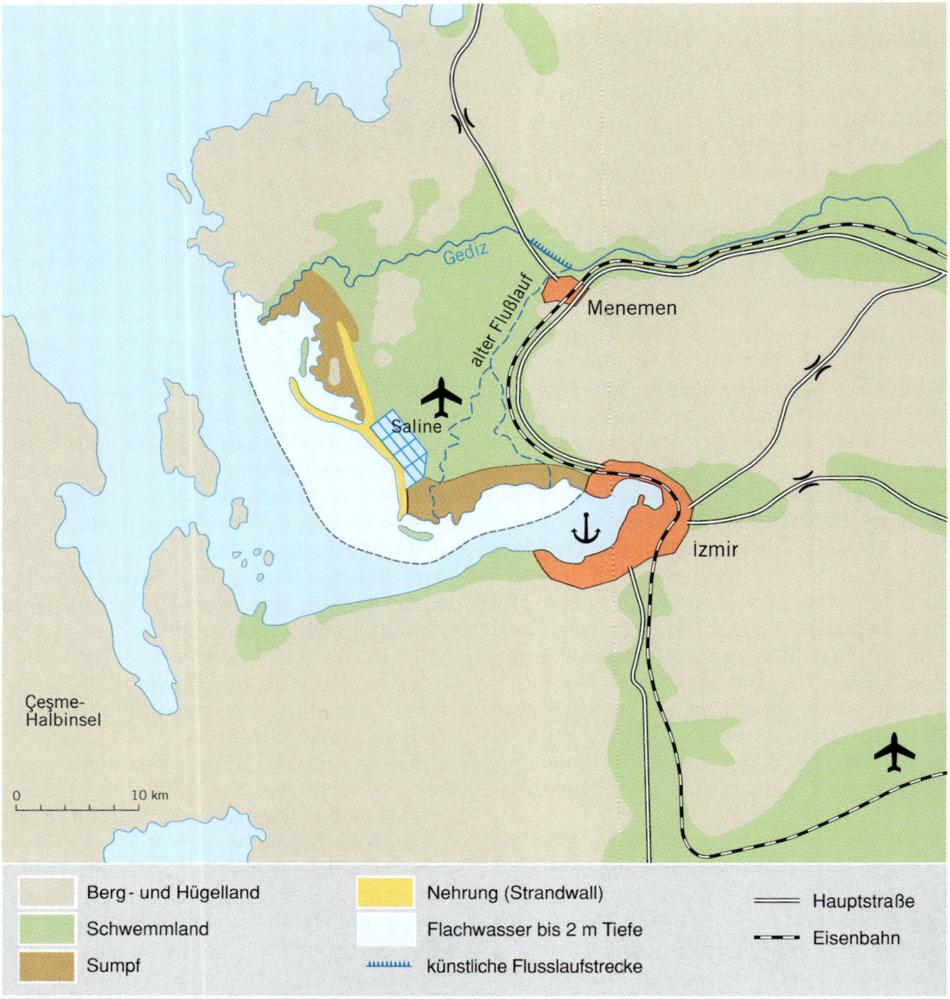

Abb. 19: Bucht von İzmir und das Gedizdelta.

res umschüttet. Um 200 v. Chr. muss die Küste bereits 2–3 km westlich der Stadt gelegen haben: So weit lässt sich etwa ein vom Hafen ausgehender Kanal verfolgen, den die Epheser zu jener Zeit bauten, um die Verbindung mit dem Meer nicht zu verlieren.

Der Prozess der Zuschüttung von Buchten hält bis in die Gegenwart an. Am augenfälligsten ist dies beim Gedizdelta in der Bucht von İzmir zu beobachten, wo sich eine Entwicklung abspielt, die der von Milet und Ephesus auf dramatische Weise analog ist. Genauso wie die hintere Bucht von Milet bei Herakleia, der heutige Bafasee, erhält auch die innere Bucht von İzmir keine nennenswerten Zuflüsse und verlandet folglich nicht. Die Stadt verfügt daher über ein vorzügliches natürliches Hafenbecken mit geschützter Reede. In die äußere Bucht jedoch schiebt sich das Gedizdelta vor, dessen Mündungsarme sich mehrfach verlagert haben. In den letzten Jahrhunderten verlief der Fluss, nach seinem Austritt aus dem Gebirge bei Menemen, in zwei Armen nach Süden (vgl. Abb. 19). Die innere Bucht und der Hafen gerieten damit zunehmend in Gefahr, abgeschnürt zu werden. Die Deltaschüttung setzte sich unter Wasser fort; drei Viertel der Buchtbreite sind an der (mit etwa 4,5 km) schmalsten Stelle dadurch weniger als 2 m tief. Die heutige, schmale Fahrrinne verläuft dicht unter dem südlichen Ufer der Bucht.

Um die völlige Abschnürung zu vermeiden und der heutigen Metropole des anatolischen Westens das Schicksal von Milet und Ephesus zu ersparen, wurde 1886/87 ein 6 km langer Kanal gebaut, der das Gedizwasser von Menemen ab zu einem alten, nach Westen führenden Flussbett leitet. Die Mündung wurde dadurch nach Westen in die breite äußere Bucht verlegt und die Gefahr der Abschnürung von İzmir vorerst gebannt. Die innere Bucht, durch die vorgelagerte Halbinsel von Çeşme geschützt, bleibt die idealste Hafenbucht der Westküste, wenngleich die begrenzte Tiefe der Fahrrinne (10 m) dem weiteren Ausbau Grenzen setzt.

Bosporus und Dardanellen

Mit den eiszeitlichen Schwankungen des Meeresspiegels ist die Ausbildung eines der interessantesten und kompliziertesten Teile der Erde verknüpft: die Entwicklung der Meerengen und des Marmarameeres. Insbesondere die Entwicklung des Bosporus hat seit rund 100 Jahren die Aufmerksamkeit von zahlreichen Forschern erregt, sodass diese Meeresstraße und ihre Entstehung zu den klassischen Schlüsselpunkten geomorphologischer Forschung gehört (Pfannenstiel 1944).

Die tektonische Absenkung des ägäischen Küstengebietes im Altpleistozän führte dazu, dass weite Teile des alten Reliefs unter den heutigen Meeresspiegel zu liegen kamen. Die jüngeren Abtragungsreliefs und die ausgedehnten jüngeren Sedimenttafeln bilden den Boden des Schelfmeeres vor der westanatolischen Küste. Einzelne Restberge oder relativ gehobene Schollen sitzen diesem Sockel auf und bilden die Inseln und Halbinseln des ostägäischen Meeres. Große Teile dieses Schelfsaumes waren während der kaltzeitlichen Meeresspiegelabsenkungen um bis zu –90 m landfest.

Die flachste Stelle der Dardanellen liegt an ihrem Ostausgang in das Marmarameer und ist 48 m tief. Die flachste Stelle des Bosporus ist eine submarine Schwelle von heute 37 m Tiefe vor dem Südausgang der Meerenge, etwa von der Serayspitze in İstanbul zum Stadtteil Haydar Paşa hinüberführend. Bei einer entsprechenden Meeresspiegelsenkung fielen die Bosporus- und die Dardanellenstraße trocken. Der tiefe tektonische Graben des zentralen Marmarameeres (maximal ca. 1300 m tief) wurde damit zum Binnensee. Da er Zuflüsse hatte, sank sein Spiegel wahrscheinlich weniger als der des Mittelmeeres. Das Gleiche gilt für das Schwarze Meer.

Alle Flüsse übertieften jedoch ihre Unterläufe, um sich auf die gesenkte Erosionsbasis des Meers einzustellen. Die breiten Taltrichter mancher heutiger Küstenflüsse, die in die Küstenovas einmünden, sind das Ergebnis dieser Tiefenerosion (und der nachträglichen Zufüllung).

Gleiches muss im Prinzip auch in den vorangegangenen Kaltzeiten stattgefunden haben, während in den Interglazialzeiten der Meeresspiegel wieder angestiegen sein muss. Für die letzte (Riss/Würm-)Interglazialzeit nimmt man heute einen Meeresspiegel von +15 m an (Schwarzbach 1974). Da das entsprechende weithin verfolgbare Terrassenniveau im Raum İstanbul tiefer und bei İzmit am Ostrand des Marmarameeres höher liegt, muss die Bithynische Halbinsel (Kocaelihalbinsel) würmzeitlich leicht gekippt worden sein. Erst dadurch konnte die Schwelle am Ausgang des Bosporus in ihre heutige Lage kommen und den Zugang zum Flusstal Goldenes Horn – Bosporus freigeben.

Dass der Bosporus viele Züge eines Flusstales aufweist, ist unumstritten. Nach W. Penck (1919) wurde der Bosporus zunächst als Flusstal (in Verlängerung des Goldenen Horns) angelegt und erst später zur Meeresstraße. Nach zahlreichen, v.a. meeresbiologischen Indizien muss aber bereits in früheren Interglazialzeiten eine Verbindung zwischen Schwarzem Meer und Mittelmeer bestanden haben. Wenn der Bosporus damals noch Flusstal war, müsste es eine andere Meeresstraße gegeben haben, die Pfannenstiel (1944) in einer Senkenlinie vom İzmitgolf über den Sapancasee und die Ova von Adapazarı durch den Sakaryadurchbruch zum Schwarzen Meer sieht. Überzeugendster Beleg für diese Deutung ist der besonders hohe Anteil von

Faunenelementen des Schwarzen Meeres im Sapancasee.

Die Breite des Sakarya-Bosporus-Durchbruchstales von der Adapazarıova zum Schwarzen Meer entspricht etwa der des Bosporus und lässt diese Verbindung möglich erscheinen. Der Durchbruch wird heute nur in seinem unteren Teil vom Sakarya benutzt. Der obere Teil des Taldurchbruches ist für den kleinen mäandrierenden Abfluss des Sapancasees viel zu groß.

Türkische Geomorphologen (z. B. Erinç, 1954) halten den Bosporus zwar auch für ein ursprüngliches Flusstal, gehen aber von einem viel früheren Durchbrechen des Meeres aus. Die Schwelle am Südausgang ist demnach als kaltzeitliche Akkumulation des Flusses aus dem Goldenen Horn zu deuten und der Sakarya-Bosporus als ehemaliges Flussbett des Sakarya.

In der Dardanellenstraße deuten mehrere submarine Terrassen darauf hin, dass dort während der Tiefstände des Meeresspiegels in den Kaltzeiten ein Flusstal war, das zeitweilig, bei ausreichendem Wasserstand, den Binnensee im zentralen Marmarameer entwässert haben mag. In den Interglazialzeiten, mindestens Mindel/Riss und Riss/Würm, war die Dardanellenstraße die einzige Verbindung zum Mittelmeer.

Mit der postglazialen Überflutung der Meerengen setzte der Strömungsmechanismus (wieder) ein, der auch heute die hydrographische Situation der Meerengen kennzeichnet: Das Schwarze Meer weist unter den heutigen Klimabedingungen infolge der großen Zahl einmündender mächtiger osteuropäischer Ströme einen Wasserüberschuss auf, während das Mittelmeer ein Wasserdefizit hat. In Bosporus und Dardanellen herrscht also eine permanente Nordost-Südwest-Strömung, die in Engstellen eine Strömungsgeschwindigkeit von bis zu 5 sm/h erreicht. Die angesichts der fast ganzjährig herrschenden Nordwinde schwierige Navigation stromaufwärts wurde im Bosporus in der Zeit der Segel- und der Ruderschiffe abschnittsweise etwas dadurch begünstigt, dass sich in den Windungen und Buchten der Meerengen Gegenströmungen bilden.

Das an der Oberfläche abfließende Schwarzmeerwasser hat einen Salzgehalt von 1,5 % bis 1,9 %, während Mittelmeerwasser der nördlichen Ägäis 3,5 % bis 3,9 %, im Marmarameer immerhin noch 2,3 % bis 2,5 % Salzgehalt hat. Spezifisch leichteres Schwarzmeerwasser schiebt sich beim Austritt ins Marmarameer über schwereres Mittelmeerwasser. Dieser Oberströmung entspricht eine Unterströmung in umgekehrter Richtung, die salzreiches Mittelmeer- bzw. Marmarawasser in Richtung Schwarzes Meer führt. Die Geschwindigkeit der Unterströmung ist erheblich geringer und dringt nicht immer bis zum Nordausgang des Bosporus vor (Erinç 1954).

Die Zone stärkster Durchmischung und raschesten Übergangs von geringerem zu höherem Salzanteil liegt am Südausgang des Bosporus. Dadurch sind hier Bedingungen für einen großen Fischreichtum gegeben. Die Metropole am Goldenen Horn hat so eine ihrer wichtigsten Nahrungsquellen ohne jegliche Umschlags- und Transportprobleme direkt vor dem Hafen. Die Stadt war daher in historischer Zeit, selbst bei Blockade der Meerengen, kaum völlig auszuhungern.

Voraussetzungen für Hafenanlagen

Die einmalige Lagegunst von Byzanz-Konstantinopel-İstanbul bietet die besten natürlichen Hafenmöglichkeiten der Türkei. Der historische Haupthafen ist das ertrunkene Flusstal des Goldenen Horns. Fortschreitende Auffüllung, die sich in der Gegenwart beschleunigt, lässt allerdings den Wert dieser Bucht für die heutige Schifffahrt sinken. Frühbyzantinische Funde wurden angeblich unter einer 15 m mächtigen rezenten Schlammschicht gemacht.

Hingegen ist die Meeresstraße des Bosporus als Ganzes zum Hafen geeignet. Die Tiefe ist durchgehend auch für große Seeschiffe ausreichend, und in den zahlreichen Buchten der windungsreichen Meeresstraße reicht tiefes Wasser bis dicht an das Ufer. Nennenswerte Flüsse, die zur Verschüttung führen könnten, münden nicht in den Bosporus. Die Strömung in der Meerenge dürfte Akkumulation auch kaum zulassen. Zwar lässt der Ausbau geeigneter Uferpartien mit Kais und Verladeeinrichtungen noch zu wünschen übrig, aber die großräumige Lagegunst, der Schutz vor Sturm und Seegang und die große Wassertiefe ohne Gefahr der Verschlammung sind hier in idealer Kombi-

***Bild 13: Bucht von Kaş (Südwestanatolien):** An der Ägäisküste sind natürliche Häfen oft wegen der zu geringen Wassertiefe, der drohenden Versandungsgefahr oder fehlender Hinterlandverbindung nicht nutzbar.*

nation vorhanden. Diese Voraussetzungen gepaart mit geeigneten Hinterlandverbindungen finden sich nur hier, an anderen Orten höchstens partiell.

Bis in das 19. Jh. hinein spielten derartige Anforderungen an die Häfen allerdings noch keine so wichtige Rolle. Angesichts der schlechten Landverbindungen mussten Landegelegenheiten bei möglichst vielen Küstenplätzen wahrgenommen werden, wobei man in Kauf nahm, dass größere Schiffe auf Reede liegend geleichtert wurden und kleinere Boote an offenen Landungsstegen anlegen mussten, was am Schwarzen Meer nicht bei jeder Wetterlage möglich ist. Die Landungsplätze hatten sich seit der Antike weitgehend an den gleichen Stellen erhalten, Neubau erfolgte nur in wenigen Fällen (Alanya, Payas). Inzwischen wurden die Landverbindungen erheblich verbessert, und die modernen Seehäfen erfordern Investitionen, die eine Konzentration erzwingen. Daher war die Eignung historischer Hafenplätze für modernen Ausbau meist sehr gering.

Die scheinbar für Häfen idealen Golfe der Ägäisküste sind nur zum kleinen Teil nutzbar (Bild 13). Golfe und Buchten um die Halbinseln von Marmaris und Bodrum sind im Innern zu flach und haben weder ein näheres Umland noch geeignete Verbindungen zum weiteren Hinterland, um einen Hafenausbau zu rechtfertigen. Der Golf von Kuşadası steht den winterlichen Weststürmen offen und droht durch den kleinen Menderes verschüttet zu werden. Die Verbindung zu den wichtigen Agrarräumen des westanatolischen Grabensenken wäre zwar günstig, ist aber von İzmir aus nicht schlechter. Diese Bucht ist im Innern tief genug, seit der Umlenkung des Gediz nicht (mehr) durch Verschüttung gefährdet und gegen Stürme und Seegang geschützt, damit der relativ günstigste Ägäishafen der Türkei. Die Golfe von Çandarlı und Edremit sind nach Westen breit geöffnet; der von Çandarlı wird vom Bakır Çay verschüttet und der von Edremit hat eine schwierige Hinterlandverbindung.

Am Marmarameer liegen Bandırma, Gemlik und İzmit in relativ geschützten Buchten, das Fahrwasser ist ausreichend tief, und die Verbindungen zu den Becken des dicht besiedelten Nordwestanatolien sind vom Relief her unproblematisch.

Am Schwarzen Meer schützen nur wenige kleine Küstenvorsprünge gegen winterliche Nord- und Nordweststürme. Sie sind

Bild 14: Moderner Hafen von Antalya: *Südwestlich der Stadt wurde ein moderner Hafen eingerichtet, wo tiefes Wasser bis nahe ans Ufer reicht und keine Verschlammungsgefahr droht.*

alle von alten Städten besetzt. Ereğli, Sinop, Ordu und Trabzon sind die wichtigsten. Keiner dieser Häfen ist von Verschüttung bedroht. Nachteil ist jedoch, dass sie vom Binnenland über die Küstengebirgsbarrieren nur schwer zu erreichen sind. Moderne Häfen sind in erster Linie bei Samsun und Zonguldak notwendig.

Von Samsun aus führt die günstigste Verbindung über das hier relativ niedrige Pontische Gebirge nach Inneranatolien. Auch reicht hier genügend tiefes Wasser bis in Ufernähe. Die im Übrigen ungünstige, nach Norden völlig offene Lage an buchtenarmer Küste muss in Kauf genommen werden. Hafenanlagen weiter westlich oder östlich kommen wegen der großen Deltas von Kızılırmak und Yeşilırmak nicht in Frage. Zonguldak braucht als Zentrum des Steinkohlebergbaus einen Hafen, obwohl auch hier die Bedingungen der kleinen, nach Norden offenen Bucht nicht ideal sind. Wellenbrecher und Molen müssen die Mängel ausgleichen.

Um wenigstens einen leistungsfähigen Hafen in Ostanatolien zu haben, wurde in Trabzon (Trapezunt) – als Endpunkt der Überlandhandelswege nach Ostanatolien und nach Iran – die viel zu kleine, nur nach Westen geschützte natürliche Bucht durch Molen und Wellenbrecher erweitert, wenngleich auch hier die Hinterlandverbindungen über den 2025 m hohen Ziganapass ausgesprochen schwierig sind.

Für die Mittelmeerhäfen gelten die Probleme ungünstiger Hinterlandverbindungen und für den modernen Verkehr zu flacher Buchten gleichermaßen. Die kleine alte Hafenbucht in den Travertinterrassen von Antalya genügt den Anforderungen längst nicht mehr. Die östliche Schwemmlandküste ist auf etwa 100 km Länge für moderne Hafenanlagen ungeeignet. Der moderne Hafen von Antalya wurde daher südwestlich der Stadt konzipiert, wo am Fuße des steil zum Golf abfallenden Bey Dağ tiefes Wasser bis nahe ans Ufer reicht und keine Verschlammungsgefahr droht. Allerdings sind aufwendige Bauten für Wellenbrecher nötig (Bild 14).

Weiter im Osten ist der antike Hafen Tarsus für die Ebene von Adana längst verlandet. Im Mittelalter fungierte Yumurtalık (Ayas, Lajazzo) dort als Hafen, der aber wenig geschützt, zu seicht und durch das Misisgebirge von der großen Ebene getrennt ist. Die Deltaküste von Ceyhan und Seyhan kommt für größere Häfen nicht in Frage. Als die Çukurova im 19. Jh. begann, eines der wichtigsten Agrargebiete zu werden, ent-

Bild 15: Kalksinterterrassen von Pamukkale: *Pamukkale („Baumwollschloss") ist eines der eindrucksvollsten Beispiele für die Bildung von Travertinterrassen.*

stand als Hafen die neue Stadt Mersin (Rother 1971). Der Ausbau seit den 1850er-Jahren erforderte wegen der nicht ausreichenden Wassertiefe und zur Ablenkung der vom Delta küstenparallel herangespülten Sande weit vorgeschobene Molen und gegen das offene Meer Wellenbrecher. İskenderun schließlich ist einigermaßen nach Norden und Westen geschützt, aber seine wirtschaftliche Bedeutung ist seit der Grenzziehung gegen Syrien gering. Der moderne Ausbau hatte zunächst militärische Gründe. Erst in jüngster Zeit gewinnt der Hafen durch Industrieansiedlung einige Bedeutung.

Türkische Karstgebiete

Die orographischen und klimatischen Bedingungen der türkischen Karstgebiete entsprechen weitgehend denen des dinarischen Karsts. So tritt in allen weitläufigen Kalksteingebieten der Türkei auch der gleiche Formenschatz auf, für dessen verschiedene Formen die einheimische Bevölkerung eine Vielzahl von typologischen Bezeichnungen kennt. Dolinen verschiedener Größenordnung finden sich fast in allen flacheren Teilen von Kalkgebirgen. Das großartigste Beispiel ist die miozäne Kalktafel im mittleren Taurus zwischen Karaman und der Südküste, die auf mehreren tausend Quadratkilometern pockennarbig dicht von Dolinen durchsetzt ist.

Der Kalklösung im Gebirge entsprechen an vielen Stellen insbesondere der türkischen Südküste zwischen Antalya und Adana am Südfuß des Gebirges ausgedehnte *Travertinablagerungen*. Die bedeutendsten sind die ca. 125 km² großen und mindestens 100 m mächtigen Travertinterrassen von Antalya mit drei Niveaus bei 30 – 80 m, 200 – 220 m, 260 – 300 m zwischen Küste und Gebirgsrand (vgl. de Planhol 1956, Burger 1990).

Im Zusammenhang mit Thermalquellen schreitet an einigen Stellen im Binnenland die Bildung von Travertinterrassen fort. Das eindrucksvollste Beispiel einer solch rasch fortschreitenden Sinterbildung, dass Bewässerungskanäle von mächtigen Kalkablagerungen überzogen sind und zu meterhohen steinernen Rinnen anwachsen, findet sich beim antiken Badeort Hierapolis, den die Türken wegen der schneeweißen bauschigen Kalksinterablagerungen *Pamukkale* („Baumwollschloss") nennen (Bild 15).

Sonderformen der Verkarstung in Form von kreisrunden Einsturzdolinen (150 – 200 m Durchmesser) treten nordöstlich Konya im südlichen Inneranatolien in den limnischen Kalken der Neogentafel südlich des großen Salzsees auf. Sie führen die einheimische Bezeichnung *Obruk*. Viele sind trocken, aber einige reichen bis weit unter den Grundwasserspiegel hinab und erreichen mit fast senkrechten Wänden Tiefen bis zu 150 m ab Wasserspiegel (Erinç 1960).

Karstische Phänomene des gleichen Raumes sind bis zu 15 m hohe Travertinkegel, die sich südöstlich Cihanbeyli (nördl. Konya) um und über Quellen entlang einer tektonischen Störung aufgebaut haben. Sie sind rund, ähneln kleinen Vulkanen, und in ihrer kraterähnlichen Öffnung steht Wasser höher als das Niveau des Talbodens.

Flächenmäßig weitaus bedeutsamer als solche spektakulären Einzelformen sind die etwa 2000 km^2 großen Gipskarstgebiete am oberen Kızılırmak bei Sivas, wo oligomiozäne Anhydrite in weitgespannten Synklinalen und Antiklinalen zutage treten.

Auffallend viele der flachen Gipskarstwannen sind von z.T. periodischen kleinen Seen eingenommen, größtenteils jedoch Salz- oder Bitterseen (türk. *acıgöl*), weil ein bedeutender Teil der Quellen des Gebietes salzige Wässer fördert. Der Gehalt an verschiedenen Salzen stammt aus salzigen Zwischenlagen der oligomiozänen Sedimente.

Pleistozäne Überformung der höheren Gebirge

Der Großteil der höheren Gebirge Anatoliens wirkt aus der Entfernung weniger eindrucksvoll, als es die absoluten Höhen erwarten lassen, weil der Betrachter meist schon selbst einen recht hohen Standpunkt hat. Das inneranatolische Hochland z. B. liegt zwischen 800 und etwa 1500 m, das südöstliche Taurusvorland zwischen 500 und 1000 m und die Täler und Becken Ostanatoliens zwischen 1000 und 2000 m. Nur wenige der höheren Gebirge – wie das Ziganagebirge an der östlichen Schwarzmeerküste oder Teile des westlichen Taurus am Golf von Antalya – sind küstennah genug, um ihre volle Höhe erkennbar werden zu lassen.

Darüber hinaus sind die Reliefformen bei der Mehrzahl der höheren Kämme und Gipfel anders als z. B. in entsprechender Höhe in den Alpen. Der größte Teil der Gebirge weist nur wenig schroffe Formen auf. Wände und Bastionen sind zwar vielfach vorhanden, aber mehr in Schluchten von Flüssen als in Kammregionen, oder sie sind an Strukturen des Gesteins gebunden. Meist ziehen die Hänge, durchsetzt von Resten alter Flachformen, eher sanft mit Neigungswinkeln unter 35° zu gerundeten Rücken hinauf, und nur das allenthalben frei anstehende Gestein vermittelt den Eindruck einer höheren Gebirgslandschaft. Die Mehrzahl der Berggipfel der Türkei zwischen 2000 und 3000 m sind vom Bergsteiger „ohne Benutzung der Hände“ zu erreichen.

Lediglich da, wo einzelne Gebirgsmassive oder Ketten 2500 m, in Ostanatolien 3000 bis 3500 m merklich überragen, ist in der Höhe eine zunehmende Zuschärfung des Reliefs zu beobachten. Hier setzt die Höhenstufe ein, die im Pleistozän z. T. von Gletschereis überformt wurde und die heute noch durch kleine Gletscher und Firnflecken weitergeformt wird. Obwohl diese Hochgebirgsgruppen nur einen kleinen Anteil des türkischen Staatsgebietes bedecken, haben sie ein viel größeres wissenschaftliches Interesse gefunden, als es ihrem Arealanteil entspricht.

Dass die höheren Teile vieler anatolischer Gebirge im Pleistozän vergletschert waren und z.T. noch immer sind, ist für die Masse des türkischen Volkes gewiss von geringem Interesse. Es wird als selbstverständlich hingenommen, dass die Hochgebirge mit ihren Gletscherresten und Firnflecken, mit ihren kleinen Karseen und den lang aushaltenden Schneeflecken die perennierende Wasserführung zahlreicher Bäche und Flüsse garantieren. Einige zehntausend Hirten, Reste der einst mächtigen Nomadenstämme, mögen mit den hochgelegenen Karseen und Firnflecken von ihren Weidewanderungen her sicherlich wohl vertraut sein, der normale Bauer und Städter kennt diese höchsten Teile der Hochgebirge aber nur als ferne Silhouette, deren jahreszeitlich wechselnde Schneebedeckung den Winter oder das Frühjahr anzeigt.

Allerdings werden die Gebirgslandschaften Anatoliens seit Jahrhunderten als Sommerfrische und sommerliche Ergänzungsweiden genutzt, und die Hochgebirge gehören zu den wichtigsten Erholungslandschaften der Zukunft. Die Erklärung mehrerer Gebir-

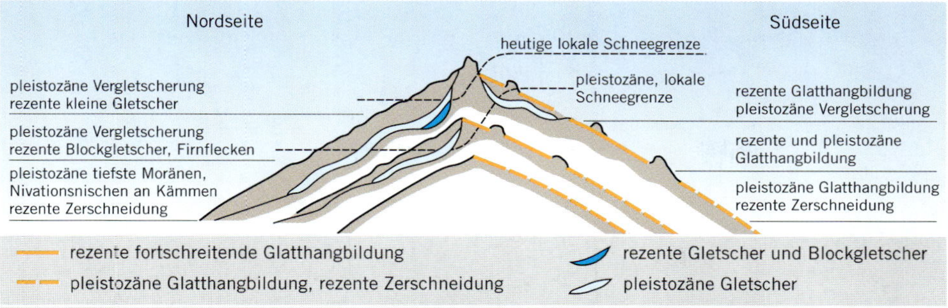

Abb. 20: Schema der Asymmetrie der höheren Gebirgskämme: *Die Profile verschieden hoher Kämme sind kulissenartig hintereinander gestellt.*

ge zu Nationalparks ist der erste Schritt in diese Richtung. Der Reiz der türkischen Hochgebirge liegt in ihrer Schönheit und im landschaftlichen Kontrast gegenüber den kahlen Steppentafeln und niedrigeren Bergländern. Bis vor kurzem waren es vornehmlich ausländische Touristen, die das zu schätzen wussten, und viele wichtige wissenschaftliche Ergebnisse sind im Rahmen von Bergsteigerexpeditionen österreichischer, schweizerischer und deutscher Alpenvereinsgruppen zustande gekommen. Heute bilden sich bereits zunehmend alpinistische Vereine in den größeren türkischen Städten, und die westliche Einstellung zu sportlichem Bergsteigen berührt sich mit der uralten, romantischen Liebe der Türken zu den kühlen Bergen.

Auffallend ist, dass sich Vereisungsspuren fast immer auf Nordflanken der Gebirge konzentrieren. Rezente kleine Firnflecken und Gletscher finden sich nur an Stellen orographischer Begünstigung, meist in Nordexposition, in schattigen Karen oder unter steilen Nordwänden. Das setzt die Existenz von Glazialformen aus dem Pleistozän voraus, die den heutigen Gletschern diesen Schutz bieten. Aber auch diese Kare und kleinen Trogtäler zeigen eine auffallende Konzentration auf Nordlagen der Gebirge. Wo sie südlich der Hauptkämme auftreten, bietet meistens ein vorgelagerter Seitenkamm eine besondere orographische Begünstigung.

Die Mehrzahl der türkischen Gebirge, die bis in die Stufe möglicher kaltzeitlicher Vergletscherung aufragen, zeigt in weitgehend west-ost-gerichteten Kämmen eine deutliche *Asymmetrie*, ein Phänomen, das als Folge unterschiedlicher Formungsprozesse auf den beiden Seiten des Kammes für Hochgebirge der semiariden Subtropen charakteristisch ist. Nur auf den wenig bestrahlten Nordseiten konnten sich Gletscher entwickeln und nach den aus den Alpen bekannten Mechanismen formend wirken, da auf den Südhängen die steile Sonneneinstrahlung der Subtropenzone keine dauernde Schneedecke zuließ. Dort blieben die Hänge frei von glazialen Agenzien, die Steilwände schaffen oder erhalten können. Wegen des häufigen Frostwechsels waren sie aber verstärkter mechanischer Verwitterung und Hangschuttbildung ausgesetzt, die nicht linear-erosiv, sondern flächenhaft-denudativ oder solifluidal abwärts wirkte. Deshalb wurden die Hänge auf lange Strecken über die Gesteinsstruktur hinweg bei weithin gleichen Hangwinkeln von 30–35° auffällig geglättet. Der Hang ist von einer dünnen Schuttstreu bedeckt, die ständig abwärts verfrachtet, durch Verwitterung auf dem Hang selbst ergänzt und erst am Hangfuß zu einem mehrere Meter mächtigen Schuttschleier angehäuft wird. Einzelne kleinere Felsen können als nicht geglättete Hangreste herausragen; ihre steilere Seite zeigt hangaufwärts, weil sie dort durch den Hangschutt an ihrem Fuß abgehobelt werden.

Wie in Abb. 20 dargestellt, lassen sich folgende Formvarianten prinzipiell unterscheiden:

1) Wo breitenparallele Kämme die pleistozäne Schneegrenze eben noch erreichen oder knapp darüber aufragen, fehlen Glazialformen. Nur flache Kehlen und Nivationsni-

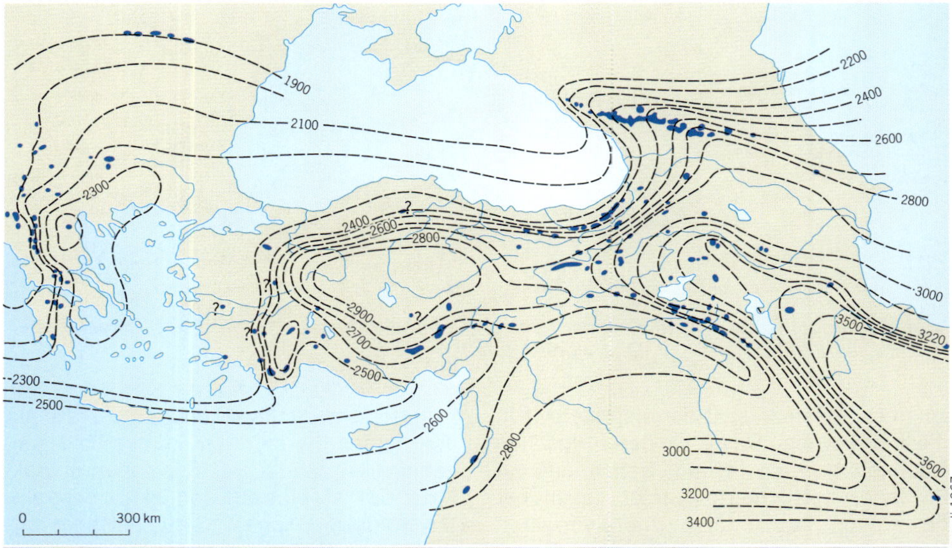

Gebirgsstöcke mit jungpleistozänen Vereisungsspuren (stark generalisiert) — Höhenlage der würmzeitlichen Schneegrenze

Abb. 21: Gebirgsgruppen mit Glazialspuren und die hypothetische Höhenlage der pleistozänen Schneegrenze.

Quelle: vorw. nach Messerli 1967.

schen auf Nordseiten unterhalb des Kammes deuten auf ehemalige Firnwirkung hin und enthalten auch heute noch Schneereste bis in den Hochsommer. Die Südhänge zeigen Ansätze von Glatthangbildung, werden jedoch heute vorwiegend zerschnitten.

2) Gebirgskämme, die die pleistozäne Schneegrenze deutlich überragen, zeigen eine sehr markante Asymmetrie mit zu den Karen abfallenden Wänden auf der Nordseite und oft bis zum Kamm heraufreichenden Glatthängen auf der Südseite. In besonderer orographischer Begünstigung können einzelne, wenig eingetiefte Kare auch auf der Südseite liegen. Die rezente Glatthangbildung arbeitet (durch Verschüttung) jedoch an ihrer Beseitigung.

3) Bei Kämmen, die beträchtlich über die Schneegrenze ragen, geht die Asymmetrie in der Kammlage wieder verloren. Glazialformen können auf die Südseite des Kammes übergreifen, wenngleich sie hier oft flacher sind und weniger weit herabreichen als auf den Nordseiten. Glatthänge setzen tiefer an, soweit die Hänge nicht durch Täler zerschnitten sind, die aus den Karen herabführen.

In der gleichen Höhenstufe des Gebirges treten also glazigene (unmittelbar vom Eis geschaffene) und nichtglazigene (Abtragungs-)Prozesse in vielfältiger räumlicher Verzahnung auf. Die Schärfe des Gegensatzes zwischen den Karhängen der Nordseite und den Glatthängen der Südseite wird umso geringer, je humider das Gebirge ist, weil dann durch größere absolute Schneemengen und Bewölkung auch in Südexposition Vereisungschancen bestanden. Allerdings sind derartige Feuchtigkeitsunterschiede für die türkischen Hochgebirge bisher mangels meteorologischer Bergstationen nicht direkt nachzuweisen.

Das ganze System der geomorphologischen Höhenstufung mitsamt seiner Nord-Süd-Asymmetrie ist seit dem Ende der letzten Kaltzeit mit der Schneegrenze um 800 – 1000 m nach oben gerückt. Das bedeutet, dass sich heute auf den Nordseiten letzte Gletscher und Firnflecken nur noch in den höchsten Karen finden. Die tieferen Kare, Trogtäler und Moränenwälle unterliegen fluvialer Zerschneidung. Auf den Südhängen bilden sich auch nur noch in den höheren Hangteilen Glatthänge, während sie weiter unterhalb samt ihren zu Breccien verfestigten Schuttschleiern ebenfalls von Hangrinnen zerschnitten werden.

Bei der generalisierenden Darstellung (Abb. 20) wurde von absoluten Höhenzahlen abgesehen. Die zahlreichen Gebirgsgruppen, von denen Vereisungsspuren bekannt geworden sind, haben so unterschiedliche Bedingungen, dass Zahlenwerte für Ober- oder Untergrenzen von Glazialformen nicht sinnvoll anzugeben sind.

Die Parallelisierung der türkischen mit der europäischen Glazialchronologie ist einigermaßen möglich. Sie basiert auf der Verknüpfung von Gletscherausdehnung, Flussterrassenaufschotterung und Seespiegelständen, bleibt in manchen Fällen aber noch rein hypothetisch. Eine Reihe von Moränenstaffeln lassen sich in die historische Zeit stellen. Am Erciyas Dağ, im mittleren Taurus (Ala Dağ), im Ziganagebirge und im östlichen Taurus (Hakkârigebiet) ist ein relativer Gletscherhochstand für die Zeit um 1850 wahrscheinlich. Endmoränen eines als Würm angesprochenen jungpleistozänen Hochstandes sind fast überall zu identifizieren. Darüber hinaus gelang es Spreitzer (1957) noch ältere, vermutlich risszeitliche Moränen zu finden. Dennoch lässt sich die pleistozäne Reliefentwicklung nur allenfalls für die beiden letzten Kaltzeiten mit der Entwicklung Europas vergleichen.

Die Spuren der jeweils tiefsten *jungpleistozänen Vereisung* innerhalb der Türkei umfassen einen beträchtlichen Höhenspielraum, und die Extreme der wahrscheinlichen pleistozänen Schneegrenze liegen um 1000 m vertikal auseinander: Im Ulu Dağ muss sie bei etwa 2300 m Höhe erreicht gewesen sein, am Ararat erst in etwa 3300 m Höhe. Aus solchen Vergleichen konstruierte Louis 1938 seine Karte der Höhenlage der Schneegrenze, die Messerli 1967 über die Türkei hinaus ausdehnte (Abb. 21).

Der planetarische Anstieg der Schneegrenzen generell von Norden nach Süden wird in der Türkei durch die kompakte Landmasse Kleinasiens zwischen ihren umgebenden Meeren modifiziert. Im Inneren der Halbinsel liegen die Schneegrenzwerte um mehrere hundert Meter höher als an den maritim beeinflussten Rändern. Die Höhenlage der Schneegrenze ist also in starkem Maße vom Niederschlag in der alpinen Stufe der betreffenden Gebirge abhängig, und darin sind natürlich die Ketten an den Außenflanken der Hochländer begünstigt.

KLIMA UND VEGETATION

Bild 16: Pinienwälder bei Çavdar, Beşparmak-Gebirge: *Die Wälder bei Çavdar zählen zu den wenigen ausgedehnten und noch weitgehend unberührten Pinien-Restwaldungen.*

Überblick

- Klima und Wetterabläufe in der Türkei werden hauptsächlich von vier Druckgebilden der Atmosphäre gesteuert: im Sommer vom Azorenhoch und vom vorderindisch-südiranischen Monsuntief, im Winter vom kontinentalen Hoch über Zentralasien und vom osteuropäisch-westsibirischen „Uraltrog".
- Grundmuster des Klimas zeigen eine zentral-periphere Abstufung von semiariden, winterkalten Binnenlandschaften zu subtropisch-winterfeuchten Randlandschaften.
- Ebenso markant zeigt sich die planetarische Abstufung des Klimas von Norden nach Süden im Gegensatz von „immerfeucht" zu „winterfeucht", wobei sich typische Effekte zunehmender Kontinentalität von Westen nach Osten weitgehend mit hypsometrischen Abstufungen überschneiden und steuernd Wachstum von Kulturpflanzen und natürlicher Vegetation bestimmen.
- Extreme Witterungssituationen, wie Starkregenfälle mit verheerender Bodenabspülung, treten in der Türkei fast jedes Jahr irgendwo auf. Ebenso regelmäßig sind größere Landstriche von länger anhaltenden Frostperioden oder folgenschweren Dürrekatastrophen mit erheblichen Ernteausfällen betroffen.

Das Klima und seine räumliche Differenzierung

Die atmosphärische Zirkulation über dem östlichen Mittelmeer und Vorderasien

Klima und Wetterabläufe in der Türkei werden, grob gesehen, von vier großen Druckgebilden der Atmosphäre gesteuert:

- vom sommerlichen mittelatlantischen Rossbreitenhoch (Azorenhoch);
- vom sommerlichen vorderindisch-südiranischen Monsuntief als Teil der Innertropikkonvergenz;
- vom winterlichen kontinentalen Hoch über Zentralasien mit Kern über Sibirien;
- von der osteuropäisch-westsibirischen Südausbuchtung der planetarischen Frontalzone (Uraltrog).

Alle vier sind als Phänomene der Atmosphäre zwar nicht stabil, häufen sich in den betroffenen Gebieten aber jahreszeitlich derart, dass man trotz zahlreicher kleinräumiger Varianten von jahreszeitlich typischen Druckgebilden sprechen kann.

In den *Sommermonaten*, etwa von Juni/Juli bis zum September, erreicht das Azorenhoch (Rossbreitenhoch) in Umfang und Lage wechselnd seine maximale Stärke und Ausdehnung. An seiner Ostflanke werden nördlichere Luftmassen in Richtung innertropische Konvergenzzone bewegt, die zu dieser Zeit in der afrikanischen Sudan-Sahel-Zone liegt.

Da sich die kompakte Landmasse Indiens, Südirans und Arabiens kräftig aufheizt, wird die Innertropikkonvergenz auf den indischen Subkontinent gezogen und z.T. bis auf 30° N verlagert. Zwischen Rossbreitenhoch und südwestasiatischem Hitzetief, die wie ineinander greifende Zahnräder wirken, bewegen sich „angesaugte" nördliche Luftmassen im Wesentlichen parallel zu den Isobaren über das Schwarze Meer, Anatolien, das Mittelmeer und Arabien hinweg nach Süden. Dabei handelt es sich um eine Passatströmung, deren gleichmäßige Winde aus nördlichen Richtungen aufgrund ihrer nach Süden hin zunehmenden Erwärmung wenig wasserdampfgesättigt sind und kaum Niederschlagsneigung zeigen.

Die Türkei liegt ungefähr in der Mitte zwischen beiden Druckzentren. Der Verlauf der Isobaren (vgl. Abb. 22) zeigt ein Ausbuchten über Anatolien und Nordwestiran in west-östliche Richtung. Die sommerlich aufgeheizte Landmasse Anatoliens erlaubt die Ausdehnung des südasiatischen Hitzetiefs bzw. die Entwicklung von Teiltiefs bis weit nach Nordwesten (Weickmann jr. 1960). Dieser sommerliche Ausläufer des südwestasiatischen Tiefs über Anatolien bewirkt – viel eher als das rein orographische Hindernis der Halbinsel und ihrer

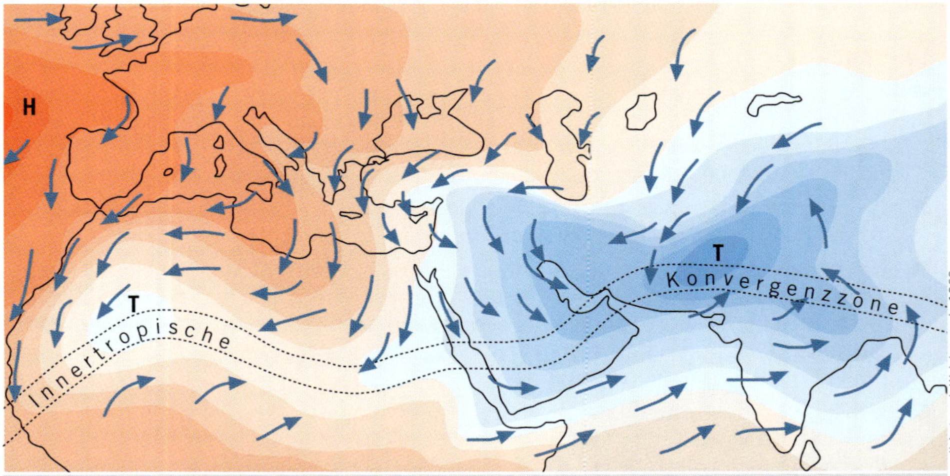

Abb. 22: Mittlere Sommersituation der Luftdruckverteilung (Juli): *Zwischen Rossbreitenhoch und südasiatischem Monsuntief herrschen passatische Winde aus nördlichen Richtungen.*

Quelle: generalisiert nach Weickmann jr. 1960.

Randgebirge (Erinç 1959) – das partielle „Umfließen“ des Festlandes.

Für Nordanatolien bedeutet das ein Vorherrschen auflandiger Schwarzmeerwinde während des ganzen Sommers (unbeschadet seichter Land-Meer-Winde im täglichen Rhythmus im Küstengebiet), die der türkischen Nordküste und den dahinter aufragenden Gebirgen Feuchtigkeit bringen, allerdings mehr in Form von Bewölkung, nur gelegentlich in Form leichter Steigungsregen (vgl. Abb. 23). Ergiebigere sommerliche Regen, die an der Nordküste nicht selten sind, erfordern spezielle Wetterlagen zyklonalen Charakters (vgl. Abb. 24). Die „normale“ auflandige Passatströmung reicht nicht bis in große Höhen. Die im Gebirge häufig zu beobachtende Obergrenze der Bewölkung in einer Höhe um 2000 m markiert etwa ihre Mächtigkeit.

An der West- und Südküste Anatoliens ist demgegenüber die landeinwärts gerichtete Komponente der Passatströmung wenig bedeutend. Die sommerlichen Seewinde sind ganz seichte Meer-Land-Ausgleichsströmungen, die sich nur im Küstengebiet selbst im Tagesgang bemerkbar machen. Gewisse sommerliche Steigungsregen kommen in der Regel nur da vor, wo Gebirge, wie z. B. der Amanus, der Windrichtung frontal entgegenstehen. Auch sie sind jedoch an bestimmte Wetterlagen, wie Verstärkung der sommerlichen inneranatolischen Zyklone, gebunden.

Für die vorherrschende *Wintersituation* zeigen alle Karten über mittlere Druckverteilungen im Januar das starke und ausgedehnte Hochdruckgebiet über Nordasien (vgl. Abb. 25, 26 und 27). Lokale Teilhochs bilden sich dabei über den ausgekühlten Hochländern von Anatolien und Nordwestiran. Diese Hochdrucksituation mit schwachen Luftbewegungen scheint im Winter der Normalzustand über der Türkei zu sein. Sie bringt dem Hochland bei längerem Anhalten klirrende Kälte. Bei regionalen Teilhochs mit oft windstillem Strahlungswetter entwickeln sich Inversionen, die in Becken und Tälern mit größeren Städten oft erhebliche Smogbildung zur Folge haben.

Kaltluftmassen, die sich bei derartigen Hochdrucklagen im Hochland ansammeln, strömen über die Randgebirge ab, wenn über einem der umgebenden Meeresbecken der Luftdruck fällt. Da die Kaltluft jedoch

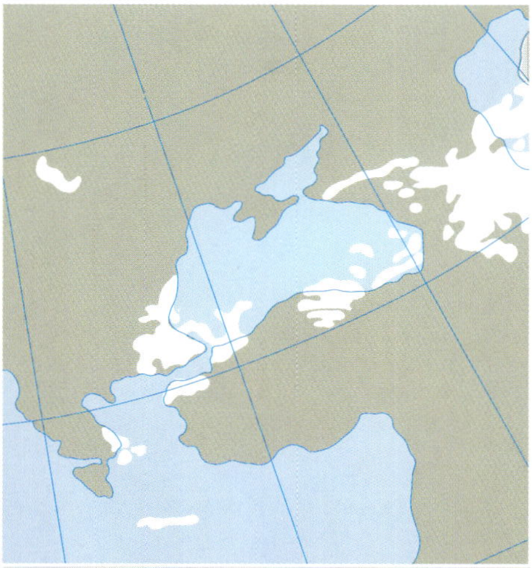

Quelle: Umzeichnung eines Wettersatellitenbildes vom 2.9.1977.

Abb. 23: Vorherrschende Sommersituation nach einem Satellitenbild: *Die passatische Nordströmung führt zur Wolkenbildung (weiß) an nach Nordost exponierten Gebirgsküstenabschnitten; im Raum Samsun – Amasya zeigen auch weiter binnenwärtige Gebirge noch Wolkenstau.*

Quelle: Umzeichnung eines Wettersatellitenbildes vom 17.8.1977.

Abb. 24: Sommerliche Schwarzmeerzyklone nach einem Satellitenbild: *Winde aus Nordwest im westlichen und aus West bis Südwest im östlichen Meeresbecken führen zu Wolkenstau und Niederschlägen an allen entsprechend exponierten Gebirgsflanken Nordanatoliens und Kaukasiens.*

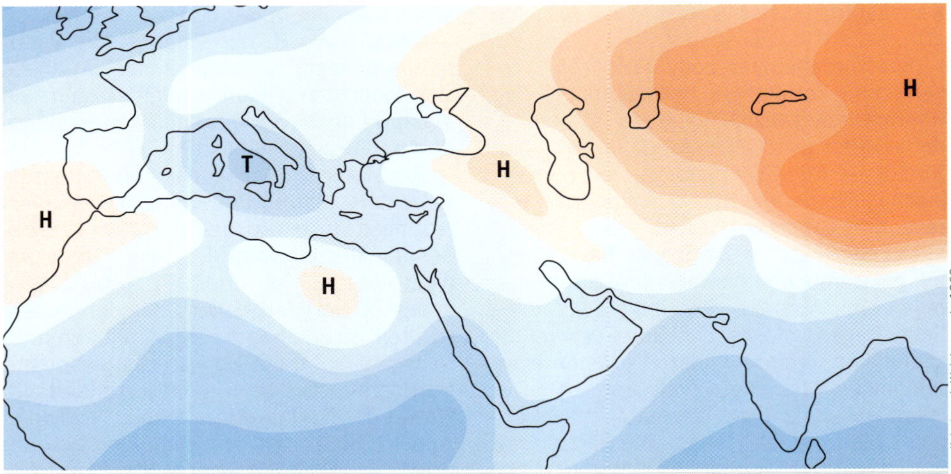

Abb. 25: Mittlere winterliche Druckverteilung (Januar): *Das nordasiatische Hoch beherrscht das nördliche Vorderasien. Lokale Teilhochs über Anatolien und Nordwestiran sind häufig.*

Quelle: generalisiert nach Weickmann jr. 1960.

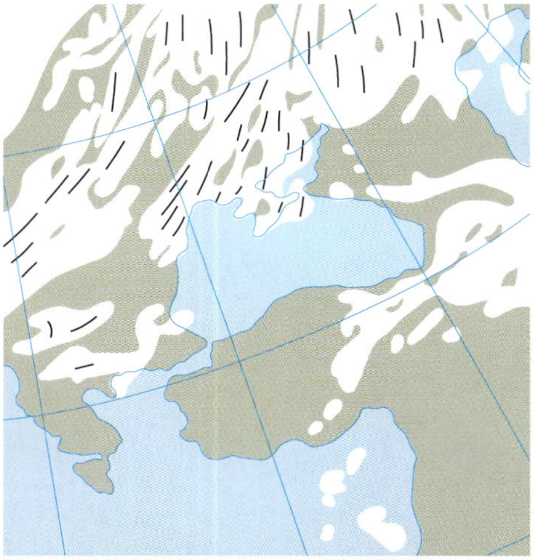

Abb. 26: Vorherrschende Wintersituation nach einem Satellitenbild: *Über Vorderasien herrscht Hochdruckwetter und weitgehende Wolkenfreiheit. Nach Lage und Umgrenzung handelt es sich bei den hell erscheinenden Flächen in Ostanatolien und Kaukasien um die frühwinterliche Schneebedeckung der höheren Gebirge.*

Quelle: Umzeichnung eines Wettersatellitenbildes vom 13.11.1977.

Abb. 27: Die häufigste winterliche Variante des Wettergeschehens nach einem Satellitenbild: *Über der Ägäis liegt ein Tiefdruckgebiet mit ausgedehnten Wolkenfeldern an der Vorderseite über dem westlichen und südlichen Anatolien und Nordsyrien. Die hellen Flächen in Ostanatolien zeigen die frühwinterliche Schneedecke.*

Quelle: Umzeichnung eines Wettersatellitenbildes vom 8.12.1977.

relativ trocken ist, kann der Föhneffekt nur begrenzt wirken. Die Luft erreicht die Küstengebiete als relativ kalter Fallwind, den die Türken *Poyraz* nennen (abgeleitet vom griech. *Boreas*; stimmt in Wort und Bedeutung mit der dalmatinischen Bora überein).

Die dominierende Hochdrucksituation steht in scheinbarem Widerspruch zur Tatsache, dass das Winterhalbjahr die Zeit der wesentlichen Niederschläge ist. In der Tat ist winterlicher Niederschlag immer an Abbau oder Rückzug des Hochdruckeinflusses gebunden. Winterregen, die das Klima des mediterranen Raumes grob charakterisieren, unterbrechen die eigentlich statistisch herrschende Situation.

Die bekannten Zugstraßen, entlang deren sich *Zyklonen* bevorzugt in östliche Richtungen bewegen, sind zwar als bevorzugte Bahnen anzusehen, aber man kann wohl im Ostmittelmeer kaum noch von atlantischen Zyklonen reden. Kaum ein individueller Wirbel folgt einer derartigen Zugbahn über mehr als 20 Längengrade. Die Verzahnung von Landblocks und Meeresbecken im ostmediterran-orientalischen Raum bietet dagegen Voraussetzungen für einen eigenen Anteil an der Zyklonenbildung (*Zyklogenese*).

Abb. 28 zeigt Gebiete, wo sich die Lage von Zyklonen (resp. Zyklonenzentren) zu verschiedenen Jahreszeiten häuft. Die Mehrzahl der Tiefs verharrt in bestimmten Gebieten eine gewisse Zeit oder bewegt sich nur sehr langsam fort, während andere Bereiche, insbesondere höhere Gebirge (Zagros, Kaukasus, nordostanatolische Gebirge), von ihnen kaum überfahren werden, auch wenn sich die Luftmassen insgesamt weiterbewegen, Fronten erhalten bleiben und Niederschläge in den betreffenden Gebirgen fallen. Im bodennahen Druckfeld ist ein geschlossenes Tief nicht auszumachen, es tritt erst wieder im Lee der betreffenden Gebirge auf.

Die *Häufung von Zyklonen* fällt zunächst im Norden des levantinischen Beckens des Mittelmeeres und im Bereich angrenzender Küstengebiete auf. Die Häufung solcher oft genannten *Zyperntiefs* liegt eindeutig im Winter, ihre Kaltluftsektoren werden in der Regel von kontinentaler Polarluft (cP) gebildet, die im weiten Bogen über Balkan und Ägäis oder Schwarzmeer und Anatolien herangeführt wird. Sie hat dabei, je nach Aufenthalt über dem Mittelmeer, schon maritime Eigenschaften (Feuchte) angenommen und erscheint im Kaltsektor als „cP^m"-Luftmasse. Im Warmsektor tritt meist kontinentale Saharaluft (cT^s) auf, die bei eventuell längerem Überstreichen des Mittelmeeres zu feuchterer cT^m-Luft umgebildet wird. Diese Zyklonen bringen mit ihren west-östlichen bis süd-nördlichen Windrichtungen dem südanatolischen und dem levantinischen Raum sowohl an der Warm- als auch an der Kaltfront Niederschläge.

Ein weiteres Häufungsgebiet im Norden des fruchtbaren Halbmondes markiert die Verlagerungsrichtung ostmediterraner Zyklonen, dazu tritt allerdings lokale Zyklogenese. Die Niederschlagsergiebigkeit zyklonaler Neubildungen in diesem Raum ist jedoch geringer als die von ostmediterranen Zyklonen, die auf dieser Achse ostwärts verlagert werden.

Im Schwarzmeergebiet scheint der Anteil eigener Zyklogenese nicht sehr hoch zu sein. Die Mehrzahl der Tiefs ist dort offenbar fremdgesteuert und erfährt in diesem Becken nur eine Regeneration. Zyklonen ziehen sowohl aus dem Tyrrhenischen Meer über die Nordägäis (van Bebbers Zugstraße Vd1) oder über Adria und Balkan (Vc), als auch osteuropäische Zyklonen über die Zugstraße III. Dass sie sich im östlichen Schwarzmeerbecken häufen, liegt wohl an den hier stärkeren orographisch bedingten Temperaturgegensätzen: Je nach Hauptströmung kommen adiabatisch erwärmte Luftmassen entweder vom Kaukasus oder vom ostanatolischen Hochland herab.

Über dem zentralen anatolischen Hochland und in Ostanatolien zeigt sich eine deutliche Häufung zyklonaler Aktivität im Frühjahr (vgl. Abb. 28). Hier macht sich der Kontrast zwischen bereits erwärmtem Hochland und noch kühlem Meer bemerkbar. Es bilden sich regionale Hitzetiefs, deren konvektive Luftbewegung den Frühjahrsgipfel des Niederschlages, oft in Gewittern, über dem Hochland bewirkt.

Dieses Phänomen der frühjährlichen „eigenbürtigen" Zyklonenbildung über dem anatolischen Hochland ist für die Vegetation und den agrarischen Anbau wesentlich. Bei der insgesamt nicht sehr großen Niederschlagsmenge (vgl. Abb. 29) ist es entscheidend, wann dieser Niederschlag vorwiegend fällt. Würde das Regenmaximum, wie im engeren mediterranen Raum, in den Winter fallen, würde es angesichts der thermisch bedingten Vegetationsruhe für das Pflanzenwachstum kaum nutzbar sein. Die Verschiebung des Maximums auf das Frühjahr lässt jedoch einen Großteil der Niederschlagsmengen – bei aller Unsicherheit hinsichtlich der Niederschlagshöhen – der Vegetation genau während

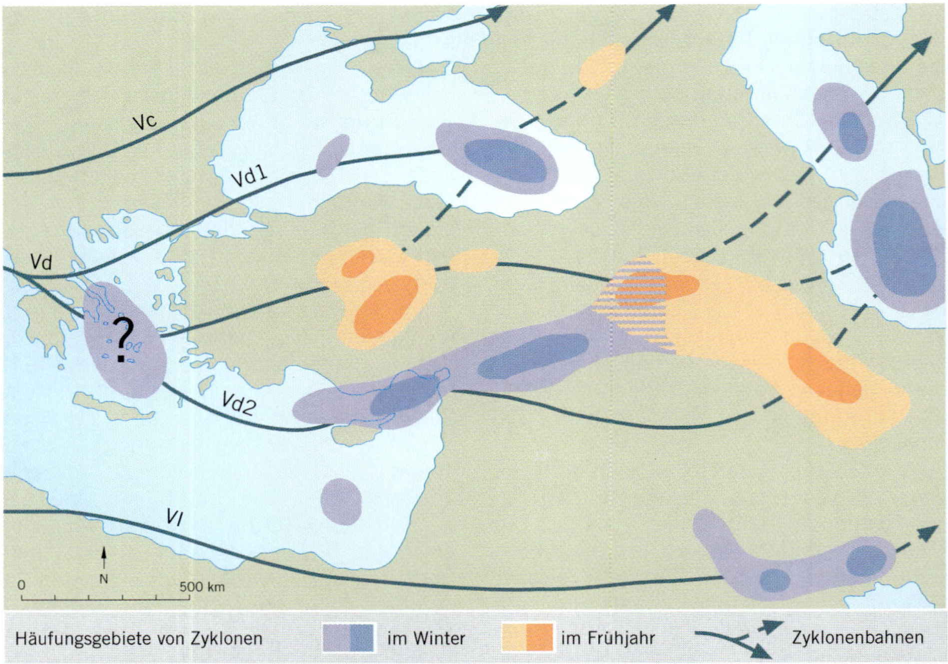

Abb. 28: Häufungsgebiete und Zugbahnen von Zyklonen: *Die Gebiete der Häufung, der Regeneration oder Neubildung von Zyklonen liegen im Winter über Meeresbecken, im Frühjahr vorwiegend über den Hochländern (klassische Nummerierung der Zyklonenzugbahnen nach van Bebber).*

ihrer Hauptwachstumsperiode zugute kommen.

Bekanntlich verlagern sich alle außertropischen Tiefdruckwirbel mit der Höhenströmung der Westwindzone, der *planetarischen Frontalzone*, in östliche Richtung. Mit der jährlichen planetarischen Verlagerung wird der mediterrane Raum im Winter in die generelle Westströmung und damit in die Zone zyklonaler Aktivität einbezogen. Flohn (1967) hat mehrfach darauf hingewiesen, dass einige „Südausbuchtungen" dieser Zone immer wieder an etwa den gleichen Stellen auftreten. Sie machen sich als Höhentiefs (über Hochdruck im Bodenniveau) bemerkbar und können als solche weit nach Süden ausgreifen.

Einer der wichtigsten *Höhentröge* bildet sich häufig über Osteuropa und greift bisweilen weit bis in den östlichen Mittelmeerraum oder gar bis Nordafrika vor. Dieser Trog ist so signifikant, dass er neben dem Rossbreitenhoch, dem südasiatischen Monsuntief und dem winterlichen sibirischen Hoch als vierter großer Steuerungsfaktor für das Wettergeschehen im Raum der Türkei genannt werden muss.

Für das konkrete Wettergeschehen ist es bedeutsam, dass an der Westseite des Troges nicht selten kalte Polarluftmassen in großer Höhe nach Süden bis in den östlichen Mittelmeerraum, bisweilen sogar bis nach Nordostafrika verfrachtet werden. Die absinkende Kaltluft verursacht dann markante Druck- und Temperaturgegensätze auch in der tieferen Troposphäre. Es kommt zu kräftiger Frontenbildung.

Derartige Vorstöße des osteuropäischen Höhentroges sind im Winter nicht selten. Sie sind oft Auslöser der Zyklonenneubildung oder -regeneration in der Ägäis, im östlichen Mittelmeer oder auch im Schwarzen Meer. Dabei können sich sehr kräftige Wirbel bilden, in deren Kaltsektor kontinentale Polarluftmassen zu Schneestürmen über Thrakien und dem inneren Nordwestanatolien führen. Selbst bis in den Frühsommer hinein können derartige Vorstöße

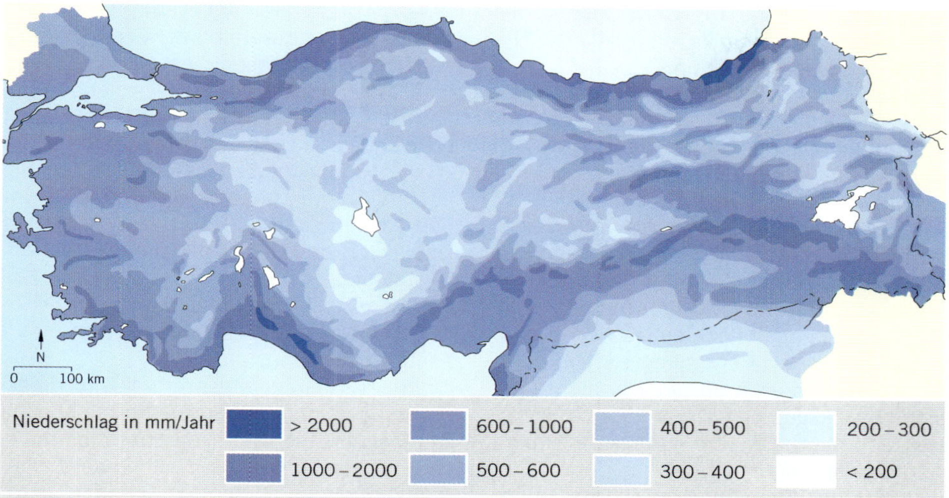

Abb. 29: Mittlere Verteilung der Niederschläge.

erfolgen. Die nach Süden dringende Kaltluft bewirkt über dem Hochland die immer wiederkehrenden Extremniederschläge des Frühjahrs oder Frühsommers, die für die aktuelle Reliefformung, für Bodenabspülung und Rinnenbildung maßgebliche Bedeutung haben.

Klima in Jahresgang und räumlicher Verteilung

Die Kenntnis über die wichtigsten Klimaelemente in der Türkei beruhte bis Mitte des 20. Jh.s nur auf den Messungen sehr weniger Stationen, da es erst 1927 zur Einrichtung eines staatlichen meteorologischen Dienstes kam. In den Jahren 1929–1940 begannen die systematischen Aufzeichnungen von etwa 80 Stationen. Seit den 60er-Jahren schritt der Ausbau des meteorologischen Stationsnetzes zügig voran, sodass für die Türkei nunmehr brauchbares Datenmaterial existiert, das bisher allerdings kaum zur Publikation neuerer Klimakarten geführt hat (Onur 1964). Für die vorliegende Studie wurde deshalb die Karte der Niederschläge nach den Daten von 1973 entworfen. Leider ist die Zahl der Gebirgsstationen auch Anfangdes 21. Jh.s noch sehr gering, sodass die Frage der Abnahme der Niederschläge mit größerer Höhe, die für alle Schätzungen der Wasserbilanz so wichtig ist, nach wie vor nur hypothetisch behandelt werden kann.

Verteilung der Niederschläge

Die charakteristischen *mediterranen Winterregengebiete* umfassen den Südküstensaum des Landes bis etwa zur Wetterscheide der Tauruskämme hinauf, dazu das ägäische Küstengebiet bis etwa 150 km landeinwärts. Fast nirgendwo fallen hier weniger als 600 mm Jahresniederschlag, die Verteilung zeigt das eindeutige Wintermaximum im Dezember/Januar und das ausgeprägte Minimum im Juli/August/September.

An Flanken höherer Gebirge, die den Kaltfronten der winterlichen Zyklonen frontal entgegenstehen, steigen die Niederschlagssummen mit der Höhe besonders kräftig an. Im Amanusgebirge werden 1000 mm überschritten; im Südwesten Anatoliens, in den Gebirgen um Muğla, werden 1500 mm erreicht. Der nördliche Hochgebirgsrahmen der Çukurova erhält infolge der bedeutenden Gebirgshöhe ebenfalls über 1000 mm Niederschläge. Der nordwest-südost-streichende Flügel des mittleren Taurus, nordöstlich von Antalya, empfängt an seinen meerzugewandten Außenflanken sogar bis zu 2000 mm und ist damit einer der niederschlagsreichsten Teile der Türkei.

Wo den küstennahen Gebirgen unmittelbar landeinwärts Beckenlandschaften folgen, fallen die Niederschlagsmengen sofort merklich ab: Der zentrale Hataygraben, nach dem Regime der Niederschläge noch voll mediterran, erhält nur noch 500–600 mm, das Gleiche gilt für die Grabenebene des Gediz zwischen Manisa und Akhisar, die deutlich im Lee der Gebirge des Menderesmassivs liegt. Am stärksten abgeschirmt sind das Becken von Mut im mittleren Taurus und die hoch gelegenen Poljen im Westtaurus um Korkuteli mit Niederschlagssummen unter 500 mm.

Die Sonderstellung des *Schwarzmeergebietes* beruht darauf, dass hier Regen zu allen Jahreszeiten fällt und dadurch eine Trockenperiode fehlt. Dabei messen Küstenstationen, auch noch einige weiter landeinwärts in den Tälern gelegene, ein deutliches Wintermaximum und ein mehr oder weniger ausgeprägtes Sommerminimum, was also durchaus dem subtropisch-mediterranen Verlauf entspricht.

Allerdings stammen die Niederschläge des türkischen Schwarzmeergebietes im Wesentlichen aus dem Kaltsektor regenbringender Schwarzmeer-Zyklonen. Der Verlauf der Küstenlinie gewinnt damit wichtigen Einfluss auf die Ergiebigkeit der Regenfälle: Wo die Küste und die dahinter aufragenden Gebirge mehr oder weniger frontal diesen Winden entgegenstehen, werden die relativ höchsten Niederschläge beobachtet. Die meerwärtigen Ketten zwischen Bolu und Sinop empfangen so fast durchgehend über 1000 mm.

Die Niederschlagsergiebigkeit ist umso höher, je länger die Nordwestwinde das Schwarze Meer überstrichen haben. Die Feuchtigkeitssättigung ist also im Südostwinkel des Schwarzen Meeres am größten. Hier werden, um Rize und östlich davon bis nach Georgien hinein, bei mehreren Klimastationen Niederschlagswerte über 2000 mm gemessen, bei Kemalpaşa an der georgischen Grenze wird mit 2652 mm sogar der höchste Jahresmittelwert der Türkei erreicht. Hier ist das Gebiet der „wolkenverhangenen Kolchis“ der Antike.

Küstenabschnitte, deren Streichrichtung vorwiegend west-ost- bis nordwest-südost gerichtet ist, sind demgegenüber deutlich benachteiligt, wie etwa die Nordküste Thrakiens oder der Küstenstreifen zwischen Sinop und dem Delta des Yeşilırmak. Satellitenbilder zeigen bei sommerlichen Zyklonenlagen sehr eindrucksvoll, wie der Wolkenstau in diesem Gebiet unterbrochen ist (vgl. Abb. 24). Den gleichen Effekt schaffen auch kleinere, gebirgige Halbinseln, wie etwa die Halbinsel von Kap Yeroz westlich Trabzon, deren Leewirkung im Umland von Trabzon und im Değirmenderetal, das zum Ziganapass hinaufführt, selbst noch Ölbäume gedeihen lässt.

Die Klimascheiden sind durchweg die küstennächsten höheren Gebirge. Die südlich davon liegenden Täler des Çoruh, des Kelkit und des Gökırmak, die Becken von Kastamonu, von Gerede und von Bolu zeigen bereits Niederschlagswerte um 400–600 mm und nähern sich damit dem inneranatolischen Typus an.

Im Marmaragebiet treffen und überschneiden sich mediterrane und pontische Klimaeeinflüsse. Bei insgesamt mediterranem Niederschlagsgang sind nördliche, regenbringende Winde im Sommer nicht selten. Jedoch bewirkt die Gliederung des Marmararaumes in mehrere west-ost-streichende parallele Senken und Gebirgszonen, dass dieser Übergang nicht kontinuierlich ist, sondern sich je nach Exposition mehrfach wiederholt: Jeweils die Nordflanken von thrakischer und bithynischer (Kocaeli-)Halbinsel, Yalovahalbinsel, der Gebirge an der Südseite von Izniksee und Marmarasüdufer und schließlich der Ulu Dağ und die westlich anschließenden Berge erhalten reichere Sommerniederschläge. Die jeweiligen Südflanken der genannten Gebirge und die jeweils anschließenden Grabenzonen sind hingegen im Sommer merklich trockener. Ein Stau- und Föhneffekt macht sich hier mehrfach hintereinander gestaffelt bemerkbar. Die west-ost-streichenden Becken haben meist eine südexponierte „Olivenseite“ und eine nordexponierte „Haselnussseite“.

Der große Binnenraum des inneranatolischen Hochlandes ist gegenüber den Randlandschaften durch dreierlei gekennzeichnet:

1) Die jährlichen Niederschlagssummen sind infolge der Abschirmung durch die Randgebirge insgesamt beträchtlich niedriger und liegen überwiegend zwischen 300 und 500 mm;

2) die Differenzierung in Becken und Gebirge hat für die regionale Verteilung der recht geringen Niederschlagsmengen eine entscheidende Bedeutung;

3) in der jahreszeitlichen Verteilung zeigt sich eine von West nach Ost zunehmende Verschiebung des Niederschlagsmaximums vom Winter auf das Frühjahr, wobei der Wintergipfel als sekundäres Maximum aber erhalten bleibt.

Überraschend ist, dass in Inneranatolien die „magische" Grenze von 300 mm mittlerem Jahresniederschlag, die ja im Nahen Osten vielfach als Grenze des rationellen Getreidebaus gilt, stellenweise leicht unterschritten wird. Das sind Werte, die man früher nur für das Becken von Malatya und im Iğdırgebiet nördlich des Ararat angenommen hatte. Auch im zentralen Salzseebecken, in der zentralen Konyaova und in der Ova von Yeşilhisar (südwestl. Kayseri) liegen die Messwerte zwischen 270 und 300 mm. Allerdings zeigt die Praxis des Getreidebaus in diesen Becken, dass die Jahre mit zufrieden stellenden Weizenerträgen durchaus überwiegen. Die Bedeutung der 300-mm-Grenze für den unbewässerten Getreidebau ist also nicht überzubewerten.

Im *zentralen Ostanatolien* treten höhere, west-ost-streichende Gebirge stärker hervor und akzentuieren die Kontraste zwischen feuchteren Höhenlagen und relativ trockenen Tal- und Beckenachsen. Die engeren Tal- und Beckenlagen, die gleichzeitig die Hauptsiedlungskammern sind, weisen überwiegend nur Niederschläge um 300–400 mm auf. Bei welchen Höhen an den Beckenrändern jeweils die relativ größeren Niederschlagssummen ansetzen und ob (und welche) Expositionseffekte feststellbar sind – das ist aufgrund fehlender Daten noch weitgehend unklar.

Die Verschiebung des Niederschlagsmaximums auf das Frühjahr und den Frühsommer wird nach Osten und v. a. nach Nordosten hin deutlicher. Im Raum Erzurum – Kars ist ein Wintergipfel überhaupt nicht mehr erkennbar. Der Übergang zum osteuropäisch-kaukasischen Sommerregenregime deutet sich an.

Südostanatolien und der äußere Osttaurus sind gekennzeichnet durch eine nahezu zonale Niederschlagsabstufung zwischen der Außenflanke des Osttaurus und dem Trockengebiet des inneren Nordarabien.

Die Niederschlagswerte im Osttaurus übersteigen bei vielen Stationen Werte von 1000 mm. Über 1500 mm werden allerdings nur in Luv der höchsten Massive des Osttaurus, des Cilo Dağ und des Sat Dağ, erreicht. Tief eingeschnittene Durchbruchstäler, wie das des großen Zab und des Bohtan, weisen erheblich niedrigere Werte auf. Ausgesprochene Bergstationen fehlen im ganzen Osttaurusgebiet, weshalb die Frage abnehmender Niederschläge oberhalb einer Höhe von 2000 – 2500 m für den Taurus nicht endgültig beantwortet werden kann.

Das südliche Vorland des Osttaurus hat überwiegend Niederschlagswerte über 400 mm, also relativ sichere Chancen für den unbewässerten Getreidebau. Die 300-mm-Isohyete wird nur an einer einzigen Station an der syrischen Grenze, südwestlich Urfa, erreicht.

Im Osten des Taurusvorlandes macht sich durch die Verlagerung des Niederschlagsmaximums oder mindestens eines Nebengipfels auf das Frühjahr wieder zunehmende Kontinentalität bemerkbar. Westlich des Euphrat herrscht hingegen eindeutig das mediterrane Winterregenregime.

Abstufung der Temperatur

Die thermischen Raumgliederungen sind in erster Linie für die Beurteilung der Wachstumsbedingungen der natürlichen Vegetation und der Kulturpflanzen bedeutsam, wenngleich fast alle Pflanzen einen mehr oder weniger großen Toleranzspielraum (unterschiedliche ökologische Valenz) gegenüber thermischen Schwankungen haben, der es ihnen ermöglicht, Kältephasen zu überstehen. Selbst die meisten Pflanzen des subtropischen Mittelmeerraumes überstehen so kurzfristige Fröste ohne Schaden.

In den Küstengebieten der Türkei sind Schwankungen zwischen den extremen Minima und Maxima, innerhalb der jeweiligen Monate wie im Jahresgang, erheblich geringer als im inneren Ostanatolien. Wenn wir also Mittelwerte zur Konstruktion räumlicher Grenzen verwenden, dann muss selbstverständlich bewusst bleiben, dass diese Monatsmittel in Extremsituationen um 10° – 15 °C im mediterranen Raum, dagegen um 15° – 25 °C im inneren Ostanatolien unter- bzw. überschritten werden können (vgl. Abb. 30).

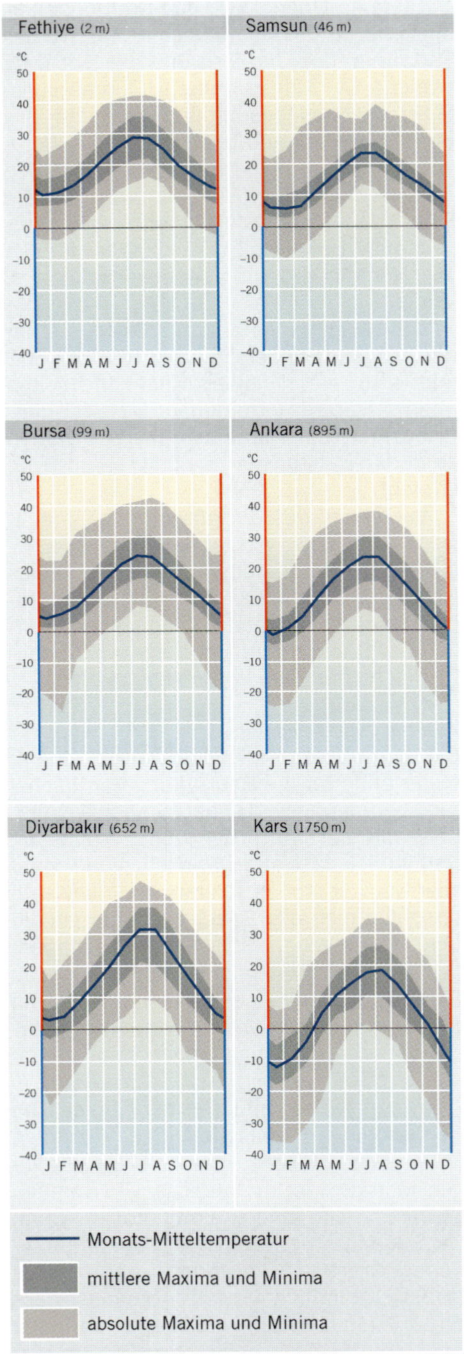

Abb. 30: Monatliche Mittel- und Extremtemperaturen ausgewählter Stationen im Jahresgang.

Wir wählen zwei thermische Schwellenwerte zur Veranschaulichung der thermischen Gliederung der Türkei, und zwar die Januarisothermen von +5° und ±0 °C, weil die winterliche Kälteperiode dem Pflanzenwuchs entscheidende Schranken setzt.

Die +5 °C-Isotherme entspricht nach zahlreichen Beobachtungen im gesamten Mittelmeergebiet annähernd der thermischen Verbreitungsgrenze des Ölbaumes (Rikli 1943–48) und damit auch etwa dem der immergrünen Hartlaubvegetation. Diese Grenzlinie weicht in der Türkei nur ganz unbedeutend von den Linien jener Schwellenwerte ab, die von anderen Autoren herangezogen werden (Wissmann: 8 Monate über +9,5 °C; Creutzburg/Habbe: +6 °C Jan.; beide in Blüthgen 1964).

Das Gebiet, das von der +5 °C-Januarisotherme umschlossen wird, zieht sich als mehr oder weniger schmales Band im Norden, Westen und Süden um das Staatsgebiet der Türkei herum, nicht nur entlang der Meeresküsten, sondern auch am Rand des nordarabischen Trockenraumes. Wo unmittelbar an der Küste höhere Gebirge aufragen, ist diese Zone nur schmal, wo breitere Küstenebenen und Deltas vorkommen, verbreitert sie sich. Den größten Anteil an diesem subtropisch-mediterranen Klimagebiet hat die Türkei im Ägäisgebiet, wo die tief gelegenen Grabenebenen Westanatoliens weit in die Halbinsel hineinreichen und keine küstenparallelen Gebirge den ausgleichenden Einfluss des Meeres abschirmen. Noch das Becken von Denizli, über 150 km von der Ägäis entfernt, hat bei 400 m Meereshöhe ein Januarmittel leicht über +5 °C.

In einigen Tälern greift der Bereich subtropischer Temperaturen auch von Norden und Süden etwas weiter in die Halbinsel hinein, so z. B. im Göksutal im mittleren Taurus bis zum Becken von Mut. Aber selbst in Nordanatolien erlauben die tief eingeschnittenen Unterlaufstrecken von Kızılırmak, Sakarya, Yeşilırmak und Kelkit das Vordringen subtropischer Mitteltemperaturen bis auf die Leeseite der nördlichsten Gebirgsketten. Sehr eigenartige Klimainseln sind hier die Folge, mit isolierten Vorkommen mittelmeerischer Vegetation.

Im Marmaragebiet und in Thrakien findet die Subtropenzone allerdings ihre Nordgrenze auch im Flachland: Die thrakische

Schwarzmeerküste und auch die durch Gebirge nicht geschützte mittlere Marmaraküste Thrakiens sind winterlichen Vorstößen kontinentaler Kaltluft vom Balkan her ausgesetzt.

Die weitere thermische Abstufung zum Binnenland hin müsste eigentlich durch ein ganzes Bündel von Isothermen dargestellt werden. Der Übersichtlichkeit wegen beschränken wir uns in Abb. 31 auf die 0 °C-Januarisotherme. Anders als in Mitteleuropa, wo diese Linie die atlantisch-kontinentale Abstufung verdeutlicht, kennzeichnet sie in der Türkei etwa den äußersten Saum des Gebietes, das man noch als *submediterran* bezeichnen kann.

In der Türkei verläuft diese thermische Grenze zunächst als Höhengrenze an den Außenseiten der Gebirge. Damit ist das gesamte südöstliche Taurusvorland, von Gaziantep über Adıyaman und Diyarbakır bis Siirt, in diese mäßig winterkalte Zone eingeschlossen.

Die Mehrzahl der inneranatolischen Stationen in Höhenlagen um 800 – 1200 m registrieren Januarmittel über oder knapp über 0 °C, zahlreiche weitere liegen nur knapp darunter. Im westlichen Inneranatolien sind es nur die höher aufragenden Gebirgsmassive, deren Januarmittel unter 0 °C liegen dürfte (Gebirgsstationen fehlen hier völlig), während weiter östlich, im südlichen Inneranatolien und im Kızılırmakbogen, auch schon die Steppentafeln um 1100 – 1300 m negative Januarmittel aufweisen. Die weiten Talräume des Kızılırmak und des Sakarya sind jedoch offensichtlich thermisch bevorzugt. Selbst das Becken des großen Salzsees zeigt bei den 5 Stationen, die ihn in 20 – 50 km Abstand umgeben, noch positive Mittelwerte.

Merkwürdig ist die relative *Wärmeinsel*, die sich am Binnenrand des mittleren Taurus entlang zieht. Es handelt sich dabei keineswegs um die inneren Teile der Konya-Karaman-Ereğli-Ova, sondern deutlich nur um deren Südrand. Wahrscheinlich sind die Mittelwerte hier in starkem Maße durch winterliche Föhneffekte beeinflusst. Das Gleiche ist für die Beckenreihe von Beyşehir und Seydişehir anzunehmen.

Östlich einer Linie, die man etwa vom Innenrand des mittleren Taurus über Kayseri bis Tokat ziehen kann, werden die Winter bald deutlich strenger. Das östliche Inneranatolien, d. h. der Raum Yozgat-Sivas, und erst recht das innere Ostanatolien haben durchweg Januartemperaturen, die beträchtlich unter 0 °C liegen. Darin drückt sich einmal die größere Höhenlage aus: Selbst Beckenstationen liegen vielfach noch über 1500 m hoch. Auch die auf den Meeresspiegel reduzierten Isothermen (Erinç in Atlas of Turkey, Karte 8) ergeben für das nördliche innere Ostanatolien Mittelwerte, die für die geographische Breite von etwa 40° sehr niedrig sind. Ostanatolien ist nicht mehr ein Teil der Kleinasiatischen Halbinsel, sondern bereits eingebettet in den Rumpf von Asien. Die wirklichen Januarmit-

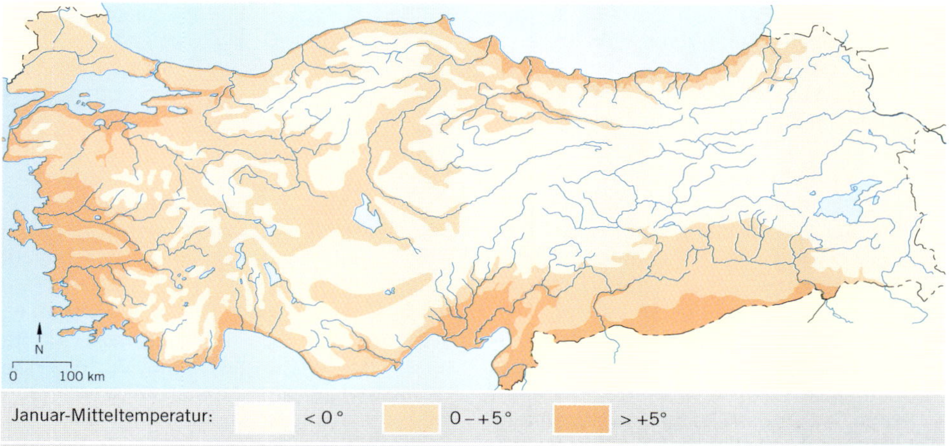

Abb. 31: Januarisothermen von ± 0 °C und + 5 °C.

telwerte von Kars (– 18,3 °C), Ağrı (– 10 °C) oder Erzurum (– 8,9 °C) entsprechen denen des nördlichen Turkestan.

Klimatische Höhenstufung und Schneedecke
Selbst wenn nur wenige Stationen herangezogen werden können, so ist es selbstverständlich, dass in einem überwiegend gebirgigen Land wie der Türkei die klimatische Gliederung in besonders starkem Maße durch die Höhenabstufung beeinflusst wird. Die Station Arslanköy, oberhalb von Mersin am Südabfall des Taurus in 1650 m Höhe gelegen, zeigt eine mittlere Januartemperatur von 0 °C. Sie markiert damit die thermische Höhengrenze der als submediterran bezeichneten Stufe: Etwa auf dieser Höhe oder wenig darunter liegt an der Südabdachung des Taurus die Obergrenze der immergrünen Kermeseiche (*Quercus coccifera*). Die 0°-Januarisotherme erweist sich also hier zur Abgrenzung eines thermischen Klimatypes als durchaus brauchbar. Allerdings müssen wir an anderen Stellen umgekehrt vorgehen und die thermischen Höhengrenzen nach der vorkommenden Vegetation abschätzen.

Kaum Untersuchungen gibt es über die *Höhenabstufung der Niederschläge*. Lediglich oberhalb von Bursa am Ulu Dağ haben wir Bergstationen in verschiedener Höhe. Nach dortigen Messungen nimmt der Niederschlag mit zunehmender Höhe ziemlich gleichmäßig zu. Leider liegt keine Station über 1544 m Höhe (höchster Gipfel 2543 m). Für die Schätzung der Wasserbilanz des Landes wären Informationen äußerst wichtig, ob sich der Anstieg der Niederschläge nach oben hin fortsetzt.

Messungen ehemals sowjetischer Stationen in der nord-östlich an die Türkei anschließenden heutigen Adscharischen Autonomen Republik sprechen dafür, dass in größeren Höhen die Niederschläge nicht weiter zunehmen. Mindestens für den Ostteil der Gebirge am Schwarzen Meer dürften Schnee und Regen oberhalb von etwa 2000 – 2500 m wieder abnehmen. Die höheren Teile des Kaçkargebirges sind deshalb in Abb. 29 trotz fehlender Stationen nicht in das Gebiet der Niederschläge über 2000 m einbezogen.

Ob im Taurus das gleiche Phänomen auftritt, ist bisher unbekannt. Für die südanatolischen Gebirge ist als sicher anzunehmen, dass trotz der mit der Höhe (mindestens bis etwa 2000 m) zunehmenden Niederschläge das mediterrane Regime des Niederschlags erhalten bleibt: Niederschläge sind auf Herbst, Winter und Frühjahr konzentriert und der Sommer bleibt auch in den Höhenstufen relativ regenarm. Indiz dafür ist v.a. die Vegetation der oberen Waldstufe.

In Inneranatolien beweisen die Waldreste in fast allen Gebirgen, die das Hochland um einige hundert Meter überragen, dass die Niederschläge hier deutlich vom Relief beeinflusst sind. Den gleichen Eindruck vermitteln Satellitenbilder der ERTS-Serie, die im Infrarotkanal für die kleineren Gebirge eine gegenüber den umgebenden Plateaus deutlich kräftigere Färbung erkennen lassen. Der winterliche Kaltluftabfluss (bei Hochdrucklagen) an diesen Gebirgen bewirkt zudem, dass Temperaturextreme weniger markant sind als in den benachbarten Becken- und Tafellandschaften. In den Binnenland-Gebirgen herrscht demnach der maritime, d. h. feuchtere und thermisch weniger extreme Klimacharakter der Randlandschaften, in den Becken- und Talräumen der trockenere und thermisch extremere des kontinentalen Binnenlandes. Der *zentral-periphere Formenwandel* der klimatischen Elemente vollzieht sich also nicht in einem „allmählichen" Übergang.

Bei allen den Hauptwindrichtungen entgegenstehenden Gebirgen macht sich die Luv-Lee-Wirkung stark differenzierend bemerkbar. Bereits Gebirgstäler und Becken von wenigen Kilometern Breite und einigen hundert Metern Eintiefung gegenüber dem abschirmenden Gebirge zeigen den Lee-Effekt deutlich in ihren Niederschlagsmengen. An allen west-ost-streichenden Kämmen modifiziert die direkte Sonneneinstrahlung kleinräumig das Feuchtigkeitsregime. Im Taurus sind südexponierte Hänge zwar meist auch Luvseiten, sodass stärkere Austrocknung durch Sonneneinstrahlung bis zu gewissem Maße durch höhere Bewölkung und Niederschlag ausgeglichen werden. Bei den Gebirgen am Schwarzen Meer addieren sich hingegen beide Effekte, sodass Nord-Süd-Gegensätze im Vegetationsbild jedes einzelnen höheren Kammes entsprechend markant sind.

Die Höhengliederung des Landes ist gleichermaßen ein entscheidender Faktor für

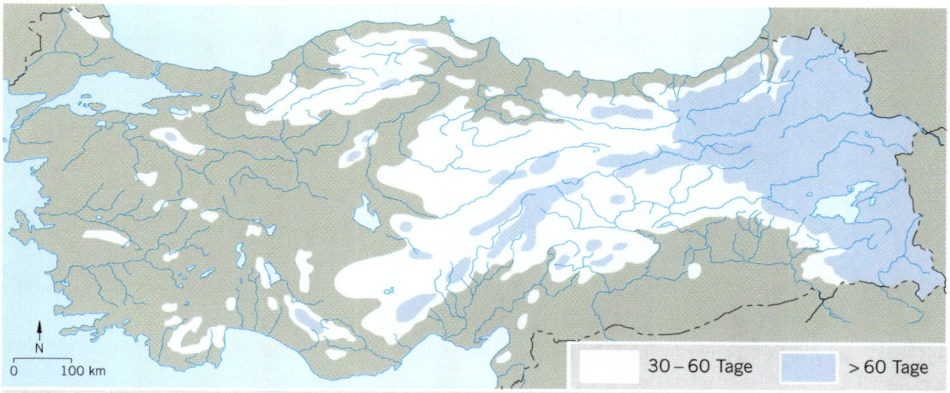

Quelle: nach A. Onur 1964.

Abb. 32: Dauer der geschlossenen Schneedecke.

Bild 17: Faşıkan/Karahasan/Belpınar-Passlandschaft bei Hadım (Mittlerer Taurus): *Aus der Schneedecke des Taurusgebirges werden bis in den Sommer hinein die nord- und südwärts fließenden Gewässer gespeist (Anfang Mai, 1750 m Höhe).*

die Dauer der winterlichen Schneedecke (Abb. 32). Das inneranatolische Hochland kennt häufigen winterlichen Wechsel zwischen Schnee, Tauwetter und scharfem Frost. In Beckenlagen mit Niederschlagsmengen um 300 – 500 mm kann eine dünne Schneedecke auch bei kurzen Tauwetterperioden bereits verschwinden. Das innere Ostanatolien hat demgegenüber eine erheblich dauerhaftere Schneedecke, und an Außenflanken der Randgebirge liegt in Höhenlagen über 1500 m bisweilen meterhoch Schnee, der den Verkehr über die Gebirgspässe blockiert. In dem sonst nur von Saumpfaden erschlossenen Osttaurus können die Bauern lediglich den Heuschlitten als „Fahrzeug“ einsetzen. Nordostanatolien, als kältester Landesteil der Türkei, hat infolge der jahreszeitlichen Niederschlagsverteilung mit Sommermaximum und Winterminimum dagegen nur sehr geringe Schneedecken.

Der Einfluss des Reliefs und der Höhenlage auf die Schneedecke wird in Abb. 32 eindeutig erkennbar (Bild 17). Dabei zeigt sich auch die nach Osten hin zunehmende Kontinentalität: Uşak im inneren Westanatolien und Malatya im südwestlichen Ostanatolien liegen beide am Rand von Becken in rund 910 m Höhe. Das westlich gelegene Uşak hat im Jahresmittel nur 13, das östliche Malatya hingegen 34 Schneedeckentage.

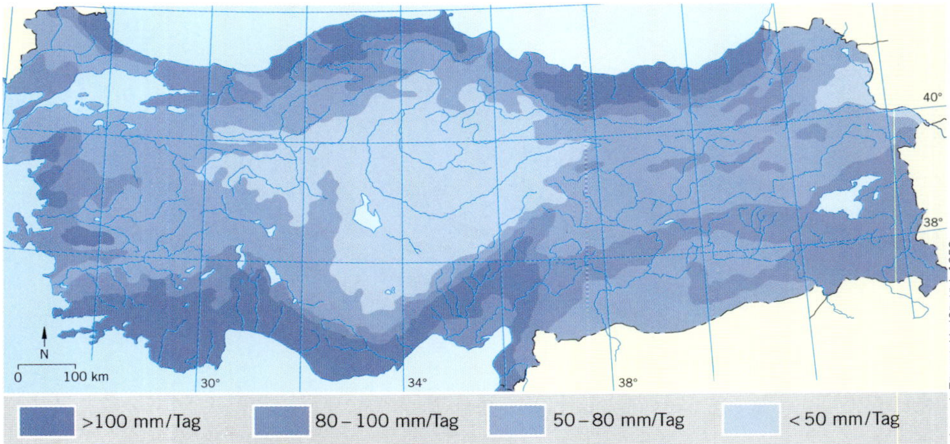

Abb. 33: Ergiebigkeit von Starkregenfällen: *Die Karte zeigt den statistisch zu erwartenden höchsten Tagesniederschlag innerhalb eines 10-Jahres-Zeitraumes. Die größten Tagesniederschläge sind in den Gebieten mit den höchsten Jahresmitteln zu erwarten.*

Witterungsanomalien, Abflussspitzen und Klimaschwankungen

In semiariden Gebieten fällt ein erheblich höherer Anteil des Niederschlags in Form *kurzfristiger Starkregen* als in gemäßigthumiden Klimaten. Starkregen sind deshalb in der Türkei normale, fast jedes Jahr auftretende Witterungsfälle.

Einen Eindruck von der Intensität der Starkregen geben die mittleren Maxima der Niederschlagssummen pro Regentag (vgl. Abb. 33). Danach sind Starkregenfälle dort am ergiebigsten, wo es ohnehin viel regnet. Im türkischen Mittelmeerraum liegen sie z.T. über 150 mm/Tag, im Schwarzmeergebiet bei 70 – 150 mm und selbst in Inneranatolien noch bei 20 – 50 mm. Infolge des größeren Wasserdampfgehaltes mediterraner Tropikluftmassen gegenüber der Polarluft, die am Schwarzen Meer die Niederschläge bringt, liegen die Maxima dort etwas niedriger als am Mittelmeer.

Der absolut höchste Tageswert, der aus der Türkei bisher bekannt geworden ist, wurde mit 431,5 mm in Zonguldak am Schwarzen Meer gemessen (Christiansen-Weniger 1970).

Als weitere absolute Tageshöchstwerte wurden gemessen für die Stationen Antalya 290 mm, İzmir 231 mm, Rize 244 mm, Kars 71 mm, Ankara 69 mm und Konya 61 mm.

Nach Tümertekin und Cöntürk (1958) muss innerhalb einer 10-Jahres-Periode statistisch in fast allen Küstengebieten einmal mit einem Starkregenereignis von mehr als 100 mm pro Tag gerechnet werden, an der östlichen Schwarzmeerküste sind sogar 150 – 200 mm zu erwarten und im westlichen Golf von Antalya über 250 mm. Im größten Teil Inneranatoliens liegen die zu erwartenden Maximalniederschläge um 40 – 50 mm. Zieht man eine 100-Jahres-Periode heran, so steigen die Extremwerte, die in diesem Zeitraum mindestens einmal zu erwarten sind. Man geht dabei von 60 – 80 mm pro Tag in Inneranatolien und über 300 mm im westlichen Golf von Antalya aus.

Der Effekt dieser kurzfristigen Starkniederschläge ist regional verschieden. Im Mittelmeerraum liegen die Maxima im Winter, also zu einer Zeit voll entwickelter Vegetationsdecke. Im Schwarzmeergebiet fallen sie zumeist im Sommer, wenn wegen der hier ganzjährigen Niederschläge ebenfalls eine dichte Vegetation entwickelt ist. In Zentralanatolien hingegen liegen die Maxima weitgehend im Frühsommer, damit in einer Zeit, in der die ohnehin schüttere Steppenvegetation weitgehend verdorrt oder abgeweidet ist und die Felder meist abgeerntet sind. Die Wirkung der Starkregen, in Form von Bodenabspülung, Rinnenerosion und Beckenüberschwemmungen, ist dort trotz geringerer Ereignismengen stärker als in den Küstengebieten.

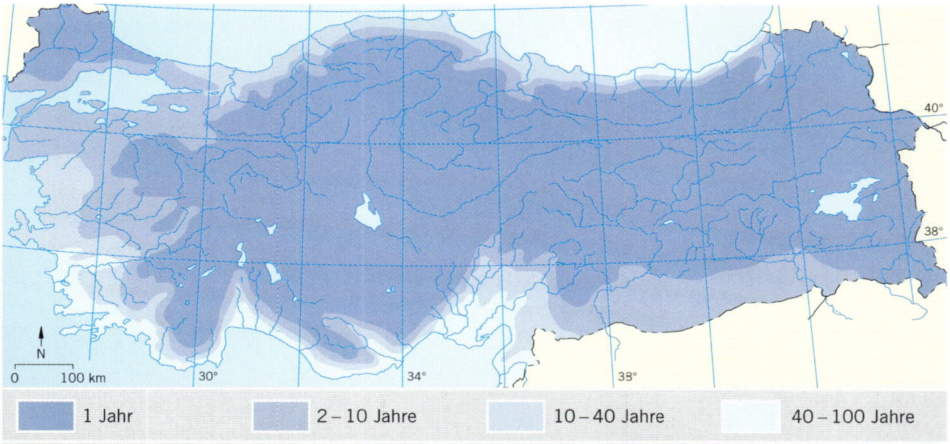

Abb. 34: Wiederholungswahrscheinlichkeit von Frösten unter – 10 °C.

Quelle: nach Tümertekin/Cöntürk 1958.

Erschwerend für den Ackerbau Inneranatoliens tritt hinzu, dass dort der prozentuale Anteil von Starkregen am Gesamtniederschlag wahrscheinlich höher ist als in den Randlandschaften, wenngleich darüber keine Daten vorliegen. Von den ohnehin knappen Niederschlagsmengen fließt bei Starkregen ein größerer Teil ab, ohne in den Boden einzudringen. Die Fälle sind nicht selten, in denen sich der gesamte Monatsniederschlag auf einen einzigen Tag konzentriert (Tümertekin 1954).

Extreme Winterkälte ist in Inneranatolien und erst recht in Ostanatolien nicht ungewöhnlich (Abb. 30). In den Binnenlandschaften, die ohnehin jeden Winter längere Frostperioden haben, ist ein gelegentlicher starker Temperaturfall auf – 20 ° bis – 30 °C keine Katastrophe. Anders gestaltet sich dies in den Randlandschaften der Türkei, deren natürliche Vegetation und deren Kulturpflanzenspektrum auf subtropische Temperaturbedingungen eingestellt sind. Ein kürzerer Frost von wenigen Graden für einige Stunden schadet im Allgemeinen auch den mediterranen Kulturpflanzen nicht. Es wird sogar behauptet, dass das spezielle starke Aroma der Apfelsinen der Südtürkei (im Gegensatz zu den israelischen Jaffa-Orangen) auf die gelegentlichen leichten Fröste zurückzuführen sei. Zumindest scheint hier eine Analogie zu dem bekannten Phänomen vorzuliegen, dass viele Obstarten (Äpfel, Wein) ihr bestes Aroma in der Nähe ihrer klimatischen Verbreitungsgrenze entfalten.

Problematisch werden hingegen Frostlagen, die länger anhalten und v. a. tiefere Grade bringen. In bestimmten Situationen von Luftfeuchtigkeit und Luftbewegung können erhebliche Schädigungen an Kulturpflanzen eintreten.

Nach Analysen von Tümertekin und Cöntürk (1958) (vgl. Abb. 34) sind für den Marmararaum, das innere Ägäisgebiet und das südöstliche Taurusvorland Frostlagen unter – 10 °C mindestens einmal in 10 Jahren zu erwarten. Der Küstenraum von İzmir bis Edremit, aber auch die obere Adanaebene und ein großer Teil der Schwarzmeerküste müssen alle 10 – 40 Jahre mit der Wiederholung solcher Fröste rechnen, der engere mediterrane Saum des Landes jedoch, vom unteren Menderestal entlang der Südwest- und Südküste bis Antakya, nur etwa alle 40 – 100 Jahre. Deshalb werden allein in diesem letztgenannten, klimatisch bevorzugten Küstenstreifen des türkischen Mittelmeergebietes Zitruspflanzungen angelegt (außer Mandarinenkulturen am östlichen Schwarzen Meer). Die mögliche Vernichtung von Kulturen durch Frosteinbrüche in Abständen von vielen Jahrzehnten halten die Bauern nicht von der Pflanzung ab.

Während die Schwankungen der Niederschlagsmengen in den feuchteren Randlandschaften der Türkei kaum zu Katastrophen führen, ist in weiten Teilen Inneranatoliens der Weizenbau, selbst in den eher seltenen Jahren, in denen die Menge und

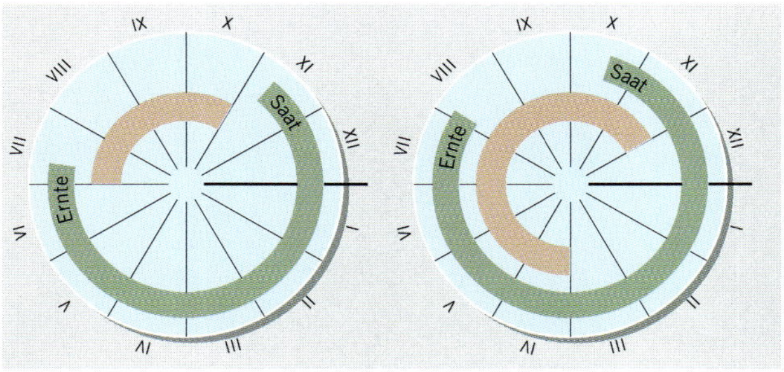

Abb. 35: Wachstumsperiode des Winterweizens und Trockenzeit: *Links das relativ günstige Jahr 1948 mit erst kurz vor Beginn der Ernte einsetzender Trockenperiode; rechts das Trockenjahr 1945 mit dem letzten Regen Ende März. Die Diagramme gelten für die Umgebung von Eskişehir in Nordwestanatolien.*

Quelle: nach Tümertekin 1955a.

Reinernte kg/ha	Katastrophale Missernte unter 400	Missernte 400–550	Schlechte Ernte 551–650	Mäßige Ernte 651–750	Mittlere Ernte 751–850	Gute Ernte 851–950	Sehr gute Ernte 951–1050
Jahr	1928	1932	1941	1930	1929	1936	1951
	1945	1935	1944	1934	1931	1937	1952
		1949	1947	1940	1933	1938	1953
			1954	1950	1942	1939	1957
				1956	1943	1948	
				1961	1946	1958	
					1955	1960	
					1959		
Anzahl der Jahre	**2**	**3**	**4**	**6**	**8**	**7**	**4**

*gemittelte Erträge des ges. Staatsgebietes

Tab. 1: Die Weizenernten der Türkei von 1928–1961*

Quelle: Christiansen-Weniger 1970, S. 86.

Verteilung der Niederschläge annähernd dem statistischen Mittel entspricht, an der Grenze der Anbaurentabilität und damit besonders gefährdet. In diesem zentralen Binnenraum, der wegen seiner ausgedehnten, beackerbaren Flachreliefs die Hauptkornkammer der Türkei darstellt, treten *Missernten* unter drei möglichen Bedingungen auf:

1) wenn die Gesamtniederschlagsmenge während der Wachstumsperiode zu gering ist (schlechtes Auflaufen der Saat);

2) wenn die Frühjahrsregen nicht bis gegen Ende April/Anfang Mai anhalten, sondern bereits im März aussetzen (Notreife des Getreides);

3) wenn die Frühjahrs- oder Frühsommerregen zu konzentriert in wenigen Starkregen fallen und somit für die Pflanzen nicht genügend wirksam werden können.

Einen Eindruck von der Gesamtbilanz eines *Trockenjahres* geben kartographische Darstellungen der von der Dürre betroffenen Regionen (Tümertekin 1955b) oder die Kalkulationen über die Gesamternteerträge. Eine eindrucksvolle Darstellung solcher Dürrekatastrophen verdanken wir Tümertekin (1955a, vgl. Abb. 35) für das Gebiet von Eskişehir im westlichen Inneranatolien. Abb. 36 lässt die unterschiedlichen regionalen Schwerpunkte der Trockenheit deutlich werden.

In Tab. 1 sind die Erträge der Weizenernte der Jahre 1928–61 dargestellt. Angegeben sind die vom Landwirtschaftsministerium gesammelten Durchschnittswerte für die gesamte Türkei. Dabei werden Missernten in bestimmten Landesteilen durch bessere Ernten in anderen kompensiert. Die Jahre ab 1962 sind nicht eingeschlossen, weil seit dieser Zeit durch den zunehmenden Kunstdüngerverbrauch die Vergleichbarkeit nicht mehr gegeben ist.

Abb. 36: Unterschiedliche Ausdehnung der Trockengebiete in einzelnen Jahren.

Quelle: Entwurf von Tümertekin 1955b.

Bild 18: Köprülü Çay bei Aspendos: *Der Köprülü Çay, dessen komplexes Quell- und Einzugsgebiet bis weit in die karstischen Regionen der südwestanatolischen Seenplatte reicht, führt das ganze Jahr über reichlich Wasser.*

Aus beiden Quellen wird die starke klimabedingte Unsicherheit der Getreideerträge deutlich, besonders für die wichtigen Hauptanbaugebiete in den zentralen Landesteilen. Die zahlreichen staatlichen Silos, die man in fast jeder kleinen Kreisstadt Inneranatoliens sieht, stehen nicht selten leer. Den wenigen Jahren, in denen die Türkei Weizen exportieren kann, stehen mehr Jahre gegenüber, in denen Getreide importiert werden muss (vgl. Abb. 84).

Bis vor einigen Jahrzehnten, als mangels Organisation und ausreichender Verkehrsmöglichkeiten ein großräumiger Austausch von Nahrungsmitteln noch nicht möglich war, bedeuteten selbst regional begrenzte Trockenperioden mit Missernten immer auch eine Hungersnot für die Bevölkerung des betroffenen Gebietes. Folgten gar zwei Trockenjahre aufeinander, so gab es katastrophale Notstände mit gravierendem Bevölkerungsrückgang. Naumann erfuhr auf seiner Reise 1890, dass man als Ergebnis der zwei aufeinander folgenden Trockenjahre 1873/74 mit rund einer Viertelmillion Toten rechnete.

Ein Trockenjahr trifft den inneranatolischen Bauern in doppelter Weise: zum einen ist die Getreideernte mehr oder weniger verloren, zum anderen verdorrt das Weideland viel früher. Infolgedessen reicht das Futter für das Vieh nicht aus, und mangels Getreidestroh gibt es darüber hinaus auch keine Reserven für Winterfutter. Die Viehverluste treffen die Bauern in ihrer Substanz, zumal, wenn nicht einmal das Zugvieh durchgebracht werden kann. Nach Schätzungen von Christiansen-Weniger gingen beispielsweise in der Dürreperiode 1873/74 allein im Landkreis Keskin 82 % der Rinder und 96 % des Kleinviehs ein.

Das Abflussregime der Flüsse

Wenn man an einer Stelle steht, wo einer der größeren Binnenlandflüsse die nördlichen Waldgebirge durchbricht und von einer Seite her ein kleiner Nebenfluss mündet, dessen Einzugsgebiet ausschließlich im Waldland liegt, dann bietet sich ein eigenartiges Bild: Auf der einen Seite mäandriert ein Flüsschen in einem Wiesental wie in Mitteleuropa, und auf der anderen Seite cehnt sich ein weites, schottererfülltes Flussbett mit vielen Sandbänken und kleinen Gerinnen, in die der Hauptfluss sich im Sommer auflöst. Im Frühjahr dagegen ist das Flussbett, oft die ganze Talsohle, allerdings in voller Breite überflutet, da der Mittel- und der Oberlauf des Flusses im steppenhaften Hochland liegen, wo Frühjahrsregen und Schneeschmelze zu starkem und raschem Abfluss der schwebstoffreichen, gelblichtrüben Wassermassen führen. Inmitten der feuchten Waldgebirge des Nordens mutet ein solcher Fluss dann fast wie ein „Fremdlingsfluss“ an.

Der Tages- und Jahresgang des Abflusses steht in unmittelbarer Abhängigkeit vom Klima und seiner regionalen und vertikalen Abstufung. Ob in den jeweiligen Flusstälern markante Abflussspitzen auftreten oder ob der Abfluss relativ gleichmäßig ist, ob das Fluss- oder Bachbett im Sommer ganz trockenfällt oder nicht, hängt vom Niederschlags- und Abflussregime des Einzugsgebietes ab. Die Dichte der Vegetationsdecke spielt für die Gleichmäßigkeit des Abflusses genauso eine Rolle wie die eventuelle Verkarstung. Beides wirkt ausgleichend auf die Wasserführung der Flüsse und Bäche (Bild 18).

Die meisten größeren Flüsse haben ein komplexes Einzugsgebiet, was zu ganz unterschiedlichem Abflussverhalten zwischen Ober- und Unterlaufstrecken oder zwischen Hauptfluss und Nebenflüssen führen kann.

Dies wird im Folgenden an sechs Beispielen exemplarisch erläutert. Sie repräsentieren die wichtigsten vorkommenden Typen des Abflussganges und sind für jeweils bestimmte Klimagebiete charakteristisch, wenngleich die Dimensionen der Flüsse an den Messstellen sehr verschieden sind:

1) Der *Çine Çay* in Südwestanatolien (vgl. Abb. 37) ist ein Nebenfluss des großen Menderes. Sein Einzugsbereich liegt größtenteils im Kristallin der Menderesmasse. Die Kurve zeigt das typische Abflussbild des Mittelmeerraumes: starker Abfluss im Winter, allmähliches Abklingen der Kurve im Frühjahr, Minimum im Herbst. Sehr markante Abflussspitzen kennzeichnen die winterlichen zyklonalen Niederschläge, die sich mit einzelnen Ereignissen bis in den März fortsetzen können.

2) Der *Esen Çay* (vgl. Abb. 38) entwässert die Westseite des westlichen Taurus südwärts zum Mittelmeer. Das Einzugsgebiet hat im Prinzip ein mediterranes Niederschlagsregime, da es jedoch weitgehend in einem verkarsteten Gebirge liegt, überragen die Abflussspitzen nur mäßig den ziemlich gleichmäßigen, aus Karstquellen gespeisten „Normalabfluss“. Dessen Höhe ist wiederum abhängig von der Gesamtergiebigkeit der Niederschläge des vorausgehenden Winters (vgl. die verschiedenen Höhen der Sommerabflüsse 1948, 1949, 1950).

3) Der *Manavgat Çay* (vgl. Abb. 39) östlich Antalya entwässert den Südwestabfall des mittleren Taurus, damit das niederschlagsreichste Gebiet der türkischen Südküste. Die Abflussspitzen zwischen November und März kennzeichnen die winterlichen zyklonalen Niederschläge in den tieferen Teilen des Einzugsgebietes. Der sehr gleichmäßige Abfall der Kurve im April bis August/September ist darauf zurückzuführen, dass ein größerer Teil des Einzugsgebietes im 1800 – 2400 m hohen Kalkgebirge um Akseki liegt. Die allmähliche Schneeschmelze im Frühjahr und Frühsommer wird im Abfluss durch karstische Dränage zusätzlich verzögert.

4) Der *Kızılırmak* bei Kayseri in Inneranatolien (vgl. Abb. 40) ist typisch für die Hochlandflüsse. Das Abflussmaximum ist entsprechend der Hauptniederschlagszeit ganz eindeutig auf die Monate März/April/Mai verschoben, von Juli/August an bis einschließlich Januar ist der Abfluss relativ bescheiden. (Allerdings ist zu beachten, dass bei diesem Diagramm der Maßstab verkleinert ist; die so unbedeutend erscheinenden kleinen Abflusszacken im Sommer und Herbst zeigen immerhin kurzfristige Abflusssteigerungen um 20 – 50 % gegenüber dem Sommerdurchschnitt an.)

5) Der *Sizir Su* (vgl. Abb. 41) mündet als rechter Nebenfluss nordöstlich Kayseri in den Kızılırmak. Sein Einzugsgebiet ist im Wesentlichen der bis 2240 m hohe Ak Dağ südlich von Akdağmaden, dessen Niederschlagsmengen gegenüber den umgebenden Beckenlandschaften deutlich höher sind. Ein erheblicher Teil der Niederschläge fällt als Schnee. Das Gebirge mit fast geschlossener Waldbedeckung ist nicht

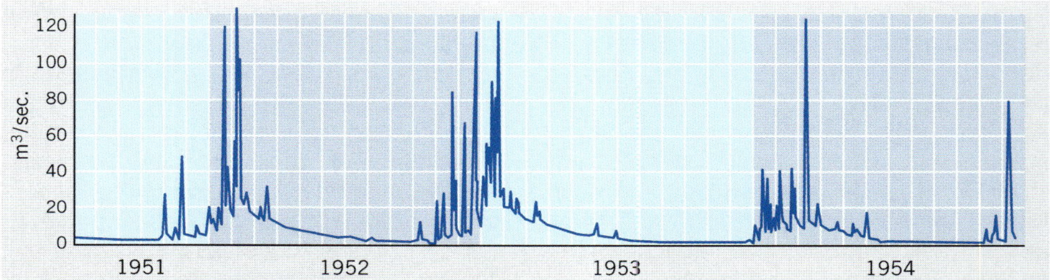

Abb. 37: Abflussregime des Çine Çay: *Es zeigt sich das charakteristische Abflussbild des Mittelmeerraumes: starker Abfluss im Winter, allmähliches Abklingen der Kurve im Frühjahr und ein Minimum im Herbst.*

Quelle: Hü. 1982.

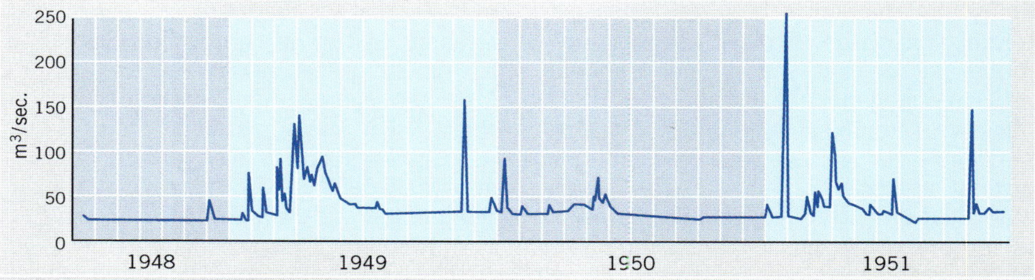

Abb. 38: Abflussregime des Esen Çay: *Die Abflussspitzen überragen nur mäßig den ziemlich gleichmäßigen, aus Karstquellen des Einzugsgebietes gespeisten „Normalabfluss" (Messwerte der Station Kemer).*

Quelle: Hü. 1982.

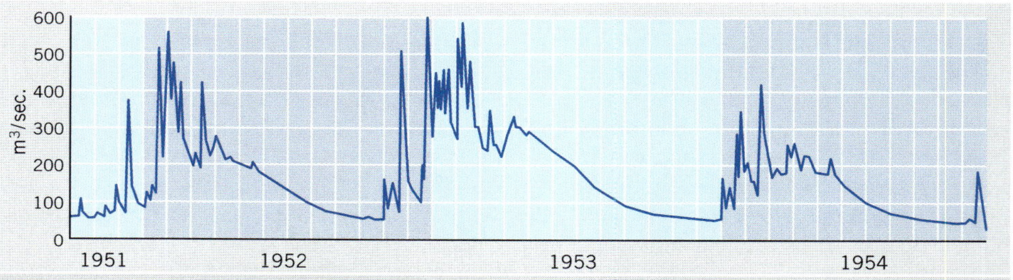

Abb. 39: Abflussregime des Manavgat Çay: *Abflussspitzen zwischen November und März beruhen auf zyklonalen Niederschlägen. Die allmähliche Schneeschmelze im 1800–2400 m hohen Teileinzugsgebiet bewirkt zusammen mit Karstversickerung die gleichmäßig abfallende Kurve von April bis August/September (Messwerte der Station Homa, östlich Antalya).*

Quelle: Hü. 1982.

verkarstet. Das Abflussmaximum ist infolge der inneranatolischen Frühjahrsniederschläge und der gleichzeitigen Schneeschmelze deutlich auf April/Mai verschoben; insofern besteht Übereinstimmung mit dem Kızılırmak. Der Unterschied besteht im hier sehr gleichmäßigen Abklingen der Abflusskurve bis gegen Ende Oktober. Der dafür verantwortliche mäßigende Effekt der Bewaldung wird selten so deutlich wie hier.

6) Der *Karadere* (vgl. Abb. 42) gehört zur Küstenabdachung des Ziganagebirges östlich von Trabzon. Sein Abfluss zeigt einige typische Eigenschaften der Waldlandflüsse am Schwarzen Meer. Schon der Name Karadere, „Schwarzbach", tritt in den nördlichen Waldbergländern der Türkei häufig auf und bezeichnet, wie die „Schwarzwasserflüsse" in anderen Teilen der Erde, die dunkle Färbung durch Humuspartikel, im Gegensatz zu den „Weißwasserflüssen", in

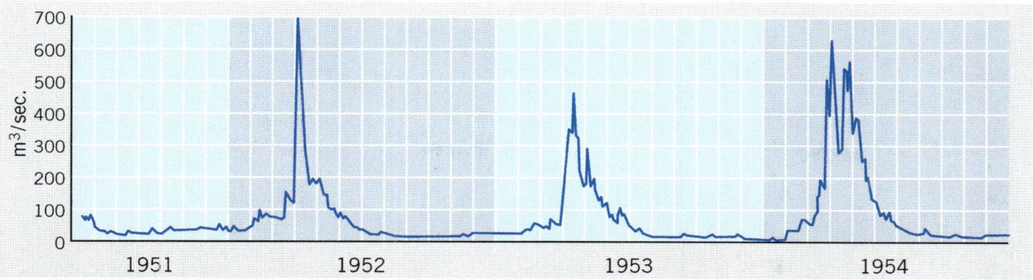

Abb. 40: Abflussregime des oberen Kızılırmak: *Das Abflussmaximum dieses Hochlandflusses ist auf die Monate März/April/Mai verschoben, von Juli/August an bis einschließlich Januar ist der Abfluss relativ bescheiden (verkleinerter Maßstab!).*

Quelle: Hü. 1982.

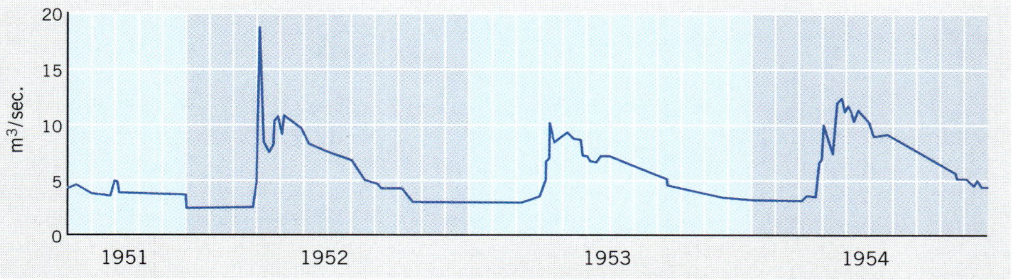

Abb. 41: Abflussregime des Sizir Su: *Die inneranatolischen Frühjahrsniederschläge und die gleichzeitige Schneeschmelze verschieben das Abflussmaximum auf April/Mai. Bis Ende Oktober klingt die Abflusskurve wegen der Waldbedeckung des Einzugsgebietes gleichmäßig aus.*

Quelle: Hü. 1982.

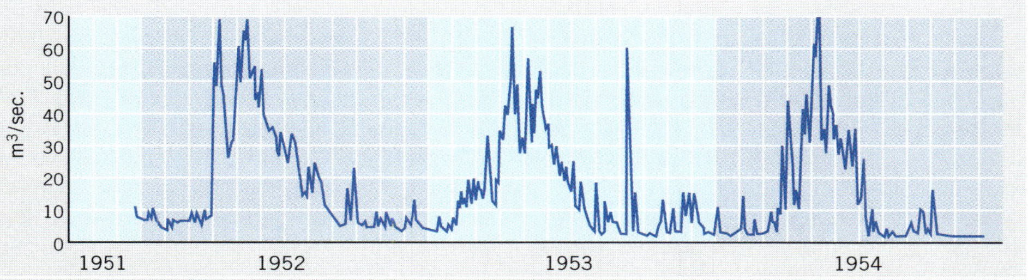

Abb. 42: Abflussregime des Karadere: *Das Abflussmaximum ist wegen der Hochgebirgslage des Einzugsgebietes auf Frühjahr und Frühsommer verschoben. Charakteristisch für das Schwarzmeergebiet sind die Zacken der Kurve auch im Winter, Sommer und Herbst durch die zyklonalen Wetterlagen des Schwarzen Meeres.*

Quelle: Hü. 1982.

der Türkei vom Typ Kızılırmak („rötlicher Fluss"), deren Name auf die Trübung durch helle abgespülte Bodenteilchen hinweist. Das Einzugsgebiet liegt zum großen Teil im Hochgebirge. Dementsprechend ist das Abflussmaximum auf Frühjahr und Frühsommer verschoben. Zahlreiche deutliche Zacken der Kurve im Winter, Sommer und Herbst spiegeln die charakteristischen zyklonalen Wetterlagen des Schwarzen Meeres wider.

Klimaschwankungen

Die Variabilität der Niederschläge, v. a. die aufeinander folgenden Trockenjahre, haben oft Anlass zu Überlegungen gegeben, ob sich das Klima in der Türkei oder im ganzen Nahen Osten nicht grundlegend ändere oder in historischer Zeit geändert habe. Nach unserem heutigen Kenntnisstand ist es jedoch viel wahrscheinlicher, dass sich entsprechende Beobachtungen auf kurzperiodische Oszillationen zurückführen las-

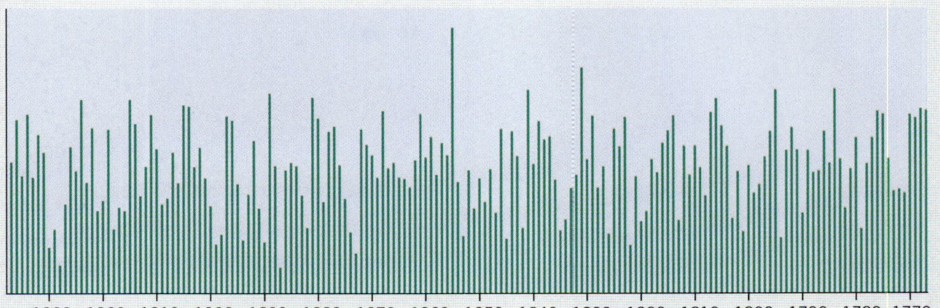

Abb. 43: Jahreszuwachs von Kiefern als Witterungsanzeiger: *Die Säulenhöhe zeigt den unterschiedlichen Jahreszuwachs in feuchteren und trockeneren Jahren, bezogen auf einen als konstant angesehenen Mittelwert.*

Quelle: nach Gassner/Christiansen-Weniger 1942–43.

sen, die dem heutigen Klima des Nahen Ostens eigentümlich sind.

In dendrochronologischen Untersuchungen von Gassner und Christiansen-Weniger (1942–43) an Kiefern im inneren Nordanatolien konnten Niederschlagsschwankungen zurück bis in die Zeit um 1770, an Einzelbäumen bis gegen 1500 sicher verfolgt werden. Die Abb. 43, die einen Zeitraum von etwa 200 Jahren widerspiegelt, weist keine längeren oder bedeutenderen Schwankungen als genauere Messreihen der Gegenwart aus. Bekannte Trockenjahre zeigten einen bis weit unter 40% des Durchschnittes abfallenden Zuwachs der Jahresringe. Die historisch überlieferten Dürrejahre des 19. Jh.s zeichnen sich jeweils deutlich ab.

Derartige Phasen von mehreren aufeinander folgenden feuchteren resp. trockeneren Jahren erklären auch kleinere Schwankungen von mittleren Seespiegelständen mit einer Periodizität von etwa 10 Jahren für den Vansee (Sieger 1888; Schweizer 1975, S. 30f.). Ähnliches dürfte für die anderen abflusslosen Seebecken Anatoliens gelten; ihre Spiegelschwankungen müssen in historischer Zeit etwa den heutigen entsprochen haben.

Ob diese „Jahrzehnt"-Periodizität ausreicht, um auch rezente Schwankungen der Gletscher türkischer Hochgebirge zu erklären, ist zweifelhaft. Für andere Teile des Nahen Ostens sind längerfristige Oszillationen in der Dimension von mehreren Jahrzehnten postuliert worden (Haude 1963). Für die Gletscher am Erciyas Dağ bei Kayseri liegen Beobachtungen und Photographien seit über 100 Jahren vor, wonach einem Hochstand um die Mitte des 19. Jh.s, der auch aus den Alpen und aus anderen türkischen Gebirgen bekannt ist (Schweizer 1975), bis heute kein erneuter Vorstoß gefolgt ist.

Fragen über Austrocknungstendenzen im gesamten Nahen und Mittleren Osten innerhalb der historischen Zeit sind, trotz vieler gegensätzlicher Einzelbeobachtungen (Butzer 1958), nicht geklärt. De Planhol (1954) deutet den Rückgang mediterraner Baumkulturen in der Türkei seit der Antike mit wachsenden Extremen der Niederschläge. Die Anzeichen für eine leicht kältere Periode im Mittelalter (Kleine Eiszeit) mehren sich zwar (Zufrieren des Bosporus im 16. Jh.), aber die Beweise für Anatolien sind spärlich (Flohn 1967, Grove 1988). Vergleichbares gilt für jüngste historische Forschungen in Lykien (Höhfeld 1998a).

Es mehren sich Indizien für eine feuchtere Periode in vor- und frühgeschichtlicher Zeit, die in Europa als das „Postglaziale Klimaoptimum" bekannt ist. Im Konyabecken lassen sich prähistorische Siedlungshügel (*Hüyüks*) in Beziehung zu Rückzugsstadien des ehemaligen Konyasees setzen. Prähistorische Hüyüks liegen deutlich an einer ehemaligen Seeuferlinie (Cohen/Erol 1969). Im Becken von Seydişehir hat der in einer feuchteren prähistorischen Periode wieder vorrückende See neolithische Hüyüks erreicht und Klifflinien hineingeschnitten (Erol 1978).

Natürliche Vegetation und Ersatzgesellschaften

Rekonstruktion der natürlichen Vegetation

Obwohl die Vegetation der heutigen Türkei nur noch in Resten zeigt, was von Natur aus in den jeweiligen Zonen oder Höhenstufen wachsen müsste, lässt sich anhand der verbliebenen Waldformationen rekonstruieren, wie die natürliche Vegetation ohne den Eingriff des Menschen aussehen würde (Abb. 44). Zonen und Höhenstufen dieser „potenziellen natürlichen Vegetation" erlauben Rückschlüsse auf die regionale Differenzierung des Klimas und sind damit eine wichtige Ergänzung der noch immer sehr unvollkommenen Kenntnisse über das physische Potenzial des Landes. Sie sind zudem reale oder potenzielle Verbreitungsgebiete bestimmter Kulturpflanzen. Agrarräumliche Gliederungen schließen folglich in vielen Punkten an die natürliche Vegetation an, und auch für Aufforstungsmaßnahmen ist die Kenntnis der natürlichen Vegetation unentbehrlich.

Der folgenden Beschreibung der Vegetationszonen und -stufen wird das Gliederungsprinzip der bis heute bedeutsamsten vegetationskundlichen Arbeit von Louis über „Das natürliche Pflanzenkleid Anatoliens" (1939) zugrunde gelegt. Dieses wurde von Walter (1956) differenziert und verfeinert und ist durch detaillierte Beispielkarten von Kürschner (1983), Kürschner et al. (1983) und Frey et al. (1989b) zu ergänzen.

In den Jahren nach dem Zweiten Weltkrieg begann der systematische Ausbau der türkischen Forstverwaltung und die Einteilung der Gebiete mit Wäldern und Waldresten in Forstbezirke. Eines der wichtigsten Ergebnisse systematischer Bestandsaufnahmen ist die Karte der bestandsbildenden Baumarten 1:2,5 Mio. (Orman Müdürlüğü 1962), aus der sich jeweils dominierende Holzarten und damit die zonale Verbreitung charakteristischer Waldbäume ablesen lässt. Leider fehlt eine Unterscheidung der immergrünen von den sommergrünen Eichenarten, lediglich die Steineiche (*Quercus ilex*) ist ausgegliedert, nicht jedoch die in der Türkei viel wichtigere Kermeseiche (*Quercus coccifera*).

Die von Walter weitgehend an türkischen Beispielen entwickelten Klimadiagramme erlaubten die Herausarbeitung klimaökologischer Zonen, innerhalb deren auch bei fehlenden Waldresten ein bestimmter Waldtyp begründet vermutet werden kann.

Eine verfeinerte Differenzierung wird durch die Einbeziehung der vom türkischen Landwirtschaftsministerium kreisweise erhobenen (allerdings nicht publizierten) Kulturvegetation möglich. Entscheidend ist die flächendeckende Erfassung aller wichtigen Agrarprodukte auch in den Gebieten, wo sie nicht als dominante Kultur vorkommen. Die Ausdehnung einer mit natürlichen Vegetationsresten bisher nur schlecht dokumentierten klimabedingten Vegetationszone kann z. B. anhand landkreisweiser Vorkommen bestimmter Kulturpflanzen unter Berücksichtigung von Höhenlage, Relief und Exposition feiner umrissen werden (vgl. Abb. 45 und 46). In der Karte der potenziellen natürlichen Vegetation sind solche agrarstatistischen Quellen mit verarbeitet.

Jahrtausende menschlicher Siedlung haben Zustand und Zusammensetzung der natürlichen Vegetation stark verändert. Wälder sind zu Buschwäldern degradiert, Buschwälder und Gehölzfluren durch anthropogene Steppen ersetzt worden und natürliche Steppen durch Überweidung extrem verarmt. Weite Teile des Landes werden durch agrarische Nutzung ohnehin nur von Kulturvegetation eingenommen: Nach der türkischen Statistik umfassten Ackerland und Baumkulturen (1997) 26 % des Staatsgebietes.

Rund ein Viertel kultivierte Fläche scheint für ein Land ohne Wüsten und mit nur kleinen Flächenanteilen von Trockensteppe nicht besonders viel. Dabei ist jedoch der hohe Anteil von Gebirgen zu berücksichtigen, die aus Reliefgründen kaum anders als weidewirtschaftlich genutzt werden können. Aufgrund ziemlich extensiver Weidenutzung, die bis in das 19. Jh. hinein vorgeherrscht hat, konnten sich so Reste von Waldvegetation vielfach erhalten.

Es gibt in den feuchteren Randlandschaften der Türkei allerdings auch ausgedehnte Wälder, die z.T. infolge ihrer Entlegenheit noch so wenig durch Holznutzung beeinflusst sind, dass sie nahezu „Ur-

Abb. 44: Karte und Profile der potenziellen natürlichen Vegetation.

wald"-Charakter haben (Bild 19). Bis zur Mitte des 20. Jh.s fehlte jede geregelte Forstwirtschaft und Waldbewirtschaftung. Die Zusammensetzung der Wälder wurde somit nur durch selektive Nutzung beeinflusst: Überweidung von Laubbäumen – v. a. Eichen – lässt in den mediterranen Waldtypen die Nadelwaldkomponente stärker hervortreten; die bewusste Schonung fruchtliefernder Waldbäume (Wildobstarten oder gerbstoffliefernde Eichen) ändert die Zusammensetzung der restlichen Baumbestände. Als Folge selektiver Nutzung erscheinen die Hänge durch die Restbäume bisweilen weithin wie „getupft", während eigentlich ein geschlossenerer Wald zu erwarten ist.

Es ist bemerkenswert, dass in der Türkei überhaupt noch Wälder in größerem Ausmaß vorhanden sind. In weiten Teilen

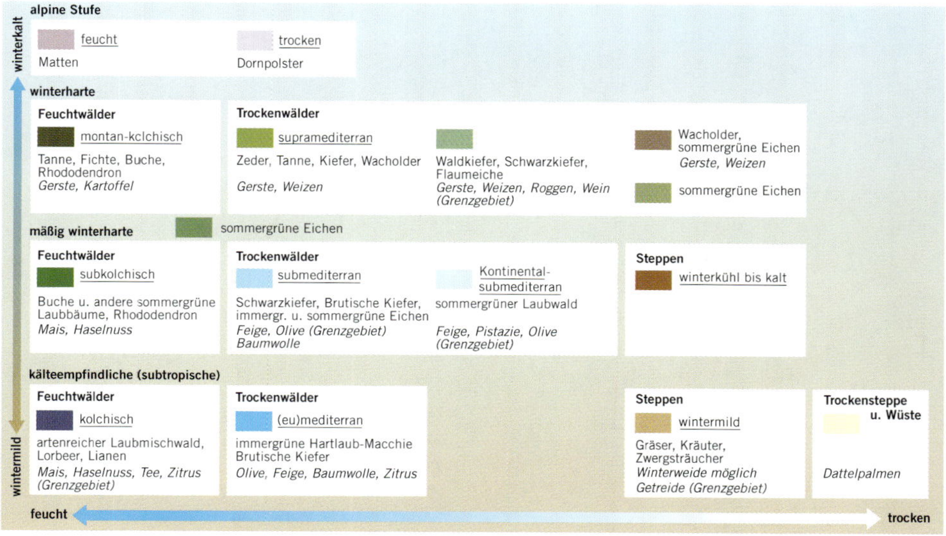

der türkischen Randlandschaften, selbst an Marmara, Ägäis und Mittelmeer, reichen Waldbestände in breiter Front bis unmittelbar an die Küste. Bei jeder Durchquerung des westlichen oder mittleren Taurus fährt man lange Zeit durch Kiefern-, Wacholder- oder Tannen-/Zedernwälder. Jeder Vergleich mit Gebirgen Griechenlands, Italiens oder levantinischer Länder zeigt diesen relativ hohen Waldanteil, vor allem wenn man zum Vergleich Karten aus der Zeit der Wende vom 19. zum 20. Jh. heranzieht, als moderne Aufforstungen noch nicht eingesetzt hatten.

Üblicherweise schiebt man im Mittelmeerraum der Weidewirtschaft einen wesentlichen Teil der Schuld an der Entwaldung zu. Insbesondere die laubfressenden Ziegen sind oft genug bei ihrer zerstörerischen Waldweide zu beobachten. Ebenso wenig ist zu bestreiten, dass gelegentliche Waldbrände, wenn sie nicht gar von Hirten selbst gelegt sind, diesen zumindest sehr zustatten kommen, denn die nachwachsende Grasvegetation ist weidewirtschaftlich ergiebiger. War schließlich gar nomadische Weidewirtschaft üblich, bot sich der Sündenbock scheinbar eindeutig an.

In bemerkenswerter Umkehrung solcher traditioneller Auffassungen hat de Planhol (1965) darauf hingewiesen, dass Weidewirtschaft durch Bauern und solche durch Nomaden in ihrer Intensität sehr verschieden ist. Eine nomadische Bevölkerungsgruppe, die vorwiegend von der Weidewirtschaft lebt, braucht fraglos mehr Vieh als die gleiche Zahl von Bauern und folglich größere Weideflächen. Die Winter werden in der Regel aber in den tieferen Küstengebieten verbracht, wo Winterweide möglich ist. Dort aber braucht man Feuerholz allenfalls zum Kochen, nicht zum Heizen. Bauern hingegen benötigen für ihre intensivere Landnutzung kleinere Areale (Dorfgemarkungen). Bäuerliche Siedlungen können also wesentlich dichter sein als nomadische. Die für Ackerbau gerodeten Flächen mögen zwar, sofern sie nicht wegen Bodenabspülung regelmäßig durch Neurodungen ergänzt werden müssen, nur relativ geringere Ausmaße haben, aber die Bauern halten auch Vieh, wenngleich pro Familie etwas weniger als Nomaden. Sie beweiden außerdem ganzjährig und intensiv immer das gleiche Gebiet. Da sie im Gebirge überwintern müssen, haben sie ferner einen viel größeren Brennholzbedarf und betreiben nicht selten auch noch verschiedene Holzgewerbe (Brettschneiderei, Köhlerei, Harzgewinnung etc.). Sie beanspruchen also die Wälder, abgesehen von direkten Rodungen zur Ackerlandgewinnung, erheblich stärker als Nomaden.

Die südlichen Gebirge der Türkei waren vom späten Mittelalter bis zum späten 19. Jh. weitgehend nomadischer Siedlungs-

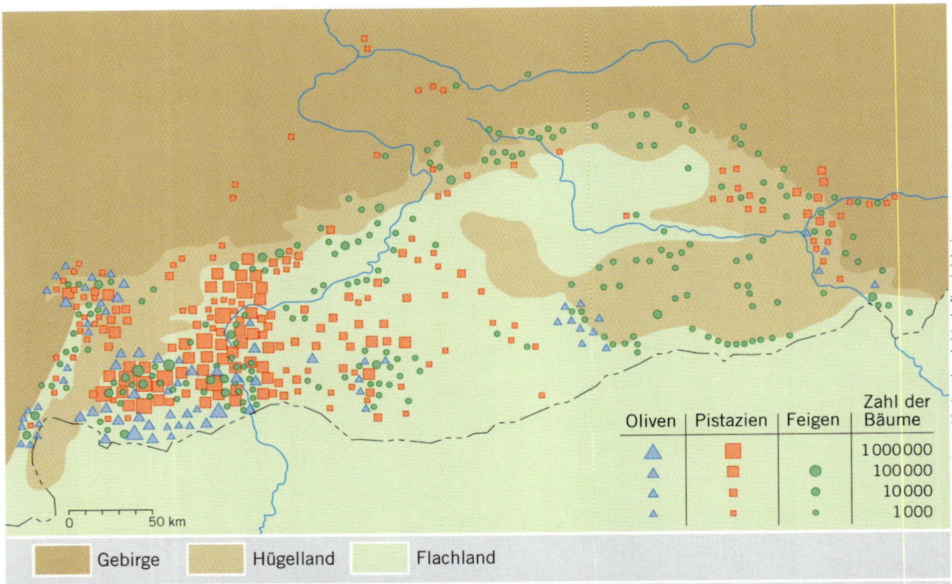

Abb. 45: Submediterrane Baumkulturverbreitung in Südostanatolien: *Im Südwesten ist das Amanosgebirge, im Süden die Staatsgrenze der Rand des bearbeiteten Gebietes.*

raum. Wo zweimal jährlich Nomaden durchzogen, konnten sich bäuerliche Siedlungen kaum halten. Die Erhaltung der südanatolischen Wälder ist also, so paradox das klingen mag, weitgehend der hier jahrhundertelang dominierenden nomadischen Lebensform zu danken. Auch in weiten Teilen des nördlichen Inneranatolien und in Westanatolien ist die Bewahrung der Wälder in der Neuzeit auf die geringe Bevölkerungsdichte zurückzuführen, was wiederum nur im Kontext der gesamten kulturhistorischen Entwicklung einschließlich der Rolle der Nomaden zu deuten ist.

Nicht selten treten innerhalb klimatisch ähnlicher Gebiete verschiedene, wahrscheinlich vikariierende (sich in der Verbreitung gegenseitig ersetzende) Arten von Waldbäumen auf (vgl. dazu v. a. Arbeiten von Frey 1977 u. 1989, Kürschner 1982, 1983 u. 1984). In der Nadelwaldstufe der Pontischen Gebirge z. B. dominieren, von Westen nach Osten, der Reihe nach die Tannen *Abies equi trojani*, *Abies bornmülleriana*, *Abies nordmanniana* und die Fichte *Picea orientalis*. Eine entsprechende Differenzierung würde ein sehr unübersichtliches Bild ergeben, ebenso wie bei Wacholdern und vielen Eichenarten.

Wir wollen deshalb bei der räumlichen Gliederung des Vegetationsbildes nicht nach einzelnen Leitpflanzen abgrenzen, sondern nach dem Vorbild von Louis (1939) Gebiete zusammenfassen, in denen der Gesamthabitus der betreffenden Vegetationsformation – so komplex er im Einzelnen sein mag – durch klimatische Kennzeichen des betreffenden Raumes deutbar ist. Im Maßstab unserer Übersichtskarte (Abb. 44) muss die Zahl der Höhenstufen aus Darstellungsgründen begrenzt bleiben, und Höhenstufen fallen dort der Generalisierung zum Opfer, wo der Anstieg der Gebirge rasch zu größeren Höhen erfolgt.

Am deutlichsten ist in einem vorwiegend gebirgigen Land der *hypsometrische* Formenwandel zu beobachten. Die mit der Höhe abnehmenden Temperaturen bewirken, dass über einer Basalstufe mit frostempfindlichen Vegetationstypen und Kulturpflanzen nach oben hin zunehmend kälteresistentere Typen dominieren. Größere Höhe bedeutet meist auch (bis zu einer gewissen Grenze) zunehmende Feuchtigkeit durch höheren Niederschlag, stärkere Bewölkung und geringere Verdunstung.

Sehr klar ist ebenfalls der *peripher-zentrale Formenwandel*, der durch die Halbin-

Bild 19: Karadere (Schwarzbach), Bolu Dağlar: *Wälder aus Tannen, Fichten, Buchen, Eichen und Rhododendren am nördlichen Rand des Pontischen Gebirges haben oft „Urwald"-Charakter.*

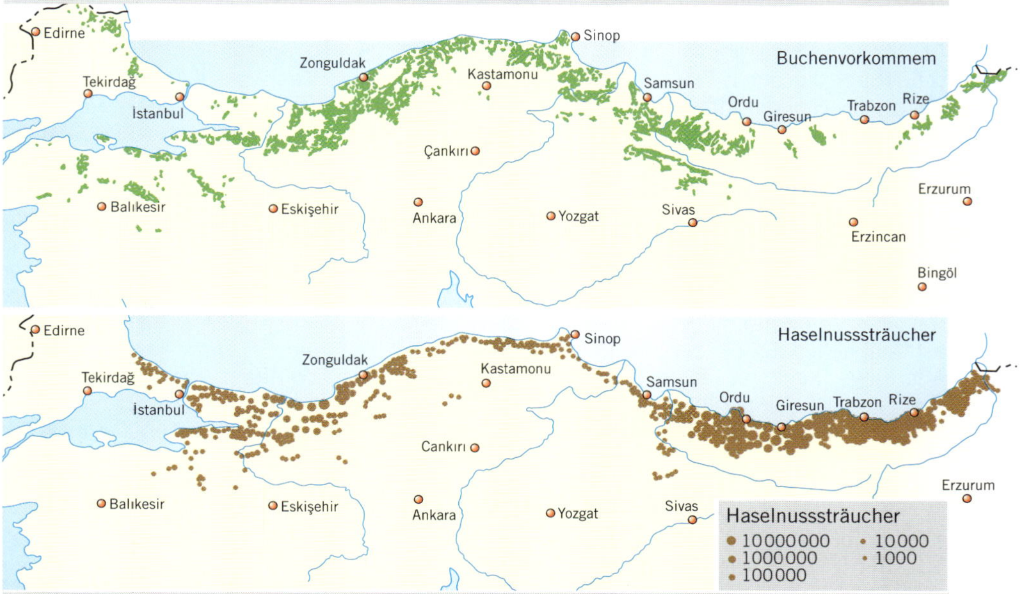

Abb. 46: Buchen- und Haselnussverbreitung: *Die ganzjährig feuchte Zone Nordanatoliens ist am Vorkommen von Buchen (oben) und Haselnusssträuchern zu erkennen.*

selnatur des größten Teils des Landes vorgegeben ist. Nur im Osten tritt er nicht in Erscheinung. Er zeigt sich am deutlichsten in der größeren Feuchtigkeit der Randlandschaften gegenüber den inneren Hochländern. Dieser Gegensatz wird zwar durch die Randgebirge stark akzentuiert, macht sich jedoch auch im Marmara- und Ägäisgebiet bemerkbar, wo keine bedeutenden Randgebirge küstenparallel streichen. Im Südosten jedoch, wo das Staatsgebiet über den feuchten Außensaum an der Südflanke des äußeren Osttaurus hinausreicht, wird dieses Prinzip klimatischer Formenwandelabstufung durchbrochen, und Thrakien hat ebenfalls in der Vegetationsanordnung ein eigenes kleines peripher-zentrales Muster. Insgesamt wirkt zudem die kompakte Halbinselform mit klimatischen und vegetationsgeographischen Konsequenzen, v. a. der binnenwärtige Anstieg aller Vegetationsgrenzen (vgl. Abb. 44) infolge der Höhenlage der Landmasse.

Der *ozeanisch-kontinentale* oder *west-östliche Formenwandel* als Kennzeichen der Kontinentalität wird in den Küstengebieten nicht wirksam, macht sich hingegen in den Binnenlandschaften sehr deutlich durch zunehmende Extreme, wie Winterkälte und Hochsommertrockenheit, bemerkbar, denen nach Osten hin immer weniger Baumarten und im inneren Ostanatolien schließlich nur noch Wacholder und sommergrüne Eichen standhalten. In einer Höhe von etwa 1200 m gedeiht in Zentralanatolien noch allenthalben der Wein, in gleich hoher Lage im inneren Ostanatolien schon nicht mehr.

Der *planetarische* oder *Nord-Süd-Formenwandel* scheint durch den Gegensatz der ganzjährig feuchten pontischen Laubwälder zu den wintermilden Steppen in Südostanatolien deutlich ausgeprägt zu sein. Allerdings liegt die Waldvegetation des Pontischen Gebirges ihrem Erscheinungsbild nach in einer planetarischen Zone, die eigentlich viel weiter nach Norden gehört. Nur aufgrund der „zufälligen" Existenz des Schwarzen Meeres kann hier noch einmal eine Laubwaldzone auftreten. Die Steppen allerdings, die in der südöstlichen Türkei einsetzen und dann in Nordarabien in Trockensteppen und Wüsten übergehen, passen durchaus wieder in das Bild planetarisch-zonaler Anordnung. Dieser Nord-Süd-Wandel ist schon am Ansteigen der Ölbaum-Höhengrenze zu verfolgen, die im nördlichen Marmaragebiet und in vereinzelten Vorkommen am Schwarzen Meer kaum über 100 – 200 m ansteigt, im mittleren Ägäisgebiet schon etwa 400 m und im Gebiet der anatolischen Südküste etwa 700 m erreicht.

Mediterrane Wälder, Macchien und Kulturpflanzen

Der subtropisch-mediterrane Saum

An Ägäis- und Südküste hat die Türkei Anteil an jener Zone mediterraner Vegetation, die für die Küstengebiete des gesamten Mittelmeeres charakteristisch ist. Ihre entscheidenden klimatischen Bedingungen sind milde Winter und Sommertrockenheit. Ersteres ermöglicht immergrünes Laub, Letzteres erfordert eine Reduktion der Transpiration, die viele Baum- und Straucharten durch Hartlaub erreichen.

In den Küstenlandschaften am Marmarameer, an der Ägäis und am Mittelmeer finden wir demgemäß den ganzen Kanon der klassischen mediterranen Hartlaubformation, je nach dem Grad der Degradierung als Wald, Buschwald oder Macchie als Restvertreter zwischen Kulturflächen (Bild 20). Flächenmäßig am bedeutendsten ist die immergrüne Kermeseiche (*Quercus coccifera*), die im ostmediterranen Raum weitgehend die westmediterrane Steineiche (*Quercus ilex*) vertritt und sogar den Namen für den ganzen Vegetations-Verband, das *Quercion cocciferae*, geliefert hat. Dazu tritt das Spektrum der typischen Macchie-Vertreter mit Erdbeerbaum (*Arbutus andrachne*), Terebinthe (*Pistacia terebinthus*), Baumheide (*Erica arborea*), Johannisbrotbaum (*Ceratonia siliqua*), Myrthe (*Myrtus communis*), Wildform des Ölbaums (*Olea oleaster*) und vielen anderen. Lorbeer (*Laurus nobilis*) ist nur an den feuchteren, südwest-exponierten Küstenabschnitten häufiger, sonst allenfalls in schattigen Schluchtlagen.

Weitflächig sind diese typischen Vertreter der Hartlaubformation durch Jahrtausende alte menschliche Nutzung zu niedrigem Gebüsch, der Macchie, degradiert. Man findet aber fast alle ihre Vertreter auch als

Bild 20: Macchie bei Nadarlar im Yavu-Bergland, Kale/Antalya: *Weite Flächen der Küstenlandschaften bedeckt die Macchie als mediterrane Hartlaubformation.*

stattliche Bäume entwickelt, wodurch deutlich wird, dass die Macchie wohl keine natürliche Formation, sondern eine anthropogene Degradationsform ursprünglicher Hartlaubwälder ist. Bezeichnenderweise fehlt im Türkischen ein eigenes Wort für Macchie. Der Unterschied zu den anderen Wäldern schien wohl nicht signifikant genug, um eine besondere Bezeichnung zu erfordern. Die Macchien heißen *gecilmez orman* (undurchdringlicher Wald), auch wo sie nur Gebüschflecken zwischen kahlen Felstriften darstellen.

Auf den Schwemmlandflächen der Deltas und der kleineren Küstenhöfe findet man stellenweise die Reste von Auenwald mit Ulmen (*Ulmus campestris*) und Platanen, durchsetzt von Oleandergebüsch (*Nerium oleander*). Bei Köyceğiz in Südwestanatolien steht an ständig feuchten Standorten als interessantes Tertiärrelikt der Weihrauchbaum (*Liquidambar orientalis*), der zur Gewinnung des Styraxbalsams geschont wird und daher erhalten ist. Die große Deltaebene von Adana soll nach Reiseberichten aus dem 19. Jh. partiell dichten Eichenwald getragen haben, es handelte sich nach Kotschy (1858) um die wintergrüne *Quercus infectoria*. Andere Teile der Schwemmlandebenen sind oder waren Schilfsumpfgebiete.

Neben Hartlaubgehölzen nimmt lichter Nadelwald weite Flächen ein. Hier sind in erster Linie zwei Kiefern zu nennen, zunächst die Pinie (*Pinus pinea*), deren große Zapfen die essbaren Samen liefern, die als Çam fistiği in den Handel kommen. Ihre natürlichen Standorte beschränken sich auf begrenzte Küstenteile zwischen Antalya und Alanya und um den Bafasee. Dominierend als Waldbaum ist die Brutische Kiefer (*Pinus halepensis var. brutia*), eine Variante der Aleppokiefer (*P. halepensis*). Sie ist der wichtigste Waldbaum der mediterranen Zone in der Türkei.

Heute findet man überwiegend entweder mediterrane Nadelwälder oder mediterrane Hartlaubwälder resp. Macchien, während ein Hartlaub-Kiefern-Mischbestand selten ist. Louis (1939, S. 96) versuchte das mit gesteinsbedingten Standortvorteilen zu deuten, Walter (1956) hingegen führt dies auf die Degradation immergrüner Wälder zu lockerer Macchie zurück, wonach die Kiefernwälder in tieferen Lagen somit eine anthropogene Sekundärformation wären.

Die Degradation der ursprünglichen immergrünen Wälder lief über verschiedene Stadien, die alle auch gegenwärtig noch nebeneinander zu beobachten sind. Allerdings gibt es mehrere Entwicklungslinien, an deren vorläufigem Ende einerseits Kiefernwald, andererseits kahle Felstriften stehen, auf denen selbst die holzigen Bestandteile der Macchie vernichtet sind und nur noch winter- und frühlingsgrüne Gräser, Kräuter und Zwiebelgewächse vorkommen. Dieses letztere Stadium ist kaum mehr reversibel, weil mangels Vegetationsschutz die Bodendecke weitgehend abgespült ist.

Auffallend arm ist das türkische Mittelmeer- und Ägäisgebiet an floristischen Fremdlingen, die an der französischen, italienischen und spanischen Küste so stark ins Auge fallen. Feigenkaktus (*Opuntia ficus indica*) und Agave (*Agave americana*), die selbst in Palästina ganze Hecken um die Dörfer und an Wegrainen bilden, finden sich fast nur als Zierpflanzen in den Städten. Die natürliche, einheimische Pflanzenwelt hat sich auffälligerweise reiner erhalten als an den meisten anderen Küstenabschnitten des Mittelmeeres. Nur in erst jung erschlossenen Schwemmlandebenen sind Eukalyptusarten häufiger. Diese Armut an floristischen Fremdlingen ist Ausdruck kulturhistorischer Isolation, der die türkische Südküste in der Neuzeit bis zum 19. Jh. ausgesetzt war.

Der Bereich immergrüner Laubbäume oder Büsche fällt häufig zusammen mit dem Hauptverbreitungsgebiet des Ölbaumes (*Olea europaea*). Allerdings geht dieser wichtige Kulturbaum knapp über den Bereich vorherrschend immergrüner Vegetation hinaus, sodass man diese Formation ein wenig unter der Ölbaumgrenze ansetzen kann. Die Höhenlage schwankt stark je nach lokalklimatischen Bedingungen, sie mag im Mittel um 700 m liegen, an geschützten Stellen, wie z. B. auf Halbinseln, steigt sie gelegentlich bis 1000 m Höhe an. Dieser Höhenwert wird auch im Amanusgebirge erreicht und weiter nach Süden noch überschritten. An der Ägäis sinkt die Obergrenze mediterraner Vegetation von Süden nach Norden ab, um schließlich am nördlichen Marmarameer nur noch die unmittelbaren Küstenstreifen in Höhen unter 100 m zu umfassen. Innerhalb dieser Zone optimalen Olivenwuchses bleiben aus edaphischen Gründen die Schwemmlandgebiete ausgespart.

Ein weiterer Charakterbaum ist die Feige, deren Verbreitung allerdings noch weiter als die Olive über diese Zone hinausreicht. Darüber hinaus sind der Wein und, in Gärten wie auf Feldern, die Vielzahl der mediterranen Gemüse sehr verbreitet.

Man kann etwa durch die +10 °C-Januarisotherme innerhalb der mediterranen Stufe noch einen Bereich höherer Wintertemperaturen oder seltenerer Fröste abgrenzen. Er ist heute durch die Zitruskulturen charakterisiert. Im Gegensatz zur Olive wird Zitrus zumeist in den Ebenen, v. a. an deren Rand angepflanzt, wo tiefgründige, gut drainierte Böden und Bewässerungsmöglichkeiten gegeben sind, da die Zitrusarten als ostasiatische Fremdlinge im Mittelmeerraum nicht der Sommertrockenheit angepasst sind. Diese engere Zone (in Abb. 44 nicht unterschieden) reicht an der Ägäis nur etwa bis in die Gegend von İzmir nach Norden, und nur im Graben des Großen Menderes dringt sie bis Nazilli landeinwärts vor. Im Gediztal ist Zitrusanbau schon nicht mehr rationell möglich. In diesem inneren Bereich wird die Dattelpalme hier und da ausschließlich als Zierbaum gepflanzt, da sie die feuchten Winter nicht verträgt und die Früchte nicht zur Reife gelangen. Ein Fremdling ist in diesem Bereich auch eine kleinere subtropische Banane (*Musa canarensis*), die an einigen vor Fallwinden geschützten Stellen der Südküste angebaut wird. Sie spielt aber im Welthandel keine Rolle und findet demgemäß nur auf dem einheimischen Markt Absatz. Auch die in jüngster Zeit eingeführte Erdnuss beschränkt sich auf bewässerbare Schwemmlandflächen in dieser Zone.

Die submediterrane Stufe

Mit zunehmender Höhe oder weiter landeinwärts nehmen infolge tieferer Temperaturminima immergrüne Bestandteile der Vegetation ab, während sommergrüne Laubbäume hinzutreten. Diese Übergangszone mäßig winterharter Trockenwälder kann man als *submediterran* bezeichnen. Der Gesamthabitus der Wälder gleicht dem der Trockenwälder. Die noch ausgeprägte Sommertrockenheit bedingt Lichtheit des Waldwuchses; eine Gras-Kraut-Schicht erscheint nur kurzzeitig im Frühjahr.

Die charakteristischen Waldbäume sind die Brutische Kiefer; dazu tritt mit *Quercus pubescens* eine Eiche mit Laubabwurf erst beim Treiben neuer Blätter, die eine Übergangsstellung zwischen immergrünen und sommergrünen Eichen einnimmt und auch im westlichen Mittelmeerraum als typischer Vertreter submediterraner Formationen gilt. Vorwiegend auf das innere Westanatolien in Höhenlagen bis etwa 800 m beschränkt ist die Walloneneiche (*Quercus aegilops*). Aus dem mediterranen Gebiet reicht als letzter Vertreter der Immergrünen die Kermeseiche stellenweise bis in diese Zone hinein. Von Inneranatolien her greift die kälteresistentere Schwarzkiefer (*Pinus nigra ssp. pallasiana*) in diese Zone über.

In Südanatolien hat das submediterrane Gebiet den Charakter einer Höhenstufe von nur begrenztem Höhenspielraum und auch nur von begrenzter Ausdehnung, weil das Taurusgebirge hier meist sehr rasch zu größeren Höhen ansteigt. In Westanatolien kann es sich aber zu einer breiten Zone entwickeln, die zwischen Balıkesir und Denizli weit gegen die westanatolische Schwelle vorgreift. Im Nordwesten bildet es eine Art äußeren Ring um das Marmarameer, schließt auch den größten Teil Thrakiens mit ein und klingt an der südlichen bulgarischen Schwarzmeerküste und im Meriç-(Maritza-) Tal bei Plovdiv aus.

Die Obergrenze dieser Stufe kann man in Südanatolien bei etwa 1000 – 1200 m Höhe ansetzen. Wegen der tieferen Wintertemperaturen und weil mit Annäherung an Marmara- und Schwarzes Meer sommerliche Regenfälle häufiger, Feuchtwälder der submontanen Stufe somit konkurrenzfähiger werden, sinkt sie in Westanatolien nach Norden hin ab (vgl. Abb. 44). Die an Sommertrockenheit angepassten Vegetationsformationen werden quasi „nach unten“ abgedrängt.

Als Eignungsraum für bestimmte Kulturpflanzen ist die submediterrane Zone ein Übergangsgebiet. Sie umschließt noch den äußeren Verbreitungssaum einiger typischer Vertreter des mediterranen Klimagebietes: Der Ölbaum dringt im Gebiet der Mittelläufe von Gediz und Menderes noch bis in Höhen um 400 m vor (Denizli, Çal). Die Feige findet sich als fruchtender Baum in Hausgärten bis in das Gebiet der Oberläufe von Gediz und Menderes um Uşak und den Simav Çay aufwärts über Balıkesir hinaus bis nach Sindirgi. Ähnliche Verbreitung hat der Granatapfel. Nach Norden hin treten in Lagen bis gegen 1000 m Edelkastanien (*Castanea sativa*) auf, die die zunehmende Feuchtigkeit und der Übergang zu der entsprechenden immerfeuchten Stufe am Schwarzen Meer anzeigen. Die gesamte submediterrane Zone bietet in Temperatur und Niederschlagsgang noch Voraussetzungen für Anbau von Baumwolle, allerdings begrenzt auf Standorte mit der Möglichkeit künstlicher Bewässerung, also meist Tal- und Beckenböden. Ebenso reicht das westanatolische Tabakanbaugebiet von der Ägäis her in diese Zone hinein und sogar noch ein wenig darüber hinaus.

Die Bergwälder des Taurus

In der höheren Stufe der Gebirge, etwa von 1300 – 1600 m aufwärts, sind die immergrünen Elemente fast verschwunden. Dies ist die Stufe der eigentlichen Bergwälder, die bis zur Waldgrenze die oberen Gebirgslagen im Taurus beherrschen. Wegen ihrer relativen Entlegenheit sind sie zum großen Teil erhalten. Von allen Varianten der Trockenwälder haben die Bergwälder Südanatoliens den naturnächsten Charakter. Degradation durch Viehverbiss war in dieser Höhenstufe nicht mehr möglich, da Laubbäume keine Rolle spielen; systematisches Roden zur Gewinnung von Grasflächen kam wegen des Arbeitsaufwandes nicht in Frage, und Waldbrände sind wegen der merklich kürzeren Trockenperiode seltener und weniger gefährlich.

Die klimatischen Bedingungen dieser Bergwaldstufe sind die gleichen wie in vielen Gebirgen des Mittelmeerraumes: Die Winter sind wegen der Höhe recht kalt und schneereich, Frühjahr und Herbst kühl und feucht. Der Sommer ist durch das mediterrane Regime des Niederschlags gekennzeichnet und demgemäß niederschlagsarm. Die Bergwälder des Taurus sind aber keine Höhenstufenfortsetzung von nördlicheren Wäldern aus tieferen Lagen, wie das etwa im Apennin z.T. der Fall ist. Waldtypen der gemäßigten Breiten greifen hier in der Höhe also nicht einfach nach Süden über.

Die Sommertrockenheit ist auch in der Höhe so deutlich, dass wir diese Vegetationsformation als eigenständig ansehen und als supra-mediterran bezeichnen.

Diesen Bedingungen entsprechen eine Reihe von Nadelbäumen: Die Schwarzkiefer findet sich in dieser Stufe, verschiedene Wacholderarten (*Juniperus oxycedrus, J. foetidissima, J. excelsa, J. phoenicea*) sind typisch als Waldbestandteile oder als reine Bestände an trockeneren Leestandorten. Die obere Waldgrenze wird an der Außenflanke des westlichen und mittleren Taurus etwa bei 2000–2100 m, an der Innenseite bei 2200 m in der Regel von Baumwacholder (*Juniperus excelsa*) gebildet. Charakterbäume sind die Kilikische Tanne (*Abies cilicia*) und die Zeder (*Cedrus libani*), die noch in ausgedehnten Beständen erhalten sind.

Das Verbreitungsgebiet dieser Höhenstufe sind die Außenflanken jener höheren Teile des Taurus, deren Niederschlagsmengen deutlich über 1000 mm liegen. Bei den westanatolischen Gebirgen zwischen Gediz und Großem Menderes scheint diese Bedingung nicht mehr in ausreichendem Maße gegeben zu sein, Tannen, Zeder und Wacholder treten nicht mehr auf.

Eine wenig bekannte, merkwürdige Sonderstellung nimmt in der Höhenstufung das Amanusgebirge östlich des Golfes von İskenderun ein. Mit seiner fast nord-südlichen Streichrichtung steht es den sommerlichen Etesien wie den winterlichen, regenbringenden Westwinden frontal entgegen. Das bedeutet im Sommer, dass sich ab etwa 900–1000 m Höhe eine Art „Wolkenwaldstufe“ entwickeln kann, in der ein *Pinus-brutia*-Wald mit dichter Bodenvegetation in starkem Maße von Eichen und Hainbuchen durchsetzt ist. Oberhalb von etwa 1800 m tritt hier sogar die Buche (*Fagus orientalis*) auf, ein völlig isoliertes Vorkommen in der Südtürkei.

Noch nicht geklärt ist die Frage, warum diese Bergwaldstufe weiter im Osten keine Fortsetzung findet. Zahlreiche Gebirgsmassive des äußeren Osttaurus ragen bis in die entsprechenden Höhen auf, und mindestens an der Außenflanke des östlichen Osttaurus, in den Gebirgen um Bitlis und Hakkâri, entsprechen die bekannten Niederschlagsmengen denen des Westtaurus. Die Verbreitung der Tannen, Zedern und Kiefern der Bergwälder endet aber an einer Ostgrenze, die etwa auf der Linie Maraş-Elbistan – Divriği das Taurussystem schneidet. Östlich davon fehlen auch in den tieferen Waldstufen alle Koniferen mit Ausnahme der Wacholder. Hier verläuft für die Koniferen eine wahrscheinlich klimatisch zu begründende, kontinentale Ostgrenze jener Waldtypen, die noch vom Mittelmeer her beeinflusst sind.

Wesentliches klimatisches Merkmal der eigentlich alpinen Stufe der Vegetation, die sich oberhalb der Waldgrenze bis gegen 2500–2700 m erstreckt, ist im Gegensatz zu der entsprechenden Stufe des Pontischen Gebirges auch die Sommertrockenheit. Eine Mattenstufe, wie im Pontischen Gebirge oder in den Alpen, kann sich hier nicht entwickeln, es finden sich nur locker stehende Gräser und Kräuter mit einer sehr kurzen Vegetationszeit nach der Schneeschmelze. Physiognomisch beherrschen darüber hinaus halbkugelige Dornpolsterpflanzen (*Astragalus*- und *Acantholimon*-Arten), die diesem Klima angepasst sind, das Erscheinungsbild der subalpinen Stufe. Da sie vom Vieh nicht abgeweidet werden können, haben sie sich wohl infolge uralter Weidewirtschaft auf Kosten der Gräser stärker ausgebreitet, und wo die Waldgrenze anthropogen herabgedrückt ist, rückt diese Dornpolsterformation in üppiger Entfaltung nach, bis in Höhen um 1200–1300 m hinab. Sie ist die charakteristische Ersatzgesellschaft in vielen entwaldeten Gebirgen des sommertrockenen Klimabereiches.

Die kontinental-submediterrane Stufe im südöstlichen Taurusvorland

Eine interessante Abstufung mediterraner Vegetation findet sich kontinenteinwärts in östlicher Richtung, am Fuße des äußeren Osttaurus und in seinem Vorland. Das Meer ist hier schon fern, der Gebirgsfuß liegt in Höhen um 600–1000 m, die eigentliche Mittelmeerflora ist hier also kaum zu erwarten. Obwohl natürliche submediterrane Vegetationselemente entsprechend stark zurücktreten, greift eine Binnenlandvariante dieser Stufe in einem wechselnd breiten Saum am Gebirgsfuß weit nach Osten, bis in die Fußstufe des irakisch-iranischen Zagrosgebirges.

Die natürliche Vegetation hier ist stark degradiert. Überwiegend sommergrüne Eichen reichen vom Taurusrand bis in Höhen um 700 m herab, im Westen des Gebietes etwas tiefer. Diese Waldreste machen einen artenreichen Eindruck, und mehrere Untertypen lassen sich nach edaphischen Gesichtspunkten unterscheiden (Handel-Mazetti 1914). Die aus dem submediterranen inneren Westanatolien bekannte Walloneneiche (*Quercus aegilops*) tritt wieder auf, Ulme, Ahorn und Walnuss erscheinen als Waldbegleiter oder in Siedlungen. Zwischen Gaziantep und Maraş endet die immergrüne Kermeseiche, ebenso wie ostwärts etwa an der gleichen Linie die genannten Kiefern, Tannen und Zedern.

Vom Gebirgsrand im Norden von Gaziantep bis südwärts nach Nordwestsyrien hinein gedeihen im Flachland ausgedehnte Ölbaumpflanzungen, im Dreieck zwischen Gaziantep, Kilis und Nizip liegt eines der Schwerpunktgebiete türkischer Ölbaumkultur. Auf der Westseite der Mardinschwelle tritt der Ölbaum in verstreuten Lagen wieder auf, und von Siirt an zieht sich sein Verbreitungsgebiet inselhaft mit quantitativ unbedeutenden Vorkommen am Gebirgsrand entlang nach Südosten bis in den Irak. Noch weiter bis auf die Binnenseite des Gebirges im Murattal zwischen Elazığ und Palu dringt der Feigenbaum vor und markiert den Rand dieser Zone gegen die winterharten Trockenwälder des Gebirges. Die eigentliche Charakterpflanze ist jedoch die Pistazie (*Pistacia vera*), die als fettliefernder Baum den Ersatz für die Olive in den Gebieten darstellt, in denen diese an ihre Trockengrenze stößt. Im Raum Gaziantep hat die Pistazie ihr Hauptverbreitungsgebiet. Danach heißt die Frucht im Handel auch *Antep fıstığı*, die „Gaziantep-Nuss". Ihre Baumzahl übertrifft hier beträchtlich die des Ölbaums. In den Provinzen Şanlıurfa und Adıyaman ist sie der zahlenmäßig bedeutendste Fruchtbaum. Am Nordrand des Beckens von Diyarbakır tritt sie nur vereinzelt auf, um im Osten bei Siirt wieder häufiger zu werden.

Feige, Ölbaum und Pistazie markieren hier durch ihre Verbreitung eine kontinentale Variante submediterraner Vegetation, auch wenn die Vorkommen quantitativ relativ unbedeutend sind, sieht man vom Gebiet um Gaziantep einmal ab. Die bisher geringe Zahl von Fruchthainkulturen im südöstlichen türkischen Taurusvorland ist ein Resultat historisch dünner Bevölkerung und traditionell selbstversorgender Landwirtschaft. Innovationen haben diesen Raum bisher meist recht spät erreicht. Aus edaphischen Gründen mögen nur begrenzte Teile dieses Klimagebietes für neue Baumkulturen in Frage kommen, das Potenzial ist aber sicher erheblich größer als seine derzeitige Ausnutzung und wird mit Fertigstellung aller Talsperren des GAP-Projektes sicher steigen.

Feuchtwälder am Schwarzen Meer

Die subtropisch-kolchische Küstenstufe

Buchenwälder, Tannen und Fichten, Rhododendrondickichte in den Gebirgen, dazu Mais und Haselnuss als Hauptkulturpflanzen verleihen dem Nordküstengebiet Anatoliens ein gänzlich anderes, „unorientalisches" Gepräge. Auf breiter Front steht hier das südosteuropäische Laubwaldgebiet mit dem Waldland des westlichen Kaukasien in Verbindung. Die generellen klimatischen Bedingungen dieses Raumes wurden bereits besprochen, die feinere Differenzierung des Pflanzenkleides und der Anbauchancen für verschiedene Kulturpflanzen bedingt aber die Orographie.

Bei den nordanatolischen Gebirgen ist die Nord- und Nordwestflanke gleichzeitig die Luvseite. Das wirkt sich in erster Linie bei den höher aufragenden Kämmen aus, deren Süd- und Südostseiten dann Vegetationsformationen tragen, die der ausgeprägteren Trockenheit angepasst sind. Darüber hinaus ist die Südseite auch kleinerer Seitenkämme viel stärker der Sonneneinstrahlung und damit der Verdunstung ausgesetzt. Die Summierung von Expositions- und Lee-Effekt bewirkt eine kleingliedrigere Varianz in der Zusammensetzung der Wälder als etwa im Taurus.

Darüber hinaus zeigen die meisten pontischen Ketten eine vertikale Staffelung in thermisch verschieden anspruchsvolle Wälder, die wir in eine kälteempfindliche, eine mäßig winterharte und eine winterharte Stufe einordnen (vgl. Abb. 44).

Die untersten, küstennahen Bereiche unterscheiden sich in ihren Waldbäumen weniger von der nächsthöheren Stufe als etwa im Süden der Türkei. Soweit die Kultivierung Waldreste übrig gelassen hat, erkennt man sehr artenreiche Laubwälder mit Hainbuchen (*Carpinus orientalis*), sommergrünen Eichen, an feuchteren Stellen Barterlen (*Alnus barbata*), Platanen, hier und da Ulmen, Linden, Eschen und Ahorn, und dazwischen, bis an die Küste vordrängend, Buchen (*Fagus orientalis*). Im Baumbestand gibt es, im Vergleich zu feuchteren südosteuropäischen Wäldern, also kaum Besonderheiten. Im Unterwuchs hingegen wird der spezifische, „winterlose" Charakter dieser Stufe deutlich: Neben Edelkastanie (*Castanea sativa*) und Haselstrauch (*Corylus avellana*) tauchen immergrüne mediterrane Sträucher auf. Dazu zählt v. a. Lorbeer, Kirschlorbeer (*Prunus laurocerasus*), Stechpalme (*Ilex aquifolium*), Buchsbaum (*Buxus sempervirens*), aber auch an bestimmten Standorten weniger feuchtigkeitsanspruchsvolle Immergrüne, wie Erdbeerbaum, Myrthe und Baumheide. Die Olive fehlt, denn sie verträgt die feuchten Sommer nicht. Eine auffallende Besonderheit ist die weite Verbreitung des Rhododendron (*Rhododendron ponticum* und *Rh. flavum*), der allerdings nicht auf diese unterste Stufe beschränkt ist.

Die oft als „kolchisch" bezeichneten üppigen Feuchtwälder sind in ihrer Zusammensetzung wohl durch pleistozäne Klimaschwankungen beeinflusst worden, die ein Eindringen borealer und mediterraner Florenelemente ermöglichten. Eine klimatische Brücke zu den echten subtropischen Feuchtwaldgebieten im Osten des eurasiatischen Kontinents aber gab es nicht. Diese Brücke schuf erst der Mensch durch die Einführung von Kulturpflanzen. Zwar sind Haselnuss und Mais die ausgedehntesten Kulturen dieser Stufe, gehen aber beträchtlich darüber hinaus in größere Höhen. Spezifisch für die wintermilde Küstenzone sind hingegen Mandarine und Tee.

Die Mandarine der Sorte Satsuma ist von allen Zitrusarten die robusteste. Sie ist in erster Linie für das Schwarzmeerküstengebiet geeignet und dort auch schon mindestens seit dem 19. Jh. eingebürgert. Ihr Hauptverbreitungsgebiet markiert entlang der östlichen Schwarzmeerküste einen thermisch bevorzugten Teil, der weiter im Westen, wenn auch wirtschaftlich völlig unbedeutend, bei Sinop, İnebolu, Zonguldak und Ereğli ausklingt.

Der Teestrauch wurde um die Wende vom 19. zum 20. Jh. aus dem benachbarten russischen Transkaukasien eingeführt. Seine Ausbreitung westwärts in den Raum von Rize, wo heute das Hauptanbaugebiet liegt, begann in den 30er-Jahren. Inzwischen reichen einzelne Teeanbaugebiete in Luvlagen der Küstenvorsprünge im Westen bis Fatsa. Der Teestrauch ist gegen leichte Fröste etwas toleranter als die Mandarine und wird im Gebirge bis in Höhen um 500 m angebaut. Weiter westlich fehlt ihm die ganzjährig hohe Luftfeuchtigkeit. Unter den Kulturpflanzen deutet also der Tee die obere, die Mandarine die westliche Grenze der wintermilden Feuchtwaldzone an. Die Feige findet sich entsprechend ihrer geringeren Kälteempfindlichkeit an der gesamten Nordküste, sie dringt sogar in einzelnen Tälern landeinwärts vor. Ihre westliche Grenze liegt auf der Spitze der Thrakischen Halbinsel nördlich von İstanbul.

Sehr deutlich wird der wintermilde Charakter dieser untersten Höhenstufe an Küstenteilen, die infolge Abschirmung gegen die regenbringenden Seewinde geringere Niederschläge haben. Auf den vorspringenden Deltas von Kızılırmak und Yeşilırmak, an den Ostseiten der Vorgebirge von Sinop, Yasun Burnu, Yeros Burnu und in den tiefen, engen Durchbruchstälern der großen Ströme finden sich relative Trockeninseln, die mediterrane Vegetation zungenartig bis hinter die Küstenketten reichen lassen. In der engen Durchbruchsstrecke des Çoruh gedeiht noch weit bis über Artvin hinaus die Olive. Ähnliche Bedingungen herrschen im Becken von Erbaa und Niksar am unteren Yeşilırmak und Kelkit. Die Feige reicht bis Amasya und am Kızılırmakunterlauf bis Osmancik, am Sakarya flussaufwärts bis nördlich Eskişehir. Hier lagen in Trockeninseln zwischen kolchischem Feuchtwald früheste Ansatzpunkte griechischer Kolonisation (Sinope, Amisos = Samsun, Trapezunt = Trabzon). Nach Westen hin nimmt die wintermilde Stufe an Höhe ab und klingt am Nordrand der Halbinsel Kocaeli aus. Die Nordostküste Thrakiens hat bereits frostreichere Winter und geringere Niederschläge. Degradierte Eichenwälder submediterranen Typs reichen hier bis zur Küste herab, gelegentlich auch noch einzelne Buchen.

Die Laubwaldstufe und die Haselnusskultur

In der nächsthöheren Stufe der mäßig kälteresistenten Laubwälder spielt die Buche mit zunehmender Höhe eine beherrschendere Rolle als Charakterbaum bis hinauf auf 1000 – 1200 m. In manchen entlegenen Tälern sind sogar noch Laubhochwälder in naturnahem Zustand erhalten. Obwohl diese Laubwälder in geringerem Maße degradiert oder vernichtet sind als die der Tiefenstufe, weil das Relief der agrarischen Expansion vielfach deutliche Schranken setzt, ist ihr Verbreitungsgebiet reliefbedingt stellenweise stark aufgelöst und auf Einzelvorkommen auf den Nordflanken der Kämme beschränkt.

An der Nordseite des Ziganagebirges an der Nordostküste tritt Laubwald als geschlossene Höhenstufe auf. Kennzeichnend ist ihr Artenreichtum: Buche, Hainbuche, Ulme, Esche, Linde, in den tieferen Lagen noch Edelkastanie, Platane und Walnuss setzen den Wald zusammen. In den regenreichsten Gebieten östlich Rize dominiert die feuchtigkeitsanspruchsvolle Barterle sogar an freien Hängen. In etwas trockeneren Leelagen treten Waldkiefern (*Pinus silvestris*) und sommergrüne Eichen hinzu.

Aus der wintermilden Küstenstufe reichen noch immergrüne Waldbegleiter, wie Buchsbaum und Kirschlorbeer, hinauf, und Rhododendron beherrscht alle Lichtungen und vielfach das Unterholz. Nach Abholzung der Hochwälder wird gegendweise der Rhododendron mit armdicken Stämmen zum „Forstbaum." Wo durch Entnahme hochstämmiger Bäume das Unterholz günstigere Wachstumsbedingungen erhält, macht Rhododendron im Verein mit Schlingpflanzen (Efeu, wilde Rebe) diesen Feuchtwald ziemlich undurchdringlich.

Die breite Einsattelung im Bereich der Durchbrüche von Yeşilırmak und Kızılırmak südwestlich von Ordu erlaubt das Vordringen feuchter Schwarzmeerluft landeinwärts, sodass an Nordfassaden der nächstfolgenden inneren Gebirge zwischen Amasya und Tokat, bis hin zum Yıldız Dağ nördlich Sivas, der Laubmischwald noch einmal auftreten kann, wenngleich mit höherer Untergrenze.

Die Laubwaldzone zwischen Sinop und Bartın ist wegen der rasch auf 1600 – 2000 m ansteigenden Gebirge relativ schmal. Die nächsten Ketten des Ilgaz Dağ können an ihren mittleren Nordhängen nochmals Feuchtwald entwickeln, weil sie beträchtlich höher sind. Das Becken von Kastamonu dazwischen wird abgeschirmt. Weiter westlich, zwischen der Küste und der Beckenreihe von Bolu/Gerede, folgen mehrere Gebirgsketten mit landeinwärts wachsender Höhe aufeinander. Die Laubwaldstufe wiederholt sich hier mehrfach an den Nordhängen. Das Gleiche gilt für das Marmaragebiet mit Buchenwaldstufen im Norden der Halbinsel Kocaeli und im thrakischen Istranca Dağ. Die zweite Kulisse ist die Nordseite des Samanli Dağ (Yalovahalbinsel), die dritte folgt an der Küstenkette am Südrand des Marmarameeres zwischen Kapdağ/Karadağ und Avdan Dağ und die letzte schließlich an den Nordhängen des Ulu Dağ bei Bursa, mit Fortsetzungen nach Osten bis Bilecik und nach Westen bis zum Kaz Dağ (Ida) über dem Golf von Edremit.

In den Leelagen endet der Feuchtwaldcharakter hinter den Kämmen, es dominieren in der entsprechenden Höhenstufe sommergrüne Eichen. Ein weiterer lokalklimatisch bedingter Unterschied zeigt sich im Gegensatz zwischen engen, schattigen Tälern und Schluchten mit feuchtigkeitsanspruchsvolleren Bäumen und den Rücken und Spornen dazwischen mit eher trockenheitsresistenteren Arten.

Die charakteristische Kulturpflanze der Laubwaldzone ist der kultivierte Haselnussstrauch, der sehr ausgedehnte Flächen einnimmt. Er ist als alt-einheimische Ölpflanze der frühere Pflanzenfettlieferant des Schwarzmeergebietes, in dem der Ölbaum nicht gedeiht. Die bäuerlichen Haselnusspflanzungen überziehen weithin die Hänge bis in Höhen um 800 – 900 m und werden nur hier und da von einzelnen Laubbäumen überragt. Der Haselnussanbau kann als Strauchkultur auch an steileren Hängen betrieben werden und bietet damit in dem bergigen Land für die dichte bäuerliche Bevölkerung eine Möglichkeit flächenhafter Kulturlandausweitung. Da der Boden unter den Haselsträuchern in der Regel nicht bearbeitet wird, hält sich

Bodenabspülung auf diesen Flächen in Grenzen.

Der Bevölkerungsdruck im Schwarzmeergebiet, besonders in dessen Ostteil, führt in der Gegenwart zu einer Ausdehnung der Kulturflächen in die oberen Teile der Laubwaldzone, wo um 800–1200 m Höhe zwar nicht mehr die Haselnuss, aber die Kartoffel angebaut werden kann, die um die Wende zum 20. Jh. von Kaukasien her eingeführt wurde, wohin sie wolgadeutsche Siedler gebracht hatten. Diese oberen Teile der Laubwaldzone werden besiedelt, Hänge bis zu 35° (!) Neigung gerodet und im Hackbau bewirtschaftet (Erinç 1945). Außerdem wird Vieh gehalten, zu dessen Ernährung u. a. die Laubbäume geschneitelt werden. Die Folgen sind rapider Rückgang der Laubwälder und stark beschleunigte Bodenabspülung an den Hängen.

Als Getreide hat in der Neuzeit der Mais das türkische Schwarzmeergebiet erobert. Vorher war Rispenhirse (*Panicum miliaceum ssp.*) das Hauptgetreide der feuchten Bergwaldgebiete, die ja in Wuchsform (Breitblatt) und in ihren Feuchtigkeitsansprüchen dem Mais recht ähnlich ist. Im Schwarzmeergebiet gedeiht der Mais ohne Bewässerung hinauf bis in Höhen um 1000 m. Die Südosteuropäische „Maiszone" findet hier also ihre Ostfortsetzung, die sich bis Transkaukasien verfolgen lässt.

Die Fruchtbäume dieses Gebietes sind bereits weitgehend die der gemäßigten Zone: Apfel, Birne, Pflaume treten auf, und dazu die Kirsche, die ihren deutschen wie türkischen Namen (*kiraz*) von der Stadt Cerasus (= Giresun) am östlichen Schwarzen Meer hat. In den tieferen Lagen tritt bisweilen noch der Maulbeerbaum auf, der im Raum um Bursa durch die Seidenkonjunktur des 19. Jh.s eine besonders weite Verbreitung gefunden hat. Bemerkenswerterweise fehlt die kultivierte Weinrebe hier und in der wintermilden Stufe fast ganz (vgl. Abb. 47). Die hohe Luftfeuchtigkeit dürfte der entscheidende limitierende Faktor sein.

Die Tannenwälder des Pontischen Gebirges

Wo die Gebirge am Schwarzen Meer über 1000 m hinausragen, treten an den Luvhängen von dieser Höhe an Buchen allmählich zurück. Kälteresistente Nadelhölzer nehmen zu, bis sie im Bereich der oberen Waldgrenze, an der Nordseite der Küstenketten um 2000 m, auf den landeinwärts gelegenen Ketten bei 2100 m, schließlich dominieren. Typische Bäume dieser feuchten Bergwälder sind Tannen, vom Ulu Dağ bis etwa zum Kızılırmak die *Abies bornmülleriana*, weiter westlich *Abies equi trojani*. Im östlichen Pontischen Gebirge ist es die kaukasische Fichte (*Picea orientalis*), während sich die Tanne (hier *Abies nordmanniana*) mehr auf die inneren Täler konzentriert. Zwischen den Tannen, an trockeneren Standorten sogar dominierend, findet sich bis zur Waldgrenze auch die Waldkie-

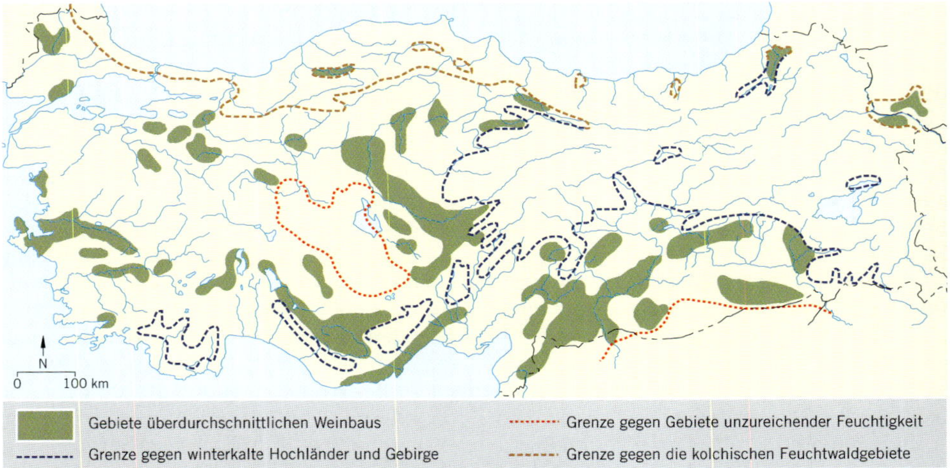

Abb. 47: Klimagrenzen des Weinbaus.

fer (*Pinus silvestris*). Rhododendron begleitet die Bergwaldstufe bis in die Nähe der Waldgrenze, bei geschlossenem Tannenwald mehr auf Lichtungen als im Unterholz. Daneben nimmt Farn auf Rodungen große Flächen ein. Dichter Bartflechtenbehang der Bäume weist auf hohe Luftfeuchtigkeit bzw. häufige tiefe Wolkenlagen hin.

Diese den kälteren Wintertemperaturen angepasste Feuchtwaldformation findet auf den weiter landeinwärts gelegenen Gebirgsketten ausreichende Wachstumsbedingungen, sofern diese die küstenwärts vorgelagerten Ketten überragen. So finden wir ausgedehnte und weitgehend gut erhaltene Tannen-Waldkiefern-Wälder v. a. im mittleren Abschnitt Nordanatoliens, wo binnenwärtige Gebirge wie Ilgaz und Köroğlu Dağ größere Höhen erreichen. Auch die höheren Gebirgsteile im Yeşilırmakgebiet zwischen Amasya und Tokat und die Yıldız-Berge zwischen Tokat und Sivas tragen an ihrer Nordflanke noch Tannen-Kiefern-Wald.

Als interessante, bislang ungeklärte Singularität innerhalb der winterharten Feuchtwaldstufe treten in einem isolierten Vorkommen am Kelkit vor seinem Durchbruch durch das Küstengebirge Zedern auf. Unterhalb folgen, kurioserweise wie bei der Höhenabstufung der Gebirge am Mittelmeer, an den Hängen Schwarzkiefern, dann Brutische Kiefern und im Becken von Erbaa sogar mediterrane Vegetation mit kultivierten Ölbäumen.

Die winterharten Feuchtwälder Nordanatoliens sind bis heute wenig vom Menschen angegriffen, wenngleich Holzeinschlag, Köhlerei und Weidebetrieb schon lange stattgefunden haben. Für die meisten Siedlungen, besonders für die historischen Städte, boten Wälder in tieferen Lagen ein ausreichendes und bequemeres Holzreservoir. So wurden Bergwälder bis zum 19. Jh. der Aktivität sozialer Randgruppen (*Tahtacı* = Brettschneider) überlassen, die die Wälder nicht nennenswert schädigten. Lediglich von den Almen her hat die Weidewirtschaft die obere Waldgrenze gegendweise herabgedrückt. An der oberen Waldgrenze und darüber macht sich der ganzjährig feuchte Klimacharakter bemerkbar. Die alpine Stufe der nordanatolischen Gebirgsketten ist noch feucht genug, um hier, soweit es das Relief erlaubt, geschlossene Matten aufkommen zu lassen. Damit steht auch die alpine Stufe des Nordens in auffallend scharfem Gegensatz zu den dürren Dornpolsterfluren in den Gebirgen Süd-, Zentral- und Ostanatoliens.

Steppen, Trockenwälder und Getreidebau der Binnenlandschaften

Die zentralanatolische Steppe

Wer auf der Straße von İstanbul nach Ankara das Kirmirtal bei Kızılcahamam hinter sich gelassen hat und in die weite Mürtedova hineinfährt, sieht von da an um sich herum nur noch kahle Flächen und Hänge. Reisende im Hochsommer oder Herbst werden nach Süden bis zum Taurus von braungelben Farben verdorrter Steppenvegetation, zwischen der vielfach der blanke Boden oder Fels sichtbar wird, begleitet. Nur grüne Flecken kleiner Bewässerungsflächen oder einige Pappeln entlang der Täler unterbrechen das Bild der Kahlheit und Monotonie. Von Westen her vollzieht sich dieser Wandel allmählicher: Vereinzelte Waldreste stehen noch auf den Gebirgen um Eskişehir, Kütahya oder Afyon. Aber von Afyon aus östlich des Emir Dağ ist das Bild das gleiche.

Der durchschnittliche Reisende wird degradierte Waldreste und vereinzelt geschonte Eichen kaum beachten, eher schon die vielerorts auch unbewässert gut gedeihenden Gärten mit Fruchtbäumen, und den unbewässerten Wein da, wo es sonst weit und breit kahl ist. In mancher alter Moschee in zentralanatolischen Kleinstädten werden ihm Balken aus Wacholder-, Eichen- und Kiefernholz auffallen, die kaum von den fernen Randgebirgen Anatoliens stammen dürften. Er wird sich vielleicht fragen, ob Inneranatolien schon immer so kahl war, inwieweit die Steppe natürlich und wo sie nur im Lauf der Geschichte an die Stelle des Waldes getreten ist.

Relativ klar zu beantworten ist diese Frage im Gebiet der Tafeln und Becken in 900 – 1200 m Höhe um den großen Salzsee. Hier liegen die Jahresniederschläge um oder knapp unter 300 mm. Waldwuchs ist dabei kaum noch möglich. Wo diese Flächen unbeackert sind und als *Mer'a* (Wildweide) gelten, findet man eine Gesellschaft aus vorwiegend Kurzgräsern (*Poa bulbosa*), zahlreichen, oft distelartigen

Bild 21: Euphrattal bei Tercan, Karagöl Dağlar: *Zwiebelgewächse, wie Schwertlilien, Wildtulpen und Krokusarten, bilden in den Hochlandsteppen üppige Blütenteppiche aus.*

Kräutern, Zwiebelgewächsen und Zwergsträuchern (Wermut) (Birand 1960; Walter 1968).

Ab März bis Ende Mai bietet diese Steppe des inneren Anatolien den Anblick eines grünen Teppichs mit bunten Tupfern. Frühlingsephemeren sind voll entwickelt und blühen. Die Gras-Kraut-Schicht scheint, oberflächlich betrachtet, den Boden vollkommen zu bedecken. Unter den Zwiebelgewächsen (Bild 21) fällt eine wilde Tulpe auf, die eines der ältesten und typischsten Motive türkischer Kunst darstellt. Sie ist hier einheimisch und wäre das geblieben, hätte nicht ein europäischer Gesandter im 16. Jh. ein paar Tulpenzwiebeln aus dem Saraygarten in İstanbul gestohlen. Er war ein Holländer.

Ab Juni/Juli wirkt die Steppe graubraun und verbrannt, es dominiert die Farbe des Bodens, nicht die des Pflanzenkleides in der Landschaft. Gräser sind bis zu den Wurzeln abgeweidet und Kräuter, soweit sie das Vieh meidet, verdorrt. Selbst die Artemisiazwergsträucher wirken grau. Nur tief wurzelnder Kameldorn (*Alhagi camelorum*) schimmert stellenweise grün, ebenso Halophyten an versalzten Standorten. Die Bezeichnung „Wüste", die in manchen Atlanten für den Raum um den Salzsee auftaucht, ist aber verfehlt, denn hier wächst Weizen und Kleinvieh aus den Steppendörfern weidet überall. Dieser Irrtum beruht auf einer Verwechslung des türkischen *Tuz Cölü* = Salzwüste mit *Tuz Gölü* = Salzsee durch europäische Reisende (Bild 22). Auch die Bauern aus den wohlbewässerten Tälern östlich Şerefli Koçhisar sprechen allerdings von „Salzwüste", wenn sie aus ihren grünen Gärten in die kahlen, hellen Flächen um den Salzsee kommen.

Die zentralanatolische Steppe ist wie die Wälder durch lange Nutzung stark degradiert. Wie sie ohne menschlichen Eingriff aussehen würde, erkennt man an Stellen, die – meist aus militärischen Gründen – eingezäunt und streng bewacht sind. Hier zeigen sich hohe Federgräser (*Stipa pulcherrima, Stipa lagascae*). Auch die Artemisia kann sich – innerhalb einer Reihe von ausdauernden Kräutern – zu kniehohen Sträuchern entwickeln und tritt nur bei reicher Grasentwicklung stärker zurück.

Diese Degradation der Steppen vollzieht sich in allen Steppenlandschaften des Orients immer wieder, wenn sich bei einer zu starken Beweidung Steppen-Horstgräser der Stipaarten nicht weiter vermehren können und verschwinden. Danach konzentriert sich der Viehverbiss auf die Kurzgräser der Poa-Arten. Diese vertragen eine alljährliche Überweidung, weil sie sich vegetativ vermehren (Walter 1968, S. 139). In extremen Dürrejahren rupfen die Ziegen die Poa-Arten mit ihrem obersten Wurzelgeflecht heraus. Das ist eine nachhaltigere Schädigung als es der Viehtritt bei aufgeweichtem Boden im Frühjahr bedeutet.

Schafe und Ziegen fressen Artemisia-Büsche ungern und nur in Notjahren deren frischen Triebe. Weil ihre verholzten unteren Stengelteile immer wieder ausschlagen können, bleibt die Pflanze zunächst erhalten. Da in der Steppe Brennmaterial rar ist, stellen diese verholzten Teile neben getrocknetem Viehdung das einzige Brennmaterial dar, das in entlegeneren Steppendörfern von Frauen auf den Weiden gesammelt wird. Als größter Holzteil der Pflanze wird dabei auch der Wurzelstock ausgeris-

Bild 22: Großer Salzsee (Tuz Gölü) in Inneranatolien: *Der im Sommer häufig austrocknende Große Salzsee (1500 km² Fläche, maximal 2 m Tiefe) hat einen Salzgehalt von 23 %, der auf den salzhaltigen Untergrund zurückgeht.*

sen. So bleiben lediglich Kräuter als Steppenpflanzen übrig, die als Futterpflanzen entweder wenig wert sind oder vom Vieh nicht gefressen werden (Wolfsmilchgewächse, Halophyten).

In allen flacheren Teilen der Steppe, die für den Ackerbau umgebrochen wurden, sind sämtliche Zwiebelpflanzen verschwunden. Die Wilde Tulpe ist selten geworden. Es bleibt eine Reihe von Ackerunkräutern, die nach der Getreideernte – zusammen mit den Stoppeln – eine dürftige Notweide ergeben. Für die Bauern ist die karge Stoppelweide dadurch wertvoll. Zudem schützt sie den Boden vor Auswehung und Abspülung. Deshalb werden Stoppelfelder vielfach im Brachejahr nicht umgebrochen – entgegen den Empfehlungen mancher Agrarwissenschaftler, die eine bessere Wasserspeicherung durch Schwarzbrache erreichen wollen.

Das gesamte Steppengebiet ist heute für den Getreidebau erschlossen. Es dominiert der Winterweizen. Gerste nimmt weniger als ein Viertel der Fläche ein. Sofern Bewässerung möglich ist, findet man in den Beckenebenen seit mehreren Jahren die Zuckerrübe, dazu bewässerte Luzerne, auch Sonnenblumen. In den Gärten um die Dörfer und Städte gedeihen alle Obstarten der gemäßigten Zone.

Die Reste der Trockenwälder

Schwierig ist die Abgrenzung der Steppen gegen die Wälder der Randgebirge. Wälder auf höheren Gebirgen oder im feuchteren westlichen Inneranatolien sind aus sehr wenigen Arten zusammengesetzt. Es treten nur noch Schwarzkiefern (*Pinus nigra ssp. pallasiana*), Waldkiefern (*P. silvestris*), einige Wacholderarten (*Juniperus oxycedrus, J. excelsa, J. foetidissima*) und einige sommergrüne Eichen auf, unter denen die submediterrane Flaumeiche (*Quercus pubescens*) häufig ist.

Wo solche Wälder in Resten hochstämmig erhalten sind, sind es fast immer Schwarzkiefernwälder, während die Eichen, bis auf geschützte Exemplare, nur als extrem degradierter Eichenbusch auftreten. Hin und wieder sind Wildobstbäume beigemischt (v. a. *Pirus eleagnifolia*), sie werden häufig geschont.

Die am weitesten gegen das trockene innere Anatolien vorgeschobenen Waldreste sind durchweg Eichenwälder, bei denen infolge starker Degradierung die natürliche Wuchsform des Waldes nicht mehr beobachtet werden kann.

Die Schwarzkiefer reicht im inneren Westanatolien vom submediterranen Bereich, wo sich ihr Areal mit dem der Brutischen Kiefer verzahnt, in breiter Front bis etwa zur Linie Eskişehir – Emirdağ – Afyon – İsparta. Ihre weiteren östlichen Vorkommen finden sich in den tieferen Lagen der Innenabdachung Nordanatoliens, seltener am Innenrand des Taurus. Hier werden die Restwälder häufig von Baumwacholdern gebildet. Von Ostnordosten her reichen Waldkiefernwälder bis auf den Ak Dağ nordöstlich Kayseri und bis auf die Köroğlu-Berge nördlich Ankara. Aufgrund ihrer klimatischen Ansprüche ist die Waldkiefer der typische Übergangsbaum zu den winterharten Feuchtwäldern des Schwarzmeergebietes.

Die Wacholderarten sind von allen in der Türkei auftretenden Waldbäumen diejenigen, die der Kombination Winterkälte/Sommerdürre am besten widerstehen. Ihr Verbreitungsgebiet zieht sich daher an den der Innenflanken von Taurus und Pontus in trockeneren Höhenlagen entlang.

Da die Schwarzkiefer weniger Winterkälte als Waldkiefer und Wacholder, aber mehr Sommerdürre als die Waldkiefer toleriert, wird der Bereich der Trockenwälder aus *Pinus nigra* und der der sommergrünen Eichen als kontinentale submediterrane Zone (Walter 1968, Bd. II, S. 131) bezeichnet, wobei das verbreitete Vorkommen der Flaumeiche im gleichen Raum diese Zuordnung unterstützt. Wirklich typisch ist diese Zone allerdings nur für die Fußstufe des östlichen Taurus, wo auch einige Kulturpflanzen die submediterranen Anklänge deutlich werden lassen.

Nur eine wichtige Dauerkultur kennzeichnet diesen Bereich: der Wein. Vom mediterranen Gebiet West- und Südanatoliens reicht seine Verbreitung weit nach Inneranatolien bis zu den gleichen Grenzen wie denen der Schwarzkiefer (vgl. Abb. 47). Im östlichen Inneranatolien im Gebiet des Kızılırmakbogens liegen Schwerpunkte des türkischen Weinbaus, dessen Weine leichter, trockener und bukettreicher sind als die der Ägäisküste. Nach Norden hin setzt die Feuchtigkeit dem Weinbau eine Schranke, und in den feuchtesten Teilen der türkischen Mittelmeerküste tritt der Weinbau auch auffallend zurück.

Wenn ein bestimmtes Niederschlagsminimum unterschritten wird, ist im Steppengrenzgebiet Waldwuchs nicht mehr möglich, da er größere Wassermengen braucht. Von der türkischen Straßenbauverwaltung gepflanzte Einzelbäume bestätigen, dass sie durchaus in der Steppe noch wachsen, sofern ihre Wurzeln einen hinreichend großen Radius ohne Konkurrenz entfalten können. Im Sämlingsstadium haben sie jedoch kaum Chancen, sich zwischen den Gräsern und Kräutern der Steppe durchzusetzen, da diese dem Boden mit ihrem dichten, flachen Wurzelwerk alles verfügbare Niederschlagswasser bereits in den oberen Bodenhorizonten entziehen.

In zur Wiederaufforstung eingezäunten Gebieten regeneriert sich die Steppenvegetation in voller Dichte, sodass sich selbst im Bereich ehemaliger natürlicher Trockenwälder Baumsamen kaum durchsetzen würden. Bäume müssen also gepflanzt, in den ersten Jahren sogar bewässert und die Steppenvegetation um sie herum einige Jahre lang künstlich beseitigt werden, damit sie sich entwickeln können. Ein langfristiger Erfolg ist trotz des relativ guten Gedeihens zahlreicher Kiefernanpflanzungen im Grenzgebiet gegen die Steppen dennoch unsicher.

Da sich einzelne Bäume nur sehr schwer gegen die Steppenvegetation durchsetzen können, sofern sie nicht das Grundwasser erreichen, waren die natürlichen Trockenwälder ursprünglich deutlich gegen die Steppe abgegrenzt, und wir haben uns die untere Waldgrenze nicht als ein allmähliches Auflösen des Waldbestandes vorzustellen, sondern als eine vielfältig ökologisch modifizierte Verzahnung von geschlossenen Waldflächen und geschlossenen Steppenflächen. Ferner spielt die Verfügbarkeit von Grundwasser z. B. auf Schwemmfächern der Flüsse und Bergbäche, die in die relativ trockeneren Becken vorgeschüttet sind, eine wichtige Rolle u. a. als Standort für die Weingärten der Dörfler (Uslu 1960).

Auf mächtigen Böden oder Lockersedimenten ist Steppenvegetation auf jeden Fall gegenüber dem Wald im Vorteil. Wo hingegen felsiger Grund herrscht und das Niederschlagswasser in Spalten und Klüften zu größerer Tiefe absickert, sind Bäume im Vorteil, da ihr weit verzweigtes, lockeres Wurzelsystem diesen Klüften bis in mehrere Zehner von Metern Tiefe nachspüren kann. Auf den flachen Tafeln und tieferen Rumpfflächen Inneranatoliens, erst recht in den Schwemmlandebenen der Becken, dürfte also die Steppenvegetation weiter gegen das Waldgebiet vorgedrungen sein, während kleinere Gebirge und felsige Berge und Hügel auch im Steppengebiet wohl Wald getragen haben.

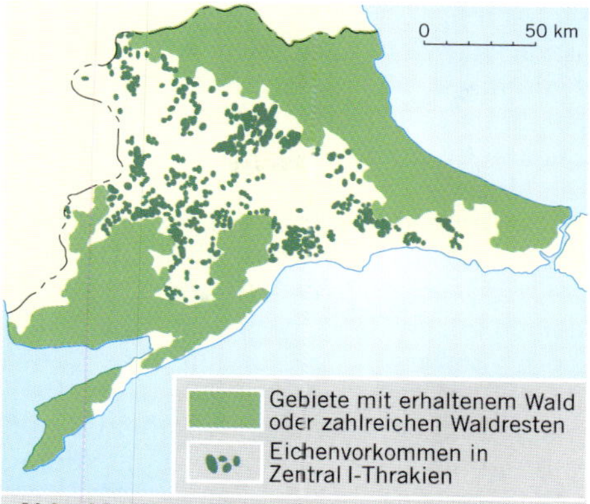

Quelle: nach Dönmez 1968.

Abb. 48: Waldreste in Thrakien.

Türkisch-Thrakien

Der Südrand Thrakiens wird durch ein Gebirge gebildet, das von sommertrockenen Nadelwaldresten (*Pinus brutia* und *P. nigra*) und an der ägäischen und Marmaraseite von mediterranen Macchien bestanden ist. Das Ergenebecken im Innern der Thrakischen Halbinsel wird man trotz seines heutigen Steppencharakters (Louis 1939) eher als Waldsteppe ansehen müssen (Walter 1956) mit Eichenvorkommen (Dönmez 1968; vgl. Abb. 48) und Resten immergrüner *Quercus coccifera*.

Im Bild der Kulturpflanzen zeigt Thrakien eine eigenartige Zwischenstellung zwischen Mittelmeer, Südosteuropa und Südrussland. Neben dem Weizen, der flächenmäßig dominiert, tritt hier in sehr starkem Maße Mais hinzu, genauso wie der unbewässerte Anbau von Zuckerrüben. Spätsommer und Herbst sind warm und trocken genug, um in den Tälern des zentralen Ergenebeckens als nördlichstes Anbaugebiet innerhalb der Türkei Baumwolle reifen zu lassen. Als spezifische Ölpflanze wird, wie in der Ukraine, die Sonnenblume im Regenfeldbau kultiviert. In Hausgärten gedeiht mit Ausnahme des Schwarzmeerküstengebietes der Wein und gelegentlich die Feige.

Das innere Ostanatolien

Die oben mehrfach angesprochene ostwärtige Veränderung und Verarmung der natürlichen wie der Kulturvegetation ist Ausdruck zunehmender Kontinentalität und wachsender Extreme des Klimas, gehört also zur Abstufung des west-östlichen Formenwandels – verschärft durch den Hochland- und Hochgebirgscharakter Ostanatoliens. Die Obergrenze möglichen Waldwuchses steigt, wie bei allen größeren Massenerhebungen, zwar von Norden (2200–2300 m) und Süden (2300–2400 m) zum Inneren hin auf 2400–2600 m an, bei den türkisch-persischen Grenzgebirgen sogar auf 2700 m, aber die von diesem Anstieg betroffenen Flächen sind relativ klein.

Ähnlich steigt auch die untere Waldgrenze zum äußersten Osten hin bis gegen 2000 m an. Der Verlauf fast aller Gebirge quer zu den niederschlagbringenden Winden bewirkt, dass selbst hoch gelegene größere Becken und Täler des inneren Ostanatolien im Bereich natürlicher Steppe liegen und die Stufe möglichen Waldwuchses auf einen Höhenspielraum von 1000 m, im äußersten Osten bis 600 m, begrenzt wird (vgl. Abb. 44). Selbst innerhalb dieser „Wald“-Stufe bedingen Winterkälte und Sommerdürre eingeschränkte Wuchsbedingungen, denen nur wenige Baumarten standhalten.

Der östlichste, innere Teil des Landes, etwa im Dreieck Erzurum – Van – Ararat, ist heute völlig waldfrei. Weiter nach Westen und Süden zeichnet sich eine Waldstufe mit sommergrünen Eichen und Wacholder (*Juniperus oxycedrus* und *J. excelsa*) ab, deren Bestände allerdings durch die Jahrtausende alte menschliche Nutzung weitgehend vernichtet wurden. Zurückgebliebben sind schüttere Gras-Kraut-Gesellschaften, in die in starkem Maße Dornpolster eingedrungen sind. Als Ergebnis menschlicher Aktivität zieht sich ein scheinbar einförmiger, baumloser, steppenartiger Vegetationstyp von den echten Steppen der Becken bis zu den alpinen Dornpolsterfluren hinauf.

Beckenböden und flachere Hangteile werden bis in 2500 m beackert. Der Weizen resp. in größerer Höhe die Gerste gedeihen unbewässert, wenngleich die praktizierte Bewässerung auf den Talterrassen die Erträge steigert. Die Auswahl von Dauerkulturen ist allerdings bescheiden; oft verträgt nur noch die Aprikose die Winterkälte. Daneben wird die Pappel, wegen der Bauholzknappheit, zur Kulturpflanze bewässerter Gärten. Wein ist nicht mehr möglich. Hingegen gedeihen fast alle Sommerkulturen des Feld- und Gartenbaus der gemäßigten Zone, die Zuckerrübe als wichtigste agrarische Innovation der letzten Jahrzehnte sogar auszeichnet. Sie wird in vielen ostanatolischen Becken bewässert. Auf den waldfreien Hängen kann man unter der Voraussetzung einer häufigen Verlegung der Almplätze von jedem größeren und kleineren Tal aus im Frühjahr und Sommer kontinuierlich „hinter der Schneegrenze her" weiden. Bessere Weidemöglichkeiten ergeben sich in Gebieten mit Eichenwaldresten. In den Kleinviehherden steigt dann der Anteil der Ziegen erheblich an.

Im Nordostteil winterharter Trockenwälder erreicht die Winterkälte zwar ihre extremsten Werte auf türkischem Boden, aber die Sommer sind wegen der Höhenlage nicht sehr heiß, und die Niederschläge zeigen ein Sommermaximum, woraus wesentlich bessere Wuchsbedingungen für Wald resultieren. Die Waldkiefer ist an diese Bedingungen offenbar am besten angepasst, sie bildet in den noch erhaltenen Wäldern fast reine Bestände. Die Bodenvegetation ist den größten Teil des Sommers über frisch und grün, und wo der Kiefernwald vernichtet ist, treten als optimale Weiden sogar Wiesen auf, sodass Rinderhaltung ein Übergewicht gegenüber der Kleinviehhaltung hat.

Im Süden an der Luvseite des Osttaurus zieht sich in größerer Höhe unter Abnahme der Artenvielfalt bis hinauf zur Waldgrenze ein relativ üppig entwickeltes Eichenwaldgebiet entlang, das aber in Leelagen und in den inneren Tälern durch Auftreten des Wacholders die strengen Klimabedingungen des inneren Ostanatolien signalisiert.

HISTORISCHE RAUMSTRUKTUREN

Bild 23: Zeustempel in Euromos bei Milas: *Zahlreiche Städte der Antike liegen ungeachtet ihrer früheren Bedeutung vergessen in der heutigen Kulturlandschaft der Türkei.*

Überblick

- Anatolien war weit weniger „Durchgangsland" und „Brücke" als Ziel und Endpunkt und damit Schmelztiegel zahlreicher Völkerbewegungen. Immer wieder verzögerten Invasionswellen großräumige Ordnungsprozesse zu Gunsten territorialer Zersplitterung. Eine natürliche städtische Zentrumslage für die gesamte anatolische Halbinsel existierte bis zum Beginn des 20. Jh.s nicht.
- Trotz Phasen politischer Zusammenfassung begünstigte die auffällige Kleinkammerung in Becken immer wieder den Zerfall in lokale Kleinherrschaften, bildete gleichzeitig aber auch optimale Ansatzpunkte für Landwirtschaft und Siedlung. Spätestens seit dem 6. Jahrtausend v. Chr. trat mit ersten Haufendörfern eine frühe Bauernkultur auf. Bereits damals bestimmten Getreidebau und Viehzucht und das Nebeneinander von Feldland, Gartenland, Weideflächen und Baumkulturen die bis heute typische bäuerliche Landnutzung.
- Historische Bezeichnungen aus der antiken Welt der Kleinstaaten konnten als Landschaftsnamen vielfach überdauern. Zahlreiche Städte der Antike liegen jedoch spätestens seit dem Mittelalter ungeachtet ihrer früheren Bedeutung als vergessene Ruinenstätten in der heutigen Kulturlandschaft. Was von antikem Einfluss wirksam blieb, sind technische Innovationen, nicht aber Identifizierung mit vortürkischer Geschichte. Nach verheerenden Einfällen von Persern und Arabern, die das Land geschwächt und dünn besiedelt zurückgelassen hatten, gipfelte der Zusammenbruch alter Kulturen in weitgehender Türkisierung und Islamisierung Anatoliens und in herrschaftlicher Kleingliederung in Lokalfürstentümer (Beyliks). Ihre Umgrenzung lässt sich über den osmanischen Zentralstaat und seine Verwaltungsgliederung hinaus bis zur heutigen türkischen Provinzeinteilung verfolgen.

Das Erbe von Frühgeschichte und Antike

Raum und Geschichte

Trotz reliefbedingter Hindernisse wird der Gesamtraum der Türkei von den Menschen als Wohn- und Wirtschaftsraum genutzt. Abgesehen von wenigen über 3000 m hohen Erhebungen ist das gesamte Land mindestens für Weidewirtschaft nutzbar und bewohnbar. Die Ansprüche des Menschen an seine Naturräume waren allerdings in der langen Landschaftsgeschichte sehr unterschiedlich. So wechselten „Gunst"- und „Ungunst"-Gebiete, je nach wirtschaftlichen Zielen und Möglichkeiten der Bewohner, nach politisch-militärischen Einflüssen von außen und nach der Sicherheitslage im Inneren des Landes in ihrer Bewertung und Bevorzugung.

Hinderlich waren zu allen Zeiten die großen, stark gegliederten Hochgebirgskomplexe, wie das Pontische Gebirge zwischen Sakarya und Kızılırmak oder östlich Ordu, oder Teile des westlichen und mittleren und des östlichen äußeren Taurus. Sie störten die menschliche Kommunikation, zwangen zur Konzentration des Verkehrs auf wenige, immer wieder benutzte Gebirgsübergänge und trennten die verstreuten Siedlungsgebiete in isolierte Kammern.

Manche der landeinwärts gelegenen Gebirge hingegen sind trotz bedeutender Höhenlage durchgängiger. So leitet die westanatolische Gebirgsschwelle an vielen Stellen sehr allmählich zu den Gräben des Ägäis- und südlichen Marmararaumes hinüber. Höhere Gebirgsmassive sind hier leicht zu umgehen oder zu überschreiten und erlauben eine breite Verbindung Inneranatoliens mit dem Westen und Nordwesten der Halbinsel. Auch der innere Osttaurus hat südlich des oberen Kızılırmak weithin Hochflächencharakter. Über die Uzun Yayla, die geräumigen Becken von Elbistan, Darende, Malatya und Elazığ, und über den relativ niedrigen und stark aufgelösten äußeren Osttaurus bestehen zahlreiche Übergänge nach Obermesopotamien. Selbst die Hochländer und Gebirgszüge, die die west-ost-streichenden Beckenreihen Ostanatoliens voneinander trennen, sind weithin „gangbar". Das Großrelief zeichnet dabei Leitlinien der Kommunikation vor, die fast alle in Richtung West – Ost oder Nordwest – Südost verlaufen. Ihnen folgen die meisten bekannten Handelswege, Heerzüge, Invasionen und Innovationsausbreitungen der Geschichte.

Gegenüber den offeneren Landschaften des Binnenlandes fehlen den Küstengebieten durchgehende natürliche Landverbindungen. Sie waren bis in das 20. Jh. auf den Seeverkehr angewiesen. Vielfach tritt das Gebirge unmittelbar an die Küste und löst potenzielle agrarische Siedlungsgebiete inselartig auf, sodass für die kleinen Küstenhöfe die Übersee-Orientierung und Isolierung vom Binnenland die Konsequenz war (Bild 24). In Phasen mangelnder Sicherheit von See her waren sie extrem gefährdet. Dauersiedlungen konzentrierten sich deshalb landeinwärts im Gebirge. Den klimabegünstigten Küstengebieten blieb nur die Funktion als winterliches Weideland.

Der „Durchgängigkeit" großer Teile des Landes steht aber eine Kammerung gegenüber, die Schwerpunkte der Siedlung ermöglicht und die Tendenz zu kleinräumiger Sonderentwicklung erlaubt. Dabei genießen die Beckenebenen eine bevorzugte Stellung. Die Geschichte des Landes ist daher durch das Abwechseln von Phasen großräumiger politischer Zusammenfassung und Zerfall in kleine Lokalherrschaften gekennzeichnet.

Innerhalb fast jeden Beckens sind die Schwemmfächer an den Beckenrändern die optimalen Ansatzpunkte für menschliche Siedlung. Hier steht Wasser meist ganzjährig zur Verfügung, und es lässt sich auch leicht mit einfachsten Mitteln auf Gärten und Felder verteilen, während natürliche Gerinnesysteme auf den Schwemmfächern Bewässerungsmuster vorgeben. In der Nähe des jeweils größten dieser Schwemmfächer liegt eine das Becken beherrschende Siedlung. Ihre Lagegunst hat sich häufig in der historischen Kontinuität seit frühgeschichtlicher Zeit erwiesen.

Die Beckenböden hingegen wurden als Siedlungsräume sehr unterschiedlich bewertet. Für verstreute ländliche Siedlung waren sie nur in sicheren Zeiten attraktiv. In unsicheren Phasen wurden versteckte oder verteidigungsfähige Plätze auf Randhöhen und in nahen Gebirgen bevorzugt.

***Bild 24:* Küstengebirge bei Kurucaşile:** *Bis in die Moderne lagen kleine Küstenhöfe wegen der fehlenden durchgehenden Landverbindungen isoliert vom Binnenland.*

Verzahnungsgebiete von Steppe und Trockenwald sind ausgesprochene Vorzugslandschaften gewesen. Das natürliche Grasland mit stellenweisen Sümpfen oder Auewäldern bot bis in die frühgeschichtliche Zeit bessere Jagdgründe als das Gebirge und erheblich bessere Weidemöglichkeiten als die Wälder. Trockenwaldgebiete waren durchgängiger und leichter zu roden als dichte Wälder der Gebirge des Nordens.

Somit lagen Zentren von Staaten, die ihren Schwerpunkt im Hochland hatten, nur in diesem Übergangssaum von Steppen und Trockenwäldern, der die zentralen Steppen um den Großen Salzsee umgibt: Im Nordosten unweit Yozgat lag Hattuşa, die Hauptstadt des Hethitischen Großreiches, im Westen am Sakarya Gordion als Metropole der Phryger. Mazaka (Kayseri) wurde in persischer und hellenistischer Zeit Zentrum von Kappadokien, und Ankara dominierte in den letzten vorchristlichen Jahrhunderten unter den Galatern den nördlichen und nordöstlichen Binnenraum. Konya und zeitweilig Kayseri und Sivas waren die Residenzen seldschukischer Sultane des Mittelalters. Die ringförmige Aufreihung all dieser Städte am Rand Inneranatoliens unterstreicht, dass eine natürliche Zentrumslage nicht existiert. Von keiner dieser Städte aus wurde jemals bis zum Beginn des 20. Jh.s die gesamte Halbinsel beherrscht und organisiert.

Eine Zusammenfassung Anatoliens in einem Staatsgebilde hat es mehrfach gegeben. Die Zentren lagen allerdings jeweils peripher oder außerhalb des kleinasiatischen Raumes: Susa unter den Achämeniden, Antiochia/Antakya unter den Seleukiden. Selbst Byzanz/Konstantinopolis/Kostantiniye/İstanbul liegt randlich zu Kleinasien, wenn auch in einmaliger Position: Das mächtige Byzanz und sein osmanischer Nachfolgestaat verklammerten Südosteuropa mit Vorderasien, sodass die Position an den Meerengen eine ideale Hauptstadtlage darstellte. Dort ist sie für die Metropole eines ostmediterranen Imperiums geradezu von der Natur vorgezeichnet: Die thrakische und die bithynische (Kocaeli-) Halbinsel leiten als echte Durchgangslandschaften auf diesen Brennpunkt hin und der europäische wie der asiatische Reichsteil sind von hier gleichermaßen erreichbar. Weiterhin eröffnet die Lage an den Meerengen die Chance zur Beherrschung des Schwarzen wie des Ägäischen Meeres.

Demgegenüber war Anatolien selbst weniger „Durchgangsland“ und „Brücke“ als eher Ziel und Endpunkt zahlreicher Völkerbewegungen. Mit Ausnahme des Alexanderzuges hatten sämtliche Invasionen Anatolien zum Ziel oder sind hier stecken geblieben. Sie haben zu ethnischen Überschichtungen und neuen politischen Konstellationen geführt.

Entstehung des anatolischen Bauerntums

Bereits zur Zeit frühester menschlicher Ansiedlungen tritt in Anatolien ein Verteilungsmuster der Besiedlung auf, das dem der Gegenwart auffällig ähnlich ist: Markante Siedlungsreste neolithischer Kultur des 8.–7. Jahrtausends v. Chr. (früheste Beispiele: Aşikli bei Nevşehir, Hacılar bei Burdur, Canhassan bei Karaman) konzentrierten sich in Ovas und auf flachen Tafel- und Rumpfflächenlandschaften des zentralen Hochlandes und des südlichen Taurusvorlandes. Hier lebten sesshafte Menschen, noch ohne Keramik und zunächst wohl auch noch als Jäger. Sie wohnten in kompakten Haufendörfern mit rechteckigen Gebäuden aus luftgetrockneten Lehmziegeln, denen noch Türen und Fenster fehlten, deren Bautechnik in Inneranatolien und Südostanatolien aber bis heute wenig verändert fortlebt. Die Häuser waren dicht aneinander gebaut, bisweilen von einer verstärkten Außenmauer umgeben und der Einstieg erfolgte durch Öffnungen im Dach. Als Bauholz nutzte man Eiche und Pappel, Ulme und Wacholder, also Bäume des winterharten Trockenwaldes und der Grundwassergehölze, wie sie auch gegenwärtig noch in Resten vorhanden sind.

Die Lebensdauer eines Lehmhauses wird in Anatolien heute auf etwa 30–50 Jahre veranschlagt, im Neolithikum wird es eher weniger gewesen sein. Jede Generation musste also neu bauen. Das geschah Jahrtausende lang immer an den gleichen Stellen bis in die frühe geschichtliche Zeit hinein, sodass sich Bauschicht für Bauschicht über ältere Siedlungsspuren legte. Auf diese Weise entstanden Siedlungshügel, die 10–20 m Höhe und mehrere hundert Meter Durchmesser erreichen konnten. Sie heißen in der Türkei *Hüyük* und entsprechen den *Tells* der arabischen Länder.

Vom 7. Jahrtausend an setzt Getreidebau ein, und um 6000 v. Chr. ist eine Ackerbaukultur mit verschiedenen Getreidearten, Haustieren (Schaf, Ziege, Schwein, Rind) und vielfältiger Keramik voll entwickelt. In einzelnen „stadtartigen“ Siedlungen gab es bereits differenziertes Gewerbe, Kultgebäude und Fernhandel mit Obsidian seit dem 9. Jahrtausend (Mellaart 1975).

Eine annähernde Vorstellung davon, wo und wieweit diese neolithische Bauernkultur verbreitet war, gibt das Vorkommen der Hüyüks. Sie lagen in flachem Gelände, das mit großer Wahrscheinlichkeit damals wie heute Trockenwaldgebiet und Steppe gewesen ist (vgl. Abb. 44), häufig auf oder bei Schwemmfächern, auf denen der Anbau in Form „naturgeprägter Bewässerungswirtschaft“ betrieben werden konnte. Wieweit darüber hinaus gebirgige Landesteile genutzt oder gar besiedelt waren, ist unbekannt.

Die Zahl heute sichtbarer Hüyüks ist kein Indiz für die neolithische Siedlungsdichte. Die bewohnten Plätze waren – wenn auch nicht notwendigerweise gleichzeitig – sicher erheblich zahlreicher. Ausgrabungen zeigen, dass Kulturschichten der Hüyüks mehr als 4 m unter das Niveau der Tal- oder Beckensohle hinabreichen. Da die Akkumulation seit neolithischer Zeit weiterging, können kleinere Hüyüks vollständig unter den holozänen Sedimenten verschwunden sein.

Diese Bauernkultur lässt sich mit regionalen Varianten bis gegen Ende des 3. Jahrtausends v. Chr. verfolgen. Zu dieser Zeit kam der Gebrauch des Kupfers auf. In mehreren Phasen des folgenden „Chalkolithikums“, der Stein-Kupfer-Zeit lässt sich kultureller Fortschritt fassen. Früher Bergbau drang auch in die Waldgebirge des Nordens vor. Die wesentliche Lebensform blieb aber bis zum 23. Jh. v. Chr. die der bäuerlichen Hüyükbewohner. Dann setzen gravierende Umstürze ein, die sich von Thrakien durch den ganzen Orient verfolgen lassen. Geschichtliche Völker werden in schriftlichen Quellen fassbar, die Staatlichkeit begann.

Frühe Staaten im anatolischen Hochland

Für den Zeitpunkt ca. 2300 v. Chr. markieren Brandschichten und Siedlungslücken ziemlich gleichzeitig von der Ägäis bis in das südliche Inneranatolien und bis Kilikien die abrupte Unterbrechung der Besiedlung und den Zusammenbruch dieser neolithisch-frühbronzezeitlichen Bauernkultur. Die Zerstörung von Troja II ist eines der bekanntesten Beispiele. In der Konyaebene zeigen von rund hundert bekannten Wohnplätzen jener Zeit nur sechs Anzeichen einer baldigen Wiederbesiedlung nach der Katastrophe. Ähnlicher Siedlungsverfall kennzeichnet die Ebenen Kilikiens und des westlichen Anatolien. Im nördlichen Inneranatolien, vom Marmarameer bis zum Kızılırmakbogen, liegt die Phase der Verwüstungen etwas später.

Die Unruhen stehen wahrscheinlich im Zusammenhang mit ähnlichen Vorgängen auf der Balkanhalbinsel und in Thrakien, wo um diese Zeit Bevölkerungsgruppen auftauchten, die erstmals Pferde besaßen. Die Invasoren sprachen wahrscheinlich indogermanische Sprachen, die sich allmählich im Hochland durchsetzten, während sich im materiellen Bereich die alt-einheimische Bauernkultur erhielt oder wieder erholte und die „barbarischen" Eindringlinge kulturell assimiliert wurden. Zahlreiche kleinere Herrschaftsgebiete entstanden, in deren bedeutenderen Lokalresidenzen assyrische Handelsfaktoreien saßen. Aus derartigen rivalisierenden Kleinstaaten erwuchs als erste historische Staatenbildung auf anatolischem Boden vom 15. Jh. v. Chr. an das *Hethitische Großreich* (vgl. Abb. 49).

Zunächst reichte dieses „Hattireich" nur bis an die Innenränder der unwegsameren Waldgebirge, später griff es an drei Stellen weiter aus: Im Südosten bestand eine Verbindung durch den relativ wegsamen inneren Osttaurus (Antitaurus) und die kilikischen Pässe zu den Provinzen oder Vasallenherrschaften Kilikiens und Nordsyriens. Diese wirtschaftlich und politisch wichtigste Expansionsrichtung zielte auf die Kulturzentren der damaligen Welt. Nach Norden gelang eine Expansion nur über die Einsattelung des Pontischen Gebirges zwischen Kızılırmak und Yeşilırmak zum relativ trockensten Teil des Schwarzmeergebietes. Die Waldgebirge selbst, wo die Streitwagen der Hethiter nicht einsetzbar waren, wurden nie dauerhaft erobert und durchdrungen. Ihre schwer fassbaren Bewohner, die als „Kaschka" in hethitischen Texten auftreten, setzten ihren Gegnern mit Überfällen zu. Im Westen muss hethitischer Einfluss zumindest zeitweise die Ägäis erreicht haben.

Für die kulturlandschaftliche Entwicklung wurde bedeutsam, dass hethitische Adels- oder Statthalterresidenzen erstmals als Höhenburgen unter Verwendung von behauenem Stein angelegt wurden und damit überdauern konnten. Die Reste der alten Hauptstadt Hattuşa nahe des heutigen Dorfs Boğazköy, die nach ihrer Zerstörung nie wieder voll besiedelt wurde, vermitteln Eindrücke von der Bedeutung und Kultur dieses Reiches (Neve 1996). Viele dieser hoch gelegenen burggekrönten „Gau"-Hauptorte blieben bis heute kontinuierlich besiedelt, auch wenn durch wiederholte Überbauung die Reste des hethitischen Mauerwerks weitgehend verschwunden sind.

Abb. 49: Kerngebiet und Expansionsrichtungen des Hethiterreiches.

Mit einer landesweiten Verwüstung fast aller Siedlungen des Hochlandes endete gegen 1200 v. Chr. auch die Geschichte des Hethitischen Großreiches, und es folgten historisch dunkle Jahrhunderte, die aus der ägyptischen und biblischen Geschichte als die Zeit der Seevölkereinfälle bekannt sind. Wiederum drangen barbarische Invasoren, die später als Thraker, Myser, Bithynier und v. a. Phryger bekannt wurden, auf den gleichen Wegen vom Marmararaum durch die Beckenreihen Westanatoliens bis zum zentralen Hochland vor. Wiederum zerfiel das Land in Territorialherrschaften, erneut wurden die „Barbaren" assimiliert und die Vorbevölkerung sprachlich „phrygisiert": Bis zur römischen Kaiserzeit war im westlichen Inneranatolien, dem späteren *Phrygien*, Phrygisch als Sprache verbreitet.

Im 8. Jh. v. Chr. war der legendäre Midas der griechischen Sage als Phrygerkönig „Mita" in assyrischen Annalen aufgetaucht. Unter ihm und seinen Nachfolgern hatte sich ein phrygischer Staat mit Schwerpunkt um die Hauptstadt Gordion am mittleren Sakarya südwestlich von Ankara über das gesamte Hochland ausgedehnt (vgl. Abb. 50). In den gebirgigen Randlandschaften hatten sich die Reste der Vorbevölkerung gehalten.

Im westlichen Taurus widerstanden die Lykier, deren Sprache enge Verbindungen zum Luvisch-Hethitischen hat, der Beeinflussung Phrygiens. Fast im gleichen Raum hielt sich das Volk der Karer mit einer vorindogermanischen Sprache. Im Südosten, südlich des Taurus, überdauerten Nachfolgestaaten des großhethitischen Reiches, gerieten allerdings zunehmend unter assyrisch-aramäischen Einfluss. Von den Bewohnern der nördlichen Waldgebirge ist kaum etwas bekannt; hier bleibt der Gegensatz zwischen dem Binnenland und den Randgebirgen besonders deutlich.

Östlich des Euphrat war der Einfluss des Hethiterreiches unbedeutend, sodass sich altanatolische Bevölkerungsgruppen mit vorindogermanischen Sprachen halten konnten. Nur wenig vor dem Phrygerreich im Westen entstand hier im 9. Jh. v. Chr. das Reich *Urartu* mit dem Kerngebiet um den Vansee und der Hauptstadt Tuşpa, dem heutigen Van (vgl. Abb. 50 und Bild 25). Die übrigen Beckenlandschaften Ostanatoliens zwischen Euphrat und Urmia-See waren mehr oder weniger fest angegliedert.

Die Spuren dieses ersten eigenständigen Staates in Ostanatolien ähneln typologisch denen des Hethiterreiches und dokumentieren mit der verzögerten Entwicklung des Ostens zum ersten Mal das kulturelle West-Ost-Gefälle. Während im phrygischen Westen schon griechische Einflüsse spürbar sind, wirken im Osten zyklopisches Mauerwerk auf beherrschenden Höhen, Felstunnel und Treppen wie ein Nachklang hethitischen Burgenbaus. Steinmetzkunst, für die die verfestigten Tuffe Ostanatoliens ein idealer Werkstoff sind, und kunstvolle Bewässerungsanlagen erlebten hier eine

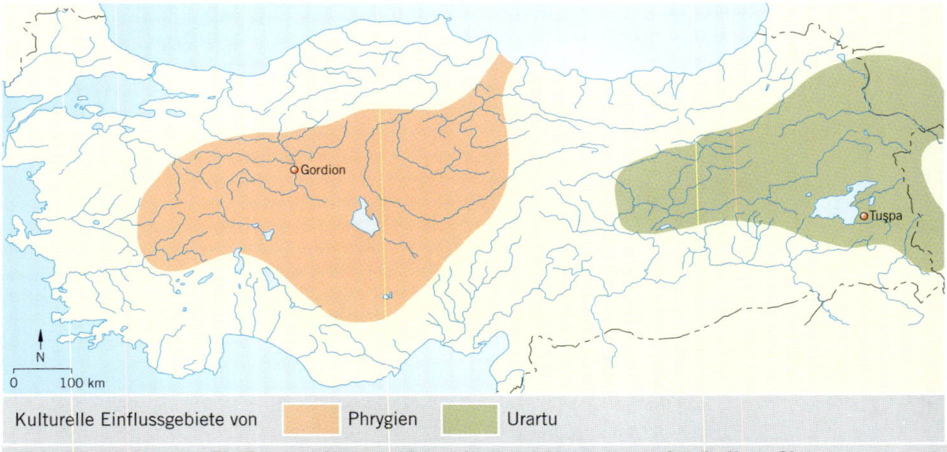

Abb. 50: Kulturelle Einflussgebiete von Phrygien und Urartu etwa im 8. Jh. v. Chr.

Bild 25: Van Kale (am Vansee, Ostanatolien): *Die Ruinen der Burg von Van (Van Kale) stehen auf den Relikten der urartäischen Hauptstadt Tuşpa.*

beträchtliche Blüte, die sich noch weit über das Urartureich hinaus halten sollte: Der Şamram-(„Semiramis"-)Kanal, der den Fluss von Hoşab seit dieser Zeit in die Ova von Van leitet, funktioniert bis in die Gegenwart.

Gegen Ende des 7. Jh.s v. Chr. wiederholt sich der Prozess von Barbareneinfall, Staatenzerstörung und Neubeginn ein weiteres Mal. Völkerwanderungsbewegungen im heutigen Südrussland, an denen die *Skythen* wohl auslösend beteiligt waren, drängten die *Kimmerer* über Kaukasien nach Anatolien, wo sie in jahrzehntelangen Wander- und Raubzügen das Phrygische Reich total und Urartu nahezu vernichteten. Nachdrängende Skythen zerstörten schließlich die Reste des Urartureiches im Osten. Zu Landnahmeprozessen mit stammhafter Ansiedlung von Kimmerern und Skythen kam es anscheinend nicht. Neue regionale Autonomiebestrebungen regten sich. Die alte staatliche Ordnung Anatoliens war zerstört und *Kappadokien* erscheint erstmals unter diesem Namen als selbständige politische Einheit, ebenso *Kilikien* südlich des Taurus. Ein den Phrygern verwandter Stamm Mittelanatoliens, die *Armenier*, wurde von den Völkerbewegungen mitgerissen und besetzte das verwüstete Urartuland.

Die neue zentralstaatliche Ordnung wurde im 6. Jh. v. Chr. von Osten durch das Reich der Meder hereingetragen. Um die Mitte des 6. Jh.s reichte das persische Imperium bis an die Ägäis. Die meisten Griechenstädte waren tributpflichtig geworden oder untertan.

Altgriechische Polis an den Küsten

Alle bisher genannten Invasionen, Völkerverschiebungen und Überschichtungen, Staatenbildungen und Städtegründungen konzentrierten sich auf das Binnenland. Küstenhöfe waren durch Wälder und Gebirge schwer erreichbar und wegen ihrer Kleinheit, abgesehen von Kilikien, wenig attraktiv. Allenfalls boten sie klimatisch bedingte Möglichkeiten der Oliven- und Feigenkultur, und sicher gab es an den Küsten stellenweise wenig bedeutende Siedlungen der Einheimischen.

Interessant wurden diese Küstenhöfe für ein Volk, das nicht mehr schwere, ochsengezogene Scheibenradkarren als Vehikel seiner Expansion benutzte, sondern das Schiff: Bereits zur Zeit der „Seevölker"-Wanderungen im 13./12. Jh. v. Chr. waren Griechen an die kleinasiatische Westküste gelangt. Milet besaß schon eine mykenische Ansiedlung. Möglicherweise gab es auch schon in Pamphylien achäische Kolonien. Die Hauptwelle der Übersee-Expansion begann etwa mit der Etablierung der Phryger im Binnenland um die Jahrtausendwende. Aioler aus Böotien und Thessalien siedelten an der Westküste des späteren Mysien, Ionier aus Attika und Euböa zwischen dem Golf von İzmir und der Bodrumhalbinsel, dem späteren Ionien; Dorer aus der Peloponnes gelangten an die Küsten Kariens. Im 8./7. Jh. v. Chr. erreicht die Expansion die Südküste Anatoliens und durch die Meerengen die Küsten des Schwarzen Meeres.

Spezifische Ansprüche und Vorstellungen bei der Wahl der Siedlungsplätze machten die altgriechischen Kolonien an den mediterranen Küsten zu einem besonderen Siedlungstypus, den es bisher in Anatolien nicht gegeben hatte. Die Küstenlandschaften gewannen eigenständige politische Bedeutung und wirtschaftliches Gewicht.

Selbstverständlich bei der Wahl des Siedlungsplatzes war die Erreichbarkeit über See. Schifffahrt, Seehandel und Fischerei waren nicht unbedingt ausschlaggebend, gab es am Meer nur einen geeigneten Landeplatz. Griechische Kolonien lagen bis zum Beginn der hellenistischen Zeit wenn nicht direkt am Meer, so doch mindestens in Küstennähe, wo das ansteigende Bergland am binnenwärtigen Rand der Küstenebene festen und hoch gelegenen Baugrund bot, auf dem sich verteidigungsfähige Burgen bauen ließen.

Angestrebt wurde ein kleines, kontrollierbares Territorium, das von einem einzigen Burgsiedlungsplatz aus möglichst bis zum Meer überschaubar sein sollte und über genug ackerfähiges Schwemmland verfügte, um die Versorgung der Ansiedlung zu garantieren. Außerdem sollten die umgebenden Hänge den Oliven- und Weinbau erlauben und die höheren Hänge Weideland bieten. Selbstversorgung war oberstes Kolonisationsziel, nicht Handel mit der Hinterlandbevölkerung wie bei den Kolonien der Phönizier. Diese Vorstellung entsprach dem Lebensraum der klassischen griechischen Polis, wie er im Mutterland von der Natur vorgezeichnet war und im Kolonialland gesucht wurde. Die zahlreichen kleinen Schwemmlandebenen zwischen den Vorsprüngen der anatolischen Gebirgsküsten mussten dafür optimal geeignet erscheinen (vgl. Abb. 18).

Die zahlreichen griechischen Koloniegründungen vermittelten ihren kulturellen Einfluss in das nicht-griechische Umland und konnten in späterer Zeit auch zum Vorbild der Raumorganisation werden. Sie selbst jedoch stagnierten in ihren kleinen Territorien. Die Mehrzahl vermochte nicht in die Funktion zentraler Orte für größere Hinterlandbereiche hineinzuwachsen. Nur wenige Siedlungen, meist an von der einheimischen Bevölkerung längst genutzten verkehrgünstigen Plätzen, konnten aufgrund günstiger historischer Umstände zu größeren, dauerhaften städtischen Siedlungen von regionaler oder überregionaler Bedeutung heranwachsen (Ephesus, Milet, Smyrna, Amisos/Samsun, Trapezunt, Byzanz) (Bild 26).

Hellenistische und römische Raumorganisation

Kennzeichnend für die Ausbreitung persischer Macht, die weitgehend wieder bekannten räumlichen Mustern folgte, ist der Verlauf der so genannten „Königsstraße" von der Hauptstadt Susa in Südiran nach Sardes in Lydien, dem bisherigen Königssitz und damit politisch wichtigsten Punkt in Westanatolien. Diese Hauptverkehrsachse des Reiches – die man sich wohl mehr als unbefestigten Karawanenweg mit einzelnen Relaisstationen vorzustellen hat – hielt sich an die im Relief meist flachen Verzahnungsgebiete von Steppe und Trockenwald, die seit dem Neolithikum die bevorzugten offenen Siedlungsräume waren und ungehinderten Verkehr erlaubten. Sie folgte von Sardes den Plateau- und Beckenlandschaften Westanatoliens über Gordion nach Ancyra (Ankara) und Mazaka (Kayseri). Den Taurus überwand sie im Raum Malatya-Elazığ in jenem relativ niedrigen und mäßig zerschnittenen Gebirgsteil, der schon das Vordringen der Hethiter nach Syrien und Obermesopotamien ermöglicht hatte.

Bild 26: Ephesus, Theater und Arkadenstraße mit Theatergymnasium: *Griechische Koloniegründungen brachten ihren kulturellen Einfluss nach Kleinasien und dienten als Vorbild für die Raumorganisation der Antike.*

Persische Satrapen saßen in alten Regionalzentren, offenbar ohne den Fortbestand kleinerer einheimischer Lokalherrschaften beeinträchtigt zu haben. Während Randlandschaften, wie Thrakien, die Schwarzmeergebiete und die Gebirge des Südwestens in die persische Herrschaft kaum integriert waren, wurde das zentrale Hochland voll beherrscht und von persischer Kultur – vielleicht sogar durch Einwanderungen – beeinflusst.

Auch die Eroberung durch *Alexander* brachte zunächst keine grundlegende Änderung im Verhältnis zwischen lockerer Oberherrschaft und dem Fortbestand lokaler Territorien. Wieder blieben die Waldländer des Nordens und teilweise die Gebirgsgaue des Südwestens außerhalb der Herrschaft Alexanders und seines seleukidischen Nachfolgerstaates. Lokale und regionale anatolische Eigenentwicklungen konnten in seleukidischer Zeit sogar verstärkt einsetzen. Allmählich traten Landschaften des Nordens als eigenständige räumliche Gebilde in Erscheinung: *Bithynien* erlangt im 2. Jh. v. Chr. eine gewisse Eigenstaatlichkeit, zeitweise auch *Paphlagonien*, v. a. aber gewinnt im Nordosten das Land *Pontus* an Bedeutung. Ihre Hauptstädte – Nikomedia (İznik) in Bithynien, Gangra (Çankırı) in Paphlagonien und Amasia (Amasya) in *Pontus* – liegen zwar alle auf den trockeneren Binnenseiten der Gebirge. Aber die Ausweitung der Siedlungsräume in Tälern und Becken der Waldgebirge muss dennoch relativ weit fortgeschritten gewesen sein, denn die Machtfülle dieser Länder ist nicht unbeträchtlich.

Diese Kleinstaatenwelt Anatoliens, die sich unter ihren einheimischen Fürsten und unter hellenistischem Einfluss in raschem kulturellem Wandel befand, war diesmal kräftig genug, um im 3. Jh. v. Chr. den Einbruch der Galater (Kelten) mit seinen Verwüstungen zu überstehen und die „Barbaren“ schließlich dahin abzudrängen, wo seit dem Ende Großphrygiens ein Machtvakuum zwischen Pontus, Kappadokien, Bithynien und Pergamon bestand. Für lange Zeit hieß die Landschaft nach ihnen *Galatien*. Die alte phrygische Bergsiedlung Ancyra (Ankara) wurde ihr Hauptheiligtum und Zentrum.

Die klassischen Namen anatolischer Landschaften entstammen also ganz verschiedenen Zeiten, in denen sich jeweils in ihnen Stammesansiedlungen oder Staatsbildungen vollzogen. Ihr räumlicher Geltungsbereich war wechselnd und zeitlich sehr begrenzt gültig. In Abb. 51 sind deshalb in bewusst grober Umgrenzung nur solche Kernlandschaften dargestellt, mit denen die bekannten historischen Namen überwiegend verbunden werden. Viele dieser räumlichen Einheiten tauchen in späterer Zeit als politische Gebilde ähnlichen Umfangs unter anderen Namen wieder auf, bezeichnenderweise ebenfalls in Situationen mangelnder Zentralgewalt.

Entscheidend für die kleinräumige Territorialgliederung Anatoliens wurde für viele Jahrhunderte das Konzept der *griechischen Polis* mit dem ihr zugehörigen Polis-Territorium. Ihre Burgen, die es mit suburbanen Zentren schon lange gegeben hatte, wurden in alter Tradition Zentren von gauhaften dörflichen Stammesgebieten. Auf ihnen residierten lokale Herrscher oder es waren Tempelfürstentümer. Die Hellenisierung führte dazu, dass einheimische Fürsten ihren bereits hellenisierten Hauptstädten oder anderen wichtigen Orten griechische Ehrennamen und Polis-Status verliehen. Im Unterschied zu den alten griechischen Poleis der mediterranen Küste blieb die Funktion dieser Orte als historisch zentrale Orte einer ländlichen Umgebung dabei unverändert. Von eigentlichen hellenistischen Stadt-„Gründungen" kann man nur in wenigen Fällen reden.

Allerdings gingen formale Neuerungen damit Hand in Hand. Das Muster des schematisch-rechtwinkligen Stadtplanes, das Hippodamos von Milet zugeschrieben wird, breitete sich in hellenistischer Zeit aus. Da dieses rechtwinklige Straßenmuster nur in flachem Gelände vollständig zu verwirklichen ist, hatten die Neustadterweiterungen lagemäßig möglichst den Charakter einer Flachsiedlung unterhalb der alten Burgorte, da sich dort für die Zugänglichkeit und die Expansionsmöglichkeiten erheblich bessere Chancen boten als in alten Höhensiedlungen. Hier gab es Platz für Marktplatz und Agora, und in römischer Zeit kamen Hippodrom, Zirkus und Thermen als charakteristische Bauelemente hinzu.

Es zeigte sich jedoch schon in hellenistischer Zeit, dass diese offenen, in die Täler und Ebenen hinauswachsenden Städte sehr gefährdet waren. Schon im 3. Jh. v. Chr. begann daher der Bau von ausgedehnten Maueranlagen, die unter Einbeziehung der umgebenden beherrschenden Höhen die Städte umziehen. Weite Areale unbebauten oder unbebaubaren Geländes mussten dabei eingeschlossen werden. Die noch teilweise erhaltenen Mauern von Ephesus oder Antiochia am Orontes sind Beispiele dafür. Sie dürfen nicht dazu verleiten, aus der

Abb. 51: Kerngebiete des Geltungsbereiches von Landschaftsnamen in hellenistischer Zeit.

riesigen, von der Mauer umgebenen Fläche etwa auf die Einwohnerzahlen jener Zeit zu schließen. Diese „Festungssiedlungen" sind seit jener Zeit meist durchgehend städtische Siedlungen geblieben, jedenfalls soweit ihre Lage zur agrarischen Umgebung günstig war. Zwar wurden die Mauern später vielfach verkürzt, umgebaut, die Bausubstanz der umschlossenen Stadt konnte sich völlig ändern, und der eventuelle hippodamische Grundriss wurde in allen Fällen völlig verwischt. Aber der Lagetyp der Höhenburg mit davon herabziehenden, die Stadt umschließenden Mauern blieb bis in das 20. Jh. erhalten.

Als Rom Kleinasien bis zur Euphratgrenze unter seine Kontrolle gebracht hatte, umfassten die mehr oder weniger zufällig abgegrenzten Provinzen ein Konglomerat politischer Gebilde ganz verschiedener Organisationen und Dimensionen: Es gab griechische Poleis, manche mit bereits größerem Territorium, daneben hellenistische Städte, die aus einheimischen Orten hervorgegangen waren, alte Tempelfürstentümer mit ihren Territorien, größere und kleinere Feudalherrschaften mit ihren Burgsitzen, kaiserliche Domänenterritorien und Stammesgebiete ohne herausragende Zentren. Das Organisationsprinzip des Römischen Reiches beruhte jedoch auf der Gliederung in *civitates*, Bürgerschaften, die jeweils in einer Stadt ihre optimale Realisierung finden sollten. Ältere Organisationsformen mussten somit angepasst werden. Wieweit das im Einzelnen gelang oder eine nachhaltige Umstellung bewirkte, ist noch weitgehend ungeklärt.

Nirgendwo in Anatolien liegen die antiken Städte jedoch so dicht beieinander, dass nicht das dazwischen liegende Land mit Dörfern, Weilern oder Gütern (*villae*) besetzt gewesen sein müsste. Beste Beispiele dafür findet man in den küstennahen Landschaften des zentralen Lykien (Kolb 1996, 1998). Im Gegensatz zur Mehrzahl der alten Poleis Griechenlands hatten die Städte hier also zentrale Funktionen, und der Prozess ihrer von Rom geförderten Ausbreitung markiert echte „Urbanisierung".

Die Homogenisierung dieses organisatorisch uneinheitlichen Bildes wurde durch die Einführung des Christentums als Staatsreligion durch *Konstantin* beschleunigt: Nach dem frühen Selbstverständnis der Kirche, das sich im später orthodoxen Bereich weiterhin erhielt, konnten nur Städte Sitz einer wirklichen Gemeinde und ihres Bischofs sein. Die Bischofslisten der frühen Konzilien geben einen Eindruck davon, wie städtereich die einzelnen Provinzen waren. Nach der völligen Christianisierung wurden zur geistlichen Versorgung des zur Stadt gehörenden Umlandes, der „Chora", zahlreiche „Chorbischöfe" nötig. Die Städte blieben damit Mittelpunkte einer ländlichen Umgebung.

In Armenien und Obermesopotamien hat sich trotz deren zeitweiser Einbeziehung in das Römische Reich das Städtewesen mit römischem Rechtscharakter nie durchgesetzt, genauso wenig wie die griechische Sprache, die Halbinselkleinasien so gut wie ganz erobert hatte. Im ostanatolischen Hochland östlich eines Grenzsaumes, der durch die Euphratlinie markiert sein mag, widerstanden die Armenier der Gräzisierung und entwickelten eine eigene (monophysitische) Form des Christentums. Im Südosten hielten sich semitische Sprachen und entwickelten sich die nestorianische und jakobitische Form des Christentums. Hier setzte sich eine alte Kulturgrenze durch, die Halbinselkleinasien vom Osten und Südosten abtrennte und die in der byzantinischen Zeit noch markanter werden sollte.

Die Überreste

Vielerlei direkte materielle und indirekte geistige hellenistisch-römische Einflüsse, aber auch lokale Sonderentwicklungen und altanatolisches Erbe haben sich nachhaltig im Bild der Kulturlandschaft Anatoliens niedergeschlagen. Im Gegensatz zu anderen Teilen des Imperium Romanum ist es für Kleinasien geradezu charakteristisch, dass sich einheimische Siedlungs-, Lebens- und Wirtschaftsformen in viel stärkerem Maße erhalten konnten als anderswo. Sonst so charakteristische Einrichtungen der römischen Kaiserzeit, wie Arbeitssklaven, Landgut (*Villa*) und planmäßige Kolonien, spielten in Anatolien kaum eine Rolle. Die Zahl der Sklaven war so gering, dass es sich nur um Haussklaven gehandelt haben kann. Auch größere Manufakturbetriebe auf der Basis von Sklavenarbeit hat es im Gegensatz zu Italien anscheinend nicht gegeben.

Die *Villa* mit landwirtschaftlichem Betrieb oder Großbetrieb war in Kleinasien außerordentlich selten. Wo der Terminus vorkommt, sind es der Lage nach Landhäuser in der näheren Umgebung von großen Städten, also kein ländlicher Siedlungstyp wie in Mittelitalien, in Teilen des Rheinlandes oder in Nordsyrien. Natürlich hat es Großbesitz gegeben, kaiserliche Domänen z. B. oder Großbesitz einzelner Stadtbürger oder Adliger. Aber es handelte sich dabei immer um Besitztümer, die von freien Dorfbewohnern bewirtschaftet wurden. Die zugehörige Siedlungsform dürfte das mehr oder weniger große Dorf gewesen sein, dessen Existenz auch in den voll „urbanisierten" Gebieten Kleinasiens durch zahlreiche Belege gesichert ist.

Römische *Coloniae*, bisweilen Veteranenansiedlungen, sind zwar in einigen Fällen bekannt, aber im Vergleich zu anderen Reichsteilen insgesamt recht selten. Sie scheinen auch nicht zur Erschließung von neuem Kulturland beigetragen zu haben. Vor allem aber gibt es bis heute aus Anatolien nicht einen einzigen Hinweis dafür, dass irgendwo größere Landflächen in der Art der *Centuriation*, mit *cardo* und *decumanus* als Hauptachsen eines rechtwinkligen Flurnetzes, aufgemessen worden wären.

Im Landbau war in hellenistisch-römischer Zeit eigentlich schon alles vorhanden, was in vielen anderen Teilen der Mittelmeerwelt als römische Innovation gilt, und zwar etwa in der gleichen Verteilung wie noch 2000 Jahre später. Zwar zeichnet sich aus jüngsten Forschungen für einzelne Berglandschaften Kleinasiens ein vermehrter Anbau von Sonderkulturen auf Terrassen ab (vgl. Höhfeld 1996, 1998), generell aber handelt es sich, wenn hier und da Landbau in einzelnen agrarischen Betrieben beschrieben ist, meist um ein gleichzeitiges Nebeneinander von Feldland, Gartenland, Weideflächen und eventuell Baumkulturen – eine Gliederung, die bis heute die bäuerliche Landnutzung bestimmt. Getreidebau und Kleinviehzucht waren die Stützen der Wirtschaft im größten Teil des Landes. Stellenweise waren spezielle Weizensorten bekannt oder Schafrassen, die besonders feine Wolle liefern. Die Angoraziege freilich wird noch nicht erwähnt. Das wichtigste Getreide am Schwarzen Meer war die Hirse, die dort als Grundnahrungsmittel bis zum Durchdringen des Maises fungierte. Die Fettpflanze der mediterranen Zone war überall die Olive, aber auch Mandel und Pistazie wurden schon in den gleichen Gebieten gezogen wie heute. Als Fettpflanze der Schwemmlandebenen Kilikiens galt bereits bei Xenophon der Sesam. Baum- und Strauchkulturen haben in den mediterranen und pontischen Teilen des Landes oft eine größere Rolle gespielt als in der Neuzeit. Auch die Seidenraupe wird bereits in der römischen Kaiserzeit gezogen, scheint also nicht erst auf mittelalterliche Kontakte zu Ostasien zurückzugehen. Baumwolle dagegen dürfte, wenngleich erwähnt, wirtschaftlich noch keine große Bedeutung gehabt haben.

Im Hinblick auf den späteren Übergang der Anatolier zum Islam ist es interessant, dass die Schweinehaltung offenbar keine große Rolle spielte und wahrscheinlich nur in griechischen Landesteilen betrieben wurde. In Tempelfürstentümern waren Schweine offenbar direkt verboten (Strabo XII, 8, 9). Antike Straßen folgten den Achsen, die in Anatolien schon immer aufgrund der natürlichen Voraussetzungen die Hauptverkehrslinien waren, und man benutzte die gleichen Pässe und Trassen bis in byzantinische und osmanische Zeit weiter, wenn auch wohl mit Änderungen der relativen Bedeutung (Bild 27).

Von hellenistisch-römischem Einfluss nachhaltig wirksam blieben einzelne technische Innovationen. Dazu gehört in erster Linie der Bau mit gebrannten Ziegeln und mit Mörtel, den das alte vorhellenistische Kleinasien nicht kannte (während Mörtelverputz eine alte Tradition hat). Der gebrannte Ziegel heißt türkisch „tuğla", was wie unser Wort „Ziegel" von lat. *tegula* abzuleiten ist. Auch der gebrannte Dachziegel, sowohl der flache wie auch der im Mittelmeerraum überall bekannte konisch-halbrunde, sind unverändert seit der Antike erhaltenes Kulturgut. Der flache Dachziegel, der wegen seines Gewichtes kompliziertere Dachkonstruktionen voraussetzt, kam in byzantinischer Zeit allmählich außer Gebrauch. Wo man heute seine Reste findet, muss es sich also um eine vortürkische Wüstung handeln. Der halbrunde Dachziegel hingegen kennzeichnet städtische Bauten in ganz Anatolien auch in türkischer Zeit.

Mediterranes, nichtanatolisches Erbe war auch der Karren mit zwei hohen Speichenrädern, der sich als Verkehrsmittel in den stärker hellenisierten Küstenlandschaften v. a. der Ägäis und des Schwarzmeergebietes fand. Alle sonstigen Ackergeräte, wie Scheibenradkarren, Pflug, Dreschschlitten, Sichel, Mühlen usw., sind alteinheimisch.

Zu den auffälligsten Relikten der Antike gehören die Wasserbauten, v. a. die *Aquädukte*. Sie sind in der Mehrzahl später verfallen, zusammen mit den Poleis, die durch sie versorgt wurden. Dennoch geriet die Technik selbst nicht in Vergessenheit. Die Aquäduktbauten der Osmanen in Thrakien knüpfen direkt an diese Tradition an. Nachhaltige Bedeutung hatte auch die in römischer Zeit aufkommende Technik des Zisternenbaus. Ihre Anlage erlaubte in späterer, byzantinischer Zeit die Konzentration der schrumpfenden Städte in den enger ummauerten Burgbereichen in Höhenlagen.

Auffällig sind natürlich die Ruinen hellenistisch-römisch-byzantinischer Repräsentativbauten, die Theater, Stadien, Basiliken, Triumphbögen und andere Attribute antiker Stadtkultur. Sie stehen beziehungslos in der heutigen Kulturlandschaft. Mit der Lebensform der Polis war ihre Funktion geschwunden, und schon die späten Byzantiner hatten kaum Verwendung dafür. Spätestens seit dem Mittelalter, als die antike Konzeption der Stadtgemeinde erlosch und man – wie vorher – nur noch wenige zentrale Verwaltungs- und Handelsplätze für ein dörfliches Umland brauchte, liegt die Mehrzahl der altgriechischen Poleis als Ruinenstätte irgendwo unter der Macchie. Die einstmals mit Bedacht ausgewählten Siedlungskammern wurden durchaus nicht in allen Fällen von modernen, kleinstädtischen Nachfolgesiedlungen benutzt. Die regelmäßig-rechteckigen Grundrisse aus der Antike überkommener Städte sind völlig verschwunden. Wo sie heute in Altstädten auftauchen (Nicea, Antiochia), wurden sie erst im 20. Jh. wieder freigelegt. Gelegentlich lassen sich Spuren im Feldwegenetz der Stadtumgebung verfolgen (Bodrum). Alle sonstigen regelmäßigen Ortsgrundrissmuster sind das Ergebnis junger Entwicklungen des 19. und 20. Jh.s.

Bild 27: Antike Pflasterstraße bei Herakleia am Latmos (3. Jh. v. Chr.): *Bis heute benutzt man in Anatolien Pässe und Trassen antiker Straßen, die den natürlichen Hauptverkehrsachsen folgen.*

Die Tatsache, dass sehr viele der antiken Poleis nicht wieder bebaut wurden, hat dazu beigetragen, dass die Türkei an Ruinenplätzen der Antike eines der reichsten Länder des Mittelmeerraumes ist. Für die Entwicklung des modernen Fremdenverkehrs ist das von gewissem Wert, für das Leben der Masse der Bevölkerung jedoch völlig ohne wirtschaftliche oder emotionale Bedeutung.

Nachhaltiger wirkte vermutlich die Gliederung des Landes in Städteterritorien (*civitates*) mit zugehörigen Dörfern, die wie die Bischofssprengel der byzantinischen Zeit oder die Gerichts- und Steuerbezirke (*Kaza* und *Nahiya*) in islamischer Zeit als unmittelbare Kommunikationsgebiete der betreffenden Einwohner etwa die gleiche Größenordnung haben wie Stadtterritorien der Antike.

Wandlung zum islamisch-türkischen Land

Das Ende antiker Organisationsformen

Die hellenistisch-römische Ordnung und wirtschaftliche Entwicklung entfaltete in Kleinasien etwa zur Zeit der Severer im 2./3. Jh. n. Chr. ihren Gipfel, während die Vereinheitlichung der Landesteile durch römische Staatstradition, christliche Religion und griechische Sprache erst unter Justinian im 6. Jh. n. Chr. erreicht wurde. Die Euphratgrenze, die einigermaßen gegen die Sassaniden gehalten werden konnte, muss kulturgeographisch recht markant gewesen sein, auch wenn Armenien – östlich davon – zeitweise abhängig vom Imperium war. Die Armenier entwickelten seit 280 n. Chr. eine eigene, von Konstantinopel unabhängige Kirche und Schriftsprache und behaupteten auf vielen Kulturgebieten ihre Eigenständigkeit. Die Verstädterung hellenistisch-römischer Art drang nach Osten nicht durch, sodass das Gliederungsprinzip in gauhafte Siedlungsgebiete mit Burgzentren erhalten blieb.

Der Zusammenbruch hellenistisch-römischer Kultur begann mit verheerenden Einfällen der Perser nach Syrien und Anatolien Ende des 6., Anfang des 7. Jh.s. n. Chr. Nur wenige Jahrzehnte später überrannten arabische Armeen Syrien und besetzten es bis zum Taurus. Mitte des 7. Jh.s n. Chr. waren ganz Persien und seine armenischen Vasallenländer zu Provinzen des *Kalifenreiches* geworden.

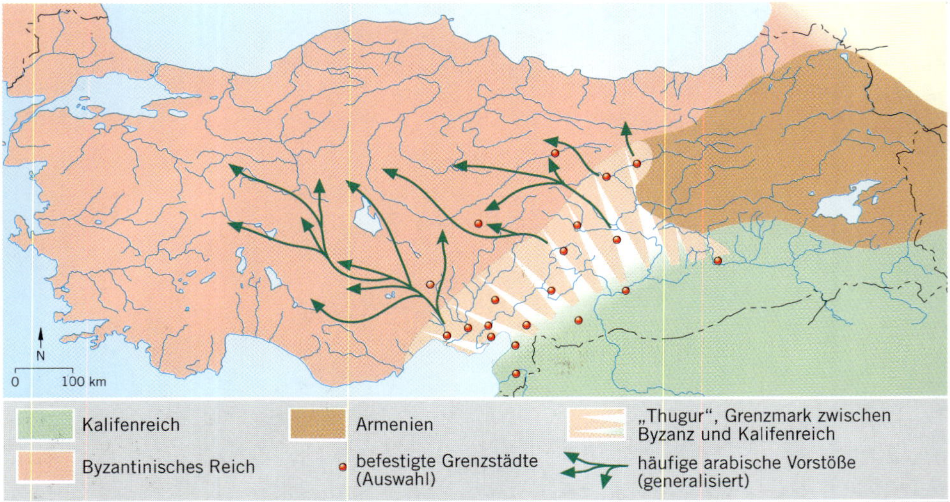

Abb. 52: „Thugur", die Grenzmark zwischen Byzanz und dem Kalifenreich vom 7. – 10. Jh.: *Die wichtigsten befestigten Grenzerstädte sind durch rote Punkte angedeutet. Die Vorstoßrichtungen sind generalisiert.*

Vom westlichen Kilikien bis zum oberen Euphrat bildete sich beiderseits des mittleren Taurus für Jahrhunderte die Achse eines umkämpften Grenzsaumes zwischen der islamischen und der christlich-orthodoxen Welt heraus (vgl. Abb. 52). Der schwer passierbare kilikische Taurus war schon mehrfach Grenzscheide zwischen Völkern und Staaten des anatolischen Hochlandes und Kilikiens (Syriens) gewesen. Selbst im Oströmischen Reich hatte diese Linie als Grenze zwischen dem überwiegend griechischsprachigen Anatolien und semitischsprachigen Syrien eine Rolle gespielt. Die staatliche Organisation hatte dem (unter Justinian) Rechnung getragen und die nördlichen Provinzen der Präfektur Asiana und die südöstlichen der Präfektur Oriens zugewiesen. Die kirchliche Gliederung folgte dieser Einteilung: Der mittlere Taurus war Grenze zwischen den Patriarchaten von Konstantinopel und Antiochia (und ist das als Anspruchsgrenze noch heute).

Für Grenzgebiete dieser Art gab es in der islamischen Staatsauffassung jener Zeit den Begriff *Thugur* (Grenzmark). Dieser Landstreifen stand rechtlich nicht unter der Zivilverwaltung, sondern kannte nur Garnisonen und schweifende Grenzkrieger. Seine Grenzen waren feindwärts nicht festgelegt und auf Expansion konzipiert. Hier sammelte sich auf islamischer Seite eine sozial sehr gemischte Grenzerbevölkerung, die den „heiligen Krieg" (*jihad*) mit dem in Arabien üblichen schnellen, kurzen Beutezug (*Gazzu*) verband. Diese Männer wurden „Gazi" genannt, waren paramilitärisch organisiert und unternahmen von hier aus – wie es heißt, fast jährlich – Überfälle und Beutezüge in das christliche Gebiet. Hauptstützpunkte waren stärker befestigte Städte südlich des Gebirges, wie Tarsus, Adana, Misis, Ayas, Sis (Kozan), Maraş, Malatya, Elbistan, Darende und Amida (Diyarbakır).

Der *byzantinische Staat* hatte dem nur Garnisonstruppen entgegenzusetzen, die zwar Festungen halten und gelegentlich größere Schlachten gewinnen konnten, gegenüber den schnellen Raubzügen kleiner Gruppen aber viel zu schwerfällig waren. Die großen Festungen Sabastaia (Sivas), Caesarea (Kayseri) und Tyana (südl. Bor) sowie einige weitere konnten zwar gehalten werden, ihre Mauern wurden verstärkt, und von hier aus wurden gelegentlich Vorstöße in die Thugur unternommen. Aber das flache Land und die kleineren Städte waren schutzlos. Die arabischen Vorstöße gelangten 678 und 718 n. Chr. sogar bis vor die Tore von Konstantinopel.

Die Folgen dieser bis zum 10. Jh. andauernden Militärgrenzsituation waren vierfacher Art:

1) Die mehr oder weniger flachen, durchgängigen Landesteile des anatolischen Hochlandes wurden weitgehend entvölkert, Dörfer und wohl auch viele kleine Poleis verfielen, ihre Plätze verödeten und ihre Namen wurden vergessen. Nur in den Gebirgen dürfte sich ein Teil der anatolischen, mehr oder weniger gräzisierten Landbevölkerung gehalten haben.

2) Während die griechischen Anatolier in Jahrhunderte langen Überfällen aufgerieben wurden, konnte sich das armenische Volkstum unter dem Schutz islamischer Oberherrschaft erhalten. Da Armenien bereits beim ersten Ansturm der Muslime erobert und dem Kalifenreich eingegliedert worden war, blieb es weitgehend von derartigen Einfällen verschont. Armenien war toter Winkel oder allenfalls Etappe, denn die Thugur hatten ihre Front nach Nordwesten gerichtet.

3) Nirgendwo auf dem anatolischen Hochland oder gar in Armenien kam es zu arabischer Okkupation oder Landnahme. Die winterkalten Hochländer scheinen die Araber nicht gereizt zu haben.

4) Der Stil des Grenzkrieges hatte eine Selektion unter den Städten zur Folge. Nur wenige größere Festungsstädte widerstanden den Angriffen und Belagerungen. Die Konzilien zeigen im 8., 9. und 10. Jh. eine immer geringere Zahl von teilnehmenden Bischöfen aus Kappadokien, Lycaonien, Galatien und Kleinarmenien. Die Städtedichte Anatoliens ging fast wieder auf das Maß zurück, das etwa Armenien nie überschritten hatte. Die Städte, die schließlich übrig blieben, waren weitgehend die gleichen, die schon vor der Hellenisierung aufgrund ihrer Gunstlage im Raum Mittelpunkte ihrer Umgebung gewesen waren.

Die Türken und ihr erster Staat

Mit der Schlacht von Manzikert (Malazgird) 1071, die der Turkmenenhäuptling Alp Arslan gegen den Kaiser gewann, brachen die entscheidenden Dämme des byzantinischen Staates. Das Land war so geschwächt und so dünn besiedelt, dass diese Schlacht für die Geschichte der Türken und der Byzantiner entscheidend wurde. Die oğuzischen *Turkstämme*, die im westlichen Aserbaidschan unter der lockeren Herrschaft der Großseldschuken Irans standen, brauchten keinen langwierigen Grenzerkrieg mehr zu führen, sondern konnten in wenigen Jahren von Osten her Anatolien bis zum Marmarameer durchstoßen. Für die oğuzischen Türken, die aus Zentralasien kamen, bot der Iran kaum Anreize zu dauerndem Aufenthalt. Anatolien hingegen, v. a. in seinen zentralen Teilen, ähnelte den winterkalten Steppen und Waldgebirgen Zentralasiens, erschien also viel eher „heimisch". Zudem besaßen die Türken mit der Kreuzung des baktrischen Kamels mit dem Dromedar ein Transporttier, das den winterlichen Klimabedingungen Anatoliens standhielt und auch im Gebirge einzusetzen war. Im Gegensatz zu den Arabern wollten sie hier bleiben. Es muss eine Eroberung gewesen sein, die entsprechenden Landnahmeprozessen der Frühgeschichte nicht unähnlich war. Das entscheidende Ergebnis war die Türkisierung und Islamisierung des größten Teils Anatoliens.

Unter der Führerschaft von Beys kamen die Türken bereits herrschaftlich organisiert ins Land. Diese Gruppen besetzten einzelne Landschaften und bildeten erste Territorien, die nach diesen Beyfamilien benannt wurden. Es setzten sich also nicht Stammes-, sondern Dynastie-Namen durch. Diese frühen Herrschaften bildeten sich stets in und um jene Burgstädte, die aus byzantinischer Zeit überkommen waren und deren Mauern Schutz für einen türkischen Herrschaftssitz boten.

Die Danişmend okkupierten das ehemalige Kappadokien; Sabastaia (Sivas) und Kayseri, Tokat, Neocaesaraia (Niksar) und Amasya wurden ihre Residenzen. In Ostanatolien herrschten die Saltuk von Arzan er-Rum (Erzurum) aus über den Nordosten, die Mengücek von Aziris/Erzincan und Tephrike (Divriği) aus über das mittlere Euphratgebiet, die Sökmen oder şah-i Armin saßen in Argisitis (Erciş) und kontrollierten die Umgebung des Vanseebeckens, und die Artuk in Amida/Kara Amid (Diyarbakır) besetzten die Landschaften am oberen Tigris.

Am erfolgreichsten war jedoch ein Zweig der Dynastie *Selçuk*, der am weitesten nach Westen vorgedrungen war und dessen Truppen Laranda/Larende (Karaman) eroberten, dazu Heraclea Ereğli, Nagidus (Niğde), Archelais (Aksaray), Ancyra/Engüre (Ankara), später Gangra (Çankırı), Castra Comnena (Kastamonu), v. a. aber Iconium (Konya)

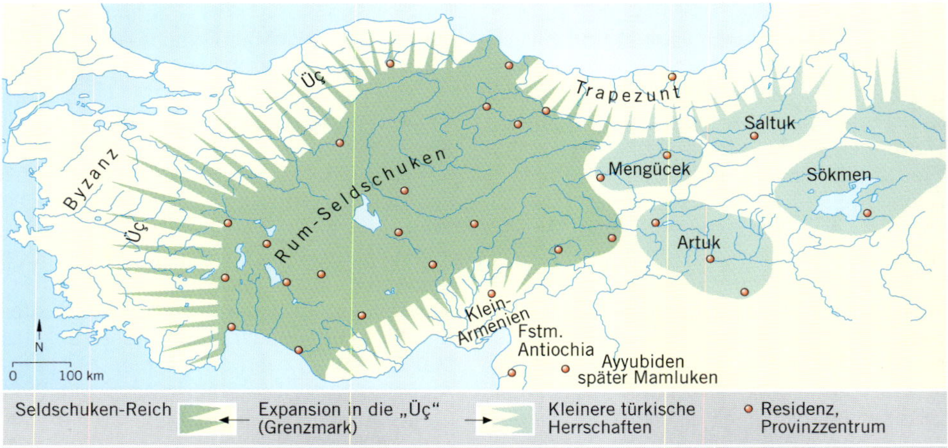

Abb. 53: Seldschukenreich und kleinere türkische Herrschaften im 12. Jh.: *Pfeile zeigen die Expansion in die „Üç" (Grenzmark), Punkte die wichtigsten Residenzen und Provinzzentren.*

(vgl. Abb. 53). Konya wurde wichtigste Residenz der *Seldschuken*, die anderen Städte wurden mit Prinzen oder Emiren besetzt. Die Orte behielten in abgewandelter, türkisierter Form oder in volksetymologischer Umdeutung ihre alten Namen.

Der erste wirkliche türkische Staat auf anatolischem Boden konnte sich bezeichnenderweise im inneren Hochland durchsetzen, wo Durchgängigkeit, wie schon bei Hethitern und Phrygern, die Beherrschung erleichterte. An den Randgebirgen mit dichteren Waldgebieten trat die Expansion zunächst auf der Stelle. Byzantinische Städte hielten sich noch in Phrygien, an der Nordwest-, West- und Südwestküste. An der östlichen Schwarzmeerküste bildete das „Kaiserreich Trapezunt" einen selbständigen Nachfolgerstaat des alten Imperiums. In Kilikien etablierten sich, gestützt durch die südlich anschließenden christlichen Kreuzfahrerstaaten, Armenier in autonomen Fürstentümern.

Die Inbesitznahme der Städte sicherte zwar feste Mittelpunkte und Residenzen, schuf jedoch kaum Lebensmöglichkeiten für die nach ihrer Tradition nomadischen Einwanderer. Einige mögen sich angesiedelt oder auch die nomadische Lebensform im Hochland beibehalten haben. Für diejenigen, die an der Eroberung Gefallen gefunden hatten, bot der Seldschukenstaat den als Glaubenskrieg sanktionierten ständigen Beutekrieg an der Grenze, ein Ventil, das schon die früheren arabischen Eroberer kannten und mit dem sich mehrere Probleme gleichzeitig lösen ließen Man war die „unruhigen Elemente" im Inneren des Landes los und konnte ehrgeizigen Häuptlingen ein Ziel weisen. So ließen sich die Grenzen v. a. gegenüber Byzanz durch die Etablierung nomadischer Gruppen sichern und durch diese Grenzkrieger sogar hinausschieben. Ein Teil der Beute floss in die Staatskasse oder bereicherte die Märkte der Städte.

Der Seldschukenstaat hatte diese Randzone allerdings, wie früher das Kalifenreich, nicht sich selbst überlassen. Sie hieß *Üç*, was wie das frühere arabische *Thugur* „Mark" bedeutet. Die Anführer der türkischen Gruppen, die ihre Schafe jahreszeitlich auf wechselnde Weiden trieben, andererseits byzantinische Siedlungen überfielen, hießen *Üç Beyler*, was man mit „Markgrafen" übersetzen könnte, oder *Üç Gazi*, Grenzglaubenskämpfer, und waren vom Sultan in Konya nicht ganz unabhängig. So frei die Üç Beyler de facto auch agieren mochten und so wechselvoll ihre eigene Politik gegenüber Byzanz oder Trapezunt auch war, legten sie doch Wert darauf, vom Sultan die Symbole ihrer Macht – Standarte, Ehrenkleid und Trommel – zu bekommen, um ihre Legitimität unterstreichen zu können, sobald sie sich in eroberten Städten etabliert hatten. Der Sultan wiederum ließ durch einen Emir in Kastamonu die Nordgrenze zwischen Kızılırmak und Sakarya kontrollieren, und in Afyon Karahisar saß der Emir für die Westgrenze.

Innerhalb ihrer Kernländer entfalteten die Türken unter der Dynastie der Seldschuken eine bemerkenswerte Kultur, die ihre Blüte zwischen etwa 1180 und den ersten Mongoleneinfällen (ab 1220) erreichte. Der Staat fasste sich – im Gegensatz zu den Großseldschuken im Iran – als „römisches" Seldschukenreich auf und ging dementsprechend als *Rumseldschuken* in die Geschichte ein. Er war vom Kaiser in Byzanz (nicht ganz freiwillig) anerkannt, desgleichen von den Großseldschuken im Iran und vom Kalifen in Kairo. In den Städten entfaltete sich reiches höfisches Leben, Sultane und Emire schmückten ihre neuen Residenzen mit Bauten, die jenes Bild der orientalischen Stadt entstehen ließen, das wir aus späterer Zeit kennen.

Die Islamisierung der Türken lag noch nicht weit zurück. So waren selbst die Städte des Seldschukenreiches alles andere als orthodox-islamisch. Auf dem Land und in den Städten agierten zahlreiche *Babas* (Wanderprediger),die sich in Derwischorden organisierten und den noch halbschamanistischen Turkmenen den Islam und den Glaubenskrieg predigten. In Konya jedoch entstand aus mystischer Islaminterpretation, alter islamischer Gelehrsamkeit und zentralasiatischen wie mediterranen Einflüssen eine Philosophenschule von hohem Rang. Mevlana Celal ed-Din Rumi, der aus Buchara stammte, begründete hier den *Orden der tanzenden Derwische*, der in der Geistesgeschichte der Türken eine beträchtliche Rolle spielen sollte. Sein Konvent in Konya ist eines der interes-

Bild 28: Konya, Konvent des Mevlana-Ordens: *Mevlana Celal ed-Din Rumi aus Buchara begründete in Konya den Orden der tanzenden Derwische, eine Philosophenschule von hohem Rang (links im Bild).*

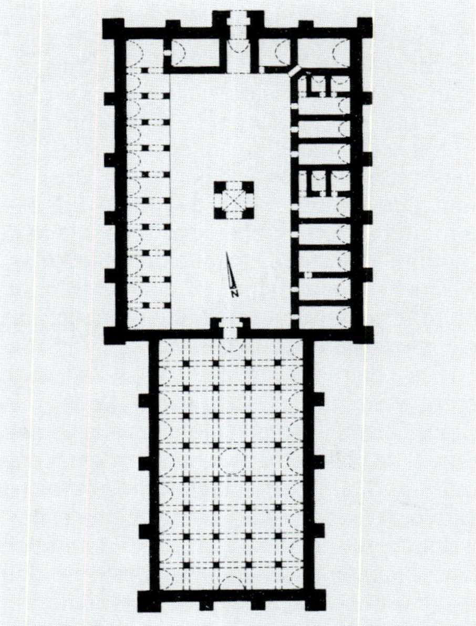

Abb. 54: Grundriss eines Sultan-Hans.

santesten Bauwerke seldschukischer Architektur (Bild 28).

Als der Funktion und Konzeption nach etwas völlig Neues hat uns das Reich der Seldschuken in Anatolien das *Karawanseray* hinterlassen, türkisch *Han* genannt. Die Reduzierung des Städtenetzes hatte dazu geführt, dass auf Fernwegen über längere Distanzen oft keine Raststationen verfügbar waren. Die Anlage von aufwendigen, bisweilen prunkvollen Hanen in Tagesreise-Abständen entlang der Hauptverkehrsrouten des Reiches, die Konya mit den wichtigsten anderen Städten verbanden, schuf Abhilfe. Es sind zumeist nach dem Innenhofprinzip angelegte Bauten mit zwei Stockwerken von Nischen an den Innenseiten der Umfassungsmauern, wo Tragtiere, Fracht und Menschen Unterkunft fanden (vgl. Abb. 54). Bei den klassischen seldschukischen Hanen ist an diesen „Sommerhof" noch eine von Spitzbogen überwölbte „Winterhalle" angeschlossen. Die Hane zwischen Alanya, Konya und Kayseri sind wegen der häufigen Verlegungen des Hofes entlang dieser Hauptverkehrslinie des Staates die aufwendigsten und gelten als Zeugen früher türkischer Architektur. Sie sind eine besondere Attraktion des modernen Fremdenverkehrs.

Als Bautyp wurde der Han in abgewandelter Form und auch in erweiterter Funktion weitergeführt. Die Routen jedoch änderten ihre Bedeutung; die Südwest-Nordost-Achse des Seldschukenreiches spielte keine wesentliche Rolle mehr, als Konstantinopel/İstanbul wieder zur Hauptstadt geworden war. Die seldschukischen Hane gerieten dadurch in Abseitslage, aber gerade dadurch wurden einige von ihnen vor Zerstörung, Umbau oder Ausschlachtung als Steinbruch bewahrt.

Regionale Ordnung der Beyliks

Der erste *Mongoleneinfall* Anfang des 13. Jh.s brach die Macht der seldschukischen Sultane. Die mongolischen Ilchane in Täbriz unterstützten aus politischen Gründen lokale Beys und ihre Herrschaftsbereiche. Dies wurde entscheidend für die Herausbildung der territorialen und später administrativen Gliederung Anatoliens, deren Kontinuität sich von den Beyliks des 13./14. Jh.s über die osmanischen Sancaks und Eyalets bis zur heutigen Verwaltungseinteilung und zum gegenwärtigen zentralörtlichen System der Iller (Provinzen) meist klar verfolgen lässt (vgl. Abb. 55).

Am deutlichsten ist die Entwicklung in den westlichen Teilen Anatoliens. Das Beylik der Germiyan nahm, nach Inkorporierung kleinerer Herrschaften, etwa den Kernraum Phrygiens ein und damit den Hauptteil der westlichen seldschukischen Grenzmarken. Mit dem weiteren Vordringen nach Westen etablierten sich, zeitweise unter Oberherrschaft von Germiyan, die Fürstentümer Aydın und Saruhan im ehemaligen Lydien, Karası in Mysien und Menteşe in Karien. Hamid fällt ziemlich genau mit Pisidien zusammen und Tekke mit Pamphylien und seinen Randgebirgen. Im Norden gelang den Candar die Herrschaft in Kastamonu mit den Beckenlandschaften des ehemaligen Paphlagonien im westlichen Pontischen Gebirge.

Besondere Beachtung verdient eine kleine Grenzmark am unteren Sakarya, deren erstes Zentrum Söğüt war. Ihre Beys waren die Letzten, die den Grenzkrieg der Gazis führten. Sie konnten sich gegen Germiyan durchsetzen, von Byzanz den größten Teil Bithyniens erobern und mit dem Machtzuwachs politische Reife erlangen. Ihr Herrscherhaus benannte sich nach *Osman*, ihrem Führer aus der Anfangszeit am Sakarya. Osmans Sohn Orhan eroberte bereits Bursa, İznik und Izmid und schuf so die Voraussetzungen für die Expansionen der *Osmanen* über das Marmarameer hinaus.

Der kleingliedrigen Territorialität im westlichen Anatolien standen in Zentral- und Ostanatolien mongolische Machtansprüche entgegen, sodass sich die Beylikbildung hier verzögerte und partiell in anderen Formen vollzog. Die Kernlandschaften des Seldschukenstaates gelangten an die Turkmenendynastie Karaman, die ein schwer erreichbares Rückzugsgebiet im mittleren Taurus um Ermenek und Mut als „innere Provinz“ (Iç İli) besaß. Von Ihrer Hauptresidenz Laranda aus, das diesen Namen noch lange behielt, ehe sich der Dynastiename auch auf die Stadt übertrug, beherrschten sie mit wechselndem Erfolg Süd-Inneranatolien. Der Besitz von Konya sollte den Karamaniden das Prestige der Rumseldschuken verleihen. Während an den Beysitzen des Westens die feine persische Lebensart des Seldschukenhofes imitiert wurde, taten das die Karamaniden nicht. Weniger aus nationalistischen Motiven, vielmehr wohl als Eingeständnis der nomadischen Herkunft aus den rauen Bergen erhob der Karamanherrscher Mehmed Beg das Türkische erstmals anstelle des Persischen zur offiziellen Hof- und Amtssprache.

Ähnliche Herrschaften von Turkmenenbeys entstanden nach dem Ende des Königreiches Kleinarmenien und der Kreuzfahrerstaaten südlich des Taurus. Die Ramazan besetzten die Çukurova und errichteten ihre Residenz in der ehemaligen armenischen Königsstadt Sis (Kozan). Die Dulkadir saßen östlich des Amanusgebirges in Marasion (Maraş), Albistine (Elbistan) und Melitene (Malatya). Beide Beyliks stützten sich noch stärker als die Karamaniden auf nomadische Turkmenen, hatten aber als Zentren der Herrschaft feste Städte, was sie von den später östlich anschließenden Herrschaftsgebilden unterschied.

Im östlichen Inneranatolien konnten sich die Eretna (später Kadi Burhan ed-Din) von der mongolischen Oberherrschaft lösen und Kappadokien von Sivas und den Nebenzentren Kayseri, Amasya, Tokat, Niksar und Divriğı aus zeitweise bis nach Erzincan und Erzurum beherrschen.

In Nordostanatolien hielt sich, durch Berge und dichte Wälder geschützt, noch immer das griechische Trapezunt mit einigen Küstenstädten am Schwarzen Meer. Hier ging der Grenzkrieg der Gazis weiter, wie das berühmte Epos von Dede Korkut aus dem 14. Jh. überliefert. Hier begann die Türkisierung durch den Stamm der Çepni,

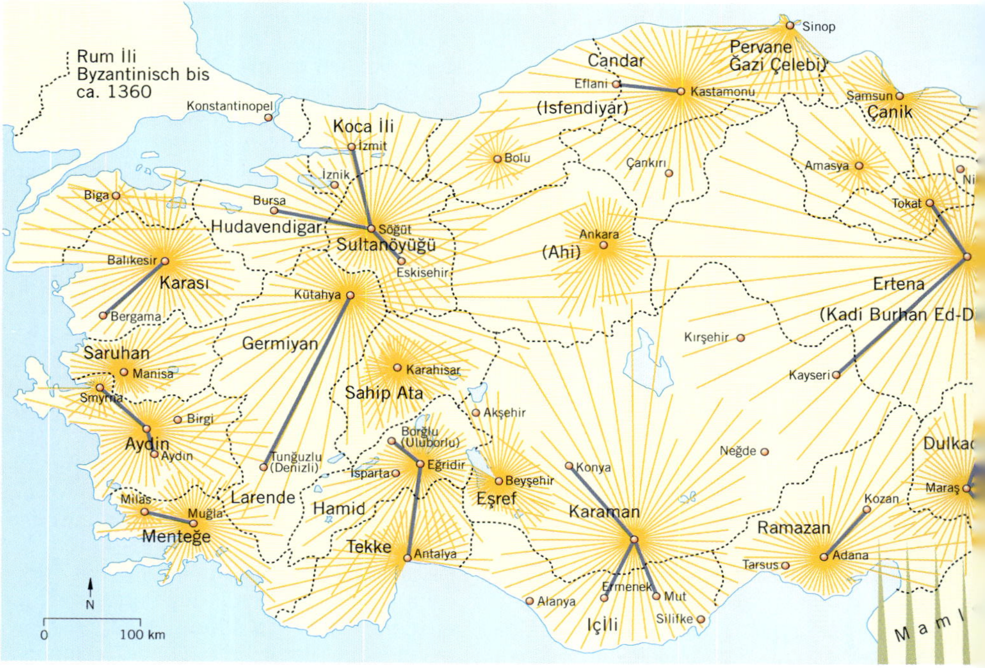

der von Samsun aus sein Beylik Çanik nach Osten in die Wälder ausdehnte. Im Namen dieses Beyliks und in dem des Waldberglandes „Çanik Dağ“ im Hinterland von Samsun und Ordu lebt der Name der Vorbevölkerung, der Tsannen, fort, deren Sprache vor der Gräzisierung zum Lasischen und damit zum Kaukasischen gehörte.

Der Osten, das ehemalige Armenien, war noch nicht zu einer vergleichbaren räumlichen Gliederung gelangt. Für lokale türkische Beyliks muss die mongolische Herrschaft hier spürbar ungünstiger gewesen sein. Das persisch-mongolische Verwaltungssystem hielt sich hier noch lange. Neben Statthaltern in den Städten der Beckenlandschaften tauchen im 14. und 15. Jh. die turkmenischen Nomadenkonföderationen der Ak Koyunlu und der Kara Koyunlu als nichtterritoriale Gebilde ohne Kriterien fester Umgrenzung auf. Wir wissen, dass sie ihre Sitze häufig verlegten, bald in Obermesopotamien agierten, sich bald im Norden im Grenzkrieg gegen Trapezunt hervortaten. Vermutlich praktizierten sie großräumigen Nomadismus zwischen dem ostanatolischen Hochland im Sommer und dem Vorland des äußeren Osttaurus im Winter. Ihre faktische Macht muss, v. a. im 15. Jh., beträchtlich gewesen sein. Wahrscheinlich wurden einheimische Bauern und Städter von ihnen kontrolliert und besteuert. In diesem System des Nomadismus als „Stadium der großen Konföderationen“ ist der „Staat“ die Summe der wandernden Horden ohne feste Zentren. Die Gebiete der Sesshaften, durch die man zieht, bieten lediglich Einkommensquellen wie Weideflächen (de Planhol 1975).

In räumlicher Entwicklung und Abstufung zeichnete sich hier eine ähnliche zivilisatorische West-Ost- oder Nordwest-Südost-Abstufung ab wie in hellenistischer Zeit: Damals wie jetzt waren die westlichen Kleinstaaten fortgeschrittener und dichter mit Städten durchsetzt als im Osten. Neu und bisher unbekannt in Anatolien war allerdings der nomadische Machtfaktor und die nomadische Lebensform.

Anatolien wird türkisch und islamisch

Die Fragen, wann und wie aus den „alten“ Anatoliern und den eingewanderten zentralasiatischen Türken das neue Volk der anatolischen Türken entstand, wie das Verhältnis von Eroberern zu Unterworfenen

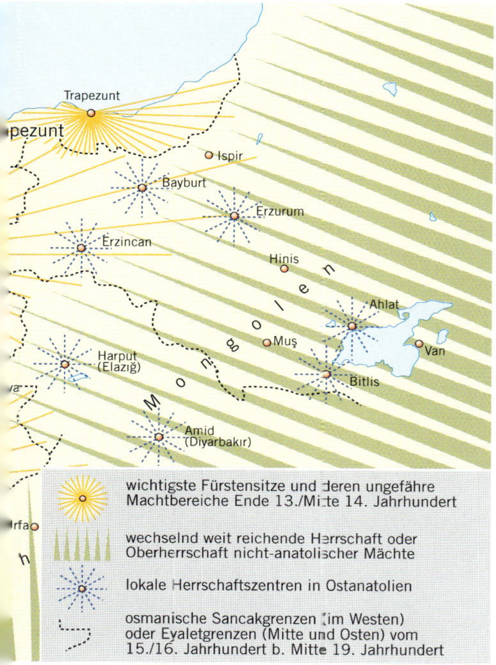

Abb. 55: Anfänge der neueren Raumorganisation: die Beyliks des 14. Jh.s: *Die strahlenförmige Darstellung deutet den wechselnden oder überlappenden Geltungsbereich der Herrschaftsbereiche an. Ihre Kerngebiete sind spätere osmanische Sancaks oder Eyalets, mit bis zur ersten Hälfte des 19. Jh.s nahezu unveränderter Umgrenzung.*

war, ob und wo Bevölkerungsteile der bisherigen Sprache und Religion weiterlebten und wie sich die sprachliche Wandlung vollzog, sind für die heutigen Türken mit gewissen Emotionen belastet. Einerseits ist „Türkentum" zentralasiatischer Abkunft für jeden Türken ein stolzes nationales Bekenntnis, andererseits bemerkt er an sich und seinen Landsleuten kaum noch rassische Spuren dieser Herkunft. Vortürkische Sprachen und vorislamische Bekenntnisse sind heute praktisch verschwunden. Akzeptiert man die These von der historischen Assimilation, müsste jeder zugeben, unter seinen Vorfahren mindestens ebenso viele Erzfeinde, christliche Griechen oder Armenier, wie eigentliche Türken zu haben.

So wird vielfach alles vortürkische Volkstum nebst seiner Kultur als etwas betrachtet, das einen selbst nicht betrifft. Wie für die meisten Deutschen ihre Geschichte bestenfalls mit Karl dem Großen einsetzt, so beginnt die der Türken frühestens mit ihrem Erscheinen in Anatolien. Dem Durchschnittstürken sind die Antike und Byzanz so fremd wie dem Durchschnittsdeutschen das Neolithikum. Ost- und Zentralanatolien wurden so rasch erobert, dass große Fluchtbewegungen der einheimischen Bevölkerung unwahrscheinlich sind. Ein beträchtlicher Teil muss im Land geblieben sein und sich mit den neuen Herren arrangiert haben. Die altertümlichen griechischen Dialekte, die in einigen Landgemeinden im Raum Kayseri-Niğde noch gegen Ende des 19. Jh.s gesprochen wurden, deuten ganz klar auf Konstanz hin (Dawkins 1910). Auch sind in Anatolien weithin vortürkische Ortsnamen städtischer und ländlicher Siedlungen, wenn auch in türkisierter Form, erhalten, was ein Mindestmaß von Bevölkerungskonstanz auch auf dem Land voraussetzt (vgl. Hütteroth 1968).

Die rasche Etablierung staatlicher Macht in städtischen Zentren lässt vermuten, dass den frisch gegründeten Fürstentümern mehr an prosperierenden Steuerzahlern lag als an der Ausbreitung des Islam. Nach dessen Geboten wurde die unterworfene nichtislamische Bevölkerung zwar waffenlos gehalten und mit bestimmten Steuern belegt, blieb aber sonst in ihren Sitten und religiösen Riten unbehelligt. Diesen Schutz für Angehörige nichtislamischer „Buchreligionen" (Christen aller Bekenntnisse, Juden, ggf. Parsen) konnten die neuen Herrscher in ihren eroberten Städten und in deren unmittelbarer ländlicher Umgebung sicherlich durchsetzen, und die Beziehungen zwischen Muslimen und Christen müssen unter seldschukischer Herrschaft ausgesprochen gut gewesen sein. Armenier und syrische Christen waren geradezu dankbar, nicht mehr der geistlichen Bevormundung durch das griechisch-orthodoxe Patriarchat in Konstantinopel ausgesetzt zu sein. Griechisch-orthodoxe Bischöfe konnten in ihren Gemeinden ungestört amtieren, und viele scheinen an den Fürstenhöfen nicht unerheblichen Einfluss gehabt zu haben.

In der Oberschicht, selbst bei den türkischen Fürstenhäusern, gab es zahlreiche Verschwägerungen mit griechischen Familien von diesseits und jenseits der Grenze, und diese Beziehungen wurden zu politischen Zwecken eingesetzt. Revoltierende byzantinische Prinzen oder Gouverneure flohen zu den Seldschuken und umgekehrt. Beziehungen zwischen Machtzentren der Byzantiner und der Seldschuken waren enger und vielfältiger als zu denen der islamischen Glaubensgenossen in Syrien.

Der vielfach bezeugten Toleranz in den fest beherrschten Landesteilen stehen in jener Zeit auch gegenläufige Tendenzen zur Seite. Es ist fraglich, ob die turkmenischen Nomaden derartige Gebote in den peripheren Gebirgen oder den Grenzgebieten respektierten. Sie waren erst oberflächlich islamisiert oder hatten den frischen Fanatismus von Proselyten. Beides konnte dazu verleiten, zum Zweck des Beutemachens Toleranzgebote des Islam etwas weniger ernst zu nehmen und gegen christliche Bevölkerung schärfer vorzugehen. Bezeichnenderweise hat sich eine christliche Minorität im 16. Jh. fast nur in Städten und deren Umland, allenfalls in besonders großen und günstig gelegenen Landgemeinden erhalten.

Die Militärgrenze, die *Üç* des Westens und Nordens, verschob sich nur sehr langsam, der Zustand des Grenzkrieges dauerte in manchen Gegenden Westanatoliens 200 Jahre (vgl. Kettermann 2001). Hier wurde die alteinheimische Bevölkerung stärker zwangsassimiliert oder auch dezimiert als in Inneranatolien. Hier – näher am Meer und an Konstantinopel – war auch die Chance der Flucht größer. Byzantinische Truppen führten Evakuierungsmaßnahmen durch, um die Bevölkerung unhaltbarer Gebiete in sichereren Reichsteilen anzusiedeln. Seldschukische Fürsten verfolgten das Gleiche zum Zweck der Neubesiedlung verwüsteter Landesteile. So wurde etwa die Gegend von Akşehir durch zwangsweise herangeholte griechische Bauernbevölkerung aus dem Menderestal rekolonisiert.

Übertritte zum Islam wurden den Konversionswilligen erleichtert. Sie kamen sicherlich nicht selten vor, um einerseits unmittelbarem Druck zu entgehen oder andererseits bei Angehörigen der Oberschicht die Karriere zu fördern. Gleichgültig, wie tief die Menschen dadurch überzeugt waren – offiziell zählten sie mit dem Übertritt zu den Muslimen. Celal ed-Din Rumi, der Ordensgründer aus Konya, soll mit seiner mystisch-philanthropischen Interpretation des Islam wahre Massenbekehrungen erreicht haben.

Die Chancen wechselseitiger Angleichung und Assimilation wurden zudem dadurch gefördert, dass die Einwanderer selbst alles andere als homogen waren. Sicher waren außer Nomaden auch Bevölkerungsgruppen mit bäuerlicher Tradition beteiligt, die sich bald wieder ansiedelten und deren Lebensform damit den Einheimischen näher stand als den Nomaden. In den Städten ist der beträchtliche Anteil von städtischen Einwanderern aus Zentralasien und dem Iran bezeugt, und der weitere Zustrom – ausgelöst durch die Mongolenherrschaft im Osten – riss noch lange nicht ab.

Selbst die Nomaden waren keine in sich streng geschlossenen Gruppen. Die 24 Stämme der an der Einwanderung beteiligten Oğuzen, die Salur, Kayı, Çepni, Avşar, Kınık, Bayat, Yazı, Karkın usw., besaßen wenig Bindung an Stammesgenealogien. Ihr Zusammenhalt kann nicht sehr stark gewesen sein, denn ihre Namen erscheinen alle als Ortsnamen ausschließlich in verstreuter, nicht stammesweise geschlossener Ansiedlung. Viel wichtiger waren die Gruppierungen um bestimmte Führer, was zur Durchmischung der Gesamtbevölkerung beitrug. Wenn im 12. – 14. Jh. ein Bevölkerungsteil Anatoliens als „Turkmenen" bezeichnet wurde, war damit kein historisches „Volk" gemeint, sondern eine Lebensform.

Abgesehen von den Grenzgebieten der Üç müssen wir also davon ausgehen, dass ein Teil der Vorbevölkerung erhalten blieb und erst sehr allmählich assimiliert wurde. Erste greifbare statistische Daten im 16. Jh. zeigen eine christliche Bevölkerung regional in ganz verschiedener Dichte. Fast die Hälfte der Bevölkerung im Gebiet des alten Kaiserreiches Trapezunt war noch orthodox, İstanbul und einige Marmaraorte hatten stattliche orthodoxe Minderheiten, und in Zentralanatolien machten sie um 10 % aus. Hingegen war das Griechentum des westlichen Kleinasien verschwunden. Erst sehr viel später bildeten sich dort wieder griechische Gemeinden von inselgriechischen Einwanderern.

TRADITIONELLE LEBENSFORMEN

Bild 29: Nomaden am Tendürek Dağ (Ostanatolien): *Das klassische Nomadentum Anatoliens war eine Lebensform, die bis weit ins 19. Jh. mit großem Durchsetzungsvermögen florierte.*

Überblick

- Das klassische Nomadentum Anatoliens war eine Lebensform, die bis weit ins 19. Jh. florierte und bei der ganze Bevölkerungsgruppen im Jahresrhythmus wanderten. Durch sie wurde Anatoliens Siedlungs- und Wirtschaftsentwicklung nachhaltig beeinflusst. Ihr wichtigstes Relikt, die hohe Bereitschaft der Bevölkerung zur Mobilität, lässt umfangreiche Wanderungsbewegungen bis in die Gegenwart als „selbstverständlich" erscheinen.
- Die Jahrzehnte der 2. Hälfte des 19. Jh.s (Tanzimatperiode), in die auch Prozesse der gezielten Nomadenansiedlung fielen, waren insgesamt eine der wichtigsten Siedlungsphasen der Neuzeit. Die Masse aller Dörfer in den Flachlandschaften der Türkei sind durch Einwanderung von Griechen bis 1914, Zuwanderung von Glaubensflüchtlingen, Filialgründungen Alteingesessener und Ansiedlung von Nomaden erst zwischen 1850 und 1950 entstanden. Im Gegensatz zu den Gebirgen und Gebirgsrändern sind die Ebenen, Becken und flachen Tafellandschaften damit weitgehend „Jungsiedelland", auch wenn es sich dabei historisch vielfach um Wiederbesiedlung handelte.
- Nur ein gutes Fünftel der türkischen Städte sind traditionsreich, und zwar fast alle Provinzhauptstädte und viele der größeren und bedeutenderen Kreiszentren. Ihren unverwechselbaren Charakter als alte türkische Orte verleiht diesen Zentren die Silhouette der Altstadt – mit ihren typischen traditionellen, im städtischen Leben verwurzelten, funktionellen und strukturellen Elementen inmitten breit ausufernder Neubauviertel von uniformer Eintönigkeit: Höhenburg und Mauer, Altstadtmoschee mit Medresse, Armenküche und Hospital, Basar mit Bedesten und Hanen, Viertelsbildung mit Sackgassen, Viertelsmoschee und Viertelsbrunnen.

Die Rolle der Nomaden

Nomadismus im Hochland

Das Besondere an der türkischen Eroberung und Landnahme gegenüber früheren Invasionen in Anatolien war der *Nomadismus*. Natürlich hatte es Formen der Weidewirtschaft schon immer gegeben, jedoch nicht in Form des Nomadismus, bei der ganze Bevölkerungsgruppen im Jahresrhythmus wanderten. Mit der Türkisierung trat nun eine Lebensform auf, die für Anatoliens Siedlungs- und Wirtschaftsentwicklung nachhaltig wirksam werden sollte.

Nomadische Weidewirtschaft bedeutet die Bindung vorwiegend vom Vieh lebender Menschen an den Aufenthaltsort der Herden. Nutzbare Weideflächen finden sich in klimatisch verschiedenen Zonen oder Höhenstufen, zwischen denen ein jahreszeitlicher Wechsel erforderlich ist.

Anatolien kennt extrem scharfe Kontraste der Vegetation nicht. Wie die heutige Praxis bäuerlicher Kleinviehhaltung in allen Teilen des Landes beweist, ist Weidewirtschaft mit Kleinvieh überall, abgesehen von der alpinen und oberen montanen Stufe der Gebirge sowie Teilen Ostanatoliens, fast ganzjährig möglich. Nomadische Viehwirtschaftsformen sind also nicht zwingend notwendig. Einem einmal eingeführten Nomadismus bietet das Land jedoch vielfältige und bessere Entfaltungsmöglichkeiten als die eigentlichen Nomadenländer mit ihren Trockensteppen und Halbwüsten. In Anatolien konnten die nomadischen Gruppen auf begrenzteren Räumen mehr Vieh halten, dadurch größer und somit auch mächtiger werden. Die „Länder von Rum" mussten den türkischen Einwanderern geradezu als ideal erscheinen. Das winterkalte Hochlandklima war ihnen vertraut, die Vegetation bot ihnen im Vergleich zu Zentralasien und dem Iran geradezu paradiesisch reiche Weidegründe, und die kleinräumige Differenzierung in Becken- und Gebirgslandschaften erlaubte es, im Jahresgang die jeweils optimalen Weidemöglichkeiten der verschiedenen Höhenstufen auszunutzen.

Im Gegensatz zu arabischen Beduinen spielt bei türkischen Stämmen (türk. İl, Oymak, oder später auch mit den arabischen Begriffen Cema'at, Aşiret, Kabila, Tayfa benannt) weniger die stammliche Genealogie als vielmehr der faktische Zusammenhalt und das Zusammengehörigkeitsbewusstsein die entscheidende Rolle. Stammesnamen sind daher selten dauerhaft, Stammesteile gleichen Namens treten in ganz verschiedenen Landesteilen auf. Typisch war die Durchmischung von Gruppierungen und Untergruppierungen eingewanderter Stämme mit wechselnden Föderationen unter wechselnden Namen.

Diese Gruppierung in Stämmen ist bei nomadischer Wirtschaftsform bis zu einem gewissen Maße unabdingbar. Der Schutz des Eigentums, der Herden, setzt eine kampffähige Gruppe bestimmter Mindestgröße voraus, insbesondere weil bei den Wanderungen vielfältiger Anlass zu Konflikten mit anderen Gruppen und mit bäuerlicher Bevölkerung besteht.

Neben dem jahreszeitlichen Weidewechsel zwischen Winter- und Sommerweiden wird durch die Beweglichkeit nomadischer Gruppen auch eine Verlegung der Weidegebiete, die Okkupation neuer Anspruchsgebiete erleichtert. Nomaden sind deshalb durch Regierungen relativ schwer zu kontrollieren, und das verleiht ihnen ein gewisses Unabhängigkeitsbewusstsein. Verschiebungen einzelner Stammesgebiete untereinander und gegenüber bäuerlichen Siedlungsgebieten sind daher nicht selten. In der Mobilität lag die Voraussetzung für die Überlegenheit der Nomaden im Grenzkrieg gegen Byzanz.

Die Zeit der Einwanderung nomadischer Stämme nach Anatolien zog sich vom 11. bis zum 14. Jh. hin, immer neue Wellen sickerten ein, z. T. auf der Flucht vor den in Zentralasien und dem Iran herrschenden Mongolen. Dabei muss sich ein Wirtschaftssystem etabliert haben, in dem früh der Ackerbau eine bedeutende Rolle spielte, das man also in vielen Fällen höchstens als halbnomadisch bezeichnen kann.

Da den einwandernden Turkstämmen die noch byzantinischen Küstengebiete zunächst kaum als Winterweide zugänglich waren, entwickelte sich ein System des Hochlandnomadismus im Inneren der Halbinsel, das höchstens die Innenseiten der Randgebirge mit einbezog. Geschützte Becken und Täler boten Plätze für Winterweide und *Winterlager* (*Kışla*), und die umgebenden Höhen, Plateaus und Gebirge wurden zur Sommerweide (*Yayla*). Ortsnamen mit dem Grundwort *Kışla* treten so gut wie ausschließlich in den Beckenlandschaften des Hochlandes auf und in den gleichen Gebieten häufen sich Ortsnamen, die auf die aus Zentralasien tradierten alten Stammesnamen Bezug nehmen.

In diesem System des Hochlandnomadismus müssen bereits früh Tendenzen zu halbnomadischer Lebensweise aufgetreten sein. Die Weidegebiete lagen schließlich überall im Bereich potenziellen oder ehemaligen Feldbaus, der von den Türken sehr bald zusätzlich aufgenommen wurde. Das runde zentralasiatische Zelt mit Stangengerüst und Filzdeckenbelag kam bis zum 19. Jh. in Zentralanatolien vor. Trotzdem begann die Benutzung fester Häuser in den Kışlasiedlungen wohl relativ früh, denn dieser Zelttyp ist zwar ideal geeignet für die trocken-kalten Winter Zentralasiens, weitaus weniger jedoch für die häufigen winterlichen Regenperioden Anatoliens (Andrews 1990).

Es bildete sich also ein Siedlungssystem heraus, dessen Basis feste Winterdörfer, „Kışladörfer" waren, bei denen Anbau getrieben wurde. Dazu traten jeweils Sommerlagerplätze (Yaylas), auf denen sich die Benutzung des Zeltes bis zum 19. Jh. hielt, wo aber daneben auch feste Gebäude im Laufe der Zeit errichtet wurden.

Dieses System hat sich bis heute im inneranatolischen Hochland erhalten. Es findet sich im 16. – 19. Jh. bei den Stämmen der Atçeken (Pferdezüchter) westlich des großen Salzsees und bei Kurdenstämmen, die um 1800 in die Landschaft Haymana südlich Ankara verpflanzt wurden. Daneben liegt es großen Teilen des ländlichen Siedlungsnetzes im Bogen des Kızılırmak zugrunde, wo sich im 17./18. Jh. die Nomadenföderation der Bozok um ihren Bey-Sitz Yozgat herum in ähnlicher Weise niederließ wie andere Stämme Jahrhunderte vorher.

Zur Unterscheidung von den städtischen oder bereits angesiedelten Türken – erst recht natürlich von türkisierten und islamisierten Einheimischen – bürgerte sich bereits sehr früh für Gruppen, die die Stammesorganisation und nomadische Lebensweise beibehielten, die Bezeichnung Turkmen ein, was etwa so viel wie „reine Türken" bedeutet. In Westanatolien hingegen kommt etwa im 15. Jh. die Bezeichnung *Yürük* für nomadische Gruppen auf, wörtlich „Wandernde".

Bergnomaden des Südens

Die vordringende Militärgrenze hatte türkische Gruppen im Laufe des 13. und 14. Jh.s bis ans Meer geführt. Damit standen ihrer Nutzung jetzt ideale Winterweiden zur Verfügung, die jedoch wegen der Sommerhitze und der Malariagefahr noch nicht zur ständigen Niederlassung reizten. Bäuerliche Restbevölkerung trat infolge der Grenzkriege wohl nur in unbedeutendem Umfang als Flächenkonkurrenz auf. So konnte sich zwischen den Küsten von Ägäis bzw. Mittelmeer und den nahen Gebirgen die klassische Form des Bergnomadismus entwickeln.

Seit dem 14./15. Jh. ist das System voll entwickelt, es ist in den osmanischen Steuerregistern des 16. Jh.s bereits in der gleichen Form belegt, die aus den Beschreibungen des 19. und 20. Jh.s bekannt ist. Seine lange Erhaltung in einem potenziell bäuerlichen Gebiet beruht auf der relativen innerstaatlichen Unsicherheit während langer Epochen der osmanischen Geschichte. Die Sicherheit des Individuums und seiner Habe in einer mobilen Gruppe war bei den Nomaden wegen der leichten Möglichkeit des Rückzuges in unzugängliche Gebirge viel besser zu gewährleisten als in permanenten Siedlungen.

Die zahlreichen Stämme, die sich in vielfältigem lokalhistorischem Wechsel im Taurus etablierten und die Weidegebiete beherrschten, lassen sich nicht im Einzelnen aufzählen oder gar in ihrer Entwicklung und schließlichen Ansiedlung verfolgen. Zu viele wechselseitige Verdrängungen, Verlegungen der Weidegebiete, Auflösung und Umgruppierung von Stämmen und Stammesföderationen charakterisieren die innere Entwicklung. Die Namenslisten von Stämmen des 16. Jh.s aus osmanischen Registern oder die des 18. Jh.s, die Refik (1930) nach Erlassen des Sultans zusammengestellt hat, sind heute weitgehend ohne Bedeutung.

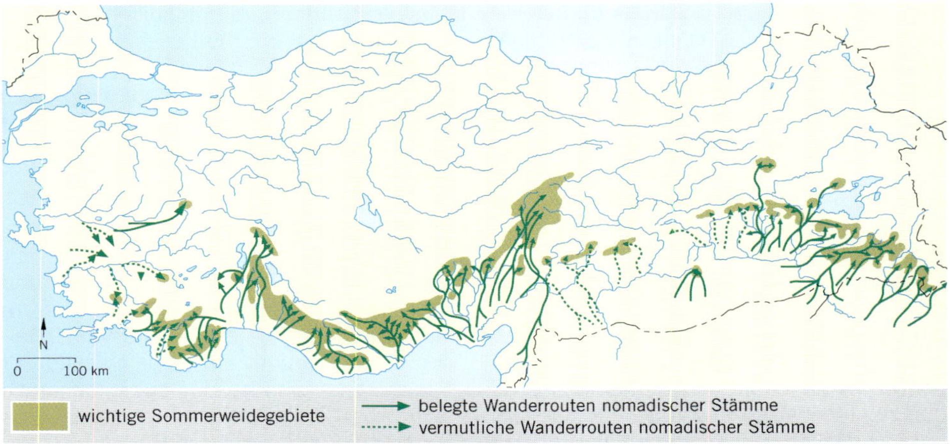

Abb. 56: Wichtigste Sommerweidegebiete und Wanderrouten der Bergnomaden Südanatoliens bis Anfang des 20. Jh.s.

Bis an die Schwelle der Gegenwart ist das Muster der nomadischen Wanderrouten gleich geblieben und steuert mit die gegenwärtigen Ansiedlungsprozesse. Bei allem historischen Wechsel lagen sie fest, da sie immer zu den gleichen Gebirgsweiden und über bzw. durch die gleichen Pässe, Engpässe, Furten und Brücken führten (vgl. Abb. 56).

Ideale Sommerweiden sind Gebirge, die einerseits hoch genug sind, um weit in den Sommer hinein frischen Graswuchs zu bieten, und die andererseits auch in der alpinen Höhenstufe noch so ausgedehnt sind, dass sie als Weidegebiete größerer Stammesgruppen dienen können. Diese Voraussetzungen bieten in relativ kurzer Distanz zum Winterweidegebiet die Kalkplateaus zu beiden Seiten des südanatolischen Gök Su, ihre westliche Fortsetzung über Akseki bis südöstlich des Eğridirsees oder die lykischen Hochbecken zwischen Bey Dağ und Gölgeli Dağ westlich Antalya.

Die optimalen Sommerweiden liegen in den Massiven des Bolkar Dağ, des Ala Dağ und in den nordöstlich anschließenden Hochplateaus der Uzun Yayla. Namentlich die *Uzun Yayla* – die „lange Alm“ – ist historisch als eines der attraktivsten und daher umkämpftesten Sommerweidegebiete bekannt. Allerdings sind die Anmarschwege vom Gebirgsvorland dorthin erheblich länger als zu den westlicheren Gebirgen. Sie führen teilweise durch bäuerliche Siedlungsgebiete und setzen somit zahlenmäßig starke, militante Nomadengruppen voraus. Hier lag das Hauptsommerweidegebiet der historischen Stammesverbände der Dulkadir- und Ramazan- (später Kozanoğlu-)Föderationen in der frühen Neuzeit.

Der östliche Schwerpunkt des Bergnomadismus liegt im äußeren Osttaurus. Er hat hier wahrscheinlich eine ältere Tradition als im Westen. Kurdische Stämme sind sicher schon vor den türkischen und mongolischen Invasionen in rhythmischem Wechsel zwischen Bergweiden und Gebirgsvorland am Tigris gependelt. Jedoch spricht u. a. die Nutzung des Rindes als Reit- und Tragtier dafür, dass dieser ältere kurdische Nomadismus nicht die dynamische Militanz hatte, die er später unter dem Einfluss von Türken und Mongolen als „Reiterkrieger-Nomadismus“ bekommen sollte. Selbst als vollnomadische Stämme im Osttaurus im frühen 19. Jh. auf der Höhe ihrer Macht standen, waren sie gegenüber bäuerlichen Gruppen zahlenmäßig in der Minderheit. Der Osttaurus ist nie in vergleichbar starkem Maße eine „montagne beduinisée“ (de Planhol 1975) geworden wie der mittlere und westliche Taurus.

Wegen der niedrigeren Gebirgsteile zu beiden Seiten des Euphratdurchbruches mussten im Becken von Diyarbakır oder westlich davon im Raum Adıyaman-Gaziantep oder gar weiter südlich um Urfa-Mardin überwinternde Stämme bestrebt sein, weiter nördlich liegende höhere Gebirgsketten und Hochländer Ostanatoliens als Sommerweide zu gewinnen. Das setzte jedoch, wegen der langen Wanderrouten und der mehrfachen Querung von Bergbauerngebieten, ein größeres Maß an Koordination und Kooperation voraus. Historisch realisiert wurde das durch die großen *Nomadenkonföderationen* der Ak Koyunlu und Karakoyunlu im 14. und 15. Jh. und noch einmal durch die Boz Ulus im 17. Jh.

Die höheren Vulkane des Hochlandes, Nemrut Dağ, Süphan Dağ und Bingöl Dağ in Ostanatolien, Erciyas Dağ bei Kayseri, Karadağ bei Karaman und der kristalline Sultan Dağ bei Akşehir wurden und werden z.T. von Stämmen aufgesucht, die im südlichen Gebirgsvorland überwintern. Die Querung des Gebirges bot diesen Gruppen mit der Kommunikation zwischen Küste und Binnenlandbecken die Möglichkeit des Transportverkehrs über die Passstraßen und somit eine zusätzliche Einkommensquelle, bis der Kraftfahrzeugverkehr die Kamele ersetzte.

Im türkischen Schwarzmeergebiet hat sich ein vergleichbarer Bergnomadismus offenbar nicht entwickelt, da das feuchtere Klima einem nomadischen Weidewirtschaftssystem nicht förderlich gewesen zu sein scheint. Offene Weideflächen waren mindestens bis zum 19. Jh. noch sehr begrenzt. Das reichlich verfügbare Holz muss jede eingewanderte Nomadengruppe bald zum Bau fester Häuser gereizt haben. Möglichkeiten zu dauerhafter Niederlassung mit Aufnahme des Feldbaus waren immer gegeben, sodass sich Nomadengruppen, die dorthin gelangten, relativ rasch ansiedelten.

Im östlichen Teil des türkischen Schwarzmeergebietes allerdings bieten die unmittelbar hinter der Küste ansteigenden Hochgebirge in ihrer alpinen Stufe hervorragende Weiden, die offenbar in der Form der nichtnomadischen Almwirtschaft seit langem genutzt wurden (Erinç 1945; Schweizer 1989). Bäuerliche Dorfgemeinschaften von Türken, Lasen und Pontosgriechen bezogen hier feste, aus Holz gebaute Dorfalmen. Der vielfache Anbau von Gerste (neuerdings auch Kartoffeln) auf den Yaylas des östlichen Pontischen Gebirges deutet auf bäuerliche Tradition. Daneben gab es *Transhumanz* mit Lohnhirtenfamilien, die das Vieh großer, z.T. städtischer Herdenbesitzer im Sommer auf die Bergweiden trieben.

Zur Erschließung der Gebirge in der Form des Bergnomadismus waren die Türken aufgrund ihrer zentralasiatischen Gewohnheiten hervorragend qualifiziert. Die Zucht von Kleinvieh, speziell Schafen, hatte eine alte Tradition. In waldreicheren Gebirgsteilen trat Ziegenzucht stärker hinzu. Pferde wurden bis in die jüngste Zeit als Reittiere gehalten und bildeten eine wichtige Voraussetzung der Wehrhaftigkeit und Unabhängigkeit. Das anatolische Kamel, eine Kreuzung zwischen baktrischem Kamel und Dromedar, erwies sich als ideales Transportmittel im Gebirge und Hochland.

An Stelle des runden Filzzeltes übernahmen die Turkmenen- und Yürükenstämme, die den Bergnomadismus zwischen dem Taurus und seinem südlichen Vorland entwickelten, wohl von Kurden und Arabern das schwarze Ziegenhaarzelt, bei dem mehrere miteinander vernähte Zeltbahnen als großes Zeltdach über einige Stangen gespannt und mit Pflöcken am Boden befestigt werden. Da man im Sommer in den Bergen und im Winter im südlichen Vorland keine extremen Kältegrade auszuhalten hat, ist dieser luftigere Zelttyp angenehmer. Zudem ist er leichter transportabel. Ferner wirkt das ungewaschen versponnene und zu Bahnen gewebte Ziegenhaar wasserabstoßend.

Zwei Grundtypen dieses Zeltes sind bekannt: In Ostanatolien herrscht der Typ des arabischen Beduinenzeltes mit einfach über Zeltstangen gespannten Zeltdachbahnen vor. Drei Seitenwände bilden lose aufgeschichtete Steine oder Rohrmatten, die Vorderseite bleibt offen. Das westanatolische Yürükenzelt hingegen ist eine Art Hauszelt mit Zeltseitenwänden aus gleichem Material wie das Zeltdach. Daneben finden sich im Taurus gelegentlich einfachere, länglich-ovale Varianten des Rundzeltes, bei denen Filzmatten über ein Stangengerüst gelegt werden. Sämtliche Zelttypen kommen in der Gegenwart sehr rasch außer Nutzung (Andrews 1990).

Wirtschaftssysteme der Bergnomaden

Die organisatorische Lebens- und Wirtschaftseinheit ist oder war nicht der Stamm

(Aşiret), sondern der Teilstamm, die Gruppe von Familien (Kabile) oder die Großfamilie (Aile, Sülale), die gemeinsam wandert und gemeinsam zeltet. Dieser Gruppengröße sind gewisse Schranken gesetzt: Sie darf nicht zu klein sein, weil sonst die selbständige Verteidigungsfähigkeit fehlt (Bates 1973). Sie darf auch nicht zu groß sein, weil sich selten zusammenhängendes Weidegebiet findet, das die entsprechend großen Herden ernähren könnte. Solange das System des Bergnomadismus noch intakt war, umfasste eine Zeltgruppe im Durchschnitt 20–100 Zelte oder Einzel-Familien, also die Größenordnung eines Dorfes.

Der *Ağa*, einer der angesehenen, älteren Männer aus relativ wohlhabender, traditionsreicher Familie, genießt als Führer der Gruppe allgemeinen Respekt. Seine persönlichen Beziehungen zu anderen Nomadengruppen, zu Bauern und eventuell Behörden gewährleisten den normalen Ablauf des Wanderzyklus. Der eigentliche Stammeshäuptling dagegen, der *Bey* oder *Khan*, ist eher eine politische Instanz, der sich zwar auf einen bestimmten Teilstamm stützt, daneben aber auch über angesiedelte Stammesteile, abhängige Bauern und eine ausgedehnte Klientel von abhängigen Familien ganz verschiedener Stellung, Herkunft und wirtschaftlicher Betätigung gebietet.

Bis gegen Mitte des 19. Jh.s war das Durchsetzungsvermögen der Nomadenstämme so groß, dass in den Winterweidegebieten so gut wie keine bäuerlichen Siedlungen bestehen konnten. Zusätzlicher Feldbau im Gebiet ihrer Winterweiden war den Nomaden aber durchaus vertraut und konnte im Falle einer wirtschaftlichen Notlage – etwa bei Herdenverlust – jederzeit aufgenommen werden.

Im Frühjahr sammelt sich die Zeltgruppe zum gemeinsamen Aufbruch auf die Wanderung in die Berge. Etwa 3–6 Kamele transportieren den Haushalt einer Familie: spärliches Hausgerät, Getreidevorräte und Zeltbahnen. Die Wanderung führt über lange Strecken entlang bestimmter Karawanenwege oder Straßen. Bei Wanderungen mehrerer Nomadengruppen muss die Reihenfolge abgesprochen sein. Das Vieh weidet während der bisweilen mehrwöchigen Wanderung in Straßennähe. Das gibt vielfach Anlass zu Konflikten zwischen beteiligten Gruppen oder in jüngerer Zeit zwischen Nomaden und der bäuerlichen Bevölkerung, die zu Recht Flurschäden auf den Saatfeldern befürchtet. Bis zum 19. Jh. gingen solche Konflikte in der Regel zugunsten der Nomaden aus, die auf der Wanderung die gesamte Macht des vereinten Stammes einsetzen konnten. In der Nähe der nomadischen Wanderrouten konnten sich deshalb kaum ältere Bauerndörfer halten oder entwickeln. Abgesehen von wenigen, schwer zugänglichen Talgauen blieb die gesamte Südflanke des Taurusgebirges bis dahin weitgehend frei von Dörfern. Die türkische Südküste und die tieferen Stufen des Gebirges waren im Sommer nahezu menschenleer, abgesehen von wenigen kleinen Städten.

Je nach den Möglichkeiten von Relief, Vegetation und Erfordernissen der Witterung wird eine kurze Frühjahrsweide eingeschaltet, ehe der letzte Anstieg zu den Sommerlagern beginnt. Diese liegen in den meisten Fällen in Höhen wenig unterhalb der Waldgrenze wegen der Holz- und leichteren Wasserversorgung aus Bächen oder Quellen und weil im Frühjahr und zeitigen Sommer die höheren Lagen noch verschneit sind. Ohnehin sind Viehverluste durch plötzliche Kälterückfälle bisweilen beträchtlich.

Die Zeit auf den Sommerweiden in den Bergen ist für die Nomaden die wirtschaftlich wichtigste Periode des Jahres. Nach dem Wurf der Lämmer beginnt die Produktion der Vorräte an Käse, Butterschmalz und einer Art Trockenmilch. Das Vieh muss innerhalb des Weideareals der betreffenden Gruppe täglich an die optimalen Weideplätze und zum Melken zurück zum Lager getrieben werden. Diese Weideplätze rücken mit fortschreitender Schneeschmelze höher ins Gebirge, sodass die Verlegung eines Lagers notwendig werden kann. Während der ganzen Sommerzeit sind die Frauen mit der Verarbeitung der Viehprodukte beschäftigt: Melken und Milchverarbeitung, Spinnen des Ziegenhaars und Weben von schwarzen Bahnen für Zelte und Säcke auf horizontalen Webstühlen, Verspinnen von Schafwolle und häufig Teppichweben auf Webstühlen, die in fast jedem Lager türkischer (selten kurdischer) Nomaden zu finden sind. Lediglich das Scheren und das schwierige Hüten des Viehs ist Männersache. Dazu trat bis gegen Ende des 19. Jh.s allerdings der Schutz von Lager und Vieh bei zahlreichen zwischenstammlichen Auseinandersetzungen, denn Beutemachen ist eine „Daseinsgrundfunktion".

Die Reproduktionsfähigkeit einer Herde wird – nach Abzug von Lämmerverlusten – auf etwa 70% pro Jahr geschätzt. Das scheint auf den ersten Blick eine hervorragende Wirtschaftsgrundlage zu sein. Jedoch ist zu bedenken, dass nicht selten komplette Viehverluste durch Witterung oder Raub vorkommen. Die verschiedenen Kalkulationen über wirtschaftliche Rentabilität nomadischer Wirtschaft setzen Verkauf von Lebendvieh, von Milchprodukten, von Wolle und Wollprodukten in Beziehung. Die Ergebnisse zeigen, dass selten mehr als 10–15 Stück Kleinvieh im Jahr von einer zelteigenen Herde geschlachtet und konsumiert werden können. Zuchtziel ist meist der Verkauf von Wolle und Lebendvieh oder auch die Erstausstattung von erwachsenen Söhnen, die sich selbständig machen wollen, sowie Tausch gegen lebensnotwendige Artikel. Die selbständige Existenz einer Familie mit nomadischer Lebensweise ist möglich bei einer Herde von 150–300 Stück Kleinvieh. Allerdings verschieben sich diese Werte in der Gegenwart wegen zusätzlicher Kostenfaktoren nach oben.

Die Größen der Herden schwanken innerhalb der Familien einer Zeltgruppe unter Umständen beträchtlich. Neben Familien mit Herden, die zur Subsistenz ausreichen, stehen andere, wie die Ağafamilie, mit mehreren tausend Stück Vieh, und arme Familien, die als Lohnhirten arbeiten. Allerdings werden diese von verwandten Familien oder von der Stammesgemeinschaft unterstützt, sodass soziale Probleme (im westlichen Sinne) nicht auftreten, solange die Stammesgemeinschaft intakt ist.

Im Herbst werden die Weiden unergiebig, kalte Witterung setzt ein und die ersten Herbstregen treten auf. Die Rückwanderung muss vor den ersten gravierenden Kälteeinbrüchen bis über eventuelle höhere Pässe angetreten werden. Danach ist mehr Zeit vorhanden, um Aufenthalte zur Herbstweide in verschiedener Höhe einzuschalten und dadurch die Winterweiden noch zu schonen. Führt die Herbstwanderung an Städten vorbei, bietet sich Gelegenheit, einen Teil der Viehprodukte zu verkaufen, sofern dies nicht bereits auf Yaylamärkten in den Bergen geschah, wo Händler zu bestimmten Terminen mit Tragtieren erscheinen.

Die Ansiedlung der Nomaden

Wenige Baum- und Gartenkulturen, das weitgehende Fehlen von Ackerterrassen und eine lockere, oft weilerartige Anlage der Dörfer kennzeichnen die nomadischen Ansiedlungen gegenüber Dörfern mit längerer oder kontinuierlicher bäuerlicher Tradition. In den Hausformen erscheinen Siedlungen ehemaliger Nomaden im Vergleich zu älteren Bauerndörfern schlichter.

Vor allem aber ist es die Aufrechterhaltung der sommerlichen Bergwanderung bei der Mehrzahl der Dörfer des gesamten Taurusgebietes, großer Teile Zentralanatoliens und z.T. auch Nordanatoliens, bei der die ehemalige nomadische Lebensform wiederauflebt. Während der Sommerzeit, wenn keine wichtigen landwirtschaftlichen Arbeiten zu verrichten sind, beziehen seit Generationen sesshafte Dorfbewohner einfache Unterkünfte, wie Zelte oder Laubhütten, in den Bergen, allerdings in nicht zu großer Entfernung vom Dorf. Diese halbnomadische Wirtschaftsform des *Yaylabauerntums* ist keine zeitlich begrenzte Übergangsphase zwischen nomadischer und bäuerlicher Lebensweise, sondern – vielfach bis heute – eine stabile Zwischenform, die in den Gebirgen eine ideale Anpassung an räumlich begrenzte Anbaumöglichkeiten darstellt.

In den rund 800 Jahren, in denen in Anatolien der Nomadismus eine Wirtschaftsform und ein Machtfaktor war, haben sich immer wieder Einzelne oder Gruppen niedergelassen. Wir wissen über ältere Ansiedlungen wenig, und je weiter die Ansiedlungen zeitlich zurückliegen, umso weniger sind sie von älteren bäuerlichen Siedlungen zu unterscheiden. Neben staatlichen Zwangsmaßnahmen zur Ansiedlung (bereits um 1700) muss es schon immer auch die spontane Niederlassung von verarmten nomadischen Gruppen und reicheren Stammesmitgliedern gegeben haben, die die wirtschaftlichen Chancen des agrarischen Anbaus nutzen wollten. Reiseberichte des 19. Jh.s erwähnen im Taurus mit seinem südlichen Gebirgsfuß vielfach Dörfer, deren Bewohner sich noch klar ihrer Stammestradition bewusst waren. Allerdings hat bis heute in unsicheren Zeiten auch der umgekehrte Prozess stattgefunden, indem Angesiedelte wieder zu nomadischer Lebensweise übergegangen sind.

Eine grundsätzliche Änderung der Situation trat erst um die Mitte des 19. Jh.s ein, als der osmanische Staat Maßnahmen der Reorganisation in Angriff nahm und mit moderner technischer Ausrüstung seiner Truppen den Stämmen überlegen war. Die zunächst vorwiegend militärischen Maßnahmen wurden weniger wegen der nomadischen Lebensform und Wirtschaftsweise unternommen, als vielmehr wegen der militanten „Unbotmäßigkeit" der verschiedenen Turkmenen-, Yürüken- und Kurdenstämme und ihrer Beys. Regelrechte Pazifierungsexpeditionen mit ganzen Armeen, so 1865 unter General Cevdet Paşa in der Çukurova und den umgebenden Gebirgen, wurden unternommen, um die De-facto-Souveränität der Stämme zu brechen.

Im letzten Viertel des 19. Jh.s beschleunigt sich der Prozess nomadischer Ansiedlung: Mit der Durchsetzung staatlicher Macht konnten die Winterweiden und Durchzugsgebiete der Nomaden nun ungefährdet besiedelt werden. Winterweidegebiete, die weitgehend an den Süd- und Westküsten des Landes lagen, erhielten mit zunehmender Verkehrserschließung und Handelsverflechtung agrarischen Wert. Ackerbau begann sich dort zu „lohnen". Getreide konnte in den wachsenden Städten und Häfen abgesetzt werden. Der Anbau von Baumwolle dehnte sich in die ehemaligen Weidegebiete aus. Ein weiterer wesentlicher Faktor ergab sich aus der osmanischen Agrargesetzgebung. Die Neuregelungen des Bodengesetzes von 1858 mussten neben städtischen Spekulanten und bäuerlichen Siedlern natürlich auch Nomaden reizen, sich bestimmte Flächen rechtlich zu sichern.

Die einzelnen Stadien der Ansiedlung lagen in den Landesteilen zeitlich sehr verschieden. Während Reiseberichte des späten 19. Jh.s über das westanatolische Ägäisgebiet kaum noch von Nomaden berichten, schwand diese Lebensform in Südanatolien erst zwischen den beiden Weltkriegen, und im Osttaurus blieb Nomadismus bis über den Zweiten Weltkrieg hinaus vielerorts bestehen.

Motive und Modalitäten der Ansiedlung waren in einzelnen Phasen dieser Entwicklung verschieden. Im späten 19. Jh. ging die Ansiedlungsinitiative verstärkt von Stammeschefs aus, die Chancen zur Grundbucheintragung nutzten, die von ihnen kontrollierten Winterweidegebiete auf ihren Namen eintragen ließen und ihre Stammesangehörigen auf diesem Land zur Ansiedlung veranlassten. Das entsprach durchaus dem patriarchalischen Selbstverständnis der Stämme und ihrer Beys. Allerdings wurden nach ein bis zwei Generationen notwendigerweise aus Stammesangehörigen eines Beys abhängige Bauern eines Großgrundbesitzers. Für Teile der Çukurova, das Gebiet zwischen Antakya und Maraş und weite Gebiete Südostanatoliens (Raum Urfa-Diyarbakır) war die Autorität der großen Stammeschefs nur politisch, nicht aber sozial gebrochen. Weiter westlich hingegen waren die Stämme schon um die Mitte des 19. Jh.s stärker in Teilstämme aufgelöst, bei deren Ansiedlung nicht große Stammesführer, sondern allenfalls kleinere Sippenağas eine Rolle spielten. Dementsprechend trat Großbesitz hier zurück, Individualbesitz der einzelnen Familien stand am Anfang der sesshaften Entwicklung.

Außer Nomaden gab es auch Gruppen anderer sozialer Herkunft, die Land in den ehemaligen Winterweidegebieten zu erwerben trachteten. Für die verbliebenen Nomaden engte sich damit der freie Weideraum ein. Zwar erlaubte die wachsende Sicherheit eine weitere Streuung der einzelnen Familienlagerplätze und damit eine bessere Ausnutzung des Weideareals. Aber die verfügbare Winterweidefläche verringerte sich durch zunehmenden Anbau und durch Weideansprüche der Bauern selbst.

Bindungen zwischen angesiedelten Gruppen und solchen, die die sommerliche Bergwanderung noch beibehielten, blieben zunächst eng. Bauern gaben ihren nomadisierenden Stammesangehörigen ihr Vieh zur Betreuung mit auf die Sommerweide, und für nomadische Gruppen gab es in Dörfern ihres Stammes im Notfall leichter Möglichkeiten zur Winterweide. Verarmte Nomadenfamilien fanden hier Rückhalt und Ansatzpunkte zu permanenter Niederlassung. Die ursprüngliche Organisationsform war damit jedoch aufgebrochen: Immer kleinere Teile

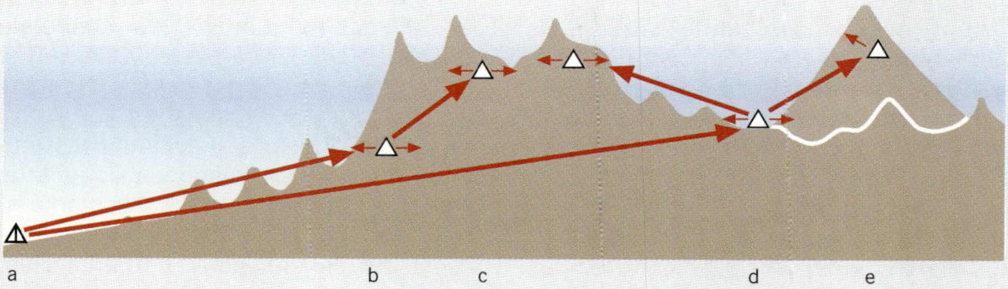

a) Von Winterweiden im Gebirgsvorland (a) führt die Wanderung zu Frühjahrsweiden (b, d) und weiter zu den Hochsommerweiden auf den Gebirgsketten (c) oder Binnenlandmassiven (e). Teilstamm oder Sippe wandern in geschlossener Gruppe.

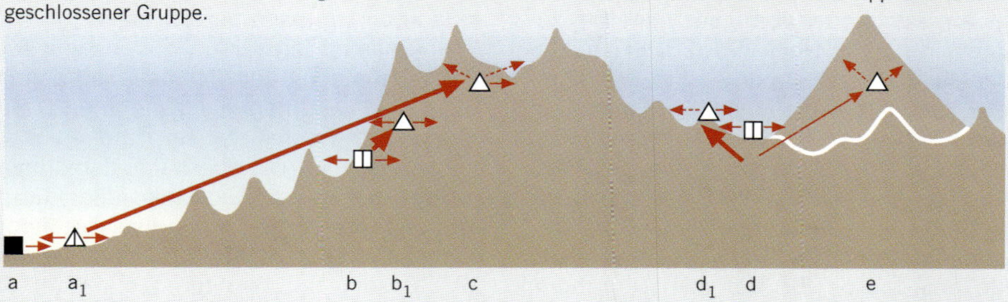

b) Einzelne Stammesteile lassen sich im Winterweidegebiet permanent nieder (a), andere behalten die große Wanderung noch bei (a_1 – c), andere siedeln sich in Winterdörfern im Bereich der Frühjahrsweiden an (b, d), behalten aber die gruppenweise Yaylawanderung (b_1, d_1) bei oder schicken mindestens Hirtenfamilien auf die Yayla (d – e).

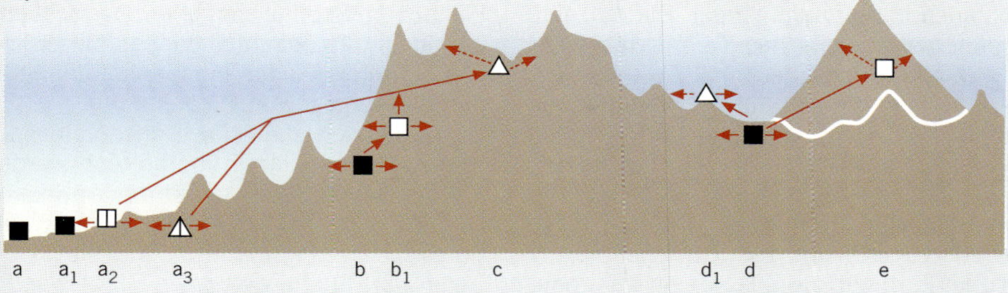

c) Schließlich ist die Mehrzahl fest angesiedelt (a, a_1, b, d), von den Gebirgsansiedlungen aus wird jedoch die sommerliche Wanderung zu den Yaylas von vielen Familien beibehalten (b – b_1, d – e), wobei auf den Yaylas zunehmend die Zelte durch Sommerhäuser ersetzt werden. Nur einzelne Familien setzen die große Wanderung fort (a_3 – c), wobei sie auch im Gebirgsvorland zu festen Behausungen übergehen (a_2).

Zelte:
△ Sommer
⚠ Winter

Häuser:
□ Sommer
◫ Winter
■ ganzjährig

Art und Richtung der Wanderung im Frühjahr:
⟵ Stamm oder Dorf i. geschl. Gruppe
← Besitzer größerer Herden, m. Familien
←--- Einzelhirten

Abb. 57: Schema nomadischer Gebirgswanderungen und Ansiedlungsstadien

der ehemaligen Nomaden hielten die große Sommerwanderung aufrecht. Schließlich waren es nur noch einzelne Familien, deren größerer Viehbesitz die Wanderung noch lohnend erscheinen ließ (vgl. Abb. 57). Dieses Stadium kann eigentlich nicht mehr als Nomadismus bezeichnet werden. Die einstige Lebensform ist zu einem spezialisierten Beruf Einzelner geworden.

In Auseinandersetzungen mit Bauern um Weideflächen und Flurschäden zogen Nomaden zunehmend den Kürzeren, weil sie nicht mehr auf eigene Machtpositionen zurückgreifen konnten, sondern auf staatliche Gesetzgebung angewiesen waren. Je stärker der Staat seine ordnende Macht einsetzte, umso mehr Hindernisse mussten für die letzten Nomaden entstehen. Die voranschreitende administrative Durchdringung des Landes führte dazu, dass Sommerweidegebiete administrativ den jeweiligen nächsten Dörfern zugeschlagen wurden. Dorfbürgermeister bekamen damit Hoheitsfunktionen, mit denen sie von den Nomaden Weidepacht für die Yaylas verlangen konnten. Nicht selten wurde dies von Dörfern auch privatrechtlich ausgelegt, um die Bergweiden mit eigenem Vieh des Dorfes zu beschicken. Als Konsequenz mussten die Nomaden sich entweder ebenfalls ansiedeln oder aber ganz neue Weidegebiete suchen. Noch im 20. Jh. haben einzelne kleinere Stämme ihre Weidegebiete aus dem westlichen und mittleren Taurus ostwärts in den Raum zwischen Antakya und der Uzun Yayla verlagert. Aufgrund von Ansprüchen der Forstverwaltung werden heute zunehmend auch Sommerweidegebiete eingeschränkt, sodass weite Teile des Taurus für Nomaden nur noch begrenzt oder gar nicht mehr zugänglich sind.

Die Alternativen werden für die letzten Nomaden immer ungünstiger. Der einzelne Familienvater oder das Oberhaupt einer Großfamilie muss geschickt kalkulieren, Beziehungen pflegen und Marktchancen beobachten, wenn er in der traditionellen Weise weiter wirtschaften will. Die letzten Herdenbesitzer, die man bisweilen noch in den Bergen in traditionellen Zelten trifft, werden zunehmend zu „Unternehmern". Ihr Ziel ist nicht die Zukunft im Landbau, sondern in einem städtischen Gewerbe. In der Zeit des Ersten Weltkrieges oder kurz danach waren die Chancen noch hoch, bei der Ansiedlung relativ gute Ländereien günstig zu okkupieren oder zu erwerben. Die letzten ansiedlungswilligen Nomaden dagegen finden Möglichkeiten nur noch in den äußeren, sehr schlecht entwässerten Teilen der Schwemmlandebenen oder als verstreute Landarbeiter- und Pächterfamilien in den Dörfern entfernter Verwandter. Selbst der Verkauf einer mittleren Herde von 200–300 Stück Vieh reicht heute nicht mehr, um das nötige Geld für einen adäquaten Landkauf aufzubringen.

In jüngster Zeit versuchen einzelne ehemalige Nomaden oder Nomadensippen infolge des Landmangels zunehmend eine permanente Ansiedlung im früheren Sommerweidegebiet. Die obere Dauersiedlungsgrenze, die an der Südflanke des Taurusgebirges infolge des nomadischen Weidewechselsystems noch bis zum späten 19. Jh. sehr tief lag, rückt damit in die Höhe. So wird allmählich eine Angleichung an Gebirgsteile mit älterer bäuerlicher Besiedlung erreicht. Die agrarisch nutzbaren Flächen im Gebirge sind allerdings schlecht und klein, die Zukunftschancen dieser jungen Rodungs-Weiler entsprechend mäßig und die Aufgabe von Höfen häufig.

Wenngleich das klassische Nomadentum Anatoliens damit überholt ist, werden die historische Extensivität des Anbaus in Dörfern nomadischer Ansiedlung oder die Bereitschaft zur Mobilität, die bis in die Gegenwart hinein eine Land-Stadt-Wanderung als „selbstverständlich" erscheinen lässt, noch einige Zeit bemerkbar sein.

Bäuerliche Lebensformen und ihre Expansion

Die Dominanz des Yaylabauerntums

So bedeutsam die Rolle der Nomaden für die türkische Sozial- und Siedlungsgeschichte auch ist, so wichtig und traditionsreich die türkischen Städte auch immer gewesen sein mögen: Die Masse der Bevölkerung bestand wohl während der anatolisch-türkischen Geschichte immer aus Bauern. Ihre Lebensformen bestimmten die Sitten und den Lebensstil des Landes, und ihre Steuern lieferten die Basis der Staatsfinanzen.

Untersuchungen zu den komplizierten historischen, sozialen und wirtschaftlichen Differenzierungen des türkischen Bauerntums in den einzelnen Regionen (vgl. Franz 1974b, 1975) haben gezeigt, dass das türkische Bauerntum nicht ohne weiteres im Kontext der üblichen kulturhistorischen Entwicklung des Orients zu sehen ist. Begriffe wie *Kabylei* (Bobek 1950), *montagne intacte, montagne refuge* bzw. *montagne beduinisée* oder *Fellache* (de Planhol 1962b) sind für das Bauerntum der Türkei weit weniger charakteristisch. Der größte Teil der Türkei ist für Regenfeldbau geeignet, sodass enge Schollenbindung nicht entsteht. Einzelne Bauern oder die Bevölkerung ganzer Dörfer konnten bei staatlichem oder wirtschaftlichem Druck anderswo einen Siedlungsplatz finden. Mangel an bebaubarem Land dürfte bis zum 20. Jh. kaum eine Rolle gespielt haben, eher Mangel an ländlichen Arbeitskräften. Der türkische Bauer war nie in dem Maße ausbeutbar wie der Fellache Ägyptens oder der persische Teilbauer.

Gebiete, die man als historische *Kabyleien* bezeichnen könnte, sind trotz des Gebirgscharakters kaum vorhanden. Im Gegensatz zu den arabischen Ländern standen den Bergbauern in Anatolien militante Bergnomaden gegenüber. Dementsprechend hat sich altes anatolisches Bergbauerntum in ungestörter Kontinuität und mit sippenbäuerlicher oder stammlicher Autonomie wohl nur im östlichen Pontischen Gebirge erhalten. Einige Bergbauerngebiete des mittleren und des östlichen Taurus haben bis zum Anfang des 20. Jh.s den Typus des *montagne refuge* verkörpert, wo sich quasi-unabhängige Stämme und Dorfschaften von christlichen Minoritäten (Nestorianer, Armenier) erhalten haben.

In Zeiten schwächerer staatlicher Macht konnten Bergbauerngruppen – stammesmäßig oder unter der Herrschaft einzelner „Talfürsten" (*Derebey*) organisiert – vielfach eine fast unabhängige Stellung erlangen. Die türkische Geschichte der späten osmanischen Periode kennt zahlreiche solcher faktisch unabhängiger Kleinterritorien, zu denen der größte Teil der nördlichen wie auch der südlichen Gebirgslandschaften zuzurechnen gewesen sein dürfte. Ihre Unabhängigkeit war allerdings immer prekär: Sobald es möglich war, versuchte der osmanische Staat die direkte Verwaltung wieder einzuführen.

Die türkischen Gebirgslandschaften wurden – mit Ausnahme der Feuchtwaldgebiete des Nordens – seit der Durchdringung von türkischen Gazigruppen im Mittelalter mehr oder weniger stark von Nomaden genutzt. Die „Bewohnbarkeit" der türkischen Gebirge, das relativ reichliche Wasser, die Möglichkeit, auf allen flacheren Hängen unterhalb der Waldgrenze unbewässerten Anbau zu treiben, die zahlreichen vorgefundenen Siedlungen der älteren Bevölkerung – alles das muss die eingewanderten türkischen Nomaden schon früh zur Ansiedlung und Vermischung mit der Restbevölkerung veranlasst haben. Das „nomadisierte Gebirge" wurde im Laufe der türkischen Siedlungsgeschichte teilweise wieder zu bäuerlichem Siedlungsland.

Es entstand ein Bauerntum mit festen Dörfern, aber zusätzlichen Almen (*Yaylas*) in höheren Lagen, die im Sommer von der gesamten Bevölkerung bezogen wurden. Diese Lebens- und Wirtschaftsweise wird bisweilen als „halbnomadisch" oder „Yaylabauerntum" bezeichnet, da trotz sommerlicher Wanderung die bäuerliche Komponente dominiert.

Das Yaylabauerntum fand sich bis zum 19. Jh. im größten Teil Anatoliens. Es war in den Gebirgen des Taurussystems zwar besonders verbreitet, aber auch in nordanatolischen Gebirgen und im zentralen Hochland durchaus keine Ausnahme. Die häufige Bezeichnung „Yayla" auf topographischen Karten gibt die entsprechenden Hinweise, und die eingetragenen Bergpfade verbinden die Yaylas oft sehr klar mit den zugehörigen Dauersiedlungen. In vielen Teilen Anatoliens ist die Zugehörigkeit bestimmter Sommersitze zu bestimmten Dörfern noch heute bewusst und rechtskräftig.

Bis vor wenigen Jahrzehnten erfolgte diese sommerliche Wohnsitzverlagerung auf die Yayla bei den Bauern noch in geschlossenen Dorfgruppen – wie die geschlossene Wanderung der Nomaden, um sich am jeweiligen Aufenthaltsort verteidigen zu können. Bis heute findet man im Taurus Dörfer, die im Sommer völlig unbewohnt sind. Der Zweck dieses sommerlichen Umzuges ist vielschichtig: Mit leichterer Erreichbarkeit entfernter Weidegebiete, der „guten Bergluft und frischem Wasser der Bergbäche" werden oft Gründe angeführt, die an die nomadischen Traditionen anknüpfen.

Die Mehrzahl der Dorfyaylas liegt selten weiter als ein bis zwei Tagesmärsche von den zugehörigen Dörfern entfernt. So können während des Aufenthaltes Gruppen von Männern gelegentlich ins Dorf gehen und wichtige Arbeiten vornehmen. Dennoch ist die saisonale Abwesenheit der Bevölkerung einer Intensivierung des Anbaus insgesamt hinderlich, die kontinuierliche Pflege von Bewässerungskulturen ist kaum möglich. Das Schwergewicht des Anbaus liegt somit auf extensivem Getreidebau.

Yaylabauerntum ist und war also ein relativ stabiles System, das allerdings nicht nur von der Natur des Landes vorgegeben war, genauso wenig wie der Nomadismus. Schließlich hatte man in vortürkischer Zeit die Weidemöglichkeiten auch ausgenutzt, wenn auch auf andere Weise. Der regelmäßige Wohnplatzwechsel im Sommer ist vielmehr ein echter „türkischer Beitrag" zu den sonstigen, meist altanatolischen Techniken bäuerlicher Lebensführung und Agrarwirtschaft.

In Gebieten mit in osmanischer Zeit noch griechischen oder armenischen Minoritäten, oder auch in Talgauen ohne Erinnerung an nomadische Vergangenheit und Stammesorganisation, wo die türkischen Bewohner sich als *Yerli* (Einheimische) bezeichnen, sind die Dörfer größer, die Häuser aufwendiger, der Anteil von Baumkulturen und bewässerten Gärten höher. Die Dörfer liegen in Schutz- oder Verstecklagen mit guter Wasserversorgung und geeignetem Land für bewässerbare Gärten und Baumkulturen. Die relative Bedeutung der Viehzucht tritt zurück. Erst im 19. Jh. durch nomadische Ansiedlung entstandene Siedlungen sind vielfach kleiner und lockerer und wirken ärmlicher. Die Landnutzung beschränkt sich oft auf extensiven Weizen- und Gerstenanbau und winzige Gartenparzellen, und die Kleinviehzucht ist noch ein sehr wesentlicher Wirtschaftsfaktor. Periodisch genutzte Nebensiedlungen besitzen allerdings die älteren wie die relativ jüngeren Dörfer der einheimischen Bevölkerung gleichermaßen. Erst die Ausbaudörfer des späten 19. und des 20. Jh.s weichen von diesem Grundmuster ab.

Traditionelle dörfliche Autoritäten: Sipahi, Ağa, Derebey

Diese „yaylabäuerliche" Lebensform der Masse der türkischen Landbevölkerung war zumeist in lokale oder regionale Herrschaft eingebunden, war keineswegs politisch autonom, nicht wirtschaftlich autark und auch nicht nur auf Subsistenzwirtschaft ausgerichtet. Die wesentlichste Funktion der Bauern im Rahmen des Staates war es Steuern aufzubringen; das bedeutete zugleich obrigkeitliche Kontrolle. Im Gegensatz zu Europa hat die osmanische Türkei allerdings nie ein Feudalsystem im europäischen Sinne oder in Form iranischer Grundherrschaften entwickelt.

Die klassische Methode des osmanischen Staates, den Raum und seine Bewohner fiskalisch zu organisieren, hatte byzantinische wie islamisch-seldschukische Vorbilder und Vorläufer. Zunächst war nach islamischem Recht alles Land in die Kategorien *mülk* (privates Eigentum), *vakıf* (Land frommer Stiftung), *miri* (Staatsland), *matruki* (öffentliche Flächen, Wege usw.) und *mevat* (Ödland) eingeteilt. Die agrarischen Nutzflächen (Ackerländereien) galten als Staatsland, über das der Sultan verfügen konnte, auf dem jedoch den Bauern gegen Zahlung des Zehnten ein erbliches Nutzungsrecht zustand. Allerdings stieg der „Zehnt" (*öşür*) des islamischen Rechts bald zu erheblich höheren Hebesätzen an, und mancherlei andere Abgaben traten hinzu. Moslems und Nichtmoslems wurden gleich besteuert, jedoch hatten Christen und Juden zusätzlich eine (mäßige) Kopfsteuer zu entrichten.

Unter den Bedingungen des Mittelalters und der frühen Neuzeit war eine ausschließliche Besteuerung in Geld oder ein zentralistisches Einsammeln von Naturabgaben nicht durchführbar. Der osmanische Staat löste dieses Problem durch die Vergabe von *lehensartigen Einkommensberechtigungen* gegen die Verpflichtung zum Militärdienst. Dem im Krieg bewährten, berittenen Soldaten (*Sipahi*) wurden ein Dorf oder mehrere kleinere Siedlungen zugewiesen, in denen er die vom Staat festgesetzten Naturalsteuern für sich einziehen durfte. Der Staat finanzierte also seine Soldaten und auch Beamten durch Abtretung von Steueransprüchen.

Wichtig ist dabei zweierlei: Der mit einer solchen Pfründe (*timar*) ausgestattete Soldat hatte erstens in dem betreffenden Dorf keine judikative Funktion. Zweitens war diese Pfründe nicht erblich, wenngleich den Sipahisöhnen häufig nach Bewährung auch das väterliche Dorf zugesprochen wurde. Ebenso konnte der Inhaber allerdings auch abgesetzt werden, wenn er seinen Verpflichtungen nicht nachkam. Der Sipahi konnte wegen seiner militärischen Verpflichtungen oft nicht am Ort wohnen, hatte also wenig Chancen, seine Einkommensquellen zu einer Grundherrschaft auszubauen. Größere Pfründen (*zeamet*) für höhere Dienstränge wurden aus dem gleichen Grund aus Dörfern zusammengesetzt, die weit auseinander lagen.

Dieses System hat man bisweilen mit dem feudalen Lehnswesen europäischer Staaten gleichgesetzt, was nicht ganz zutrifft. Wegen der fehlenden judikativen Funktion konnte es nicht zur Ausbildung eines legitimen grundherrlichen Erbadels kommen. Das hat den türkischen Bauern sicher soziale Konflikte erspart, andererseits fehlte damit auf dem Land eine soziale Schicht, die – mit höherer Bildung, größerem Vermögen und der Sicherheit erblichen Besitzes ausgestattet – langfristige Investitionen hätte durchführen können. Jeder Mehraufwand wäre infolge des prozentualen Steuersystems weitgehend wieder verloren gegangen. Ein legitimer Landadel hätte aufwendige *Konaks* (Herrensitze) bauen, Wege, Brücken, Feldmarkierungen anlegen, neues Land roden, Sümpfe meliorieren, insgesamt die agrarischen Erträge steigern können – dies alles sicher in eigenem Interesse, aber insgesamt auch zur Bereicherung, Stabilisierung und Diversifizierung der ländlichen Kulturlandschaft.

Die Hebesätze der Sipahis schwankten in den Provinzen des Reiches. Ein relativ differenziertes System aus dorfweise erhobenen Produktensteuern, nach Hofgröße klassifizierten Grundsteuern und verschiedenen Personalsteuern herrschte in den Sancaks der westlichen Großprovinz Anadolu, die sich damit als am sorgfältigsten verwaltet erwies. Die zentralen Provinzen Karaman (Konya) und Rum (Sivas), die erst später zum Reich kamen, zeigten mehr Pauschalierungen in der Erhebung, und die östlichen – soweit sie überhaupt direkt verwaltet wurden – hatten u. a. alte, vorosmanische Steuerhebesätze behalten, die weniger differenziert und weniger gerecht waren. Die West-Ost-Abstufung des Landes zeigte sich also hier im Verhältnis offizieller Obrigkeit zu den Reaya, den „Untertanen": Je weiter östlich die Provinzen lagen, umso weniger Sorgfalt wurde ihnen gewidmet. Analogien zur Gegenwart sind nicht zu übersehen.

Im Laufe des späten 16. und frühen 17. Jh.s verloren die „Lehenstruppen" der Sipahis an Bedeutung, während die stehenden Truppen, v. a. die Janitscharen, wichtiger wurden. Diese aber mussten direkt vom Sultan entlohnt werden. Um zu Geld zu kommen, wurden immer mehr Soldatenpfründen bei Vakanzen nicht mehr neu vergeben, sondern zur Krondomäne gezogen, und die Eintreibung der Steuern ging zunehmend auf spezielle „Steuereintreiber" (*Mültezim* oder *Emin*) über. Die Finanzverwaltung vergab dieses Amt jährlich neu an diejenigen, die am meisten Vorschuss gaben und anboten, die fällige Steuersumme aus dem betreffenden Bezirk „herauszuholen" (und dabei ihren Verdienst fanden). Die Steuerpächter mussten natürlich bestrebt sein, innerhalb der kurzen Amtszeit nicht nur die vorgestreckte Steuersumme, sondern auch noch einen möglichst hohen Überschuss zu erwirtschaften. Die Besteuerung nahm damit zunehmend willkürliche Züge an, und die Landbevölkerung reagierte entsprechend mit Rebellionen und Landflucht.

Der Übergang vom Timar-System zu dem der Steuerpacht (*Iltizam*) war einer der wichtigsten Gründe für den Niedergang der bäuerlichen Siedlung in der späteren osmanischen Zeit: Ein ganz beträchtlicher Prozentsatz der Dörfer wurde v. a. in den leicht kontrollierbaren Ebenen aufgegeben, die Gebirgsdörfer konnten sich etwas besser halten. Insgesamt hat Anatolien um 1600 einen Wüstungsprozess erlebt, von dem es sich bis zum späten 19. Jh. nicht mehr erholen sollte.

Das Fehlen eines ländlichen Erbadels musste die Entstehung anderer Herrschaftsstrukturen in den Dörfern geradezu begünstigen. Wo staatliche Herrschaft sich nur einmal jährlich zur Steuereintreibung geltend machte, musste sich für die innerdörflichen Beziehungen eine andere Autorität herausbilden. Da weder Staat noch Geistlichkeit noch Kadi darauf Einfluss nahmen, konnte das nur eine Person sein, deren Bedeutung auf Größe, Macht und Loyalität der eigenen Familie oder aber auf wirtschaftlichem Einfluss beruhte.

Diese Persönlichkeit ist der *Ağa* des türkischen Dorfes. Dieser Titel ist wegen seines vielschichtigen Gebrauchs (bis in die Gegenwart) nicht übersetzbar. Der Ağa ist entweder der reichste Bauer oder der Patriarch einer bedeutenden Großfamilie, manchmal auch der respektierte Nachkomme eines berühmten Stammeschefs, ein sesshaft gewordener Sipahi oder ein ehemaliger Steuereintreiber. Immer aber wohnt der Ağa im Dorf. Da seine Stellung nur auf faktischer Macht und Loyalität der Dorfbewohner beruht, ist häufiger Wechsel vorprogrammiert. Nicht selten ringen mehrere Sippen um dominierenden Einfluss im Dorf, jede stützt ihren Führer durch treue Gefolgschaft.

Der Ağa ist bemüht, in inoffiziellen Versammlungen der Männer möglichst Konsens über alle Dorfangelegenheiten zu erreichen. Dieses Verhältnis ist so eingespielt, dass es bis in die Gegenwart funktioniert, wenn auch heute oft unter den Namen politischer Parteien. Der Ağa unterhält das Gästezimmer des Dorfes. Er repräsentiert die Dorfgemeinschaft nach außen auch gegenüber staatlichen Autoritäten, offiziell unter dem Titel des Bürgermeisters (*Kethuda, Muhtar*), er schlichtet Streitfälle und unterhält Beziehungen zu den Händlern des Bazars in der Stadt.

Je mehr seit dem 17. Jh. die osmanische Verwaltung verfiel, umso wichtiger wurde die Position des Dorfağa. Große Teile Anatoliens waren so auf dem Wege, in die Struktur sippenbäuerlicher Gesellschaften zurückzufallen. Im 18. und 19. Jh. wurden derartige Autoritäten unter dem Titel *Ayan* sogar staatlich legitimiert. Hier und da gelang es einem bedeutenden Ağa, seinen Einfluss auf benachbarte Siedlungen auszudehnen. Um diesen Einfluss aufrechtzuerhalten, brauchte er eine mobile, bewaffnete Gefolgschaft. Um sich vor Repressionen ambitionierter Nachbarn oder staatlicher Gewalt zu schützen, verlegte er seinen Sitz in eine mehr oder weniger restaurierte Burg. So wurde der Dorfağa zum *Derebey*, zum „Talfürsten", den früher oder später die Hohe Pforte als De-facto-Machthaber anerkannte und mit einem Beamtentitel versah, um ihn formal in das Verwaltungssystem zu integrieren. Praktisch jedoch herrschten diese illegitimen Lokalfürsten so gut wie souverän. Solange sie gewisse Abgaben an den Provinzgouverneur bzw. an die Hohe Pforte abführten, wurden sie auch vom Staat kaum behelligt. Für die Bauern bedeutete dieses System nicht einmal einen Nachteil im Vergleich zu der exzessiven Ausbeutung durch häufig wechselnde Steuereintreiber des Staates. Die Derebeys mussten an schonender Behandlung ihrer Untertanen interessiert sein, strebten sie doch nach dauernder Herrschaft in ihrem Territorium. Die politische Schwächezeit des Osmanischen Reiches im 17./18. Jh. hat daher in entlegenen Talgauen durchaus Prosperität gebracht.

Die Reformen des Osmanischen Reiches in der Tanzimatperiode des 19. Jh.s haben zwar zur Beseitigung der Autonomie der größeren Derebeys geführt, auf der Ebene des einzelnen Dorfes jedoch blieb der Ağa bis heute eine als natürlich angesehene, selbstverständliche Autorität.

Unter der neuen Rechtsordnung der *Tanzimat-(Reform-)Periode* des 19. Jh.s konnte zwar v.a. in Südostanatolien der Einfluss einzelner Dorfağas, ehemaligen Derebeys, auch städtischer Kaufleute und Beamter, soweit diese aus der Dorfbevölkerung kamen, durch Anhäufung beträchtlichen Landbesitzes wachsen. Dennoch hat die Tendenz zur Ausbildung von ländlichem Großbesitz – ohnehin nur in einzelnen Teilen der Türkei und da erst seit dem späten 19. Jh. – nicht zur Entwicklung einer stabilen ländlichen Oberschicht führen können, denn wer zu Ämtern, Reichtum oder höherer Bildung kam, zog in die Stadt. Das ist eine alteingebürgerte, selbstverständliche Verhaltensweise, die bis heute fortwirkt und die Entwicklungsgegensätze zwischen Stadt und Land erheblich verschärft. Sobald die reich gewordenen Söhne und Enkel in die Stadt gezogen waren und die Rolle eines städtischen Grundbesitzers und Geldeintreibers spielten, der sich um die sonstigen dörflichen Belange nicht wesentlich kümmert, blieben die dörflichen Ağas, stärker gestützt durch das Amt des Bürgermeisters, weiterhin wichtigste Autorität im Dorf.

Erste Phasen der Ausbaubewegung

Ein entscheidender Umschwung im Verteilungsbild ländlicher Siedlungen während der zweiten Hälfte des 19. Jh.s spiegelte in der Türkei den Anbruch der „modernen

Bild 30: Dorfwüstung Sarılar/Agalyanı (Yavu-Bergland, Südwestanatolien): *In den Waldbergländern Anatoliens beobachtet man ein auffälliges Siedlungssterben im ländlichen Bereich.*

Zeit" wider. Das Verhältnis von relativ dicht besiedelten Berg- und Hügellandschaften zu siedlungsarmen Ebenen, Becken und Tälern begann sich umzukehren. Die flachen Offenlandschaften, in denen sich mindestens seit der Wüstungsperiode des 16./17. Jh.s aus Sicherheitsgründen kaum noch Dauersiedlungen fanden, wurden wieder als Siedlungsland attraktiv. Heute liegen hier die Schwerpunkte ländlicher Siedlung und moderner Agrarwirtschaft, während die demographische und wirtschaftliche Bedeutung der Gebirgsdörfer ständig weiter sinkt.

Ein gemeinsames Merkmal in den meisten Waldbergländern Anatoliens ist ein auffälliges Siedlungssterben im ländlichen Bereich mit Stagnation oder Abnahme und Überalterung der Dorfbevölkerung, Reduzierung bis Aufgabe der Anbauflächen, Verfall von Wohnplätzen bis hin zum Wüstfallen ganzer Dörfer (Bild 30). In den meist peripheren Gebieten ihrer Sommer- und Winterweiden, die ihnen von der alteingesessenen bäuerlichen Bevölkerung in den Waldbergländern Westanatoliens übrig gelassen worden waren, hatten v. a. Yürüken und Turkmenen nach ihrer Ansiedlung in zunehmendem Maße als Waldarbeiter und Kleinviehzüchter gewirtschaftet. Die für eine ökonomisch vertretbare Landwirtschaft oft unzureichende natürliche Ausstattung dieser „Restflächen", die Konfrontation der „Waldbauern" mit neuen Technologien, zeitgemäßen agraren Wirtschaftsweisen, Lockungen einer zunehmend moderneren Sozial- und Konsumgesellschaft fördern bis heute die Abwanderung in Gebiete wirtschaftlicher Prosperität.

Um derartige von Siedlungsverfall betroffenen Peripherräume für die verbliebenen Bewohner attraktiver zu machen und weitere Abwanderung aufzufangen, werden langfristig kreditierte Entwicklungsprojekte (z. B. für Heimarbeiten) initiiert und durch administrative Zusammenfassung solcher Restgemeinden effektivere Gemeindestrukturen mit neuen Namen und neuen Gemeindezentren geschaffen.

Bereits in der ersten Hälfte des 19. Jh.s hatte der Staat begonnen, eine direkte Verwaltung mit einem besoldeten Beamtenstab, nicht mit Pfründenempfängern einzu-

Abb. 58: Verwaltungseffizienz des Osmanischen Reiches um 1830: *Dargestellt ist der Detaillierungsgrad des ersten Bevölkerungszensus im 19. Jh.: im Westen dorfweise Zählung, im Osten provinzweise (Schätzung).*

führen. Die *Sancaks* bekamen die Funktion ziviler Regierungssbezirke, die alten Gerichtssprengel (*Kaza*) wurden administrative Landkreise, mit der Unterteilung in Amtsbezirke (*Nahiye*). Der Staat ging daran, das Land wieder flächenhaft zu kontrollieren.

Diese Wiederaufrichtung zentralstaatlicher Macht gelang erst allmählich, und bei ihrer Durchsetzung zeigte sich wieder jenes bekannte West-Ost-Gefälle: So wurde der erste „moderne" administrative Zensus im Jahr 1831 im größten Teil der westlichen Provinzen ebenso wie in den Balkanprovinzen nach kleinsten Verwaltungseinheiten (*Nahiye*), z.T. dorfweise durchgeführt, im mittleren und südlichen Anatolien konnte nur eine Schätzung nach mittleren Verwaltungseinheiten (*Liva* und *Kaza*) notiert werden, in Ostanatolien gelangte der Zensus gar über die Aufzählung von Provinzen (Vilayets) nicht hinaus (vgl. Abb.58). Immerhin ist das Bemühen erkennbar, das Land neu zu organisieren. Es wurde dabei mit den Provinzen, die wirtschaftlich am wichtigsten und administrativ am leichtesten zu kontrollieren waren, begonnen.

Diese Zeit heißt in der türkischen Geschichte die Periode der „Tanzimat" (von *tanzimat-i hayriye* = „wohltätige Verordnungen"). Sie ist für die Modernisierung der

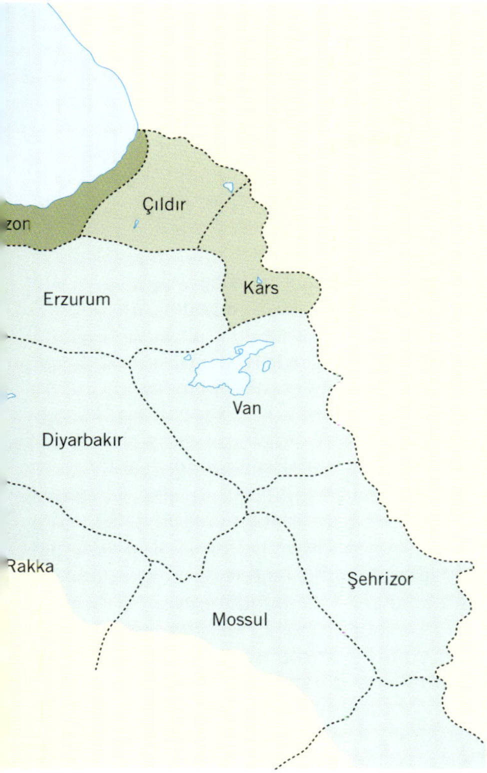

Türkei wohl genauso wichtig wie die späteren Reformen Kemal Atatürks, war sogar weitgehend deren Voraussetzung. Technik, Schulwesen, moderne Verwaltungs- und Rechtsprinzipien fanden Eingang, und eine westlich gebildete Oberschicht, die im 20. Jh. zum Träger des Fortschritts wurde, konnte sich in der Hauptstadt entwickeln. Im islamischen Orient hat außer der Türkei nur noch das Ägypten Mohammed Alis einen derart frühen Ansatz der Modernisierung vorzuweisen.

Von entscheidender Bedeutung wurde im Rahmen dieser Reformmaßnahmen das neue Bodengesetz von 1858. Wesentlichster Punkt war die Einführung des *Tapu*, eines Rechtstitels, der fast einem Eigentumstitel entsprach. Bisher gab es Grundeigentum nach traditionellem Recht nur bei Haus- und Hofgrundstücken, während Eigentum an Ackerland nur im Falle besonderer Verleihungen durch den Sultan möglich war. Nunmehr musste der Bauer lediglich zur Kreisbehörde gehen, angeben, welches Land in seinem unbestrittenen Besitz war, und eine bestimmte Gebühr bezahlen. Sein Land wurde damit *Tapulu Arazi*, „Land mit Besitztitel“, für das er zwar Steuern zahlen musste, das er aber jetzt verkaufen, vererben und beleihen konnte. Der Titel entsprach also nahezu dem des Eigentums, nur permanenter Anbau war Vorbedingung.

Das als Tapulu Arazi eingetragene Land war zwar nicht vermessen, was technisch und personell noch nicht möglich war. Es war aber immerhin mit ungefährer Umgrenzung und Größe in ein Grundbuch eingetragen, in dem später auch die jeweiligen Erben vermerkt wurden. Es gab damit erstmals für die Masse der ländlichen Bevölkerung die Möglichkeit sicheren Eigentums, was mit der Zeit das Streben nach Intensivierung des Anbaus kräftig stimulieren sollte. Zunächst stand allerdings die Mehrzahl der Bauern dieser Neuerung skeptisch gegenüber. Nur wenige geschickte Leute, nicht selten Griechen und Armenier, sicherten sich rechtzeitig gute Ländereien. Erst in den 70er-Jahren des 19. Jh.s beginnen in stärkerem Maße die Grundbucheintragungen von Bauern.

Die Talböden, Beckenebenen und flachen Tafellandschaften waren schon immer in der einen oder anderen Weise extensiv genutzt worden: nicht nur als Weideland von Nomaden, auch als Weidegebiet von Städten und Dörfern. Darüber hinaus gab es vereinzelte Stellen des Anbaus, die sich durch Bodenqualität und meist Bewässerungsmöglichkeit auszeichneten. Hierfür wurde vielfach der Terminus Mezra'a verwendet (von arab. *zira'a* = Ackerbau), womit eindeutig eine Anbaufläche bezeichnet wurde. Wahrscheinlich standen dort und bei einigen Yaylas schon einzelne, periodisch benutzte Häuser.

Um solche periodischen Wohnplätze zum dauernden Aufenthalt zu wählen und den Anbau zu intensivieren, war Sicherheit eine unabdingbare Voraussetzung, die in der Tanzimatperiode v.a. in den westlichen Landesteilen zunehmend gewährleistet war. Dazu trat mittlerweile der Anreiz juristischer Besitzabsicherung. Das Auftauchen der *Muhacir*, islamischer Flüchtlinge, und deren Ansiedlung in vielen Ebenen wird als Stimulans gewirkt haben: Damit die Verwaltung nicht weitere Einwanderer in das Gebiet schickte, musste man eigene Ansprüche durch Präsenz dokumentieren. Schließlich wurden gegen Ende des Jahrhunderts mit fortschreitender wirtschaftlicher Entwicklung Agrarprodukte zunehmend besser absetzbar. Die Städte wuchsen, fahrbare Straßen und sogar die ersten Eisenbahnen wurden im Westen gebaut. Ackerbau versprach Profite abzuwerfen, sodass immer mehr Bauern ihren Wohnsitz aus den beengten Bergdörfern auf ihre Mezra'a oder Yayla verlegten. Es kam ein Prozess der *Filialsiedlung* in Gang, der nicht das Ergebnis von Bevölkerungsdruck, sondern von Prosperität, Pioniergeist und Streben nach Profit war. In den letzten Jahrzehnten des 19. Jh.s tauchen in den neu angelegten Grundbüchern Dörfer auf, die vorher nicht existiert hatten.

Mit dem Ausbau der bisherigen Sommersiedlung zum ständig bewohnbaren Gehöft, das zu Anfang nicht selten ein Einzelhof war, wurde aus der Mezra'a oder der Yayla ein *Çiftlik*, ein Ackerhof (vgl. Karte 1: 400 000 von Kiepert 1906). Einige dieser Çiftliks haben später ihren Landbesitz beträchtlich vermehren können und wuchsen damit zu großbäuerlichen oder gar gutsähnlichen Betrieben an. Die Mehrzahl aber entwickelte sich anders: Dem ersten Beispiel der Übersiedlung folgten andere Bauern, Verwandte und Bekannte. Die Höfe wurden im Erbgang später geteilt. Aus Einzelhöfen entstanden (Sippen-)Weiler und schließlich Dörfer. Die Beziehung zu den Mutterdörfern war anfangs noch eng, der dortige Landbesitz wurde nicht aufgegeben. Verwandtschafts- und Nachbarschaftsbeziehungen blieben noch intakt, bisweilen auch die administrative Zuordnung: Die Filialdörfer galten zunächst als *Mahalle*, Ortsviertel, der Mutterdörfer.

Diese Landnahmebewegung beschränkte sich keineswegs auf derartige nahe gelegene, vielleicht vorher schon periodisch genutzte Gebiete. In großen Teilen Anatoliens muss es in der zweiten Hälfte des 19. Jh.s und bis zum Ersten Weltkrieg eine beträchtliche großräumige Mobilität gegeben haben. Innerpolitische Sicherheit und wirtschaftlicher Anreiz veranlassten viele, selbst aus entlegenen Gebirgslandschaften, sich neues Siedlungsland auch in ganz anderen Landesteilen zu suchen, was bald Verwandte, Freunde und Nachbarn nachzog.

Ziele derartiger Binnenwanderung waren jene Ebenen an der Südküste, im südöstlichen Taurusvorland und in den Grabensenken Westanatoliens, die bis zur 2. Jahrhunderthälfte (als Herrschafts- und Weidegebiete von Stämmen) der bäuerlichen Siedlung nicht zugänglich gewesen waren. Trotz der Malariagefahr, deren Bekämpfung erst in republikanischer Zeit Erfolge zeigte, war die Erschließung der Küstenebenen mit Dörfern bereits zum Ende des 19. Jh.s weitgehend abgeschlossen. Soysal (1976) hat derartige Prozesse für eine recht inhomogene Gruppe von Einwanderern aus Ostanatolien (Türken und türkisierte Kurden, für die sich mit der Zeit die Sammelbezeichnung „şarkli", die „Ostler", herausbildete) in der Çukurova beispielhaft beschrieben (vgl. Abb. 59). Ihre Ansiedlungen entwickelten sich in wenigen Jahrzehnten von kleinen Gehöftgruppen zu stattlichen Großbauerndörfern.

Ein wesentlicher Effekt der Tanzimatgesetzgebung war die zivilrechtliche Gleichstellung der christlichen Minoritäten. Namentlich die griechische Minderheit in Westanatolien, v. a. auf den damals noch zum Reich gehörigen Ägäisinseln, war in ihrem Bildungsstand fortgeschrittener als die Masse der Türken und machte von diesen Chancen relativ früh und in reichem Maße Gebrauch. Die zweite Hälfte des 19. Jh.s ist die Haupteinwanderungszeit von Inselgriechen auf das gegenüberliegende Festland. Westanatolien verdankt diesen Siedlern einen beträchtlichen Teil seiner Prosperität. Die intensive Wein-, Oliven- und Feigenkultur, auch der wiedereingeführte Terrassenbau ist vielerorts ihr Werk. Ihre Dörfer stachen durch aufwendigere und modernere Bauweise von denen der einheimischen Türken ab. Die Intensität des Anbaus auf kleiner Fläche, die sie von den übervölkerten Inseln gewöhnt waren, übertrugen sie auf ihre neuen Ansiedlungen. Beziehungen zu den städtischen Griechen in den Hafenstädten ermöglichten ihnen die frühe Beteiligung an agrarischer Marktproduktion. Auch zahlreiche Binnenlandorte wurden von ihnen wieder unter Kultur genommen.

Relativ spät, z. T. erst im 20. Jh., taten die restlichen Nomaden den Schritt zur Ansiedlung, und die Kışladörfer schritten zur Siedlungsexpansion. Viele inneranatolische Yaylas wurden aber nicht zu Dauersiedlungen, bevor die fortgeschrittene Mechanisierung nach dem Zweiten Weltkrieg auch in diesen trockensten Teilen des Hochlandes Getreidebau rentabler als Kleinviehwirtschaft erscheinen ließ. Einzelne Yürükenstämme Südanatoliens gingen erst im 20. Jh. zur Ansiedlung auf ihren Winterweiden über, vielfach auf marginalen Flächen der äußeren Deltabereiche oder der Hügelzonen der Gebirge. Der Zusammenhalt nomadischer Gruppen führte häufig zu geschlossener Ansiedlung. Stammesdörfer entstanden, in denen die Tradition und die Sozialordnung der Nomaden noch längere Zeit weiterlebte.

Über die konkreten Ansiedlungsgebiete von nomadischen oder halbnomadischen Stämmen ist nur wenig bekannt, so etwa über einige Çukurovastämme, über andere im Maraşgraben oder südlich Gaziantep. In ähnlicher Weise kann man sich die Landnahme auch in anderen Teilen des südöstlichen Taurusvorlandes vorstellen.

Die Jahrzehnte der Tanzimatperiode waren insgesamt eine der wichtigsten Siedlungsphasen der Neuzeit. In den Flachlandschaften der Türkei dürften in diesem Zeitraum rund drei Viertel aller heute existierenden Dörfer entstanden sein. Die Ebenen, Becken und flachen Tafellandschaften sind damit, im Vergleich zu den Gebirgen und Gebirgsrändern, „Jungsiedelland“, wenngleich es sich historisch sicher vielfach um Wiederbesiedlung handelt (Höhfeld 1988). Allerdings sind die Jungsiedellandschaften in der Türkei nicht, wie in Syrien, in Kasachstan oder in Teilen des Maghreb eine mehr oder weniger geschlossene Zone des Vorrückens gegen die Steppe und gegen das Nomadenland. Wegen des Gebirgscharakters der Türkei sind sie eher inselhaft verteilt, wenn man einmal vom zentralanatolischen Hochland absieht.

Der Jungsiedellandcharakter und die „Unfertigkeit“ der Kulturlandschaft zeigen sich bis heute in vielerlei Details: Bodenpflege, Umgang mit Grundwasser, Dränage – alles das ist für staatliche Behörden und die betroffenen Bauern noch weitgehend im Experimentierstadium. Stark durchmischte Bevölkerung, spekulativer Charakter des agrarischen Anbaus, Offenheit für Innova-

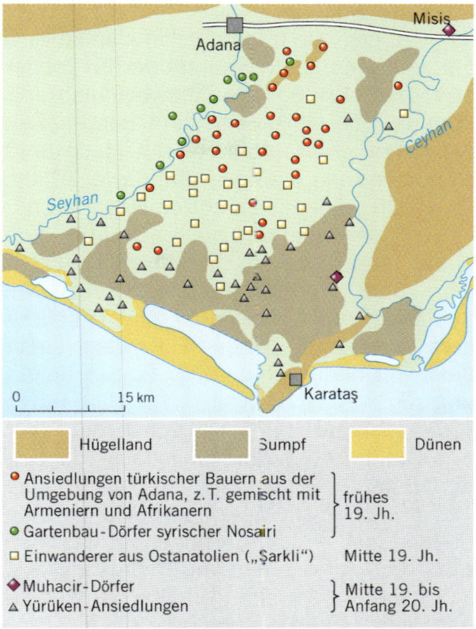

Abb. 59: Bäuerliche Kolonisation in der Çukurova: *Die jeweils jüngere Landnahmewelle muss weiter gegen den Saum des Deltas vorrücken.*

Quelle: Soysal 1976.

tionen, große Ackerparzellen, auffallende Monokulturen von Getreide, Baumwolle oder Fruchtbäumen sind charakteristische Züge von türkischen Neusiedlungsgebieten und stechen ab von der kleingliedrigen, unregelmäßigen Polykultur der Altsiedelgebiete.

Äußerlich sehen inzwischen viele Dörfer des Jungsiedellandes den älteren Dörfern ähnlich. Die Siedlungsexpansion der Tanzimatzeit wurde schließlich von Bauern getragen, und zwar mit Zielen, Techniken und Wertmaßstäben ihrer Zeit. Keine Regierungsinstanz griff reglementierend ein, kein Landmesser teilte Parzellen zu oder vermaß Wege, kein städtischer Baumeister gab Anleitungen zum Hausbau. So wurden Dörfer nach den traditionellen Gewohnheiten angelegt, Häuser nach den Bauvorstellungen der Vergangenheit konzipiert und mit Material der Umgebung ausgeführt, und Felder nach dem jeweiligen Bedarf aus der Steppe gerodet. Kein Ingenieur jener Zeit konnte voraussagen, dass man wenige Jahrzehnte später in den gleichen Siedlungen mit modernsten Landmaschinen würde arbeiten müssen.

Heute sind viele dieser Dörfer für Traktoren zu eng, die traditionellen kleinen Hofplätze bieten kaum Stapelraum für größer gewordene Ernten. Die Feldwege als traditionelle Überfahrtswege sind nur im Zelgensystem (Fluraufteilung mit Flurzwang) zu nutzen, und auf den Zufahrtswegen, die im 19. Jh. völlig ausreichten, weil man nur in der Trockenperiode nach der Ernte zum Markt fahren musste, versinken im Frühjahr und Herbst die Maschinen im Schlamm. Viele Parzellen sind nur mit dem ochsengezogenen Holzpflug, aber nicht mit dem Mähdrescher zu bearbeiten und schließlich genügen die traditionellen Brunnen nicht den Ansprüchen der Neuzeit und ihren Bewässerungsnotwendigkeiten. Eine Intensivierung und ein Ausbau der in der Tanzimatperiode erschlossenen Ebenen zur ökologisch angepassten, wirtschaftlich rationellen Kulturlandschaft ist daher meist noch eine Aufgabe der Gegenwart und Zukunft.

Die Muhacir

Mit am Anfang dieses Prozesses der Neulanderschließung standen Einwanderung und Landnahme von Glaubensflüchtlingen, die man meist mit dem arabischen Terminus *Muhacir*, später auch türkisch Göçmen bezeichnete. Anlass war der Verlust osmanischer Provinzen und Einflussgebiete an Russland und die jungen Balkanstaaten. Nach einer Vorschrift des islamischen Rechts hat der Gläubige das Land zu verlassen, wenn es unter die Herrschaft der Ungläubigen fällt, und er muss in die Länder des Islam auswandern. Entscheidend war das Bekenntnis zum Islam und damit zum Osmanischen Reich (als Vormacht des Islam und Sitz des Kalifen). Dass ein großer Teil der Flüchtlinge keine Türken, sondern Nachkommen islamisierter Bosniaken, Makedonier, Bulgaren oder Griechen waren und ihre Umgangssprache vielfach nicht türkisch war, spielte dabei keine Rolle. Die Besetzung der Krim und Eroberungen in Kaukasien durch Russland, die Verselbständigung von Serbien, Rumänien, Bulgarien und Griechenland führten so zu ungeheuren Flüchtlingsströmen in das restliche Osmanische Reich.

Die Gesamtbilanz dieser größten europäischen Flüchtlingsbewegung des 19. Jh.s ist unbekannt. Es müssen insgesamt Millionen gewesen sein, die bis in die frühen 20er-Jahre des 20. Jh.s in das Osmanische Reich bzw. die Türkische Republik strömten. Das Ausmaß des ganzen Umsiedlungsprozesses zeigt sich u. a. darin, dass noch beim Bevölkerungszensus von 1935, als die Türkei 16 Mio. Einwohner hatte, fast 1 Mio. Menschen einen Geburtsort im Ausland angab.

Schätzungen über die Emigrantenzahlen sind zumeist grob, beruhen oft auf Zeitungsmeldungen und geben v. a. keinen brauchbaren Maßstab für eine Kalkulation des faktischen Bevölkerungsgewinns und Siedlungsausbaus in Anatolien und Thrakien: Es ist unklar, wie viele in später verlorenen Balkanprovinzen angesiedelte Flüchtlinge später nach Anatolien weiterzogen.

Die ersten bedeutenden Flüchtlingswellen waren die der Krimtürken, Krim- und Nogaitataren, die nach der russischen Besetzung der Krim 1782/83, nach dem Krimkrieg 1854/55 und gegen Ende des 19. Jh.s auswanderten. Die Schätzungen über die Auswandererzahlen (de Planhol 1975) liegen zwischen einer halben und einer Million. Dabei richtete sich der Flüchtlingsstrom zunächst vorwiegend in die noch osmanischen Gebiete Südosteuropas, insbesondere an der unteren Donau.

Die russische Eroberung des Kaukasus veranlasste um 1859–64 die nächste große Flüchtlingswelle. Die islamischen nordkaukasischen Völker, die oft unter dem Namen *Çerkes* (Tscherkessen) zusammengefasst werden, und turksprachige Kaukasusvölker (*Karaçay*, *Balkar*) flüchteten überwiegend mit Schiffen über das Schwarze Meer nach Trabzon, Samsun und Sinop oder in die noch türkischen Häfen Südosteuropas. Ihre Zahl wird auf etwa eine halbe Million geschätzt.

Als Folge der Verselbständigung der Balkanstaaten nach dem Berliner Kongress 1878 setzte der dritte Exodus aus Serbien, Rumänien und Bulgarien ein. Die Vergrößerung Griechenlands (Thessalien 1881, Kreta 1898) und die Aufteilung des türkischen Restbesitzes in Europa nach den Balkankriegen hatten jedes Mal größere Emigrationsbewegungen zur Folge. Insgesamt dürfte diese Flüchtlingszahl zwischen 1878 und 1914 (einschließlich der Tataren und Kaukasier, die schon einmal geflohen waren) in einer Größenordnung von mindestens 1 Mio. Menschen gelegen haben.

Die vierte Welle umfasste jene schätzungsweise 400 000 Türken, die im Rahmen des griechisch-türkischen Bevölkerungsaustausches 1923 umgesiedelt wurden. Dem steht die etwa dreifache Zahl von Griechisch-Orthodoxen gegenüber, die im Gegenzug aus der republikanischen Türkei nach Griechenland umgesiedelt wurden.

Auch in den folgenden Jahrzehnten riss der Flüchtlingsstrom nicht ab. Vor allem aus Bulgarien kamen jährlich Tausende von freiwilligen Emigranten, erneut im Massenexodus 1951 (rund 150 000) und 1988 infolge politischer Konflikte.

Die ersten Einwandererwellen wurden kaum betreut. Die Menschenverluste auf der Flucht und in den provisorischen Auffanglagern – meist alten Hallen in den Hafenstädten – waren sehr hoch. Nicht selten bekamen die Flüchtlinge Siedlungsflächen zugewiesen, wo sie anfangs beträchtliche Fehlschläge hinnehmen mussten und mit deren klimatischen und edaphischen Bedingungen sie nicht vertraut waren. Die Malaria dezimierte in besonders starkem Maße die Ansiedlungsversuche in den Ebenen Süd- und Westanatoliens. Der größte Teil der Muhaciransiedlungen der Çukurova wurde ein Misserfolg.

Über konkrete Maßnahmen türkischer Verwaltung zur Unterbringung der Muhacir ist wenig bekannt. Man hatte die Emigranten bestimmten Provinzen zugewiesen, wo Komitees die Landzuteilung vornehmen sollten. Offenbar gingen deren Bemühungen selten über die Anweisung eines Siedlungsplatzes hinaus. Als Staatsland geltendes Gelände wurde von bestehenden einheimischen Siedlungen möglichst entfernt zugeteilt. Da es traditionell als Weidebereich der Dörfer oder Stämme beansprucht wurde, war mit lokalen Konflikten zu rechnen.

Die Einzelschritte der Ansiedlung scheinen weitgehend den Muhacir selbst überlassen geblieben zu sein, wenn es auch staatliche Vorschriften über die Ackerfläche gab, die jedem Umsiedler entsprechend der Familiengröße zugeteilt werden sollte. Wieweit diese allerdings befolgt wurden, ist unklar – trotz mancher Gemeinsamkeiten vieler Muhacirdörfer hinsichtlich Ortsgrundriss und Flursystem, die sich nur mit der

Quelle: vereinfacht nach Tunçdilek 1959.

Abb. 60: Muhaciransiedlung im Raum Eskişehir.

Einflussnahme von Regierungsseite erklären lassen.

Bedauerlicherweise gibt es zur Beurteilung dieser Ansiedlungsaktionen nur wenige Regionalkartierungen und Beschreibungen. Immerhin lässt sich ein genereller „Lagetyp“ der Flüchtlingssiedlungen zum größten Teil in den Flachlandschaften konstatieren, während anschließende Gebirgslandschaften entweder durch alte Dörfer oder durch junge Ausbauten einheimischer Bauern und Nomaden besetzt sind (vgl. Abb. 60).

Die Siedlungsbedingungen waren demnach für die Einwanderer in vieler Hinsicht ähnlich: Kaum ein Flüchtlingsdorf konnte sich Yaylas zulegen, weil die dafür geeigneten Plätze in der Hand einheimischer Dörfer und Stämme waren. Damit waren sie von vornherein auf vorwiegenden Ackerbau festgelegt. Da die Flächen größtenteils in Ebenen oder auf Plateaus lagen und somit mechanischer Bearbeitung zugänglich waren, konnten insbesondere Einwanderer vom Balkan, die fortschrittlichere Methoden des Ackerbaus bereits kannten, relativ früh die ersten technischen Innovationen (eiserner Pflug, Mähmaschine) anwenden. Krim- und Nogaitataren zeichneten sich durch eine geschickte Anpassung an die Anbaubedingungen Zentralanatoliens aus. Demgegenüber hatten die Tscherkessen, die aus einem humiden, kühlen Waldland stammten und vielerorts ihre traditionelle Pferdezucht weiter betrieben, erheblich größere Anpassungsschwierigkeiten.

Fast alle Muhacirdörfer wirkten auf die Reisenden der Zeit nach dem Ersten Weltkrieg bereits relativ gepflegt, sauber, und vielfach waren selbst die entwickelteren Hausformen aus den Heimatländern nach Anatolien übertragen worden. Die Türkei hatte mit diesen Einwanderern ein Bevölkerungspotenzial gewonnen, das politisch loyal zum Staat stand und gegenüber Neuerungen relativ aufgeschlossen war. Die Verteilung auf viele einzelne Siedlungsgebiete verhinderte die Entstehung kompakter Sprachinseln. Die gewünschte Assimilation dauerte über mehrere Generationen, sodass erhoffte Innovationseffekte nur begrenzt eintraten.

Eine konzentriertere Verteilung auf Westanatolien fanden türkische Umsiedler, die in republikanischer Zeit im Zuge des griechisch-türkischen Bevölkerungsaustausches nach Anatolien kamen und als Siedlungsplätze die verlassenen Griechendörfer vorfanden. Auch das bedeutete erhebliche Startschwierigkeiten: Makedonische Tabakbauern mussten sich auf die Kultur von Rebe und Ölbaum umstellen. In späterer republikanischer Zeit wurden die Flüchtlinge nicht mehr in eigenen Dörfern angesiedelt, weil inzwischen der Platz dafür fehlte und wohl auch um eine schnellere Assimilation zu erreichen. So finden sich die Bulgarienflüchtlinge von 1952 in Dorfvierteln über Thrakien, Nordwest- und Zentralanatolien verstreut und auch in größerer Zahl in den Städten.

Siedlungsgeographisch bedeutsam waren damit besonders die Einwanderungswellen zwischen etwa 1860 und dem Ersten Weltkrieg. Ihr Anteil an der Erschließung der Beckenebenen bleibt ein dauerhaftes Verdienst für die neuere wirtschaftliche Entwicklung der Türkei.

Die Struktur traditioneller Städte

Unter den Städten der Türkei sind nur etwa ein gutes Fünftel traditionsreiche historische Städte (vgl. Abb. 61). Dazu gehören fast alle Provinzhauptstädte und viele der größeren und bedeutenderen Kreisstädte. Ihre heutigen Verwaltungsfunktionen und weitgehend auch ihre relative Größe im Vergleich zueinander gehen vielfach bis auf die

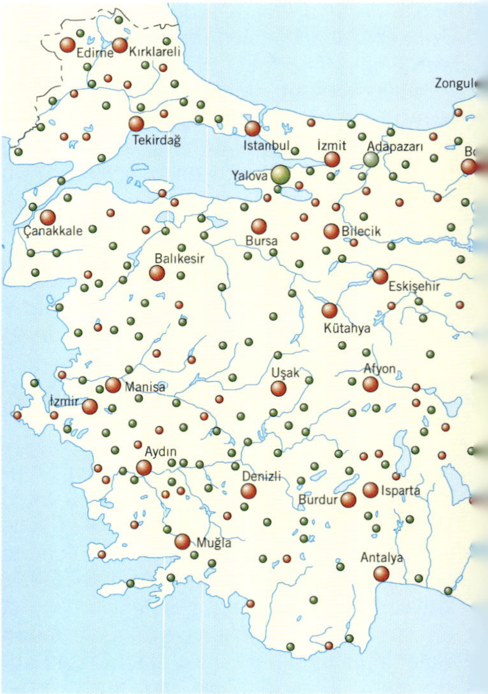

Quelle: nach Höhfeld 1977.

- historische Stadt, heute Zentrum eines Kaza (İçe)
- während oder nach der Tanzimat-Zeit bis 1975 entstanden, heute Zentrum eines Kaza (İçe)
- historische Stadt, heute Zentrum eines Vilayet (İl)
- während oder nach der Tanzimat-Zeit bis 1975 entstanden, heute Zentrum eines Vilayet (İl)
- historische Stadt, in jüngster Zeit zum Zentrum eines Vilayet (İl) erhoben
- während oder nach der Tanzimat-Zeit bis 1975 entstanden, in jüngster Zeit zum Zentrum eines Vilayet (İl) erhoben

Abb. 61: Traditionelle Städte und Neugründungen des 19./20. Jh.s: *Abgrenzungskriterium ist die administrative Funktion als Kreishauptort (Kaza Merkezi) oder Sancak-(später Vilayet-/İl-) Hauptstadt.*

seldschukische Zeit oder die der Beyliks zurück. Im Verlauf von rund 800 Jahren islamischer Stadtentwicklung in Anatolien hat sich so etwas wie eine Reihe von Merkmalen herausgebildet, die eine Stadt nach Gewohnheit und traditionellem Recht charakterisieren. Es sind bestimmte, im städtischen Leben verwurzelte, funktionelle und strukturelle Kennzeichen, die in leicht abgewandelter Form bis in die Gegenwart weiterwirken. Ihnen entsprechen vielfach repräsentative Bauten, für die bestimmte Bauvorstellungen üblich waren. Auch in der Anlage der Wohnviertel und im Typus der Häuser galten lange Zeit gesellschaftliche Normen, die in allgemeinen, islamisch-orientalischen Wertvorstellungen verwurzelt sind, aber auch spezielle anatolisch-türkische Besonderheiten einbeziehen.

Diese historischen Elemente der Altstadtkerne sind es, die den heute rapide wachsenden Städten ihre Individualität und ihren unverwechselbaren Charakter verleihen. Inmitten breit ausufernder Neubauviertel von uniformer Eintönigkeit bleibt die Silhouette der Altstadt, bleiben die traditionsreichen Moscheen und Bazare die wichtigsten Bezugspunkte für die Identifikation der Bewohner mit ihrer Stadt.

Herrschaft, Burg und Mauer

Gemäß ihrer Entstehung und frühen Entwicklung sind die älteren türkischen Städte Herrschaftszentren. Dem entspricht die Lage der Stadt zu Füßen einer *Höhenburg* (Bild 31). Diese Burgen, die in ihren Erstanlagen häufig vortürkisch, mindestens spätbyzantinisch sind, wurden zu einem der wichtigsten Ansatzpunkte der türkischen Städte, denn das Kriterium der Verteidigungsfähigkeit bestimmte in der Zeit der seldschukischen Sultane und der späteren Beyliks die Auswahl unter denjenigen byzantinischen Städten, die sich als neue Herrschaftszentren eigneten. Von den über 80 Städten, die mindestens zeitweise Bey-Sitze und/oder später osmanische Sancak-Sitze waren, haben über 50 eine Lage am Fuß einer Höhenburg. Wo die Stadt in flachem Gelände liegt, wurde wenigstens ein prähistorischer Kulturschutthügel (*Hüyük*) als Platz der Burg gewählt und in byzantinischer Tradition weitergeführt (Konya, Gaziantep, Kırşehir, Adana, Karaman, Sivas usw.). Nur in

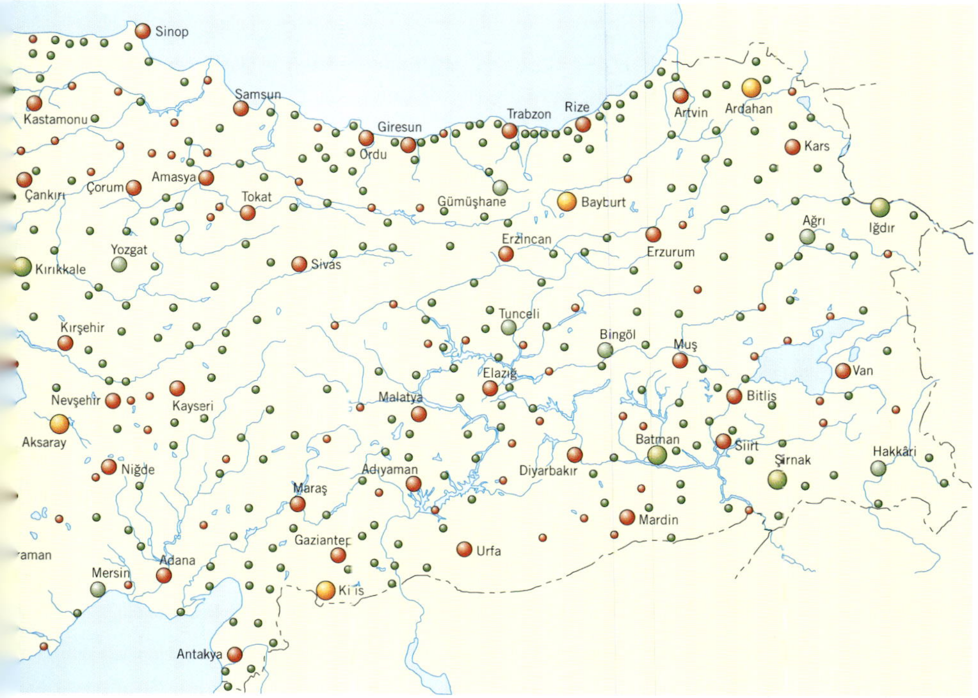

Bild 31: Höhenburg-Siedlung Hoşap: *Entsprechend der besseren Verteidigungsfähigkeit in der Zeit der seldschukischen Sultane liegen zwei Drittel der Bey- oder Sancak-Sitze zu Füßen einer Höhenburg.*

wenigen Fällen liegt die Burg in gleichem Höhenniveau wie die Stadt, dann aber auf einem Terrassenvorsprung (Diyarbakır, Antalya, Çanakkale, Eğridir). Die Burg war Sitz des Stadtherren, der in vorosmanischer Zeit ein lokaler selbständiger Bey war, in osmanischer Zeit Statthalter und Militärkommandant eines Militärbezirks (Sancak Bey).

In osmanischer Zeit waren diese Gouverneure häufig gewechselte Offiziere ohne Anspruch auf eine besonders hervorgehobene „Residenz". Ihren Burgen fehlt also ein Bauelement, das dem Palas europäischer Burgen entspricht. Hingegen musste der Gouverneur auf der Burg seine Truppen vielfach sogar mit deren Familien unterbringen. Es waren „Garnisonsburgen" oft von beträchtlicher Größe, deren Mauern kleine Stadtviertel umschließen konnten (Ankara, İzmir, Alanya, Diyarbakır, Mardin, Hoşap usw.). Wegen Bevorzugung von Höhenlagen für die Herrschaftssitze schlossen sich die Städte selbst oft nur auf einer Seite des Burgberges an, sodass die Festung innerhalb der Umwallung der Gesamtstadt einen zum Stadtzentrum peripheren Eckpfeiler darstellte. Von der Burg ausgehend zogen sich Mauern (*Hisar*) um die Stadt, bisweilen mit zahlreichen Türmen verstärkt (vgl. Abb. 62). Die Stadtmauern sind heute meist längst abgetragen und von neuen Wohnvierteln überwachsen; im Gegensatz zu europäischen mittelalterlichen Befestigungen haben sie nach ihrer Niederlegung auch nur selten Anlass zur Anlage von Ringstraßen gegeben (Erzurum, Diyarbakır). Nur bei wenigen Städten lassen sich die alten Mauern noch heute wenigstens teilweise ausmachen. Sie werden in der Gegenwart als historische Denkmäler geschützt (Diyarbakır, Kayseri, İznik, Amasya, Alt-Malatya, Alt-Van).

Bis zum frühen 19. Jh. waren die Mauern vieler Städte wegen des unbedeutenden Stadtwachstums in den späteren osmanischen Jahrhunderten noch einigermaßen intakt. v. Moltke (1883) sah sogar die Mauern und Tore von Konya noch stehen, von denen sich heute keine Spur mehr findet. Die Mauern wurden von den Soldaten der

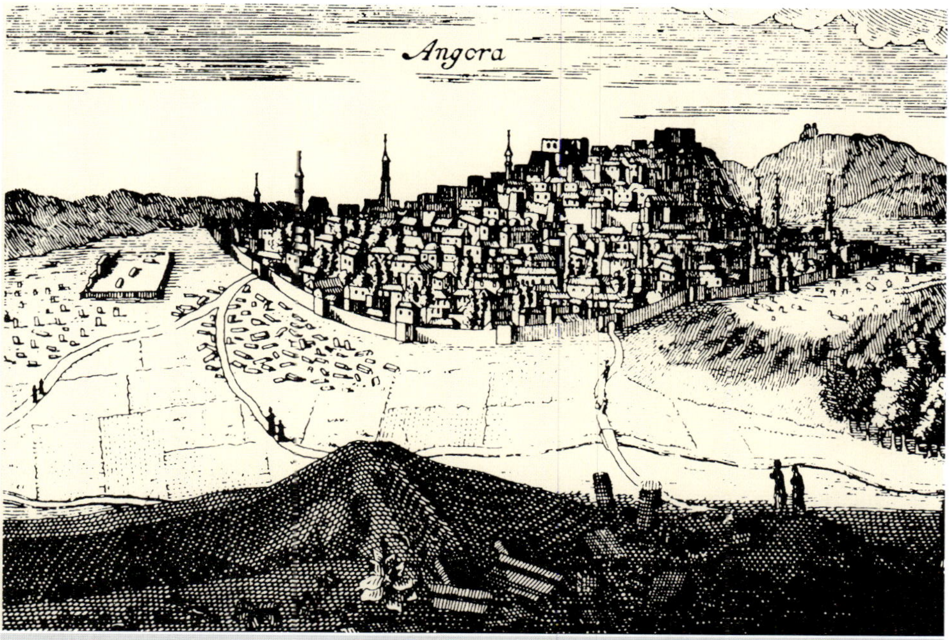

Abb. 62: Ankara im Jahre 1701, nach einer Gravur von P. de Sica, gesehen von Süden: *Erkennbar ist die Burg mit der inneren und äußeren Mauer (İç Kale und Dış Kale). Die Stadtmauer ist heute nicht mehr vorhanden. Etwa in der Mitte der Stadt ist an kleinen Kuppeln der Bedesten zu erkennen. Außerhalb der Mauern Ruinen der (größeren) römerzeitlichen Stadt.*

Garnison verteidigt, nicht von den Stadtbewohnern. Diese waren nur Untertanen und „Steuerquelle", die der Stadtherr oder Gouverneur zu schützen hatte. Ihnen fehlte jegliche Selbstverwaltung. Dementsprechend fehlte den traditionellen türkischen Städten (wie allen Städten des islamisch-orientalischen Kulturraumes) die Institution des Magistrats und das Rathaus. Die Stadtbewohner waren also keine „Bürger" im Sinne der westeuropäischen Rechtsgeschichte.

Die Viertels-Bürgermeister (*Mahalle-Muhtar*) der meist sehr zahlreichen, aber kleinen Stadtviertel waren vielmehr unmittelbar dem Gouverneur verantwortlich. Der osmanische Staat löste also das Problem der Stadt-Verwaltung so, als wäre sie nur eine Agglomeration von Dörfern. In späterer osmanischer Zeit trat an seine Stelle die fiskalische Kontrolle über die Oberhäupter der verschiedenen Berufsgilden. Die Höhenburgen verloren spätestens vom 18. Jh. an ihren taktischen Wert, wurden zunehmend aufgegeben und verfielen oder wurden bei entsprechender Größe und geringer Höhendifferenz einfach zu Stadtvierteln (Ankara, Alanya, Diyarbakır, Eğridir, İzmir u. a.). Der Sitz der Verwaltung zog in die Stadt hinab, meist in die Nähe des Geschäftszentrums und der wichtigsten Moschee. Hier entstand v. a. im 19. Jh. der *Konak*, das Regierungsgebäude, als nur mäßig repräsentativer Zweckbau. Bis heute sitzen dort oft Provinz- und Kreisverwaltungsbehörden. Nicht selten wurde ein mehr oder weniger regelmäßiger Platz vor dem Regierungsgebäude geschaffen, der keine Marktplatzfunktion besaß, sondern bis heute der *Hükümet Meydanı*, der Regierungsplatz, blieb und repräsentativen Zwecken dient. Im 18. und 19. Jh. wurden hier als ein sehr charakteristisches Element osmanischer Städte dieser Zeit bisweilen Uhrtürme gebaut. In der Gegenwart wird der nichtkommerzielle, weltliche Charakter des Hükümet Meydanı fast immer durch ein Atatürk-Denkmal unterstrichen.

Geistliche Institutionen

Die Städte der Türkei wurden in ihrer Entwicklung so stark von den Regeln des Islam beeinflusst, dass sich, abgesehen von İstanbul, nur selten vortürkische Bauelemente finden. Der Islam als Kultgemeinschaft manifestierte sich vorwiegend in den Städten. Dörfer hatten noch im 19. Jh. nicht immer eine Moschee, und Nomaden wurden ohnehin als sehr oberflächliche Muslime angesehen. In den Städten konnte sich die islamische geistige und geistliche Kultur in der sunnitischen Form und in der hanefitischen Rechtsschule, der „Staatskonfession" des Osmanischen Reiches, entfalten. Sunnitisch-hanefitisch waren und sind demgemäß die Städte auch in den Landesteilen, etwa Ostanatoliens, in denen die ländliche Bevölkerung mehr der schafiitischen Richtung der Sunna oder gar dem schiitischen Alevitentum zuneigt. Vornehmstes Kennzeichen einer islamischen Stadt ist die Moschee (*Cami*), in der der Vorbeter (İmam) die Gebete, speziell das Freitagsgebet, leitet, und wo der Gebetsrufer (*Müezzin*) vom Minarett die Gläubigen fünfmal täglich zum Gebet ruft. Jede, auch die kleinste Stadt hat mindestens eine Moschee, meist jedoch mehrere.

Während man die Moscheen noch als Nachfolgeinstitutionen der byzantinischen Kirchen auffassen kann, entspricht die Funktion des Imam jedoch keineswegs der des orthodoxen Bischofs. Da die islamische Konfession nur die Gemeinschaft der Gläubigen kennt, nicht jedoch ein Priestertum, fehlt auch eine klerikale Hierarchie. Der Begriff *Ulema*, mit dem die Gesamtheit der islamischen Gelehrten bezeichnet wird, lässt sich nicht mit „Klerus" übersetzen. Er umfasst außer den gebildeten Geistlichen die Rechtsgelehrten und bezeichnet damit eine Gruppe, die hohes Ansehen und geistigen Einfluss hat und den religiösen Bereich, wie im Islam gefordert, eng mit dem weltlichen verknüpft.

Entsprechend dem Gebot des Korans sind die Moscheen als wichtigste Manifestationen des islamischen Charakters der Städte sämtlich nach Mekka orientiert, das heißt in der Türkei nach Süden bis Südosten. Für die nicht sehr häufigen Fälle einer Umwandlung christlicher Kirchen in Moscheen (fast nur in İstanbul) bedeutet das lediglich, dass die Gebetsnische (*Mihrab*) schräg zur Achse der ehemaligen Kirche liegt. Neu gebaute Moscheen liegen deshalb bisweilen schiefwinklig zu Straßen und Häuserzeilen und tragen zur Unregelmäßigkeit des Straßennetzes bei.

Während in großen Teilen der arabischen Welt, auch Persiens und Indiens, der Gebetsraum selten überwölbt und seitlich zu einem weiten Hof hin offen ist, erfordert das winterkalte und zeitweise regnerische Klima Anatoliens überdachte oder geschlossene Gebetsräume. In der frühen islamischen Periode, zur Zeit der Seldschuken, trugen Pfeiler- oder Säulenreihen in Hallenbauten eine flache Decke (Typ „Ulu Cami" in Sivas, Malatya, Afyon, Konya usw.) (Bild 32). In osmanischer Zeit vollzog sich über Pfeilerhallen mit zahlreichen kleinen Einzelkuppeln (Typ Ulu Cami in Bursa) der Übergang zu der typisch osmanischen Moschee, bei der die Zentralkuppel auffälligstes Merkmal ist. Die im frühen 16. Jh. durch den Baumeister Sinan erreichte Hochform dieses Typs kombiniert die Moschee mit Gebäuden für karitative und wirtschaftliche Institutionen in einem geometrischen, um den Moscheehof angeordneten Komplex (*Külliye*). Derartige große, aus einem Guss entstandene Moscheekomplexe konzentrieren sich auf die Residenzstädte İstanbul, Edirne, Bursa und wenige andere Orte, wo sie gleichzeitig den höchsten Grad raumordnerischer Gestaltung der osmanischen Periode darstellen. Bei den Moscheen der kleineren Städte ist oft nicht einmal der Moscheevorhof, wo die vorgeschriebenen Waschungen stattfinden, als repräsentativer und umgrenzter Platz architektonisch gestaltet.

Das traditionelle Rechtswesen basiert auf dem *Scheriatrecht*, das heißt auf Koran und geistlicher Überlieferung (*Hadith*). Rechtsprechung und Rechtsauslegung liegen in der Hand des Richters (*Kadi*), der in geistlichen, straf- und zivilrechtlichen Fragen gleichermaßen zuständig ist. Die Pflege der islamischen Rechtsprechung wurde als ein so wesentliches, unabdingbares Element des rechtgläubigen Lebens der Gemeinde angesehen, dass der Sitz eines Kadi so gut wie definitorisch zu einer islamisch-türkischen Stadt gehörte. In dieser juristischen Funktion setzte also der Kadi weit eher als der Imam die Funktion des byzantinischen Bischofs fort. Die Übersicht der Kadisitze für das 18. Jh. (Hammer

Bild 32: Innenraum einer „Säulenhallenmoschee", Ulu Cami in Sivas: *In der frühen islamischen Periode wurden in dem winterkalten und zeitweise regnerischen Klima Anatoliens Hallenbauten als überdachte Gebetsräume erbaut.*

1815; vgl. Karte bei Birken 1976) spiegelt das traditionelle Städtenetz Anatoliens. Allerdings entsprechen dieser wichtigen juristischen Funktion keine traditionellen Bauten, die Rechtsprechung erfolgte im Privathaus des Kadi.

Die Zuständigkeit des jeweiligen Kadi umfasste außer der Stadt noch die Dörfer der Umgebung in einem fest umgrenzten Gebiet. Bei kleineren Verwaltungsbezirken (Sancak) fiel der Gerichtssprengel (*Kaza* = etwa Kreis) mit diesem zusammen; größere Sancaks waren in mehrere Kazas aufgeteilt, deren Sitz jeweils eine Stadt war. Diese Kazas umschlossen vielfach mehr oder weniger natürlich umgrenzte Gebiete, als deren wirtschaftlicher Mittelpunkt sich die betreffende Stadt herausgebildet hatte. Bis heute ist dafür die Bezeichnung *Kaza*, neben dem neueren amtlichen Ausdruck *Ilce*, gebräuchlich.

Formale höhere Bildung bedeutet im islamischen Kulturraum zunächst immer geistliche Bildung, und die Institution, wo man sie erwirbt, ist die geistliche höhere Schule (*Medresse*). Solche Medressen wurden seit der frühen islamischen Zeit vielfach in den Städten Anatoliens gebaut. Sie sind Innenhofkonstruktionen mit ein bis zwei Stockwerken, in denen sich unter den Arkaden kleine Kammern zum Innenhof bzw. zur Galerie des Oberstockwerks öffnen, wo die Schüler wohnen und memorieren konnten. Die Medressen unterscheiden sich normalerweise von Hanen (s. u.), die ja auch Innenhofkonstruktionen sind, durch die Kleinheit der Wohnkammern und durch die immer zugehörige kleine Moschee, die an der Seite der Mekkarichtung (*Küble*) angefügt oder einbezogen ist. Solche Medressen sind ein verbreiteter, wenn auch nicht notwendiger Bestandteil der traditionellen Städte. Sie häufen sich natürlich in İstanbul, aber auch in anderen Städten des Landes, die besondere geistliche Traditionen haben oder als Wallfahrtsorte bekannt sind. Nach Registern gab es im 16. Jh. in Anatolien (westlich des Euphrat) 196 Orte mit mindestens einer Medresse. Die Mehrzahl davon sind Kleinstädte vom Rang von Kadisitzen und haben nur eine Medresse, in Bursa finden sich jedoch 42, in Konya 29, in Amasya 21, in Tire und Ankara je 11, in Kastamonu und Malatya je 5 Medressen.

Neben der sunnitisch-hanefitischen Staatskonfession haben sich in Anatolien Sonderentwicklungen vollzogen, die z.T. unter schiitischem Einfluss zu mystischen Islaminterpretationen führten, die gerade noch vom Staat toleriert werden konnten. Die Anhänger derartiger Glaubensrichtungen sind als *Derwische* (*Derviş*) bekannt; sie schlossen sich in Orden zusammen, von denen die Bektaşı und die Mevlevi die bekanntesten sind. Erstere spielten eine bedeutende politische Rolle als Militärgeistliche, Letztere hatten großen Einfluss in der Staatsverwaltung. In zahlreichen Städten hatten die Derwischorden Niederlassungen (Tekke, Tekkiye, besser mit „Konvent" als mit „Kloster" zu übersetzen). Einige der bedeutenderen sind als Baukomplexe bis heute erhalten. Abgesehen von einer jeweils zugehörigen Moschee (bei den Mevlevi zusätzlich einem Saal für kultische Tänze) ist jedoch nur noch ein stets dazugehöriges Grab (*Türbe*) eines islamischen Heiligen (*Baba*, *Dede*) für diese Konvente konstitutiv; ein bestimmter Bautyp hat sich nicht herausgebildet. Vielfach liegen „Heiligen"-Gräber auch außerhalb der Städte, und entsprechend finden sich Derwischkonvente auch in Marktflecken und sogar Dörfern. Diese Orte wurden dadurch allerdings aufgewertet, einige entwickelten sich im 19./20. Jh. zu Kreisstädten.

Ein typisches Element islamischer Städte sind von Herrschern, bedeutenden Gouverneuren oder reichen Kaufleuten gestiftete *Einrichtungen der sozialen Fürsorge*, wie Armenküchen (*Imarethane*), Hospitäler (*Bimarhane*, *Bimarestan*) und Brunnen zur Trinkwasserversorgung der Bevölkerung. Gemeinsame Kennzeichen sind der massive Steinbau und die dekorative Ausstattung, die das Überdauern dieser Bauwerke bis in die Gegenwart ermöglicht haben. Finanziell getragen wurden alle geistlichen Einrichtungen und ihr Personal von der wichtigen islamischen Institution der „frommen Stiftung" (*Vakıf*). Es ist dies eine Institutionalisierung des islamischen Gebotes des Almosengebens, mit der jedoch verschiedene Zwecke gleichzeitig erreicht werden können: Die „eigentliche" Stiftung (*vakıf hayrı*) muss in irgendeiner Weise der Gesamtheit der Gläubigen resp. den Bedürftigen zugute kommen. Das kann auch eine Einrichtung zur Erleichterung des Reisens (Hane, Brücken, Straßenbrunnen) sein. Gestiftet wird von einem Gläubigen, der den religiösen Geboten folgen will, dies aber auch so tut, dass es offenkundig wird. Da die meisten Stiftungsobjekte auch die fortdauernde Unterhaltung und Finanzierung des Personals erfordern, muss auch eine Finanzquelle für laufende Einkünfte gestiftet werden. Letztere besteht meist aus Ansprüchen auf ländliche Abgaben: Der Stifter verzichtet auf Abgaben aus seinem Landbesitz und überschreibt diese Summen der frommen Stiftung. Voraussetzung ist das volle Eigentum an dem betreffenden Land. Allerdings war in der Blütezeit des Osmanenstaates der private Grundbesitz erheblich eingeschränkt worden, um dem Staat durch Vakıfstiftungen keine Steuereinnahmen entgehen zu lassen. Beträchtliche Teile der Vakıfeinrichtungen entstammen deshalb der vorosmanischen Zeit und der späten Verfallsphase des Osmanischen Reiches.

Insgesamt müssen erhebliche Summen auf diese Weise in die Städte geflossen sein. Einmal gestiftete Vakıfeinrichtungen waren in der Regel wegen ihres religiösen Charakters dem staatlichen Zugriff entzogen, was sie bei Nutznießern sehr beliebt machte. Vielerlei Missbräuche kamen in späterer Zeit vor, wie das „Familienvakıf" (*vakıf zürri*), vergleichbar etwa einem Fideikommis, das der Sicherstellung der Nachkommen diente. Der republikanische Staat der Gegenwart hat deshalb auch die Verwaltung sämtlicher Vakıfeinrichtungen selbst in die Hand genommen.

Der Basar

Selbstverständlich sind oder waren die traditionellen türkischen Städte auch Zentren des Handels. Jedoch ist dieser bis heute nicht auf städtische Märkte beschränkt, vielmehr gibt es nach wie vor periodische Märkte in ländlichen Orten. Beides wird als Marktgeschehen schlechthin bezeichnet, als „Pazar". Die Stadt wird durch einen Basar als ständigen Markt mit festen, täglich geöffneten Läden oder Ständen in einem klar umgrenzbaren Stadtteil gekennzeichnet. Dies ist der *Çarsı* des türkischen Sprachgebrauchs.

Ein wichtiges Kennzeichen ist die scharfe Trennung von Basarbezirk und umgebenden Wohnvierteln. Das gesamte Geschäftsleben, einschließlich der meisten Handwerksbranchen, ist auf einen zentralen Teil der Stadt konzentriert und findet hier in Gebäuden ohne Wohnstockwerk statt, die sich zu einstöckigen Ladenzeilen anordnen. Hin und wieder ist ein niedriges Halbstockwerk aufgesetzt, das als Speicher oder Werkstatt dient.

Über Gründe für diese traditionell scharfe Trennung von Markt und Wohnvierteln lässt sich angesichts des historischen Alters dieser Anordnung wenig sagen. Die Trennung von Wohn- und Arbeitsplatz innerhalb der Städte hat sich als selbstverständliche Norm so eingebürgert, dass sie sich auch in den jüngeren Städten und Neubauvierteln durchsetzt.

Kern des Basars ist bei bedeutenderen Städten der *Bedesten*, ein massives Gebäude, dessen ursprüngliche Funktion am ehesten den Tuchhallen mittelalterlicher europäischer Städte entspricht. Etwa 50 Bedesten sind aus türkischen Städten bekannt. Deren hervorgehobener Charakter wird durch einen speziellen Bautyp deutlich: Ein länglich-rechteckiges, meist fensterloses Steingebäude mit gut verschließbaren Eingängen an den Seiten wird von einer Reihe kleiner Kuppeln überdacht, in denen kleine Öffnungen den einzigen Lichteinfall ermöglichen. Die Längsseiten des Innenraumes sind in eine Vielzahl von Kammern gegliedert, die jeweils den Raum für einen Laden bilden. Bei größeren und aufwendigeren Bedesten ließ sich dieser Grundtyp unschwer erweitern, indem man ihn verlängerte, durch Pfeiler getrennte parallele Achsen einplante oder auch die Außenseite mit Ladenboxen versah. Die Funktion dieses Gebäudes ist die Beherbergung derjenigen Läden, die die wertvollsten Güter, früher besonders Textilien, anbieten.

An den Bedesten schließen Gassen mit meist uneinheitlichem Baubestand an. Fast alle Gebäude bestehen aus mehreren Ladenräumen, die zur Straße hin offen und in älterer Zeit durch Holzflügeltüren, in neuerer Zeit durch Stahlgitter und Rollos absperrbar sind. Ladentheken und Schaufenster sind ganz junge Elemente. Die Besitzer der einzelnen Gebäude, Privatleute oder Vakıfinstitutionen, verpachten die Läden an die Einzelhändler oder Handwerker. Eine Überdachung oder gar Überwölbung dieser Ladengassen ist in anatolischen Städten selten; wo sie auftritt, da gilt dieser Teil des Çarşı als *Kapalı Çarşı* (überdeckter Basar).

Je nach Größe und wirtschaftlicher Bedeutung der Stadt können sich diese Ladengassen zu einem größeren, ziemlich kompakten Stadtviertel zusammenschließen, oder der Basar besteht nur, bei sehr kleinen Städten, aus einer einzigen kurzen Gasse. Der ganze Komplex liegt zumeist in der Nähe einer der großen Moscheen. Das ermöglicht, bei der Stiftung von Moscheen als Vakıf, Einrichtungen für den Unterhalt der Moschee gleich mit zu stiften: An der Außenmauer des Moscheehofes sind Ladenboxenreihen (*Arasta*) vorgesehen oder nachträglich angebaut, deren Mieterträge der Stiftung zugute kommen.

Die einzelnen Ladenboxen im Bedesten und in den Basargassen sind meist so klein, dass zwar Verkauf und Handwerk möglich sind, kaum aber größere Lagerhaltung. Die Lösung dieses Problems geschieht mit Hilfe der Hane, die als Bautyp in Anatolien seit dem 13. Jh. bekannt sind.

Während der typische Landstraßenhan seldschukischer Zeit meist aus einem Hallenteil und Innenhofteil bestand (vgl. Abb. 54), löste sich in späterer osmanischer Zeit diese Kombination auf: Landstraßenhane wurden (bis zum frühen 20. Jh.) meist als Hallenbauten von sehr schlichter Konstruktion gebaut, das Prinzip des Innenhofgebäudes mit umlaufenden Arkaden und Galerien fand dagegen vorwiegend bei städtischen Hanen Anwendung. Der Name ist für beide Formen der gleiche geblieben, und primär war wohl auch die Funktion als Karawanenstation die gleiche. Karawanenstationen in Städten waren wohl gleichzeitig Umschlags- und Stapelplätze des Großhandels, und dafür eignete sich die Innenhofkonstruktion des Hans optimal.

Die funktionale Entwicklung der städtischen Hane ging dann folgerichtig weiter zum Sitz des Großhandels mit Lagerräumen und Kontoren. Zahlreiche innerstädtische Hane wurden in osmanischer Zeit bis hin zum frühen 20. Jh. gebaut. Ihre charakteristische Lage ist, der Funktion als Großhandelsplatz entsprechend, in den etwas weniger belebten Gassen am Rand des Çarşı. In neuerer Zeit genügen die Räumlichkeiten älterer Hane meist nicht mehr den Ansprüchen an Verkehrszugänglichkeit, Stapelraum und Raumqualität. Sie werden als Lagerräume geringwertiger Güter (Holz, Getreide, Felle, Kraftfahrzeugteile) oder als Standorte des Handwerks genutzt. Die massive Bausubstanz hat jedoch vielfach ihre Erhaltung bis in die Gegenwart ermöglicht, sodass sie nach einer Restaurierung sogar schon in das Fremdenverkehrsgeschäft einbezogen wurden (Bodrum, Kuşadası, Bursa, Safranbolu). Die Vorstellung vom geschlossenen Gebäudekomplex für bestimmte Geschäftszwecke, die funktionale Idee des Hans, ist in der Türkei derart verwurzelt, dass auch ganz moderne, vielstöckige Geschäftsgebäude mit oft passagenartigen Innenhöfen als „Han“ bezeichnet werden.

Alte Bazargassen sind im Laufe der Zeit natürlich vielfach erneuert, umgebaut oder erweitert worden. Im 19. Jh. macht sich zunehmend das Bedürfnis nach Zugänglichkeit für den Wagenverkehr geltend, und wo immer ein Çarşı neu oder nach Zerstörungen wiedererrichtet wird, da geschieht das auf Anordnung der Verwaltung in streng geometrischer, meist schachbrettartiger Form und mit mehrere Meter breiten Straßen (Konya, Adana, Kayseri, Manisa usw.).

Ein wesentliches Merkmal des städtischen Basarbetriebes ist die Branchensortierung, die als so wesentlich und selbstverständlich empfunden wird, dass sie auch Geschäftsviertel der Neustädte durchdrungen hat (Bild 33). Händler bestimmter Artikel oder Artikelgruppen haben ihre Läden jeweils benachbart, wobei sich eine Gruppierung teils nach Handelsgütern, teils nach Warenwert und teils nach potenziellen Käufergruppen ergibt. Dieses bekannte orientalische Ordnungssystem entspricht sicher alten Gewohnheiten, zugleich aber auch psychologischen Erkenntnissen über menschliches Verhalten, die genauso in modernen Kaufhäusern angewandt werden. Es ist ohne weiteres einleuchtend, dass besonders wertvolle Waren bevorzugte Teile des Çarşı einnehmen, dass Bücher (Korandru-

Bild 33: Branchensortierung, Schuhgasse im Çarşı von Bursa: *Händler bestimmter Artikel oder Artikelgruppen gruppieren ihre Läden nach Handelsgütern, Warenwert und/oder nach potenziellen Käufern.*

cke) und Devotionalien sich an den zur Moschee gerichteten Ausgängen konzentrieren und dass sperrige Güter, billige Ware oder lärmende Werkstätten in die peripheren Teile des Marktbereiches gehören. Auch Kombinationen von Waren, die jeweils bestimmte Kundengruppen ansprechen, sind vereinigt, wie Damenbekleidung, Kosmetika und Babyartikel, oder Werkzeuge, Pflugscharen, Geschirrteile und Seile, oder in neuerer Zeit Pumpenteile, Pumpenmotoren, Plastikwasserrohre, Treibriemen. Diese Branchenkonzentration bringt jedem am Marktgeschehen Beteiligter Vorteile: Der Händler hat die Möglichkeit der Konkurrenzbeobachtung wie auch der gildenmäßigen Organisation und Absprache. Der Käufer hat die Chance des leichten Preisvergleichs, und dem Stadtherren oder Staat wird die Besteuerung und die Preis-, Gewichts- und Maßkontrolle durch die entsprechenden Beamten (*Muhtesib*) erleichtert.

Der westliche Beobachter wird sich angesichts des stereotypen Angebotes in den einzelnen Läden einer Branche den Mechanismus der wechselseitigen Konkurrenz kaum vorstellen können. In der Tat läuft die Konkurrenz vielmehr über die persönliche Bekanntschaft mit einem möglichst großen Kundenkreis, der aufgrund eben dieser Bekanntschaft vom Händler Kredit erhält und damit an den Händler gebunden ist. Im Aufbau dieses städtischen und v. a. auch ländlichen Kundenkreises muss sich das Geschick des einzelnen Kaufmanns bewähren, und auf diesen Zweck sind demnach auch viele Verhaltensweisen eingestellt, die dem Westeuropäer an türkischen Basarhändlern auffallen.

Dem traditionellen türkischen Çarşı fehlen manche Institutionen, beispielsweise Banken. Geldleihe für Zinsen ist dem Moslem verboten, und selbst die christlichen und jüdischen Basarhändler hüteten sich (wegen der „öffentlichen Meinung“), spezielle Bankgeschäfte zu betreiben. Dennoch floriert das Kreditwesen, dessen Verbot zu umgehen auch die islamischen Kaufleute zahlreiche geschickte Rechtfertigungen finden. Es spielte sich allerdings früher ausschließlich in Geschäften ab, die zunächst ganz normale Handelsgeschäfte betreiben. Das Geldgeschäft ist eine zusätzliche Erwerbsquelle, die im Profit den sonstigen Handel vielleicht übertreffen kann, die jedoch offiziell nie Haupterwerb sein durfte. Der Vorteil dieses Systems liegt für den Kunden trotz der enorm hohen Zinsen darin, dass er aufgrund persönlicher Bekanntschaft auch ohne Sicherheiten Kredit bekommt. Das können moderne Banken nicht bieten. Trotz ihrer viel geringeren Zinssätze sind sie daher für breite Kreise der einfachen, besitzlosen Bevölkerung keine geeigneten Geschäftspartner. Der Kleinstadtçarşı ist nach wie vor auch heute einer der wichtigsten Kreditgeber für die ländliche und die ärmere städtische Bevölkerung.

Die Konzentration des Geschäftslebens auf den zentralen Basar schließt nicht aus, dass Handel auch an anderen Stellen der Stadt stattfindet. Der übliche Wochenmarkt wird, wenn sich im Zentrum kein ausreichender Platz findet, am Stadtrand abgehalten, in größeren Städten wechselt er tageweise zwischen einzelnen Stadtvierteln. Daneben gibt es in größeren Städten einzelne kleine Viertelsmärkte (*Mahalle Çarşı*) häufig in der Nähe einer Viertelsmoschee, wo v. a. der tägliche Lebensmittelbedarf gedeckt werden kann. Wasserverkäufer (heute Flaschenwasser), Milchhändler, Kohle- und Holzverkäufer ziehen mit Wagen oder Tragtier als ambulante Händler durch alle Viertel.

Traditionelle Wohnviertel

Den geringen Möglichkeiten kommunalen Engagements in den traditionellen türkischen Städten stehen relativ enge Bande der familien- oder sippenweisen Zusammengehörigkeit gegenüber, auch Gruppenbindungen nach Konfession und Religion, nach regionaler Herkunft, nach politischer oder wirtschaftlicher Loyalität oder Abhängigkeit oder ganz schlicht der Nachbarschaft. Solche Bindungen sind so stark, dass sie als Grundlage der Differenzierung der Wohnviertel dienen. Man wohnt „bei seinen Leuten“. Dort hat man leichtere Kommunikationsmöglichkeiten, gemeinsame Interessen und notfalls kollektiven Schutz gegenüber anderen Gruppen. Einkommens- oder Standesunterschiede führen dagegen nicht zu räumlicher Separierung von Prestige- oder Slumvierteln. Eine „Klassen“-Differenzierung ist der alten islamisch-türkischen Stadt fremd.

Räumliche Segregation wurde z.T. für nichtislamische Gruppen durch die traditionelle osmanische Gesetzgebung unterstützt. In religiösen, partiell auch zivilrechtlichen Angelegenheiten genossen griechisch-orthodoxe, armenische und syrische Christen sowie Juden weitgehende Selbstverwaltung. Ihre Geistlichen waren damit auch weltliche Notabeln. Angehörige der betreffenden Gruppen mussten demgemäß zwecks Betreuung und Schutz in der Nähe ihrer Oberhäupter wohnen.

Auch bei islamischen Gruppen schart sich ein großer Kreis von Verwandten und Abhängigen um den Wohnsitz von Autoritäten, Landsleuten oder Berufsgenossen. Solche Gruppierungen auf der Basis persönlicher Bekanntschaften sind entscheidend für die charakteristische Viertelsbildung der Städte. Sie setzen sich heute auch in den Gecekondu-Vierteln moderner Neustädte durch. Der osmanische Staat trug diesem Ordnungsprinzip Rechnung, indem er die Stadtviertel (*Mahalle*) als organisatorische Einheiten anerkannte. Der jeweilige Vorstand war gegenüber den staatlichen Autoritäten für die innere Ordnung des Viertels verantwortlich. Die Zahl derartiger Stadtviertel ist, im Vergleich etwa zu Städten Syriens, in türkischen Städten recht groß. Konya hatte z. B. im 16. Jh. bei einer Gesamtbevölkerung von etwa 25 000 Einwohnern immerhin 104 Mahalle. Das viel kleinere Antakya hatte nach Weulersse (1934) noch zu Anfang des 20. Jh.s fast 40 Mahalle. Diese Stadtviertel sind mindestens seit dem 16. Jh. oft bis heute relativ stabil, was sich im Namen der betreffenden Viertelsmoschee niederschlägt.

Beim Gang durch die Reste türkischer Altstädte wird man feststellen, dass sich zumindest die ärmeren, schlichteren Wohngebäude kaum von denen in der ländlichen Umgebung unterscheiden. Das gilt besonders für die Teile Anatoliens, wo Bruchstein- und Lehmziegelmauerwerk mit Flachdach üblich ist. Der Unterschied zu ländlichen Siedlungen besteht hier darin, dass die Wand an Wand gebauten Gebäude Gassenfronten bilden, und dass die dahinter anschließenden Höfe relativ klein sind. In vielen Vierteln finden sich jedoch dazwischen aufwendigere Wohnbauten, in denen sich ganz offensichtlich Wohlstandsunterschiede spiegeln. Sie unterscheiden sich durch Mehrstöckigkeit, stärkere Verwendung von Holz und ein mit gebrannten Rundziegeln gedecktes Walmdach. Fensterrahmen, Türpfosten und Erker können mit geschnitzten Holzleisten verziert sein. Die nordanatolischen Altstädte mit ihren oft kunstvollen, mehrstöckigen Fachwerkbauten zeigen klare Beziehungen zu Südosteuropa. Das Gebiet um Kayseri verdankt seine Sonderstellung der leichten Bearbeitbarkeit des vulkanischen Tuffs, der den Bau massiver Quadermauern und den Gewölbebau erleichtert, was im holzarmen Zentralanatolien den Städten des südlichen Kızılırmakbogens ein relativ gepflegtes Aussehen verleiht. Freilich dürften hier Handwerkstraditionen der im Raum Kayseri besonders lange erhaltenen griechischen und armenischen Minderheiten eine gewisse Rolle spielen. In den südostanatolischen Städten, etwa in Urfa, Midyat oder Mardin, weist die Bautechnik mit sorgfältig behauenen Kalksteinquadern, der Mörtelverputz, das nicht überkragende Flachdach bereits auf Beziehungen zu den Städten Syriens hin. Der Zentralteil des Landes, der Osten und der Süden zeigen keine markanten Besonderheiten des städtischen Hausbaus. Es scheint jedoch, dass der (nordanatolische?) Typ des zwei- bis dreistöckigen Fachwerkhauses, mit Erkern, vielen Fenstern und ziegelgedecktem Walmdach, sich in späterer osmanischer Zeit auch in den holzarmen Landschaften weitgehend als Prestigeform städtischen Wohnens herausgebildet hat.

Da Innenhofkonstruktionen unüblich sind, ist die sonst im islamischen Kulturraum so deutlich zu beobachtende Abschließung der Privatsphäre im Baubestand kaum äußerlich sichtbar. Fenster zeigen notwendigerweise zu den Gassen hin, und für türkische Altstädte typische Erker im Oberstock erlauben den Frauen sogar die beobachtende Teilnahme am Leben der Straße. Der vom Islam geforderten Abschließung des Privatbereiches (*Haram*) wird lediglich dadurch Rechnung getragen, dass Fenster und Erker mit engmaschigen Holzgittern versehen sind. Selbstverständlich ist im Inneren des Hauses der für Gäste zugängliche Teil vom Familienteil getrennt.

Das Gassennetz der Altstädte zeigt in Anatolien die für den Orient vielfach beschriebene Unregelmäßigkeit der Linienführung, die allerdings nicht das Ergebnis eines städtebaulichen Prinzips ist. Eine der wichtigsten Voraussetzungen dafür ist im islamischen Recht begründet, das zwar ausgefeilte Prinzipien für verschiedene Besitzformen und das Erbrecht entwickelte, jedoch nie bis zur rechtlichen Festlegung der topographischen Grundstücksgrenzen gelangte. Innerhalb der Wohnviertel fehlte die reglementierende Instanz. So ergaben sich Unregelmäßigkeiten „wie von selbst", weil die allmähliche Auffüllung der Viertel ohne einheitliche Planung erfolgte. Städtisches Grundeigentum ist zwar verbreitet, Hausgrundstücke können vererbt, verkauft, geteilt werden, aber die jeweilige Abgrenzung beruht auf Konsens. Bei der engen persönlichen Bindung zwischen den Bewohnern eines Viertels kann bei ausreichendem Platz und fehlendem Widerspruch praktisch jeder bauen, wo er will. Der Besitzer eines größeren Grundstücks kann hinter seinem Haus weitere Häuser für seine Angehörigen so bauen, dass der ehemalige Hof- oder Garteneingang zum Zugang zu weiteren Häusern und somit zur Sackgasse wird. Führt eine Gasse quer durch ein Sippenviertel, dann kann sie durch Bebauung in zwei Sackgassen aufgelöst werden, sofern die übrigen Anrainer noch ungehinderten Zugang zu ihren Grundstücken behalten.

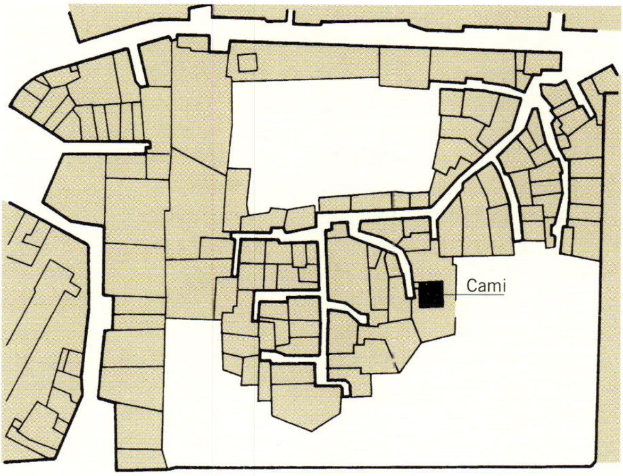

Quelle: Stewig 1966.

Abb. 63: Beispiel einer Sackgassenentwicklung: *Auffüllung eines ehemaligen Zisternengeländes bei der Sultan-Selim-Moschee in İstanbul.*

Von den Stadttoren leiten einige etwas breitere Straßen direkt (wenn auch nicht geradlinig) zum Ortszentrum hin, die Seitengassen in die einzelnen Viertel sind vielfach verwinkelt, haben durch vor- und zurückspringende Häuserfronten ungleiche Breite und laufen hier und da in Sackgassen aus (vgl. Abb. 63).

Bei älteren Wohnvierteln orientalischer Städte wird oft beobachtet, dass sie insgesamt nur wenige Zugänge haben, an denen das Viertel als Ganzes absperrbar ist. Dieses Prinzip ist auch von Wohnvierteln türkischer Städte bekannt, speziell in solchen religiöser Minderheiten, hat sich jedoch offenbar nicht in dem Maße durchgesetzt wie in anderen islamischen Ländern. Dagegen stand die Vielzahl der Viertel, die eine Einzelabsperrung sehr erschwert hätte, aber wohl auch der städtische Haustyp. Während Innenhofhäuser sich relativ leicht so aneinander fügen lassen, dass der ganze Komplex nach außen hin nur kahle Mauern zeigt, geht das bei Fachwerkhaustypen nicht ohne weiteres.

Nicht selten findet sich innerhalb eines Viertels oder am Schnittpunkt mehrerer Viertel eine Stelle, wo verschiedene öffentliche Einrichtungen und private Geschäfte speziell der Viertelsbevölkerung dienen: die Viertelsmoschee, Kirche oder Synagoge, einige für die Lokalversorgung typische Gemischtwarenhändler (*Bakkal*), ein Barbier und in neuerer Zeit eine Kaffee- oder Teestube in der Nachbarschaft, ein öffentlicher Brunnen und bisweilen ein Dampfbad (*Hamam*).

Die stillen Gassen der Wohnviertel nehmen eine Übergangsstellung zwischen dem absoluten Privatbereich der Häuser und dem betriebsamen öffentlichen Leben des Stadtkerns ein. Hier kennt jeder jeden von Kindheit an, hier können die Männer im Pyjama vor der Haustür sitzen und die Frauen (früher) auch mal den *Çarsaf* etwas lockerer tragen. Das alte türkische Stadtmahalle ist, wie das Dorf, ein Ort sozialer

Intimität und gibt seinen Bewohnern jene Geborgenheit und Sicherheit, die der absolutistische Staat und die rentenkapitalistische Wirtschaftsorganisation nicht bereitstellen konnten.

Städtische Nutzung außerhalb der Stadt

Der ehemalige Mauerring mancher alter türkischer Städte war sicher schon in späterer osmanischer Zeit von städtischer Bebauung überwachsen. Wo alte Fernstraßen die Städte verließen, war vor den Toren oft noch der Platz für einfache Hane, wo Karawanen hielten und in denen zum Markt ziehende Bauern ihre Tiere einstellten. Hier wurde bisweilen ein periodischer Markt mit einem besonderem Angebot für ländliches Publikum abgehalten, und hier und da wuchsen um diese Ansatzpunkte vor den Toren erste Wohnviertel über die Mauern. Die Entwicklung der Gegenwart knüpfte mit Busbahnhöfen für den Umlandverkehr an diese Tradition an, oft genau an den gleichen Stellen oder nur wenig stadtauswärts verlagert. Manchmal liegt sogar der Basarbezirk schon teilweise außerhalb der Mauern (Erzurum).

Diese Entwicklung ist nicht verwunderlich, denn im Kernland des Osmanischen Reiches waren zwar gelegentlich Nomadenüberfälle auf Dörfer, kaum aber auf Städte zu erwarten. Mauern hatten durch die frühe Einführung der Artillerie in türkischen Armeen ohnehin an Wert verloren. Bei Städten in Grenznähe, wie Kars und Erzurum in Ostanatolien und später Edirne in Thrakien, wurde die Funktion der Stadtmauer im 19. Jh. von einem Kranz von Forts (*Tabya*) übernommen, die sich von gleichzeitigen europäischen Anlagen nicht unterschieden.

Dennoch waren die Grenzen des städtischen bebauten Geländes relativ scharf, denn wenig jenseits der Mauerlinie oder Bebauungsgrenze beginnt der *Gürtel der Friedhöfe* (vgl. Dettmann 1970). Zwar gibt es verschiedentlich kleinere Friedhöfe ohne größere Ausdehnungsmöglichkeit bei Moscheen innerhalb der Städte. Erweiterungen sind jedoch unumgänglich, da Friedhöfe nach islamischer Auffassung weder eingeebnet und neu belegt noch einer anderen Nutzung zugeführt werden dürfen. Friedhöfe am Stadtrand setzten der Ausdehnung städtischer Bebauung eine eindeutige Grenze, und bis heute ist jeder Versuch der Umwidmung von Friedhofsgelände durch die Planungsbehörden ein innenpolitisch heikler Akt.

Friedhöfe, nach Konfession und Religion getrennt, umgeben die Städte in einem mehr oder weniger breiten, unterbrochenen Gürtel. Die Friedhofszone vor der Landmauer von İstanbul ist ein eindringliches Beispiel für die Probleme, die für die Verwaltung bei fortschreitendem Stadtwachstum entstehen. Immerhin bedeutet die konservative Respektierung der Gräberfelder, dass in der Nähe des Stadtzentrums langfristig Offenflächen erhalten bleiben – künftige Generationen werden das zu würdigen wissen.

Jenseits davon beginnt noch keineswegs das „flache Land", sondern als mehr oder weniger geschlossenes Gebiet in Stadtnähe die Zone der städtischen Gärten (*Bağlar*), in der nach Bodenqualität und/oder Bewässerungsmöglichkeit der Anbau von Spezialkulturen, meist Obst, Gemüse und Wein, möglich war. Mindestens in den späteren Jahrhunderten der osmanischen Zeit hat sich mit der innerstaatlichen Sicherheit Zentral- und Ostanatoliens die Sitte eingebürgert, dass Stadtbewohner auf ihren Gartengrundstücken Sommerhäuser errichteten, in denen die Familie einen großen Teil des Sommers verbrachte. Der Aufenthalt dort war dann sicher angenehmer als in der Innenstadt, und für den berufstätigen Familienvorstand war der Basar trotzdem täglich erreichbar. Bereits Evliya Celebi, der türkische Reiseschriftsteller des 17. Jh.s, berichtet über die Sitte des sommerlichen Gartenaufenthalts der Städter.

Es scheinen zwar vielfach reichere und innovationsfreundlichere Schichten der städtischen Bevölkerung gewesen zu sein, die diese „Sommervillen" errichteten. Nach Reiseberichten des 19. Jh.s sind christliche Minderheiten dabei besonders stark vertreten. Aber die Tendenz muss doch sehr allgemein gewesen sein. So bauten die restlichen Bewohner von Van nach den Massakern und Verwüstungen von 1915 ihre Stadt nicht wieder auf (Bild 34), sondern zogen in die Gartenvorstädte (Abb. 64), und die Neustadt von Ankara dehnte sich in den 40er- und 50er-Jahren mit den damals jungen

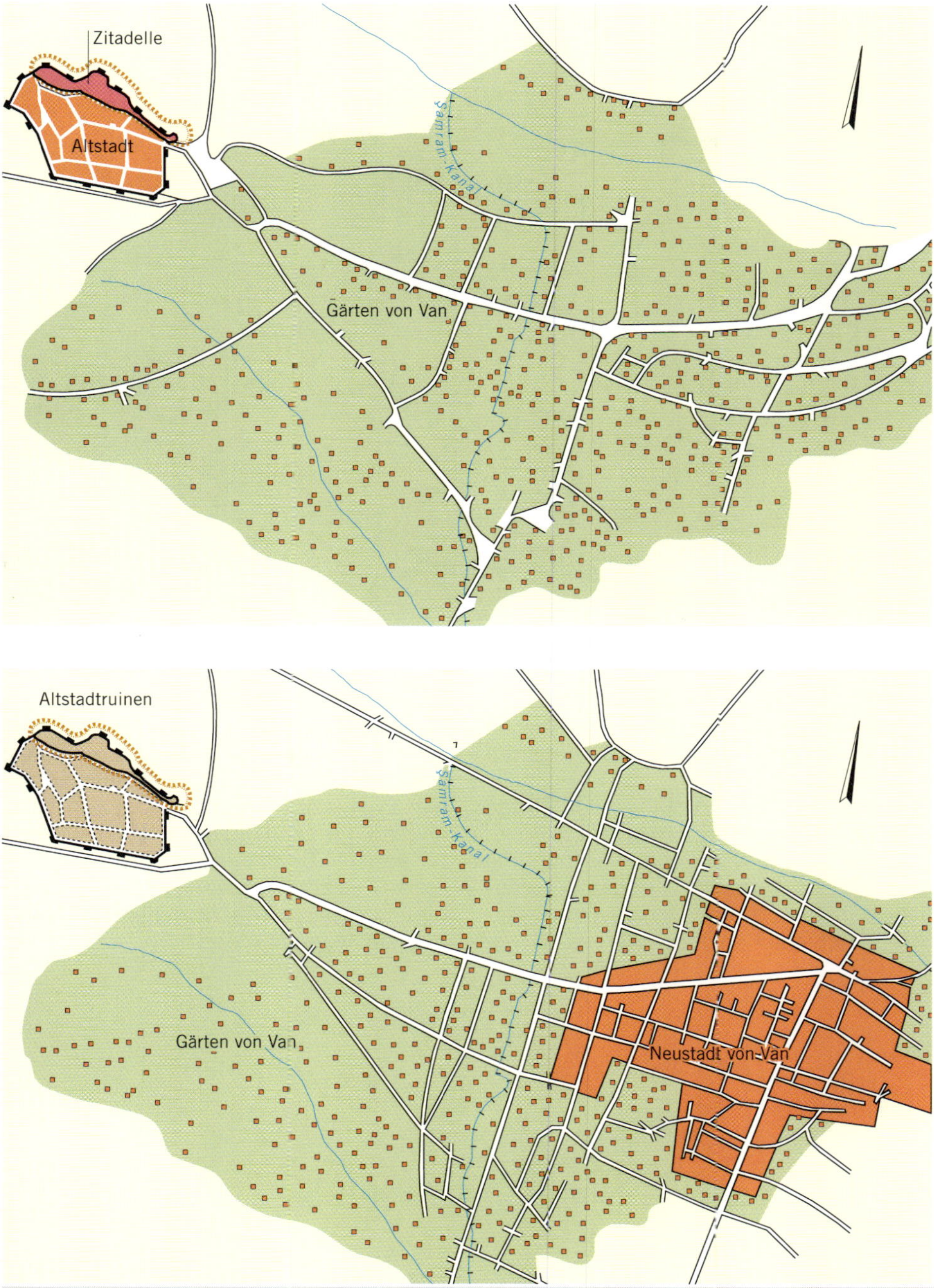

Abb. 64: Van und seine Gärten um 1870 und um 1970: *Früher (oben) war Van mit Mauern umschlossen und von der Zitadelle überragt. Im östlichen Bewässerungsland (grün) lagen schon permanent bewohnte Gartenhäuser. Heute (unten) sind Burg und Altstadt (braun) aufgegeben. Das Wegenetz der Bewässerungsgärten ist etwas begradigt und ausgebaut und das heutige Zentrum (rot) liegt 3 km östlich von der Altstadt.*

Bild 34: Aufgelassene Altstadt von Van: *Nach den Massakern und Verwüstungen von 1915 zogen die restlichen Bewohner von Van in die Gartenvorstädte.*

Vororten Çankaya, Kavaklıdere, Gazi Osman Paşa und Dikmen in die alten Weingärten aus.

Mit der Existenz der städtischen Gärten und Gartenhäuser mindestens auf einer Seite der Städte war damit eine Richtung vorgegeben, in der sich bei dem neuzeitlichen Stadtwachstum die moderneren Vororte vorschieben sollten, während an anderen Stellen Fels-, Schotter- oder Versumpfungsgelände zunächst kaum nutzbar schienen. Später boten sich aber gerade hier Expansionsflächen für ungeplante Bebauung mit kleinen Häusern zugewanderter ärmerer Bevölkerung. Damit traten in sozialer Gliederung, wirtschaftlicher Struktur und physiognomischem Stadtbild grundlegende Änderungen ein.

BEVÖLKERUNG

Bild 35: Menschenmassen, Vezirhan Caddesi im Acık Çarşı, İstanbul: *Trotz mittlerweile sinkender Zuwachsraten hat sich die Bevölkerung der Türkei seit einem dreiviertel Jahrhundert verfünffacht.*

Überblick

- Die Bevölkerung der Türkei hat sich seit einem drei viertel Jahrhundert verfünffacht. Trotz hoher Geburtenraten auf dem Land überwiegt aber im Gegensatz zu früher heute die städtische Bevölkerung bereits deutlich die ländliche. Bedenklicherweise liegt das stärkste Wachstum ländlicher Bevölkerung gerade in den Landesteilen mit den geringsten agrarischen Expansionschancen mit sehr kleinem alternativem Arbeitsplatzangebot.
- Markante Ungleichheiten der Bevölkerungsverteilung auf dem Land sind zum beträchtlichen Teil das Erbe von Siedlungs- und Umsiedlungsprozessen des 19. Jh.s, mit denen eine grundsätzliche Umschichtung aus Gebirgslagen in Becken und Täler einsetzte, die bis heute anhält. Die Anpassung der ländlichen Bevölkerungsverteilung an das agrarische Potenzial durch Binnenwanderung ist somit erst ein ganz junger Prozess.
- Trotz mancher Bestrebungen gesellschaftlichen und wirtschaftlichen Ausgleichs im Land zeigen generatives Verhalten, Bildungs- und Ausbildungsstand, Verteilung medizinischer, sozialer und anderer Grundversorgungseinrichtungen bis heute deutlich das traditionelle West-Ost-Gefälle zwischen den Europa zugekehrten Landesteilen und der östlichen Peripherie.
- Der Vielvölkerstaat der Osmanen war bis zum Ende als übernationales Reich ohne ethnisch-sprachliches Nationsbewusstsein konzipiert. Das Unternehmen Atatürks, den Türken das Selbstgefühl einer „Nation" zu geben, ist bis heute ein Leitmotiv der Innenpolitik des Staates. Diese Auseinandersetzung mit der Vergangenheit bewegt seine Bewohner in vielen Aspekten bis in die Gegenwart.

Einwohnerzahl und Bevölkerungsdichte

Bevölkerungswachstum

Der Informationsstand über die Gesamteinwohnerzahl der Türkischen Republik ist seit Jahrzehnten relativ gut. Seit 1935 finden alle fünf Jahre umfassende Volkszählungen statt. 1927, als der Umfang des Staates mit Ausnahme der kleinen Provinz Hatay derselbe war wie heute, hatte die Türkei etwa 13,65 Mio. Einw. Für das Staatsgebiet der heutigen Türkei können für die Zeit um 1910 etwa 15 Mio. Einw. geschätzt werden. Diese Zahl muss in der Folgezeit durch die Balkankriege, den Weltkrieg mit seinen Bevölkerungseinbußen sowie durch den Verlust der Armenier 1915 und der Griechen 1922/23 gesunken sein. Der Rückstrom islamischer Flüchtlinge kann diese sinkende Tendenz zwischen etwa 1912 und 1922 keineswegs ausgeglichen haben. Der Tiefpunkt dürfte zu Beginn der republikanischen Zeit mit etwa 12 Mio. Einw. erreicht gewesen sein (McCarthy 1983).

Bis 1940 war dann bei wenig verbesserten Lebensbedingungen und hoher Kindersterblichkeit ein gleichmäßiger Anstieg mit Wachstumsraten um 2 % pro Jahr oder darunter zu beobachten. Nach dem Zweiten Weltkrieg setzte um 1950 eine neue Entwicklung an: Die moderne medizinische Versorgung erreichte breitere Bevölkerungsschichten, amerikanische Hilfsprogramme kurbelten die Wirtschaftsentwicklung an, die Verstädterung nahm rapide zu und Auslandsarbeit brachte Geld ins Land. Die Wachstumsraten lagen jährlich meist über 2,5 % und zeigten damit Wachstumsgeschwindigkeiten der Bevölkerung, die denen anderer südwestasiatischer Entwicklungsländer entsprachen. 1997 hatte die Bevölkerungszahl die 60-Mio.-Grenze bereits überschritten.

Wichtig für alle Kalkulationen des Bevölkerungswachstums (vgl. Abb. 65) ist das *generative Verhalten* der Menschen. Anfang der 1980er-Jahre lag die mittlere Kinderzahl pro Frau in der Türkei bei 5,4, in Kreis- und Provinzstädten (unabhängig von ihrer Größe) bei 3,9. Damals überwog die ländliche Bevölkerung noch deutlich die städtische. Entsprechend der wachsenden Verstädterung des Landes haben sich die Verhältnisse mittlerweile umgekehrt, und die durchschnittliche Kinderzahl pro Frau liegt derzeit bei 3 (1989: 3,25), der Kinderwunsch sogar darunter (Land: 2,8; Stadt: 2,4) (Hain-Ernst 1989).

Dabei zeigt sich das kulturelle West-Ost-Gefälle: War selbst auf den Dörfern des Westens die Kinderzahl pro Frau bis 1990 bereits auf durchschnittlich 3,06, also unter das Mittel des gesamten Landes gesunken, lag der entsprechende Wert für Ostanatolien immer noch bei 4,34. Das dünner besiedelte Ostanatolien wird auch weiterhin über die länger anhaltende hohe Geburtenrate sein Bevölkerungsdefizit gegenüber dem Westen anpassen. Probleme werden dabei deutlich: Das stärkste Wachstum liegt in den Landesteilen, die am wenigsten Möglichkeiten agrarischer Expansion haben und wo das Angebot an Arbeitsplätzen des sekundären und tertiären Sektors besonders gering ist.

Bei Frauen mit gehobener Schulbildung in Großstädten liegt die Kinderzahl bereits unter dem Durchschnitt westlicher Industrienationen. Bei Frauen mit Volksschulbildung macht sich eine sinkende Geburtenzahl in den Durchschnittswerten bemerkbar. Die Ausbildung der Frauen scheint entscheidend zu sein, sie liegt in Städten höher als auf dem Land, im Westen höher als im Osten. Es ist denkbar, dass künftig auch die wachsende Berufstätigkeit der Frauen ein wichtiger Einflussfaktor wird. Da der Bildungsstand – insbesondere der

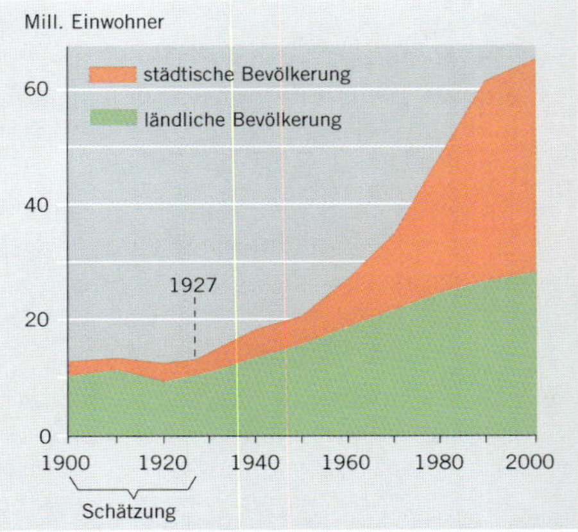

Abb. 65: Bevölkerungsentwicklung im 20. Jh.

Frauen – im städtischen Milieu steigt, führt die zunehmende Verstädterung aller Voraussicht nach gleichzeitig zu einer Senkung der Geburtenrate.

Bevölkerungskonzentration und -verteilung
Die ländliche Bevölkerung ist „flächenhaft“, wenn auch ungleich dicht, über das Land verteilt. Große nicht besiedelbare Räume gibt es nicht. In der Bevölkerungsverteilung scheint sich die agrarische Tragfähigkeit zu spiegeln. Größere, kompaktere Gebirge erscheinen siedlungsarm, auch die zentralanatolischen Steppengebiete haben keine große Bevölkerungsdichte, während Küstenlandschaften und Beckenebenen höchste Werte aufweisen.

Dieses generelle Bild trifft allerdings nicht überall zu. Die starke Reliefgliederung des Landes fördert die enge Verzahnung von Siedlungskammern und siedlungsarmen Gebirgen. Im Vergleich zur türkischen Nord- und Westküste erscheint die Südküste dünn bevölkert. Talgaue von Osttaurus oder Pontischem Gebirge wiederum zeigen auffallend hohe Dichtewerte.

Die Ungleichheiten der Bevölkerungsverteilung sind zum beträchtlichen Teil ein Erbe jener Siedlungs- und Umsiedlungsprozesse im 19. Jh., mit denen eine grundsätzliche Umschichtung einsetzte: Die traditionelle Bevorzugung der Gebirgslagen wich im späten 19. Jh. allmählich der Bevorzugung der Plateaus, Becken und Täler. Bis zum frühen 19. Jh. hatten Sicherheitsmotive als Gesichtspunkt noch gleichberechtigt neben der optimalen Ausnutzung des agrarischen Potenzials gestanden. Deshalb ist die Anpassung der ländlichen Bevölkerungsverteilung an das agrarische Potenzial in der Türkei ein junger Prozess, der noch längst nicht abgeschlossen ist. Hier ist der bislang letzte veröffentlichte Zensus von 1995 zugrunde gelegt.

Die höchste ländliche Bevölkerungsdichte findet sich im östlichen Schwarzmeerküstengebiet. Vor allem im sehr schmalen Küstenstreifen und den noch klimabegünstigten tieferen Teilen des Gebirges zwischen Ordu und Rize liegen Dichtewerte weit über 100 Einw./km². Nach Westen hin gehen sie auf 50 bis 100 Einw./km² zurück, um im Umland der Industriestandorte Zonguldak-Ereğli-Karabük noch einmal auf über 100 Einw./km² anzusteigen. In den binnenwärtigen, südlichen Teilen des Pontischen Gebirges herrscht bereits, wie im größten Teil des Landes, das fleckenhafte Gefüge aus Beckenräumen mit Dichtewerten um 30 – 80 Einw./km², Bergländern mit 10 – 40 Einw./km² und Gebirgen mit weniger als 10 Einw./km².

Für das Gesamtland lassen sich fünf Regionen mit insgesamt überdurchschnittlichen Bevölkerungsdichten ausgliedern:

1) Südlich und östlich des Marmarameeres, in dessen parallelen Ovareihen nicht nur die Intensivierung der Landnutzung weit fortgeschritten ist, sondern wo auch im Umkreis von Bursa, İzmit, Adapazarı und Bandırma die Industrialisierung über die Städte hinausgreift, liegen die Dichtewerte in den Beckenlandschaften vielfach über 100 Einw./km².

2) Im Ballungsraum des mittleren Ägäisgebietes zeigen sich die hohen Dichtewerte der ländlichen Bevölkerung in ganz klarer Anlehnung an die westanatolischen Grabenebenen. Die eigentliche Küstenzone und die nach Westen vorspringenden bergigen Halbinseln haben merklich abfallende Werte.

3) Eine deutliche Konzentration weist der Raum um Çorum-Amasya-Tokat-Niksar auf, nach Süden hin ausgreifend bis etwa Yozgat. Hier macht sich die Einsattelung des Pontischen Gebirges bemerkbar. Höhere Gebirgsketten fehlen, das niedrigere Bergland erlaubt das weite landeinwärtige Vordringen klimatischer Einflüsse des Schwarzen Meeres, und die sanfteren Reliefformen dieser Berg- und Hügelländer ermöglichen ausgedehnteren Anbau auch außerhalb der Ovas. Allerdings ist dies eine ländliche Verdichtung, die sich mit relativem Bedeutungsverlust der Landwirtschaft verringern wird.

4) Stärker gekammert ist das Dichtegebiet um Afyonkarahisar-Burdur-İsparta-Akşehir, in dem jedoch die große Zahl benachbarter, fruchtbarer Beckenebenen und rasch wachsender Städte zusammengenommen einen relativen Ballungsraum zwischen Inneranatolien und dem Westtaurus ermöglicht.

5) Eine weitere regionale Bevölkerungsballung zieht sich von der Çukurova, durch das Amanosgebirge unterbrochen, nach Osten hin über Gaziantep und Adıyaman bis zum Euphrat. Hier sind größere zusammenhängende Flachlandschaften mit klimatisch möglichen Sonderkulturen ausschlaggebend, ferner große Schwemmlandebenen sowie die klimatisch begünstigten Tafel- und Hügellandschaften um Gaziantep.

Demgegenüber sind die Tafel- und Berglandschaften Inneranatoliens mit 10–30 Einw./km^2 auf dem Land nur dünn bevölkert. Ähnliche Werte gelten auch für den größten Teil des ostanatolischen Gebirgslandes, für den mittleren Taurus und für Teile des Taurusvorlandes (südöstlich des Euphrat). Im Südostzipfel des Staates sinken die Werte gar auf 10 Einw./km^2 oder darunter.

Wachstum und Stagnation

Besonders interessant sind räumliche Veränderungstendenzen der Bevölkerungsdichte, denn darin zeigen sich Anpassungsprozesse an die Ressourcen des Landes. Neben die zunehmende Verstädterung, die sich im Verhältnis von ländlicher zu städtischer Bevölkerung zeigt (Abb. 65), tritt eine Binnenwanderung zwischen ländlichen Gebieten (Tümertekin 1968; Ritter 1972; Louis 1972 und Planck 1972).

Abb. 66 zeigt jene Periode (1975–1990), in der moderne, wirtschaftlich induzierte Veränderungen im größten Teil des Landes abliefen, in der sich auch auf dem Land höhere Konsumansprüche und Erwerbsdenken durchsetzten. Die massenhafte Gastarbeitermigration nach Mitteleuropa fiel in diese Phase, ebenso die rasch fortschreitende Verkehrserschließung der ländlichen Räume. Die Entwicklung und Expansion der einheimischen Industrie, v. a. der privaten Kleinindustrie, und damit die Schaffung von außerlandwirtschaftlichen Arbeitsplätzen in den Städten, setzte erst in den späten 50er- und frühen 60er-Jahren ein. Regional kann das Bevölkerungswachstum in der Türkei je nach Gebietstyp weiter differenziert werden.

Becken- und Gebirgslandschaften

Allgemein haben Beckenlandschaften eine wachsende ländliche Bevölkerung, während sie in Gebirgslandschaften stagniert

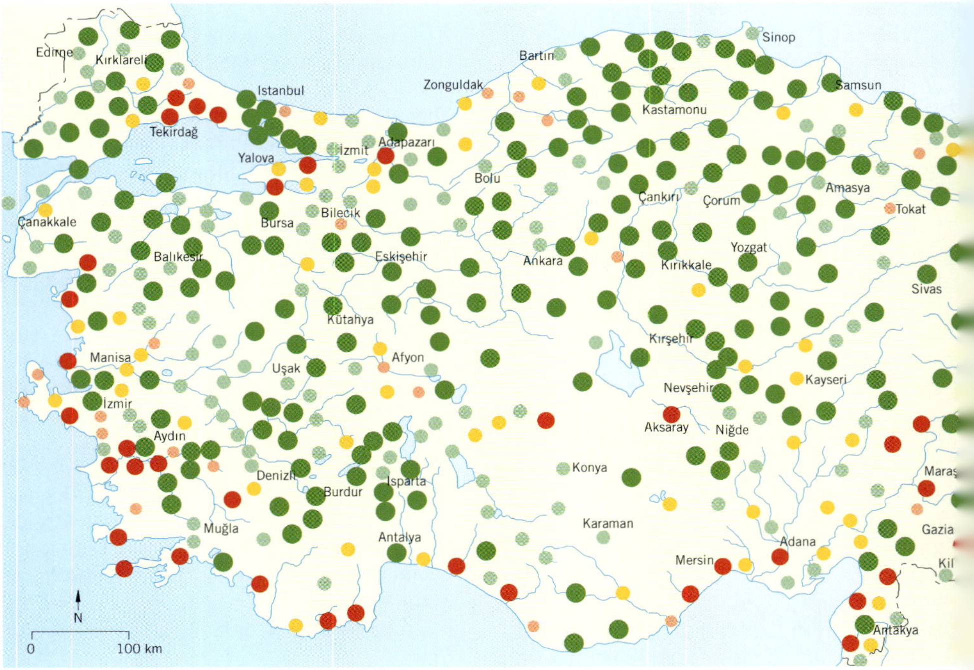

oder abnimmt. In den letzten Jahrzehnten zeigen Landkreise mit einer großem Flächenanteil von Schwemmland in Tälern und Becken stärkere Wachstumstendenzen als solche im Bergland. Als tendenzielle Fortsetzung jenes Ausbauprozesses seit der zweiten Hälfte des 19. Jh.s kommen die Infrastrukturverbesserungen in den letzten vier Jahrzehnten mit dem Bau von Straßen und staatlichen Bewässerungsanlagen in erster Linie den Beckenlandschaften zugute, wo mit der agrarischen Intensivierung Lebensmöglichkeiten für eine wachsende ländliche Bevölkerung gegeben sind und natürlicher Zuwachs weitgehend aufgefangen werden kann. Abwanderung hält sich in Grenzen, und Zuwanderung ist – wenn auch ohne Aussicht auf Landbesitz – graduell noch möglich.

Die meisten Gebirgslandschaften weisen dagegen kaum noch Möglichkeiten agrarischer Expansion auf, Verkehrsverbindungen dort sind mangelhaft, und jede Mechanisierung stößt auf Schwierigkeiten. Hier sind weitgehend jene Grenzen agrarischer Tragfähigkeit erreicht, die man bei den derzeitigen Ansprüchen an den Lebensstandard gerade noch akzeptiert. Ausgedehnte Sozialbrache-Effekte sind Zeichen dafür (Struck 1984).

Stagnierende Beckenlandschaften
Seit längerer Zeit schon erschlossene und besonders fortschrittliche Beckenlandschaften nehmen nicht mehr überdurchschnittlich zu. Beckenebenen, wie etwa jene im Süden des Marmarameeres oder Teile der Grabenebenen des mittleren Ägäisgebietes, mit ländlicher Siedlungsverdichtung und früher Technisierung, zeigen trotz agrarisch optimaler Anbaubedingungen mitunter eine unterdurchschnittlich wachsende oder gar zurückgehende Landbevölkerung. Es ist anzunehmen, dass in diesen vergleichsweise hoch entwickelten und großstadtnahen Ovas die Landbevölkerung zwecks weiterer Verbesserung ihres Lebensstandards in die Städte strebt. Im Unterschied zu peripheren, spät erschlossenen Gebirgstälern kennt man die Stadt und hat dort zahlreiche Kontakte, sodass der Wunsch nach städtischem Leben und Lebensstandard nahe liegend und leicht realisierbar erscheint.

Darüber hinaus wurde in manchen Beckenebenen im Laufe der Modernisierung ein gewisser „Sättigungsgrad“ der ländlichen Bevölkerungsdichte erreicht, der allenfalls durch weitere Intensivierung wieder überschritten werden kann. So zeigt etwa die Çukurova beträchtliche Wachstumsschübe der Bevölkerung parallel zur Einführung des intensiven Baumwollanbaus. Seitdem stagniert dieses Gebiet, und die starken Zuwachsraten liegen in den etwas später erschlossenen Schwemmlandebenen östlich des Amanusgebirges.

Gebirgsgebiete mit Expansionsmöglichkeiten
Auch in Gebirgsgebieten schreitet der starke Bevölkerungsanstieg da fort, wo noch Möglichkeiten der flächenhaften Expansion oder der Intensivierung gegeben sind oder bis vor kurzem waren.

Chancen für eine flächenhafte Ausweitung der ländlichen Siedlungen fanden sich bis vor einigen Jahren insbesondere in jenen Gebirgsteilen, die wegen ihrer bis ins 19. Jh.

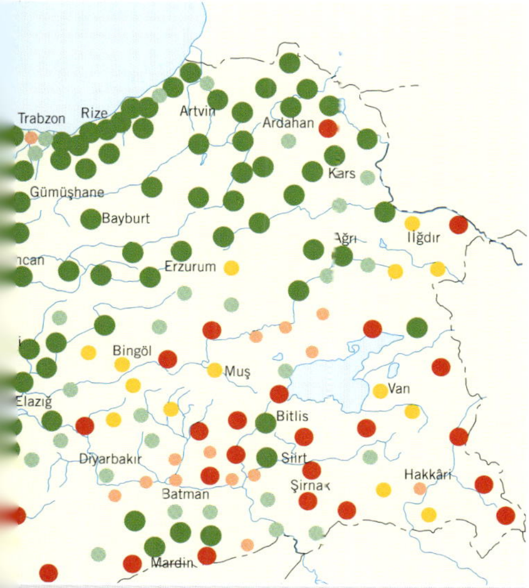

- absolute Abnahme
- unterdurchschnittliche Zunahme (0 – 20 %)
- durchschnittliche Zunahme (Mittel 22,4%) (20 – 30 %)
- überdurchschnittliche Zunahme (30 – 50 %)
- stark überdurchschnittliche Zunahme (> 50 %)

Abb. 66: Wachstum und Stagnation der ländlichen Bevölkerung 1975 – 90: *Für die Bevölkerung jedes Landkreises (ohne Städte) ist ein Kreissymbol gesetzt.*

andauernden nomadischen Nutzung relativ dünn bevölkert waren. Das gilt besonders für die Südflanke des westlichen, mittleren und auch des östlichen Taurus. Hier bieten Macchien und degradierte Wälder auf tertiären Mergeln in tieferen Gebirgslagen Möglichkeiten zu flächenhafter Rodung. Zunehmend werden jedoch rechtliche Schranken gesetzt (Forstschutz). Da eine agrarische Expansion dort kaum Zukunftschancen hatte, war ein Umschlag zur Abwanderung abzusehen. Nur dort, wo der Anbau von Baum- und Strauchkulturen möglich ist, war Intensivierung des Anbaus möglich und wichtig. Das gilt insbesondere für jene Kreise an der Schwarzmeerküste, wo stark expandierender Haselnussanbau und Teekulturen agrarische Verdienstmöglichkeiten bieten. Hier kann ländliches Bevölkerungswachstum noch eine Zeit lang fortschreiten.

Gebirgsgebiete mit phasenversetzter Bevölkerungsentwicklung

In Gebirgen setzt sich der starke Bevölkerungsanstieg zunächst weiter fort, wenn nichtmaterielle Gründe einer Abwanderung entgegenstehen. Entlegene, kaum an das Verkehrsnetz angeschlossene Täler haben vielfach eine stärker traditionsverhaftete Bevölkerung. Die Möglichkeit der Abwanderung als Chance zur Verbesserung des Lebensstandards wird hier erst viel später erkannt als in den verkehrsoffenen Gebieten. Scheinbar ist dieses Stadium in der Türkei nur noch auf der Ebene des Dorfes anzutreffen, nicht mehr bezogen auf flächenhafte Einheiten. Die Wachstumszahlen des Zeitraumes 1975–1990 geben auch in Südostanatolien keinen Hinweis mehr auf derartige „hinterwäldlerische Abgeschlossenheit". Dort, wo noch vor zwei Jahrzehnten wegen der Sprachbarriere (Gebiet kurdischer Muttersprache) und besonders niedrigem Bildungsstand das größte geschlossene Gebiet mit besonders hohen Zuwachsraten der ländlichen Bevölkerung lag, herrschen mittlerweile – sozusagen phasenverzögert – Netto-Abwanderungsraten von jährlich bis zu 3,3 %. Im Gegensatz dazu fand im Norden Ostanatoliens bei überwiegend türkischsprachiger Landbevölkerung in den Gebirgskreisen die Abwanderung bereits früher im gleichen Ausmaß wie in westanatolischen Gebirgen statt.

Flachlandschaften ohne Bewässerungsmöglichkeit

Nicht bewässerungsfähige Flachlandschaften erreichen rasch eine maximale Auffüllung und stagnieren dann im Wachstum der ländlichen Bevölkerung. Die Plateaulandschaften Zentralanatoliens, Thrakiens und des südöstlichen Taurusvorlandes sind durchweg für Getreidebau geeignet und wurden dementsprechend in verschiedenen Phasen erschlossen. Das zentrale Thrakien scheint bereits sehr früh, wahrscheinlich schon in den 30er-Jahren, eine optimale Dichte der ländlichen Bevölkerung erreicht zu haben, da diese im Zeitraum 1935–1965 nur noch unterdurchschnittlich wuchs (Karte von Louis 1972). Im Zeitraum 1975–1990 (vgl. Abb. 66) zeigen die meisten Kreise schon eine absolute Abnahme der ländlichen Bevölkerung, ein Trend, der bis heute anhält. In der Zeit zwischen 1930 und 1965, in der die Steppen für den großflächigen Getreidebau erschlossen wurden, wiesen in Zentralanatolien einige Kreise noch überdurchschnittliche Zunahme auf. Inzwischen hat die Mehrzahl der Kreise jedoch unterdurchschnittliches Wachstum. Der großflächige und weitgehend mechanisierte Getreidebau in Monokultur bietet wenig Arbeitsplätze und damit kaum Chancen für ein Wachstum ländlicher Bevölkerung. Die Tafellandschaften Südostanatoliens (Provinzen Diyarbakır, Teile von Mardin, Urfa und Gaziantep) befanden sich dagegen offenbar bis in die 90er-Jahre im Stadium der Auffüllung.

Nähere Umgebung von Städten

In der näheren Umgebung größerer Städte steigt die ländliche Bevölkerung überdurchschnittlich an. Zentrale Kreise (Merkez Ilçe) direkt um Provinzhauptstädte weisen auffallend oft besonders hohe Zuwachsraten oder eine geringere Abnahme der ländlichen Bevölkerung auf (Adapazarı, Aydın, Afyon, Manisa, Çankırı, Kastamonu, Nevşehir, Malatya, Sivas, Erzincan, Kars usw.). Das mag z.T. damit zusammenhängen, dass die betreffende Stadt in der Nähe besonders geeigneter größerer Anbaugebiete liegt. Darüber hinaus strahlen von den Provinzhauptstädten besonders viele Entwicklungsimpulse in die ländliche Umgebung aus. Hier bestehen die relativ besten Verkehrsbedingungen, und es siedeln sich auch vor der Stadt Betriebe und Institutionen an. Die Vorzüge der Stadt – naher Markt, Busverkehr, Elektrifizierung, Schulen, medizinische Versorgung, vielfältige Arbeitsmöglichkeiten, bessere Arbeitschancen – bieten sich durchaus auch den Bewohnern der stadtnahen Dörfer. Selbst bei größeren Kreisstädten ist dieser Prozess schon bemerkbar. Bei den Großstädten İstanbul, Ankara und İzmir macht sich diese Entwicklung im überdurchschnittlichen Wachstum der die Städte umgebenden Landkreise bemerkbar. Auch die nahe beieinander gelegenen Bergbau- und Industriestädte Ereğli, Zonguldak und Karabük bewirken ein überdurchschnittliches Wachstum der Bevölkerung der umgebenden Landkreise, und damit das Wachstum städtischer Agglomerationen.

Nation und Nationalitäten

Staatsvolk und Millet

Es ist erklärtes Ziel der Türkischen Republik, eine „Nation" im westlichen Sinne zu sein. *Milliyetcilik*, Nationalbewusstsein oder Nationalismus, ist einer der wichtigen Grundsätze, die der Staatsgründer Atatürk seinen Türken verkündet und zur Basis der Republik gemacht hat. Damit wurde mit den Prinzipien der osmanischen Vergangenheit radikal gebrochen, allerdings zunächst mehr in der politischen Theorie als in der Praxis. Die Auseinandersetzung mit dem „a-nationalen" Erbe der Vergangenheit war geradezu ein Leitmotiv der Innenpolitik des Staates in den 20er-Jahren, und in vielen Aspekten belasten die Probleme der Vergangenheit immer noch die Gegenwart.

Das alte Osmanische Reich war bis zu seinem Ende als übernationales Imperium konzipiert, dessen nur religiöser Minderheitenschutz nicht mehr dem neuen, ethnisch-sprachlich aufgefassten Nationsbegriff des 19./20. Jh.s entsprach. Der notwendigerweise folgende Konflikt führte mit zum Zerfall des alten Staates. Erst die gewaltsame Lösung der Minderheitenfrage während und nach dem Ersten Weltkrieg ermöglichte eine innere Stabilisierung und ethnische Homogenisierung der Bevölkerung (vgl. Abb. 67 und 68).

Das Unternehmen Atatürks, den Türken das Selbstgefühl einer Nation zu geben, stellte sie vor eine ähnliche Situation wie die Deutschen oder die slawischen Völker im 19. Jh. So manche nationalistischen Töne, die als Begleiterscheinung dieser jungen Entwicklung zu vernehmen sind, sollte man also weniger an den europäischen Staatsauffassungen der Gegenwart messen als etwa an den politischen Parolen der Zeit von Theodor Körner und Turnvater Jahn. Die Begeisterung für die nichtreligiös definierte Idee der Nation, die in der Zeit Atatürks zunächst eine dünne Schicht von Gebildeten erfasst hatte, ist mittlerweile über die Volksschulen in breite Kreise eingedrungen und entsprechend popularisiert, teilweise vulgarisiert.

Je mehr diese Idee jedoch durchdringt, umso offensichtlicher werden aus dem Erbe der Vergangenheit Schwierigkeiten. Die Vorstellung davon, wer ein Türke sei, knüpft seit der Zeit der Staatsgründung stärker, als oft eingestanden wird, an traditionelle Konzeptionen an: Türke war und ist ein sunnitischer Muslim, der sich zur Türkei (früher dem Osmanischen Reich, später zur Republik) bekannte. Die Muttersprache galt zunächst als wenig belangvoll, oder zumindest glaubte man die rasche Akzeptanz des Türkischen bei muslimischen Staatsangehörigen mit nichttürkischer Muttersprache voraussetzen zu können. Bei der Mehrzahl der Muhacir traf dies auch zu: Die Bereitschaft zur Übersiedlung in die Türkei schloss bei ihnen die Bereitschaft zum künftigen Gebrauch der türkischen Sprache ein.

Konsequenterweise konnten türkischsprachige Einwohner nichtislamischer Konfession (Teile der Griechen und Armenier) zwar osmanische Staatsbürger, nicht aber Türken sein. Verschiedene Aktionen zwischen 1915 und 1923 führten zu deren Vertreibung oder Vernichtung (McCarthy 1983). Griechischsprachige Muslime aus Kreta oder Makedonien oder muslimische Bulgaren (Pomaken) konnten dagegen ohne weiteres akzeptiert werden. Auch die Kaukasier hatten dieses Bekenntnis zum Tür-

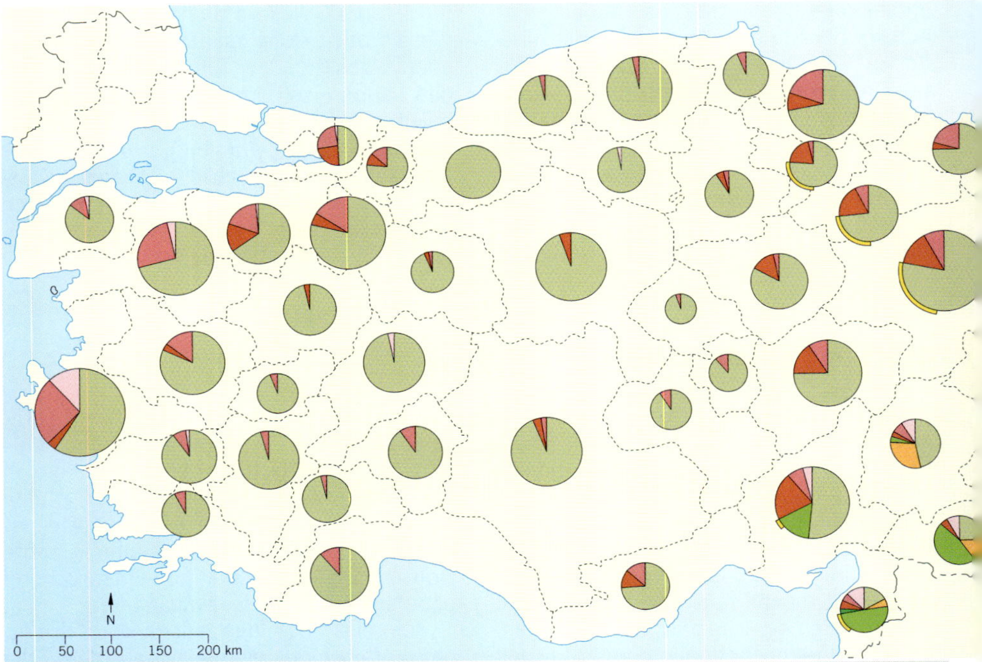

Abb. 67: Bevölkerungsverteilung und ethnische Gruppen um 1880: *Die Angaben wurden kreisweise auf die heutigen Verwaltungseinheiten (Provinzen) umgerechnet (keine vergleichbaren Daten für İstanbul und Thrakien).*

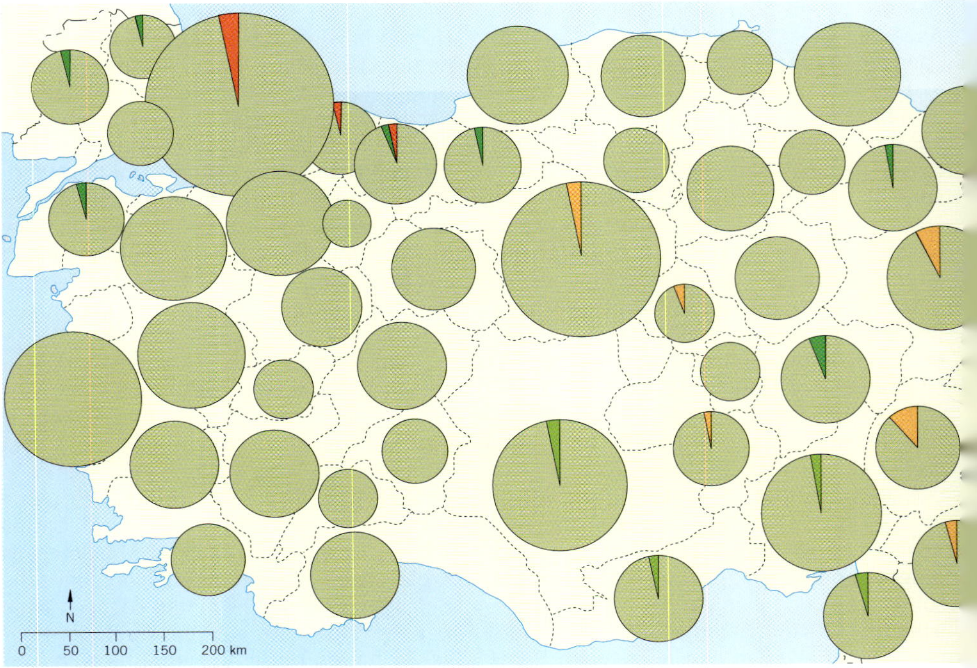

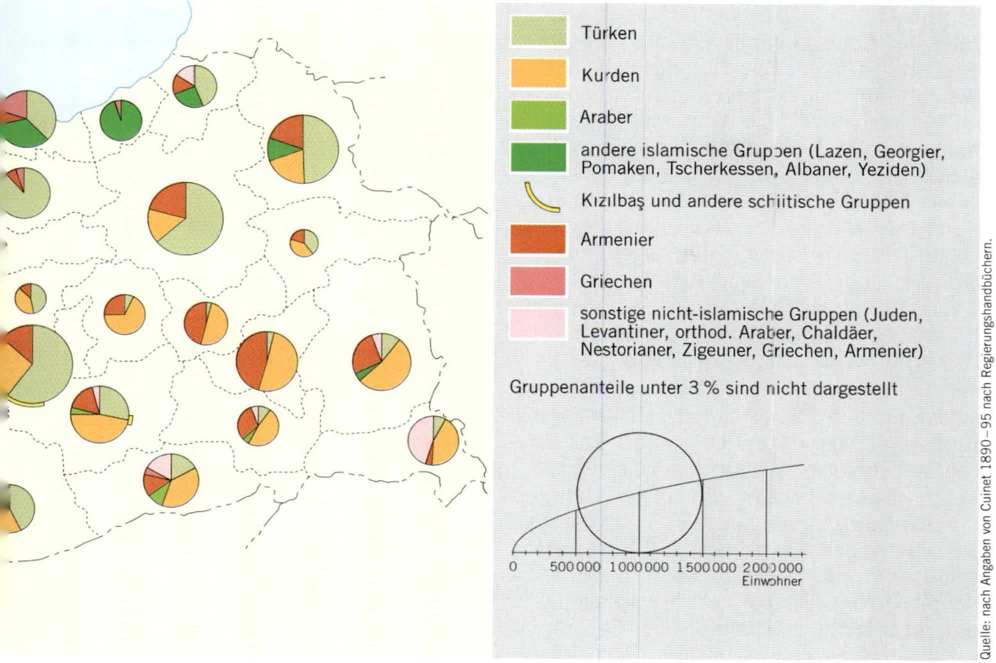

Quelle: nach Angaben von Cuinet 1890–95 nach Regierungshandbüchern.

Abb. 68: Bevölkerungsverteilung und ethnische Gruppen 1965: *Außer der generellen Zunahme ist im Vergleich zu Abb. 67 die ethnische Homogenisierung und die Schwerpunktverlagerung nach Westen erkennbar (jüngere Daten nicht vorhanden).*

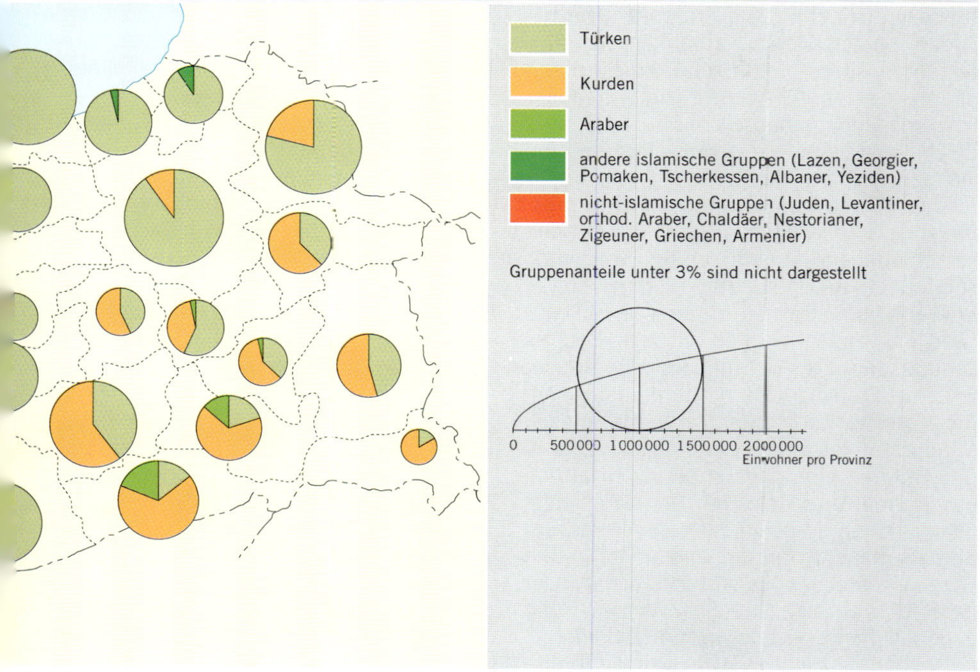

kentum durch ihre Flucht in das Osmanische Reich ausgedrückt. Für die kurdisch- oder arabischsprachigen Minoritäten wurde die Zustimmung zur türkischen Nation vorausgesetzt, weil sie ohnehin Muslime meist sunnitischer Richtung und als solche gleichberechtigte Bürger des alten Osmanischen Reiches waren. Probleme traten erst durch die allmähliche Identifizierung des „Nations"-Begriffes mit der Zugehörigkeit zur türkischen Sprachgemeinschaft auf.

Das Osmanische Reich war, selbst noch im anatolischen Kernland, bis zum Ersten Weltkrieg ein Vielvölkerstaat. Zahlreiche Reisende beschrieben die Sprach- und Konfessionsvielfalt. Die Inhomogenität der Bevölkerung wurde aber meist überschätzt. Das Gefühl der Bevölkerung für das, was man als „Ethnos" bezeichnet, basiert auf der jahrhundertelangen Tradition des *Milletsystems*, das im islamischen Recht verankert und daher sakrosankt war. Es beruht somit nicht, wie der moderne Volksbegriff, mehr oder weniger auf der Sprache, sondern auf der Religion.

Muslime aller sunnitischen Richtungen waren kein „Staatsvolkmillet", sondern die Bevölkerung schlechthin. Eine „Religionsnationalität" im Sinne des Milletsystems waren im Osmanischen Reich z. B. die orthodoxen Griechen, die Armenier oder die Juden, später kamen Katholiken und Protestanten hinzu. Schiitische Muslime und andere Sekten (Drusen, Yezidi, Zigeuner usw.) dagegen genossen nicht den Schutz des Milletsystems, sie waren verachtete und vielfach verfolgte Häretiker.

Das gemeinsame Band, das das muslimische Staatsvolk aller Sprachen mit den verschiedenen Millets einte, war ausschließlich die mehr oder weniger starke Loyalität zum Sultan. Untertanen, *Reaya* (wörtlich „Herde") waren alle. Der Rechtsschutz, den die Nichtmuslime genossen, v. a. die Freiheit vom Militärdienst gegen die fixierte Kopfsteuer, erlaubte diesen Minoritäten bis gegen Ende des 19. Jh.s in den Städten eine ungehinderte Entfaltung von Handel und Gewerbe. Sie waren dem osmanischen Staat vielfach enger verbunden als manche Turkmenenstämme in den Bergen Anatoliens. Es gibt zahlreiche Belege dafür, dass sich Griechen, Armenier und Juden vielfach sehr bewusst als „Osmanlı" betrachteten, nicht zuletzt, weil sie in dieser Eigenschaft den Muslimen (mindestens seit der Tanzimatzeit) gleichgestellt waren. Die Bezeichnung „Türke" wurde von den eigentlichen Türken im 19. Jh. wenig benutzt, hatte sie doch die Nebenbedeutung von Rohheit und Kulturlosigkeit.

Die Türken und andere islamische Bevölkerungsteile

Als *Türken* ohne weitere Zusätze wurden und werden die sesshaften, türkischsprachigen, sunnitisch-hanefitischen Einwohner bezeichnet. Bei ihnen ist eine eventuelle frühere Stammeszugehörigkeit oder Abkunft von christlichen Vorfahren längst vergessen oder bedeutungslos, sie sind in der Masse seit langem Bauern oder Städter. In der weit überwiegenden Zahl der Dörfer Anatoliens stellten sie auch vor dem Ersten Weltkrieg die Mehrzahl der Einwohner, auch an der Westküste und auch in Teilen Ostanatoliens. In den Städten mag ihr Übergewicht hier und da gegenüber den christlichen Minoritäten geringer gewesen sein.

Es ist nicht möglich, die „Türken" anders zu definieren als durch Sprache plus Bekenntnis. Die ethnische Zusammensetzung ist entsprechend den zahlreichen Überschichtungsprozessen zu uneinheitlich, und für eine ethnologische Differenzierung fehlen, abgesehen von folkloristischen Einzelzügen bestimmter Gebiete, ausgeprägte Regionaldialekte.

Historisch gehören zu den Türken Bevölkerungsgruppen, die unter besonderen Namen erscheinen und dadurch den Anschein ethnischer Verschiedenheit erwecken. Die wichtigsten sind Gruppen, die auch von den sesshaften Türken als etwas Besonderes empfunden werden:

Als *Turkmenen* wurden und werden diejenigen Türken bezeichnet, die seit der Einwanderung (zwischen dem 11. und 19. Jh.) bis etwa in die Gegenwart in ihrem derzeitigen Lebensraum ihre nomadische Lebensform und ihre Stammesorganisation beibehalten haben. Das Wort „Türkmen" (oder Turkmen) bedeutet etwa so viel wie „reiner Türke" und meint nur die (bis vor kurzem) nomadisierenden turksprachigen Gruppen im Osten des Landes. Der Grenzsaum zu der im Westen gebrauchten Bezeichnung „Yürük" läuft etwa von der Çukurova zum großen Salzsee. Neben der Bezeichnung „Türkmen" wird häufig noch nach alten Stammesnamen (Afşar, Barak, Ersari usw.) unterschieden. Viele dieser Stammesnamen gibt es auch in Aserbaidschan, Chorassan oder Turkmenistan, was auf die weiträumigen Wanderbewegungen und Aufsplitterungen von einzelnen Stammesteilen hinweist.

Yürüken (auch Yörük geschrieben), wörtlich „Wanderer", sind wie die Türkmenen türkischsprachige Einwohner Anatoliens mit bis vor kurzem nomadischer Lebensform. Die im Westen lebenden Nomaden gerieten allerdings früher unter die Kontrolle des Staates. Zudem war ihre Lebensform im schon lange von Sesshaften beherrschten Westanatolien wohl ungewöhnlich und auffallend. Die Bezeichnung „Yürük" bleibt auch nach einer Ansiedlung über mehrere Generationen hinweg bewusst, und entsprechend erscheinen „Yürükendörfer" in manchen ethnographischen Karten (z. B. Philippson 1919). Heirat ist vorwiegend untereinander, möglichst noch innerhalb des gleichen Stammes, üblich, und viele Verhaltensweisen sind noch stark von der Traditionsgruppe her bestimmt.

In älteren Reisebeschreibungen wird bisweilen die Gruppe der *Alevi* oder *Kızılbaş* als ethnische Besonderheit hervorgehoben, bei der Forscher sogar uralte anatolische Kulturgüter und vorchristliche Religionsreste zu finden glaubten – unterstützt durch die einheimische Bevölkerung, die den Alevi mancherlei phantastische religiöse Riten andichtet (Bild 36). Die Bezeichnung Kızılbaş (Rotköpfe) stammt von einer längst vergangenen persischen Mode der Kopfbedeckung mit roten Mützen. Der Konfession nach sind sie ursprünglich Schiiten, was in der Bezeichnung Alevi (= Anhänger Alis) zum Ausdruck kommt. In den osmanisch-persischen Auseinandersetzungen des 16. Jh.s wurden sie in Anatolien verfolgt und wanderten großenteils in den Iran aus. Die in Anatolien verbliebenen Alevi (türkischer, kurdischer oder arabischer Muttersprache) lebten notgedrungen zurückgezogen. Ihre Interpretation der Glaubensregeln erfolgt

Bild 36: Alevitenfrauen in einem Dorf östlich Kayseri: *Die türkischen Aleviten leben zurückgezogen und in einer vor allem für Frauen bisweilen ungewöhnlich „aufgeschlossenen" Lebensweise.*

durch die Gemeindemitglieder nach lockerer Tradition und nach dem Gewissen.

Moscheen finden sich in Alevidörfern in der Regel nicht, höchstens unscheinbare Beträume und hervorgehobene Gräber von Predigern als Fixpunkte des Glaubens. Die Religionsausübung ohne Leitung ausgebildeter Theologen mag zur Anreicherung mit Elementen des Volksglaubens geführt haben. Andererseits brachte die größere Offenheit und Flexibilität eine auffallende Innovationsbereitschaft für „gemeinschaftsbetonende" Ideen oder Ideologien mit sich, weshalb die Alevi im Verständnis zahlreicher schlichter Türken oft mit „politisch links" assoziiert werden (Bumke 1977, 1979).

Keine offizielle Statistik gibt Informationen über die Zahl und die Verbreitung der Alevi. Wie der osmanische Staat erkennt auch die Türkische Republik religiöse Differenzierungen unter den Muslimen nicht an. Nur ein einziges Mal sind die alevitischen Schiiten annähernd statistisch erfasst worden (Köy İşleri Bakanlığı 1963f). Die diesbezüglichen Zahlen wurden jedoch nicht publiziert. Ihr gegenwärtiges Verteilungsmuster liefert Andrews (1987, 1989). Danach konzentrieren sich Alevidörfer auf die Provinzen des westlichen Ostanatolien: Erzincan, Tunceli, Elazığ, Malatya, Adıyaman, Maraş, Bingöl. Ein Großteil der Alevi dürfte türkischsprachig sein.

Unter verschiedenen Namen (Ahl-i Hak, Ali Illahi, Abdal) gibt oder gab es noch weitere verstreute, kleine Gruppen, deren Konfession sich schiitischen Vorstellungen nähert. Auch der heute offiziell verbotene Orden der Bektaşı steht der Schia näher als dem sunnitischen Islam. Die Bezeichnung „Alevi" ist zunehmend zu einem Sammelbegriff für alle derartigen Sekten geworden.

Der bedeutendste muslimische Bevölkerungsanteil mit nichttürkischer Sprache sind die *Kurden*, die in Südostanatolien ein relativ geschlossenes Verbreitungsgebiet einnehmen, im Taurus nach Westen hin bis gegen Maraş vorkommen und in kleinen Dörfergruppen auch in Zentralanatolien zu finden sind. Die letzte publizierte Statistik über die Ethnien stammt allerdings von 1965. Die Kurden sind kein einheitliches „Volk" im europäischen Sinne. Was in der türkischen Sprachstatistik als kurdischsprachig zusammengefasst wird, sind in Wirklichkeit Angehörige verschiedener Dialektgruppen als Zweige des Iranischen. Das in den Provinzen Bingöl, Elazığ und Erzincan teilweise gesprochene Zaza ist sogar eine vom Kurdischen zu unterscheidende eigenständige iranische Sprache. Eine verbindende gemeinsame Schriftsprache hat sich noch nicht entwickelt. Entsprechenden Versuchen im Irak und in der ehemaligen UdSSR liegen nur lokale Dialekte zugrunde.

Zu einem nationalen Bewusstsein konnte es bisher meist nur in der europäischen Diaspora kommen, denn die kurdischsprachige Bevölkerung wurde und wird nicht nur durch Dialekte, sondern auch durch andere Unterscheidungskriterien gegliedert. Besonders auffällig ist ihre konfessionelle Vielfalt (Sykes 1908). Ein großer Teil sind zwar sunnitische Muslime, aber nicht wie die Türken der hanefitischen, sondern der şafiitischen Schule. Moscheen fehlen in der Mehrzahl der Dörfer bis heute. Neben den Sunniten steht eine größere Zahl von Alevi, also Schiiten. Dazu kommen solche mit einem undefinierbaren Gemisch aus islamischen, christlichen und angeblich zoroastrischen Vorstellungen. Einige halten sich für nestorianische oder armenische Christen. Schließlich sind die als „Teufelsanbeter" verrufenen *Yezidi* eine auf die kurdischsprachige Bevölkerung der Türkei und des Irak beschränkte Sekte. Sie führt sich auf Yezid ibn Muawiya, einen Gegner Alis, zurück und steht damit in sunnitischer Tradition. Praktisch haben sie eine eigenartige synkretistische Religion entwickelt, die von den sunnitischen Türken meist nicht als islamisch anerkannt wird. Unter den ca. 7000 „Angehörigen anderer Religionen", die für die Provinzen Mardin und Siirt 1965 aufgeführt wurden, dürfte der größte Teil Yezidi gewesen sein.

Die konfessionelle Zersplitterung ist eine Folge der historischen Entwicklung dieses Raumes, dem zentrale Autoritäten weltlicher wie geistlicher Art zu lange gefehlt haben. Während im Westen der Türkei die sunnitische Ulema und die osmanische Staatsmacht den einheitlichen Glauben und seine korrekte Befolgung durchsetzen konnten, gelang das im Südosten nur partiell.

Der wesentliche Konfliktstoff der Gegenwart liegt nicht im „Ethnos" der Kurden.

Die verschiedenen größeren und kleineren Aufstände der 1920er- und 30er-Jahre gegen die Türkische Republik waren weniger kurdisch-national motiviert als eher ein Widerstand der Stämme gegen die Staatsautorität. Sie gehen großenteils auf die periphere Lage und die Unzugänglichkeit des Landes innerhalb des Osmanischen Reiches zurück: Das Gebirgsland im Südosten war für den Staat relativ unergiebig und uninteressant und wurde weitgehend sich selbst überlassen. Bis ins 19. Jh., z.T. bis in die Gegenwart, blieb die Stammesstruktur dominant. Diese gilt für nomadische Kurden, die seit Jahrhunderten schon in der Minderzahl waren, wie für die seit je vorherrschenden bäuerlichen Kurden. Das Brechen der Macht der größeren Beys im 19. Jh. hat die Autorität der Häuptlinge auf der Ebene des Dorfes oder der Talschaft kaum beeinträchtigt. Sie genießen bis zur Gegenwart mehr Loyalität als die vom Staat eingesetzten Beamten der unteren Ebene. Das wiederum dokumentiert sich bis heute in Machtkämpfen rivalisierender führender kurdischer Familienclans, was wiederum Extremisten der *PKK* (*Partîya Karkêren Kurdistan* = Arbeiter-Partei Kurdistans) wie türkischem Militär den Handlungsspielraum für Auseinandersetzungen verschafft. Ein erheblicher Teil türkischer Kurden lebt aufgrund von Umsiedlungen oder Abwanderung mittlerweile in der Westtürkei, speziell in İstanbul und anderen größeren Städten, wodurch sich aufgrund von Abhängigkeiten und Sozialstrukturen zwischen Clans und Stammesangehörigen eine gewisse Vernetzung zwischen Politik (im Westen) und feudaler Machtstrukturen (im Südosten) manifestiert hat.

Wachsende Schulbildung verdeutlicht den Gegensatz von Umgangssprache und Staatssprache. Bisher führte der Weg zu sozialem Aufstieg für jeden Kurden unabdingbar über die Assimilierung an das Türkentum. Das waren bisher Einzelne. Wie sich die Masse der kurdischsprachigen Bevölkerung mit zunehmendem wirtschaftlichen und bildungsmäßigen Fortschritt verhalten wird, hängt vom Geschick der türkischen Innenpolitik ab.

Über die genauere Verbreitung der Kurden und ihre Zahl (Andrews 1989) gibt es nur Informationen aus der amtlichen türkischen Statistik. Diese Zahlen werden bisweilen angezweifelt. Die Gesamtzahl der Einwohner mit kurdischer Muttersprache wird für 1965 mit 2,22 Mio. angegeben. Dazu wird eine Zahl von 427000 genannt, die Kurdisch als Zweitsprache angegeben haben. Allein der Prozentanteil der nur „muttersprachlichen" Kurden lag 1955 bei 5,5%, 1965 bei 7%, 1970 schon bei etwa 11% und 1987 (geschätzt, vgl. Andrews 1989) bei 12,5% (neuere Zahlen sind rein spekulativ). Ihr Anteil an der Bevölkerung steigt also, wie das bei dem besonders starken Bevölkerungswachstum in den Ostprovinzen auch nicht anders zu erwarten ist.

Araber gibt es in der Südtürkei in vier voneinander getrennten Gebieten, von denen jedoch nur zwei an das geschlossene arabische Sprachgebiet angrenzen. Die Gesamtzahl betrug (1987 geschätzt) 625000 (Andrews 1989; Gürgenarazili 1989). Die meisten Araber leben derzeit in der Provinz Hatay (Antakya), wo sie 1965 mit rund 180000 (Sunniten und alewitische Nusairi) bei einer Gesamtbevölkerung der Provinz von gut 1 Mio. etwa 18 % ausmachten. Der Konfession nach sind sie wohl z. T. Sunniten hanefitischer Richtung, mehrheitlich aber Aleviten jener Gruppe, die in der syrischen Provinz Latakya als *Nosairi* bezeichnet wird (Andrews 1989, S. 148f).

Von dort sind, spätestens im frühen 19. Jh., einige Nosairi in die Çukurova abgewandert, wo sie in der näheren Umgebung von Adana in Dörfern den intensiv bewässerten Marktgartenbau pflegen (vgl. Abb. 59). Lokal werden sie auch als *Fellachen* bezeichnet. Von dieser Gruppe haben (1965) 22000 das Arabische noch als Muttersprache angegeben.

Ein drittes Verbreitungsgebiet liegt im Süden der Provinz Urfa mit (1965) etwa 51000 sunnitischen Arabern, die mit etwa 11% der Provinzbevölkerung nach Türken und Kurden die drittstärkste Sprachgruppe stellen. Das vierte Vorkommen findet man in den Vorbergen und im Vorland des östlichen Taurus (Kreis Sasun, ein Teil des Kreises Kozluk), einige Dörfer nördlich von Siirt und weitere um Diyarbakır. Die Mehrzahl konzentriert sich jedoch auf den Norden des Tur-Abdin-Gebirges zwischen Savur und Midyat, z.T. auch auf den Rand der Ebene südlich Mardin, wo Anschluss zum geschlossenen arabischen Siedlungsgebiet in Syrien besteht. Die Gesamtzahl der Arabischsprechenden hier lag (1965) bei etwa 124 000, mit dem Schwerpunkt in der Provinz Mardin mit rund 80 000 Arabern (ca. 20 % der Provinz).

Innerhalb des türkischen Staates sind die Araber eine problemlose Minorität. Die von Syrien gelegentlich erhobenen Ansprüche auf die Provinz Hatay finden in der arabischsprachigen Bevölkerung keine größere Resonanz. Das Arabische lebt als Umgangssprache weiter und erhält Impulse durch syrische Radio- und Fernsehprogramme. Die meisten Araber, v.a. die Männer, sprechen zusätzlich Türkisch.

Die dritte räumlich geschlossene Gruppe einer islamischen, nichttürkischen Minderheit sind die Lasen als Reste eines Volkes, das einst große Teile der östlichen Schwarzmeerküste besiedelte und der Hellenisierung wie der späteren Türkisierung lange Zeit standgehalten hat, nicht zuletzt durch religiöse Anpassung. Es hat nie eine eigenständige lasische Kultur oder eine Schriftsprache gegeben. Ihre Sprache gehört zur kaukasischen Sprachfamilie und ist dem Georgischen verwandt. Ihre heutige Verbreitung beschränkt sich auf kleine Restgebiete in entlegenen Tälern des Kaçkar-Hochgebirges zwischen Artvin und Rize (Andrews 1987). Mindestens die Hälfte derjenigen, die Lasisch als Muttersprache angegeben haben (1965: 25 000), sind bereits abgewandert und wohnen verstreut in anderen Schwarzmeerprovinzen. Das Aussterben der Sprache ist also abzusehen. Die Bezeichnung „Laz“ wird umgangssprachlich für die ganze Bevölkerung der östlichen Schwarzmeerküste verwendet.

Im gleichen nordöstlichen Teil der Türkei leben in der Provinz Çoruh (Artvin) und östlich Ordu noch einige muslimische Georgier (Gürcü/Grusinier). Dort sind diejenigen, die noch georgisch sprechen, auf 8000 geschrumpft. In der gesamten Türkei gab es (1965) noch 35 000. Beziehungen zu Sowjet-Georgien bestanden bis zum Zerfall der Sowjetunion nicht.

Alle anderen muslimischen Bevölkerungsteile, die man aufgrund ihrer nicht-türkischen Sprache als ethnische Minoritäten (1965!) bezeichnen könnte, sind Muhacir und siedeln entsprechend verstreut. Abchasen (Abasa) aus dem Kaukasus, Albaner und Bosniaken leben in vereinzelten Dörfern, ihre Sprachen werden jeweils nur noch von weniger als 20 000 Menschen gesprochen. *Pomaken* (muslimische Bulgaren) gibt es noch etwa 23 000, mit einer leichten Konzentration in Thrakien. Lediglich die *Tscherkessen* (*Çerkes*) halten etwas stärker an ihrer Eigenständigkeit fest, ihre verschiedenen Dialekte wurden noch von (1965) fast 60 000 Menschen als Muttersprache gepflegt. Bei allen diesen kleinen Gruppen ist jedoch die völlige Assimilation innerhalb der nächsten Generationen wahrscheinlich.

Nichtislamische Gruppen

Traditionellen Minderheitsschutz genießen nach wie vor die *Juden*. Ihre Zahl liegt (1987) bei knapp 22 000 (Andrews 1989), von denen über drei Viertel in İstanbul leben, und verringert sich ständig durch Auswanderung. Sie sind fast ausschließlich städtische Kaufleute und Handwerker. Eine wichtige und einflussreiche Gruppe unter ihnen sind die in der frühen Neuzeit aus Spanien vertriebenen sephardischen Juden, bei denen das Spaniolische z.T. noch als Umgangssprache gebräuchlich ist.

Kleinere christliche Minoritäten waren oder sind die *Suryani* (Syrische Christen) verschiedener Konfessionen. Dazu gehörten bis 1916 die *Nestorianer* (auch *Assyrer* oder *Ost-Syrer* genannt), ein Rest der alten christlichen Kirche des vorislamischen Persien, die sich im Mittelalter in das zentrale Hakkâribergland zurückgezogen haben, dort nahezu unabhängig ihre Konfession ausüben konnten, sich sonst aber in ihrer Kultur nicht von den umgebenden Kurden unterschieden. Ihre Sprache war vorwiegend neu-ostaramäisch. Am Ersten Weltkrieg nahmen sie auf russischer Seite teil und mussten 1916 geschlossen flüchten. Bei West-Syrern im Bergland von Mardin-Midyat, später vielfach *Chaldäer* genannt, die bereits im 16. Jh. den Primat des römischen Papstes anerkannten, hat sich die neuaramäische Sprache neben arabischen und kurdischen Dialekten gehalten. Diese *Kaldani* lebten in zahlreichen Dörfern im Raum um Midyat (Prov. Mardin) bis in die jüngste Vergangenheit. Hohes Bildungsniveau und höherer Lebensstandard förderte angesichts zahlreicher Konflikte mit

Bild 37: Griechisch-orthodoxe Kirche bei Ayvalık: *An vielen Stellen stößt man in Dörfern und Städten auf materielle Relikte der hier ehemals ansässigen Minderheit orthodoxer Griechen.*

der kurdischen Umgebung ihre Abwanderung.

Zu den monophysitischen Christen zählt man die syrisch-orthodoxe oder westsyrische Kirche, deren Angehörige auch Jacobiten genannt werden. Auch bei ihnen hat sich eine mit Rom unierte Richtung (*Melkiten*) abgespalten. Zusammen mit den Nestorianern wird ihre Zahl heute auf etwa 20 000 geschätzt (Andrews 1989). Sie leben innerhalb der Türkei vorwiegend im Südosten und sprechen privat Arabisch.

Schließlich müssen jene Arabisch sprechenden orthodoxen Christen erwähnt werden, die zum Patriarchat Antiochia (Antakya) und nicht zu İstanbul gehören. Ihr Hauptverbreitungsgebiet in der Türkei liegt in der Provinz Hatay, ihre Anzahl dort ist bescheiden (1987 geschätzte 4000).

Minderheiten orthodoxer *Griechen* mit ganz unterschiedlicher Geschichte gab es vor dem Ersten Weltkrieg v. a. in drei Gebieten (Bild 37): Die größte und zugleich jüngste Gruppe fand sich an der Ägäis, wo das antike Griechentum die türkische Eroberung der Gazizeit nicht als ethnische Gruppe überstanden hatte. Die Masse der Griechen Westanatoliens waren Einwanderer, meist von den Inseln der Ägäis, die in osmanischer Zeit teils als Arbeitskräfte hereingeholt worden waren, teils als rechtlich gleichberechtigte osmanische Bürger (seit der Tanzimatzeit) an der Westküste Land kauften oder sich in Städten als Händler und Handwerker niederließen.

Eine zweite Gruppe lebte bis zum Ersten Weltkrieg in Zentralanatolien kontinuierlich seit der türkischen Eroberung und der Praktizierung des Milletsystems durch die Seldschuken im 12./13. Jh. Sie waren also echte Anatolier, die vorher hellenisiert worden waren. Im Laufe der osmanischen Zeit gebrauchten sie immer mehr die türkische Sprache, schrieben sie aber mit griechischen Buchstaben. Man nannte sie nach dem Namen des alten Fürstentums und der späteren osmanischen Provinz *Karamanlı*. Sie waren gewissermaßen orthodoxe Türken.

In den östlichen Küstengebieten des Schwarzen Meeres hatte bis zum 15. Jh. das orthodoxe „Kaiserreich Trapezunt" bestanden, das damals nicht mehr von rauen Grenzkriegern, sondern von der osmanischen Armee erobert wurde. Entsprechend stärker wurden dort islamische Gebote des Minoritätenschutzes eingehalten. Hier konnte sich als dritte Gruppe griechischsprachige orthodoxe Bevölkerung mit Schwerpunkten um Trabzon, in den Bergbaugebieten von Gümüşhane und Şebinkarahisar, im Hinterland von Samsun und in allen Küstenstädten weitgehend erhalten, wohin sich die griechische Pontosbevölkerung sogar später ausbreitete. Auch die griechische Bevölkerung von İstanbul bekam von dort ständig Nachschub.

Die griechische Minderheit verhielt sich während des Ersten Weltkrieges überwiegend loyal und war dementsprechend auch kaum Pressionen ausgesetzt. Im Verlauf des türkischen Freiheitskrieges engagierte sie sich weitgehend für die nationalgriechische Annexionspolitik und musste demzufolge 1922/23 flüchten. Zwischen 1912 und 1922 schrumpfte die griechisch sprechende Bevölkerung in der Türkei von ca. 1,25 Mio. auf 916 000 und bis 1960 auf 89 000 (McCarthy 1983). Lediglich die griechische Bevölkerung von İstanbul und die der kleinen Inseln vor den Dardanellen durfte aufgrund des Minoritätenabkommens bleiben, ebenso blieb der Sitz des Patriarchen in Konstantinopel. Seit der republikanischen Zeit gibt es also eine griechische Minorität praktisch nur noch in İstanbul. Sie machte in den frühen Jahren der Republik noch einen nennenswerten Teil der Stadtbevölkerung aus, noch 1945 etwa 8% (Tanoğlu u. a. 1961). In der Zeit nach dem Zweiten Weltkrieg nahm jedoch die Auswanderung nach Griechenland ständig zu, v. a. jeweils nach politischen Unruhen. Andrews (1989) schätzt (1987) nur mehr etwa 18 000 Griechen in der Türkei.

Die Zahl derjenigen, die man in der Türkei als *Griechen* (*Rum*) bezeichnet, ist verschieden, je nachdem ob man die orthodoxe Konfession oder die griechische Sprache zugrunde legt. 1965 gab es etwa 35 000 griechischsprechende, aber etwa 74 000 griechisch-orthodoxe Einwohner. Etwa die Hälfte der Orthodoxen hat also Türkisch als Muttersprache angesehen.

Die *Armenier* galten im Osmanischen Reich lange Zeit als zuverlässige Untertanen des Sultans, als „Millet-e Zadika" (treue Minorität), die bis zum 19. Jh. nie im Verdacht stehen konnte, gegen den Staat zu konspirieren. Seit 2500 Jahren sind Armenier in Ostanatolien und Kaukasien einheimisch, stellen aber wohl schon seit langem nicht mehr die Mehrheitsbevölkerung in ihrem ehemaligen Kernland. Entlang der Hauptdurchgangsachse in Richtung Iran, im Norden Ostanatoliens, siedelten seit dem 12. Jh. zunehmend Türken, und im Süden drangen kurdische Stämme in das ostanatolische Hochland vor, während die Abwanderung der Armenier nach Westanatolien und Kaukasien zunahm. Im Taurus zwischen Kayseri und Maraş hatten sich einige Dörfergruppen seit der Zeit des armenischen Königreiches Kilikien in lokaler Autonomie gehalten.

Städtische Armenier einerseits und ostanatolische armenische Bauern andererseits hatten im 19. Jh. extrem verschiedene Lebensformen. Die Lebensweise armenischer Bauern des Ostens unterschied sich in nichts von der benachbarter Türken oder Kurden. Ihre Sprache hatten sie schon weitgehend zugunsten des Türkischen oder Kurdischen aufgegeben. Es geht nicht an, wie das in tendenziellen Darstellungen gelegentlich geschieht, die Armenier schlechthin als friedfertige und fleißige Bauern darzustellen und die Türken und Kurden als räuberische Nomaden, die armenische

Dörfer plündern. Wäre das der vorherrschende Zustand gewesen, dann hätten die Armenier niemals mehr als tausend Jahre islamischer Herrschaft überlebt.

Ganz anders war die Situation der städtischen Armenier, die infolge rechtlicher Gleichstellung seit der Tanzimatzeit als Geschäftsleute prosperierten. Sie wurden zum Prototyp des westlich gebildeten, osmanischen *Effendi*, also Angehörige jener neuen Elite, die sich auf modernes Geschäftswesen, auf neue Berufe und Beamtentitel stützte. Sie griffen Neuerungen aus Europa auf, sie lernten Französisch, schickten ihre Kinder in Missions- oder Konsulatsschulen, wurden Agenten westlicher Firmen und wirkten wie die städtischen Griechen als Schrittmacher des zivilisatorischen Fortschritts.

Die oft zur Schau getragene Verwestlichung musste bei den Muslimen negative Emotionen wecken. Als dazu armenisch-nationalistische Ideen kamen, die man über armenische politische Clubs und auf dem Land über die neuen Minderheitenschulen zu verbreiten suchte, setzten erste Pogrome ein, gefolgt von verstärkter Auswanderung. Zu Beginn des Ersten Weltkrieges dürften die Zahlen der Armenier der 1880er-Jahre (Cuinet 1890–95, vgl. Abb. 67) schon um einiges unterschritten gewesen sein (1912 etwa 1,5 Mio. nach McCarthy 1983). Vermutete oder reale Parteinahme für die Entente und Teilnahme an russischen Militäraktionen 1914–1916 führten schließlich zur Vernichtung und Vertreibung der Armenier ganz Anatoliens (vgl. McCarthy 1983).

Nur in Istanbul konnte sich die armenische Minderheit halten, ihre Zahl ist ständig durch Auswanderung geschrumpft. Für die 80er-Jahre des 20. Jh.s schätzte man in der Türkei noch zwischen 50 000 und 88 000 Angehörige der Armenischen (gregorianischen und unierten) Kirche (Andrews 1989, S. 127.). Fast alle leben in İstanbul und genießen staatlichen Minderheitenschutz. Die Schatten der Vergangenheit verhindern allerdings die Integration in die türkische Gesellschaft genauso wie bei den Griechen.

Die sonstigen christlichen Restgruppen nichttürkischer Sprache sind heute bedeutungslos und in rascher Assimilation begriffen.

Das West-Ost-Gefälle

Seit dem ersten Jahrzehnt der republikanischen Ära bemüht sich der türkische Staat, eine allgemeine Schulpflicht durchzusetzen. Die Fortschritte sind beachtlich, wenn man bedenkt, dass etwa am Ende des Ersten Weltkrieges wohl höchstens 5–10% der damaligen männlichen Einwohner eine Schulbildung meist in Koranschulen erhalten hatten. Bis 1990 war der Prozentsatz bereits auf über 80% der über 6 Jahre alten Einwohner gestiegen.

Man muss dabei bedenken, dass für den schlichten anatolischen Dorfbewohner die Notwendigkeit der Schulbildung nicht einsichtig war, weder für seine Söhne, die dann bei der Feldarbeit fehlten, noch gar für seine Töchter, für die es geradezu unschicklich war. Die weltlichen Lehrpläne der Schulen entsprechen durchaus nicht traditionell-islamischen Vorstellungen. Eine generelle Einführung moderner Bildung hat das freiwillige Engagement der Masse der Bevölkerung und eine ausreichend große Zahl ausgebildeter Lehrer, die sich nicht ohne Weiteres rekrutieren lassen, zur Voraussetzung. Dass die Volksschulen mittlerweile dennoch fast überall auf dem Land existieren und von über 90% der Jungen und von knapp 90% der Mädchen (1995) besucht werden, ist schon ein beachtlicher Erziehungserfolg (Bild 38). Um dem jüngst wieder wachsenden Einfluss der Koranschulen entgegenzuwirken, wurde 1988 die Pflichtschulzeit von fünf auf acht Jahre heraufgesetzt.

Nun gibt es allerdings in diesem Prozess der „Literarisierung“ einige modifizierende Faktoren: In den Städten ist, erstens, der Grad des Schulbesuchs erheblich höher als auf dem Lande. Mit den meisten islamischen Ländern hat die Türkei zweitens gemeinsam, dass der Schulbildungsgrad der Frauen dem der Männer nachhinkt. Beim Zensus 1990 gaben knapp 90% aller männlichen Einwohner über 6 Jahre

Bild 38: Einschulungstag, Burhaniye: *Das Angebot moderner Bildung im Grundschulbereich wird von etwa 90 % der Jungen und Mädchen mit großem Engagement wahrgenommen.*

an, lesen und schreiben zu können, aber nur gut 70 % der weiblichen Einwohner.

Die dritte Modifikation ist das markante für die Türkei spezifische Bildungsgefälle von Westen nach Osten. Dieses Gefälle zwischen den Europa zugekehrten Landesteilen und der östlichen Peripherie scheint zunächst keineswegs selbstverständlich. Man könnte ebenso erwarten, dass sich ein entsprechendes Gefälle von der modernen Hauptstadt der Republik aus nach allen Seiten bemerkbar macht. Das ist jedoch durchaus nicht der Fall, vielmehr scheinen sich ältere Muster durchzupausen.

Den höchsten Anteil an Schulgebildeten haben Thrakien und die Gebiete um das Marmarameer sowie die Landschaften der Ägäisküste, also jene Landesteile, die bereits vor dem Ersten Weltkrieg die intensivsten Kontakte zur westlichen Welt hatten. Diese erfolgten sowohl durch den Handelsverkehr als durch die ethnische Durchsetzung mit Minderheiten, deren Schulen einen „Konkurrenzeffekt" bewirkten. Darüber hinaus ist in diesen westlichen Landesteilen der Anteil der Muhacir vom Balkan und aus Griechenland besonders hoch, und damit der Anteil einer für Neuerungen aufgeschlossenen Bevölkerung.

Der letztgenannte Aspekt dürfte wohl für die hohen Werte der Schulbildung im Raum um Eskişehir (vgl. Abb. 69) verantwortlich sein, wo Flüchtlingssiedlungen besonders konzentriert sind. Der Gegenpol ist Südostanatolien, wo zur Entlegenheit noch die Sprachunterschiede hinzutreten. Dazwischen liegen mehr oder weniger inselhafte Gebiete von regional stärker verbreiteter Schulbildung, meist die Beckenebenen in der Umgebung von bedeutenderen Provinzhauptstädten. Selbst Ankara hat auffallend schwach auf seine Umgebung gewirkt. Die Schulbildung in den Landkreisen nördlich und südlich der Hauptstadt liegt nicht wesentlich höher als im Mittel Zentralanatoliens. Auffallend ist der relativ hohe Bildungsstand im äußersten Nordosten, in den Provinzen Rize und Artvin. Es ist jenes Gebiet, wo bis vor dem Ersten Weltkrieg die Wanderarbeit in Transkaukasien und bis heute eine besonders hohe Wanderarbeiterquote nach İstanbul üblich war bzw. ist.

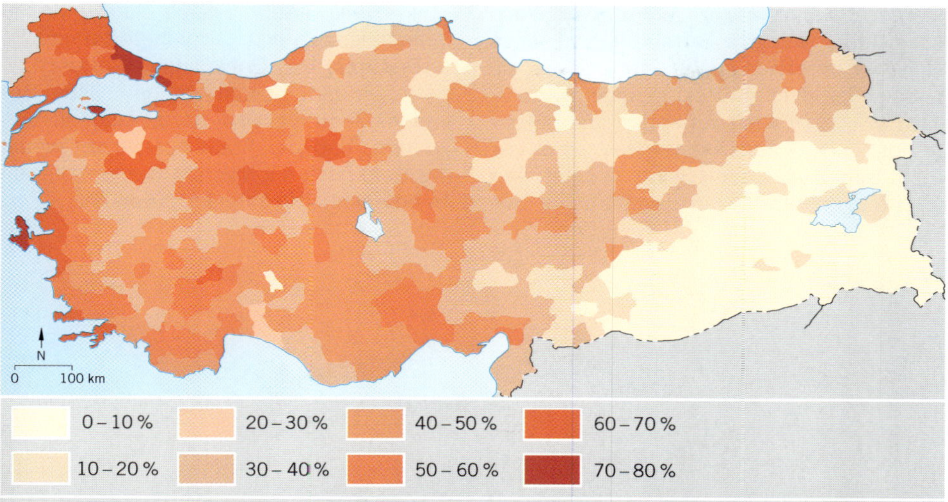

Abb. 69: Grad der Schulbildung 1962 (nach Kreisen): *Dargestellt ist der Anteil der Alphabeten an der Landbevölkerung (üb. 6 J.) nach Planck 1972 (jüngere Daten nicht vorhanden).*

Dieses Gefälle zwischen den westlichen und den östlichen Landesteilen der Türkei zeigt sich interessanterweise auch bei der Verbreitung von nicht unbedingt nur „modernen“ Sozial- und Versorgungseinrichtungen. Dazu gehören etwa die dörflichen Kaffee- oder Teehäuser, die in Thrakien und im Ägäisgebiet drei Viertel aller Dörfer besitzen, in Südostanatolien hingegen weniger als 5 %. Ein *Köy Odasi*, ein Zimmer oder Haus für offizielle Dorfgäste, unterhalten im Nordwesten mehr als drei Viertel aller Dörfer, im Südosten weniger als ein Viertel. Die gleiche Relation gilt, mit leichten Varianten in Inneranatolien, für Dorfkrämer oder Barbiere. Selbst eine Moschee, Symbol der traditionellen Gesellschaft, existiert in einigen ostanatolischen Provinzen nur in weniger als der Hälfte aller Dörfer (Planck 1972). Dabei handelt es sich keineswegs nur um die Provinzen mit einem hohen Anteil von Aleviten. Es zeigt sich darin, dass – wie einem der Verfasser einmal von einem aus İstanbul in die Provinz Siirt versetzten Landrat gesagt wurde – „in ostanatolischen Gebirgen die segensreiche Neuerung des Islam in vierzehnhundert Jahren nur sehr begrenzt durchgedrungen ist“.

Man kann dieses Gefälle sicher nicht nur damit erklären, dass der Westen „reicher“ ist und sich deshalb auch die Dorfbewohner mehr „leisten“ könnten. Westanatolische Gebirgsdörfer erlauben auch keine nennenswert höheren agrarischen Einkünfte als die des Ostens. Aber der Westen war eben schon seit sehr langer Zeit vom Staat besser kontrolliert und erschlossen, die Kontakte zur Metropole am Bosporus und auch über See waren zu allen Zeiten enger, als es vom Osten aus möglich war.

Das Problem der Gegenwart ist, dass das West-Ost-Gefälle zu einer Art Selbstverstärkung tendiert. Beispielhaft zeigt sich das im modernen Gesundheitswesen. Zwar versucht der Staat, durch Einrichtungen von Gesundheitsposten oder Hebammen und Sanitätern die medizinische Versorgung flächenhaft zu verbessern, aber die eigentliche ärztliche Versorgung kann er nur wenig beeinflussen: Fast jeder junge Mediziner ist bestrebt, sich in einer möglichst großen Stadt niederzulassen, und zwar nicht nur, weil er hier bessere Verdienstmöglichkeiten hat, sondern auch, weil ihm die „Lebensqualität“ auf dem Land oftmals unerträglich erscheint. Das Ergebnis ist, dass in İstanbul, Ankara und İzmir die Arztdichte etwa der von europäischen Ländern entspricht, während in den östlichen Landkreisen ein Arzt auf mehrere zehntausend Einwohner entfällt. In Ostanatolien haben manche Landkreise überhaupt keinen Arzt. Fachärzte und Apotheken gibt es nur in den Provinzhauptstädten, während im Ägäisgebiet viele Kreisstädte schon so attraktiv sind, dass sich hier durchaus auch Fachärzte niederlassen. Der gleiche Effekt geringer Attraktivität wirkt sich auch auf andere freie Berufe aus. Jeder junge Akademiker, sofern er nicht selbst aus dem Osten stammt, betrachtet einen Job in Ostanatolien als „Durchgangsstation", wohin man seine Familie möglichst erst gar nicht mitnimmt.

Der relative Entwicklungsunterschied zwischen dem Westen und dem Osten des Landes tendiert also dazu, sich zu vergrößern, und der Staat hat zurzeit weder das Geld noch die Machtmittel, um diesem Trend nachhaltig entgegenzuwirken.

HISTORISCHE GRUNDSTRUKTUREN DES AGRARRAUMES

Bild 39: Getreideworfeln bei Yıldızeli in Zentral-Anatolien: *In dem Agrarland Türkei haben trotz der Technisierung traditionelle agrare Arbeitsweisen und Technologien immer noch ihren festen Platz.*

Überblick

- Trotz Urbanisierung und Industrialisierung ist die Türkei bis heute weitgehend Agrarland geblieben. In der Anpassung der ländlichen Bauweise an die Materialien der Umgebung spiegeln sich – über alle modernen Varianten hinweg – Lebenswirklichkeit und Prozesse sozialer Differenzierung seiner Landbewohner. Etwa ein Drittel der Bevölkerung lebt in Dörfern und von der Landwirtschaft. Fast 50 % der gewerblich-industriellen Arbeitskräfte verarbeiten agrarische Rohstoffe und schaffen über ein Drittel der türkischen Exportwerte.
- Kaum etwas hinderte im 20. Jh. die türkische Landbevölkerung daran, da zu siedeln, wo sie Erwerbschancen sah. Über die Hälfte heutiger Ackerflächen wurde erst im Laufe des 19. und 20. Jh.s angelegt. Diese Umwandlung von Steppen und Wäldern in Ackerland war allein das Werk der „Interessenten".
- Außer bei ganz jungen Muhacir-Plansiedlungen ist ungeregelter Ortsgrundriss und unregelmäßige Flur fast überall typisch. Geschlossene Haufendörfer mit kleinparzellierter Flur und Zwei-Felder-Zelgensystem signalisieren Altsiedellandschaften; Schwarmsiedlungen, lockere Weiler und Einzelhöfe (mit z.T. geringen Überlebenschancen) deuten dagegen – abgesehen vom Schwarzmeergebiet – meist auf Jungsiedelland.
- Bei vorherrschender Realerbteilung mit wachsender Besitzzersplitterung spielt Großbesitz innerhalb des türkischen Bauerntums nur lokal eine Rolle. Vielmehr haben die vorherrschenden Klein- und Kleinstbetriebe bereits Mitte des 20. Jh.s weitgehend die Grenze der zeitgemäßen Subsistenz unterschritten.

Agrarland Türkei

Trotz deutlich gestiegener Urbanisierung ist die Türkei bis heute in erster Linie ein Agrarland:
1) Ein großer Teil der Bevölkerung lebt nach wie vor in Dörfern: 1965: 65,6%; 1975: 59%, 1995: 40,8%.
2) Trotz des starken Wachstums der Städte und trotz forcierter Industrialisierung beschäftigt die Landwirtschaft noch immer die meisten Menschen: rund 10 Mio. (= 47,8%) von 19,6 Mio. Erwerbstätigen (1995).
3) Selbst bei den gewerblichen und industriellen Betrieben ist 1995 nach der Beschäftigtenzahl knapp die Hälfte in der Verarbeitung agrarischer Rohstoffe beschäftigt (48,4%; vgl. Tab. 4).
4) Im Export des Landes führen mit weitem Abstand die agrarischen Produkte und Verarbeitungsprodukte, wenngleich mit von Jahr zu Jahr schwankenden Anteilen. Mitte der 60er-Jahre machten Agrarprodukte ca. drei Viertel, 1995 immer noch über ein Drittel des Wertes der exportierten Güter aus.

Der agrarische Charakter der Türkei basiert auf der Nutzbarkeit fast des ganzen Landes für den Anbau, ist aber im Vergleich zu europäischen Ländern Indiz eines Entwicklungsrückstandes und entspricht mitteleuropäischen Verhältnissen des 18./19. Jh.s. Mit dem Eindringen moderner Innovationen wird eine beträchtliche Dynamik in der Agrarlandschaft sichtbar.

Wenn man sich vorzustellen versucht, wie manche Landschaft der Türkei mit dem entsprechenden physischen Potenzial wohl in Mitteleuropa oder in Nordamerika aussehen würde, wird in vielem der altertümlich-traditionelle Charakter türkischer Agrarlandschaften deutlich. Ackerland, Buschwald und Weideflächen sind unregelmäßig miteinander verzahnt ohne deutliche Landnutzungsgrenzen. Selten begrenzen gerade Linien und rechte Winkel einzelne Nutzungsflächen oder Parzellen. Weitgehend fehlt das „Kulturlandschaftselement Stacheldraht“, Bäume sind unregelmäßig in den Feldern verteilt und Rinder- und Kleinviehherden grasen frei auf Stoppelfeldern und an bebuschten Hängen. Vieles erinnert an Gemälde europäischer Landschaften aus dem 18. und frühen 19. Jahrhundert.

Andererseits werden oftmals schon Fruchtarten angebaut, die die Einbindung in die Marktwirtschaft dokumentieren; junge Baumkulturpflanzungen in Reih und Glied fallen auf, und auf den weiten Getreideflächen Zentralanatoliens beherrschen Traktoren und Mähdrescher das Bild. Zahlreiche betonierte Kanäle, kleine Wasserzubringer (*Kanaletten*), Motorpumpen und Plastikschläuche zeigen als charakteristische neue Landschaftselemente den Übergang zur intensiven modernen Bewässerungskultur an. In den Dörfern nehmen Hausformen mit modernen Bautechniken und Baumaterialien zu; asphaltierte Straßen oder planierte Wege zweigen von Hauptstraßen zu den Dörfern ab, und Werkstätten und Läden finden sich allmählich auch auf dem Land.

Die derzeitige türkische Agrarlandschaft ist also das momentane Ergebnis der Interferenz von großräumig-klimatischen wie kleinräumig-reliefbedingten (oder bodenbedingten) physischen Chancen und Grenzen, überkommenen Traditionen ländlichen Lebens und Wirtschaftens (die allgemein-orientalisch oder türkisch oder nur regional sein können) sowie staatlichen und privaten Reformen, Strukturverbesserungen und Innovationen der letzten Jahrzehnte.

Ländliche Siedlungen

Periodische Siedlungen

Typisch „türkisch“ in der Kulturlandschaft sind die zahlreichen verschiedenen Typen periodischer Siedlungen, die in gewissen Teilen Anatoliens in jüngster Zeit sogar wieder zunehmen (Planck 1972). Außer wenigen periodischen Wohnplätzen der letzten Nomaden sind alle periodischen Siedlungen mit Dauersiedlungen gekoppelt. Es sind Orte, wo mindestens ein Teil der Bevölkerung eines nahen Dorfes Weiderechte, Acker- oder Gartenland und meist Gebäude besitzt, die jedoch vom Hauptwohnsitz zu entfernt sind, um von dort aus bewirtschaftet zu werden, oder zu unattraktiv oder saisonal unbewohnbar, um als ganzjähriger Wohnplatz zu dienen. Ihr primärer Zweck war zumeist die Ausdehnung sommerlicher Weidewirtschaft des Mutterdorfes auf entferntere Gebiete. Derartige Nebenwohnplätze stellten also eine Anpassung an die natürlichen Nutzungschancen dar. Sie wurden von einer Bevölkerung entwickelt, der der saisonale – meist sommerliche – Umzug mentalitätsmäßig nahe lag, und wurden zu einer Zeit angelegt, als die insgesamt dünne Besiedlung noch weit abständige Dauerwohnplätze erlaubte. Ihre periodische Nutzung liegt, wo sie aufgegeben wurde, selten mehr als ein Jahrhundert zurück. Ihre klassische Bezeichnung ist im größten Teil Anatoliens *Yayla*. Damit ist, unabhängig von der dort ausgeübten wirtschaftlichen Tätigkeit, zunächst nur der „Sommeraufenthalt" ausgedrückt. Andere Bezeichnungen treten daneben mit regionalen Schwerpunkten auf und meinen in der Sache dasselbe, allenfalls mit leichten Bedeutungsverschiebungen.

Ağıl oder *Dam* (wörtlich „Dach") meint einen „Unterstand" für Hirt und Herde, einen Pferch mit Hirtenhütte. *Kom* heißt kurdisch „Pferch", und *Oba* ist eine periodische Zeltsiedlung. Mit derartigen Bezeichnungen belegte Örtlichkeiten haben häufig nicht mehr die ursprüngliche, saisonal-viehzüchterische Funktion, weil Gebäude hinzutraten, sich daraus ein dauernd bewohnter Einzelhof mit Ackerbau entwickelte, vielleicht weil sogar schon eine weilerartige Gehöftgruppe oder ein Dorf wuchs. Die Bezeichnung ist damit zum Ortsnamen oder Namensbestandteil geworden. Das arabische *Mezra'a* (Außenfeld) dagegen bezeichnet immer einen Platz, wo abseits vom Dorf an isolierter Stelle Feldbau, nicht nur Viehwirtschaft, betrieben wird.

Wesentlich für das heutige Siedlungsbild ist die unterschiedliche Entwicklung periodischer Siedlungen zu Dauersiedlungen, deren Netz sich dadurch erheblich verdichtet hat. Manche Yayla oder Mezra'a ist zu einem stattlichen Dorf herangewachsen, während andere die Größe eines Weilers nicht überschritten haben (Planck 1972).

In jüngster Zeit deutet sich in besonders gut erschlossenen Gebieten eine umgekehrte Tendenz an: Sofern das agrarische Potenzial der ausgebauten Yayla kein Expansionpotenzial und mangelnde Infrastruktur aufweist, zieht ein wachsender Teil der Bevölkerung wieder ins ehemalige Mutterdorf, das aufgrund seiner günstigeren Lage inzwischen kräftig gewachsen und mit modernen Einrichtungen (Schule, Wasserleitung, Zubringerstraße, Elektrizität) ausgestattet ist. Bisweilen ist sogar der Wohnsitz in einer Stadt attraktiver. Nur zur Feldarbeit fährt man zum alten Wohnsitz hinüber, was heute mit Traktor oder Lkw ohnehin kein Entfernungsproblem mehr ist, und die ehemalige Yayla wird wieder zum Sommerdorf. Nur noch einige arme Leute, oft als Hirten und Wächter angestellt, halten ihren Dauerwohnsitz dort aufrecht.

Einzelhöfe und Weiler

Unterschiedliches Alter und Wachstum der Orte führten dazu, dass ländliche Dauersiedlungen in ganz verschiedenen Größen auftreten. 1960 hatten die 36 000 türkischen Dörfer Einwohnerzahlen meist zwischen 100 und 750, mit dem Schwerpunkt bei den kleineren Orten zwischen 100 und 300 Einw. (Planck 1972). 1990 hatten über 60 % der Dörfer noch immer weniger als 500 Bewohner.

Die türkische Sprache und die amtliche Statistik unterscheiden nicht zwischen Dorf und Weiler: beides ist *Köy*, Dorf. Dennoch werden kleinere oder jüngere Siedlungen aufgrund junger administrativer Regelung häufig als getrenntes *Mahalle* (Ortsteil) von einer benachbarten Dorfgemeinde aus verwaltet.

Auffallend ist die regionale Verteilung verschiedener Ortsgrößenklassen. Im größten Teil des Landes herrschen traditionellerweise mittlere und kleinere Dörfer vor, die jeweils auch eine Gemeinde sind. Diese Dörfer mögen relativ klein sein, die Lage der Gehöfte zueinander ist dennoch in der Regel so dicht, dass man von geschlossenen Gruppensiedlungen sprechen muss. Nicht immer ist die beschränkte Möglichkeit der Wasserversorgung dafür entscheidender Grund. Der Lebensstil des Zusammenwohnens und verwandtschaftliche oder nachbarschaftliche Bindungen sind oft auch dann noch wirksam, nachdem das Motiv kollektiven Schutzes entfallen ist.

Umso auffälliger sind Landschaften, wo geschlossene Dörfer zwar nicht fehlen, aber doch hinter lockeren Weilern und Einzelhöfen zurücktreten. Im Schwarzmeergebiet bemerkt man weithin Einzelhöfe und Hofgruppen in lockerer Streuung an Hängen und auf Riedeln, dazwischen Verdichtungen der Höfe zu Schwarmdörfern und hin und wieder einen kleinen Ortskern mit Moschee.

Das Relief erzwingt die Vereinzelung und Kleinheit der Siedlungen, und der Reichtum an Quellen und fließenden Bächen bietet dafür häufiger Ansatzpunkte, als sie in den trockeneren Gebirgen Südanatoliens zu finden sind. Die heute so zahlreichen, an Kammwegen und Pfaden aufgereihten Einzelhöfe dürften aber jüngere Ausbauten sein, die aufgrund der Sicherheit des Waldlandes dort wohl schon früher einsetzten als in anderen Teilen Anatoliens. Zudem mag die seit langem bestehende hohe Bevölkerungsdichte der nordanatolischen Küstengebiete zur frühen Ausbreitung der Einzelhöfe mit beigetragen haben. Der Prozess hat spätestens im 19. Jh. begonnen, abgeschlossen ist er bis heute noch nicht.

Dennoch scheint bis zum 19. Jh. die vorherrschende Siedlungsform die der Gehöftgruppe in der Art des Sippenweilers gewesen zu sein. Für das Alter des Systems der weilerartigen Kleingruppensiedlung im Schwarzmeergebiet spricht, dass in einzelnen Regionen dafür ein charakteristischer einheimischer Terminus existiert: Das Wort *Divan* (Sammlung, Zusammenkunft) drückt eine entsprechende Zusammengehörigkeit zu einer größeren räumlichen Einheit aus, etwa in der Art mitteleuropäischer Kirchspiele oder Bauernschaften. Divane sind heute administrativ Gemeinden, die einzelnen Weiler gelten als Ortsteile (*Mahalle*).

Auch im mediterranen Küstengebiet und in weiten Teilen des östlichen Taurus kommen Kleinsiedlungen vor. Sie stellen Entwicklungsstadien dar. In den Bergländern um Maraş, Elazığ, Tunceli, Adıyaman, Diyarbakır, Siirt und Hakkâri sind es traditionelle kleine, meist dicht gebaute Weiler, die als jüngere Ansiedlungen von Nomaden noch nicht oder wegen begrenzter Landflächen nicht mehr zu größeren Orten heranwachsen konnten.

In tieferen, küstennahen Teilen des West- und Mitteltaurus hingegen geht seit einigen Jahrzehnten von älteren Dörfern eine Ausbaubewegung mit Einzelhofsiedlung aus. Hier ist schon länger als in Ostanatolien Sicherheit auf dem Land gewährleistet, und die Ausnutzung isolierter, kleiner Flächen bebaubaren Geländes – Dolinen im Kalkgebirge, Riedel im Tertiärhügelland, Terrassen in tieferen Gebirgstälern – reizte zur Anlage von Einzelhöfen: Die relativ älteren, dicht geschlossenen Haufendörfer liegen abseits der Küste in den Bergen, und jüngere Einzelhöfe finden sich jeweils in der Nähe kleiner bebaubarer Flächen in Richtung auf die früher gemiedene Küste.

Wo in tieferen Lagen noch größere Buschwaldflächen bis in die 1930er- und 40er-Jahre geschlossen erhalten waren, wie im Tertiärhügelland im Norden und Osten der Çukurova (Hümmer 1984), entstanden und entstehen bisweilen noch heute zahlreiche Einzelhöfe durch wilde Rodung von Zuzüglern aus weiter entfernten Gebirgsdörfern. Durch Zuzug von Verwandten, die sich in der Nachbarschaft niederlassen, oder auch durch die Ansiedlung von Söhnen auf den Grundstücken ihrer Väter wachsen diese Einzelhöfe allmählich zu kleinen Sippenweilern (vgl. Abb. 70).

Dass man räumliche Nachbarschaft zu Verwandten bevorzugt, ist nahe liegend und bietet bei der starken Familienbindung in der islamischen Gesellschaft Gewähr für Sicherheit. Allerdings neigen Neusiedlungen ehemaliger Nomadenstämme mehr zur primären Ansiedlung in kleinen Gruppen, während die Landnahme von Bewohnern altbäuerlicher Siedlungen oft erst über das Stadium des Einzelhofes führt (Hümmer 1984). Über Sippenweiler entstehen so allmählich lockere Dörfer, zwischen die sich verstreute neue Einzelhöfe schieben können.

Keine Sitte, kein traditionelles Recht und bisher auch kaum eine staatliche Behörde hindern die Landbevölkerung daran, in eigener Entscheidung da zu siedeln, wo sie gewisse agrarische Erwerbschancen sieht. Bei verkehrsgünstigen Siedlungslagen können in der Gegenwart sogar nichtagrarische Erwerbsmöglichkeiten Weilern oder Dörfern zu weiterem Wachstum verhelfen. Es ist jedoch abzusehen, dass ein großer Teil junger Kleinsiedlungen nicht zu Dörfern anwachsen kann und wieder aufgegeben werden muss: Das verfügbare Land ist meist karg und erosionsgefährdet, die Hanglagen sind nicht für moderne, mecha-

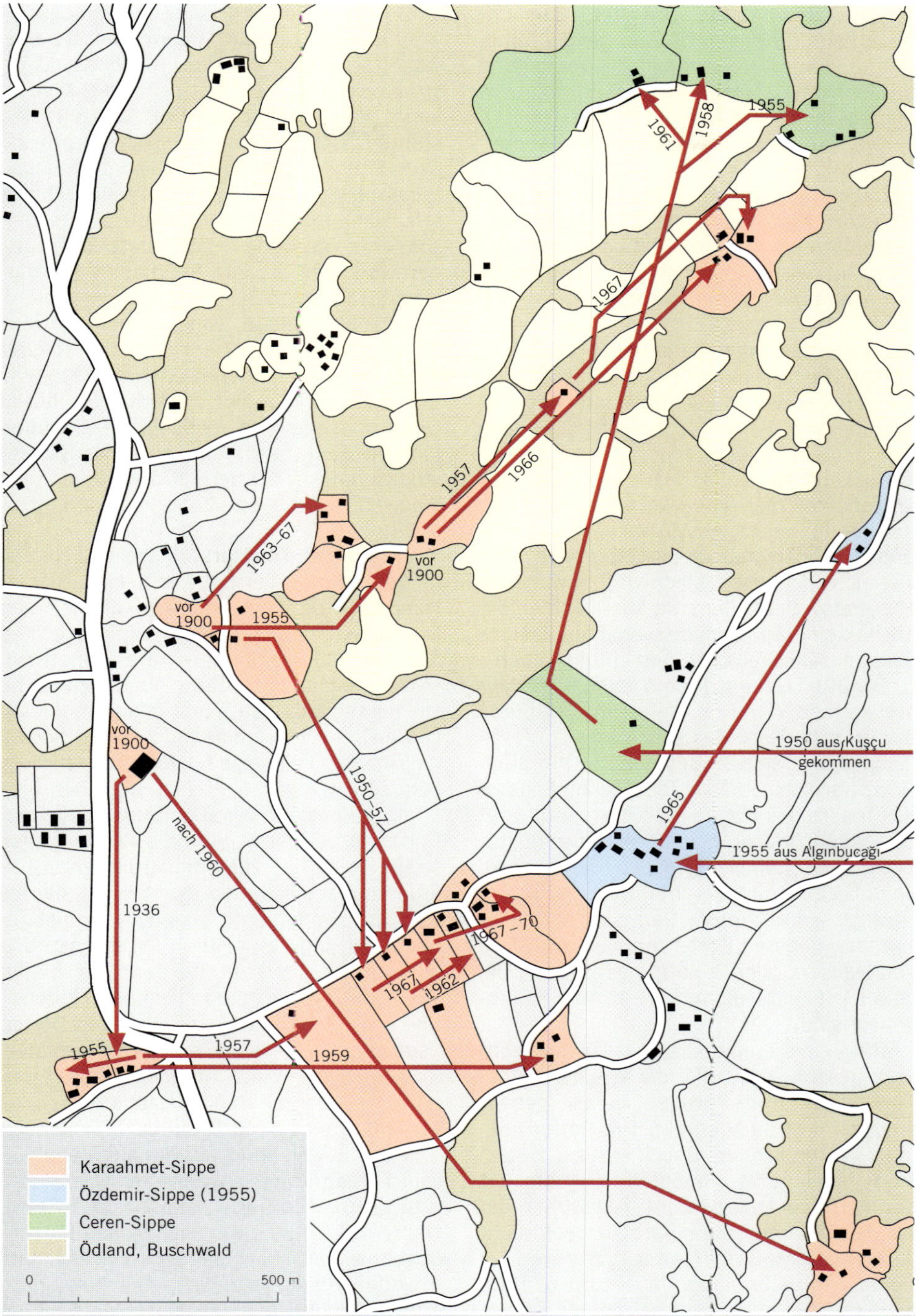

Abb. 70: Einzelhofausbau im Familienverband bei Kadirli: *Ausschnitt aus dem tertiären Hügelland am Ostrand der Çukurova, Prov. Adana. Die neueren Gehöftgründungen und Rodungen wurden durch Jahreszahlen und vom jeweiligen Elternhaus ausgehende Pfeile gekennzeichnet.*

Quelle: aus Hümmer 1984.

nisierte Bearbeitung geeignet, und der Staat kann für die große Zahl der Einzelhöfe und kleinen Hofgruppen die Versorgung mit Schulen, Zufahrtswegen, Strom usw. niemals sicherstellen.

Die Expansion des „Jungsiedellandes" ist also langfristig chancenlos. Die in den Gebirgen verbleibende Bevölkerung wird sich auf eine begrenzte Zahl von Siedlungsplätzen konzentrieren und reagiert bereits auf wachsenden Bevölkerungsdruck mit erkennbarer Abwanderung.

Geregelte und ungeregelte Dörfer

Entsprechend dem Wachstum der ländlichen Siedlungen, das von keiner staatlichen Instanz beeinflusst wurde, ist der Grundriss fast immer unregelmäßig haufendorfartig. Wo jeweils ein neues Haus zu bauen ist, entscheidet man nach verfügbarem Platz und Grundbesitz, nach Verwandtschafts- und Nachbarschaftsgesichtspunkten und vielleicht nach dem Machtwort einflussreicher Persönlichkeiten, nie aber nach einem abstrakten Plan. Grundrissvarianten kann es dabei nur im Grade der Verdichtung geben.

Bei alten Gebirgsdörfern stehen die Häuser vielfach Wand an Wand. Im Osttaurus bildet bisweilen das Dach des tieferen Hauses die Terrasse des höheren. In alten Bewässerungsgebieten Zentralanatoliens ist das Innere des Dorfes oft derart gefüllt mit Gebäuden und ummauerten Hofgrundstücken, dass nur wenig Platz für winklige, enge Gassen und Durchfahrten bleibt und Sackgassen auftreten. Dem stehen wiederum die jüngeren Dörfer mit weit abständigen Häusern oder Gehöften gegenüber, bei denen oft nicht einmal die Hofplätze eingehegt sind.

Dass Dörfer altansässiger Türken dicht und geschlossen, die der angesiedelten Türkmenen und Yürüken locker gebaut sind, stimmt nur indirekt: Die Dörfer ehemals nomadischer Bevölkerungsgruppen sind jünger. Erst allmählich gewann dort der Feldbau Übergewicht gegenüber der Weidewirtschaft. Sie sind also *noch* nicht verdichtet. Wo Bauern alter Dörfer ihre periodischen Wohnplätze im 19. Jh. zu Dauersiedlungen ausgebaut haben, sind diese genauso locker. Und relativ alte Dörfer ehemals nomadischer Stämme (vgl. Abb. 71) verdichten sich im Laufe der Zeit genauso.

Diese Verdichtung ist deshalb möglich, weil der nicht umhegte Raum zwischen den Gehöften weder als Platz noch als Dorfstraße definiert ist, sondern bebaut werden kann, wenn darüber im Dorf Konsens besteht. Da bis vor wenigen Jahren private Grundstücke und öffentliche Flächen katastermäßig nicht erfasst und markiert waren, war derartige Okkupation nichts Besonderes. Wenn das Haus später aufgegeben wird, fällt der alte Bauplatz oft an das öffentliche Gelände zurück, und zwar nicht aus Rechtsgründen, sondern weil der bisherige Besitzer bestrebt ist, sein neues Haus an einer anderen Stelle zu bauen, wo er keine Trümmer wegschaffen muss. Ortsgrundrisse sind deshalb selten über längere Zeit stabil, und einzelne Grundstücksgrenzen, der Verlauf der Gassen und Wege bleiben nicht topographisch konstant.

Traditionelle Ortsgrundrisse sind heute in den älteren Dörfern ein beträchtliches Handicap, da Enge und Winkeligkeit der Dorfgassen, im Bergland auch oft ihre Steilheit, für zahlreiche Höfe keinen für Maschinen und Kraftfahrzeuge nutzbaren Hofzugang erlauben. Nur jüngere, noch lockere Dörfer der Flachlandschaften haben die Chance, Fahrwege für Kraftfahrzeugverkehr zu berücksichtigen (vgl. Abb. 72).

Wo Fernverkehrsstraßen in der Nähe der Dörfer vorbeiführen, wird die Verbindungsstraße vom Dorf zur Landstraße zur Leitlinie moderner Bebauung. Sie ist häufig vom Straßenbauamt angelegt, befestigt, begradigt und klar seitlich abgegrenzt. Sie kann nicht überbaut werden und bietet Grundstücken, die daran liegen, eine günstige Allwetterzufahrt. Hier wachsen Dörfer „auf die Straße zu", hier liegt oft die neue Schule, und an der Abzweigung von der Landstraße ist die Bushaltestelle und gegebenenfalls eine neue Teestube.

Völlig abweichend von der alten anatolischen Tradition der ungeregelten Ortsgrundrisse erscheinen Dörfer, die seit der zweiten Hälfte des 19. Jh.s von islamischen Flüchtlingen (Muhacir) angelegt wurden. Sie sind in auffallend regelmäßigen, oft schachbrettartigen Grundrissen angelegt. Man weiß jedoch nicht, auf wessen Initiative dieser Regeltyp zurückgeht, da Urkunden über die Modalitäten der konkreten Landzuweisung

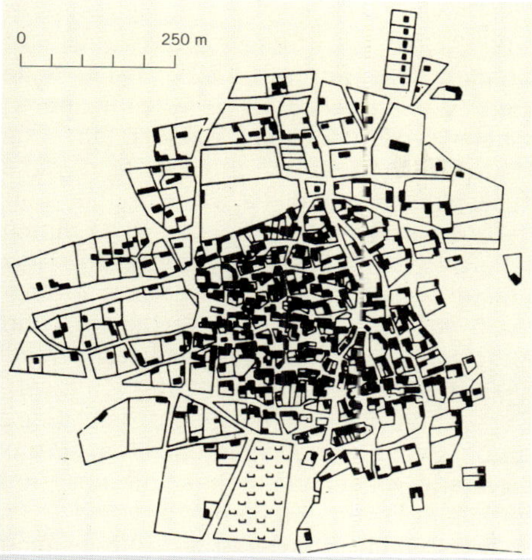

Abb. 71: Karagedik Kreis Haymana, Prov. Ankara: *Der Ort ist etwa 200 Jahre alt und ein Beispiel für die relativ älteren, stark verdichteten „Haufendörfer". Er hat sich aus der Kısla eines ursprünglich kurdischen Stammes entwickelt.*

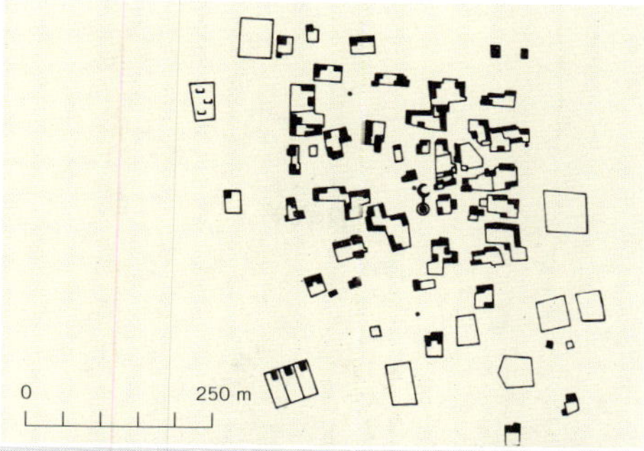

Abb. 72: Eröldüren Kreis Konya, Prov. Konya: *Der Ort hat sich Anfang des 20. Jh.s aus einer Yayla einheimisch-türkischer Bevölkerung entwickelt. Seine „Lockerheit" ist typisch für die Mehrzahl der jüngeren Siedlungen (um 1960).*

noch nicht bekannt sind. Die betreffende Bevölkerung berichtet meist, dass den Vorfahren zwar das Siedlungsgebiet zugewiesen worden sei, die Landaufteilung jedoch in eigener Regie durchgeführt wurde. Dem widerspricht, dass der Schachbrettgrundriss außer in Anatolien auch in anderen Teilen des Osmanischen Reiches verbreitet ist.

Die Einführung dieser Regelform hat in der Türkei keine älteren Vorbilder. Allerdings wurden im 19. Jh. in Südungarn (Banat, Batschka), in der Walachei und in der Südukraine derartige Planformen fast ausschließlich verwendet. Bei den zahlreichen Kontakten über die damalige Militärgrenze hinweg dürften osmanische Beamte und Offiziere dieses Siedlungsmuster dort kennen gelernt haben. Der Schachbrettgrundriss anatolischer Dörfer des späten 19. Jh.s zeigte demnach das letzte östliche Auslaufen einer Kolonisationsmode, die im absolutistischen Österreich-Ungarn und Russland des 18. Jh.s entwickelt worden war. Allerdings fiel die Regelmäßigkeit vielfach bald der anatolischen Tendenz zu individueller Umgestaltung zum Opfer. Hofgrundstücke wurden zu der Straßen hin unregelmäßig erweitert, oder ursprünglich geplante rechtwinklige Nebenstraßen wurden einfach überbaut, sodass der schematische Grundriss sich im Laufe weniger Generationen vielfach schon stark verwischt hatte.

Nach dem Zweiten Weltkrieg entstanden weitere Neusiedlungen mit staatlicher Einflussnahme, indem man Flüchtlinge in bestehenden Dörfern in reihenmäßig angeordneten Dorfrandkolonien unterbrachte, wo ihre rechteckigen Gehöftgrundstücke sich deutlich abzeichnen (vgl. Abb. 73, links). Neu ist seit den 1960er-Jahren der Trend, stark erdbebengeschädigte Orte, solche im Überschwemmungsbereich neuer Talsperren oder periphere „Walddörfer" an andere Stellen umzusiedeln. Ihre Zahl ist wegen des finanziellen Aufwandes bisher noch nicht groß, das angewandte Prinzip jedoch immer ähnlich: Das neue Dorf entsteht in der Nähe einer Fernverkehrsstraße auf staatlichem Grund, und mehrere Reihen genormter Häuser werden in schematischer Form vom Staat erstellt. Diese Normtypen entsprechen meist nicht der regionalen Bautradition, sondern orientieren sich auch dort am „modern" aussehenden Satteldachhaus, wo das Flachdach üblich und zweckmäßig ist. Grundstücksbegrenzung und Wirtschaftsgebäude werden der Eigeninitiative überlassen, und die Umgesiedelten müssen selbst zusehen, wie sie ihre nun entfernteren Wirtschaftsflächen erreichen.

Hausformen

Bisweilen sieht man in einem entlegenen Tälchen Inneranatoliens kleine Dörfer mit

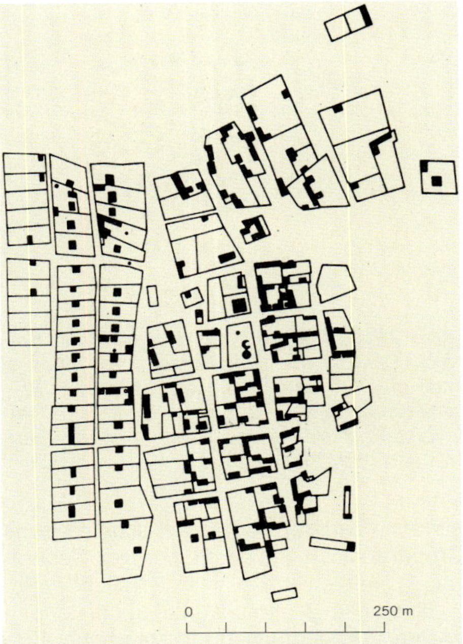

Abb. 73: İkizdere Kreis Haymana, Prov. Ankara: *Der östliche Ortsteil ist eine Tscherkessenansiedlung der Zeit um 1870/80 mit verwischtem Schachbrettgrundriss. Im Westen wurden Bulgarienflüchtlinge im Ansiedlungsschema der republikanischen Zeit um 1950/60 angesiedelt.*

dicht beieinander stehenden, lehmverputzten einstöckigen Steinhäusern mit dem traditionellen, leicht überkragenden Flachdach. Ein Minarett, ein paar schlanke Pappeln und die leichten Rauchsäulen über den Häusern setzen die einzigen vertikalen Akzente. Die graubraune Farbe der Häuser hebt sich kaum von den Tönen der herbstlich verdorrten Umgebung ab. Das Dorf scheint in vollkommener Weise in seine umgebende Landschaft zu passen und bietet dem Beschauer aus der Ferne ein Bild ästhetischer Harmonie.

In den nördlichen Bergen, zwischen Obstbäumen, Pappeln, Haselnusssträuchern und einzelnen Buchen oder Kiefern versteckt, finden sich die Fachwerkhäuser von Bergweilern. Jedes Haus steht etwas für sich, von seinem Garten umgeben und mit einem Bretter- oder Flechtwerkzaun umgrenzt. Das Fachwerk der zweistöckigen Häuser ist mit Brettern verkleidet oder mit Lehm verputzt, die grauen, schindelgedeckten Satteldächer sind gegen die Schwarzmeerwinde mit Steinen beschwert (Bild 40). Hier und da steht ein älterer Stall, eine Scheune in rohem Balkenblockbau dazwischen. Alle Häuser sind „gestelzt", um das Hanggefälle auszugleichen, und die Maisspeicher werden von meterhohen Pfosten über einem tellerartigen „Mäusestein" getragen. Holz herrscht als Baumaterial vor und ermöglicht das Bauen in der Vertikalen; und kunstvolle Techniken der Verfugung ersetzen weitgehend die Verwendung von Eisen. Der fremde Beobachter glaubt beim Gang durch solche Dörfer viele einzelne Kulturelemente wiederzuerkennen, die aus dem mittelalterlichen Europa bekannt sind.

So romantisch derartige Bilder auch sind, sie sind heute die Ausnahme, und in der beschriebenen Einheitlichkeit der Physiognomie sind sie wohl schon lange die Ausnahme gewesen. Aber die Bauweise der ländlichen Häuser ist das auffälligste Unterscheidungsmerkmal türkischer Dörfer (Tuncdilek 1967). In der nahezu vollkommenen Anpassung der ländlichen Haustypen an die Materialien der jeweiligen Umgebung spiegeln sich Lebenswirklichkeit und Prozesse sozialer Differenzierung ihrer Bewohner und deren Wohn- und Wirtschaftsbedürfnisse wie technische Möglichkeiten (vgl. Peters 1977).

Am Innenrand der nordanatolischen Waldgebirge verläuft ein mehr oder weniger deutlicher Grenzsaum zwischen flachdachigen Stein- und Lehmhäusern Inneranatoliens und Holz- und Fachwerkkonstruktionen mit Sattel- oder Walmdächern in Nordanatolien (Erinç 1945; Louis 1948). Auch aus Gebieten Südanatoliens, besonders des Westtaurus und des Seengebietes, ist die Verwendung von Satteldächern und Holz in den Hauskonstruktionen bekannt (de Planhol 1958).

In *Nordanatolien* findet man Blockbauten aus rohen Stämmen als älteste bekannte Haustypen nur noch selten in entlegenen Tälern, häufiger noch bei Scheunen und Yaylahäusern. Der Grundriss ist im Prinzip quadratisch. Die unterste Lage von Stämmen liegt einem Steinsockel, Ecksteinen oder Steinpfeilern auf, um Unebenheiten des Reliefs auszugleichen. Der Raum „unter dem Haus" wird als Abstellraum oder Stall

Bild 40: Traditionelles Schwarzmeerdorfhaus westlich İnebolu: *In den Bergen des Schwarzmeergebietes sind die Fachwerkhäuser häufig mit Brettern verkleidet und mit Schiefer oder Holzschindeln gedeckt.*

genutzt. Das Dach ist ein Walm- oder Pyramidendach mit aufgelegten Schindeln, die oft durch Steine beschwert werden.

Bei Variationen dieses Haustyps, deren größerer Aufwand auf Reichtum oder Prestige hinweist, hat man – abgesehen von ornamentalen Elementen – statt unbehauener Stämme geglättete Balken verwendet oder ein zweites Stockwerk aufgesetzt, das dann als Gerüstbau mit Bretterverschalung aufgeführt wird. Das obere Stockwerk wird immer zum Wohnen benutzt, es ist durch nichttragende Wände in Diele oder Korridor, Küche und ein bis zwei Zimmer gegliedert. Die Treppe zum Oberstock ist meist außen und führt oft zu einer überdachten Veranda, die im Sommer auch Wohn- und Arbeitsraum ist. Zusätzlicher Raumbedarf wird im Holzbaugebiet des Nordens nicht durch Anbauten gedeckt, sondern meist durch neue Gebäude gleichen Typs. Wegen der Feuergefahr stehen sie, wie Scheune und Speicher, in einiger Entfernung voneinander.

Da der Bedarf an Bauholz sich schon seit längerer Zeit nicht überall hat decken lassen, musste man zum Fachwerkbau als holzsparender Bauweise übergehen, zuerst wohl in den ohnehin waldärmeren Gebieten auf der Binnenseite des Pontischen Gebirges. Er hat mittlerweile das gesamte Waldgebirgsland des Nordens durchdrungen.

Der Fachwerkbau bietet mehr Möglichkeiten der Variation: Ist kürzeres Schnittholz noch ausreichend verfügbar, können die einzelnen Fächer mit Holzblöcken ausgefüllt werden. Einen Schritt weiter geht – bei Holzmangel – die Fächerausfüllung mit lehmverschmiertem Flechtwerk. In besonders niederschlagsreichen Gebieten ist dann eine Bretterverkleidung nötig, um die Abspülung des Lehms zu verhindern. Auch Variationen im Aufwand sind durch mehrstöckigen Bau und durch Anbau von Erkern ohne weiteres möglich und üblich. Es sind dann allerdings immer die ehemaligen Häuser von Notabeln, von Grundbesitzern oder Dorfağas.

Die vielfältigen architektonischen Möglichkeiten des Fachwerkbaus, das saubere, angenehme „Wohnen im Holz“, haben diesem Haustyp zu einer Verbreitung weit über das nordanatolische Ursprungsgebiet hinaus verholfen. Das zwei- bis dreistöckige

Fachwerkhaus mit Erkern und ziegelgedecktem Walmdach findet sich als aufwendigeres Stadthaus in ganz Anatolien und sogar noch darüber hinaus in vielen Teilen des alten Osmanischen Reiches. Seine fast hypertrophe Luxusform erreichte es in den hölzernen Uferpalästen osmanischer Würdenträger am Bosporus.

Die Dachbedeckung mit Schindeln ist inzwischen auch bei ärmeren Häusern nicht mehr in Gebrauch. Stattdessen ist der halbrunde, leicht konisch geformte Dachziegel, der im ganzen Mittelmeergebiet verbreitet ist und in türkischen Städten immer verwendet worden war, seit dem 19. Jh. in die Dörfer vorgedrungen. Etwa seit Mitte des 20. Jh.s ist auch dieser Rundziegel schon von der neuen Welle der modernen, fabrikmäßig hergestellten Dachpfannen eingeholt worden, oder Zinkblechplatten haben als Dachbelag Eingang gefunden.

Bei den Neubauten wird die alte Bauvorstellung mit neuartigen Materialien realisiert. Die meisten Gebäude werden nicht auf den Boden, sondern erhöht auf Ecksteine gesetzt, in der Ebene wegen der Bodenfeuchte, im Bergland zum Niveauausgleich. Als Eckpfosten werden nicht mehr Bruchsteine, sondern Betonpfeiler verwendet. Das daraufgesetzte Haus ist im Prinzip immer noch eine Fachwerkkonstruktion, aber die Fächer werden mit gebrannten Ziegelsteinen ausgemauert, und statt der tragenden Holzbalken werden Betonpfeiler oder Stahlträger verwendet. Nach wie vor führt eine Außentreppe zur Veranda vor dem Wohnstockwerk hinauf, aber sie ist gemauert oder gegossen. Der Raum unter dem Haus ist bisweilen schon zur Garage ausgebaut, und ein zweites und drittes Stockwerk kann aufgesetzt sein. Der Grundriss, die Konzeption der Innenaufteilung des Wohnstockwerks und die vertraute Form des Walm- oder Pyramidendaches sind meist geblieben.

In Zentral- und Ostanatolien, auch in Teilen Südanatoliens ist die Grundform ein rechteckiger, einstöckiger Bau aus Bruchstein oder Lehm. Die ältesten derartigen Bauten sind fensterlos mit einer kleinen Dachöffnung als Lichteinfall und umschließen in ihrer einfachsten Form nur einen einzigen Raum. Dies entspräche einer Hausform, wie man sie z. B. bei den Ausgrabungen in Çatalhüyük vorgefunden hat. Möglicherweise hat sich hier der Typ des neolithischen Hauses über fast 8000 Jahre nahezu unverändert erhalten.

In Landesteilen mit leicht verfügbarem Naturstein herrschen Bauten aus Steinen vor, die mit Lehm als Bindemittel vermauert sind. In Becken und Ebenen werden luftgetrocknete Lehmziegel (*Kerpiç*) verwendet, da Lehm hier der am leichtesten verfügbare Rohstoff ist.

Auffälligstes äußeres Merkmal der inneranatolischen und ostanatolischen Häuser ist das flache Dach (Bild 41). Es wird von Pappelstämmen getragen, die quer zu den Längsmauern des Hauses liegen. Das Dach darf nur minimal geneigt sein, da sonst der Regen den Lehm abspülen würde. Seitlich ragt es etwas über die Mauern hinaus, um die Lehmmauern der Hauswände zu schützen. Nur da, wo die Hauswände aus Stein und mit Kalkmörtel vermauert sind, wie um Kayseri-Nevşehir oder in Teilen Südostanatoliens (Mardin), kann das Dach seitlich mit der Mauer abschließen. Die Häuser bekommen ein mehr kubisches Aussehen.

Diese in ihrer Breite durch die Maße der Pappelstämme und deren Tragfähigkeit beschränkte Grundform des anatolischen Hauses lässt sich vielfältig erweitern. Keine Brandgefahr steht dem entgegen, die relativ labilen Mauern stützen sich gegenseitig (Peters 1977) und je nach Familienvergrößerung, wirtschaftlichem Bedarf und verfügbarem Platz können solche rechteckigen Baukörper in den verschiedensten Formen aneinander gefügt werden.

Spätestens seit dem 19. Jh. wurde dieser Grundtyp durch Aufsetzen eines Oberstockwerkes erweitert, ohne dass sich diese „reichere“ Variante jemals hätte ganz durchsetzen können. Nach wie vor bauen ärmere Bevölkerungsschichten auf dem Land einstöckig und müssen als sommerlichen Familienschlafplatz statt der luftigen Veranda ihr Hausdach benutzen, denn ein zweiter Stock erfordert eingezogene Balkenstützen und ist wesentlich aufwendiger. Eine Außentreppe führt nach oben, um meist über eine überdachte, breite Veranda an der Längsseite Wohn- und Schlafräume zu erreichen.

Die neueren Hausformen des Flachdachhausgebietes sind von Nordanatolien übertragene oder dem modernen städtischen

Bild 41: Traditionelle Flachdachbebauung, Bağbaşi bei Hadım: *Auffälligstes äußeres Merkmal der inneranatolischen und ostanatolischen Häuser ist das flache, von Pappelstämmen getragene Dach. Moschee und Schule haben als erste ein Ziegeldach.*

Hausbau entlehnte Formen. Ansätze zu lehmgedeckten Giebeldächern, wobei eine Mörtelschicht den Lehm gegen Erosion schützt, ließen sich nur dort realisieren, wo man auf Funktionen des Flachdaches als Schlafplatz im Sommer, Fläche zum Trocknen von Getreide und Obst, Stapelplatz für Heuvorräte verzichtete. Neuere Impulse gingen vielfach von Schulgebäuden aus, die nach staatlichen Plänen als genormte Massivbauten mit ziegelgedecktem Walmdach erstellt wurden und die in den 1950er- und 60er-Jahren in den meisten Dörfern noch die einzigen Gebäude waren, die aufgrund ihrer Ziegeldächer als „modern" auffielen.

Inzwischen hat zunehmender Wohlstand dazu geführt, dass in allen einigermaßen verkehrserschlossenen Gebieten Neubauten aus mit Mörtel vermauerten Bruchsteinen und gebrannten Ziegelsteinen und mit Walmdächern mit modernen Dachpfannen gebaut werden. Die enge Bindung an die Baumaterialien der nächsten Umgebung ist durch motorisierte Transportmittel aufgelöst. Zunächst leistet sich die dörfliche Oberschicht beliebtere Bauformen, während billige heimische Materialien nur noch für Nebengebäude oder für Häuser ärmerer Schichten Verwendung finden. Als „Armeleutehaus" allerdings dringt das flachdachige Lehmhaus nach Norden vor: Die zunehmende Entwaldung und Holzverknappung zwingt in manchen Beckenlandschaften Nordanatoliens die ärmere Landbevölkerung (und auch die an die Ränder der Städte Abgewanderten) zur Verwendung dieses einfachen Haustyps.

Als Nachfolgemode des ziegelgedeckten Walmdachhauses wird andererseits schon das „neue Flachdach" mit gegossener Betondecke aktuell, das ein stabiles wasserfestes Dach hat, ein modern-großstädtisches Erscheinungsbild bietet und die Nutzung des Daches als Aufenthalts- und Arbeitsfläche erlaubt.

Zu Zwischen- und Sonderformen gehören die *Stein-Holz-Bauten* des westlichen Taurus und z.T. des Ägäisgebietes, die in großer Typenvielfalt auftreten und sich bisher jeder Einordnung entziehen. Hier kommen Fachwerkhäuser vor, andererseits mit Lehm vermauerte Steinhäuser, in die nur wenige Stämme oder Balken zur Stabilisierung horizontal eingezogen sind. Bei zahlreichen

Übergangsformen ist kaum noch zu erkennen, ob im Prinzip ein steingefülltes Fachwerkgerüst verwendet worden ist oder ein Steinmauerwerk mit Holzzwischenlagen. Zudem waren im Ägäisgebiet schon im 19. Jh. durch frühe bautechnische Neuerungen Stockwerkbauten verschiedenen Typs nicht selten, und Haustypen der griechischen Inseln sind hier und da übertragen worden.

Daneben modifiziert in Westanatolien die Kammerung des Landes in Ovas und Gebirge die Verbreitung bestimmter Typen. So stellten in Ovas flachdachige Lehm- und Steinhäuser, in Bergen Stein-Fachwerk-Bauten mit Schrägdach die älteren Typen dar (Eggeling 1973), und das Eindringen der modernen Formen vollzieht sich vielfach rascher und radikaler als in anderen Teilen Anatoliens.

Im Raum Kayseri-Niğde-Nevşehir im östlichen Inneranatolien steht mit weit verbreiteten Vorkommen von verfestigten Tuffen und Ignimbriten ein leicht zu bearbeitendes Material zur Verfügung, in das man Höhlen graben kann. Troglodytische Wohnweise kam hier bis zum 19. Jh. vor. Gleichzeitig haben sich hier christliche Minoritäten am längsten erhalten, bei denen Steinmetztraditionen fortlebten. Es entwickelte sich oder überdauerte seit byzantinischer Zeit der Bau von Gewölbe- und Bogenkonstruktionen als Dachträger. Für die Häuser war damit kein Holz notwendig, stattdessen jedoch aufwendigere Steinmetzarbeiten. Um diesen Aufwand in Grenzen zu halten, wurden Häuser vielfach mit der Rückseite höhlenartig in den Hang hinein gebaut. Später erst trat das normale inneranatolische Flachdachhaus daneben. Seit den 60er-Jahren kommt die Technik des Bogenbaus außer Gebrauch: Sie wird durch Betonbauweise ersetzt und mit Natursteinverblendungen imitiert.

Eine andere Sonderform holzlosen Bauens findet sich in Südostanatolien im Raum Urfa, ihr Hauptverbreitungsgebiet liegt jedoch im südöstlich anschließenden syrischen Gebiet um Aleppo. In dieser extrem holzarmen Gegend sind Stein und Lehm das einzige reichlich verfügbare Baumaterial. Die Lösung hier ist der Kuppelbau, dessen Erscheinungsbild den „Trulli" Apuliens ähnelt. Über einem quadratischen Mauersockel aus lehmvermauertem Bruchstein erhebt sich eine bienenkorbförmige Kuppel aus ungebrannten Lehmziegeln nach der Art des „falschen Gewölbes". Wegen geringer Stabilität können die Räume nur klein sein, sodass man derartige Kuppelbauten aneinander fügen muss, um den Raumbedarf zu decken. Diese Mängel führten dazu, dass das Flachdachhaus in das Gebiet der Kuppelbauten eindrang, sobald der Transport von alternativem Baumaterial finanziell und verkehrstechnisch möglich wurde.

Landnahmeprozesse und Flurformen

Traditionelle Flurgliederung im Altsiedelland

Das Netzwerk der Grundstücksgrenzen ist ein relativ stabiles Element der Agrarlandschaft. Solche Grenzen sind das Ergebnis menschlicher Auseinandersetzung mit dem Raum und entstehen in starker Anlehnung an physische Bedingungen. Sie sind damit praktisch und sinnvoll, solange technische Neuerungen nicht eine Umlegung erzwingen.

Zudem sind Grundstücksgrenzen das Ergebnis von Auseinandersetzungen, Konsens und Rechtstradition der Besitzer. Sie spiegeln – auch in ihrer Veränderung – ehemalige und gegenwärtige soziale Verhältnisse. Die stabile islamische Rechtstradition hat hier über lange Zeit Prinzipien der Zerstückelung stabilisiert, wobei unvollkommene Verwaltungspraxis und bis heute mangelhaftes Katasterwesen zahllose Modifikationen ermöglichten.

Schließlich werden Parzellen-Grenzen mit der Zeit aus materiellen Gründen schwer veränderbar: Ackerraine und Terrassenkanten, Lesesteinreihen oder Hecken und Gräben sind nur mühevoll zu beseitigen. Solche Linien erhalten über lange Zeiten materielle Persistenz, die sie bis heute stabilisiert.

Alte kontinuierliche Besiedlung findet sich entweder in Gebirgstälern oder in stadtnah gelegenen Gebieten mit Möglichkeiten der Bewässerung. Mangels genauerer Forschungen können derartige „Altsiedellandschaften" bisher nur recht grob charakterisiert werden. Außer den bereits genannten

Merkmalen alter Begrenzungen fällt in den älter erschlossenen Landschaftsteilen der hohe Anteil von Baumkulturen mit Fruchtarten auf, die entsprechend dem Klima in der jeweiligen Region möglich sind. Fast immer ist charakteristisch, dass Baum- und Strauchkulturen nicht „plantagenartig“ zusammen stehen, typisch sind vielmehr eine Vielfalt der Arten und unregelmäßiges Durcheinander. Aus einiger Entfernung wirken derartige baumreiche Kulturflächen wie geschlossener Wald, wenngleich auf den Parzellen vielfach auch Getreide oder Gemüse angebaut wird. Die türkische Sprache kennt für derartige Mischkulturflächen die Bezeichnung *Bahçe*, was mit „Garten“ nicht ganz treffend übersetzt ist, weil die gepflügten Flächen mit Feldkulturen darin dominieren. Der „Gartencharakter“ ergibt sich nur im Gegensatz zu den offenen, baumarmen Getreideflächen jenseits der *Bahçeler*. Daneben gibt es noch den Terminus *Bağ*, der ausschließlich (auch feldartige) Weingärten bezeichnet, und den (persischen) Ausdruck *Bostan* für Gemüsegärten. Alles sonstige Kulturland ist *Tarla*, Feld. In altbesiedelten Landschaften v. a. Westanatoliens und des Schwarzmeergebietes stehen auch mitten in den Äckern nicht selten Obstbäume oder geschonte Wildobstbäume. Bei der traditionellen Bearbeitung mit dem Hakenpflug störte das wenig.

Auffällig in allen Altsiedellandschaften ist die Kleinheit der Parzellen und die Unregelmäßigkeit ihrer Umgrenzung (vgl. Abb. 74). Die Bearbeitung mit dem traditionellen Ackergerät erlaubt derartige Kleinheit durchaus. Im Vergleich zum „Morgen“ oder „Tagwerk“ mitteleuropäischer Bauern ist die Maßeinheit türkischer Bauern recht klein. Das landesübliche Flächenmaß, der *Dönüm* (ursprünglich 40 mal 40 Schritt, heute amtlich auf $^1/_{10}$ Hektar aufgerundet) ist auf die Tagesleistung eines ochsengezogenen Hakenpfluges zugeschnitten.

Interessanterweise sind kunstvoll gebaute Terrassen, wie sie in den Levanteländern so auffällig sind, trotz des gebirgigen Charakters vieler altbesiedelter Gebiete nicht typisch. Man beobachtet oft sogar verfallene Terrassensysteme, die seit langer Zeit nicht mehr für den Ackerbau genutzt werden (Hütteroth 1968; Höhfeld 1991) und wo Agrartechniken einer früheren (byzantinischen?)

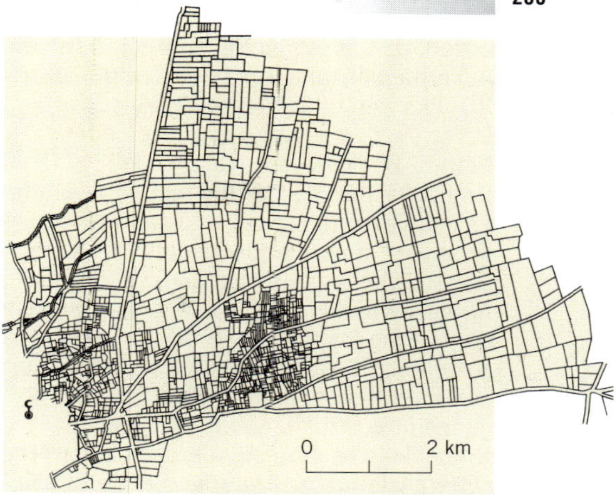

***Abb. 74: Teil der Feldflur des alten Dorfes Hatıp Kreis Konya:** Unregelmäßig-kleingliedrig parzellierte „Gärten“ liegen in Ortsnähe (links unten) sowie weiter entfernt jüngeres, schematischer gegliedertes Bewässerungsland und die großgliedrig-unregelmäßige Flur der Regenfeldbauparzellen.*

Zeit nicht fortgesetzt wurden. Wo Ackerfluren eines alten Gebirgsdorfes überhaupt terrassiert erscheinen, handelt es sich um unregelmäßige, flache Terrassen, die sich beim Pflügen von Hangäckern mit der Zeit von selbst herausgebildet haben. Lediglich in den bewässerten „Gärten“, ostanatolischer Dörfer sind kunstvoll aus Stein gebaute Terrassen zu finden. Hier mag die alte urartäisch-armenische Tradition des Steinbaus und der künstlichen Bewässerungsanlagen noch fortleben.

Wo das Feldland alterschlossener Siedlungsgebiete größere zusammenhängende Flächen einnimmt, hat sich meist ein Zweizelgensystem herausgebildet. Eine Hälfte der Flur ist bestellt, während die andere Hälfte ein Jahr brachliegt. In manchen Gegenden sprechen ganze Gruppen von Dörfern ihre Rotationssysteme so ab, dass jeweils die Brachzelgen oder die Fruchtzellen aneinander stoßen. Satellitenbilder lassen erkennen, dass solche Systeme in Anatolien weit verbreitet sind und teilweise auch in den im 19. Jh. erschlossenen Jungsiedellandschaften Eingang gefunden haben.

Die Aufteilung des Jungsiedellandes

Die kartographische Darstellung von „Alt-“ und „Jungsiedelland“ (Höhfeld 1988) lässt abschätzen, dass große Teile der heutigen Ackerflächen erst im Laufe des 19. und 20. Jh.s neu oder wieder angelegt wurden. Da es sich vorwiegend um Flachlandschaften in Becken, auf Tafeln und tieferen Rumpfflächen handelte, standen der Anlage des Parzellennetzes weit weniger physische Hemmnisse entgegen als im Gebirge. Die soziale Organisationsform der Bauern, Nomaden und Flüchtlinge jener Zeit gewann damit Einfluss auf die Prinzipien der Landaufteilung. Deshalb ist dieses bis heute erhaltene Flurgefüge ein Mittel, um auf Vorgänge und Situationen dieser ungelenkten Binnenkolonisation zurückzuschließen. Die Differenzierung der heutigen Fluren in verschiedene Streifen- und Blockflursysteme ist dafür der Schlüssel. Bei aller Unvollkommenheit des Kenntnisstandes lassen sich einige allgemeinere Aussagen formulieren:

Als im letzten Drittel des 19. Jh.s die agrarische Expansion begann, war die staatliche Verwaltung noch weit davon entfernt, regulierend oder vermessend eingreifen und steuern zu können. Die Umwandlung von Steppen und Wäldern in Ackerland war ausschließlich – bis weit in die republikanische Zeit hinein – das Werk der „Interessenten". Einheimische Bauern und Nomaden ebenso wie eingewanderte Flüchtlinge waren durch innenpolitische Reformen (wachsende Sicherheit und neues Bodenrecht) und Innovationen (Einführung eiserner Scharpflüge, besserer Wagentypen, später Mähmaschinen) in eine „Landnahmesituation" versetzt (Hütteroth 1968). Der beginnende Bau von befahrbaren Landstraßen und ersten Eisenbahnlinien steigerte Absatzmöglichkeiten und reizte zum Anbau für einen größeren Markt. Der Marktwert für Weizen wurde für die Bauern lohnender als der des Kleinviehs. Die Umwandlung geeigneter Weideflächen in Ackerland, in einzelnen Landesteilen allerdings zu sehr verschiedenen Zeitpunkten, war die Konsequenz. In einem Zeitraum von knapp 100 Jahren ging diese Welle der inneren Kolonisation von Westen nach Osten durch das Land.

Mit der Rodung im Berg- und Hügelland geschah zunächst nur eine flächenhafte Ausdehnung alter Muster, da das Relief kaum mehr als unregelmäßige Blockfluren zuließ; das noch altertümliche Ackergerät limitierte den Flächenumfang, und unverändert patriarchalische Machtstrukturen auf den Dörfern ließen keine neuen Verteilungsprinzipien gleichmäßig-gerechter Landzuweisung aufkommen.

Eine Landaufteilung der Allmenden „auf einen Schlag", die zu regelmäßigeren Mustern hätte führen können, kam nicht in Frage, weil der Landbedarf der Einzelnen zu ganz verschiedener Zeit auftrat. Feldmarken wuchsen also sukzessive in Weideflächen hinein, und der ganze Vorgang, der heute als die größte kolonisatorische Leistung des türkischen Bauerntums erscheint, wird den Zeitgenossen nicht besonders revolutionär vorgekommen sein.

Die neuen Feldflächen passten sich ein zwischen die alten Wege, die vom Dorf oder der ehemaligen Yayla zu den Weiden führten, und ergaben so bisweilen eine sektorartige Gliederung, wobei in frühen Stadien eine radialhufenartige Besitzgliederung entstehen konnte. Besitzrechtlich ist das längst wieder zerfallen, nur das Parzellennetz erinnert noch daran. Vielerlei Unregelmäßigkeiten weisen darauf hin, dass keine übergeordnete Instanz nach vorgegebenem Plan etwas aufgeteilt hat. Die Größe der neu gerodeten Felder ist meist ebenfalls auf die Arbeitsleistung des Ochsengespannes abgestimmt. Erst Parzellen, die in den 1920er- und 30er-Jahren für unbewässerten Getreidebau unter Kultur genommen wurden, sind in ihren Dimensionen auf maschinelle Bearbeitung angelegt.

Diese über Jahrzehnte verlaufende Rodung und Privatisierung kommunaler Weideflächen musste mit der Zeit zu spürbarem Mangel an Weideland führen. Gleichzeitig waren zwischen dem Beginn der Ausbaubewegung um 1870–90 und ihren letzten Phasen um 1940–50 viele Orte kräftig angewachsen, Großfamilien hatten sich aufgespalten und Zuzügler die Einwohnerschaft vermehrt. Die innenpolitische Entwicklung der Türkischen Republik hatte zunehmend zur Stärkung der gewählten offiziellen Dorforgane – Bürgermeister, Dorfversammlung und Ältestenrat – beigetragen. Allmählich konnten Grundsätze der Gleichberechtigung in die alte patriarchalische Ordnung eindringen, und genossenschaftliche Aktionen wurden möglich.

In den letzten Jahrzehnten muss sich daher offenbar ein Prinzip gleichmäßiger

Aufteilung der letzten allenfalls noch beackerbaren Weideflächen durchgesetzt haben. Festgelegt, dokumentiert und beschrieben ist das nirgendwo. Wir wissen es nur von den sichtbaren Resultaten: Zahlreiche Gemeinden haben ihre letzten peripheren Weideflächen oder die ortsnahen Dorfweiden in gleichmäßigen Langstreifenparzellen unter den Bauern des Dorfes aufgeteilt (vgl. Abb. 75), weil dies technisch am einfachsten ist, um gerechte Aufteilungen zu erreichen. Die Unregelmäßigkeit der Streifen spricht dafür, dass dies von den Bauern selbst gemacht wurde, nicht von staatlichen Landmessern.

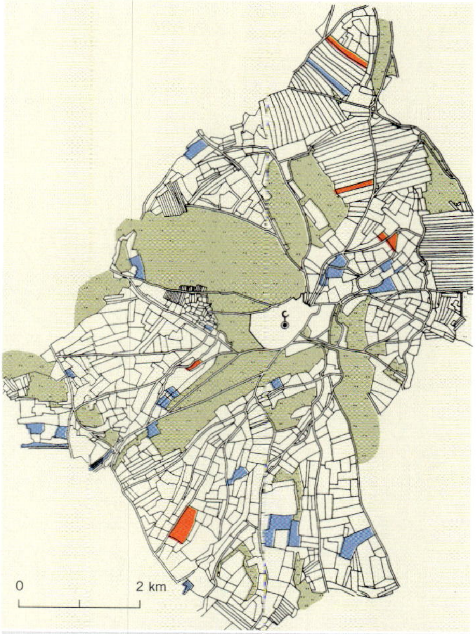

Abb. 75: Runkuş Kreis Haymana, Prov. Ankara: *Ausbaudorf einheimisch-türkischer Bevölkerung mit sektorartig erhaltener dorfnaher Weide. Besitz von zwei Betrieben ist farbig markiert; Weiden grün. Durch individuelle Rodungen ist eine unregelmäßige Blockflur entstanden. Restflächen im Nordosten wurden genossenschaftlich in Streifenkomplexe aufgeteilt.*

Die genossenschaftliche Fluraufteilung

Vor einer ganz anderen Situation standen die Muhacir, die, aufgrund ihres oft jahrelangen Flüchtlingsschicksals ohne große soziale Unterschiede, zwischen 1860 und dem Ersten Weltkrieg in das Land kamen. Das erforderte eine Landaufteilung „auf einen Schlag“, bei der genossenschaftliche Prinzipien zur Geltung kamen. Wenn technische Hilfsmittel und ausgebildete Landmesser fehlen, ist eine Streifeneinteilung des Ackerlandes am leichtesten zu bewerkstelligen. Als Resultat finden wir, wenn auch inzwischen vielfältig zersplittert, in vielen Muhacirdörfern einen langstreifig aufgeteilten Flurkern auf den relativ besten Böden.

Die „Gleichheit“ der Landnahmesituation hatte keinen langen Bestand. Neue Zu- und Abwanderungen folgten. Familien wuchsen unterschiedlich stark an Ungewohnte Klima- und Arbeitsbedingungen ließen manche Familien aufgeben, deren Land sich die Verbliebenen teilten. Differenzierungen der Besitzgrößen stellten sich ein. Zusätzlicher Landbedarf trat zu ganz verschiedenen Zeitpunkten ein. Die weitere Entwicklung der Flüchtlingsdörfer ging nicht viel anders vonstatten als die der Einheimischen. Die innenpolitischen, sozialen und wirtschaftlichen Bedingungen waren die Gleichen. So ist der streifige Flurkern der Erstanlage von unregelmäßigen Blockparzellen späterer individueller Expansion umgeben, und nur bei den Restaufteilungen kommen wieder Streifenkomplexe vor (vgl. Abb. 76).

Diese spezifische Landnahmesituation trat ganz selten auch bei der Ansiedlung von Nomaden auf. Zumeist erfolgte diese sippenweise auf ihren bisherigen periodischen Wohnplätzen, wo sie schon vorher Felder besessen hatten. Genossenschaftliche Prinzipien setzten sich gegenüber der patriarchalischen Ordnung nicht durch. Nur bei der Ansiedlung größerer, sippenübergreifender Gruppen am gleichen Platz konnte es bei Nomaden zu streifenförmigen Flurgliederungen kommen (Hütteroth 1968).

Mangels schriftlicher Dokumente über die Entwicklung der einzelnen Dörfer sind die Flurgliederungen eines der wichtigsten Zeugnisse der Lokalgeschichte. Ob und wieweit die beiden Systeme der Flurgliederung für alle Regionen der Türkei gültig und charakteristisch sind, lässt sich bisher noch nicht beurteilen.

Staatliche Flureingriffe

Bis über den Zweiten Weltkrieg hinaus beschränkte sich die Aktivität staatlicher

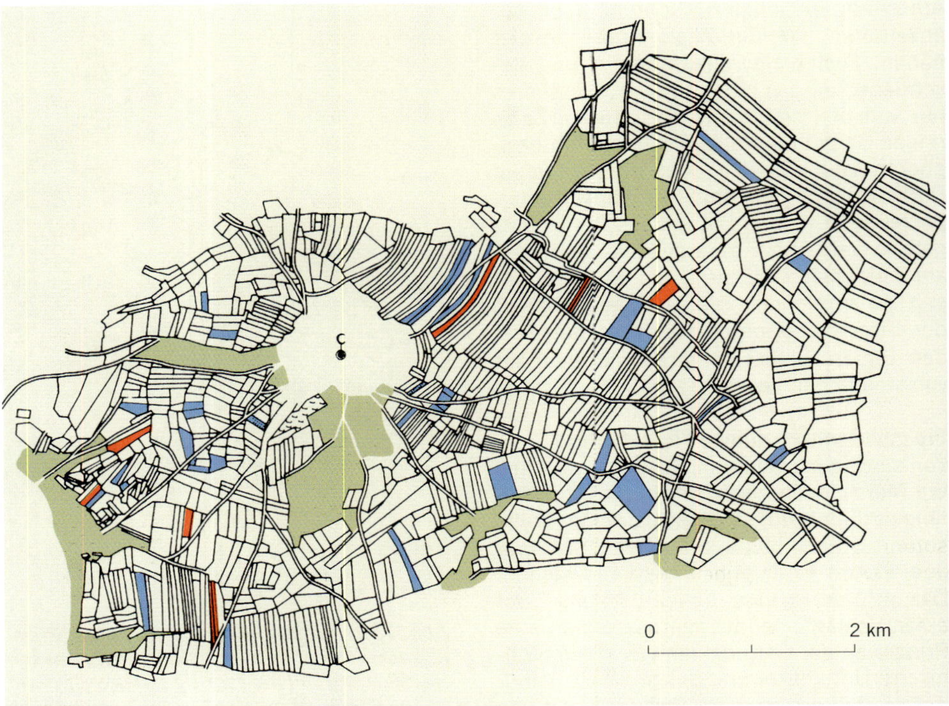

Abb. 76: İkizdere Kreis Haymana, Prov. Ankara: *Ansiedlung von Tscherkessen um 1890 mit langstreifigem Flurkern und allmählich ausgebauter Blockflur. Restweiden im Nordosten und Südwesten wurden streifig aufgeteilt (Besitz von zwei Betrieben um 1960 ist farbig markiert; Weiden grün).*

Organe auf zweierlei: In Provinzen, die eine den Agrargesetzen der Tanzimatzeit genügende Verwaltung hatten, wurden Rechtstitel des *Sened Tapu* verliehen. Den Einwanderern wurden Plätze zur Ansiedlung durch die osmanischen Siedlungskommissionen zugewiesen. Das ging, weil außer dem Besitz frommer Stiftungen das gesamte restliche Land Staatsbesitz mit gewohnheitsmäßigen Nutzungsrechten der Bevölkerung war. Der größte Teil des Landes war Staatseigentum, aber es gab darüber keinerlei Dokumentation.

In republikanischer Zeit begann in den Flachlandschaften der Becken und Plateaus eine erste genauere Erfassung des Landeigentums. Exakte Grundbücher und vermessene Flurpläne wurden erst in den 50er-Jahren angelegt. Eine Reihe von Gesetzen seit dem Zweiten Weltkrieg regelt die Aufteilung dieser zumeist restlichen Weideflächen an landlose oder landarme Dorfbevölkerung oder an Flüchtlinge. Seitdem arbeiten in vielen Landkreisen Bodenverteilungskommissionen, die die faktische Vermessung und Zuteilung vornehmen. In bereits bestehende Besitzverhältnisse am Ackerland und in das schon vorhandene Flurnetz griffen die Kommissionen in der Regel nicht ein. Die verteilten Flächen liegen dennoch nicht nur in peripheren Gemarkungsteilen, denn die Dörfer sind von einem Ring aus Dorfweide oder Dorfanger umgeben, von dem aus oft sektorartig ein Streifen Weideland zu peripheren Weiden hinausführt. Derartige ortsnahe Flächen wurden bevorzugt aufgeteilt, weil sie sich besser für den Feldbau eignen.

Neben diese schematischen Aufteilungen von Restflächen trat dort, wo größerer zusammenhängender und erschließbarer Staatsbesitz vorgefunden wurde, die Anlage neuer Flüchtlingsdörfer oder Ortsteile für Flüchtlinge. Die Feldflächen wurden ihnen seit dem Zweiten Weltkrieg bereits in fest vermessenen Parzellen zugeteilt. Diese Fälle sind jedoch nicht häufig.

Flächenmäßig bedeutender sind *Staatsgüter* des Landwirtschaftsministeriums. Es gibt mittlerweile etwa hundert derartiger staatlich bewirtschafteter Großgüter, landwirtschaftliche Versuchs- und Mustergüter, die als agrartechnische Schrittmacher wirken sollen. Entsprechend breit gefächert sind ihre Produktionsziele: Mediterrane Baumkulturen und Baumwolle gehören ebenso dazu wie planmäßige Milchviehzucht, Pappelkulturen oder Getreidebau. Eine ihrer Hauptaufgaben ist die Erzeugung von hochwertigem Saatgut. Diese Güter sind vielfach sehr groß, v.a. dort, wo der Weizenbau das herrschende Produktionsziel ist. Diese Staatsgüter erschließen meist Flächen, die wegen Wassermangel oder Versumpfung durch die einheimische Bauernbevölkerung nicht früher kolonisiert werden konnten und deshalb bis nach dem Zweiten Weltkrieg als extensives Weideland genutzt wurden. In fast allen Fällen handelt es sich um flacheres Gelände, das maschinell gut bearbeitet werden kann. Das größte Staatsgut, Ceylanpınar in der Provinz Urfa, umfasst 167 000 ha, von denen Teile zukünftig in die Bewässerung des GAP einbezogen werden sollen (Südost-Anatolien-Projekt; bislang, seit Ende 1997, werden aber zunächst in der weiter westlich gelegenen Harran-Ova etwa 60 000 ha bewässert).

Die wichtigste Aufgabe des Staates, die Flurbereinigung, ist nicht einmal in Ansätzen angegangen worden. Als in Mitteleuropa landwirtschaftliche Mechanisierung in vollem Gange und moderne Flurbereinigung bereits vielfach abgeschlossen waren, vollzog sich die großflächige Ausbaubewegung in der Türkei noch mit technischen Mitteln und nach Vorstellungen des Mittelalters. Alte Gewohnheiten, wie Überfahrtsrechte und Tragtierverkehr machten ein dichtes Feldwegenetz überflüssig. Inzwischen liegt das so entstandene Parzellennetz fest, ist aber für moderne Bewirtschaftung zu unregelmäßig, zu kleingliedrig für große Maschinen, zu wenig durch Wege erschlossen und durch starke Besitzzersplitterung gekennzeichnet. Trotz des geringen Alters der „Jungsiedellandschaften" ist ihre Struktur altertümlich, und darin liegt eines der schwierigsten Reformprobleme des Landes.

Ländliche Besitzstruktur

Kleinbauern und Landlose

Bei allen historischen Wandlungen ist die Türkei ein Land geblieben, in dem das selbständige Bauerntum dominiert – allerdings mit vorherrschend kleinen Betrieben, denn die Mehrzahl der Höfe wurde zu einer Zeit angelegt, als es im Wesentlichen um die Subsistenz ging. Nach osmanischer Verwaltungstradition war ein „Vollhof" bei gutem Boden mit 60 dönüm (6 ha), bei mittlerem mit 90 und bei schlechtem mit 120 dönüm „normal" ausgestattet. Diese Dimension entsprach erfahrungsgemäß dem, was eine ländliche Familie in Eigenleistung in der Feld-Brache-Rotation bestellen konnte und zu ihrem Unterhalt brauchte. Das lag aber, obwohl Landmangel noch keine Rolle spielte, weit unter den heutigen Vorstellungen von der „Ackernahrung". Mit dem Eindringen der Marktproduktion änderten sich die Maßstäbe. Heute gelten Höfe derartiger Größe selbst in der Türkei höchstens als Mittelbetriebe.

Eine wichtige Rolle spielen zudem Erbrecht, Erbsitten und Gesetz. Nach heutigem Gesetz erben Kinder zu gleichen Teilen. Nach islamischem Recht, das auf dem Land noch weitgehend praktiziert wird, bekommen Söhne doppelt so große Erbteile wie Töchter. Sobald die Familie anwächst, ist die Zersplitterung des Besitzes durch Erbteilung in immer kleinere Einheiten unumgänglich. Bis zum Anfang des 20. Jh.s spielte das für die Lebensmöglichkeiten der Landbevölkerung keine entscheidende Rolle, da sich der Bevölkerungszuwachs in engen Grenzen hielt. Wachsenden Familiengrößen standen schrumpfende gegenüber, und durch vielerlei Mechanismen ländlicher Sozialordnung innerhalb der Großfamilie oder Sippe ergaben sich Möglichkeiten des Ausgleichs. Vielerorts konnte man neue Flächen roden.

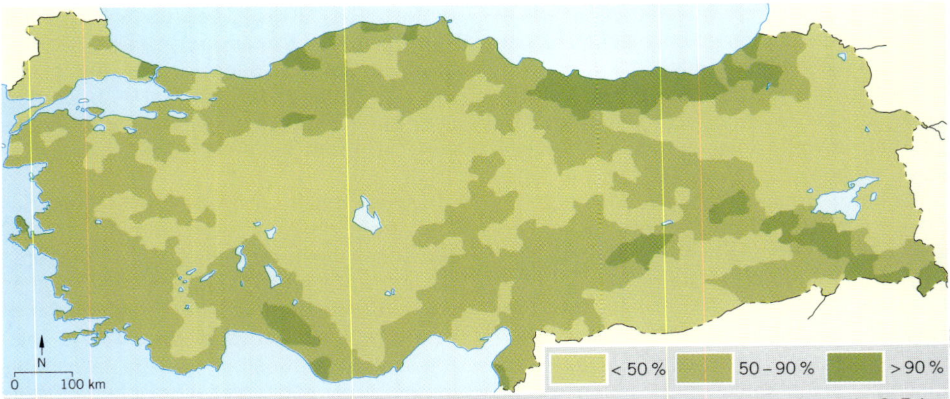

Abb. 77: Räumliche Verteilung von Kleinstbesitz: *Anteil der Betriebe mit weniger als 2,5 ha an der Gesamtzahl der landwirtschaftlichen Betriebe jedes Kreises in Prozent (nach Planck 1972, jüngere Daten nicht vorhanden).*

Erst seit jüngster Vergangenheit wurde die Situation prekär. Ein rapider Anstieg der Landbevölkerung zwang zu immer weiterer Grundbesitzunterteilung. Um die Mitte des 20. Jh.s war bei Vorherrschen des Klein- und Kleinstbesitzes selbst nach den anspruchslosen Maßstäben türkischer Landbevölkerung die Grenze der selbständigen Existenzfähigkeit weitgehend unterschritten (Planck 1972; vgl. Abb. 77).

In der Verbreitung des vorherrschenden Kleinbesitzes zeichnen sich die großen Gebirgsregionen der Türkei recht deutlich ab. Begrenztes physisches Potenzial in den Gebirgen ist der primäre Grund für die geringe Betriebsgröße.

Allerdings müssen Kleinbetriebe auch in Gebirgslandschaften nicht gleichzeitig „Armut" bedeuten, denn Viehwirtschaft als oft entscheidende Einkommensquelle ist dabei nicht berücksichtigt. Gerade in den Gebirgen mit höchsten Anteilen an Kleinstbesitz (östlicher Taurus) hat intensive Bewässerung auf gepflegten Terrassen Tradition. Diese gartenbauartige Kultur auf kleinen Flächen in engen Tälern erlaubt bei traditioneller Wirtschafts- und Lebensweise und ergänzt durch Viehwirtschaft auch bei 2 ha Betriebsfläche noch einen landesüblichen Familienunterhalt. Wo zusätzlich bestimmte klimatische Vorteile herrschen, wie in den tieferen Lagen des Pontischen Gebirges an der östlichen Schwarzmeerküste oder an Teilen der Ägäis- und Mittelmeerküste, können auf sehr kleinen Flächen relativ hohe Familieneinkommen aus Spezialkulturen (z. B. Tee) erzielt werden.

In den türkischen Gebirgslandschaften spielt Großbesitz überhaupt keine Rolle. Anders verhält sich dies mit dem Anteil derjenigen, die als Landlose gelten. Deren Anteil lag 1962/63 für die gesamte Türkei bei 29 % aller ländlichen Familien (Planck 1972). Für den ganzen Staat weist die Landwirtschaftsstatistik für 1991 6,4 % der Landwirte als landarm oder landlos (< 0,5 ha) aus.

Vereinzelt sind aus dem 19. Jh. Prozesse stammesweiser Landnahme bekannt (Eberhard 1953), die auf bestimmte Flachlandschaften Südostanatoliens übertragbar sein dürften, wo auffallende Ballungen landloser Bauern auftreten. Aufgrund unvollkommener Katastereintragungen seit dem 19. Jh. wurden hier die Stammeschefs als die „Eigentümer" des Bodens registriert. Deren Nachkommen wurden später zu Grundbesitzern, die Enkel der einfachen Stammesangehörigen dagegen zu Pächtern. „Landlos" heißt hier also nicht „arm", sondern „ohne eigenes *Landeigentum*". In zahlreichen Kreisen des südöstlichen Taurusvorlandes machen Landlose 60 – 80 % der ländlichen Familien aus (vgl. Abb. 78).

Eine weitere Konzentration von landloser Bevölkerung findet sich in agrarischen Vorzugsgebieten der mediterranen Küstenebenen und in bereits gut erschlossenen, großstadtnahen Beckenlandschaften des westlichen Binnenlandes. Hier hat die Prosperität seit den 1950er-Jahren und der zu-

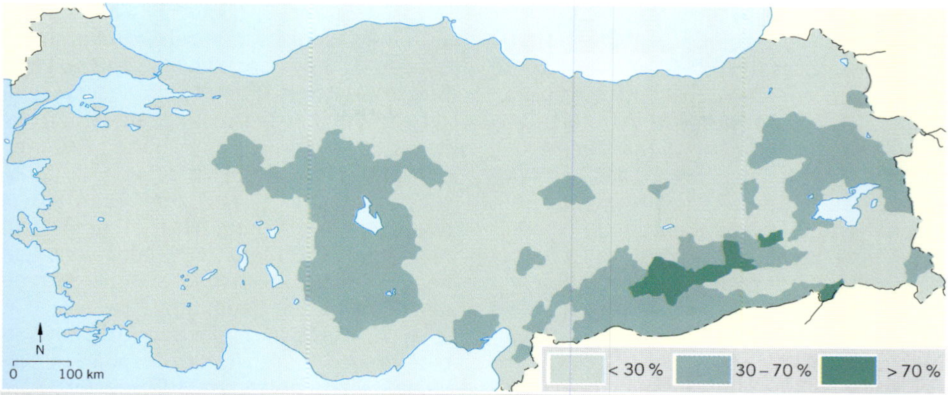

Abb. 78: Räumliche Verteilung von Großbesitz: *Flächenanteil der Betriebe mit mehr als 20 ha an der landwirtschaftlichen Nutzfläche (ohne Weiden) in Prozent (nach Planck 1972, jüngere Daten nicht vorhanden).*

Quelle: nach Planck 1972.

nehmende Anbau von Spezialkulturen zu verstärkter Niederlassung von Wanderarbeitern geführt, die allerdings kein Land zur Ansiedlung mehr vorfanden. Für sie bietet die saisonale Arbeitsmöglichkeit in den Spezialkulturgebieten meist eine bessere Lebensgrundlage als die karge Subsistenzwirtschaft in den Gebirgen.

Großbesitz und Großbetriebe

Die türkische Statistik erfasst Großbetriebe oder Großbesitz sehr schematisch rein nach der Hektarzahl. Die Betriebsform bleibt ebenso unberücksichtigt wie die Tatsache, dass 30 ha Baumwollland in einer mediterranen Küstenebene etwas anderes bedeuten als 30 ha karges Getreideland an den Ufern des Großen Salzsees.

In Abb. 78 fällt ein großes, geschlossenes Areal im Gebiet der Tafellandschaften Inneranatoliens auf, wo Betriebe mit mehr als 20 ha landwirtschaftlicher Nutzfläche 30 – 50 %, teilweise bis 70 % des Kulturlandes im jeweiligen Landkreis bearbeiten. Es handelt sich so gut wie ausschließlich um reine Getreidebaubetriebe, die ihre Felder im zweijährigen Turnus brachliegen lassen müssen, wodurch sich die Erntefläche halbiert, und die dem beträchtlichen Ernterisiko dieses recht trockenen Raumes ausgesetzt sind, in dem etwa in zwei von fünf Jahren mit einer Missernte gerechnet werden muss. Diese Betriebe sind zwar im Vergleich zu den kleineren Betrieben des gleichen Gebietes wirtschaftlich sicherlich besser gestellt, nicht aber unbedingt besser als kleinere Betriebe in den Küstengebieten oder in bewässerten Gebirgstälern.

Von ähnlicher Art sind die Konzentrationen größerer Zweifelder-Getreidebaubetriebe in unbewässerten Beckenlandschaften und auf Plateauflächen Inner-Ostanatoliens. Hier ist die Expansion des Ackerlandes offenbar noch so jung, dass eine Zersplitterung im Erbgang noch nicht recht eingesetzt hat.

In den flacheren Landesteilen des südostanatolischen Taurusvorlandes dagegen fällt die Ballung von Betrieben mit über 20 ha eindeutig mit der stärksten Konzentration landloser Bevölkerung zusammen. In diesen Dörfern, deren Kulturland gehäuft im Besitz einer Person oder einer Sippe ist, zeichnen sich agrarsoziale Strukturen ab, die im südlich anschließenden syrischen Jungsiedelland bis zur Revolution von 1960 geherrscht haben (Wirth 1971). Hier, wo größere Hofeinheiten weithin als Teile von viel größeren Besitzungen an Landlose verpachtet und von dieser bewirtschaftet werden, liegt das für die heutige Türkei wichtigste „agrarsoziale Problemgebiet".

Am bekanntesten für Großbetriebe und Großbesitz ist die Ebene von Adana, die Çukurova, wo Großbauern mit bewässertem Baumwollanbau zu beträchtlichem Wohlstand gelangt sind, was in den reinen Getreidebaugebieten selten gelingt. Zwar gibt es dort zwischen Seyhan und Ceyhan 32 Çiftliks, die nach Größe und Betriebsführung als Güter angesprochen werden können, die Mehrzahl der rund 80 Dörfer besteht hier aber aus Bauernhöfen mit 10 bis 20 ha (Soysal 1976). Nur vereinzelte Großbauern erreichen 100 oder sehr selten 200 ha. Das sind in der Regel diejenigen Familien, die in der zweiten Hälfte des 19. Jh.s eingewandert waren, das Land unter sich aufteilten und später nicht durch rasche Familienvergrößerung zu starker Erbteilung gezwungen waren. Als Getreidebauern mit ergänzender Viehwirtschaft war ihr Wohlstand zunächst nicht größer als der ihrer Zeitgenossen in anderen Regionen, erst die moderne Bewässerung und der Baumwollboom hat sie reich gemacht.

Da Großbesitz zudem auch der Erbteilung unterliegt, spielen Großbetriebe in der Türkei insgesamt keine wesentliche Rolle. Trotz Verdopplung der „großbäuerlichen" Agrarflächen ging zwischen 1938 und 1950 der durchschnittliche Besitz einer Familie von „Großbesitzern" (über 50 ha) von 381 auf 126 ha zurück, da die Zahl der entsprechenden Familien etwa auf das Sechsfache anstieg (Aksoy 1968).

Eigentümer größerer ländlicher Betriebe tendieren dazu, ihren ständigen Wohnsitz in die Stadt zu verlegen. Auf dem Hof erscheinen sie nur noch zur Aufsicht und bei Arbeitsspitzen, soweit sie noch selbst mitarbeiten, woran häufig ein städtischer Beruf hindert. Die begrenzte Saison bei Getreide- oder Baumwollbau erlaubt das, und der extreme Unterschied der Lebensqualität zwischen Dorf und Stadt macht das auch verständlich. Das Schlagwort vom *absent landlord* stimmt also bisweilen, soweit es den Absentismus betrifft; von „landlord" hingegen wird man in Südostanatolien höchstens hier und da reden können.

Schon seit der Zeit Atatürks ist eine Bodenreform in der Diskussion, um Ungleichheiten des Landeigentums zu verringern. 1945 wurde das erste Gesetz über die Zuteilung von weiteren Flächen an landarme Bauern und Landlose erlassen. Die vorgesehene Enteignung von privatem Großbesitz kam dabei praktisch nicht zur Anwendung. Bei den seit 1948 neu verteilten 1,5 Mio. ha handelt es sich fast nur um staatliche Weiden oder bis dahin illegal bearbeitetes Ackerland.

Ein wesentlich einschneidenderes Gesetz von 1973 erlaubt die Reduzierung allen Großbesitzes (gegen Entschädigung) auf eine beschränkte Maximalgröße, in deren Berechnung Bodenqualität, Klima, Lage, Bewässerbarkeit, Familiengröße usw. eingehen. Die Landverteilung an bedürftige Familien sollte nach detaillierten Kriterien erfolgen, wobei die Beherrschung der türkischen Sprache in Wort und Schrift eine Rolle spielte. Da der größte Teil des umzuverteilenden Bodens in Südostanatolien liegt, ist diese Sprachklausel in der Assimilationspolitik von Bedeutung.

1973 wurde in der Provinz Urfa mit Vorbereitungen dieser Reform begonnen, wobei erste Erhebungen den Erfolg bereits in Frage stellten. Selbst in dieser am stärksten von Großbesitz betroffenen Provinz reichten Enteignungen nicht aus, um alle Kleinbetriebe mit genügendem Eigenland zu versorgen. Der zur Enteignung vorgesehene Großbesitz hätte nur für rund 19 000 Bauern zur Umwandlung des Pachtlandes in Eigenland, zur Aufstockung von Eigenland oder zur Neuzuweisung von Land gereicht. Dem gegenüber standen fast 30 000 Familien ohne eigenes Land (Franz 1974). Inzwischen wurde das „Pilotprojekt Bodenreform Urfa" aus innenpolitischen Gründen eingestellt.

Dorfgemeinschaft, Familie und Besitzzersplitterung

Für das Funktionieren der Agrarwirtschaft sind soziale Bindungen im Dorf, Verhaltensnormen der Dorfbevölkerung, ihre Rechtstraditionen, wirtschaftlichen und gesellschaftlichen Zielvorstellungen von größter Bedeutung. Da bis zur Gegenwart staatliche Instanzen mit Ausnahme von Lehrern auf Dörfern wenig wirksam wurden, haben sich innerdörfliche Verhaltensregeln über islamische Tradition, lokale Sitte und Einfluss respektierter Persönlichkeiten herausgebildet. Niemand hat die Macht, etwas juristisch gegen einen anderen durchzusetzen. Vor das staatliche Gericht „geht man nicht", oder man isoliert sich selbst von den Dorfgenossen. Alles was von der Stadt kommt, ist „Außenwelt", der gegenüber das heimische Dorf Geborgenheit in der Gemeinschaft bedeutet. Miteinander auskommen muss auf informelle Weise erreicht werden, durch Gespräch und Konsens, durch Appell an verwandtschaftliche Bindungen und Respektierung der Meinung geachteter Leute. Wo diese Verhaltensnormen überschritten werden, setzen innerdörfliche Sanktionen von öffentlicher Missbilligung und Verachtung bis zur Blutrache ein (u.a. Osterkamp 1967; Bartels 1970; Planck 1972).

Für die heutige Agrarwirtschaft und die Gestaltung des Agrarraumes sind aus den vielfältigen sozialen Beziehungen und Verflechtungen innerhalb der Dörfer Fragen des Landbesitzes und der Vererbung von Landbesitz von unmittelbarer Bedeutung. Die Verfügung über Land steht in erster Linie der Familie zu, wobei der älteste männliche Angehörige das entscheidende Wort spricht. Nach wie vor bedeutsam ist als Ideal die „Großfamilie" des Patriarchen, dessen Prestige und verfügbare Arbeitskräfte mit vielen Söhnen, Schwiegertöchtern und Enkeln in seinem Haushalt wachsen.

Auch wenn im Westen und Norden der Türkei für die eigentliche Haushaltsführung die Kernfamilie den Regelfall darstellt, werden die Ackerflächen – unter der Leitung oder mindestens in Respektierung des Vaters – vielfach von den erwachsenen Söhnen gemeinsam bewirtschaftet. Der Betrieb als Ganzes ist damit größer und kann sich so eher notwendige Anschaffungen leisten, und der Zeitpunkt der Betriebsteilung nach Erbauseinandersetzungen wird hinausgeschoben.

Früher oder später wird dann die Teilung doch vollzogen. Die erwachsenen Söhne wollen schließlich auch selber die geachtete Rolle des Familienvaters übernehmen. Dabei wird nicht selten versucht, den Schwestern den Erbanteil vorzuenthalten. Das gelingt durchaus oft, weil die Schwäger mehr an guten Beziehungen zur Familie als am eingeklagten Erbteil der Frau interessiert sind.

Die Beziehungen zwischen den Sippen des Dorfes sind für kleinere Betriebe geradezu eine Existenzfrage und werden durch enge Heiratsbeziehungen verstärkt. Dadurch ergeben sich Möglichkeiten zum Grundstückstausch, gemeinsamen Besitz, zu Pachtabsprachen oder Nachbarschaftshilfe mit Gerät oder Maschinen. Die Ausnutzung von Abhängigkeitsverhältnissen, Fälle von Normübertretungen (Starr 1978), die nicht dorfintern geahndet werden können, finden sich auf allen Ebenen. Die Aneignung von gemeinschaftlichen Weideflächen oder von Parzellen mit unklaren Besitzverhältnissen steht in der Rangfolge dorfinterner Konflikte obenan.

Dass bei dieser Rechtslage die Fluren zumindest der älteren Dörfer noch nicht zu gartenartigen Beeten zersplittert sind, ist nur den innerdörflichen Regelungsmechanismen und der Nichtbeachtung der staatlichen Bestimmungen zu danken. Ansprüche entfernter Verwandter werden bewusst vergessen. Die faktische Verfügung über die Grundstücke hat derjenige, der im Dorf wohnen bleibt, der das Land bearbeitet und der sich gegenüber sonstigen Verwandten durchzusetzen versteht. Die dörfliche Gesellschaft kann, wenn es um Land und damit das Überleben geht, sehr brutal sein und in dieser Beziehung auch die Übertretung von Sitten und religiösen wie staatlichen Normen hinnehmen. Der türkische Schriftsteller Yaşar Kemal hat in Werken wie »Das Lied der tausend Stiere«, in der »Anatolischen Trilogie« oder im »Memed-Zyklus« (4 Bde.) derartige Verhältnisse in Romanform sehr realistisch verarbeitet.

Mit schwindendem Einfluss innerdörflicher Autoritäten können derartige informelle Landbesitz-Regelungen nicht mehr in altgewohnter Weise funktionieren. Aufgrund eines erweiterten Erfahrungshorizontes durch Militärdienst, Aufenthalt in der Stadt oder gar im Ausland wächst die Zahl der Dorfbewohner, die sich nur noch widerwillig den Normen von Respekt und Tradition beugen und sich lieber an staatliche Gerichte wenden. Es wird geschätzt, dass mehrere Millionen Prozesse in Grundstücksstreitigkeiten anhängig sind, z.T. schon seit Jahrzehnten. Die meisten Verfahren können nicht entschieden werden, weil den Gerichten verlässliche Katasterkarten und Grundbucheintragungen fehlen. Für die Anlage eines korrekten Katasters wären Tausende von ausgebildeten Geodäten nötig. Viele, auch kleine Landwirte haben aus Furcht vor Minderung des De-facto-Besitzes oder vor höherer Besteuerung ein Interesse an der Aufrechterhaltung der unklaren Grundbesitzverhältnisse.

Pacht und Teilpacht

Die Zersplitterung der Betriebe, rechtlich wie räumlich, wird durch vielfältige Formen der Pacht und Teilpacht kompliziert.

Es gibt dabei zahlreiche Systeme und noch mehr regional verschiedene Bezeichnungen.

Am „orientalischsten" ist der Südosten, wo nicht nur eine Ballung von Großbesitz und landlosen Familien auftritt, sondern 1950 auch etwa 14% aller Betriebe Teilbaubetriebe waren (Planck 1972). Inzwischen dürfte sowohl ihre Zahl wie auch ihr prozentualer Anteil angestiegen sein. Großbesitzer vergeben Flächen an Landlose im Teilbau. Der Besitzer zahlt die Steuern, stellt Land, meist Saatgut, bisweilen Arbeitsgerät und Zugvieh. Die Ernte wird bestenfalls (für den Teilbauer) halbiert; stellt der Grundbesitzer Gerät und Zugvieh, steigt sein Anteil. Nichts ist gesetzlich festgelegt, alles beruht auf mündlichen Abmachungen zwischen Grundbesitzer und Teilbauer. Wenn neue Teilbauverträge eingegangen werden, hat der Grundbesitzer heute die bessere Position bei allen Abmachungen, da infolge gestiegener Bevölkerung die Landlosenzahl größer ist als die verfügbaren Teilbauernstellen. Der Landlose hat nur die Wahl, zu akzeptieren oder abzuwandern.

Außerhalb Südostanatoliens wird der Teilbau nur gelegentlich in der Çukurova praktiziert. Reine Pachtbetriebe, die ihr gesamtes Land gepachtet haben, sind nicht sehr häufig (1,5%). Hingegen machten um 1950 Betriebe, die trotz Eigenland weitere Flächen hinzupachten, um ihre Arbeitskraft und Maschinen auszunutzen oder um spekulativen Anbau zu treiben, bereits 21% aus, inzwischen dürfte ihr Anteil noch erheblich größer sein.

Verpächter sind selten große Landbesitzer, sondern Bauern, die keine ausreichende Möglichkeit zu eigener Bewirtschaftung sehen: alte, kranke oder verschuldete Kleinbauern, die eine kleine, sichere Pachteinnahme dem Risiko eigenen Anbaus vorziehen; auch gehören hierzu kleine und mittlere Grundbesitzer, die wegen einer Beschäftigung in Städten oder im Ausland ihr Land nicht mehr selber bewirtschaften können, oder solche, die ihr mittelgroßes oder großes Landeigentum zeitweise oder teilweise verpachten, wenn sie nicht genügend Geld für die alljährlich fälligen Kosten haben (Wasserkosten, Wanderarbeiter usw.). Selbst in optimalen Agrargebieten des Westens und Südens wird unter mittleren und größeren Betrieben verpachtet. Landlose haben dazu nicht das nötige Kapital. Selbst städtische Unternehmer beteiligen sich über die Pacht von Bewässerungsland an der marktorientierten Landwirtschaft, bisweilen ohne das Feld jemals zu sehen. In fruchtbare, bewässerte Küstenebenen dringt damit der Stil des spekulativen „agrobusiness" ein.

AGRARRAUM DER GEGENWART

Bild 42: Moderne Landwirtschaft, Traktoreinsatz bei Halileli (Çanakkale): *Die landesweite Ausbreitung moderner Agrartechnik brachte der Landbevölkerung eine Verschärfung sozioökonomischer Gegensätze mit ernsten Existenzkonflikten.*

Überblick

- Der größte Teil des türkischen Staatsgebietes hat so stark gegliedertes Relief, dass rentabler Ackerbau nur in begrenztem Umfang betrieben werden kann, und ein erheblicher Teil der agrarischen Produktion, der zur Selbstversorgung auf dem Land bleibt, erreicht den Markt überhaupt nicht.
- Trotz rascher „Modernisierung" und Intensivierung in der Landwirtschaft bestimmt das Nebeneinander moderner Maschinen und altertümlicher Geräte noch immer den agraren Alltag in der Türkei. Wo bei steigendem Bevölkerungsdruck Intensivierung, Flächenausweitung oder Maschineneinsatz auf dem Land nicht möglich sind, dominieren hohe Abwanderungsraten.
- Seit den 30er-Jahren des 20. Jh.s wurden in der Türkei knapp 300 Talsperren gebaut bzw. geplant. Die agraren Bewässerungsflächen wurden dadurch beträchtlich ausgeweitet. Allein über das spektakuläre GAP-Großprojekt an Euphrat und Tigris, aufgrund seiner gigantischen Dimensionen von den Anrainerstaaten Syrien und Irak als Bedrohung angesehen, sollen 1,8 Mio. ha zusätzlich bewässert werden.
- Die landesweite Ausbreitung moderner Agrartechnik und Bewässerungswirtschaft brachte der Landbevölkerung neben Bearbeitungsproblemen eine Verschärfung sozioökonomischer Gegensätze mit ernsten Existenzkonflikten. Die türkische Agrarlandschaft, infolge der starken Kammerung und klimatischen Differenziertheit des Landes ohnehin mit unterschiedlichsten Landnutzungszonen ausgestattet, weist heute oft mehr denn je kleinräumige Differenzierungen auf. Auf kürzeste Entfernung können sich agrarische Produktionsbedingungen der Subsistenz und des Weltmarktes unmittelbar gegenüberstehen.

Modernisierung der Landwirtschaft

Traditionelles Gerät und neue Bedürfnisse
Weitgehend wohl schon seit der Zeit des vorgeschichtlichen Bauerntums sind in etwas abgelegeneren Gebieten der Türkei bis heute Arbeitsgeräte einer traditionellen Landwirtschaft in Nutzung, deren Verwendung nicht nur Indiz für „Rückständigkeit“, sondern auch Zeichen altbewährter Anpassung an regionale Erfordernisse und Möglichkeiten der eigenen Herstellung ist.

Der „Hakenpflug“ (*Karasapan*), von einem Paar Ochsen oder Wasserbüffeln unter dem Joch gezogen, ist im ganzen Mittelmeergebiet und im Orient verbreitet (Bild 43). Trotz seiner leichten Handhabung im Gebirge wie im Flachland ist sein Hauptnachteil in der Gegenwart die begrenzte Flächenleistung von kaum über einen *dönüm* ($^1/_{10}$ ha) pro Tag je Pfluggespann. Dennoch hat der Hakenpflug unter den Bedingungen des Regenfeldbaus in semiariden Gebieten auch Vorteile gegenüber modernen Traktor-Pflügen: Er ritzt den Boden nur etwa 10 cm tief auf, vermeidet damit eine tief reichende Austrocknung des Bodens und bewirkt eine relativ grobe, gegen Winderosion erheblich resistentere Krümelung der Scholle als bei motorisierten Scheibenpflügen.

Bild 43: Hakenpflug mit Ochsengespann bei Dumlupınar: *Der traditionelle, von Ochsen gezogene „Hakenpflug“ ist leicht zu handhaben und vermeidet eine tief reichende Austrocknung des Bodens.*

Unter den Neuerungen wichtig wurde im späten 19. Jh. die Einführung des eisernen, schollenwendenden Streichbrettpfluges (*Pulluk*) aus Deutschland. Türkische Eigenfabrikation trug zur weiteren Verbreitung bei. Vor allem auf den tiefgründigen Böden der Ovas hat er sich bewährt, in die Berglandschaften ist er nie recht eingedrungen. Noch 1996 standen den 1,35 Mio. verschiedenen eisernen Pflügen etwa 300 000 Hakenpflüge (zum Vergleich 1971: 1,9 Mio.) gegenüber.

Die Ernte erfolgte früher ausschließlich mit Sicheln. Versuche, Sensen populär zu machen, hatten kaum Erfolg. Parallel zur raschen Expansion des Getreidebaus fand seit dem Ersten Weltkrieg der gespanngezogene Mähbinder zur Bearbeitung großer Flächen in den Flachlandschaften Thrakiens und Inneranatoliens Eingang, den sich allerdings nur Großbauern leisten konnten.

Der klassische Dreschschlitten aus zwei vorne aufgebogenen Pappelholzbrettern, deren Unterseite mit scharfkantigen Feuersteinsplittern besetzt ist, wird auf den runden Tennen am Dorfrand von Zugtieren im Kreis über das ausgebreitete Getreide gezogen. Er ist nach wie vor über die Türkei verbreitet (1996: 152 400 Stück), weil es für finanzschwache Kleinbauern oft keine Alternative gibt. Er quetscht die Körner aus den Ähren und zerkleinert das Stroh zu Häcksel, sodass es nach der Trennung vom Korn sofort in Erdmieten oder Speichern als Winterfutter für das Vieh gelagert werden kann. Die Getreideverluste sind dabei mit bis zu 30 % allerdings sehr hoch.

Für ländliche Transportbedürfnisse ist z.T. bis heute der Tragtierverkehr wichtig, v.a. im Gebirge. Daneben treten dort einfache Schlitten, Schleifen oder „Sommerschlitten“ zum Heutransport auf. In flacheren Landesteilen gibt es den schweren Ochsenkarren mit zwei hölzernen Vollscheibenrädern (*Kağnı*), ein bereits aus der Antike bekanntes Gefährt. In Thrakien und in

Bild 44: Modernes Traktor-Reparaturgewerbe bei Ayvacık: *Seit dem Marshallplan 1948 wuchs die Zahl der in der türkischen Landwirtschaft eingesetzten Traktoren von 2000 auf mehr als 800 000.*

Nordwestanatolien (Adapazarı, Bolu) kennt man noch einen schweren, vierrädrigen, meist von Wasserbüffeln gezogenen Kastenwagen, der alten mitteleuropäischen Ackerwagen ähnelt. Fast alle traditionellen Gerätschaften – auch andere, die hier nicht aufgeführt sind (Dostal 1971) – können weitgehend aus lokalen Rohstoffen, wie Holz, bei möglichster Sparsamkeit mit allen Eisenteilen, kostengünstig im Dorf hergestellt werden.

Die erste Neuerung im ländlichen Transport kam Mitte des 19. Jh.s mit den Tataren aus der Krim: der leichte, von Pferden gezogene Wagen mit vier Speichenrädern und Stahlblattfederung (Araba), der auch zum Personentransport einsetzbar ist. Er wurde, von städtischen Handwerkern gefertigt, in der ersten Hälfte des 20. Jh.s zum „Volkswagen" des kleinen Mannes.

Agrarische Vorzugslandschaften

Mit rasch fortschreitender technischer Modernisierung der türkischen Landwirtschaft war die alte Autarkie des Dorfes vorbei. Modernes Gerät kostet Bargeld und ist nicht überall einsetzbar. Damit begann eine regionale und soziale Differenzierung in der türkischen Landwirtschaft: Der Einsatz der meisten Maschinen und Fahrzeuge ist nur in einigermaßen flachem Gelände möglich, und nur kapitalkräftige Großbauern können sie sich leisten

Maschineneinsatz in der Landwirtschaft begann bereits vor 1914, als einzelne ländliche Großbesitzer – nicht selten Armenier oder Griechen – in der Çukurova, in den westanatolischen Ovas oder im Bursabecken erste Dampfpflüge einsetzten. Der Erste Weltkrieg und Schwierigkeiten der ersten republikanischen Jahrzehnte unterbrachen diese Entwicklung: Die Zahl der Traktoren bis zum Zweiten Weltkrieg beschränkte sich meist auf Prestigeobjekte einiger Staatsgüter. In den ersten Jahren nach 1945 gab es kaum mehr als 1000 Traktoren im ganzen Lande. Im Zuge des Marshallplanes kamen nach 1948 Traktoren in größerer Zahl in die Türkei. Seitdem haben sich die Bestände permanent von 2000 (1948) über etwa 40 000 (1955) und 200 000 (1975) auf 809 000 (1996) vergrößert (Bild 44). Obwohl seit den 1960er-Jahren ausländische Fabrikate in der Türkei in Lizenz hergestellt werden, zwingt die Ersatzteil- und Reparaturservicesituation findige türkische Mechaniker immer noch zu abenteuerlichen Improvisationen bei der Instandhaltung der Maschinen.

Die statistisch erfasste regionale Verbreitung wichtiger Maschinen zeigt – aufgrund der Materiallage leider nur für 1968 – neben dem zu erwartenden West-Ost-Gefälle die Vorrangstellung der Flachlandschaften. Seither dürften sich zwar die Quantitäten, aber kaum die Grundzüge des

Verteilungsbildes und die Lage der Schwerpunkte verändert haben. Landkreise des thrakischen Ergenebeckens, Beckenlandschaften im Süden des Marmarameeres, Grabenebenen im Raum des türkischen Ägäisgebietes, Ebenen der südlichen Küstenprovinzen, v. a. natürlich die Çukurova, und flachere Teile Inneranatoliens zeigen im relativ hohen Stand der Motorisierung ihren agrarischen Vorzugscharakter. Im südöstlichen Taurusvorland hingegen ist der Traktoreinsatz erheblich geringer. Bergländer setzen sich deutlich durch ihren geringen Traktoreinsatz ab, und in den meisten ostanatolischen Gebirgskreisen ist er ohnehin nicht möglich.

1975 (jüngere Daten fehlen) rechneten Landwirtschaftsstatistiker damit, dass von der gesamten Ackerfläche einschließlich der Brachen (1975 ca. 24,5 Mio. ha) bereits etwa die Hälfte mit Traktoren bearbeitet wurde (vgl. Abb. 83). Die Kalkulation ist allerdings grob und beruht auf der Annahme, dass jeder Traktor im Mittel 75 ha pro Jahr bearbeitet.

Für die einzelnen Betriebe hat der Besitz eines Traktors vielfältige Konsequenzen. Größere Kulturlandflächen werden schneller und ohne Einsatz von Fremdarbeitskräften bewirtschaftet. Dennoch ist der Gewinn mäßig: Die freigewordene Arbeitszeit kann meist nicht sinnvoll anderweitig genutzt werden. „Saisonale Arbeitslosigkeit“ wird dadurch verstärkt, wenngleich das weithin noch nicht so empfunden wird, weil freie Zeit für die Männer einen beträchtlichen Prestigewert hat. Aber den Kleinbetrieben, die auf Zuerwerb angewiesen sind, gehen Arbeitsplätze verloren. Die Polarisierung zwischen größeren und kleineren Bauern im Dorf nimmt zu. Gleiche Effekte brachte der zunehmende Einsatz von Mähdreschern seit 1965 (1950: 5000; 1996: 143 000).

Unter den modernen Geräten nimmt die Wasserpumpe eine hervorragende Stellung ein. Verschiedene Druck- und Saugpumpentypen auch aus einheimischer Produktion sind auf dem Markt. Ihr Einsatz in der Landwirtschaft in Landkreisen mit hohem Anteil von Beckenflächen ist ein wichtiges Intensivierungsindiz, wobei der Westen Ende der 60er-Jahre einen markanten Vorsprung gegenüber dem Osten zeigte, der nach eigener Erfahrung gegenwärtig immer noch nicht ausgeglichen ist.

Man sollte von diesem rasch wachsenden Einsatz moderner Geräte nicht ohne weiteres auf eine Steigerung wirtschaftlicher Effizienz schließen und keine voreiligen Schlüsse über die Geschwindigkeit der „Modernisierung“ ziehen. Das scharfe Nebeneinander moderner Maschinen und altertümlicher Geräte wird noch längere Zeit die Wirklichkeit bestimmen. Eine sinnvolle Modernisierung der türkischen Landwirtschaft erfordert, dass sie nicht auf Großbauern in Flachbereichen beschränkt bleibt. Oft sind soziale Gesichtspunkte die Ursache dafür, dass technische Neuerungen, wie z. B. Baumwollpflückmaschinen, nicht eingeführt werden, da menschliche Arbeitskraft billiger ist als Anschaffung und Betrieb von Maschinen. Zu viele landlose und landarme Familien sind auf Zusatzerwerb angewiesen. Allein in der Çukurova und den westlichen Grabensenken sind über 400 000 Wanderarbeiter beschäftigt. Ihr Ersatz durch Maschinen würde eine Revolution auslösen.

Organisatorische Neuerungen

Mit Abwendung von Selbstversorgung hin zu erhöhter Produktion für Markt und Export, mit neuen Anbauprodukten, mit dem Einsatz von Maschinen, Kunstdünger, Insektiziden, mit Beschaffung von Kapital und Erwerb von Spezialkenntnissen der Produktion und Vermarktung tauchten Probleme auf, die im Rahmen der alten Beziehungen vom Dorf zum Bazar nicht mehr zu bewerkstelligen sind.

Es hat sich gezeigt, dass die Dorfgemeinschaft aus Furcht vor Übervorteilung oft nicht zu genossenschaftlicher Kooperation imstande ist. Mit gewissem Erfolg Eingang gefunden haben daher nur überörtliche Kooperativen von Interessenten spezifischer Produktionsziele, sobald der Staat Hilfestellung gibt. Mittlerweile gibt es in der Türkei über 60 000 aktive und über 5000 „ruhende“ Kooperativen in 28 Wirtschaftsbereichen, davon über 12 000 allein für den Landwirtschaftssektor, mit mehr als 12 Mio. Mitgliedern. Agrargenossenschaften in der Art der „Raiffeisen“-Verbände haben in der Türkei eine Tradition seit dem 19. Jh., wo sie in den balkanischen Provin-

Bild 45: Mohnanbau bei Avşar (Gelendost, Eğridirsee): *In der Region um Afyon Karahisar wird unter strenger staatlicher Regie und Kontrolle Schlafmohn für die türkische Pharma-Industrie angebaut.*

zen des Reiches von fortschrittlichen osmanischen Beamten (Mithat Paşa 1863) initiiert wurden. Aus dieser Tradition wuchs seit 1889 die *Ziraat Bankasi* (Landwirtschaftsbank) mit Filialen selbst in den kleinsten Kreisstädten, die inzwischen als halbstaatliches Unternehmen zur einer der kapitalstärksten türkischen Banken herangewachsen ist.

Eine wichtige und erfolgreiche Tätigkeit entfalten verschiedene Absatz-Organisationen, die in die Preisentwicklung eingreifen, Anbautechniken reglementieren oder zumindest beraten. Es handelt sich dabei um Zweige der staatlichen Monopolverwaltung „Tekel", um staatliche Einrichtungen mit freiwilliger Kooperation der Bauern oder um Genossenschaften mit unterschiedlicher Bindung der Mitglieder.

Unmittelbar in staatlicher Regie sind Ankauf und Vermarktung der Tabakproduktion. Die Anbaufläche ist an Lizenzen gebunden, die Preise werden jährlich neu festgesetzt. Das Gleiche gilt für den streng kontrollierten Anbau von Mohn im Raum um Afyon Karahisar (25 000 ha, Produktion 12 500 t Kapseln durchschnittlich pro Jahr) (Bild 45). Auch für Zuckerrüben kam (1990) praktisch nur eine der staatlichen Fabriken als Abnehmer in Frage. Die vom Staat kontrollierte Zuckergesellschaft (Genossenschaftsverband der Zuckerrübenbauern *Pankobirlik*; Kortum 1986) betreibt in vielen Landesteilen Zuckerfabriken und Rübensammelstellen (vgl. Karte Abb. 82). Drei Viertel der beteiligten Bauern (1990: 1,4 Mio.) bestellen weniger als 1 ha mit Zuckerrüben, da Lizenzen für nur kleine Anbauflächen pro Betrieb vergeben werden, um die Intensität der Pflegearbeiten zu gewährleisten. Eine vierjährige kontrollierte Rotation ist vorgeschrieben. Saatgut wird gestellt, Düngemittel werden als Vorschuss gegeben. Pflegearbeiten und Bewässerung werden überwacht.

Ähnlich ist der Teeanbau organisiert. Der Staat unterhält im Anbaugebiet Teefabriken, Aufbereitungsanlagen und Sammelstellen, an die die Erzeuger gebunden sind. Preise werden jährlich neu festgesetzt. Terrassenkultur ist vorgeschrieben, desgleichen Pflücktechnik, Pflege und Düngung. Die Anbaufläche pro Betrieb ist nach der Zahl der familieneigenen Arbeitskräfte limitiert. Die Zahl dieser kleinbäuerlichen Tee-Erzeugerbetriebe liegt seit Jahren unverändert bei etwa 200 000.

Während bei Tabak, Zuckerrüben und Tee die staatliche Einflussnahme relativ groß ist, weil der Staat als einziger Abnehmer die Bedingungen diktieren kann, gibt es für traditionelle Produkte wie Getreide, Vieh, Baumkulturen und Gartenfrüchte den privaten einheimischen Markt, wo sich Modernisierungsinitiativen auf private Unternehmer und freiwillige Zusammenschlüsse in der Art von Genossenschaften stützen.

Eine Zwischenstellung hat seit 1938 die Getreide-Aufkauf-Organisation des Amtes für Bodenprodukte (*Toprak Mahsulleri Ofisi*), die wichtig ist, weil Getreidebau das Rückgrat der türkischen Landwirtschaft darstellt und Getreidepreise für die Landwirte immer noch die entscheidende Existenzfrage sind. Die Organisation stellt in geeigneter regionaler Verteilung Silokapazitäten bereit, um Lagerungsverluste zu verringern. Sie wirkt durch Aufkauf von Ernteanteilen (zwischen 1 % und 20 %) regulierend auf die Preise. Bei schlechten Ernten kann der Bauer Überschüsse auf dem freien Markt zu höherem Erlös absetzen und sich bei guten Ernten und entsprechend sinkenden Preisen auf die Garantiepreise des Amtes verlassen. Das schützt die Bauern vor Preisschwankungen und schafft über Jahre hin einen Versorgungsausgleich.

Neben diesen staatlichen Institutionen bestehen über 5000 Genossenschaften mit rund 2,2 Mio. Mitgliederbetrieben (Schiffgen 1971). Die Mehrzahl sind reine Kreditgenossenschaften mit wenig Einfluss auf die Modernisierung der Landwirtschaft. Wichtiger sind die Vermarktungsgenossenschaften, da sie über Qualitätskontrolle direkten Einfluss ausüben können.

In Baumwollanbaugebieten verarbeiten neben privaten Betrieben derartige Genossenschaften mit eigenen Baumwollentkernungsanlagen nach Preisfestsetzung die Ernte der Mitglieder. Ebenfalls gut organisiert mit über 30 Einzelkooperativen sind die Haselnussbauern am Schwarzen Meer im Dachverband *Fiskobirlik*. Die Genossenschaft kauft die Ernte ihrer etwa 76 000 Mitglieder, betreibt Haselnussbrechanlagen, vermarktet 70 % der türkischen Gesamternte, berät beim Anbau, führt Qualitätskontrollen durch, organisiert die Verpackung, Lagerung und Export. Ihre marktführende Stellung (größter Haselnussproduzent der Welt) erlaubt eine gewisse Preiskontrolle; private Haselnussgroßhändler haben nur mäßigen Spielraum.

Bei Produkten, wie Obst oder Gemüse, mit größerer Sortenvielfalt, breitem Qualitätsspektrum und höherer Transportempfindlichkeit haben sich Kooperativen noch kaum entwickelt, weil der türkische Binnenmarkt über private Händler zurzeit auch Obst und Gemüse von minderer Qualität aufnimmt. Die Exportchancen werden trotz bester physischer Voraussetzungen zunächst unbedeutend bleiben.

Ausbau der Bewässerungswirtschaft

Ältere Bewässerungsgebiete

Das wichtigste Mittel der Ertragssteigerung ist die Ausweitung der Bewässerung. Man kennt Bewässerungstechniken in allen Landesteilen, und die Bauern wissen um ihren ertragssteigernden Effekt, aber bis an die Schwelle der Gegenwart ist Bewässerungslandwirtschaft in der Türkei nie so lebenswichtig gewesen wie in den trockeneren Teilen des Orients, und „Vorratshaltung in Wasser“ hat es in Anatolien für landwirtschaftliche Zwecke kaum je gegeben. Sie diente meist nur der Versorgung von Städten mit Brauchwasser (Garbrecht 1968; Müller-Wiener 1977). Agrarische Bewässerung blieb also in der lokalen Initiative der betroffenen Landbevölkerung. Je nach Gebiet entwickelten sich unterschiedliche Bewässerungsstrategien (Bild 46).

1) Bewässerungsgebiete an Gebirgsrändern

Am auffälligsten sind jene alten Bewässerungsgebiete im südlichen Inneranatolien, die sich inmitten von kahlen Regenfeldbaufluren als Kette von „Gebirgsrandoasen“ am Innenrand des Taurus entlang ziehen, durch ihren hohen Anteil von Baumkulturen auffallen und dadurch scharf von ihrer Umgebung abheben. Alle beziehen ihr Wasser aus permanent fließenden Gebirgsbächen und liegen auf flachen Schwemmfächern, auf denen die Ableitung von der Natur vorgezeichnet ist. Hierzu gehören auch alte Bewässerungsgebiete in Becken Ostanatoliens oder die Gärten in der Umgebung einiger Städte Westanatoliens, obgleich dort wegen der reichlicheren Niederschläge Baumkulturen auch außerhalb des Bewässerungsgebietes möglich sind.

2) Bewässerungsgebiete in Tälern

Außerordentlich zahlreich sind die z.T. winzigen Bewässerungsgebiete in den Tälern der Gebirgs- und Plateaulandschaften, wo in einem sanfter geböschten Tal ein Bach seine Ablagerungen nur wenig zerschnitten hat und das Gefälle noch steil genug ist, um keine Versumpfung aufkommen zu lassen. Hier bewirken hoher Grundwasserstand und gelegentliche Überschwemmung intensivere Bodendurchfeuchtung. Wiesenland (*Çayir*) ist in diesen Talsohlen die traditionelle Nutzung. Die zusätzliche Ablenkung des Baches erlaubt Pappelpflanzungen und Sommerfrüchte mit höherem Wasserbedarf auf zumeist kleinen Feldern, wie sie sich durch viele Tälchen des zentralen und östlichen Anatolien und des Taurus als grüne Bänder zwischen den sommerdürren Hängen hinziehen.

3) Bewässerungsgebiete in Hanglagen

Im östlichen Taurus und in Teilen des inneren Ostanatolien zwingt das steile Relief zu intensivster Ausnutzung aller halbwegs geeigneten Hangteile in tieferer Lage. Hier wird aus Stauwehren Bewässerungswasser in hangparallelen Gräben zu terrassierten Ackerflächen geleitet und in feinen Rinnen über Wiesenflächen (Rieselwiesen) verteilt. Bisweilen sammeln und führen größere alte Kanäle Wasser mehrerer Gebirgsbäche zu den optimalen Bewässerungsflächen (vgl. Skizzen bei Saraçoğlu 1956). Der Şamramkanal, der legendären Königin „Semiramis“ (Şamram) zugeschrieben, erbaut um 800 v. Chr. vom König Menuas, leitet Wasser des Hoşab Su und einiger anderer Gebirgsbäche über 56 km in das Becken von Van.

4) Bewässerungsgebiete in Flusslandschaften

An größeren Flüssen mit ganzjährig reichlicher Wasserführung hat man bis vor wenigen Jahren zur Bewässerung von Sonderkulturen, speziell Reis, große, von der Strömung angetriebene Wasserräder verwendet, wie man sie im syrischen Orontestal findet. Sie sind heute weitgehend durch Motorpumpen ersetzt.

Diese älteren Bewässerungsmethoden haben zwei wichtige Gemeinsamkeiten, die sie von anderen Bewässerungsgebieten orientalischer Länder abheben: Es ist genügend Wasser zur Versorgung traditionellen „Garten“-Landes mit Wasser vorhanden, sodass komplizierte Wasser-Verteilungsrechte nicht entwickelt werden mussten. Darüber hinaus sind Versalzungsprobleme kaum bekannt, weil die natürliche Dränage aufgrund der Schwemmfächer- oder Terrassenlage gesichert ist. Die Vorstellung, dass man Überschusswasser ableiten muss, war dem türkischen Bewässerungsbauern früher fremd. Wurde im 20. Jh. Bewässerung in flache Ebenen fortgeführt, musste dieses Verfahren zu Schäden führen.

Bild 46: Ziehbrunnen bei Kireli (Konya): *Viele der alten Ziehbrunnen sind immer noch funktionstüchtig und lebensnotwendig zur Wasserbeschaffung für Schaf- und Ziegenherden.*

Über den Umfang solcher Bewässerungsgebiete ist kaum etwas bekannt. Die Wasserbauverwaltung schätzte sie in den 60er-Jahren auf rund 1 Mio. ha (Akmandor 1968). Bis zur Mitte der 70er-Jahre lag dieser Wert noch über dem moderner staatlicher Bewässerungsanlagen.

Das Çumraprojekt

1991 verzeichnete die amtliche türkische Statistik 3,67 Mio. ha Bewässerungsland, zu 68 % Ackerflächen. Eine zeitgemäße Bewässerungswirtschaft begann mit dem Çumraprojekt, der ersten modernen Bewässerungsanlage im Nahen Osten (außer Ägypten). Dort schiebt der Çarşamba Çay, der die Beckenreihe zwischen den beiden Haupterhebungsachsen des westlichen Mitteltaurus entwässert, ein weites Binnendelta in die Konyaebene vor. Wegen der fast ganzjährigen Verfügbarkeit von Wasser wurden die auffächernden Flussarme im oberen Teil des Deltas schon lange als „Kanäle" eines uralten Ackerbaugebietes benutzt, aus denen man Wasser auf benachbarte Felder leitete. Hier hatte die Deutsche Bank als Konzessionär der Anatolischen Bahn 1896 ein großzügiges Bewässerungsprojekt initiiert, um durch wachsende Getreidetransporte ihre Gewinne zu steigern.

Im Zuge der von der Firma Holzmann durchgeführten Baumaßnahmen wurde oberhalb der Flussgabelungen ein Teil des Wassers am Rand der hier sanft ansteigenden Beckenebene in einem Zweigkanal nach Nordwesten bis nach Konya geleitet. Sekundär- und Tertiärkanäle zweigten beckeneinwärts ab. Um zu vermeiden, dass der Çarşambafluss über karstische Abflüsse des Suğlasees zu viel Wasser verliert, wurde ein Kanal um den See herumgeführt (vgl. Abb. 17). Seitdem fällt der See in den meisten Sommern trocken. Bei Beginn des Ersten Weltkrieges waren von den geplanten 50 000 ha etwa 28 000 ha neues Bewässerungsland gewonnen.

Mit dem Çumraprojekt hatte der Wasserbau in der Türkei allerdings an einer der schwierigsten Stellen angesetzt. Die abflusslose Konyaova erlaubte (bis vor wenigen Jahren) in den inneren Beckenteilen überhaupt keine Dränage, sodass nach starken Frühjahrsregen überschwemmte Flächen bis in die Bewässerungsgebiete hineinreichen. Das Beckeninnere ist eine natürliche Verdunstungspfanne, Sümpfe oder Salzsümpfe gehören von Natur aus hierher. Der Hauptteil des Projektgebietes hat zwar ausreichendes Gefälle, sodass Versalzung zunächst nicht befürchtet werden musste. Als aber die Kanäle bzw. Flussarme in Eigeninitiative von Bauern in großflächiger Expansion des Bewässerungsfeldbaus in die Ebene hinaus verlängert wurden, stellten sich gravierende Probleme ein.

Ein beträchtlicher Teil des Wassers ging in den einfachen Erdgräben durch Versickerung verloren und ließ den Grundwasserspiegel stellenweise bis zur Staunässe ansteigen. Als Folge einfachen Überrieselns der Felder nach der Devise „je mehr, desto besser" stellte sich starke Bodenverschlämmung in den oberen Horizonten ein, der erst durch kostspieliges Tiefpflügen entgegengewirkt werden konnte. Da für Dränage zunächst keinerlei Bauten vorgesehen waren, lief Überschusswasser in die Bewässerungsgräben zurück und wurde unterhalb erneut verwendet. Die unteren, flacheren Gebiete mit hohem Grundwasserstand litten infolge kapillaren Wasseraufstiegs an oberflächennaher Versalzung. Die Durchschnittserträge gingen zurück. Um 1960 waren ca. 10 000 ha des Bewässerungsgebietes durch Versalzung verloren.

Aus den Erfahrungen mit dem Çumraprojekt hat der türkische Wasserbau viel gelernt:

1) Der Bau der Apa-Talsperre am Gebirgsrand oberhalb Çumra gewährleistet gleichmäßigeren Wasserfluss bis in den Sommer hinein, wenn auch Versickerungsverluste zwischen Stausee und Bewässerungsflächen extrem hoch sind. Bei Sille, Altınapa und May werden kleinere Bäche aus dem westlichen Gebirge zur Regulierung von Starkregenfluten und zur Wassergewinnung gestaut.

2) Um zu vermeiden, dass Wasser aus Gräben seitlich ins Grundwasser drückt und in kapillarem Aufstieg gelöste Salze an die Oberfläche bringt, wird in dem von der Bodenqualität her wertvollen, gefährdeten älteren Teil des Bewässerungsgebietes die langwierige und kostspielige Betonierung der Zuleitungen bis hin zu Kanälen dritter Ordnung vorangetrieben.

3) Die Entwässerung der einzelnen Felder wird den Interessenten überlassen. Sie lässt hinsichtlich Pflege bzw. Offenhaltung der Kanäle zu wünschen übrig und ist entsprechend unvollkommen, denn ein entsprechend dichtes Dränagenetz würde viel wertvolles Land beanspruchen. Die staatliche

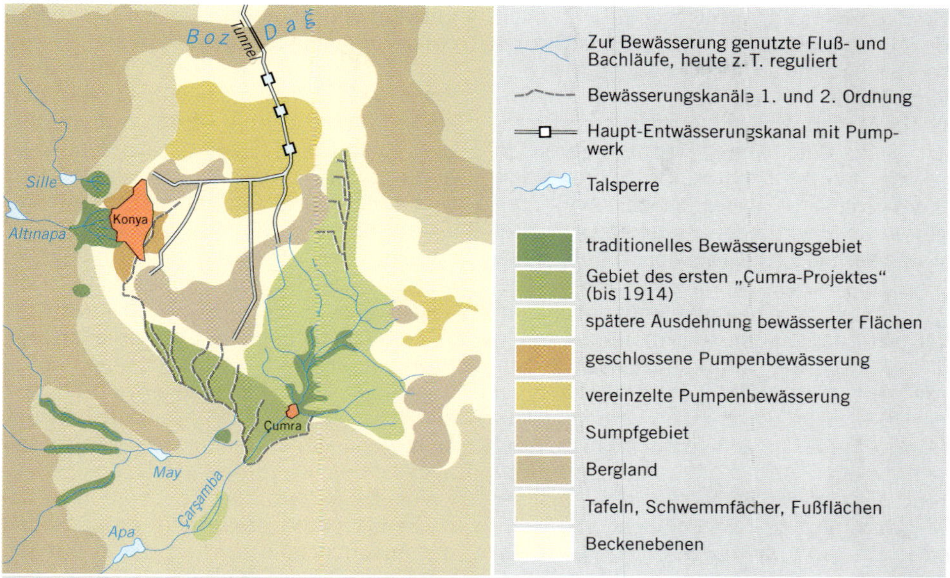

Abb. 79: Bewässerung der Konya-Çumra-Ebene.

Wasserbaubehörde betreibt vorrangig nur den Ausbau der Hauptabflusskanäle. Aufwendige Verfahren mit unterirdisch verlegten Dränageröhren oder angepassten Bewässerungs- und Anbautechniken haben kaum irgendwo Eingang gefunden.

4) Kernstück des 1998 noch immer betriebenen Bewässerungsausbaus ist ein großer Dränagekanal, der das Überschusswasser aus den Endsümpfen zum Nordrand des Konyabeckens führt (Abb. 79). Dort wird es zu einen Stollen durch den Boz Dağ einige Meter hochgepumpt und jenseits in ausbetonierten Kanälen mit freiem Gefälle durch die Zivarik-(Altinekin-)Ova bis zum großen Salzsee geführt, der damit, als Verdunstungsbecken für ein größeres Einzugsgebiet, nur noch kürzere Zeit im Herbst komplett austrocknet.

Insgesamt sind durch den Çarşambafluss heute etwa 100 000 ha mit Wasser zu versorgen (DSI Genel Müdürlüğü 1989). Dazu kommen Gebiete des Deltasaumes, wohin einzelne Kanäle verlängert wurden. Weitere 60 000 ha im Beckeninneren mit Bewässerung über artesisch gefördertes Wasser können nie gleichzeitig bewässert werden und leiden mangels Dränage unter Staunässe.

Das „Bewässerungsgebiet" von Çumra wird nur in einem Teil seines Kerngebietes ständig, und dort keineswegs ganz bewässert, weil das verfügbare Wasser in einzelnen Jahren nicht ausreicht oder weil man die Ausspülung oberflächennaher Salzanreicherungen durch die nächsten Winterregen abwarten oder die Kosten für die Bewässerung sparen will. Entsprechend fleckenhaft wirkt das Bild der Landnutzung.

Die großen Bewässerungsprojekte

Seit 1953 werden Wasserbau-Großprojekte vom staatlichen Wasserbauamt (*Devlet Su İşleri*, DSİ) geplant und durchgeführt. An kleineren Projekten sind Behörden wie *Topraksu* (Boden-Wasseramt: Flächenplanierung, Tertiärkanäle, Beratung) oder *Köy Hizmetleri* (Dorf-Infrastrukturamt, ehemals Yol Su Elektrik: Wegebau, Trinkwasserversorgung der Gemeinden) beteiligt. Stromerzeugung aus Wasserkraft betreibt kooperierend mit dem DSI die Elektrizitätsbehörde (*Elektrik İsleri Etüd İdaresi*, EIE).

Die intensivsten Umgestaltungen des ländlichen Raumes gehen von den Großprojekten für Bewässerungswirtschaft aus, um neue Kulturflächen zu gewinnen und bestehende Bewässerungsgebiete zu verbessern. Das räumliche Anlagemuster des

Bewässerungsnetzes folgt im Wesentlichen dem Prinzip eines „Ringkanals" mit Sekundärkanalabzweigen in die Ebene. Dieser wird von Flüssen oder Bächen gespeist. Gleichzeitig fungierte er als Hochwasserschutz. Als mehr oder weniger scharf gezogene „obere Grenze" führt er am äußeren Rand des alluvialen Schwemmlandes entlang, wobei Verteilerwehre den Zufluss regeln. Um Wasserverluste zu vermeiden, sind die Bewässerungskanäle komplett ausbetoniert. Zum Reliefausgleich und um Verunreinigungen gering zu halten sind die Betonrinnen (*Kanaletten*) der Tertiärkanäle auf Betonpfeilern verlegt (Bild 47). Ausschließlich der Bewässerung dienen Verteilerwehre (*Regulatör*) an perennierenden Flüssen mit nur mäßigen Abflussschwankungen, während die eigentlichen Talsperren meist für Mehrfachnutzung – Stromgewinnung, Trinkwasserversorgung von Städten, Hochwasserschutz, Bewässerung – gebaut werden.

Da für größere Projekte praktisch nur Beckenebenen in Betracht kommen, verstärken sie die Kontraste zwischen fortschrittlicherer, modernisierter Landnutzung in den Ovas und traditionellem Anbau in den Gebirgen. Sie haben bisher im Wesentlichen dort begonnen, wo eingesetzte Mittel nach Gesichtspunkten der gesamtstaatlichen Produktivitätssteigerung maximale und rascheste Resultate zu versprechen schienen, nicht dort, wo die Landbevölkerung eine Verbesserung ihrer Anbaubedingungen besonders nötig gehabt hätte. Die größeren Küstenebenen wurden zuerst ausgebaut, selbst solche mit zusätzlichen Sommerniederschlägen am Marmarameer und Schwarzen Meer, um die Sicherstellung und Steigerung des Anbaus von Sommerkulturen zu garantieren.

Bis 1996 wurden insgesamt 212 Talsperren neu gebaut (vgl. Tab. 2 und Abb. 80), zu denen noch 8 kleine Trinkwassertalsperren aus osmanischer Zeit kamen. Weitere 79 Talsperren sind im Bau oder in Planung. 1991 betrugen die neueren Bewässerungsflächen über 3,5 Mio. ha. Man schätzt, dass die wirtschaftlich nutzbaren Wasservorräte für rund 5 Mio. ha Bewässerungsland ausreichen.

In zahlreichen Ovas, insbesondere solchen, die „schleichenden Abfluss" haben (vgl. Abb. 17) und stark versumpft sind, ist Entwässerung von gleicher Dringlichkeit, denn ein Netz von Dränagegräben, wie in den Becken von Kayseri, Çivril, Afyon Karahisar, Eskişehir oder Düzce, erlaubt oft auch die Kultivierung von Sumpfland. Wo Ovas von großen Flüssen mit beträchtlichen Abflussschwankungen durchflossen werden (Adapazarı- und Gedizebene), ist Hochwasserschutz von Städten und Kulturlandflächen über Hochwasserableitungskanäle und Flussdeiche eine wichtige Meliorationsaufgabe.

Zum Bau eines großen, modernen, teuren Bewässerungssystems braucht man außer finanziellen und technischen Mitteln nur einige hoch qualifizierte Ingenieure und weisungsgebundene Arbeiter. Schwierigkeiten beginnen da, wo zur Inwertsetzung des Aufwandes eine freiwillige Kooperation größerer Bevölkerungsmassen nötig wird. Der Grad der Ausnutzung ist von Projekt zu Projekt sicher verschieden. Vielen einfachen Bauern in neu erschlossenen Bewässerungsgebieten sind geeignete Bewässerungstechniken noch nicht vertraut. Die meisten überblicken die Chancen und Gefahren der Bewässerung nicht. Man kann sie weder zu Betriebszielen noch zu Anbautechniken zwingen, und der ländliche Bildungsrückstand stellt noch immer ein schweres Handicap dar.

Die Bauern sehen allerdings, dass für das Wasser pro Hektar bare Kosten auftreten, und nehmen mit Misstrauen zur Kenntnis, dass die Planer den Einsatz der gerade angeschafften Pumpen verbieten wollen, damit das staatliche Kanalnetz sich rentiert. Bodenbesitzrechte sind nicht mit den neuen Möglichkeiten abgestimmt, Flurzersplitterung steht einer rationellen Nutzung entgegen. Allenfalls spekuliert man auf eine kurzfristige Gewinnmaximierung durch Monokulturanbau, etwa von Baumwolle, ohne die langfristige Bodenpflege im Auge zu behalten. So bleibt die Ertragssteigerung oft weit hinter dem zurück, was vergleichbare Projekte in Israel leisten.

Hier, wo es auf die Mitwirkung und das Engagement großer Bevölkerungsmassen ankommt, zeigt sich in der Türkei ein geradezu klassisches „Entwicklungsländerphänomen": Die „Spitze" aus Verwaltung und technischen Experten entspricht modernen Standards, während die Breitenwirkung bei der Bevölkerung sich verzögert. Wertvolle

Bild 47: Tertiärbewässerungskanal auf Betonstützen, Akören bei Tefenni: *Beton-Halbröhren von modernen Bewässerungsanlagen durchziehen zahlreiche Fluss- und Beckenlandschaften.*

Technisierung muss also durch intensive agrarische Beratung ergänzt werden, die von den lokalen Ämtern und Genossenschaften personell nur bedingt leistbar ist. Man wird damit rechnen müssen, dass die Anpassung an die Möglichkeiten moderner Bewässerungswirtschaft ein langwieriger Prozess ist, in dem die betroffenen Landwirte in erster Linie aus ihren eigenen Erfahrungen lernen.

Das Großprojekt am Euphrat

Wo cañonartige Durchbrüche von Euphrat und Tigris und ihrer Zuflüsse durch die Gebirge Ostanatoliens mehrere Möglichkeiten für große Wasserstauanlagen bieten, wurde 1975 das bis dahin größte derartige Projekt der Türkei fertig gestellt: der Kebanstausee knapp unterhalb des Zusammenflusses der beiden Euphrat-Quellflüsse Murat und Karasu. Er gehört mit 30 Mrd. m^3 Fassungsvermögen zu den größten Stauseen der Erde. Sein Hauptzweck ist die Stromerzeugung.

Im weiteren Verlauf des Euphrat durch den äußeren Osttaurus und alttertiäre Tafeln des Vorlandes entstanden zwischen 1976 und 1996 mit dem Karakaya-Damm (9,6 Mrd. m^3) zur Energiegewinnung und der Atatürk-Talsperre (Karababa-Damm, 48,7 Mrd. m^3) zur Stromerzeugung und Bewässerung zwei weitere gigantische Stauanlagen des türkischen Euphratprojektes GAP (*Güneydogu Anadolu Projesi* = Südostanatolien-Projekt; vgl. Abb. 81).

Als Kern des Großprojektes mit 13 einzelnen Bewässerungsprojekten (insgesamt 1,86 Mio. ha) und 21 Staudämmen an Euphrat und Tigris staut der Atatürk-Damm in der Nähe von Adıyaman den Strom noch einmal auf fast 100 km Länge um 169 m Höhe zum Atatürk-Stausee auf, dessen Seespiegel durch den Abfluss aus dem Keban- und Karakayastausee ziemlich konstant gehalten werden kann. Ein Teil des Wassers wird 65 m hoch in den kleineren Bedirspeicher gepumpt. Von dort führt ein Tunnel von etwa 30 km Länge durch eine flache Erhebung bis nach Urfa, wo das Wasser den Hauptkanal erreicht, der die Urfa-Harran-Ova nahezu als Ringkanal umläuft. Im Südosten der Ova wird dieser dann parallel zur syrischen Grenze bis gegen Mardin weitergeführt. In einer Breite von 20–40 km wird damit fast das gesamte Land zwischen diesem Kanal und der Grenze bewässerbar, eine Fläche von etwa 706 200 ha. Ende 1994 wurde der Tunnel eröffnet, seit 1996 laufen 328 m^3/sec (10,29 Mrd. m^3/a) durch den Hauptkanal

Nr.	Name des Stausees	Baujahr	Stauvolumen Mio. m^3	Fläche km^2	Bew.fläche ha	inst. Kapazität MW
1	Çubuk	1936	12,5	0,94	–	–
2	Sarıyar	1956	1 900,0	83,83	–	160
3	Seyhan	1956	1 200,0	67,82	174 000	54
4	Kemer	1958	544,0	14,75	27 263	48
5	Hirfanlı	1959	5 980,0	263,0	–	128
6	Demirköprü	1960	1 320,0	47,66	99 220	69
7	May	1960	40,1	7,75	1 800	–
8	Mamasın	1962	165,8	16,20	24 854	–
9	Apa	1962	169,0	12,60	97 015	–
10	Bayındır	1965	7,0	0,71	–	–
11	Almus	1966	950,0	31,30	21 350	27
12	Kesikköprü	1966	95,0	6,50	11 860	76
13	Altınapa	1967	15,0	2,20	1 400	–
14	Kurtboğazı	1967	91,5	5,00	3 780	–
15	Çaygören	1971	130,0	7,25	17 208	–
16	Alakır	1971	91,8	4,28	3 262	–
17	Kadiköy	1972	65,7	6,20	4 428	–
18	Kartalkaya	1972	195,0	11,25	32 480	–
19	Porsuk	1972	431,0	23,40	41 020	–
20	Ömerli	1972	386,5	23,10	–	–
21	Devegeçidi	1972	202,3	32,14	10 600	–
22	Gökçekaya	1972	910,0	20,00	–	278
23	Hasanlar	1972	55,0	2,85	26 450	–
24	Tahtaköprü	1975	200,0	23,40	11 575	–
25	Keban	1975	30 600,0	675,00	–	1330
26	Karaidemir	1980	120,3	14,97	–	–
27	Hasan Uğurlu	1981	1 073,8	22,66	–	500
28	Güzelhisar	1981	158,0	5,80	–	–
29	Suat Uğurlu	1981	182,0	9,70	83 312	46
30	Arpaçay	1983	525,0	41,80	40 420	–
31	Alibey	1983	66,8	4,66	–	–
32	Aslantaş	1984	1 150,0	49,00	149 849	138
33	Oymapınar	1984	300,0	4,70	–	540
34	Çamlıdere	1985	1 226,0	32,00	–	–
35	Kayalıköy	1986	149,9	10,20	14 716	–
36	Kayaboğazı	1987	38,0	4,20	7 080	–
37	Çatören	1987	47,0	4,04	10 816	–
38	B. Çekmece	1987	161,6	43,00	–	–
39	Karakaya	1987	9 580,0	298,00	–	1800
40	Gödet	1988	158,0	6,75	24 000	–
41	Altınkaya	1988	5 763,0	118,31	–	700
42	Tercan	1988	178,0	8,85	29 725	15
43	Kapulukaya	1989	282,0	20,70	–	54
44	Karacaören I	1989	1 234,0	45,5	9 537	32
45	Kılıçkaya	1989	1 400,4	64,42	–	124
46	Menzelet	1989	1 950,0	42,00	177 959	124

Tab. 2: Die Talsperren der Türkei*

Quelle: Enerji ve Tabii Kaynaklar Bakànlığı (Hrsg.) 1997.

Nr.	Name des Stausees	Baujahr	Stauvolumen Mio. m^3	Fläche km^2	Bew.fläche ha	inst. Kapazität MW
47	Adıgüzel	1989	1 188,0	25,90	94 825	62
48	İkizcetepeler	1990	164,6	9,60	1 700	–
49	Gezende	1990	91,9	3,97	–	159
50	Derbent	1990	213,0	16,50	47 727	58
51	Sarımehmet	1991	134,0	10,30	17 700	–
52	Sir	1991	1 120,0	47,50	–	284
53	Atatürk	1992	48 700,0	817,00	872 385	2400
54	Gelingüllü	1993	270,0	23,20	20 474	–
55	Kuzgun	1995	312,0	11,20	22 276	23
56	Demirdöven	1995	34,3	1,45	8 293	–
57	Kırklareli	1995	112,3	6,25	9 050	–
58	Tahtalı	1996	306,7	23,52	–	–
59	Gönen	1996	164,0	14,00	17 553	11
60	Bayramıç	1996	86,5	5,85	15 800	–
61	Çatalan	1996	2 126,3	81,86	–	169
62	Çat	1997	240,0	14,30	22 091	–
63	Kralkızı	im Bau	1 919,0	57,50	–	94
64	Özlüce	im Bau	1 075,0	25,80	–	200
65	Batman	im Bau	1 175,0	49,25	37 744	198
66	Dicle	im Bau	595,0	24,00	126 080	110
67	Birecik	im Bau	1 220,2	56,25	92 700	672
68	Çine	im Bau	349,6	9,34	20 000	36
69	İlisu	im Bau	10 410,0	299,50	–	1200
70	Yedigöze	im Bau	661,6	15,45	–	300
71	Cizre	im Bau	360,0	21,00	120 000	240
72	Kayraktepe	im Bau	4 800,0	133,00	–	421
73	Gördes	im Bau	448,5	14,05	19 260	–
74	Adatepe	im Bau	500,0	18,60	44 030	–
75	Dipni	geplant				
76	Silvan	geplant				

* Eine Auswahl der Talsperren aus der Abb. 80 wird in der Übersicht wiederholt und näher erläutert.

Tab. 2: Die Talsperren der Türkei*

Abb. 80: Talsperren der Türkei.

Abb. 81: Südost-Anatolien-Projekt (GAP), realisierte und geplante Vorhaben.

Quelle: Höfeld 1995.

in die Harran-Ebene zur Bewässerung von bislang 60 000 ha (Ende 1997).

Ein anderer 240 m höher gelegener Kanal wird Wasser aus dem Atatürksee über die Pumpstation Hilvan mit freiem Gefälle zum West- und Südfuß des Karaca Dağ leiten und durch die abzweigenden Sekundärkanäle zusammen mit einigen kleineren Anlagen weitere 147 000 ha bewässern.

Zusammen mit Bewässerungsanlagen am oberen Euphrat und seinen Zuflüssen hätte allein das Einzugsgebiet des Euphrat auf türkischem Gebiet Wasser für 1,3 Mio. ha neuen Bewässerungslandes zu liefern. Dafür wird etwa ein Wasserbedarf von 14,75 Mrd. m^3 veranschlagt. Diese Wassermenge ist schon etwa die Hälfte (nach Ernst 1991 und Schliephake 1992 zwischen 18% und 34%) dessen, was im langjährigen Mittel aus dem Euphratgebiet bei Birecik über die Grenze fließt (28,4 Mrd. m^3).

Jenseits der Grenze hat Syrien einen eigenen Euphratdamm (Asad-Stausee) fertiggestellt und plant die Bewässerung eines Areals von über 800 000 ha. Der Irak, der vom Wasser des Euphrat und des Tigris viel stärker abhängig ist, hat Ausbauprojekte mit Wasseransprüchen von 22 Mrd. m^3. Die Realisierung aller Pläne würde etwa doppelt so viel Wasser erfordern wie das Einzugsgebiet des Euphrat im Durchschnitt liefert. Trotz Absprachen zwischen den beteiligten Staaten über eine proportionale Aufteilung des Wassers seit 1992 bleibt das Euphratwasser in Zukunft ein politisches Prcblem.

Landnutzungsregionen

Die räumliche Gliederung der Agrarlandschaft hat engste Bezüge zu den klimatischen Bedingungen. Kulturpflanzen haben, wie die natürliche Vegetation, klimatische Eignungsräume. Für die Ausgliederung spezifischer Agrargebiete sollten entsprechend charakteristische Kulturpflanzenkombinationen aber in wirtschaftlich bedeutenden Quantitäten auftreten, und großflächig geschlossene Bestellung erlaubt das Relief in Flach- oder Hügellandschaften meist eher als in stark bergigem Relief. So findet man in klimabestimmten Landnutzungszonen neben Flächen durchschnittlicher oder extensiver Nutzung „Intensivgebiete“ geschlossenen und intensiven Anbaus meist in den Becken.

Allerdings ist noch nicht jedes Becken als „Intensivgebiet“ erschlossen. Die beobachtbare Differenzierung der türkischen Agrarlandschaft ist also großräumig determiniert durch das Klima, regional und lokal durch das Relief und letztlich durch unterschiedlich fortgeschrittene Entwicklungsprozesse.

Bei der Erstellung einer Landnutzungskarte (Abb. 82) konnte nur auf wenige Vorarbeiten zurückgegriffen werden. Für die Unterscheidung von türkischen Agrarregionen gibt es außer großmaßstäbigen Beispielkartierungen (Kolars 1963; Tolun-Denker 1964 u. 1970 bisher erst wenige Arbeiten, die über Verbaldarstellungen hinaus zu einer kartographischen Darstellung für das gesamte Land gekommen sind (Yalcınlar 1955; Louis 1966; Höhfeld 1987).

Als Informationsquellen dienten v. a. die Schätzungen der Landwirtschaftsämter über die Flächenanteile einzelner Anbauprodukte in den jeweiligen Landkreisen (unveröffentlichte Daten des Landwirtschaftsministeriums) und darüber hinaus zur genaueren Abgrenzung die Satelliten-Bilder der amerikanischen ERTS-(Landsat-)Serie I und II aus den Jahren 1972/73 und 1975. Dennoch verlangte der Maßstab aus Gründen der zeichnerischen Darstellung und aufgrund unsicherer Sachverhalte Zusammenfassungen und Generalisierungen.

Die Schwarzmeerregionen

Das Auffälligste an der Agrarlandschaft des türkischen Schwarzmeergebietes ist ihr ganzjähriges „Grün“. In tieferen Lagen sind für das Vieh ganzjährig frische Weidemöglichkeiten (Wald, Gebüsch Weiden mit geschlossener Grasnarbe) vorhanden. Es kann so verhältnismäßig mehr Vieh (Rinder, Wasserbüffel) gehalten werden als in den trockeneren Landesteilen. Da keine Bewässerung notwendig ist, beschränken sich Felder nicht auf Tallager. Hänge bis zu 30° Neigung, die im Taurus keine ausreichende Bodendecke aufweisen würden, sind nicht selten bestellt, solange Bodenabspülung diese Chance nicht inzwischen vernichtet hat. Bis in Höhenlagen um 400–500 m im Westen, 800–1000 m im Osten sind die Hänge von Kulturflächen überzogen oder durchsetzt. Auf steileren Hängen wird vielfach mit der Hacke gearbeitet, was bei Mais-, Haselnuss- und neuerdings auch Kartoffelanbau den Boden schont. Die Erschließbarkeit und Erschließung steilerer Hänge ist eine Voraussetzung jener hohen Bevölkerungsdichtewerte, durch die sich die Nordflanke des Pontischen Gebirges von anderen Gebirgen der Türkei unterscheidet.

Der größte Teil des Kulturlandes wird von Getreide eingenommen, wobei der Mais umso stärker dominiert, je feuchter die Sommer sind. In den meisten Kreisen der östlichen Provinzen Artvin, Rize, Trabzon, Giresun und Ordu werden über drei Viertel der Getreidefläche mit Mais bestellt, weiter westlich (Samsun, Sinop) etwas weniger als die Hälfte, in den küstenwärtigen Landkreisen der Provinzen Zonguldak und Bolu wiederum mehr als die Hälfte. Eine große Vielfalt von Baumkulturen und unbewässerten Gemüseflächen ergänzt den Getreidebau. Waldweide und im Osten ab Ordu Hochgebirgsweide treten hinzu. Als sichere und vielfältige Lebensgrundlage für eine Kleinbauernbevölkerung ist der Anbau in den Feuchtgebieten am Schwarzen Meer durch große Vielfalt der Anbauprodukte und enge Limitierung der Anbauflächen durch das Relief gekennzeichnet. Bei der starken Bevölkerungsvermehrung der Gegenwart und bei den gesteigerten Lebensansprüchen genügt das jedoch nicht mehr. Weder eine Ausweitung der Flächen noch Maschineneinsatz sind in nennenswertem Umfang möglich. Die hohen Abwanderungsraten gerade aus den Gebirgen am Schwarzen Meer sind die Folge.

An der türkischen Nordwestküste auf den mäßig geböschten marinen Terrassen und auf den Rumpfflächen, aber auch an steileren Hängen östlich der Sakaryamündung bei Akçakoca hat sich als agrarisches „Intensivgebiet“ eine vielfach flächendeckende Haselnusskultur entwickelt. Der Anbau ist zwar weniger intensiv als im östlichen Schwarzmeergebiet und die erzeugten Qualitäten sind geringer, er dient aber einer nahezu monokulturellen Marktproduktion. Haselnusskulturen hatten sich im 19. Jh. zunächst wohl durch die Initiative der Schwarzmeergriechen ausgebreitet. Der

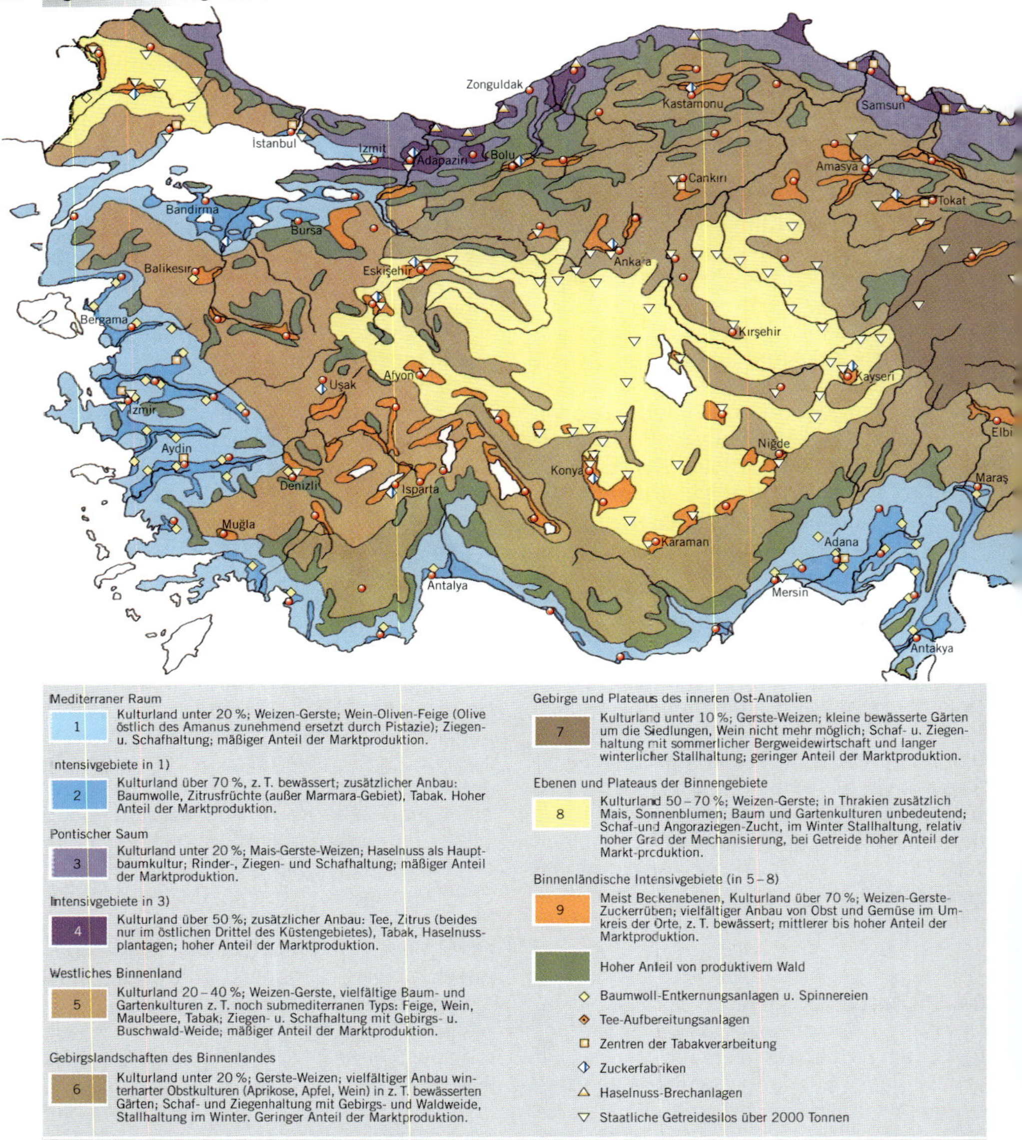

Abb. 82: Landnutzungskarte der Türkei.

Haselnussboom begann 1950 – 54, als Getreideflächen in kurzer Zeit auf ein Viertel eingeschränkt wurden und die der Haselnusspflanzungen entsprechend anstiegen (Emiroğlu 1970).

Als Vorzugsräume gegenüber den südlich anschließenden Gebirgen folgen im Osten flache oder hügelige Intensivgebiete um Ereğli, im unteren Filyostal und im Bartınbecken sowie auf der Halbinsel von Sinop, die weniger durch Spezialkulturen als durch dichte agrarischer Erschließung ausgezeichnet sind. Um Ereğli und Bartın ist Milchviehhaltung und Gemüsebau für das nahe Bergbau- und Industriegebiet von Zonguldak-Karabük von hoher Bedeutung. Für die Deltas von Kızılırmak, Yeşilırmak und die südlich anschließenden Terrassen und tieferen Hänge mit sehr vielfältigem Anbau, wo im trockeneren Mittelteil der türki-

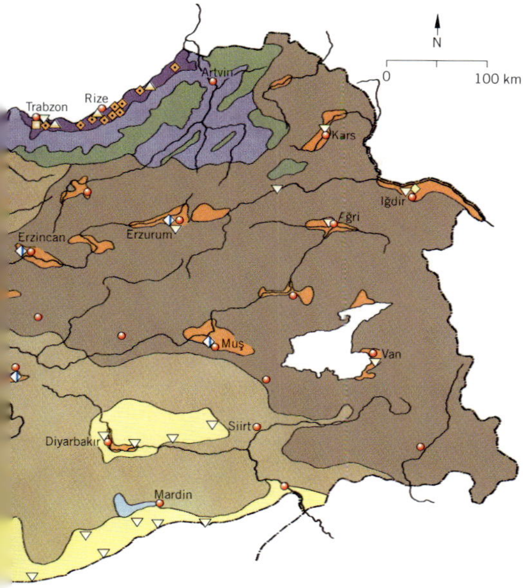

schen Schwarzmeerküste die etwas schwereren „Bafra"-Tabake wachsen, bieten große Stauseen im Hinterland an den großen Flüssen mittlerweile reichlich verfügbare Wassermengen für Bewässerungswirtschaft (u.a. Reiskulturen). Weitere Tabakflächen (insgesamt 50000 ha) verteilen sich auf die hinter den Küstengebirgen gelegenen Becken von Erbaa, Niksar und Tokat. Samsun ist das Zentrum für Aufkauf und Verarbeitung der regionalen Tabakerzeugung.

Die östlich anschließenden Intensivgebiete sind – von sehr schmalen Küstenstreifen abgesehen – Berggebiete mit oft recht steilen Rücken- und Hanglagen, die sich immer noch für Haselnussanbau eignen. Die meisten Landkreise haben Haselnussbestände von mehreren Millionen Sträuchern. Weiter östlich bis zur georgischen Grenze tritt der Haselstrauch wegen zu starker Feuchtigkeit etwas zurück. Bergwärts reicht er bis in Höhen um 800–1000 m. Das bedeutendste Haselnussanbaugebiet umfasst die Provinzen Giresun, Ordu und den Westteil der Provinz Trabzon. Hier ist die teilweise auf Terrassen angebaute Haselnuss das wichtigste Marktprodukt. In vielen Küstenorten finden sich neben privaten Haselnussmühlen Brechanlagen der genossenschaftlichen Fiskobirlik. Giresun ist Hauptsammelplatz und Exporthafen.

Von Trabzon nach Osten tritt neben die großflächig kultivierte Haselnuss in der schmalen Schwemmlandzone am Meer der quantitativ nicht sehr bedeutende Anbau von Mandarinen (um 1000 ha). Teekulturen (1995 etwa 80000 ha) mit Schwerpunkt in der Provinz Rize und Ausläufern nach Westen bis Fatsa und nach Osten bis zur Grenze von Georgien machen im Flächenanteil schon deutlich mehr aus. Der Anbau hat praktisch erst 1938 begonnen, 1950 waren knapp 3000 ha erreicht und 1960 wenig mehr als 14000 ha.

Zum Teeanbaugebiet gehört eine große Zahl Trocknungs-, Röst- und Verpackungsanlagen (Teefabriken), deren Kapazität kaum mit der Expansion des Anbaus Schritt hält. Sie sind in gewisser Dichte (vgl. Abb. 82) notwendig, da sie nach dem Pflücken täglich in möglichst kurzer Zeit erreicht werden müssen. Darüber hinaus liegen in den peripheren Anbaugebieten zahlreiche Sammelstellen der Monopolverwaltung, wo das Pflückgut frisch angeliefert und sofort mit Lastwagen zu den Verarbeitungsbetrieben transportiert wird.

Die Mais-Haselnuss-(Tee-)Zone, die sich nach Nordosten bis nach Georgien hinein fortsetzt, endet im Westen an den Golfen des Marmarameeres. Die thrakische Nordküste ist zu kühl und nicht mehr feucht genug für die Haselnuss.

Die Milde der Winter, die Wärme der Sommer und der nie für längere Wochen aussetzende Regen ermöglichen in den westpontischen Ovas von Adapazarı und Düzce Agrargebiete von beträchtlicher Vielfalt. Mais ist das herrschende Getreide, und die Haselnuss dominiert auf den Randhöhen. Tabak und Obstarten der gemäßigten Zone werden auf den Schwemmfächern angebaut. Das Hauptverbreitungsgebiet der Pfirsichkulturen und die Zucht des Maulbeerbaumes (zur Erzeugung von Seidenkokons) greift aus dem südlichen Marmararaum bis hierher. Die tiefgründigen Beckenböden sind nach ihrer Dränage zu einem Schwerpunkt der türkischen Kartoffel- und Rübenerzeugung geworden.

Vorteil des Raumes Adapazarı-Düzce ist die optimale Lage an der wichtigsten Fernverkehrsverbindung des Staates von İstanbul nach Ankara, die es den Landwirten dort erlaubt, ihre Produkte aus Gemüseerzeugung und Milchviehhaltung gepaart mit intensivem Futterbau auf großen und gut erreichbaren Märkten abzusetzen.

Die mediterranen Anbaugebiete

Auch bei den Küstengebieten am Mittelmeer, an der Ägäis und an der Marmara muss man zwischen den traditionellen, kleinräumigen und zersplitterten Kulturflächen in den Bergländern und Intensivgebieten der Ovas unterscheiden. Der Kontrast ist hier vielfach schärfer als am Schwarzen Meer.

Die Hänge der Gebirge tragen meist nur so geringmächtige Bodendecken, dass eine Ausdehnung von Feldern oder Pflanzungen auf Hanglagen nicht in dem Maße möglich ist wie im Pontischen Gebirge. Lediglich in küstennahen tertiären Berg- und Hügellandschaften aus Mergeln und Flyschen ist eine bessere Bearbeitung möglich. Der Anbau beschränkt sich zumeist auf Talböden, Terrassen, kleine Becken, Dolinen im Kalkgebirge und auf Hangverflachungen. Lediglich durch Baumkulturen – hier meist Ölbäume – sind die steileren Hänge nutzbar.

Die Dichte des kultivierten Landes ist demgemäß in den mediterranen Bergländern gering (kaum mehr als 20 % kultiviert). Die sonstigen Flächen sind Macchie, Restwälder, Ödland und Bergweiden verschiedener Qualität. Sie werden zwar beweidet, aber der relative Futterwert ist geringer als am Schwarzen Meer. Für die Rinder, die man zur Feldarbeit braucht, ist die Futterversorgung oft schwierig.

Der klassische Anbau basiert hier, wie in allen traditionellen Agrarlandschaften des Mittelmeerraumes, auf Weizen, Wein und Ölbaum. Alle drei Hauptprodukte des traditionellen mediterranen Anbaus brauchen keine Bewässerung, ebenso wenig wie die einheimische Baumwolle, die für den Eigenbedarf in kleinen Mengen angebaut wird, oder die kleinen Flächen mit Bohnen, Sesam oder Melonen. Wo man aus Bächen oder Quellen bewässerte Gärten anlegen kann, finden sich Tomaten, Gurken, Paprika, Auberginen, vielleicht auch etwas bewässerter Mais. Bei den Dörfern stehen ein paar Obstbäume, namentlich Feigen und Granatäpfel, auch Maulbeer- und Walnussbäume. Alle diese Produkte reichen zu nicht viel mehr als zur Selbstversorgung aus.

Der Übergang zu den „Intensivgebieten" ist fließend. In Tälern und kleineren Becken lässt sich schon intensiver Bewässerungsanbau wie in den Küstenebenen treiben, wenn hinreichend Wasser verfügbar ist. Ihre abseitige Lage und geringe Größe sind allerdings ein bleibendes Hemmnis für eine weitere Entwicklung.

Die Schwerpunkte der Agrarwirtschaft liegen seit der Mitte des 19. Jh.s in den großen Beckenebenen. Großflächige Beackerbarkeit, tiefgründige Böden und leichte Bewässerbarkeit aus Grundwasser oder Gebirgsflüssen sind entscheidende Vorteile. Nachteile – Versumpfung und Malariagefahr – konnten seit den 1920er-Jahren behoben werden. Es wurden damit Anbaugebiete mit den – je nach Marktlage – einträglichsten Produkten des mediterranen Raumes in Wert gesetzt.

Eines der interessantesten und vielseitigsten Intensivgebiete dieser Art ist die Beckenreihe südlich des Marmarameeres, wo der Übergangscharakter des Klimas vom mediterranen zum pontischen Typ eine große Vielfalt von Produkten erlaubt. Wasserreichtum ohne große Dränageprobleme, gute Böden, nahe Märkte und günstige Verkehrslage an der türkischen „Inlandsee" und zu jungen Industriestandorten – alles das macht sie zu einem agrarischen Vorzugsgebiet ersten Ranges. Die große Industriestadt Bursa am östlichen und der ausgebaute Hafen Bandırma am westlichen Ende der Beckenreihe liefern von Absatz und Verkehrserschließung her alle Voraussetzungen für ein florierendes Anbaugebiet. Hier lag von der Mitte des 19. Jh.s bis zum Ersten Weltkrieg das Schwerpunktgebiet der türkischen Seidenraupenzucht mit Bursa als Hauptverarbeitungszentrum (Stewig 1970). Die relative Bedeutung dieser Kultur ist stark zurückgegangen, und andere Anbauprodukte haben die Stelle der „cash crop" eingenommen.

Die fast durchweg bewässerten Teile der Beckenebenen von Bursa bis Bandırma sind heute für Spezialkulturen erschlossen. Im Becken von Bursa selbst sind es Pfirsichpflanzungen. Konserven- und Saftfabriken und Frischobstpackhäuser in Bursa besorgen die Weiterverarbeitung und Vermarktung. Im Schwemmland zwischen dem Manyas- und Apolyontsee herrscht der

Feldgemüsebau mit Packhäusern und Verarbeitungsbetrieben (Konserven, Tomatenmark, Ketchup) in Kleinstädten und isoliert entlang der Hauptstraße.

Die Beckenreihe wird gegen das Marmarameer durch Gebirge von ganz unterschiedlicher Höhe abgeschirmt, und demgemäß wechseln von Ost nach West feuchtere und trockenere Beckenteile miteinander ab. Im Lee der Gebirge nördlich Bursa, am Gemlikgolf, um den İzniksee und südlich Mudanya, nehmen Ölbäume in geschlossenem, monokulturellem Anbau ohne Unterkultur weite Hangpartien ein. Mit etwa 10 Mio. Bäumen liegt hier das drittwichtigste Olivenanbaugebiet der Türkei.

Weiter westlich, in Lee des um 700 m hohen Karacadağ bei Bandırma, ist die Ebene für bewässerten Baumwollanbau sommertrocken genug – das nördlichste wirtschaftliche Vorkommen in Anatolien. In feuchteren Beckenteilen, den östlich anschließenden Ovas von Inegöl, Yenişehir und Geyve mit Tabakkulturen und ausgedehnten Sonnenblumenfeldern, hat der Zuckerrübenanbau Eingang gefunden. Zu dieser Vielfalt tritt der Futterbau für die Milchviehwirtschaft.

Die intensiven Anbaugebiete in den Grabenebenen des Ägäisgebietes sind sämtlich mediterranen Typs. Regionale Anbauvarianten werden durch klimatische Abstufung von Nord nach Süd und von der Küste landeinwärts, durch Relief, Böden sowie durch die Nähe zu größeren Zentren und historische Anbautraditionen bedingt. Die Talsohlen von Bakırçay, Gediz, Kleinem und Großem Menderes sind meist in voller Breite für Baumwolle genutzt – bewässert über staatliche Bewässerungskanäle und mit privaten Motorpumpen aus den Flüssen oder Brunnen. Regionale Differenzierungen ergeben sich aus Zusatzkulturen, die darüber hinaus zu flächenhafter Bedeutung und marktwirtschaftlichem Gewicht gelangt sind.

Am stärksten ist das Tal des Großen Menderes diversifiziert, sein Mittelteil um Aydın und Nazilli gehört zu den hochwertigsten und entwickeltsten Agrarlandschaften der Türkei. Unterhalb der Talrandkanäle unmittelbar am Rand des Schwemmlandes, auf den tieferen Terrassen und den Säumen der Schwemmkegel sind die Standorte der Zitruskulturen und des Gemüseanbaus. Die klimatische „Spalierwirkung“ am Fuße der Südseite des Aydın Dağ (Troodosgebirge) ermöglicht den rentablen Zitrusanbau landeinwärts bis über Salihli hinaus. In der gleichen Zone am Rand des Talbodens verlaufen Straße und Bahn, und hier vollzieht sich auch die stärkste Siedlungsverdichtung, wo die Intensivkulturen „gleich hinter dem Haus“ angebaut werden können. Die höheren Terrassen und Schwemmkegel tragen weithin geschlossene Feigen- und Olivenpflanzungen. Beide gelten im Mittelmeerraum nicht mehr als „Intensivkulturen“, fallen hier im Menderestal und in seinen südlichen Nebentälern jedoch deutlich durch ihren flächenhaft geschlossenen, marktorientierten Anbau auf. Der Raum um Aydın ist das quantitativ wichtigste Feigenanbaugebiet der Türkei.

Im Tal des Kleinen Menderes ist das Gefüge ähnlich, Zitrusgärten treten zugunsten von Tabak auf unbewässertem Gelände stärker zurück. Hier und in Anbaugebieten um İzmir und im Gediztal liegt der Schwerpunkt der Ägäis-Tabake mit etwa zwei Dritteln der türkischen Produktion. İzmir ist der wichtigste Sammel- und Verarbeitungsplatz.

Um den İzmirgolf liegen die nördlichsten Zitrusanbaugebiete von Marktbedeutung, allerdings ohne hohe Qualität. Vor allem im Delta des Gediz hat der Gemüsebau Baumwolle und Tabak verdrängt, denn die nahe und stark wachsende Großstadt İzmir bietet einen sehr aufnahmefähigen Markt.

Die Ränder des Gediztales zwischen Manisa und Salihli sind einer der türkischen Schwerpunkte des Weinbaus zur Produktion von kernlosen Rosinen (Sultaninen), die nirgendwo sonst in der Türkei in vermarktungsfähigen Mengen erzeugt werden (Talim 1972).

Das nördlichste ägäische Intensivgebiet um den Golf von Edremit hat nur kleine Bewässerungsflächen. Entscheidend ist hier der Rahmen der Ebene, wo auf den sanfteren Hängen des Tertiärhügellandes und auf den Südabhängen des Kaz Dağ (Idagebirge) Oliven in Monokultur (9 Mio. Bäume) gezogen werden. Große Flächen sind im Besitz der Verwaltung der frommen Stiftungen (Vakıf) und werden im Großbetrieb mit einer hohen Pflege der Baumbestände be-

Bild 48: Trocknende Weintrauben: *In Kappadokien liegt einer der türkischen Schwerpunkte zur Produktion von Weintrauben und Rosinen.*

wirtschaftet, die erheblich über dem Standard der bäuerlichen Kleinbetriebe liegt. Das verhilft dem Edremitgebiet zu dem Ruf, die hochwertigsten Öle und Speiseoliven der Türkei zu produzieren.

Unter den kleinen Küstenebenen des Südwestens sind nur die Ebenen von Köyceğiz und von Finike erwähnenswert, v. a. weil hier neben die im Schwemmland dominierende Baumwolle schon in etwas stärkerem Maße Zitruskulturen treten.

An der Südküste bildet der Küstenhof von Antalya keine einheitliche Schwemmlandebene, sondern ausgedehnte Travertintafeln im Norden der Stadt und zerschnittene Tertiärriedel und Terrassen, zwischen denen die Unterläufe der Gebirgsflüsse breite, parallele Talauen geschaffen haben. Vor allem diese Talsohlen und Flussterrassen sind für den bewässerten Anbau erschlossen. Im Umkreis der Dörfer wächst Zitrusanbau aus den Hausgärten in die Feldflur, und in den weiten Talungen dominiert die Baumwolle. Auf Riedeln wird traditionell gemischter Anbau mit hohem Anteil von Weizen betrieben.

Aufgrund ihrer geschützten Lage haben kleinere Intensivgebiete um Alanya, Gazipaşa und Anamur am Küstenbogen zwischen Antalya und Adana eine derart besondere Klimagunst, dass hier neben Zitruskulturen sogar Bananen gepflanzt werden können, die trotz geringer erzeugter Mengen und mäßiger Qualität eine Bereicherung für die großstädtischen Märkte des Landes darstellen. An eine Entwicklung bis zur Exportfähigkeit ist allerdings nicht zu denken. Das Gebiet von Silifke ist eine komplett bewässerte Deltaebene, in der neben Baumwolle der Erdnuss- und Erdbeeranbau flächenmäßig eine bedeutende Rolle spielen.

Von Erdemli bis Mersin zieht sich zwischen Gebirgsrand und Dünenkette ein schmaler Schwemmlandstreifen entlang, der sich in den letzten Jahrzehnten zum wichtigsten Zitrusanbaugebiet der Türkei entwickelt hat. Im Gegensatz zu den mehr kleinbäuerlichen Agrumenpflanzungen im Raum Antalya wurden sie hier vorwiegend auf Initiative von städtischen Unternehmern angelegt, die auch die Vermarktung in der Hand haben. Eine schmale Zone mit stärkerem Anteil an Zitruspflanzungen zieht sich am Gebirgsrand über Adana hinaus nach Osten bis in die obere Çukurova um

Bild 49: Baumwollfelder bei Yılankale (Çukurova): *In der Çukurova hat sich nach dem Zweiten Weltkrieg fast ein Monokulturgebiet für Baumwollanbau entwickelt.*

Kozan und weiter am Fuß des Amanusgebirges entlang bis über İskenderun hinaus nach Süden. Bei Dörtyol am Golf von İskenderun liegt das nach Erdemli-Mersin zweitwichtigste Anbaugebiet, für das erste Impulse bereits vor dem Zweiten Weltkrieg von einem Staatsgut für Zitruskulturen ausgingen.

Das größte und wichtigste Agrargebiet Südanatoliens ist die Çukurova mit ihrem Zentrum Adana. Hier hat sich in der Zeit nach dem Zweiten Weltkrieg fast ein Monokulturgebiet für Baumwollanbau entwickelt (Bild 49), mit dem sonstige Produkte – Melonen und selbst Hochleistungsweizen (Mexikoweizen) – auf Dauer nicht konkurrieren konnten. Der permanente Baumwollanbau ohne Fruchtwechsel hat seit 1975 zu schwerem Schädlingsbefall geführt, der den Anbau teilweise so unrentabel werden ließ, dass weite Flächen guten, bewässerbaren Bodens über zwei Jahre ungenutzt blieben. Die Notwendigkeit und Chance der Diversifizierung des Anbaus wurde angesichts leichter Gewinne aus dem Baumwollanbau bisher nur zögernd wahrgenommen.

In der oberen Ebene, zwischen Misis, Osmaniye und Kozan, wo zahlreiche Gebirgsbäche an ihrem Austritt aus dem Gebirge oder Hügelland leicht abzuleiten sind, hat Reisbau eine alte Tradition, wenngleich die Flächen aus Gesundheitsgründen (Malaria) vom Staat begrenzt sind. Hier ist großflächige Bewässerung weniger weit fortgeschritten und schwieriger, weil das Becken durch Schwemmkegel und Bacheinschnitte stärker reliefiert ist. Weizenanbau und unbewässerte Baumwolle nehmen daher noch größere Flächen ein.

Ein relativ junges Gebiet intensiven Anbaus bildet die Kette kleinerer Becken im Hataygraben jenseits des Amanusgebirges, wo Weizenanbau immer noch größere Flächen einnimmt, obwohl Gebirgsbäche des Amanosgebirges vielfach die Bewässerung der Felder erlauben. Lediglich das Becken um den Amiksee nördlich von Antakya wird nach Drainage und Eindämmung fast ausschließlich mit Baumwolle bestellt.

Die östlichsten Ausläufer mediterraner Intensivkulturen finden sich südlich von Gaziantep und um Kilis an der syrischen Grenze. Bewässerter Anbau beschränkt sich hier auf Talauen kleinerer, nur mäßig in die Kalktafel eingetiefter Flüsse. Die Höhen dazwischen sind durch flächenhaft geschlossenen Anbau von Ölbaum und Feige genutzt, die hier ihre östlichsten Anbaugebiete von marktwirtschaftlicher Bedeutung haben. Alle Vorkommen mediterraner Fruchtbäume weiter östlich sind wirtschaftlich bisher ohne Belang. Lediglich die Pistazien zwischen Gaziantep und Urfa stellen mit knapp 30 Mio. Bäumen (1996) einen Sonderkulturschwerpunkt von wechselnder Bedeutung dar (vgl. Abb. 45).

Die „Kornkammern" der Türkei

Die Tafellandschaften und tieferen Rumpfflächen von Inneranatolien, Zentralthrakien und Südostanatolien eignen sich für Getreidebau. Die Weizenernte in Inneranatolien entscheidet alljährlich über die Sicherheit der Brotversorgung des ganzen Landes, hier liegen die Überschussgebiete des Getreidebaus. Die Verbreitung der Silos der staatlichen Aufkauforganisation markiert die Hauptanbaugebiete recht gut (vgl. Abb. 82). Auffällig ist ein scheinbar mit Silos „unterversorgtes" Gebiet zwischen Konya, Ankara und dem Sakaryaknie, das von drei sehr großen Staatsgütern eingenommen wird, deren Speicheranlagen auch für die Nachbarsiedlungen bereitstehen.

Auffälligstes Kriterium dieser Getreidebaugebiete ist die weitgehende Geschlossenheit der kultivierten Flächen gegenüber den umgebenden Berglandschaften, mit ihren namentlich nach Osten hin viel kleineren, zersplitterten und durch Ödland getrennten Flächen. In den Landkreisen der Hauptgetreidebaugebiete hingegen weist die Agrarstatistik durchweg über 50 %, meist 60 – 80 % und stellenweise noch größere Anteile der Gesamtfläche als Getreideland aus. Unterschiede bestehen lediglich im natürlichen Potenztial und Entwicklungsgrad.

Das innere Thrakien profitiert von seiner Lage im Übergangsgebiet zur Sommerregenzone mit nicht sehr hohen, aber selten ausbleibenden Sommerregen, die neben Weizenanbau in etwas stärkerem Maße Maiskulturen zulassen. Seit drei Jahrzehnten haben in einer Diversifikation des Anbaus Sonnenblumenkulturen stark zugenommen, womit das Spektrum der Anbaufrüchte bereits dem des benachbarten Südbulgarien ähnelt, auch wenn die Bearbeitungsintensität mit nach wie vor praktizierter Feld-Brache-Wirtschaft und Kleingliedrigkeit der Flur hinter dem bulgarischen Nachbarraum zurücksteht.

Im zentralanatolischen Getreidebaugebiet erlauben die klimatischen Bedingungen keinen unbewässerten Maisanbau. Weizen nimmt über zwei Drittel der Getreideflächen ein, der Rest ist meist Gerste. Nur im Osten, um Kayseri-Niğde-Nevşehir findet sich stellenweise Roggen auf 10 – 20 % der Anbauflächen. In Inneranatolien wird Getreide in zweijähriger Rotation angebaut: Auf ein Fruchtjahr folgt zur Erhaltung von Bodenfruchtbarkeit und Bodenfeuchte ein Brachejahr. Sowohl Stoppelbrache als auch gepflügte Brache (Schwarzbrache) kommen vor. Schwarzbrache „speichert" das Bodenwasser besser, ist aber erosionsanfälliger. Stoppelbrache hat höhere Verdunstungswerte, erlaubt aber eine Beweidung und bietet mehr Erosionsschutz.

Da Inneranatolien den Hauptanteil der türkischen Getreideflächen stellt, hat sich bei der starken Expansion des Getreidebaus in der gesamtstaatlichen Bilanz des Acker-Brache-Verhältnisses kaum etwas geändert: Nach wie vor liegt ein Drittel der Ackerflächen im Land jährlich brach. Zunehmende Dauernutzung in den Intensivgebieten, wo Brachen kaum vorkommen, wird durch Expansion des Feld-Brache-Systems in den betreffenden großflächigen Anbaugebieten kompensiert. Vor allem an den früh erschlossenen Rändern Inneranatoliens und ausgreifend in die westlich anschließenden Becken fallen große geschlossene Anbaukomplexe eines entsprechenden Zweizelgensystems auf. Hingegen wird Feld-Brache-Wechsel auf den später kultivierten Tafellandschaften um den großen Salzsee, im Zentralteil des Kızılırmakbogens, in Teilen der Flachlandschaften am oberen Sakarya und Porsuk und in Gebieten konzentrierter Muhacirkolonisation individuell geregelt.

Die Erträge des Getreidebaus sind in Inneranatolien gering. Auf den Tafeln um den Salzsee wird kaum mehr als eine Tonne pro Hektar geerntet. Zu den Rändern des Hochlandes hin steigen mit höheren Niederschlägen und besser geeigneten Steppenböden die Erträge stellenweise bis auf 3 Tonnen an.

Die Einschränkung der Weidemöglichkeiten auf karge Ödlandtriften und Brachfelder durch die Expansion des Getreidebaus hat bisher kaum zum Rückgang der Kleinviehbestände geführt. Großviehhaltung hingegen konnte durch Mechanisierung des Anbaus reduziert werden, sodass der größere Futteranfall (Stroh) aus dem Getreidebau eine bessere Winterfütterung der Kleinviehherden ermöglicht.

Die Intensivgebiete innerhalb des zentralanatolischen Getreidebaugebietes sind in ihrem Kern meist traditionell bewässerte Gebirgsrand-„Oasen", deren „Baumreichtum" sich meist auf die Ränder bewässerter Feldparzellen beschränkt, auf denen Getreide (ohne Brache) und Gemüse angebaut wird. Hier haben sich Anbauschwerpunkte mit regionaler Bedeutung herausgebildet, so Apfelanbau um Akşehir mit Packhäusern und Saftfabriken und im Raum Kayseri-Nevşehir-Niğde, wo neben den Marktprodukten Kartoffeln (Bengsch 1985) und Rosinen zunehmend türkischer Wein erzeugt wird (Bild 48). Um die Kerne der alten, kleinparzellierten Intensivgebiete mit ihrer Anbauvielfalt legt sich durch Verlängerung der Bewässerungskanäle in die Ebenen oft ein Halbkreis mit Bewässerungsfeldbau auf größeren, baumlosen Flächen, mit großzügigerer Flurgliederung und der Möglichkeit zu stärkerem Maschineneinsatz.

Die Getreidebaulandschaften Südostanatoliens beschränken sich auf die flachen Tafeln entlang der syrischen Grenze und auf flache Riedel zwischen den Zuflüssen des Tigris im Becken von Diyarbakır, die bis zu den umgebenden Gebirgsrändern hin geschlossen beackert werden. Während dort aufgrund der Niederschläge um 400 mm gute Durchschnittserträge erzielt werden, haben die Tafeln um Urfa häufiger dürrebedingte Missernten. Lediglich im Becken von Urfa-Harran mit tiefgründigen Böden und zahlreichen periodischen Zuflüssen, das ähnlich wie die Täler um Diyarbakır für den Bewässerungsfeldbau des GAP-Projektes vorgesehen ist, reicht das gespeicherte Bodenwasser für alljährlich relativ gute Durchschnittserträge.

Die östlich anschließenden südostanatolischen Tafeln, in einem der trockensten Gebiete der Türkei mit wenig über 300 mm Niederschlag im Jahresmittel, werden zum großen Teil von dem Staatsgut Ceylanpınar bestellt, das die Dimension eines größeren Landkreises hat. Der Einsatz modernster Agrartechnologie erlaubt hier ohne jede Bewässerung Erträge weit über dem Durchschnitt der Umgebung. Allerdings praktiziert auch das Staatsgut die zweijährige Rotation. Auch weiter östlich, in dem schmalen Saum der Gebirgsfußzone südlich des Tur Abdin (Mardingebirge), werden auf fruchtbaren rotbraunen Böden bei Niederschlägen um 400 – 600 mm trotz konventioneller Anbaumethoden weit überdurchschnittliche Erträge erzielt.

Gebirge und Becken der Binnenräume

Der größte Teil des türkischen Staatsgebietes hat so stark gegliedertes Relief, dass Ackerbau hier nur in begrenztem Umfang betrieben werden kann. Ein Teil der Randgebirge trägt Wälder, die noch einen nennenswerten Anteil von hochstämmigen Beständen aufweisen, in denen nur vereinzelte Rodungsinseln liegen (Abb. 82, generalisierend umgrenzt). Der forstwirtschaftliche Wert der flächenhaft nicht unbedeutenden Eichenbuschwaldbestände des östlichen Taurus ist unbedeutend.

Die Anbaumöglichkeiten in den Gebirgen zeigen infolge verschiedener Lagekriterien neben kleinräumigen orographischen Varianten großflächige, klimatisch bedingte Unterscheidungen. Unter agrargeographischen Gesichtspunkten lassen sich die Innenseiten der nördlichen und südlichen Randgebirge einschließlich des Hauptteils des äußeren Osttaurus und der ihm vorgelagerten Berg- und Hügellandschaften zusammenfassen. Davon zu unterscheiden ist das westanatolische Binnenland mit weitgehend submediterranen Klimaeinflüssen und das zentrale Ostanatolien mit kurzen Sommern und strengen Wintern (vgl. Abb. 82).

Das *westanatoliscbe Binnenland* erscheint, auch wo es gebirgig ist, in vieler Hinsicht bevorzugt: Nur wenige, räumlich begrenzte Gebirgsstöcke überragen dort die Waldgrenze, während der Hauptteil West-Inneranatoliens mit 500 – 800 m Niederschlag im Bereich submediterraner Klimabedingungen liegt. Der Feige, die noch vielfach in Hausgärten steht, kommt im Raum um Balıkesir wirtschaftliche Bedeutung zu. In den südwestlichen Becken von Denizli und Çivril wächst Baumwolle, und fast das ganze Gebiet kennt noch Tabakanbau. Wein gedeiht hier überall, Maulbeerbäume finden sich bei den meisten Dörfern, und um Afyon Karahisar, Burdur und İsparta wird als regionale Spezialkultur unter staatlicher Kontrolle (!) Mohn angebaut. Zwischen dem Weizen stehen gelegentlich unbewässerter Mais und Sonnenblumen. Gepflegte Obstbäume und stehen gelassene Walloneneichen durchsetzen die Felder. Schütterer immergrüner Eichenbusch mit einigen restlichen Kiefern dazwischen überzieht weithin die steileren Hänge und bietet den Kleinviehherden der Dörfer ihre Weide.

Insgesamt liegt im inneren Westen der Türkei der Kulturlandanteil meist bei 20–40%. Die weit verbreiteten neogenen Mergel und Flysche haben überwiegend für eine Beackerung günstige sanftere Hänge mit ausreichenden Bodendecken. Allerdings ist Mechanisierung trotz des zunehmenden Motorpumpeneinsatzes für Zuckerrübenbewässerung schwierig. Intensivierung und Vielseitigkeit klimabedingter Anbaumöglichkeiten können nur begrenzt genutzt werden, solange moderne Hanglagenbearbeitung fehlt.

Die Landnutzung in den *inneren Gebirgen* ist gegenüber dem Westen im allgemeinen durch strengere Winter aufgrund größerer Binnenlage und Höhenlage benachteiligt. Das Gebiet eignet sich in erster Linie für Kleinviehzucht, die bis an die Schwelle der Gegenwart der entscheidende Wirtschaftszweig war (Bild 50). Nutzbare Flächen mit ausreichender Bodendecke sind wegen des erheblich steileren Reliefs auf Täler und kleine Becken, seltener auf Hochflächen beschränkt. Der Anbau ist meist kleinflächig und stark zersplittert. Weizen und Gerste sind die Hauptprodukte. Kaum ein Landkreis im Gebirge ist zu mehr als 10–15% ackerbaulich genutzt, sofern er nicht Anteil an einer Beckenebene hat. Die Konzentration der Siedlungen auf die Täler erlaubt in Dorfnähe neben dem Anbau von unbewässertem Wein kleine Bewässerungsflächen mit etwas Gemüse, ein paar Obstbäumen oder Pappeln und hier und da auch bewässerten Getreidebau. Unterschiedliche Niederschlagsverteilung im Norden und Süden beeinflussen die Anbauchancen für bestimmte Produkte. Die Kalksteine des Taurus bieten andere Möglichkeiten als die dominierenden Flysche, Mergel und vulkanischen Gesteine im Norden. Historische Entwicklungen haben in einzelnen Gebirgen das Überleben alter Bewässerungstechniken ermöglicht, in anderen ließen sie nur die nomadischen Traditionen bestehen. Über die Selbstversorgung geht das alles kaum hinaus.

Die kahlen Gebirge und Hochflächen des *inneren Ostanatolien* erscheinen am stärksten benachteiligt. Selbst die Höhenlage der Täler ist meist so beträchtlich, dass klimatisch anspruchsvollere Produkte nur an sehr wenigen Stellen kultiviert werden können. Weinbau ist nirgendwo möglich. Zumindest für den Anbau von Wintergetreide sind die Klimabedingungen aber noch bis über 2000 m hinaus gar nicht schlecht. Die Hänge der Gebirge haben als Weidemöglichkeiten für Kleinvieh bis weit in den Sommer hinein frischen Graswuchs, nur die Winterfutterbeschaffung setzt Grenzen, da die Herden mehrere Monate eingestallt werden müssen.

Überall dort, wo Oberläufe der großen Ströme das Relief nicht sehr stark zerschnitten haben und sanftere Hänge die neogenen Kalktafeln und die vulkanischen Hochflächen überziehen, kann Getreidebau betrieben werden: Hochflächen um den oberen Kızılırmak, Vulkanplateaus am oberen Murat bei Ağrı und Malasgirt, bei Kars und östlich Van sind weitgehend beackert. Viele Landkreise werden hier bis zu 20–30% von Getreideflächen eingenommen. Die recht mäßigen Hektarerträge sind weniger eine Folge von Klima und Boden als vielmehr des immer noch sehr traditionellen Anbaustils.

Im Nordosten dieses inner-ostanatolischen Raumes, wo sich nördlich des Arastales das Niederschlagsregime ändert, ermöglichen Sommerregen einen reicheren Graswuchs. Hier tritt an die Stelle von Kleinviehhaltung in verstärktem Maße Rinderzucht mit Milchwirtschaft. Da nennenswerte Frischmilch-Absatzmärkte noch aufgebaut werden müssen, entwickelte sich in Kars eine überregional bedeutende Käseproduktion.

Lokale Vorzugsgebiete in den Gebirgen der Türkei sind die Ovas, wo größere zusammenhängende Flächen bestellt werden

Bild 50: Schafherde im Aksu Dere (Taurus, Eğridirsee): *Die inneren Gebirge sind in erster Linie für Kleinviehzucht als entscheidendem Wirtschaftszweig geeignet.*

können, vielfach Bewässerungsmöglichkeiten vorhanden und zudem Maschinen einsetzbar sind und wo durch Anschluss an Fernverkehrslinien und nahe Städte Absatz möglich wird. Unterschiedliche klimatische Bedingungen der Ovas zeigen sich hier mehr in den Baum- und Gartenkulturen als im flächenmäßig überall dominierenden Feldbau.

Im Westen markieren die Becken von Balıkesir, Denizli, Inegöl oder Yenişehir den Übergang zu den mediterranen Ovas. Vielfach durchsetzen noch submediterrane Baumkulturen die bewässerten Ackerflächen. Auch die Becken im „Seengebiet" sind klimatisch gegenüber dem Hochland bevorzugt. Obwohl hier offene, baumlose Getreideflächen dominieren, sind die Dörfer an den Beckenrändern noch in bewässerte Baumhaine und Gärten eingebettet. Bevorzugt aufgrund ihrer relativ tiefen Lage sind auch die Becken um den mittleren Yeşilırmak, um Tokat und Amasya, wo vereinzelt Feigen und Maulbeerbäume, um Erbaa sogar Oliven ein klimatisches Potenzial andeuten, das bisher allenfalls durch Tabakanbau ausgenutzt wird.

Die Becken von Elbistan, Malatya, Elazığ, Muş oder Van auf der Innenseite des östlichen Taurus liegen bereits so weit binnenwärts und derart durch Gebirge abgeschirmt, dass Baum- und Gartenkulturen um die Städte herum intensive Bewässerung erfordern. Flächenmäßig herrscht in diesen Becken der Weizenbau vor.

Die nordöstlichen Becken von Sivas, Erzincan, Erzurum, Pasinler, Ağrı, Doğubayazıt und Kars liegen nahe der Wasserscheide zwischen Euphrat und den Schwarzmeerzuflüssen und demgemäß sehr hoch zwischen 1200 und 1900 m. Baum- und Gartenkulturen treten hier völlig zurück. Lediglich in der Iğdır-Ova lassen tiefe Lage und hohe sommerliche Einstrahlung Weinbau und bewässerten Baumwollanbau zu. Im Vergleich zum physisch genauso ausgestatteten Eriwangebiet auf der armenischen Beckenseite wirkte der türkische Teil bis zum Ende der Sowjetunion aufgrund der nahen Grenze und der peripheren Lage im Staatsgebiet extrem unterentwickelt. Jüngere Veränderungen bleiben abzuwarten.

Wichtigste Neuerung in vielen Becken und auf flachen Riedeln der türkischen Binnenlandschaften ist der vom Staat stimulierte Anbau der Zuckerrübe, die in winterkalten Becken außer Getreide als „cash crop" rentabel nur auf tiefgründigen Böden mit Bewässerungsmöglichkeiten angebaut werden kann. Seit dem Zweiten Weltkrieg wurden 31 staatliche Fabriken (1990) der staatlichen Zuckergesellschaft teilweise bewusst in jenen Becken gebaut, wo sonst kaum andere Intensivierungen möglich waren. Für die entsprechenden Ovas sind sie die wichtigste Voraussetzung für marktorientierten Anbau, und Verträge mit den Zuckerfabriken sind das entscheidende Mittel, um auf die traditionelle Bodenbearbeitung in diesen Peripherräumen Einfluss zu nehmen.

Die Zuckerrübenerzeugung ist somit relativ weit gestreut, mit Schwerpunkten in den Binnenlandschaften Zentral- und Ostanatoliens. Von den Erträgen her gesehen ist das kein Nachteil, weil das sommertrockene, strahlungsreiche Klima der Hochländer zwar zu mäßigen Gewichtserträgen führt, dafür den Zuckergehalt aber relativ stark ansteigen lässt (Kortum 1982 u. 1986).

Zwischen Subsistenz und Weltmarkt

Mangels Katasterkarten sind fast alle Angaben der türkischen Agrarstatistik über Anbau und Produktion – trotz detaillierter Daten – mehr oder weniger von lokalen landwirtschaftlichen Behörden kalkulierte Schätzwerte, die von deren Erfahrung und Korrektheit abhängen und nur in der Größenordnung verwendbar sind. Darüber hinausgehende Genauigkeit findet man nur bei Exportmengen, die vom Zoll erfasst werden können, und bei Produkten, die von staatlichen Instanzen leicht zu kontrollieren sind, wie bei Tabak, Tee oder Zuckerrüben. Bei einigen Industriepflanzen ist die genaue Erfassung der angelieferten Mengen über die Verarbeitungsbetriebe möglich. Die Produktionsangaben für Baumwolle oder Haselnuss sind erheblich verlässlicher als die für Getreide, Gemüse oder Vieh, wo Teile der Produktion dem Eigenkonsum oder der unkontrollierten Beschickung kleiner Märkte dienen.

Die Getreideproduktion

Unter den Getreidearten nimmt der Weizen die wichtigste Stelle ein; seine Produktionszahlen entscheiden über die Ernährungssicherheit des Landes. Bei den Produktionsmengen zeigt sich im Vergleich mit der Getreideanbaufläche eine interessante Entwicklung (Abb. 83 u. 84):

Nach Produktionsausfällen während des Zweiten Weltkrieges stieg die Erzeugung 1950–55 relativ rasch von Werten um 4 Mio. t auf solche um 8 Mio. t an. Dieser Anstieg erfolgte parallel zur Ausweitung der Getreideflächen. Etwa seit 1960 (9,8 Mio. ha) ging diese flächenhafte Expansion nicht mehr weiter, während die Erträge bis auf Mengen um 20 Mio. t anstiegen. Hier zeigt sich die beginnende Intensivierung der Landwirtschaft: Mit dem Übergang vom Feld-Brache-System zum Dauerackerland aufgrund neuer Bewässerungsmöglichkeiten in den Becken wurden seit Beginn der

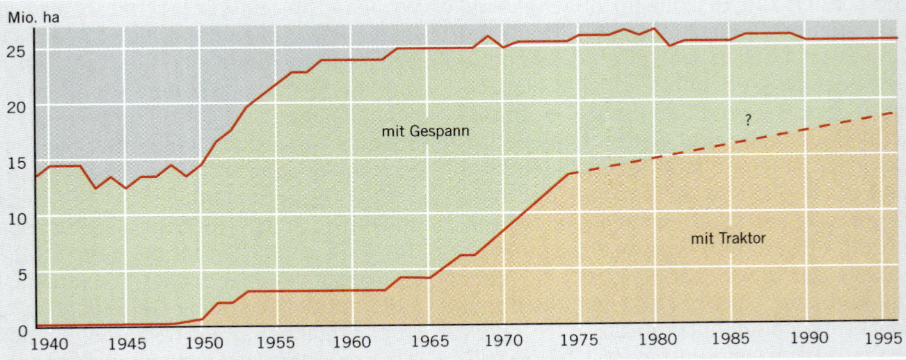

Abb. 83: Anstieg des bearbeiteten Ackerlandes: *Der Anteil der mit Traktoren bearbeiteten Fläche ist seit 1965 in den Becken- und Plateaulandschaften stark gestiegen (jüngere Daten nicht vorhanden).*

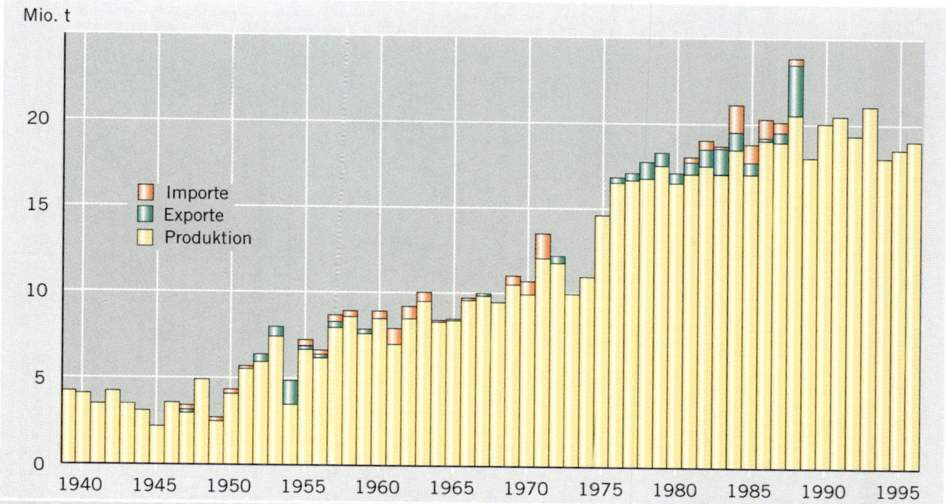

***Abb. 84: Anstieg der Weizenproduktion:** Die Zunahme von 1950–55 geht vorwiegend auf Anbauflächenausweitung zurück, der Anstieg seit 1965 auf zunehmenden Kunstdüngerverbrauch und auf steigende Mechanisierung. Die Werte für Export und Import sind nur für ausgewählte Jahre eingetragen.*

70er-Jahre bei steigendem Kunstdüngereinsatz immer mehr agrare Flächenanteile mit Maschinen bearbeitet. Der agraren „Flächenexpansionswelle“ der frühen 50er-Jahre folgte eine agrare „Intensivierungswelle“. In den Anfangsjahren dieser Entwicklung hatte dieser Boom die Türkei zu einem Getreideexportland gemacht.

Die Phase, in der die Türkei ein Getreideexportland zu werden schien, ist längst vorbei (Export 1996 bei 1,8 Mio. t). Fortschreitender Bevölkerungsanstieg und bessere innerstaatliche Möglichkeiten regionalen Versorgungsausgleichs haben seit Mitte der 50er-Jahre dazu geführt, dass die Eigenversorgung gedeckt werden konnte, wenn nicht sogar Getreide importiert werden musste. Dass auch in solchen „Mangeljahren“ Weizen exportiert wurde, hatte kommerzielle Gründe: Die kleberreichen „Hartweizen“ der Türkei erzielen auf dem Weltmarkt wegen ihrer besseren Eignung zur Herstellung von Trockenbackwaren (Makkaroni, Nudeln) höhere Preise als die „Weichweizen“ der USA oder Kanadas. Mittlerweile ist die Weizenerzeugung durch Erhöhung der mittleren Hektarerträge, die derzeit bei 2,1 t/ha (1993) liegen, weiter angestiegen. Landwirtschaftsexperten halten bei optimaler Bearbeitung im größten Teil der Türkei Ernten bis zu 4 t pro ha für möglich.

Die Erzeugung von Gerste, die als zweitwichtigstes Getreide des Landes der menschlichen Ernährung (*Bulgur* = Grütze) wie auch als Viehfutter dient, hat den Boom mit etwas weniger als der Hälfte der Weizenproduktion weitgehend mitgemacht und schwankt seit Jahren um 7,5 Mio. t.

Die übrigen Getreidearten sind dem Produktionsanstieg seit Mitte der 60er-Jahre kaum gefolgt: *Roggenanbau* wird seit Anfang der 50er-Jahre ähnlich wie der von Hafer zurückgefahren (1995/96: 0,2 bzw. 0,25 Mio. t). Die *Hirse* ist trotz der Propagierung von Futterhirsen als Sommerfrucht sogar auf rund 5000 t zurückgegangen. Lediglich der *Mais* zeigte noch einen Anstieg auf 2 Mio. t mit später stagnierender Tendenz. Leicht ausgeweitet wurde auch der *Reisanbau* bei unbedeutenden Gesamtmengen (130 000 – 160 000 t).

Die Fettpflanzen

Bei den fettliefernden Pflanzen nimmt die *Olive* (1995: 1,4 Mio. t; vgl. Abb. 85) die weitaus wichtigste Stelle ein. Die Produktion von Speiseoliven und Olivenöl (170 000 t), die fast ausschließlich in der Türkei selbst verbraucht wird und den

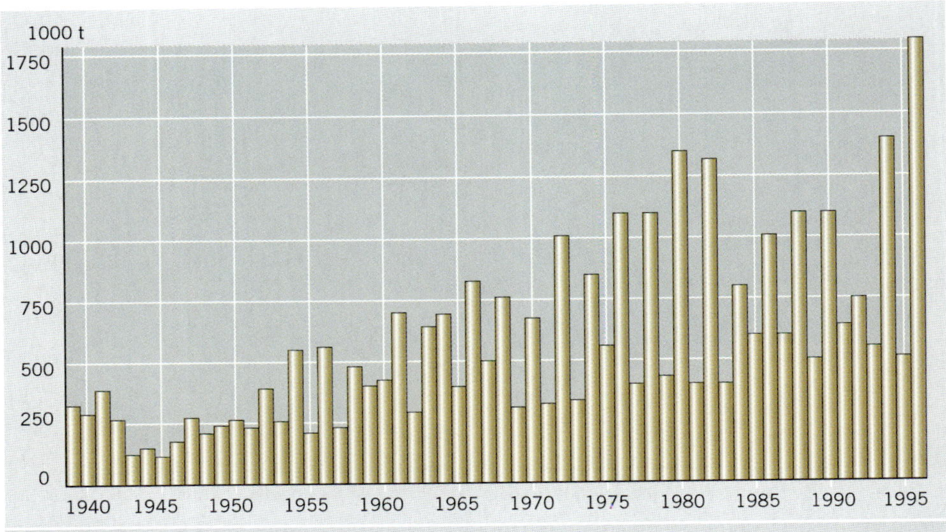

Abb. 85: Olivenernten.

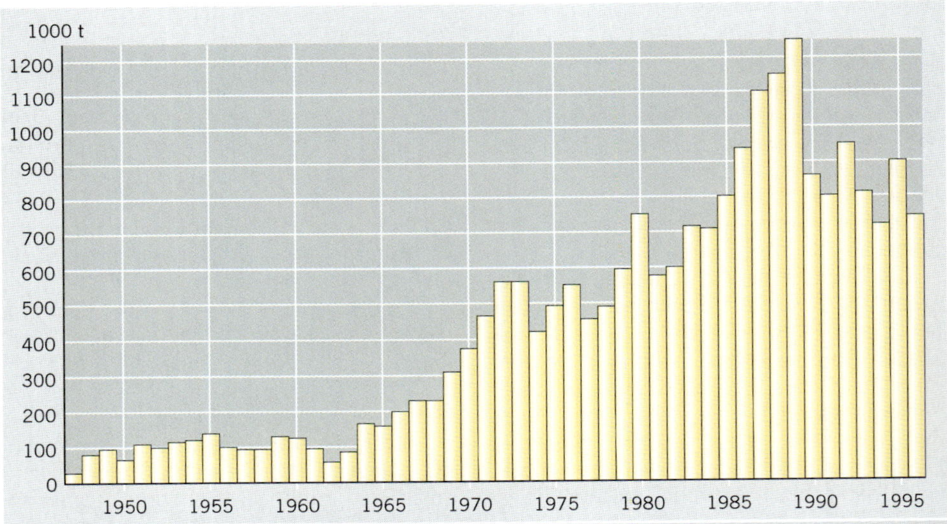

Abb. 86: Produktion von Sonnenblumenkernen.

(wachsenden) einheimischen Bedarf deckt, ist langfristig kontinuierlich gestiegen. Bei rechtzeitiger Planung könnte die Pflanzenfettversorgung des Landes langfristig gesichert werden, weil im mediterranen Klimabereich der Türkei weite Hangflächen, die nicht beackerbar sind, für Olivenkulturen in Frage kommen. Bei den Produktionszahlen fallen allerdings die starken jährlichen Schwankungen auf. Diese sind zum großen Teil auf die traditionelle Erntetechnik zurückzuführen, bei der die Früchte mit Stöcken abgeschlagen werden und dabei die Wachstumskeime für das nächste Jahr so geschädigt werden, dass die Folgeernte im Ertrag stark zurückbleibt.

Noch extremere Ertragsschwankungen zeigen *Pistazien*. Wenn im Hauptanbaugebiet zwischen Gaziantep und Urfa ergiebige Niederschläge zur optimalen Zeit (Früh-

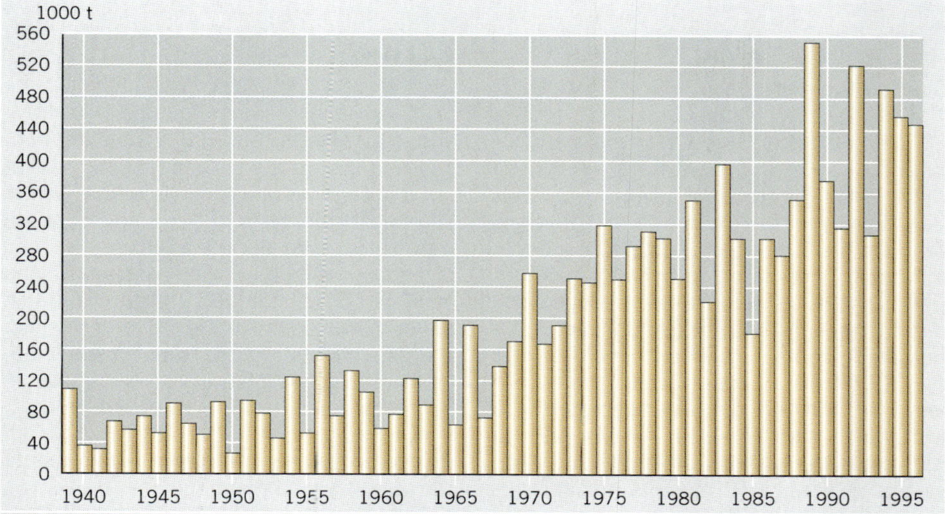

Abb. 87: Entwicklung der Haselnussernten.

jahr) fallen, können Rekordernten erreicht werden wie etwa 1991 (64 000 t). Die Pistazienfrucht ist heute nicht mehr wichtiger Pflanzenfettlieferant regionaler Selbstversorgung für Südostanatolien, sondern als Trockenfrucht ein begehrter Handelsartikel. Bisher wird der größte Teil noch in der Türkei selbst abgesetzt. Bei geringen absoluten Mengen ist der Wert relativ hoch (1993/94: 1 kg etwa 2 US-$). Planmäßige Vermarktung und Export sind noch kaum organisiert.

Sonnenblumen, bis in die Mitte der 60er-Jahre auf den Raum um das Marmarameer, v. a. auf Thrakien konzentriert, erlebten eine beträchtliche Ausweitung in Bewässerungsgebieten Zentral- und Westanatoliens mit Erntemengen von bis zu 1 Mio. t im Jahr (vgl. Abb. 86).

Mit dem starken Anstieg der Baumwollproduktion stieg zunächst auch die Erzeugung von *Baumwollsaat* bzw. daraus gewonnenem Öl und den entsprechenden Rückständen (Ölkuchen). Der größte Teil davon wurde früher exportiert (Mittel 1966–69: um 275 000 t, 1993 nur noch um 75 000 t), obwohl diese Produktionsrückstände angesichts des miserablen Ernährungszustandes der Rinder im eigenen Land als Futtermittel durchaus dringend gebraucht werden. Der Devisengewinn wurde jedoch als wichtiger erachtet, und vielen Bauern war die Zufütterung von Kraftfutter noch wenig vertraut.

Bei der *Haselnuss*produktion am Schwarzen Meer hat die Türkei eine dominierende Stellung auf dem Weltmarkt. Die türkischen Ernten (Abb. 87) mit um die 500 000 t stellen etwa 75 % der Welternte (Italien, Spanien und die USA folgen mit weitem Abstand). Diese Stellung kann nur gehalten werden, solange im türkischen Schwarzmeergebiet bäuerliche Arbeitskraft im Überfluss vorhanden ist, denn mechanisierungsfähig ist der Anbau kaum. Haselnussproduktion ist im Sinne der Arbeitsbeschaffung in einem wenig entwickelten Agrargebiet sehr sinnvoll und für das Land einer der wichtigsten Devisenbringer. Ein großer Teil der Ernte wird nach der Entschalung exportiert (1995: 158 000 t). In keinem Teil der Türkei ist die Aufmerksamkeit von Kaufleuten so stark auf Westafrika gerichtet wie im Haselnussexporthafen Giresun: Wenn die Kakaopreise anziehen, steigt zum Preisausgleich auch der Haselnussbedarf der Schokoladenfabriken Europas, wohin der größte Teil der Produktion abgesetzt wird.

Die Produktion der traditionellen Fettpflanze der mediterranen Ebenen, *Sesam*, ist von (1955) 80 000 t auf (1995) 30 000 t gesunken, damit weitgehend verdrängt, und spielt quantitativ genauso wenig eine Rolle wie Raps, Hanf-, Flachs- oder Mohnsamen. Die *Erdnuss*-Ernten dagegen haben sich von (1955) 6000 t auf (1995) 79 000 t mehr als verzehnfacht.

Gemüse, Wein und Obst

Nach erzeugter Menge und Wert stehen *Trauben* an erster Stelle. Was von der Produktion, die seit dem Zweiten Weltkrieg mehr als verdreifacht wurde (1994: 3,5 Mio. t), nicht zu Wein (1,5 Mio. l) vergoren wird, geht zu über 50 % als Frischobst auf den Binnenmarkt. Vom Rest wird kaum die Hälfte zu Sirup (*Pekmez*) eingedickt, der früher eine Art Zuckerersatz war. Die übrigen Trauben werden zu Rosinen (360 000 t) verarbeitet. Dabei spielen nur kernlose Trauben des Ägäisgebietes, die Sultaninen, eine Rolle für den Export, die mit mehr oder weniger stagnierendem Absatz zu 80 % (170 000 t) ins Ausland gehen. Getrocknete Früchte haben angesichts heute so vielfältiger Möglichkeiten der Frischobstversorgung keinen expandierenden Markt mehr. Deshalb stagnieren auch die Produktionszahlen der *Feigen* (1994: 280 000 t), einst ein Hauptexportartikel des türkischen Ägäisgebietes.

Mengenmäßig etwa gleich groß ist die Produktion von *Zucker-* und *Wassermelonen* mit (1994) 5,4 Mio. t, die im Land selbst verbraucht werden, weil zu hohe Transportverluste und zu hohe Transportkosten jeden Export verbieten. Das Gleiche gilt für *Tomaten*, deren Erzeugung (1994) etwa 6,4 Mio. t erreichte, auch z.T. für *Kartoffeln*, deren Produktion seit Kriegsende relativ rasch auf 4,4 Mio. t (1994) angestiegen ist, aber keine exportfähigen Mengen und Qualitäten aufweist. Die Produktion von *Leguminosen* und feineren *Gemüsen* deckt nur deshalb den Landesbedarf, weil große Teile der Bevölkerung mit den eigenen Hausgartenerzeugnissen zufrieden sind. Die Expansion der „Plastik-Kulturen" an der Südküste seit 1970 dient bisher weitgehend der Kompensierung einer äußerst mäßigen Binnenmarktversorgung im Winterhalbjahr mit Tomaten und Gurken. Von nennenswertem Export (gut 5 % der Produktion) kann man bisher kaum reden. Die Zukunftschancen, die im Anbau von *Frühgemüse* und *Frühobst* (Erdbeeren) an der türkischen Mittelmeerküste liegen (Gschwender 1987; Struck 1989), sind zwar erkannt, bei dem vorhandenen Potenzial aber noch lange nicht optimal genutzt. Unter dem Stein- und Kernobst ist die Erzeugung von *Pfirsichen* rapide gestiegen (1955: 20 000 t; 1994: 375 000 t), ähnlich wie die der *Äpfel* im gleichen Zeitraum von 100 000 t auf fast 2,1 Mio. t. Hier ist über die Fruchtsaftindustrie der steile Aufstieg gelungen, allerdings kaum für den Export.

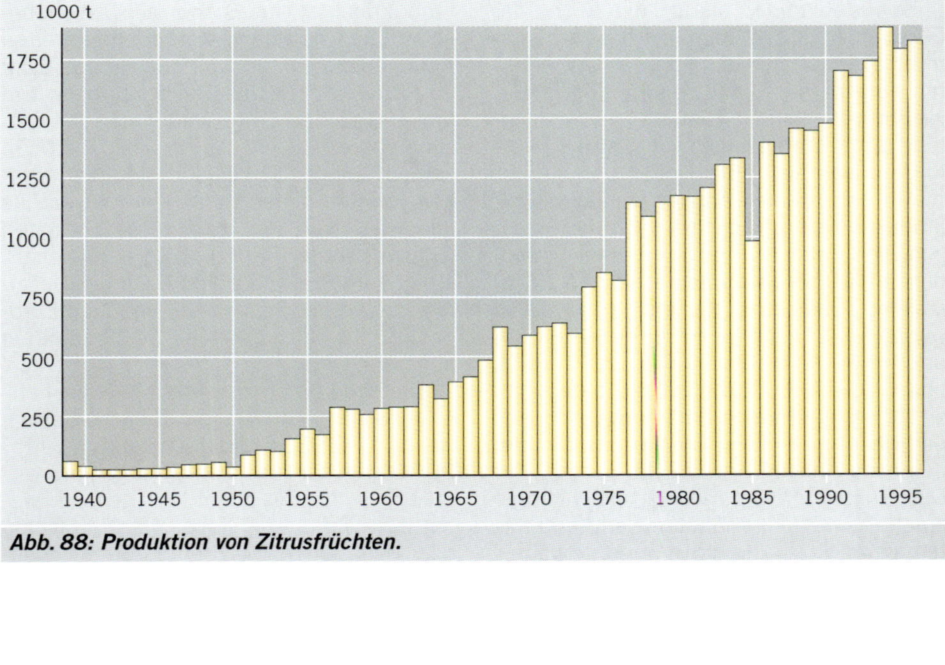

Abb. 88: Produktion von Zitrusfrüchten.

Der wichtigste Produktionsanstieg bei Obst betrifft allerdings die *Zitrusfrüchte* (vgl. Abb. 88). Hier scheint sich ein Durchbruch zu konkurrenzfähigem Export abzuzeichnen – allerdings erst für die etwas weitere Zukunft, da noch Vermarktungsprobleme zu lösen sind. Der Anstieg begann um 1950 bei einer Produktion um 50 000 t, 1994 waren bereits nahezu 1,9 Mio. t erreicht. Etwa die Hälfte davon sind Orangen, ein Viertel Zitronen und 23 % Mandarinen. Die erzeugten Qualitäten sind überwiegend noch nicht auf dem europäischen Markt absetzbar. Der Exportanteil mit 18 – 19 % vorwiegend in Nicht-EG-Länder steigt nur langsam. Angesichts des Anbaupotenzials der türkischen Südküste ist dieser Exportwert, verglichen mit anderen Zitruserzeugern, gering – aufgrund des leichten Absatzes auf dem Binnenmarkt mit geringeren Qualitätsansprüchen und ohne ausländische Konkurrenz allerdings auch kaum verwunderlich. Im Erntejahr 1993/94, als die Türkei 390 000 t Zitrusfrüchte ausführte, exportierte Griechenland mit 640 000 t fast das Doppelte und selbst Marokko noch 500 000 t.

Die Industriepflanzen

Das traditionelle klassische Erzeugnis der Türkei in der Gruppe der cash crops ist der *Tabak* (vgl. Abb. 89). Sein Anbau hat sich allerdings seit der Vorkriegszeit kaum mehr als verdoppelt. Änderungen im Konsumverhalten (Bevorzugung von Virginia-Tabaken) weltweit haben die Absatzchancen der Türkei und anderer Erzeugerländer im östlichen Mittelmeerraum verringert. Die Ernten bewegen sich seit den 60er-Jahren zwischen 130 000 und 200 000 t. Etwa 60 % der Ernte werden von der Monopolverwaltung „Tekel" exportiert.

Der Anstieg des *Zuckerrübenbaus* (vgl. Abb. 90) hat Mitte der 90er-Jahre zu Erntemengen um 13 Mio. t geführt (1994: 12,9 Mio. t). Die Türkei produziert damit deutlich mehr Zucker (1994: 1,7 Mio. t) als Großbritannien, die Niederlande oder Spanien oder rund die Hälfte der Mengen der Bundesrepublik. Das reicht nicht nur für den Inlandbedarf aus, es können vielmehr darüber hinaus beträchtliche Mengen exportiert werden (1994: ca. 450000 t). Allerdings liegt der Pro-Kopf-Verbrauch von Zucker mit durchschnittlich 15 kg pro Jahr erst etwa halb so hoch wie in Deutschland.

Eines der wirtschaftlich wichtigsten Produkte ist seit dem Zweiten Weltkrieg die *Baumwolle* geworden (vgl. Abb. 91). Die kurzfaserigen einheimischen (*Yerli-*)Sorten werden kaum noch angebaut, an ihre Stelle sind relativ ertragreiche und exportfähi-

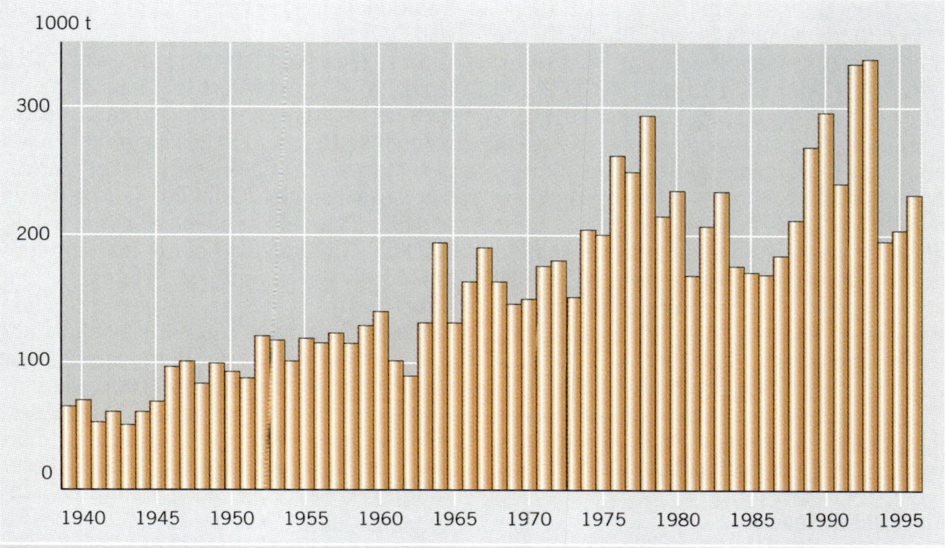

Abb. 89: Tabakernten der Türkei.

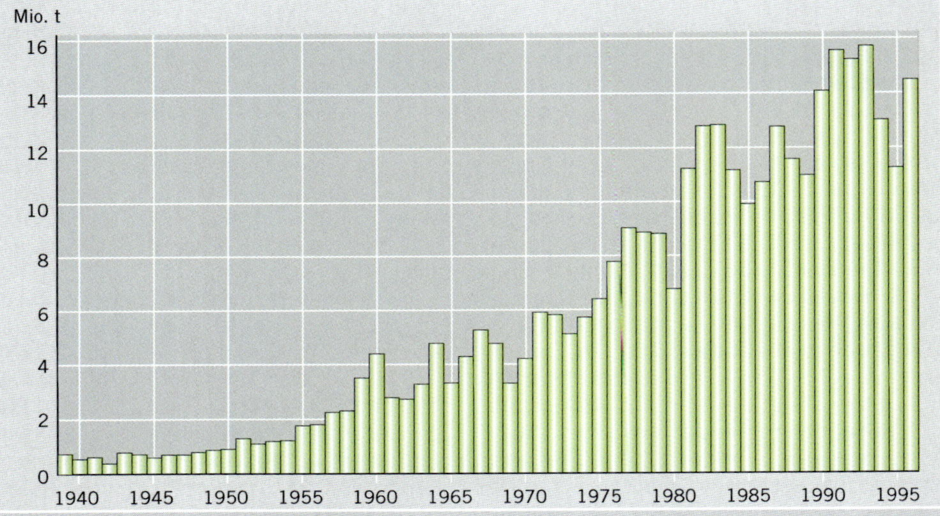

Abb. 90: Produktion von Zuckerrüben.

ge mittelfaserige Sorten getreten. Der Exportanteil der erzeugten Baumwolle (Fasern) schwankt um 50 %, mit allerdings leicht abnehmender Tendenz, weil die rasch wachsende einheimische Textilindustrie immer größere Anteile aufnimmt. Es ist relativ wenig bekannt, dass die Türkei durch die Steigerung ihres Baumwollanbaus in den 60er-Jahren in die Gruppe der bedeutenderen Erzeugerländer hineingewachsen ist. Mit einer Produktion von (1994) 606 000 t Baumwollfasern übertrifft sie mengenmäßig die von Ägypten (1994: 270 000 t), Mexiko (1994: 119 000 t) und Brasilien (1994: 501000 t) (FAO 1998).

Die Produktion von *Rohseide* (Kokons), einst eine Domäne des nordwestlichen Anatolien, hatte ihren stärksten Rückgang bereits vor dem Zweiten Weltkrieg. Ende der 50er-Jahre wurden japanische Seidenraupen eingeführt, aber seitdem ist parallel zum Rückgang der Seidenraupenzucht betreibenden Bauern die Jahreserzeugung stetig und krass von 1500 – 1700 t auf 215 t frischer Kokons (1996) gefallen.

Die Faserpflanzen *Hanf* und *Flachs* haben ihre Bedeutung völlig verloren; von beiden wurden 1995 nur noch knapp 400 t erzeugt.

Die Viehbestände

Die allgegenwärtige Präsenz unterschiedlichster Arten von Nutzvieh selbst im türkischen Alltagsbetrieb großer Städte ist ein landestypisches Charakteristikum und unterstreicht die Bedeutung der Türkei als Agrarland. Bis etwa 1960 sind die Bestände an Vieh im Wesentlichen angestiegen, wenn man von dem Rückgang zur Zeit des Zweiten Weltkrieges absieht. Der Anstieg erfolgte etwa parallel zur Zunahme der Bevölkerung, deren annähernd gleich bleibende Versorgung mit Fleisch und Milch nach den traditionellen Maßstäben damit gesichert war.

Dass diese Vermehrung gravierende ökologische Schäden verursacht hat, ist mehrfach betont worden. In Unkenntnis anderer Möglichkeiten zur Ertragssteigerung blieb der Masse der türkischen Bauern angesichts wachsender Landbevölkerung nichts anderes übrig, als ihre Viehbestände aufzustocken. Nicht selten konnte man miterleben, dass ein türkischer Forstmann den Bauern eines Dorfes im Gelände die Effekte der Überweidung durch Kleinvieh detailliert erklärte und sie zur Verringerung ihrer Bestände aufforderte. Die Antwort war entwaffnend: „Wir sehen das alles vollkommen ein, aber welche Milch geben wir morgen früh unseren Kindern?“ Dass besser gefütterte und besser ausgewählte Bestände bei geringerer Kopfzahl erheblich bessere Fleisch- und Milcherträge bringen, war nur sehr allmählich klar zu machen.

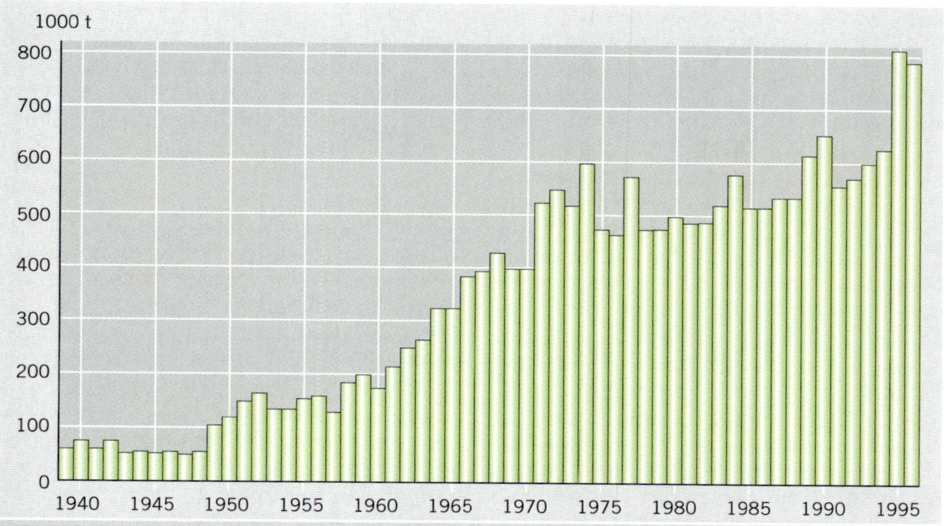

Abb. 91: Produktion von Baumwolle (Faser).

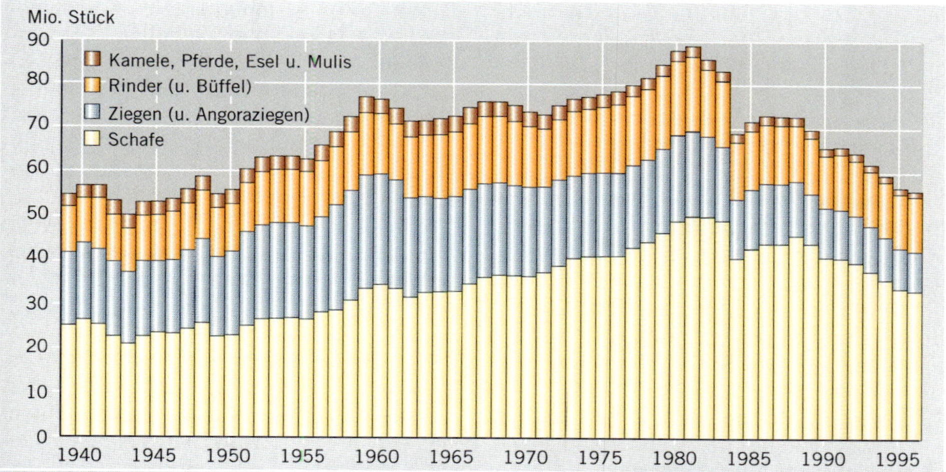

Abb. 92: Entwicklung der Viehbestände. *Infolge staatlicher Maßnahmen gegen die Waldweidewirtschaft (Aufforstung, Einfriedung) kam es seit den 80-er Jahren zu einer drastischen Rücknahme des Kleinviehbesatzes (Schafe, Ziegen).*

Seit den 60er-Jahren scheint sich eine Änderung in der Tendenz der Viehhaltung anzubahnen, der steile Anstieg der 50er-Jahre war beendet. Die Stückzahlen schwankten zunächst noch zwischen 70 und 75 Mio., um dann stetig abzunehmen (1996: 55 Mio.). Angesichts fortschreitender Bevölkerungsvermehrung und entsprechender Versorgungsbedürfnisse ist das nur durch Umschichtungen zwischen den Vieharten und durch Intensivierung in der Haltung zu erklären (vgl. Abb. 92).

Während sich unter dem Kleinvieh die Zahl der *Ziegen* seitdem ständig verringert hat, wuchs die der *Schafe*, als einst wichtigster Fleischlieferant des Landes, zunächst einmal weiter an, um seit Mitte der 80er-Jahre ebenfalls zurückzugehen. Hier zeigte sich ein deutlicher Wandel auch im Konsumverhalten der Bevölkerung vom

Ziegen-, Schaf- und Lammfleisch hin zum Kalbfleisch: Ehe sich die *Rinderzahl* in den letzten Jahren bei etwa 12 Mio. einpendelte, davon etwa 250 000 Wasserbüffel, war sie bis in die 70er-Jahre noch auf über 15 Mio. Stück angestiegen. Seitdem geht die Rindfleischproduktion langsam zurück. Die Erzeugung von Kalbfleisch dagegen nahm um fast 20 % zu, obwohl sich die Menge des Großschlachtviehs nahezu nicht änderte und die von Schaf- und Lammfleisch um fast ein Drittel sank. Die Milchproduktion stieg im gleichen Zeitraum trotz einer um 4,5 % geringeren Milchkuh-Stückzahl aufgrund besserer Leistung um über 17 % auf 9,5 Mio. t (1996). Prozentual nahm die Zahl der als Milchkühe eingestuften Tiere schneller zu als die Gesamtbestände. Zwar waren es 1996 immer noch nicht mehr als etwa 6 Mio. Stück, aber die Tendenz zur Umstellung von der Zugvieh- und Fleischviehhaltung auf die Milchviehzucht scheint langsam zu beginnen. Der Milchbedarf der großen Städte macht sich als Anreiz bemerkbar. Die Qualität der Masse des Viehs ist allerdings bisher sehr schlecht, die Milcherträge pro Kuh liegen im Durchschnitt erst bei 4 l am Tag (DIE 1997).

Traditionellerweise waren etwa ein Fünftel der Ziegenbestände *Angoraziegen*, deren Verbreitungsgebiet weitgehend mit dem inneranatolischen Hochland identisch ist und nur im Norden etwas in die anschließenden Bergländer übergreift. Ihre Zahl hat seit ihrem Maximum (1959: 6,1 Mio.) besonders stark abgenommen (1994: 700 000 Stück). 1975 wurden noch 3,4 Mio., 1989 nur noch 1,6 Mio. Stück geschätzt. Der Hauptgrund ist der Preisverfall für Angorawolle.

Zurückgegangen ist beim Großvieh die Zahl der *Kamele*, wovon es 1996 nur noch etwa 2000 Stück gab. Pferde (1996: 390 000), Esel und Mulis nehmen langsamer ab, in den Gebirgsdörfern sind sie als lokale Transporttiere noch weitgehend unentbehrlich (1996: zusammen 1,23 Mio.). Die wachsende Motorisierung wird die Zahlen jedoch weiter sinken lassen.

Exportiert werden nach amtlicher Statistik zurzeit (1994) für 35 Mio. US-$ Fleisch und 85 500 t Lebendvieh – fast zu 100 % Kleinvieh – im Gegenwert von 222 Mio. US-$, davon 97 % Schafe. Es ist darüber hinaus damit zu rechnen, dass ein ganz erheblicher Teil der Kleinviehproduktion, insbesondere Ostanatoliens, auf illegalen Wegen in den Iran und v. a. in die arabischen Nachbarstaaten verkauft wird, wo die Viehpreise höher sind.

Chancen und Grenzen

Einleitend zum Kapitel über die Grundstrukturen des türkischen Agrarraumes der Gegenwart wurde gesagt, dass etwa ein Drittel der Türken auf dem Land lebt und dass von den Erwerbstätigen wohl immer noch fast 50 % in irgendeiner Weise in der Landwirtschaft beschäftigt sind. Für die Verteilung der agrarischen Produktion, deren Entwicklung für die wichtigsten Güter in den vorausgehenden Abschnitten dargestellt wurde, muss das bedeuten, dass ein ganz erheblicher Anteil zur reinen Selbstversorgung auf dem Land bleibt und damit den Markt überhaupt nicht erreicht. Dieser Anteil ist jedoch bei den einzelnen Produkten sehr unterschiedlich. Konsumgewohnheiten, Standardisierbarkeit der Produkte, Lagerungs- und Transportfähigkeit und verschiedene Nachfrage auf dem Binnenmarkt und auf dem Weltmarkt differenzieren das Bild. Man kann sich die derzeitige und die wahrscheinlich zukünftige Entwicklung verständlich machen, wenn man qualitativ drei Sektoren des Absatzes unterscheidet: den traditionellen Selbstversorgungssektor, den Binnenmarkt und den Export.

Der starke Anteil des *Selbstversorgungssektors* am Konsum agrarischer Erzeugnisse ist ein Charakteristikum, das die Türkei mit den meisten Entwicklungsländern gemeinsam hat. Er wäre sogar geradezu ein Maßstab für den Grad der Entwicklung, wenn man ihn besser messen könnte. Ein Teil der Grundnahrungsmittel, der kaum weniger als der Prozentsatz der agrarischen Bevölkerung ausmachen dürfte, wird sicherlich im Selbstversorgungssektor verbraucht. Das gilt in erster Linie für Brotgetreide (Weizen, Gerste, regional auch Roggen und Mais), aber auch für Leguminosen aller Art. Auch Milch und Milchprodukte dürften noch weitgehend auf dem Land konsumiert werden. Verschiedene Obst- und Gemüsearten oder Fleisch sind in der Türkei auf dem Land schon Artikel, auf deren Konsum man leichter verzichtet, wenn man sie verkaufen kann. Hier dürfte der Anteil, der den Markt erreicht, schon höher sein. Limitierungen werden hier weniger durch notwendigen Eigenverbrauch gesetzt als vielmehr durch Transportmöglichkeiten und Absatzorganisation.

Der *Binnenmarkt* ist keineswegs nur ein durch Zollgrenzen herausgeschnittenes Stück Weltmarkt. Er ist vielmehr für den türkischen Bauern der Abnehmer von Gütern, die er selber auch kennt, erzeugt und verbraucht. Das entscheidende Kennzeichen des Binnenmarktes ist die Gleichheit der Speisegewohnheiten. Bauern können also auf dem Binnenmarkt erstens Güter für einen Kundenkreis absetzen, dessen Ansprüche und Kaufkraft vertraut sind, und sie können zweitens diesen Binnenmarkt selbst oder über traditionellen Handel unschwer erreichen. Die Verteilung der Städte im Land bietet Konsumzentren in Entfernungen, die auch den Absatz rasch verderblicher Agrarprodukte erlauben. Dieser Binnenmarkt wächst sehr schnell, zusätzlich auch seine Kaufkraft und sein Anspruchsniveau. Das hat nicht nur eine partielle Expansion der Erzeugung für diesen Binnenmarkt zur Folge, sondern auch schon teilweise eine Verlagerung unter den nachgefragten Gütern: Die klassischen „Süßstoffe" der Türkei, Rosinen, Traubensirup, Feigen und Honig, sind vom Rübenzucker sehr stark zurückgedrängt worden; statt Trockenfrüchten wird zunehmend Frischobst verlangt; Frischgemüse tritt stärker neben Trockengemüse (Bohnen, Kichererbsen, Linsen usw.). Diese Umstellung bewirkt in erster Linie ein Transportproblem, das durch eine Verbesserung der Infrastruktur lösbar ist und schon weitgehend gelöst wurde. Auf die bisherigen Änderungen in der Nachfrage des Binnenmarktes konnten die Bauern ohne große Schwierigkeiten reagieren, denn es wurden von ihnen keine wesentlichen qualitativen Umstellungen erwartet.

Demgegenüber stellt der *landwirtschaftliche Exportsektor* andere Anforderungen. Er verlangt in der Regel lager- und transportfähige Güter, und es müssen bestimmte standardisierte Mindestqualitäten erzeugt werden und auch in lohnenden Quantitäten zur Verfügung stehen. Bei Getreide erscheint das zunächst am wenigsten problematisch. Aber dessen Anbauflächen sind nicht mehr vermehrbar, und die Ertragssteigerungen pro Flächeneinheit reichen gerade, um die Versorgung des Binnenmarktes einigermaßen sicherzustellen.

Die traditionellen Obst- und Gemüsesorten erfüllen meist nicht die Anforderungen gleichmäßiger Qualität bei ausreichenden Mengen für den *Export*. Um das zu erreichen und etwa mit den großen Gemüseexportgebieten Westeuropas konkurrieren zu können, wäre eine Breitenausbildung der Erzeuger und ein Organisationsgrad nötig, der nicht so schnell erreichbar ist. Hingegen scheinen einige traditionelle Exportprodukte der Türkei den genannten Anforderungen entgegenzukommen: Nüsse, Trockenfrüchte, Tabak, Seidenkokons, auch Lebendvieh sind von Natur aus schon so „standardisiert", dass auch sehr traditionelle Anbaugebiete keine deutlich schlechteren Qualitäten oder allzu inhomogene Posten anbieten. Entsprechende Auslese und Klassifizierung nach Qualitätsgruppen lässt sich, wie sich z. B. bei der Haselnussproduktion gezeigt hat, relativ leicht mit wenigen Experten und angelernten Kräften organisieren. Das Problem liegt hierbei eher auf der Nachfrageseite: Olivenöl und Hammelfleisch haben in den Haupthandelsländern nur einen sehr begrenzten Markt. Mohair und Seide sind durch synthetische Fasern weitgehend verdrängt. Der Tabakmarkt steht seit Jahren unter Druck, und Trockenfrüchte sind angesichts moderner Konservierungstechniken für Frischobst von abnehmender Attraktivität.

Zunehmen dürften zunächst die Exportchancen für Fettpflanzen, sowohl für die Speisefettproduktion als auch für Kraftfutter. Damit scheint die türkische Landwirtschaft Exportmöglichkeiten auf Gebieten zu haben, auf denen sie noch flächenhafte Expansionsreserven hat, nämlich bei den fettliefernden Baumkulturen. Haselnuss und Olivenpflanzungen sind noch stark erweiterungsfähig. Erdnuss und Sonnenblumen als Feldfrüchte dagegen würden in Flächenkonkurrenz zu Baumwolle und Getreide treten. Im Vergleich zu diesen feldmäßig angebauten Fettpflanzen sind Ölbaum- und Haselnusskulturen jedoch kaum mechanisierbar. Mittelfristig könnten mit

Bild 51: Zitruskulturen bei Dalaman: *Durch die Kultivierung von Agrumen als cash crops in vielen mediterranen Küstenhöfen können gute Gewinne erreicht werden.*

einer Expansion des Anbaus als sozialpolitisch wünschenswertem Effekt ländliche Arbeitsplätze geschaffen oder erhalten werden. Langfristig allerdings ist das problematisch: Vorbilder mediterraner Länder mit sehr moderner Agrarstruktur, wie Israel oder Norditalien, zeigen, dass die Erträge aus fettliefernden Baumkulturen den notwendigen hohen Einsatz menschlicher Handarbeit nicht lohnen. Die fettliefernden Baum- und Strauchkulturen – auch der zurzeit noch so florierende Haselnussanbau – können im Exportsektor wahrscheinlich nur so lange eine wichtige Bedeutung behalten, wie die Türkei zu den „Niedriglohnländern" gehört. Wenn die landwirtschaftlichen Einkommensbedürfnisse und Löhne steigen, werden diese Produkte an Rentabilität erheblich verlieren.

Die türkische Landwirtschaft kann heute und wohl auch in Zukunft auf dem Weltmarkt kein spezielles Produkt anbieten, das langfristig eine so beherrschende Rolle für den türkischen Export spielen könnte wie der Kaffee für Brasilien oder der Rohrzucker für Kuba. Ihre Stärke und Krisensicherheit liegt in der Vielfalt der möglichen Produkte, die in erster Linie für den Binnenmarkt produziert werden. Aus dieser Vielfalt einheimischer Agrarprodukte ragen einige stark expandierende „cash crops" hervor. Die bedeutendsten sind zurzeit Baumwolle und Zuckerrüben, in Zukunft könnten Südfrüchte und Gemüse stärker daneben treten.

Baumwolle und Zuckerrüben haben in der Gegenwart zwei entwicklungspolitisch sehr willkommene Vorzüge: Bei den gegenwärtig noch lohnenden Methoden bietet ihr Anbau zahlreiche Arbeitsplätze und zwingt gleichzeitig zum Erlernen moderner Anbautechniken. Während Zuckerrüben wohl auch in Zukunft vorwiegend für den einheimischen Markt produziert werden, bieten zurzeit die Baumwolle, künftig wohl auch Südfrüchte und Gemüse Chancen für größere Exportanteile (Bild 51). Der wirtschafts- bzw. sozialpolitische Vorteil des Anbaus von Südfrüchten und Gemüse liegt dabei in der Möglichkeit, hohe Flächenintensitäten zu erreichen und relativ viel menschliche Arbeitskraft rentabel einsetzen zu können.

Die genannten, langfristig besonders aussichtsreichen Produkte stellen jedoch bestimmte Bedingungen an die Standorte ihrer Produktion: geeignetes Klima, gute Böden, Bewässerungsmöglichkeiten, dazu im Falle von Gemüse möglichst die Nähe zu Absatzzentren. Diese Bedingungen sind im Wesentlichen nur in den Ovas realisiert oder realisierbar. Die bereits mehrfach angesprochene Bedeutung der „Kammerung" des Landes wird sich also wohl in Zukunft durch das wachsende wirtschaftliche Gewicht der Becken weiter verstärken. Bevorzugt sind die Ovas der Küsten wegen ihrer Klimagunst; im Binnenland haben die westlichen Beckenlandschaften bessere Chancen als die östlichen, teils wegen klimatisch bedingter vielfältiger Anbaumöglichkeiten, teils auch wegen größerer Nähe zu den Absatzgebieten der großen städtischen Agglomerationen. In den Beckenlandschaften wird das Arbeitsplatzangebot innerhalb des schrumpfenden Agrarsektors der Volkswirtschaft am stabilsten bleiben, und hierher sind bereits jetzt Ströme der Binnenwanderung gerichtet.

„MODERNE“ WIRTSCHAFTSBEREICHE UND IHR WEST-OST-GEFÄLLE

Bild 52: Industrieanlage bei Kasım Karabekir: *In zunehmendem Maße entstehen heute in modernen Industrieparks zeitgemäße Wirtschaftsunternehmen.*

Überblick

- Die Chancen des wirtschaftlichen Anschlusses der Türkei an die Lebensbedingungen der modernen Welt stehen nicht schlecht: Im Land fehlt kaum ein von der Industrie benötigter Rohstoff, und die Industrie ist dank des großen Binnenmarktes weniger exportabhängig. Allerdings sind viele Rohstoffe schlecht zugänglich, wenig ergiebig und deshalb weltwirtschaftlich bedeutungslos.
- Seit den Anfängen moderner Industrie in der Türkei hat sich die Zahl der Industriebeschäftigten versechsfacht. Einer Mehrzahl weitgehend gründerzeitlich experimentierender Kleinfabrikanten steht eine wachsende Schicht moderner Wirtschaftsunternehmen mit leistungsfähigen Fachkräften, oft aber knappem Kapital gegenüber. Investitionen ausländischen Kapitals in türkische Betriebe erfolgten wegen unattraktiver staatlicher Vorschriften lange Zeit nur zögernd.
- In fast allen modernen Wirtschaftsbereichen ist der Westen und Nordwesten der Türkei bevorzugt. Dort ballt sich, entgegengesetzt zu den entwicklungspolitisch wünschenswerten Standorten, die Masse wirtschaftlich zweckmäßiger „Abnehmer“-Standorte von heimisch erzeugten Energie-, Bergbau- und Industrieprodukten.
- Chancen für einen wirtschaftlichen Ausbau im anatolischen „Hinterland“ sind erst denkbar über entsprechende Erreichbarkeit von Produzenten, Anbietern, Abnehmern und Umschlagplätzen. Vor allem beim wichtigen Devisenbringer Fremdenverkehr verfolgt der türkische Staat dieses Ziel seit Jahren mit umfangreichen Fördermaßnahmen im Infrastrukturbereich.

Die „moderne“ Türkei

Das Wort „modern“ steht bewusst in Anführungszeichen. Der Glanz moderner Werksanlagen, die Betriebsamkeit in den neuen Industrievierteln vieler Städte, der weltstädtische Luxus großer Hotels erfüllen die junge Generation der Türken mit Stolz, und Public-Relations-Manager zeigen gerne solche eindrucksvollen Anlagen vor. Das verführt jedoch leicht dazu, den Kontrast zwischen traditioneller gewerblicher Wirtschaft und Entwicklungen der letzten Jahrzehnte zu überzeichnen. In Wirklichkeit sind die Übergänge fließend, und die alte hoch stehende Handwerkstradition der Türkei hat in vielen Branchen bruchlos in modernes Kleingewerbe hinübergeführt. Der Kontrast ist weit weniger scharf als etwa in den meisten Ländern Schwarzafrikas, wo sich traditionelle agrarische Subsistenzwirtschaft und modernste Großbetriebe gegenüberstehen. In der Türkei sind zwei Drittel (66 %) der gewerblich Beschäftigten in Kleinbetrieben tätig, die eher als mäßig mechanisierte Handwerksbetriebe anzusprechen sind denn als Industrie. Aber die Zahl und Vielfalt dieser Kleinbetriebe ist für die fortschreitende Technisierung eine Basis von unschätzbarem Wert.

Berichte über wirtschaftliche Entwicklungsfortschritte, neue Industrieanlagen und die Expansion des Verkehrsnetzes gibt es in großer Zahl. Neuere vertiefte Untersuchungen über regionale Aspekte, über Lokalisierungsfragen, Einzugsbereiche, Schwerpunktbildungen und Sonderentwicklungen gibt es jedoch nur sehr wenige (Leitner 1970, 1978; Stewig 1986, 1998, 1999; Höhfeld 1987; Amann 1997).

Dieser unbefriedigende Stand mag z.T. damit zusammenhängen, dass alle auf Datenerhebungen beruhenden Arbeiten besonders schnell veralten. Die von Ministerien und anderen Institutionen herausgegebenen Publikationen sind meist schwer zugänglich und oft ist die Unterscheidung zwischen Plan und faktischem Stand nicht ganz klar. Dazu fehlt den meisten entsprechenden türkischen Industriezensus-Publikationen eine regionale Aufgliederung, die über Provinzgrenzen hinausgeht. So detailliert die greifbaren offiziellen Daten für einzelne Branchen und deren Produktion auch sind, so unvollkommen ist zumeist ihre räumliche Aufschlüsselung.

Für die folgenden Darstellungen konnten glücklicherweise auch bislang noch unveröffentlichte detaillierte Daten der türkischen Industrie- und Handelskammer (TOBB = *Türkiye Ticaret Odaları ve Ticaret Borsları Birliği*) zu Industriestandorten in der Türkei von 1995 ausgewertet werden. Darüber hinaus beruhen viele der nicht einzeln zitierten quantitativen Angaben auf verstreuten türkischen Quellen; nicht alle gelten für ein gleiches Stichjahr und partiell sind sie schon über ein halbes Jahrzehnt alt. Entscheidend sind jedoch nicht unbedingt jeweilige Zustände, sondern Verlaufstendenzen von Prozessen im jeweiligen Raum. Solche Abläufe von modernen Entwicklungsprozessen folgen zumeist dem historischen Gefälle von Westen nach Osten und verstärken es sogar.

Industrialisierungspolitik

Die Chancen der Modernisierung und des wirtschaftlichen Anschlusses an die Lebensbedingungen der modernen Welt setzen eine starke Entwicklung des sekundären Wirtschaftssektors voraus. Mit Recht legt die türkische Planungsbehörde großes Gewicht auf den Ausbau der Industrie, die rationelle Erschließung der Bodenschätze und Energiequellen des Landes. Die Aussichten für eine eigenständige Entwicklung sind nicht schlecht, denn einige wesentliche Voraussetzungen sind gegeben:

- Aufgrund des geologischen Baus der Türkei kommen nutzbare mineralische Rohstoffe in großer Vielfalt vor, und es fehlen nur wenige von der Industrie benötigte Rohstoffe in der Türkei gänzlich.
- Die Exportabhängigkeit der türkischen Industrie ist vergleichsweise gering, weil das Land mit über 60 Mio. Einw. einen

relativ großen Binnenmarkt darstellt, der aufgrund seines Entwicklungsstandes auch Produkte aufnimmt, die auf dem Weltmarkt nicht konkurrenzfähig sind.

Dem stehen allerdings gravierende Hemmnisse gegenüber:

- Die Mehrzahl der nutzbaren mineralischen Rohstoffe ist auf zahlreiche Lagerstätten im ganzen Land verteilt und meist nur mit Schwierigkeiten zugänglich. Die notwendige Infrastruktur muss erst von Fall zu Fall geschaffen werden, was die Kosten erheblich steigen lässt.
- Nur für sehr wenige der zahlreichen mineralischen Rohstoffe sind die bisher bekannten Lagerstätten so ergiebig, dass sie heute eine größere weltwirtschaftliche Bedeutung erlangen können.
- Eine ausreichend breite Schicht von privaten Unternehmern, fachlich gut ausgebildetem technischem Führungspersonal und einigermaßen ausgebildeten Arbeitern gibt es bisher allenfalls in der zweiten Generation. Kleinere private Unternehmen agieren daher vielfach noch in der Art „gründerzeitlicher Experimentierens" oder sind auf ausländische Hilfen angewiesen.
- Für größere Unternehmungen ist Kapitalmangel ein schweres Hemmnis, verstärkt dadurch, dass Investieren und Reinvestieren in Produktionsbetriebe in der Türkei wie in allen orientalischen Ländern keine Tradition hat.
- Die „Abnehmer" der Masse der Bergbau- und Industrieprodukte und auch der erzeugten Energie konzentrieren sich in starkem Maße auf den Nordwesten des Landes. Die wirtschaftlich zweckmäßigen Standorte liegen im Marmararaum, genau entgegengesetzt zu den entwicklungspolitisch wünschenswerten Standorten im Zentrum oder im Osten des Landes.
- Die Beteiligung ausländischer Firmen und ausländischen Kapitals ist trotz mancher Lockerungen seit den 80er-Jahren bis heute durch eine Reihe von Gesetzen und deren Handhabung limitiert, sodass die Türkei für ausländische Investoren nur zögernd zu einem attraktiven Land wird.

Alle größeren Unternehmungen des verarbeitenden Gewerbes befanden sich seit Mitte des 19. Jh.s entweder in der Hand des Staates oder ausländischer Besitzer. Der Staat trat dabei v.a. in den Bereichen als Unternehmer auf, wo er unmittelbare Hoheitsaufgaben wahrzunehmen glaubte. In der Ausrüstung der Armee und der Marine, in Schiffsbau, Waffen- und Uniformherstellung lagen daher die Ansätze der staatlichen Industrie, und sie wurden aus Gründen der besseren Überwachbarkeit im Zentrum des damaligen Reiches, in İstanbul und seiner näheren Umgebung, angelegt. Die bereits vorhandene starke Konzentration des Gewerbes in İstanbul bekam dadurch Impulse zu einer Entwicklung im modernen Stil.

Die zweite Tendenz des späten 19. Jh.s ist die beginnende Aversion gegen das ausländische Engagement, gegen die „Kapitulationen". Dabei handelt es sich um Verträge, die die Hohe Pforte mit westlichen Staaten schon seit langem abzuschließen pflegte, durch die europäische Kaufleute Handelsprivilegien im Osmanischen Reich erhielten. Während das im 16.–18. Jh. nur zum Engagement von Kaufleuten führte, traten im 19. Jh. zunehmend Konzessionen für Infrastruktureinrichtungen (Postdienste, Schiffslinien, Bahnen) und auch für Bergbauunternehmungen dazu. Insbesondere die Verträge des späten 19. Jh.s waren von der Türkei mehr oder weniger in politischen oder finanziellen Zwangslagen abgeschlossen worden. Fremde Unternehmer beherrschten bald den Kapitalmarkt und unterhielten Handelsniederlassungen in allen größeren Städten. Das Ergebnis war ein breites Hereinströmen europäischer Fabrikwaren, das die Türkei weder verhindern noch angemessen besteuern konnte. Der Niedergang des einheimischen Handwerks war die unausbleibliche Folge.

Unter rein wirtschaftlichem Aspekt geschah mit diesem Prozess der Verdrängung des traditionellen Handwerks durch industrielle Massenwaren natürlich genau dasselbe wie in Europa. Dort waren es jedoch innerstaatliche Entwicklungen, während es sich in der Türkei um die Entfaltung fremder Wirtschaftsmacht im eigenen Land handelte. Bei den faktischen Geld- und Warenströmen der letzten Jahrzehnte des Osmanischen Reiches dürfte es noch sehr fraglich sein, wer letztlich „draufzahlte“. B. Lewis, einer der besten Kenner der türkischen Geschichte, hat sogar die letzten Jahre des Osmanischen Reiches als „eine wirtschaftliche Ausbeutung des Deutschen Reiches durch die Türkei“ bezeichnet.

Die Emotionen gegen die fremden Unternehmen, die sich anbahnten, wurden durch innerosmanische Bedingungen noch verstärkt: Für die Mehrzahl der Türken galten Handelsgeschäfte traditionellerweise als wenig prestigeträchtig, sie standen dem türkischen Ideal des Offiziers, des Beamten oder des Grundbesitzers allzu fern. Hingegen kamen die neuen Chancen den nichtmuslimischen Untertanen in İstanbul, in İzmir und anderen größeren Städten sehr entgegen. Griechische und armenische Unternehmer traten als Agenten europäischer Firmen auf und versuchten darüber hinaus in den Jahrzehnten vor dem Ersten Weltkrieg auch selbständig und mit Erfolg, den Anschluss an die industrielle Entwicklung in Europa zu gewinnen. Namentlich in der Textilbranche und Nahrungsmittelverarbeitung (Mühlen, Ölpressen) entstanden die ersten Betriebe mit aus Europa importierter Ausrüstung.

Mit Verlust der nichtmuslimischen Minoritäten während und nach dem Ersten Weltkrieg verlor die Türkei ausgerechnet die Bevölkerungsteile, die wirtschaftliche Initiative, weitreichende Beziehungen und mobiles Kapital hatten. Es sollte Jahrzehnte dauern, bis sich unternehmerische Mentalität unter den Türken selbst in stärkerem Maße einstellte.

Die demütigende Erfahrung, dass die Wirtschaft des Landes weitgehend in fremden Händen lag, hatte den Türken allerdings einen sehr nachhaltigen Schock versetzt, dessen Wirkung bis in die Gegenwart anhält. Die Wirtschaftsgesetzgebung der Republik war von Anfang an darauf ausgerichtet, ausländische Interessen nicht zu beherrschender Stellung in irgendeiner Branche kommen zu lassen. Das Souveränitätsprinzip war dem Ziel wirtschaftlicher Entwicklung übergeordnet. Erst mit der Einleitung des Stabilisierungsprogramms (1980), mit dem die Türkei versucht, das Land über liberalere Rahmenbedingungen für ausländische Investoren attraktiv zu machen, konnten zunehmend ausländische Investoren gewonnen werden (Akkaya 1998).

Eine Industrialisierung, wie sie bereits in früher republikanischer Zeit als notwendig erkannt worden war, konnte sich unter diesen Umständen auf privatwirtschaftlicher Basis kaum entfalten. Die Türkische Republik entwickelte deshalb Anfang der 30er-Jahre das Prinzip des „Etatismus“, wonach staatliche Institutionen entsprechend einer Reihe von neuen Gesetzen die Wirtschaftsentwicklung selbst betreiben sollten. Insbesondere sollte das in den Branchen geschehen, in denen keine private Initiative zu erwarten war oder für die die Mittel fehlten. Das waren in erster Linie die Unternehmungen in Steinkohlenbergbau und Schwerindustrie, aber auch größere Industriebetriebe des Konsumgütersektors, um die Landwirtschaft zu stimulieren (Zuckerfabriken, Großspinnereien und Tuchfabriken). Dazu kam ferner die Zementindustrie als Basis der notwendig erscheinenden umfangreichen Bauvorhaben.

Seither verläuft die Entwicklung bewusst zweigleisig. Seit sieben Jahrzehnten hat die Türkei das, was als „dual economy“ bezeichnet wird. Ein staatlicher und ein privater Sektor bestehen nebeneinander, und zwar ohne die Ideologie, den privaten Sektor schrittweise in staatliche Regie überführen zu wollen. Der Grund liegt pragmatisch in der relativ größeren Kapitalkraft des Staates, die zweckmäßig bei Großbetrieben einsetzbar ist, während die Vielfalt der Kleinbetriebe aller Zweige durch staatliches Management kaum rentabel zu führen wäre. Die jüngere Entwicklung hat gezeigt, dass seit etwa 1960 auch in den bisher vom Staat beherrschten Branchen zunehmend private Betriebe Erfolge haben. Bis Ende 1990 waren bereits 31 staatliche Gesellschaften ganz oder partiell privatisiert, darunter 9 Zementwerke, 4 Futterfabriken, der Flughafenservice USAŞ und Anteile der Stahlwerke von Ereğli. Allein in den ersten 9 Monaten des Jahres 1991 entstanden 13 500 neue Privatfirmen, 3500 davon im produzierenden Gewerbe.

Dieses Nebeneinander von mehr oder weniger modern ausgebauten staatlichen Großbetrieben und einer Vielzahl von Mittel- und Kleinbetrieben funktioniert deshalb, weil beide weitgehend für verschiedene Käuferschichten produzieren. Stewig (1972) hat das am Beispiel der Textilindustrie überzeugend dargestellt: Die von der Sümerbank finanzierten großen Textilfabriken, die meist mehrere Produktionsstufen von der Rohmaterialreinigung bis zum Bedrucken und Appretieren der Stoffe vereinigen, konnten sich schon vor dem Zweiten Weltkrieg eine moderne Maschinenausrüstung zulegen, mit der sie Stoffe produzierten, die zwar teuer waren, deren Qualität aber mit europäischen Produkten einigermaßen vergleichbar war. Diese Stoffe waren jedoch zunächst nur bei kaufkräftigeren städtischen Kunden abzusetzen. Den Privatbetrieben hingegen standen generell weniger Investitionsmittel zur Verfügung. Sie blieben auf im Land selbst hergestellte Maschinen angewiesen und konnten damit nur minderwertigere Produkte erzeugen. Da sie jedoch billiger produzierten, stand ihnen immer noch der große ländliche Markt offen.

Um die wünschenswerten Impulse für die industrielle Entwicklung zu geben und das dringend notwendige Kapital zu beschaffen, gründete der Staat 1933 die *Sümerbank*, die die Finanzierung der vorhandenen staatlichen Betriebe, deren Modernisierung und die Gründung neuer Anlagen betreiben sollte. Daneben trat 1935 die *Etibank*, der die Betreuung des türkischen Bergbaus und der Energiegewinnung zufiel. Die Etibank begann mit der Übernahme der älteren staatlichen Erzminen und der nach und nach nationalisierten Kohlengruben am Schwarzen Meer. Gleichzeitig wurde 1935 das „Amt für Lagerstättenforschung" (MTA) gegründet, in dem zu Anfang zwar noch ein großer Teil europäischer Forscher, heute aber überwiegend türkische Geologen tätig sind. Dieser Forschungsinstitution von international anerkanntem Rang ist es zu danken, dass eine Vielzahl der nutzbaren Lagerstätten relativ rasch bekannt wurde.

Gründungen neuer Betriebe unter Steuerung durch die beiden großen staatlichen Banken hatten sich nach staatlichen Politikvorgaben zu richten. In der Zwischenkriegszeit war das wichtigste Ziel das Streben nach Autarkie und Devisenersparnis.

Daneben stand auch das wirtschaftspolitische Ziel, die einheimische Privatwirtschaft zu stimulieren und zu versorgen, sie von der Einfuhr von Vorfabrikaten unabhängig zu machen und zum Zulieferer für die größeren staatlichen Betriebe zu entwickeln. Dazu musste in erster Linie die Eisen verarbeitende private Kleinindustrie mit einheimischen Eisen- und Stahlvorfabrikaten (Stangeneisen, Platten, Blechen, Rohren usw.) versorgt werden. Das Ziel einer eigenen türkischen Eisenhütten- und Walzwerkindustrie wurde also schon früh gesetzt. Die Realisierung zog sich jedoch bis zum Beginn des Zweiten Weltkrieges hin. So musste der große Stahlbedarf beim forcierten Ausbau der Eisenbahnen noch mit Importen gedeckt werden.

Ebenfalls verknüpft mit dem Autarkieziel wollte man in möglichst weitgehender regionaler Streuung im Land Impulse zur Modernisierung geben. Das ließ sich z.T. durch Förderung von Verarbeitungsstätten für landwirtschaftliche Produkte erreichen, die die Finanzkraft privater Unternehmer noch weit überstiegen (Zuckerfabriken, integrierte Textilwerke), oder über Betriebe der Monopolverwaltung (Tabak, Alkohol). Auch die Lokalisierung der ersten Zementfabriken in Anatolien zeigt dieses „Streuungs"-Prinzip.

Hinter diesen politischen Zielen trat der Gesichtspunkt wirtschaftlicher Rentabilität zunächst etwas zurück. Immerhin konnte man ihn nicht ganz vernachlässigen: Neugründungen von staatlichen Betrieben wurden – abgesehen von standortgebundenen Bergbaubetrieben – fast nur an Orte mit Bahnanschluss gelegt, wo das landwirtschaftliche Potenzial entsprechende Entwicklungschancen bot oder, wie im Falle der Zementindustrie, wo der regionale Absatz durch städtische Zentren oder durch größere staatliche Vorhaben gesichert schien. Natürlich ließ sich bei der Neugründung von Betrieben mit stärkerer Ausrichtung auf städtische Abnehmer Marktorientierung nicht vermeiden. So verstärkten die erste Papierfabrik in İzmir oder das erste Werk für halbsynthetische Fasern in Gemlik die Tendenz der Industriegruppierung im Nordwesten.

Der Zweite Weltkrieg brachte wegen der Unterbrechung der Handelsbeziehungen eine starke Zäsur. Danach, besonders nach dem Regierungswechsel 1950, setzte die dritte Phase der Industrialisierung (Stewig 1972) ein, die durch rasches „Aufholen" der privaten Betriebe gekennzeichnet war: Zunächst profitierte die Türkei von der weltpolitischen Situation, die ihr zu zahlreichen Wirtschaftshilfen westlicher Staaten verhalf. Dass dies überhaupt als Impuls für verstärkte eigene Aktivität wirken konnte, ist der modernen Schulbildung zu danken, die zumindest bei der städtischen Bevölkerung schon in der zweiten Generation auch bei den Frauen vorhanden war, welche damit als gewerbliche Arbeitskräfte verfügbar wurden. Atatürks Innenpolitik begann ihre Früchte zu tragen.

Darüber hinaus war die Bevölkerungszahl stark angewachsen und besonders die großen Städte waren das Ziel der Binnenwanderung von Hunderttausenden. Arbeitskräfte in überreichem Maße standen also zur Verfügung. Restriktive Bedingungen für die Beteiligung ausländischer Firmen wurden gelockert. „Joint Venture"-Betriebe nutzten vielfach die bekannten Namen großer europäischer Firmen, die Fach- und Marktkenntnis einbrachten, während das Kapital zu 51% in türkischen Händen sein musste. Ausländisches Kapital von über 20 Mrd. US-$ wurde zwischen 1980 und 1997 in 3700 türkische Firmen investiert, darunter 706 mit deutscher Beteiligung (Çelik 1997). Knapp zwei Drittel der Firmen liegen allerdings im Nordwesten des Landes, und 83% der Investitionen flossen allein nach İstanbul (Wirtschaftsdialog Türkei 1, 1997, S. 60).

Seit den 60er-Jahren sind die Devisenüberweisungen der Gastarbeiter ein weiteres Stimulans. Auch die zurückgekehrten Gastarbeiter bereicherten den Arbeitsmarkt mit ihrem erheblich erweiterten Kenntnishorizont. Wenngleich noch zahlreiche organisatorisch und emotional bedingte Rückschläge und Hemmnisse in Rechnung zu stellen sind, scheint sich das Stadium des „take off" seit den 70er-Jahren abzuzeichnen. Seit Mitte der 80er-Jahre wird eine Wirtschaftspolitik verfolgt, die sich sechs Ziele setzt:

1) Förderung des Energiesektors,
2) Stärkung des produzierenden Gewerbes,
3) Privatisierung von Staatsunternehmen,
4) Aufhebung von Importbeschränkungen,
5) freien Kapitalverkehr und
6) Abbau von Subventionen bei gleichzeitiger Stützung türkischer Exporteure.

Im Zuge wirtschaftlicher Reformen und Liberalisierungen wird ein auffälliger Wandel der Produktionsstruktur hin zur Importsubstitution und die Herausbildung einer türkischen Industriegesellschaft (Stewig 1998) deutlich. All dies belastet den Staat mit beträchtlichen ökonomischen Problemen: mit negativen Handelsbilanzen, hohen Staatsschulden, beängstigenden Inflationsraten bei rasant ansteigenden Verbraucherpreisen, Halbierung des Arbeitnehmer-Realeinkommens und einer Verzehnfachung der Arbeitslosenzahl seit 1975. Trotzdem verschafft diese auffällige Industrialisierung mit spürbar eigenständiger wirtschaftlicher Leistungskraft den Bürgern der Türkei ein neues politisches und wirtschaftliches Selbstbewusstsein und nicht zuletzt eine wachsende kritische Anerkennung von außen.

Energieversorgung

Traditionelle Energiequellen

Bis in die Mitte des 19. Jh.s wurde der größte Teil der Energie von traditionellen Brennstoffen gestellt: an erster Stelle von Holz und an zweiter Stelle von *Tezek* (getrocknetem Mist). Die Masse des verbrauchten Feuerholzes wurde und wird weitgehend noch heute entsprechend alter Gewohnheit in den nächstgelegenen Wäldern und Waldresten geschlagen, auf Flächen also, die offiziell Staatsland sind, wo aber nach der Tradition des islamischen Rechts die Holznutzung für jedermann frei war. Der relativ mühsame Transport mit Tragtieren verhinderte in der Vergangenheit, dass dieser Holzeinschlag ins Unermessliche wuchs. In der Gegenwart übt die Forstverwaltung eine gewisse Kontrolle aus und steuert die traditionelle Holzentnahme durch die Bauern. Völlig unterbinden lässt sich die dörfliche Holznutzung jedoch nicht, wo für die Dörfer keine alternativen Brennstoffe verfügbar, erreichbar und preislich attraktiv sind.

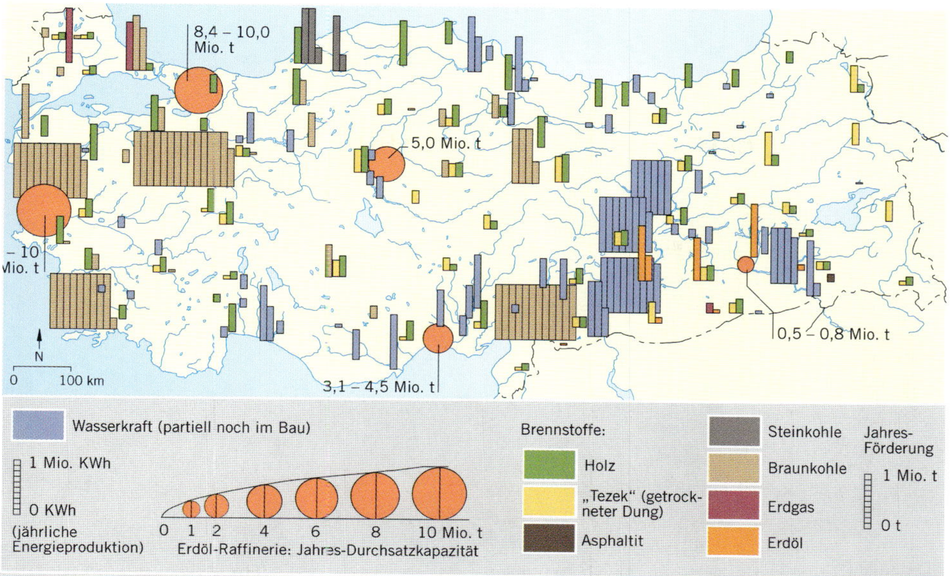

Abb. 93: Traditionelle und moderne Energiequellen: *Die Symbole für Holz und Tezek sind provinzweise, die für Öl, Gas, Kohle und Braunkohle an ihren Gewinnungsstandorten eingetragen (quantitativer Stand: Mitte der 90er-Jahre, für Holz und Tezek hochgerechnet).*

Die Quantitäten des verbrauchten Feuerholzes sind bisher nur relativ grob zu schätzen. Die entsprechende Darstellung (vgl. Abb. 93) beruht auf Schätzungen der türkischen Energiebehörde in den 70er-Jahren, die vom faktischen Brennstoffkonsum durchschnittlicher ländlicher Haushalte ausgehen. Dementsprechend wird man bis etwa zur Mitte der 60er-Jahre einen mit der ländlichen Bevölkerungszahl zunehmenden Holzverbrauch annehmen müssen.

In den waldlosen und waldarmen Regionen der Türkei tritt getrockneter Mist in mehr oder weniger starkem Maße dazu, in manchen Gebieten sogar dominierend (Bild 53). Der Gebrauch von Tezek ist in diesen Gebieten, bei denen es sich weitgehend um winterkaltes Hochland oder Gebirge handelt, geradezu die Existenzvoraussetzung sesshafter Lebensweise. Er wird aus dem Mist der Rinder gewonnen, der sich den Winter über im Stall angesammelt hat. Im Sommer wird er herausgeschafft und meist zusammen mit etwas Häcksel in einer flachen Grube vor dem Haus zu einem Brei verrührt. Das Produkt wird dann mit der Hand in Fladen oder „Brikets“ geformt, die man ausbreitet, an die Hauswand oder an herumliegende Steine wirft, wo sie in der Sonne rasch trocknen. Man kann diese „Briketts“ danach einsammeln und aufbewahren. Der Tezek hat etwa die Brenneigenschaften und den Heizwert von Torf.

Allerdings geht dieser Dung der Landwirtschaft verloren, und zu Recht weisen Agrarexperten immer wieder auf den Mangel organischen Düngers im Boden hin, wodurch die Erträge stark beeinträchtigt werden. Solange jedoch für die Mehrzahl der Dörfer in den waldlosen Landesteilen noch keine anderen Brennstoffe zu erschwinglichen Preisen verfügbar sind, gibt es keine Alternative. Die Notwendigkeit der Tezekerzeugung ist sogar ein wichtiger Grund für die Bauern, die Viehbestände nicht zu reduzieren: Die Mistproduktion ist lebenswichtiger als etwa eine Steigerung der Milchleistung.

Die Abb. 93 zeigt die regionale Verteilung der Gewinnung von Primärenergie aus Holz und Mist mit Mengensymbolen für die einzelnen Provinzen, wobei sich die waldarmen und relativ waldreichen Regionen im Verhältnis von Brennholz- zu Tezekverbrauch abzeichnen. Holz wird bevorzugt, wo immer und solange man es in ratio-

Bild 53: Getrockneter Mist (Tezek) als Heizmaterial: *In Ermangelung anderer preiswerter Brennstoffe ist im ländlichen Bereich getrockneter Mist (Tezek) als Brennmaterial weiterhin üblich.*

neller Entfernung findet. In Provinzen mit relativ verbreiteten Waldvorkommen tritt Tezek deshalb überhaupt nicht auf (zu Holz und Mist vgl. Stewig 1999).

Steinkohle und Lignit

Die *Steinkohle* von Zonguldak am Schwarzen Meer stellte bis zum Beginn der 60er-Jahre, d. h. also bis zum Beginn des rapiden Anstiegs der Erdölimporte (vgl. Abb. 94), den wichtigsten „modernen“ oder kommerziellen Brennstoff. Der Kohleabbau im Raum Ereğli-Zonguldak hat sogar schon seit 1848 eine gewisse Tradition (Winkler 1961).

Bereits vor dem Ersten Weltkrieg erreichten die von zwei großen ausländischen Gesellschaften und zahlreichen Kleinkonzessionären betriebenen Gruben eine Fördermenge von 0,9 Mio. t (1911). Den größten Teil davon förderte die französische „Société d'Héraclée“, sie begann auch mit dem Ausbau des Hafens von Zonguldak zur Verschiffung der Kohle, sie betrieb eine Kohlenaufbereitungsanlage, eine Kokerei und eine Brikettfabrik.

Im Ersten Weltkrieg und danach sank die Förderleistung erheblich. Erst um 1926 wurden wieder etwa 1 Mio. t erreicht, dann allerdings stiegen die Fördermengen gleichmäßig (wenn auch langsam) an. 1936 wurde die Société d'Héraclée verstaatlicht, bis 1940 nach und nach auch alle kleineren privaten Steinkohlebergbau-Unternehmen. Sie wurden in zwei großen staatlichen Gesellschaften, die je einen Teil des Reviers zum Abbau zugewiesen bekamen, zusammengefasst.

Der relativ langsame Anstieg der Förderleistungen hing mit mehreren landesspezifischen Gründen zusammen: Private Gesellschaften hatten die leicht erreichbare Kohle weitgehend ausgebeutet, für weiteren Abbau waren umfangreiche Explorationsarbeiten nötig. Der Investitionsaufwand, den private Gesellschaften noch gescheut hatten, musste nun von der staatlichen Etibank aufgebracht werden. Diese leistete sich diese Investitionen, obwohl englische Importkohle billiger war, denn das Ziel der nationalen Selbstversorgung wurde als vordringlich eingeschätzt.

Die Lage der Vorkommen an der Schwarzmeerküste war günstig, solange der Hauptabsatz nach İstanbul gerichtet war. Seit republikanischer Zeit wurde Kohle jedoch zunehmend im Landesinneren be-

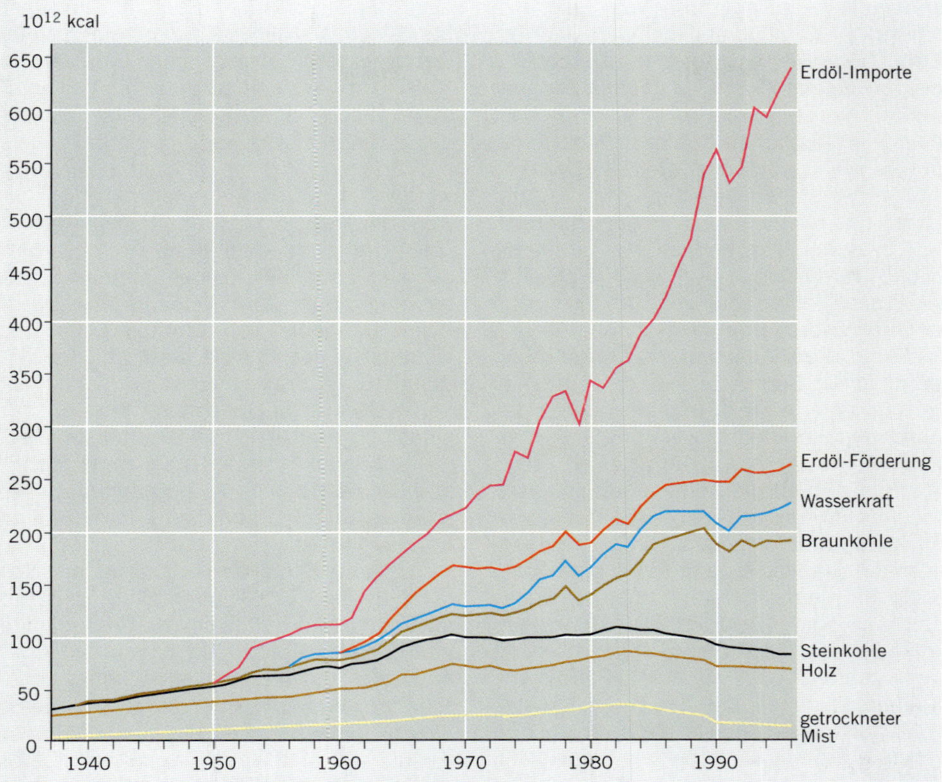

Abb. 94: Zusammensetzung der Energieerzeugung.

nötigt, für den Betrieb der Eisenbahn, für die Versorgung der neuen Hauptstadt Ankara und für zahlreiche neue Industrieprojekte im Binnenland. Es war daher eine der vordringlichsten Aufgaben der neuen Regierung, die Kohlentransporte in das Binnenland durch eine direkte Strecke zu ermöglichen. Bereits 1925 wurde mit dem Bau der „Kohlenbahn" begonnen, 1937 war der Anschluss an das anatolische Netz erreicht.

Erst nach dem Zweiten Weltkrieg begann die Phase des mechanisierten Abbaus. Die wichtigste Voraussetzung dafür war die Energieumwandlung in elektrischen Strom, die seit 1948 durch das Kraftwerk Çatalağzi, das lange Zeit größte thermische Kraftwerk des Landes, geleistet wurde. Dieses Kraftwerk bei Zonguldak ermöglichte sowohl die Elektrifizierung des Kohlenabbaus wie auch einen großen Teil der Stromversorgung des allmählich wachsenden nordwesttürkischen Verbundnetzes.

Die Fördermengen werden von der türkischen Statistik häufig in „Rohkohle" angegeben, d. h. einschließlich eines relativ hohen Anteils von mitgefördertem Gestein. Diese Rohkohlefördermengen liegen etwa 30 – 40 % über den Werten der aufbereiteten (gewaschenen) „Verkaufskohle". Mit deutlich abnehmender Tendenz schwankten die Mengen aufbereiteter Steinkohle (ohne Staub- und Schlammkohle) von 1987 bis 1995 zwischen 3,5 Mio. (1987) und 750 000 t (1994) pro Jahr, während die Produktion von Braunkohle merklich zunahm.

Es ist charakteristisch, dass Kohle zunächst kaum private Abnehmer findet. Im Haushaltsverbrauch ist sie eigentlich nur für die städtische Mittel- und Oberschicht erschwinglich. Winkler (1961) gibt für das Jahr 1956 an, dass von den damals geförderten 3,7 Mio. t gereinigter Kohle 26 % von den Staatsbahnen, 22 % von Kohlekraftwerken und gut 20% vom Eisenhüttenwerk in Karabük abgenommen wurden. Etwa 9% gingen an andere Industriebetriebe, vorwiegend an die staatlichen Zementwerke, und nur knapp 10% erreichten über die staatlichen Kohlevertriebsstellen private Kleinverbraucher. Der Rest verteilte sich auf verschiedene Abnehmer, darunter knapp 6% Marine und zivile Schifffahrt.

Inzwischen dürften sich die Anteile erheblich verschoben haben, wenngleich keine genaueren Zahlen vorliegen. Die Eisenbahn ist infolge ihres Übergangs zu Diesel- und Elektroloks als Abnehmer zurückgetreten, während der Bedarf der neu entstandenen Hüttenwerke in Ereğli und İskenderun den Anteil industrieller Verwendung sicher erheblich gesteigert hat. Im privaten Kleinverbrauch spielt die Kohle allerdings nach wie vor nur eine unbedeutende Rolle, weil die geförderten Mengen durch den langwierigen Transport verteuert werden und somit für Kleinverbraucher finanziell wenig attraktiv sind. Derzeit wird Roh-Steinkohle für den Markt (Verkauf) nahezu nicht mehr gebraucht (1995: nur 113000t von 3,4 Mio. t Jahresproduktion verkauft). Man greift auf vorhandene Vorräte zurück (1995 verkauft: 2,4 Mio. t aufbereitete Steinkohle).

Das Steinkohlengebiet von Zonguldak und Umgebung entwickelte sich zu einem richtigen kleinen „Revier“ mit Schächten, Stollen, Werksanlagen, Depots, Abraumhalden und vielfältigen Gleisanlagen in den engen Tälern des Gebirges, das hier bis unmittelbar an die Küste herantritt, sowie rasch emporschießenden Verwaltungsgebäuden und anderen öffentlichen Einrichtungen. Daneben bietet sich ein noch recht „unfertig“ aussehendes Stadtbild im Geschäftszentrum. Werkssiedlungen und Arbeiterheime an den Ortsrändern und die über alle Hänge der Gebirgssporne wuchernde wilde Bebauung mit Einfamilienhäusern geben dem Zonguldakgebiet eine sehr spezifische Note. In den engen Tälern selbst könnte man oft meinen, sich in einem industrialisierten Mittelgebirgstal Europas zu befinden, wenn dann nicht plötzlich ein Minarett zwischen Fachwerkhäusern, Depots und Verladeanlagen aufragen würde.

Das raumordnerische Hauptproblem des „Reviers“ ist das Relief: Alle Industrieanlagen und auch die Siedlungskerne sind in enge Täler gezwängt, die sich zum Meer hin öffnen, aber untereinander durch steile Gebirgssporne getrennt sind. Die schroffe Kliffküste lässt keinen Platz für Verkehrswege. Die Eisenbahn, die Hauptschlagader des Reviers, muss diese Sporne in Tunnels durchfahren, und die Verbindungsstraßen winden sich in Serpentinen darüber hinweg. Der Westflügel des Kohlegebietes um Ereğli hat nicht einmal eine Bahnverbindung mit Zonguldak, sondern nur eine Stichbahn vom Hafen zum landeinwärts liegenden Fördergebiet von Armutcuk. Nur eine windungsreiche Straße stellt die Verbindung mit der Provinzhauptstadt Zonguldak her. Weiter im Südosten liegt Karabük mit seinem Hüttenwerk in einer leichten Talweitung des Filyostales, aber wenig unterhalb ist das Tal so schluchtartig eng, dass darin nur für die Bahn, nicht mehr für eine Straße Platz ist.

Außer Ereğli im Westen, Amasra im Nordosten an der Küste, Safranbolu und Bartın im Binnenland hat das ganze Gebiet keine traditionellen Städte. Die jungen Industrieorte sind „auf grüner Wiese“ oder höchstens an der Stelle bäuerlicher Kleinsiedlungen gewachsen. Während die älteren Kleinstädte sich kaum nennenswert entwickeln – nur Ereğli als westliches Zentrum des Reviers war bis 1990 durch den Bau des neuen Stahlwerkes auf 64000 Einw. angewachsen –, zeigen die jungen Bergbau- und Hüttensiedlungen ein rapides Wachstum: Zonguldak hatte 1990 117000, die Nachbarstädte Kozlu 37000, Kilimli 35000 und Çatalağzi 13000 Einw. die Stahlwerkstadt Karabük erreichte fast 105000 Einwohner.

Dieses rasche Wachstum ist sowohl eine direkte als auch eine indirekte Folge der Bergbauentwicklung. Der Steinkohlenbergbau beschäftigte 1996 etwa 52000 Menschen, daran hat sich seit 1969 nichts geändert. Die Herausbildung von hauptberuflichen Bergleuten geht langsam vonstatten, und wenn auch der Bergmannshelm schon zu einer Prestigekopfbedeckung geworden ist, stellt doch der heimische Landbesitz noch immer für die Mehrzahl der im Bergbau Beschäftigten die sichere Basis der Existenz dar. Die staatliche Verwaltung der Bergbauunternehmungen trägt dem Rechnung, indem sie seit Jahrzehnten nur einen

Stamm von etwa 24 000 Dauerarbeitskräften beschäftigt und daneben zwei Gruppen von je etwa 14 000 Wechselarbeitern. Während die „A-Gruppe“ dieser Wechselarbeiter einen Monat lang im Steinkohlenbergbau arbeitet, geht die „B-Gruppe“ ihrer landwirtschaftlichen Beschäftigung nach und umgekehrt. Die Wechselarbeiter kommen aus fast allen Teilen der Provinz Zonguldak, allerdings kaum von weiter her. Es sind also gleichzeitig immer nur etwa 38 000 Arbeitskräfte beschäftigt. Das System ist heute noch das gleiche wie Ende der 50er-Jahre (Winkler 1961), auch die Zahl der Beschäftigten einschließlich der Wechselarbeiter hat sich seither kaum verändert. Der Bevölkerungszuwachs der Städte in den letzten dreieinhalb Jahrzehnten geht, soweit es sich um Zuwanderung handelt, auf eine allmähliche Steigerung des Arbeitsplatzangebots im Dienstleistungssektor zurück.

Die Entwicklung einer diversifizierten Folgeindustrie hat im türkischen Steinkohlenrevier noch nicht recht eingesetzt. Die hier gewonnene Energie fließt in das Stahlwerk von Ereğli oder verlässt das Bergbaugebiet als Kohle oder als elektrischer Strom. Private Gewerbebetriebe suchen sich lieber andere, konsumorientiertere, Standorte.

Im Gegensatz zur Steinkohle sind die bisher ausgebeuteten Lagerstätten von *Lignit* (*Braunkohle*) stärker verstreut. Die Nutzung der Braunkohle hat praktisch erst in der republikanischen Zeit eingesetzt, und damit ist eine zwar quantitativ nicht überragende, aber immerhin zusätzliche wertvolle Energiequelle erschlossen worden. 1923 wurden erst 300 t im ganzen Land gefördert, 1950 wurde 1 Mio. t erreicht, und 1995 lag die Förderung bei 56 Mio. t Rohbraunkohle (6,6 Mio. t aufbereitete Braunkohle und 26,6 Mio. t Staubkohle, der Rest ist Abraum; gesamt verkauft 6,4 Mio. t aufbereitete Braunkohle und 26 Mio. t Staubkohle) (vgl. Abb. 94).

Die verhältnismäßig leichte Abbaumöglichkeit der meisten Lagerstätten im Tagebau und der geringe Umfang der Vorräte bei der Mehrzahl der Vorkommen ließen eine ausschließliche Staatskontrolle wie bei der Steinkohle von Anfang an überflüssig erscheinen. Die Erschließung der kleineren Lagerstätten wurde der Privatinitiative überlassen. Über staatliche Gesellschaften werden lediglich die bedeutenderen Vorkommen von Elbistan, Soma am oberen Bakır Çay (östlich von Bergama), von Beyşehir (Konya), Beypazarı (Ankara), Tuncbilek und Seyitömer (zwischen Bursa und Kütahya), Milas und Yatağan (Muğla), Divriği/Kangal (Sivas) und Orta (Çankırı) ausgebeutet (35 von 208 Gruben). Das wirtschaftliche Übergewicht Westanatoliens gegenüber den übrigen Landesteilen wird damit verstärkt. Mit einem Anteil, der zwischen 85 % und 91 % schwankt, ist der Staat der größte Erzeuger. Der Rest verteilt sich auf viele kleinere private Betriebe, deren Förderung (Rohkohle ohne Staubkohle; mit starken jährlichen Schwankungen im Einzelfall) zwischen 300 000 und 850 000 t liegt. Da diesen Kleinbetrieben die finanziellen Mittel für die Maschinen zum großzügigen Abbau fehlen, werden selbst Flöze unter geringmächtigem Deckgebirge bisweilen im Stollenbau ausgebeutet, und zwar oft noch in sehr schlichter Technik.

Die Chance dieser Kleinbetriebe ist ihre Lage in Gebieten, wo sie die einzige kommerzielle Energiequelle anzubieten haben. Für manche kleine Kreisstadt ist die nahe Lignitgrube deshalb von großer Bedeutung. Sie erspart das teure Heranschaffen von Steinkohle oder von Heizöl per Lastkraftwagen und erlaubt wenigstens in einigen leichter erreichbaren Dörfern den Verzicht auf Holz und Mist als Brennstoff (Bild 54).

Das größte bisher bekannte Braunkohlenlager mit knapp 50 % der bekannten Reserven wurde erst 1967 in der Ova von Elbistan entdeckt. Ein großzügiger staatlicher Abbau dient in erster Linie dem Zweck der Stromgewinnung (Afşin-Elbistan-B-Kraftwerk, Fertigstellung bis 2003), da die Qualität der Elbistanbraunkohle nicht besonders gut ist und daher weite Transporte zum Verkauf als Hausbrand nicht lohnen. Immerhin hat sich in den umliegenden Provinzen, die zurzeit ihre ohnehin spärlichen Waldreste verheizen, die Hausbrandversorgung wesentlich gebessert.

Das Erdöl

Manchmal mag ein türkischer Politiker davon träumen, wie reibungslos sich alle aktuellen Energieprobleme lösen ließen, wenn das Osmanische Reich den Ersten Weltkrieg und die seitherige Entwicklung unge-

Bild 54: Braunkohlenanlieferung in İstanbul: *Braunkohle dient in fast allen Gebieten der Türkei, selbst in vielen Großstadtwohnungen, bislang noch als üblicher Hausbrennstoff.*

schoren überstanden hätte. Die Ölfelder des Irak hätten dann zur Verfügung gestanden, und auch el-Hassa, die reiche Ölprovinz Saudi-Arabiens, unterstünde noch türkischer Herrschaft. Die Wirtschaftspolitik des republikanischen Staates, die bis 1954 die großen Ölkonzerne ausschloss, verzögerte eine frühe Exploration. So blieb den Türken immerhin der Triumph, ihre ersten Ölfunde selbst gemacht zu haben. Das staatliche „Amt für Lagerstättenforschung" (MTA) brachte in Südostanatolien 1948 die erste fündige Bohrung auf dem Raman Dağ nieder. 1951 kam das benachbarte Garzanfeld hinzu, und in der Folge wurde eine Reihe weiterer Lagerstätten entdeckt. Da sie alle in jener großen Synklinalzone liegen, die, vom Persischen Golf ausgehend, am Fuße des Zagrosgebirges und des Osttaurus entlang zieht, bestanden zu Anfang Hoffnungen auf eine Ausbeute, die sich mit der des Irak würde vergleichen lassen. Diese Hoffnungen wurden allerdings enttäuscht. Sämtliche bisher bekannt gewordenen Felder sind nur von sehr begrenzter Ergiebigkeit.

Exploration und Ausbeutung lagen zunächst in der Hand des MTA. Es stellte sich jedoch bald heraus, dass die weitere Explorationstätigkeit und der Bau der notwendigen Förderanlagen die Kapazität dieser Behörde überstiegen. Gleichzeitig wurde das Prinzip des Etatismus abgemildert, weil die risikoreiche und teure Exploration vom Staat nicht alleine zu finanzieren war. 1954 wurde deshalb die „Türkpetrol-Gesellschaft" mit 51% staatlichem Kapital gegründet, um staatlich kontrollierbare Fördermöglichkeiten zu haben und nicht völlig von ausländischen Gesellschaften abhängig zu werden. Daneben jedoch erlaubte das Gesetz von 1954 zusätzlich die Explo-

Abb. 95: Erdöl-Fördergebiete.

rations- und Fördertätigkeit privater, auch ausländischer, Unternehmen.

Bis 1958 förderte noch Türkpetrol alleine aus den beiden zuerst entdeckten Feldern Raman und Garzan, die Fördermenge stieg allmählich auf 0,3 Mio. t an. Um 1961 begann die Förderung von Shell, Mobil und Panoil, deren Produktionsanteile rasch wuchsen. Inzwischen ist die Zahl der Gesellschaften sehr stark gestiegen; 1971 hatten zwei türkische und zwanzig ausländische Gesellschaften Forschungskonzessionen. 1995 prospektierten insgesamt 24 Firmen. Das türkische Staatsgebiet wurde von der Aufsichtsbehörde in eine Reihe von schematisch abgegrenzten Zonen eingeteilt, innerhalb deren den jeweiligen Unternehmen Konzessionsgebiete verschiedener Größe zugeteilt werden. Diese Konzessionsgebiete wechseln jedoch von Jahr zu Jahr. Manche werden als wenig aussichtsreich bald aufgegeben, andere räumlich erweitert, und wieder andere wechseln den Konzessionär. Aus diesem ständigen Prozess der Umschichtung lässt sich erkennen, welche Regionen des Landes auch außerhalb der südostanatolischen Geosynklinalzone noch für erdölhöffig gehalten werden. Es sind die größeren, wenig gestörten Sedimenttafeln in Inneranatolien, in Thrakien und in Ostanatolien. Darüber hinaus sind einige Sedimentationsgebiete an den Küsten von Interesse, die sich untermeerisch fortsetzen und zur Vergabe von „Offshore"-Konzessionen geführt haben (vgl. Abb. 9). Dadurch tauchten im Ägäisgebiet entsprechende Probleme auf. Von aussichtsreichen Bohrergebnissen ist jedoch aus allen Konzessionsgebieten außerhalb Südostanatoliens noch nichts bekannt geworden.

Zur Verarbeitung des Erdöls baute die Türkpetrol-Gesellschaft bereits Anfang der 50er-Jahre die erste Raffinerie der Türkei bei Batman, in der Nähe der ersten fündigen Bohrungen von Raman und Garzan. Ihre anfangs bescheidene Durchsatzkapazität ist inzwischen auf 1,1 Mio. t pro Jahr erhöht worden. Ein Teil des Rohöls wird heute durch eine Pipeline zum Golf von İskenderun gepumpt, wo bei Payas der Endpunkt der Leitung mit Tanklagern und Verladeeinrichtungen ausgestattet ist. Nach Südosten hin wurde diese Pipeline bis zum irakischen Erdölfeld von Kerkuk verlängert. 1961 kam die Ipraş-Raffinerie bei İzmit hin-

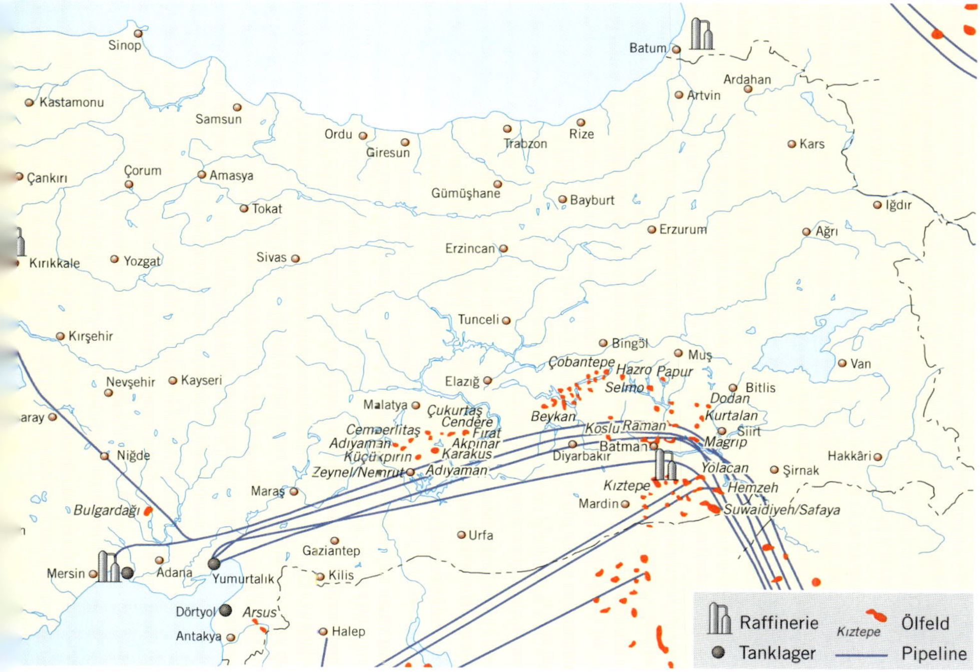

zu (Türkpetrol und Caltex), die eine Kapazität von 5,5 Mio. t Jahresdurchsatz hat; 1962 begann Ataş (Mobil) bei Mersin die Verarbeitung mit einer inzwischen auf 4,4 Mio. t gesteigerten Jahreskapazität; 1973 begann Aliağa nördlich İzmir (Türkpetrol) mit 3,0 Mio. t Durchsatzkapazität zu produzieren (vgl. Abb. 95).

Die Fördermengen an Erdöl blieben allerdings weit hinter den Hoffnungen zurück, die bei der Aufstellung des ersten und zweiten Fünfjahresplanes noch vorhanden waren. 1991 wurde das bisherige Jahresmaximum mit 4,7 Mio. t Förderung erreicht, seither liegt die Förderleistung zwischen 3 und 4,5 Mio. t. Kaum 20 % des Jahres-Ölkonsums von 24 Mio. t lieferten 1992 die heimischen Ölfelder. Der Hauptteil kommt nach wie vor aus den Feldern im Becken von Diyarbakır. Die Lagerstätten bei Kahta, Adıyaman und Kilis oder gar die kleine Fundstelle bei Karaisalı nordwestlich von Adana tragen nur sehr unwesentlich zur Gesamtförderung bei. Auch die Erdgasfunde, u. a. in Thrakien, sind mittlerweile erst zu geringer wirtschaftlicher Ausbeutung gekommen (vgl. Abb. 93 u. 96).

An der Förderung waren 1971 praktisch nur vier Gesellschaften beteiligt. Shell förderte mit 1,9 Mio. t den Hauptanteil, TPAO (Türkpetrol) etwa 1,0 Mio. t, Mobil/Panoil 0,5 Mio. t, und die kleine türkische Gesellschaft ERSAN, die nur das Kâhtafeld bei Adıyaman ausbeutet, erreichte nicht ganz 100 000 t. 1992 entfiel der Hauptteil mit 3 Mio. t bereits auf TPAO, 760 000 t auf Shell/Turkse, 350000 t auf Arco, 190 000 t auf Mobil/Dorchester, 9600 t auf ERSAN und 150 t auf Tur-Kan. Mittlerweile (1995) prospektieren 24 Firmen auf insgesamt 10 Mio. ha Konzessionsgebiet.

Das Engagement der Gesellschaften ist verschieden stark. Während für die großen ausländischen Gesellschaften die Türkei nur ein nebensächliches Arbeitsgebiet von sehr begrenzter Attraktivität ist und die Investitionen sich deshalb in Grenzen halten, ist Türkpetrol aus nationalen Gründen viel stärker engagiert und investiert steigende Summen.

Die Rohölfördermengen der Türkei haben zu keiner Zeit für die Deckung des Inlandbedarfes ausgereicht. Insbesondere seit den frühen 60er-Jahren sind die Rohölimporte rapide angestiegen. Im Jahre 1972 deckten die im Land geförderten 3,4 Mio. t etwa 29 % des Bedarfs, weitere 7,9 Mio. t mussten eingeführt werden. Seither sind Verbrauch (26,8 Mio. t 1997) und Importmengen (86,9 % = 23,3 Mio. t) gestiegen und belasten die Handelsbilanz erheblich.

Wasserkraft und Stromversorgung

Der hohe Anteil der traditionellen Brennstoffe, der sehr langsame Anstieg der Förderung von Steinkohle und Braunkohle und nicht zuletzt die geringen Chancen einer erhöhten Erdölförderung mussten den Blick der Planer schon früh auf das Wasserkraftpotenzial des Landes richten (vgl. Abb. 96).

In der Tat sind die Voraussetzungen für die Gewinnung von hygrischer Energie in der Türkei besser als in vielen anderen Staaten: Fast alle Flüsse kommen aus dem Hochland oder den Randgebirgen und durchbrechen gerade in ihren wasserreichen Unterläufen die äußeren Randgebirge. Dabei treten Gefällstrecken auf, deren Höhendifferenz die Stromgewinnung lohnend erscheinen lässt, und die engen Durchbruchstäler bieten viele Ansatzpunkte für den Bau von Talsperren. Wo Flüsse aus reichlicher beregneten Randgebirgen kommen oder durch karstischen Abfluss eine gleichmäßigere Wasserführung haben, lassen sich hydroelektrische Zentralen auch ohne große Speicherseen errichten.

Die Gesamtheit aller wirtschaftlich ausnutzbaren sicheren Wasserkraftreserven wird vom Staatswasserbauamt auf 80Mrd. kWh/Jahr geschätzt, das reicht fast an das hydroelektrische Potenzial von Norwegen (105 Mrd. kWh). Die Hydroenergie wird die thermische Energiegewinnung jedoch vermutlich nicht ersetzen können. So plant das Energieministerium seit den 90er-Jahren auf lange Sicht neben dem Bau von 113 Hydroelektrostationen eine Energieproduktion in weiteren 33 Braunkohle-, 12 Steinkohle-, 27 Erdgas- und 3 Kernkraftwerken, um dem wachsenden Energiebedarf des Landes (1988 – 1995: von 43 Mrd. kWh auf über 67 Mrd. kWh; mittlerer Zuwachs von 8 – 9 %/Jahr) begegnen zu können.

Der Einsatz von Wasserkraft für die Stromgewinnung begann in der Türkei relativ spät, weil dafür erheblich aufwendigere

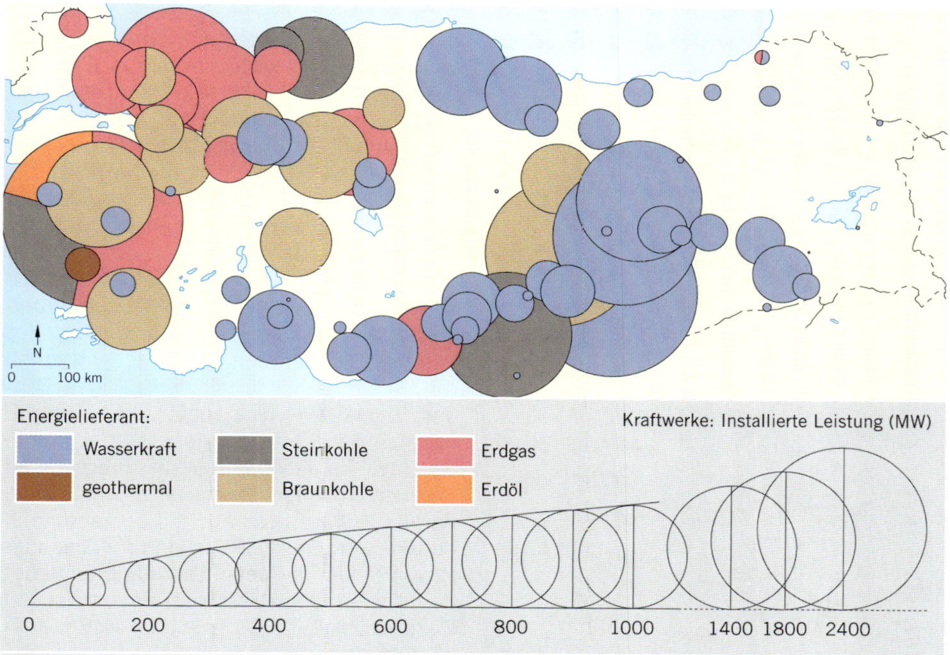

Abb. 96: Kraftwerke und ihre Leistung (ca. 1995): *Die Größe der Symbole entspricht der installierten Kapazität.*

Installationen notwendig sind als für thermische Kraftwerke. Die Anfänge der türkischen Stromerzeugung waren noch vor dem Ersten Weltkrieg kleine Dampfkraftwerke, betrieben mit importierter Kohle, zur kommunalen Stromversorgung von İstanbul und İzmir. Bis zur Mitte der 50er-Jahre basierte die allmählich zunehmende Stromgewinnung fast ausschließlich auf thermischen Anlagen. Da die staatliche Elektrizitätsverwaltung den steigenden Bedarf noch nicht aus ihrer Erzeugung decken konnte und auch das Leitungsnetz erst rudimentär ausgebaut war (vgl. Abb. 97), wurde elektrischer Strom zusätzlich von einer wachsenden Zahl von Kommunen in eigenen Generatoren erzeugt; auch immer mehr Industriebetriebe wurden Selbsterzeuger. Seit 1971 werden nach und nach alle Stromzentralen (außer den industriellen Selbsterzeugern) in der staatlich kontrollierten „Türkischen Elektrizitätsgesellschaft" (TEK/TEAŞ) zusammengefasst. Diese Gesellschaft erzeugte 1997 83 % der Gesamtproduktion von 86,2 Mrd. kWh, etwa 6,5 % des Stroms entfiel auf industrielle Selbsterzeuger und der Rest auf andere Produktionsgesellschaften.

Ein nennenswerter Anteil der Wasserkraft an der Stromerzeugung setzte erst 1956 mit der Inbetriebnahme des Kraftwerks an der Saryertalsperre am Sakarya ein. In den folgenden Jahren stieg der Anteil hydroelektrischer Energie an der gesamten Stromerzeugung relativ rasch von (1955) 5,6 % auf (1960) 35,6 % an. Mitte der 60er-Jahre setzte die „Elektrifizierungswelle" verstärkt ein. Hunderte von kleinen Städten, die noch nicht an das nordwestanatolische Hauptnetz oder an ein kleineres Regionalnetz angeschlossen waren, legten sich Dieselaggregate für die eigene Stromerzeugung zu. Der Anteil der Wasserkraft, der nicht gleichermaßen schnell gesteigert werden konnte, fiel wieder auf (1971) 22 % zurück. Mit der Inbetriebnahme der großen Wasserkraftwerke von Keban, Karakaya und Karababa (Atatürk) am Euphrat und weiter über 100 Kraftwerken an Talsperren und Wasserläufen erreichte der hydroelektrische Anteil an der Stromgewinnung 1988 mit 60,2 % den relativ höchs-

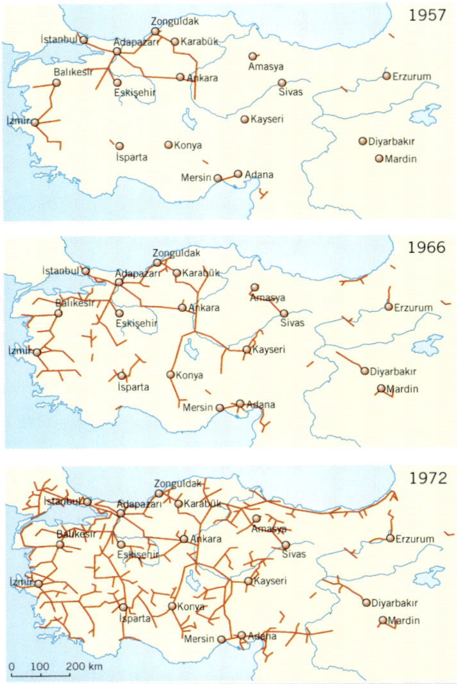

***Abb. 97: Entwicklungsstadien des elektrischen Verbundnetzes:** Stromleitungen aller Spannungen sind zusammengefasst.*

Quelle: nach verschiedenen Quellen der staatlichen Elektrizitätsverwaltung (EIE).

ten bisherigen Stand. Er liegt derzeit aber bei nur noch etwas über 40 % (1995).

Man muss sich bei dieser Überlegung verdeutlichen, dass die Werte für den Verbrauch von Strom pro Kopf der Bevölkerung noch sehr niedrig sind. Im Jahre 1965, als in der Bundesrepublik pro Kopf rund 3000 kWh verbraucht wurden, erreichte die Türkei gerade einen Pro-Kopf-Wert von 150 kWh, weniger als halb so viel wie Griechenland, knapp ein Drittel des Verbrauchs von Portugal. Bis 1971 war der Pro-Kopf-Verbrauch immerhin schon auf 267 kWh gestiegen. Wenn jedoch ein Grad der Elektrizitätsversorgung erreicht werden soll, der dem von westlichen Industrienationen entspricht, also etwa dem der Bundesrepublik von 1971, dann müsste die Türkei mit derzeit rund 65 Mio. Einw. größenordnungsmäßig 200 Mrd. kWh im Jahr erzeugen. Das ist zweieinhalbmal so viel, wie die oben genannten groben Schätzungen für das maximal ausnutzbare hydroelektrische Potenzial ansetzen. Die Bevölkerung wächst zudem rasch weiter an, und das potenzielle hydroelektrische Potenzial wird sich wohl kaum insgesamt wirtschaftlich in Wert setzen lassen. Man wird also damit zu rechnen haben, dass noch auf relativ lange Sicht hin der thermischen Energie eine sehr wesentliche Rolle zufallen wird.

Der größte Teil des gesamten Energieaufkommens wurde noch bis Mitte der 70er-Jahre in den westlichen Landesteilen produziert (Abb. 93). Selbst die bekannten Steinkohlen- und Braunkohlenlagerstätten konzentrierten sich im Nordwesten des Landes. Ostanatolien besitzt jedoch einen Anteil am Wasserkraftpotenzial des Landes, der keineswegs hinter den Energievorräten des Westens zurücksteht. Mit dem Bau der Euphratdämme zwischen Keban und der syrischen Grenze ist ein Teil davon bereits in Wert gesetzt worden, zahlreiche andere Wasserkraftwerke sind im Bau oder geplant, um den wachsenden Energiebedarf des Landes zu decken, aber auch den Energierückstand Ostanatoliens verringern zu helfen.

Die Nutzbarmachung dieses Potenzials folgte dem Bedarf, und der setzte in Westanatolien, besonders im Raum um das Marmarameer, viel früher ein als in den anderen Landesteilen. Das allmähliche Wachstum des türkischen Stromverbundnetzes umschloss relativ früh die Städte um das östliche Marmarameer, während zunächst selbst die Hauptstadt Ankara, längere Zeit auch noch das İzmirgebiet, eigene unverbundene Netze besaßen. Während in Westanatolien ein Stromverbundnetz zusammenwuchs, entwickelten sich um die größeren Städte anderer Landesteile – um Adana, Isparta, Amasya, Trabzon, Elazığ, Erzincan, Mardin und Erzurum – regionale Netze, die einige benachbarte Kreisstädte mit versorgten. In den noch abgelegeneren Landesteilen, namentlich in den Gebirgen und im zentralen Ostanatolien, begann die Elektrifizierung überhaupt erst mit lokalen Generatoren. Ein Stromnetz „wucherte“ also von Nordwesten aus allmählich über das Land, schloss kleinere regionale Netze sukzessive an und wuchs langsam in die peripheren Regionen hinein.

Dieses Stromversorgungsnetz, dessen Entwicklung Abb. 97 in drei frühen Stadien zeigt, ist heute nicht mehr so weitmaschig.

1967 hatten von rund 36 000 türkischen Landgemeinden erst 823 Stromanschluss. Der zweite Fünfjahresplan (1968–72) sah eine Zunahme auf 3100 an das Verbundnetz angeschlossener Dörfer vor, erreicht wurde bis 1971 etwas mehr als die Hälfte davon. Inzwischen dürften durch die Ämter des Dorfministeriums für „Wege, Wasser und Elektrizität" (YSE) und „Dorfentwicklung" (Köy Hizmetleri) alle Dörfer bis auf verstreute Einzelhöfe und Kleinstweiler an das Stromnetz angeschlossen sein.

Anorganische Bodenschätze

Die Karten der nutzbaren Lagerstätten der Türkei (Gümüş 1970; Erseçen 1989) zeigen aus Maßstabsgründen zwar nur einen Bruchteil der bekannten Lagerstätten, aber sie erscheinen dennoch sehr eindrucksvoll mit ihrer Vielzahl und weiten Streuung von Hunderten von Vorkommen. Wenngleich der Bergbau in der Türkei eine uralte Tradition hat und sich Spuren antiker Schürfungen auf Metalle und Edelmetalle in vielen Gebirgen des Landes finden, setzte eine der europäischen technisch vergleichbare Bergbauentwicklung erst um die Mitte des 19. Jh.s ein.

In den volkswirtschaftlichen Bilanzen, bei der Berechnung des Bruttosozialprodukts, ist der Bergbau nicht sehr bedeutend. Sein Anteil am Sozialprodukt sank sogar von 1,6% (1990) auf etwa 1,2% (1996). Im Export des Landes schlagen Bergbaurohprodukte mit ca. 1,6% des Exportwertes zu Buche, wobei Chrom- und Kupfererz dominieren.

Diese drei Aussagen bedeuten zusammengenommen, dass die Türkei zwar vielerlei an Bodenschätzen, jedoch von kaum einem bergbaulich zu gewinnenden Rohstoff so viel oder solche Qualitäten hat, dass sie deswegen in der Weltwirtschaft eine besonders wichtige Rolle spielen könnte. Für die künftige Entfaltung einer stärker differenzierten Industrie sind zwar die meisten Rohstoffe im Land vorhanden. Aber bisher ist für viele davon, z. B. für die Stahlveredler, im Land selbst noch wenig Verarbeitungsmöglichkeit gegeben. Zum Export von Erz kommen wiederum nur die Lagerstätten in Frage, die günstig zu den Häfen liegen, und das schränkt die Abbauchancen weiter ein. Im Folgenden sollen einige Anmerkungen zu den mineralischen Rohstoffen gegeben werden, die entweder für das Land selbst oder aber für den Export schon von gewisser wirtschaftlicher Bedeutung sind oder zu werden versprechen.

Das *Eisenerz* ist für das Land selbst bisher das wichtigste metallische Bergbauprodukt. Unter rund 600 bekannten Eisenerzlagerstätten ragt eine hervor: der seit 1938 im Abbau stehende Erzberg bei Divriği südöstlich von Sivas. Allerdings erweist sich die periphere Lage der Lagerstätte als wesentlicher Nachteil. Das Erz wird hier in mehreren Tagebausohlen gefördert, und zwar im oberen Teil des Berges Magnetit mit 66,5% Fe-Gehalt (allerdings auch 1,6% Schwefel) und am Fuß des Berges Hämatit mit nur 58% Fe-Gehalt, jedoch auch nur 0,1% Schwefel. Die Gesamtvorräte dieser Lagerstätte werden auf etwa 116 Mio. t geschätzt (1989). Der Abbau erreichte in den Jahren 1955–60 zwischen 400 000–500 000 t und genügte zunächst, um das Stahlwerk von Karabük mit Erz zu versorgen. Inzwischen wurde auch eine Reihe von Lagerstätten in der Nachbarschaft in die Förderung einbezogen. Im ganzen Staatsgebiet wurden 1989 5,5 Mio. t Eisenerz gefördert, rund 50% davon kamen aus dem Abbaugebiet um Divriği-Hekimhan. Die Zunahme seit 1960 geht zum beträchtlichen Teil auf die wachsende Aktivität von privaten Fördergesellschaften zurück. 1995 entfielen bereits knapp 1 Mio. t (19% der Gesamtförderung von 4,9 Mio. t) auf private Gruben.

Eine günstige Lage haben die Eisenerze im Çam Dağ am Schwarzen Meer nördlich von Düzce, sie liegen nur etwa 50 km vom Hüttenwerk in Ereğli entfernt. Sofern das Problem der fehlenden Bahnlinie und wenig leistungsfähigen Straße zum nahen Kohlenrevier gelöst wird, dürfte das Revier um Ereğli-Zonguldak starken Auftrieb bekommen. Alle anderen bekannten Fundstätten sind bisher wirtschaftlich völlig unbedeutend. Das Erzlager am Golf von Edremit hat den Vorzug leichter Erreichbarkeit und Exportierbarkeit der Erze, der relativ hohe Arsengehalt verhindert jedoch bisher eine stärkere Förderung. Die Lagerstätten im Amanusgebirge sind für das Hüttenwerk in İskenderun bestimmt.

Kupfer wurde in der Türkei seit eh und je an zahlreichen Stellen gewonnen. Ein rationeller, im Prinzip schon moderner Abbau begann Mitte des 19. Jh.s bei Ergani-Maden, im Osttaurus zwischen Elazığ und Diyarbakır gelegen. Hier ist bis heute das wichtigste Fördergebiet. Weitere Kupfervorkommen finden sich im Pontischen Gebirge, insbesondere bei Küre nördlich von Kastamonu und bei Murgul an der georgischen Grenze. Ab 1973 kam die Produktion der neuen Kupferhütte bei Samsun am Schwarzen Meer in Gang, und die Erzeugung stieg rasch auf 36 000 t, das entsprach etwa einem Zehntel der Erzeugung von Zaire (Kongo). Die türkische Gesamtförderung an Kupfererz lag 1996 bei etwa 3,5 Mio. t Erz (allerdings bei Konzentrationen zwischen 0,5 und 3,5 %). Während noch Mitte der 60er-Jahre über die Hälfte der Kupfererzeugung exportiert wurde, gingen später die Exporte wegen des steigenden Bedarfs der eigenen jungen Elektroindustrie stark zurück.

Mit ihren zahlreichen *Chrom*vorkommen besitzt die Türkei eine im Welthandel nicht ganz so unbedeutende Stellung. Bis zum Ersten Weltkrieg stand sie sogar an erster Stelle der Erzeugerländer. Zu Beginn des Zweiten Weltkrieges stellten die 183 000 t Chromerzförderung immer noch ein Fünftel der Weltproduktion dar, für die deutsche Rüstungsindustrie waren die türkischen Chromerzlieferungen während des Krieges unersetzlich. Seither hat jedoch die Förderung auch in anderen Ländern so stark zugenommen, dass die Türkei nur noch etwa 10 % der Welterzeugung (1995: 2,1 Mio. t) stellt und mengenmäßig nach Südafrika, Russland, Simbabwe und Albanien an fünfter Stelle rangiert. Da bei der einheimischen Industrie bislang ein sehr geringer Chrombedarf besteht, wird der überwiegende Teil exportiert. Die erzeugten bzw. exportierten Mengen ließen sich ohne große Schwierigkeiten erheblich steigern, wenn der entsprechende Bedarf da wäre (vgl. Abb. 98).

Die wichtigsten Abbaustellen von Chromerz sind die im Südwesten des Landes, weniger wegen ihrer Reichhaltigkeit als vielmehr wegen ihrer leichten Erreichbarkeit bzw. ihrer Nähe zu den Verschiffungsmöglichkeiten. Ein weiteres genutztes Chromerzgebiet liegt im Raum Ergani-Maden in der Nähe der Kupfervorkommen, zahlreiche weitere in Nordwestanatolien, im mittleren Taurus und im Amanus. Die abgebauten Erze werden meist an Ort und Stelle mit einfachen Verfahren (Handverlesen und Schwemmen) so weit angereichert, dass

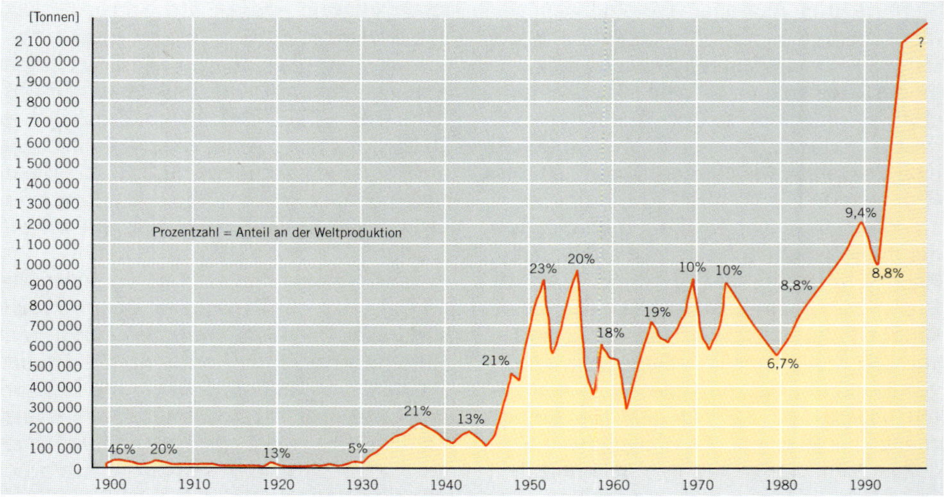

Abb. 98: Entwicklung der türkischen Chromerzförderung.

der handelsübliche Cr_2O_3-Gehalt von etwa 50 % erreicht wird.

Unter den sonstigen Metallen sind *Antimon*, *Quecksilber*, *Blei* und *Wolfram* von etwas größerer Bedeutung, weil sie immerhin noch zum Export beitragen. Beim Quecksilber ist die Türkei mit knapp 2 % (1989: 30 000 t) an der Welterzeugung beteiligt, bei Antimon mit 1,5 % (1989: 47 000 t). Mangels ausreichender Verwendung im Land selbst wird die erzeugte Menge Quecksilbersulfid (1989: 30 000 t) und Antimonkonzentrat (1987: 4000 t) exportiert, genauso wie etwa 1500 t Wolframkonzentrat aus zahlreichen, vorwiegend in Westanatolien liegenden Schürfungen.

Von neuerdings stark wachsender Bedeutung ist der Abbau von *Borazit*. Die Borsalze Pandermit (benannt nach Panderma = Bandırma) und Colemanit finden sich in sedimentären Lagerstätten in einigen Neogenbecken Nordwestanatoliens. Die Hauptabbaustelle liegt seit Ende des 19. Jh.s bei Susurluk südlich von Bandırma (Prov. Balıkesir), zahlreiche weitere Vorkommen sind aus dem nordwestanatolischen Raum bekannt, v. a. aus dem Gebiet zwischen Balıkesir und Kütahya. Für diesen in der chemischen Industrie benötigten Rohstoff beginnt sich eine hervorragende Stellung der Türkei abzuzeichnen. Die Förderung (1996: 2,4 Mio. t) und der Export sind sprunghaft angestiegen (Export 1950: 10 000 t; 1989: ca. 825 000 t).

Eine ähnliche Stellung hat das Land bei der Erzeugung von *Schmirgel* (Korund), dessen Export, trotz der Zunahme synthetischer Ersatzstoffe in den Industrieländern, von (1950) 8000 t auf (1989) 12 000 t anstieg. Das wichtigste Abbaugebiet findet sich am Rand des Menderesgrabens westlich von Aydın.

Der *Meerschaum*, ein Verwitterungsprodukt des Serpentins, war noch im 19. Jh. ein klassischer Exportartikel. Die Schürfstellen bei Eskişehir stellen das wichtigste Vorkommen der Welt dar. Die Förderung ist mangels Nachfrage allerdings auf wenige Tonnen zurückgegangen – die Hersteller von Touristikartikeln für den Basar von İstanbul sind fast die einzigen Abnehmer.

Im mittleren Taurus bei Akseki und Seydişehir, südlich des Beyşehirsees, bei Payas und Islahiye am Amanusgebirge, bei Milas und Yalvaç wurden bedeutende *Bauxit*-Lager entdeckt mit geschätzten Reserven von insgesamt über 260 Mio. t, die für die Türkei eine erfreuliche Bereicherung ihrer Rohstoffbasis darstellen. Zur Verarbeitung wurde eine Aluminiumhütte (bei Seydişehir; 1993 Produktion 51 000 t, Export 30 000 t) errichtet, die ihren Strom von Wasserkraftwerken südlich des Taurus (Manavgat) bezieht.

Alle diese genannten Bergbauprodukte sind für die Türkei als Ganzes natürlich von großem Wert als Devisenbringer oder als Rohstoffbasis für die eigene Industrie. Man darf jedoch nicht die wachsende Bergbautätigkeit ohne weiteres als Indiz besonders rasch fortschreitender technischer „Entwicklung" ansprechen, und die räumliche Verteilung der Abbaustellen ist für die regionale Entwicklung auch nur von begrenzter Signifikanz. Der wachsende Anteil von Privatbetrieben wird erklärbar durch den geringen technischen und finanziellen Aufwand, der bei den meist im Tagebau erreichbaren Förderprodukten nötig ist. Im einfachsten Fall baut man eine Lkw-Piste zur Abbaustelle, sprengt das Gestein los und schaufelt es in Lastwagen. Gegebenenfalls wird taubes Gestein von Hand herausgelesen. Mittlere Unternehmen leisten sich schon einfache Aufbereitungsanlagen zur Anreicherung der Erze.

Der Bergbau hat in seinem privaten Sektor weitgehend spekulativen Charakter; wo immer sich eine Chance für rasche Gewinne zu bieten scheint, werden Konzessionen beantragt, und ein kleiner Abbau wird in Gang gesetzt. Ebenso schnell werden allerdings, wenn der Absatz stockt, die Preisentwicklung rückläufig ist oder wenn technische Schwierigkeiten auftreten, Gruben auch wieder aufgegeben, oder die Förderung wird reduziert. Dauerhafte Installationen werden selten gemacht. Kurze Lorenbahnen, ein paar Verladegerüste und Baubuden, bisweilen nur Arbeiterzelte stehen herum, und ein „Hauch von Clondike" umgibt die ganze Schürfstelle. Ansätze kontinuierlicher Siedlungsentwicklung sind sehr selten.

Von den 1994 registrierten 740 Bergbaubetrieben waren 558 (= 75,4 %) Privatbetriebe. Aber alle Privatbetriebe zusammen stellten nur etwa 20% von den (1994) rund 76 000 Arbeitsplätzen des Bergbaus.

Verarbeitendes Gewerbe

Zu Beginn der 50er-Jahre hätte eine Darstellung des türkischen verarbeitenden Gewerbes noch fast jeden wirklichen „Industrie“-Betrieb einzeln und namentlich aufzählen können. Der Gewerbezensus von 1950 (Tümertekin 1960a und b) zeigt das typische Spektrum eines Entwicklungslandes von alter Stadtkultur: Die Zahl der „Betriebe“ ist zwar verhältnismäßig groß, es wurden – ohne das dörfliche Handwerk – 82 331 Betriebe gezählt. Davon hatten jedoch nur knapp 1600 (= 1,9 %) mehr als zehn Arbeitskräfte, und nur 137 Betriebe hatten über 200 Beschäftigte und waren damit etwa europäischen Mittelbetrieben nach der Beschäftigtenzahl vergleichbar. Von allen erfassten Betrieben verfügten nur rund 1000 (13 %) über mechanische Antriebskraft. Die Gesamtzahl der gewerblich Beschäftigten – einschließlich Bergbau, aber ohne Bauwesen und ohne das dörfliche Kleingewerbe – wurde mit 335 576 Personen ermittelt.

Relativ reich besetzt waren, wenn auch meist mit Kleinbetrieben, alle jene Branchen, die in der einen oder anderen Form an das traditionelle Handwerk anknüpfen. Nahrungsmittel und Getränke, Textil und Leder, Holz und Möbel waren schon relativ gut besetzte Gewerbezweige, in denen sich ein fester Arbeiterstamm qualifizierte. Aber auch einige tausend Betriebe für Maschinenbau (praktisch meist Reparatur), für elektrische Geräte und für Fahrzeugbau existierten schon, und in İstanbul hatte sich bereits eine relativ breite Palette von Erzeugern vielfältiger moderner Konsumgüter etabliert, von Arzneimittelfabrikanten bis zu Radioherstellern.

Bis zur Mitte der 90er-Jahre – Gewerbezensus von 1994 (vgl. Abb. 99) – ist sowohl die quantitative Expansion der Industrie beschleunigt weitergegangen wie auch ihre Mechanisierung und Diversifizierung (Tab. 3). Man kann heute nicht mehr mit der Nennung der Namen von ein paar Fabriken die türkische Industrie charakterisieren. Ein relativ breites Spektrum privater Mittelbetriebe, meist des Konsumgütersektors, hat sich neben den traditionellen, mehr handwerklichen Kleinbetrieben und den meist staatlichen Großbetrieben etabliert.

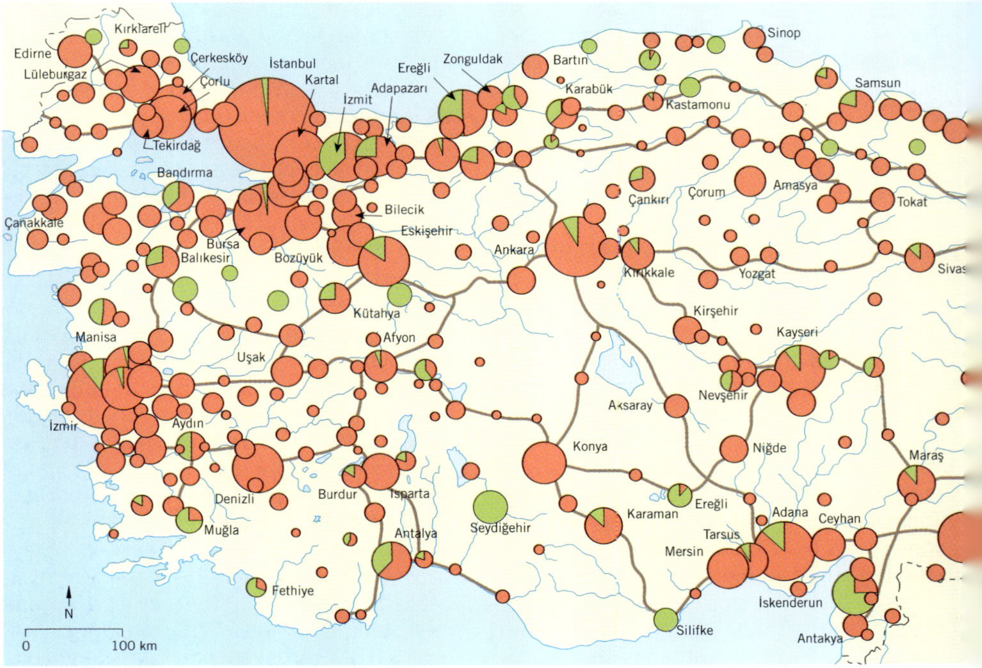

Branche	Betriebe 1973	Betriebe 1993	Beschäftigte 1973	Beschäftigte 1993
Nahrungsmittel, Getränke, Tabak	1504	1966	145129	155454
Textil, Bekleidung, Leder	1241	3133	154681	288110
Holzverarbeitung, Möbel	269	443	14222	22176
Papierprodukte, Druck	287	365	24994	34361
Chemie, chem. Produkte, Erdöl	624	918	61935	93422
Steine und Erden	378	827	43664	65548
Metallerzeugung	257	376	47029	69146
Metallverarbeitung, Maschinenbau u. Reparatur, elektr. Geräte	1265	2433	142026	216752
Sonstige	94	106	3933	5653
Türkei gesamt:	**5937**	**10567**	**637617**	**950165**

Quelle: Stat. Jahrb.

Tab. 3: Industriebetriebe und -beschäftigte

Bei einer Charakterisierung der türkischen Industrie in ihrem derzeitigen Entwicklungsstadium lassen sich einige Merkmale aufführen, die typisch für viele Entwicklungs- oder Schwellenländer sind. Dazu gehört etwa der relativ hohe Anteil von Betrieben, die Agrarprodukte verarbeiten (vgl. Tab. 3).

Ebenso typisch und auch verständlich ist es, dass bei der Fertigung von Kraftfahrzeugen aller Art, im Maschinenbau oder in der Elektroindustrie ein bestimmter Teil der Werkstücke importiert werden muss. Viele Betriebe sind also noch mehr oder weniger Montagebetriebe. Auch der immer noch große Anteil von Kleinbetrieben in den meisten Branchen zeigt, dass der Prozess der Konzentration, der fortgeschrittene Industriestaaten kennzeichnet, erst langsam einsetzt. Bei der fortschreitenden Steigerung des Lebensstandards wächst die Aufnahmefähigkeit des Binnenmarktes ständig weiter und bietet zahlreichen neuen Firmen Entwicklungschancen. Auch die räumlich asymmetrische Verteilung der Industrie, die Konzentration auf eine Metropolenregion gegenüber der geringen industriellen Ausstattung eines weiten Hinterlandes, findet sich ähnlich in vielen Ländern vergleichbaren Entwicklungsstandes.

Verteilung von Staats- und Privatbetrieben

Hervorzuheben sind einige Besonderheiten des Verteilungsmusters der Industrie, die sich aus dem Gegensatz von staatlicher Industrialisierungspolitik und den Lokalisierungsentscheidungen privater Unternehmer ergeben. Man könnte das den „Kampf

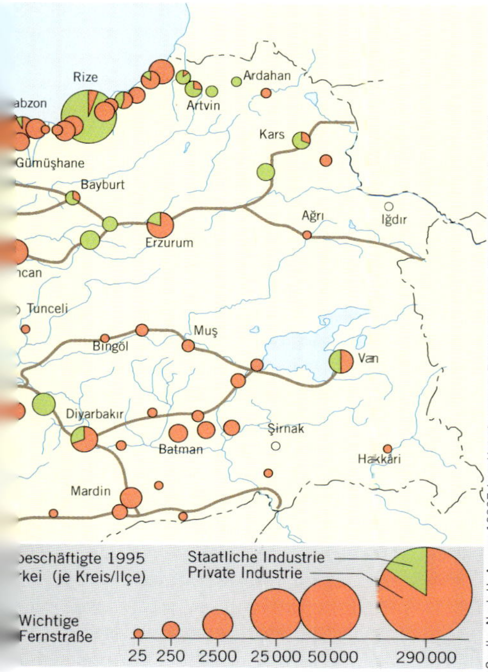

Quelle: Nach U. Amann 19997 (aus Unterlagen von Türkiye Odalar ve Borslar Birliği/TOBB 1996).

Abb. 99: Beschäftigte in der Industrie 1995: *Erfasst sind alle staatlichen und privaten Betriebe mit mehr als 10 Beschäftigten. Werte und die Symbole der Karte beziehen sich auf die Standorte in den Landkreisen.*

um Abbau oder Verstärkung des West-Ost-Gefälles“ nennen.

Die staatliche Politik verfolgt das sozialpolitische Ziel, möglichst alle Regionen des Landes an der Industrialisierung teilhaben zu lassen. Das bedeutet, dass die größeren, von den halbstaatlichen Banken finanzierten Betriebe bewusst dezentral lokalisiert werden. Dieser entwicklungspolitischen Tendenz zur Streuung steht das historische West-Ost-Gefälle des Lebensstandards und der marktwirtschaftlichen Chancen auf den meisten Gebieten der Produktion und des Handels gegenüber. Die städtischen Ballungsräume des Westens der Türkei, besonders um das Marmarameer, sind aufgrund des entwickelteren Lebensstandards die wichtigsten Abnehmer und stellen gleichzeitig die qualifiziertesten Arbeitskräfte. Hier hat jeder Unternehmer seine wichtigsten „Fühlungsvorteile“ und die kürzesten Wege zu den schon vorhandenen Zulieferern und Kunden. Hier gibt es kurze Distanzen zu relativ leistungsfähigen Häfen und eine erheblich bessere Infrastruktur. Nicht zuletzt sind die Landentfernungen zu den industriellen Ballungsräumen Europas vom Marmararaum aus um etwa ein Drittel kürzer als von Ostanatolien. Schließlich ist zu bedenken, dass die Mehrzahl der modernen türkischen Unternehmer aus der städtischen Bildungsschicht der westlichen Städte stammt; ohne ganz besondere Anreize wird sich ein İstanbuler Seifenhersteller kaum in Van oder Urfa niederlassen.

Die erstgenannte Tendenz, die der staatlich gesteuerten „Streuung“, wird durch jene neuen Industrieanlagen verifiziert, die als Einzelanlagen mit jeweils so bedeutendem Kapitaleinsatz errichtet werden, dass ihre Fertigstellung selbst in deutschen Wirtschaftszeitungen erwähnt und von den entsprechenden Hoffnungen begleitet wird. Die Länderberichte des Statistischen Bundesamtes bemühen sich um jeweils aktualisierte Vollständigkeit der Information, Eggeling (1978) resümierte den Stand Mitte der 70er-Jahre. Man kann diese Betriebe nicht mehr als Renommierobjekte abtun, dafür sind es schon zu viele. Die Zahlen der Industriebeschäftigten werden in den betreffenden Provinzen jeweils schlagartig in die Höhe getrieben, und dieser Effekt allein ist in einem Entwicklungs- bzw. Schwellenland schon auf der Habenseite zu verbuchen.

Das inzwischen schon „ehrwürdigste“ unter den Unternehmen der *Schwerindustrie* ist der 1939 fertig gestellte Betrieb in Karabük. Es ist das erste türkische Stahlwerk überhaupt, wenn man von dem etwas älteren kleinen Militärstahlwerk Kırıkkale (fertig gestellt 1932) einmal absieht. Das Werk sollte die türkische Steinkohle bzw. den Koks von Zonguldak verwenden, musste also in rationeller Entfernung zum Steinkohlenrevier liegen. Aus strategischen Rücksichten rückte man jedoch von der Küste ab und lokalisierte den Betrieb 120 Bahnkilometer landeinwärts. Zur Zeit des Aufbaus wurde damit gerechnet, schwedische Importerze zu verhütten, die dann auch über Zonguldak hätten importiert werden müssen. Von vielen Volkswirten wurde das Unternehmen zu dieser Zeit für überdimensioniert und falsch lokalisiert gehalten, ein Stahlwerk auf Importerz- und Schrottbasis in der Nähe von İstanbul war der damals sicher plausibel scheinende Gegenvorschlag. Sozusagen im letzten Moment, kurz vor Betriebseröffnung, wurden die türkischen Eisenerze von Divriği entdeckt und erlaubten die Selbstversorgung mit Erz. Der Vorwurf der „Überdimensionierung“ von Karabük ist längst in sich zusammengefallen. Schon in den 50er-Jahren konnte das Werk den türkischen Stahlbedarf nicht mehr decken.

Der Bau eines zweiten großen Hüttenwerkes wurde unumgänglich. Auch in diesem Fall sollte die einheimische Kohle die Energiebasis liefern, weshalb der Standort wiederum im Raum des Zonguldakreviers gewählt wurde. Da die strategischen Überlegungen inzwischen überholt waren, konnte man den Standort in günstiger Lage wählen, und zwar in Küstennähe wenig südlich von Ereğli, dessen Hafen gleichzeitig ausgebaut wurde. 1967 begann das Werk mit der Produktion. 1972 wurden 0,75 Mio. t Rohstahl erzeugt. Die Provinz Zonguldak hatte damit ein zweites Hüttenwerk und sah sich in die Rolle eines „türkischen Schwerindustriereviers“ gestellt.

Mittlerweile ist mit technischer und finanzieller Hilfe der früheren Sowjetunion ein drittes großes Hüttenwerk entstanden, dessen Lokalisierung wieder andere Gesichtspunkte erkennen lässt. Der Standort bei İskenderun an der Küste der Provinz Hatay erlaubt immerhin, das Eisenerz aus den seit langem bekannten Lagerstätten im Amanusgebirge zu gewinnen. Die Kohle muss jedoch per Schiff von Zonguldak herangeschafft werden. Mit der Wahl des Standortes nahe der Grenze zu den arabischen Staaten war zugleich die Hoffnung auf spätere Absatzchancen in dieser Richtung verbunden. Zugleich spielte die Überlegung mit, von hier aus den Bedarf Süd- und Südostanatoliens v.a. an Baustahl decken zu können und damit einen Entwicklungsimpuls zu geben. Die Gesamtproduktion des Landes lag 1996 bereits bei 13,4 Mio. t Rohstahl.

Die Betriebe zur Kupferverhüttung in Ergani-Maden im östlichen Taurus und in Murgul an der östlichen Schwarzmeerküste sind noch nahe den Förderstellen des Erzes lokalisiert, ähnlich wie das Ferrochromwerk in Antalya nahe bei den Chromerzgruben oder die Aluminiumhütte von Seydişehir in der Nähe der Bauxitlager. Der Standort für die neue große Kupferhütte von Samsun hingegen wurde bereits in die Nähe der größten Stadt der Nordküste gelegt, wo Bahnanschluss und ausgebauter Hafen vorhanden sind, zentral erreichbar für die Erzanlieferung aus einer ganzen Reihe von Lagerstätten des Pontischen Gebirges.

Die meisten weiterverarbeitenden Betriebe der Metallindustrie liegen allerdings in den traditionellen Ballungsräumen des Landes, nicht bei den Rohstoffen und nur zum geringen Teil in den wenig entwickelten Binnenlandschaften. Private Weiterverarbeitung in Hunderten von Eisengießereien, Drahtziehereien, Fabriken für Kleineisenteile usw. konzentriert sich (1993) in hohem Maße auf den Großraum İstanbul-Kocaeli (47,9 %), auf İzmir und Bursa (18,4 %), in geringerem Maße auf Ankara (9,8 %) bzw. Eskişehir, Konya und Kayseri (7,2 %).

Ein anderes interessantes Beispiel für das Problem „Streuung versus West-Konzentration" ist die Verteilung der staatlichen und privaten *Zementindustrie*. 1972 gab es 13 Zementwerke der staatlichen Zementgesellschaft, von denen die Werke in Afyonkarahisar, Aşkale bei Erzurum, Balıkesir, Bartın bei Zonguldak, Corum, Elazığ, Gaziantap, Niğde, Pınarhisar, Sivas, Trabzon und Van nach dem Prinzip „Versorgung der Provinz" in weiter Streuung über das Land verteilt waren. Nur die Werke in Ankara und Söke bei İzmir lagen in der Nähe größerer Ballungszentren. Hingegen verteilten sich die 12 privaten Zementwerke von Darıca, Kartal, Zeytinburnu, Hereke, Bursa und İstanbul um das Marmarameer, zwei weitere liegen bei İzmir. Die Werke von Ankara, Eskişehir, İsparta und Konya hatten sich als Standorte die prosperierendsten Städte im westlichen Drittel des Binnenlandes ausgesucht. Kein einziges privates Zementwerk lag zu dieser Zeit im Osten. 1993 war die Zahl der staatlichen Zementwerke im Zuge der Privatisierung der Wirtschaft auf 10 zurückgegangen, die restlichen 80 privaten Unternehmen verteilen sich aber auch mit Schwerpunkt bei den westlichen Ballungszentren.

Die Konzentration der Konsumgüterindustrie

Wenn man die branchenweise Aufgliederung des Industriezensus von 1993 betrachtet (der immerhin gesonderte Provinzdaten herausgibt, die sich somit dem nationalen Mittel gegenüberstellen lassen), zeigt sich die Fortdauer der bereits von Tümertekin (1960) für das Zensusjahr 1950 festgestellten Tendenz: Die einfachen Gewerbebetriebe, die das traditionelle Handwerk fortsetzen oder zur elementaren Versorgung städtischer Bevölkerung unumgänglich sind, finden sich in einer Streuung, die nicht allzu sehr von der Verteilung der städtischen Bevölkerung abweicht. Mühlen, einfache Textilbetriebe oder Holzverarbeitungsfirmen gibt es im ganzen Land. Von den „moderneren" Gewerbezweigen ist nur die Kfz-Reparaturbranche praktisch in jeder Stadt vertreten. Selbst unter den Betrieben mit mehr als 25 Beschäftigten, die im Zensus von 1993 allein als „Produzierendes Gewerbe" erfasst sind, lässt sich eine größere Streuung feststellen, erst recht wäre das der Fall, wenn die zahlreichen Kleinbetriebe, besonders die mit weniger als 10 Beschäftigten, einbezogen würden.

Demgegenüber sind die meisten ausgesprochen „modernen" Branchen auf die Großräume des Marmarameeres und der zentralen Ägäisküste, auf das Städtedreieck Ankara-Konya-Kayseri und die Çukurova konzentriert. Gewerbezweige, die auf das komplizierte Ineinandergreifen vielfältiger Zulieferer und auf qualifizierte Arbeitskräfte angewiesen sind und deren Erzeugnisse vorwiegend bei Käuferschichten gehobener Einkommensklassen oder nur bei anderen Betrieben Absatz finden, bevorzugen die Großräume İstanbul und İzmir. Bursa folgt mit einigem Abstand, genauso wie İzmit durch die Verkehrslage im Ballungsraum des Marmarameeres begünstigt. In einigen Zweigen haben Ankara (Druck/Papier) bzw. die Schiene Ceyhan-Adana-Tarsus-Mersin (Baumwollverarbeitung/Textil/Nahrungsmittel) einen nennenswerten Anteil.

Zu diesen „modernen“ Gewerben gehören Fahrzeugbau und Montage, Elektroindustrie, Feinmechanik und Optik, Maschinenbau, Glas und Keramik, Gummi- und Plastikverarbeitung, chemische und pharmazeutische Industrie, Papierherstellung und Druckgewerbe. Aber auch die anspruchsvolleren Zweige der Nahrungs- und Genussmittelindustrie liegen meist im Ballungsraum des Nordwestens (ca. 30 %). Unter den Textilherstellern sind fast alle Fabriken für feinere Stoffe, Seidenverarbeitung, Konfektion, Modeartikel in İstanbul, İzmir und Bursa konzentriert, auch die Herstellung von Lederartikeln und Schuhwerk (über 80 %).

Die Ballung wird besonders deutlich, wenn man die Zahl der Beschäftigten (in Betrieben über 10 Beschäftigte) der Türkei branchenweise den entsprechenden Werten von Istanbul gegenüberstellt. Die zweite Zahlenkolonne der Tab. 4 bezieht sich zwar auf die Provinz İstanbul, kann aber praktisch für den İstanbuler Ballungsraum gesetzt werden.

Es zeigt sich, dass bei der Textilindustrie über 40 %, bei der Konfektionskleidungsindustrie über 80 %, bei Leder-, Pelz- und Schuhfabrikation über 75 % der Beschäftigten in İstanbul arbeiten. Dies gilt auch für über zwei Drittel der Beschäftigten des graphischen Gewerbes; ein Drittel der Beschäftigten in der Verarbeitung chemischer Produkte, über ein Drittel im Maschinen- und Fahrzeugbau arbeiten hier, und die Elektroindustrie beschäftigt sogar etwa 70% ihrer Arbeiter im Raum İstanbul.

Im Ballungsraum um das Marmarameer konzentrieren sich gerade jene Wirtschaftszweige, die in der Gegenwart stark expandieren und sich ständig diversifizieren. Das Angebot an relativ anspruchsvollen Arbeitsplätzen wird hier also weiterwachsen, wahrscheinlich rascher als an den verstreuten Standorten der staatlichen Großbetriebe, die bei fortschreitender technischer Entwicklung sogar eher Arbeitskräfte freisetzen dürften, wenn die jeweilige Aufbauphase vorbei ist und sich keine Folgeindustrie entwickelt.

Branche	Türkei gesamt		İstanbul	
	1973	1993	1973	1993
Nahrungsmittel, Getränke, Tabak	145 129	155 454	27 156	21 807
Textil, Konfektionskleidung, Pelz, Leder	154 681	288 110	60 707	118 708
Holzverarbeitung, Möbel und Zubehör	14 222	22 176	4 315	3 418
Papier und Pappe, Druckerzeugnisse	24 994	34 361	10 893	14 121
Verarb. chem. Industrierohstoffe, andere chem. Produkte, Erdölraffinerien, Verarb. v. Erdölderivaten, Gummiwaren, Plastikprodukte	61 935	93 422	32 390	30 935
Keramik, Glas, Verarb. and. Nichtmetallrohstoffe	43 668	65091	14 669	9 569
Eisen- u. Stahlerzeugung, Erzeugung v. Nichteisenmetallen	47 029	69 146	9 269	9 767
Metallverarbeitung, Maschinenbau u. Reparatur, Elektroindustrie, Fahrzeugbau u. Reparatur, Feinmechanik	142 026	216 752	77 540	79 969
Sonstige Industrie	3 933	5 653	3 892	4 793
Alle Branchen	**637 617**	**950 165**	**240 832**	**291 523**

Quelle: DIE 1973 und 1997.

Tab. 4: Industriebebeschäftigte im Ballungsraum Istanbul nach Branchen 1973 und 1993

Betriebsgründungen durch Gastarbeiter und das Beispiel Akyazi

An der raschen Expansion der privaten Klein- und Mittelbetriebe des Konsumgütersektors, bevorzugt im Ballungsraum um das Marmarameer, sind seit Jahrzehnten Initiativen, Erfahrungen und Ersparnisse von Gastarbeitern aus Mitteleuropa beteiligt. Auslöser waren gesetzgeberische Maßnahmen um 1974, die steuerliche Anreize für die Investition von Gastarbeiterersparnissen im Heimatland schufen.

Bis dahin waren die Gastarbeiterüberweisungen überwiegend in den privaten Konsum, in die Anschaffungen von Autos (Taxis) und in den privaten Hausbau, vielfach von lukrativen Mietshäusern, geflossen – die „klassische" rentenkapitalistische Verhaltensweise hatte dominiert: Wer einmal zu Geld kommt, legt es so an, dass es risikolos und ohne viel weitere Arbeit Erträge bringt. Diese Summen waren nicht unbeträchtlich. Man schätzt, dass zwischen 1965 und 1975 etwa 7 Mrd. € (Şen 1977) Gastarbeiterersparnisse in die Türkei transferiert wurden und 1986–1996 etwa 25 Mrd. € (nach DIE 1995–1998). Man wollte erreichen, dass diese Mittel zum möglichst großen Teil in zu gründende moderne Produktionsbetriebe in der Form von Arbeitnehmer-Aktiengesellschaften investiert werden. 1975 existierten bereits etwa 50 solcher Arbeitnehmergesellschaften mit mehreren zehntausend Mitgliedern und einem Grundkapital von 329 Mio. € (Şen 1977). Die Zahlen sind seither weiter angewachsen.

Als ein Beispiel für das „Funktionieren" solcher Betriebsgründungen sei die Entwicklung der Molkerei von Akyazı kurz skizziert. Ihre Anfänge liegen in Deutschland, wo um 1974 eine Gruppe von patriotisch motivierten Studenten in Köln daranging, unter den türkischen Gastarbeitern der Ford-Werke Propaganda für den Gedanken einer Holdinggesellschaft zu machen, die sich in der Nahrungsmittelindustrie der Türkei engagieren sollte. Bereits seit 1966 bestand die ähnlich konzipierte Türksangesellschaft, und eine Reihe weiterer Gesellschaften war gefolgt. Allerdings waren einige davon an inkompetenter oder unseriöser Geschäftsführung gescheitert.

Die Planungs- und Lokalisierungsentscheidungen wurden durch verschiedene Faktoren beeinflusst, wobei nicht ohne weiteres zu sagen ist, was den Ausschlag gab. Die Mitglieder der Initiatorengruppe berufen sich auf Gutachten der Weltbank, die den Ost-Marmararaum als optimalen Standort für Neugründungen der Nahrungsmittelindustrie bezeichnet haben. Wichtiger war aber ein anderer Faktor: Nach einem relativ jungen Gesetz war jeder Industriebetrieb verpflichtet, den Arbeitern täglich in einer Arbeitspause einmal einen halben Liter Milch zu verabreichen. Die Realisierung krankte bisher daran, dass hierfür zu wenig Milch verfügbar war, und v. a., dass die Betriebe sie selbst auf den Dörfern der Umgebung einsammeln lassen mussten. Jedoch waren die handlichen Milchtüten bekannt, für deren Abpackung es in der Türkei erst einen einzigen größeren Betrieb gab. Die Chance lag also zunächst im Zeitpunkt: Wer zuerst abgepackte sterilisierte Milch in ausreichender Menge anbieten konnte, machte das Geschäft. Im Raum İzmir saß bereits die Konkurrenz, İstanbul hatte ein traditionelles Milchverteilungssystem. Unterversorgt war die junge und rasch wachsende Industrieagglomeration um İzmit, hier also lagen die Absatzchancen. Der Betrieb musste in der Nähe gebaut werden.

Als engerer Standort war ein Gebiet zu wählen, in dem Rinderhaltung in stärkerem Maße traditionell üblich, zugleich aber auch durch künftigen Futterbau intensivierbar war. Dafür boten sich die Beckenebenen östlich des Marmarameeres an, die noch Sommerniederschläge erhalten und somit ganzjährig über Frischfutter verfügen.

Innerhalb dieser Beckenebenen wurde die Standortwahl durch persönliche Motive beeinflusst. Da die ganze Entstehungsgeschichte der „Sakarya Holding" auf persönlichen Beziehungen beruhte, hatte es sich ergeben, dass ein überdurchschnittlicher Anteil der Aktionäre (etwa 250 von 1100) aus der kleinen Kreisstadt Akyazı und den umgebenden Dörfern stammte. Die übrigen Teilhaber verteilen sich ohne Schwerpunkt auf die ganze Türkei. Hier im Kreis Akyazı bestand also die beste Chance, die Sache populär zu machen und die vielfältigen persönlichen Beziehungen der Aktionäre, deren Zahl inzwischen auf fast 2000 (1750 Mitte der 80er-Jahre) angewachsen ist, für die notwendigen Kontakte zu den Bauern einzusetzen.

Die Fabrik (Yoncalı Süt Fabrikası) wurde am Ortsrand von Akyazı geplant, 3 km abseits der Fernstraße, aber durch eine asphaltierte Kreisstraße erreichbar und günstig im Schnittpunkt der Verbindungswege zu den Dörfern gelegen. Mit dem Grundkapital von etwa 2,5 Mio. € konnte die Einrichtung eines modernen Molkereibetriebes einschließlich Verpackungsmaschinen in Schweden gekauft werden.

Im ersten Betriebsjahr (1977) wurden mit etwa 2000 Bauern des Kreises Akyazı Lieferungen vereinbart, 1978 waren es bereits über 3000, darunter schon einige aus den Nachbarkreisen. Die Mengen, die der einzelne Bauer ablieferte, waren insgesamt nicht sehr groß und schwankten relativ stark. In den besten Monaten des Jahres 1978 wurden täglich 25 000 – 30 000 l Milch sterilisiert, verpackt und zu den Abnehmerbetrieben transportiert. Die Bauern bekamen pro Liter 7,– TL, verkauft wurde sie für 12,– TL, der Gewinn der Gesellschaft betrug nach Abzug aller laufenden Kosten (ohne Abschreibungen) 1,– TL pro Liter. Diese Einnahmen genügten, um 1978 bereits eine Dividende auszuschütten.

Bemerkenswert sind die Rückwirkungen dieses jungen Unternehmens sowohl auf die Einstellung der Aktionäre als auch auf die der Vertragsbauern: Die Aktionäre begnügten sich nicht mit der Abschöpfung der Dividende, sondern stimmten mehrheitlich zu, mit den erzielten Gewinnen den Betrieb kräftig auszuweiten. Eine „rentenkapitalistische Grundhaltung" hat sich also nicht durchgesetzt.

Bei den milchliefernden Bauern bewirkten die Bargeldeinnahmen aus dem Milchverkauf, die früher mangels Absatzmöglichkeit überhaupt nicht bekannt waren, erste Intensivierungen. Der Anbau von Feldfutter als Zwischenfrucht kam auf, das Rübenblatt wurde sorgfältiger gesammelt und z.T. schon siliert, eine Genossenschaft zum Zweck der Einführung von schwarzbuntem Hochleistungsvieh gegründet.

Was als idealistische Initiative einiger Studenten begann, wirkte in der Art eines „Schneeballsystems" weiter. Die Sakaryaholding hat zwar nur ein gutes Dutzend Dauerarbeitsplätze geschaffen, aber sie hat einen modernen Wirtschaftszweig in einem Gebiet eingeführt, wo es ihn bisher nicht gab.

Inzwischen wurde der Einzugsbereich ausgeweitet, Betriebseinheiten zur Käse- und Joghurtherstellung wurden gebaut, ein Futtermittelwerk angeschlossen, um durch Futterlieferung an die Vertragsbauern deren Milcherzeugung zu steigern. 1985 wurden 12 000 000 l Milch jährlich verarbeitet und zusätzlich Obstsäfte produziert. Jahreszeitlich bedingte Freikapazitäten der Abfüllanlage werden mit dem Abfüllen von Obstsäften kompensiert. Das Vermarktungsnetz überzieht die gesamte Türkei, was angesichts der geringen Konkurrenz (1985 nur insgesamt 4 Fabriken im Land) nicht verwundert.

Die Industrie „entlang der Straße"

Ein interessanter und erst jüngst genauer untersuchter oder beispielhaft kartierter Aspekt der jungen türkischen Industrialisierungswelle (Höhfeld 1987; Standl 1994) besteht darin, dass die Standorte neugegründeter Betriebe sich überwiegend an den Fernstraßen aufreihen, die von den großen Metropolen ausgehen (Bild 55).

Das bekannteste, eindrucksvollste Beispiel ist die Ausfallstraße von İstanbul in Richtung Ankara, an der sich auf fast 50 km Länge, bis über Gebze hinaus, kleinere und größere Betriebe in allen Stadien des Ausbaus locker aneinander reihen. Eine zweite solche Achse begleitet die Hauptausfallstraße von İstanbul nach Westen. Von Ankara aus ist die entsprechende Ausbauachse schon um 30 km weit entlang der Straße nach İstanbul gewachsen, und an den Straßen nach Eskişehir und Konya zeigen sich ähnliche Ansätze. Von Bursa aus wird die Fernstraße nach İstanbul, soweit sie das Becken durchquert, beiderseits von jungen Industriebetrieben begleitet. Vergleichbar ist die Entwicklung in Konya an der Fernroute nach Ankara und İstanbul, und in Südanatolien reicht eine entsprechende Linie von westlich Mersin über Adana hinaus nach Ceyhan.

Die Gründe für diese bevorzugte Entwicklung entlang der Hauptverkehrslinien sind vielfältig. Zunächst ist in einem Land, in dem Nebenstraßen erst begrenzt ausgebaut sind, die Lage an einer Staatsstraße,

Bild 55: Industrie „entlang der Straße": *An der alten Fernstraße von İstanbul in Richtung Ankara reihen sich auf fast 50 km Länge Betriebe locker aneinander.*

die wegen ihrer Wichtigkeit ständig in Ordnung gehalten wird, von entscheidendem Wert. Warentransport und Pendelarbeiterverkehr sind damit gesichert. Dazu kommt, dass auch andere Versorgungseinrichtungen, wie Fernleitungen von Strom und Wasser, vielfach parallel zu den Straßen laufen. Hier sind also am ehesten Grundstücke zu haben, die einerseits noch weit vor der Stadt liegen und folglich noch relativ billig sind, die sich aber andererseits leicht an schon vorhandene Infrastruktureinrichtungen anschließen lassen. Die Weitmaschigkeit des Netzes der Versorgungsleitungen erlaubt kaum Alternativlösungen.

Zweigbetriebe oder Lizenzbetriebe ausländischer Firmen haben mit diesem Ausbau entlang der Straße vielfach den Anfang gemacht. Staatliche Institutionen folgten mit Einrichtungen, die großen Flächenbedarf haben (Großgaragen, Materialdepots usw.). Immer mehr kleine und mittlere türkische Firmen ziehen allmählich nach. Ein nicht zu unterschätzender Nebeneffekt ist die Werbung: Wer seinen Betrieb an der Straße von İstanbul nach Ankara liegen hat, kann damit rechnen, dass alle Personen mit Rang und Namen hier mehrfach jährlich vorbeifahren.

Diese lineare Entwicklung des Industrieausbaus entspricht nicht einem bestimmten landesplanerischen Konzept, sie wurde jedoch von den Behörden bislang weitgehend akzeptiert. Es ist praktisch die am billigsten zu realisierende Industrieansiedlung, bei der für Staat und Kommunen die Kosten minimiert sind. Straße und Stromleitung sind ohnehin schon da, die Wasserversorgung kann notfalls von den Betrieben durch eigene Brunnen gelöst werden, und die Abwässer und Abgase „verteilen sich" in einem vorstädtischen Raum mit noch geringer Siedlungsdichte. Die Erschließungskosten für kompakte Industriegebiete vergleichbarer Größe wären viel höher. Zudem hat bei der linearen Anordnung jeder Betrieb räumliche Ausdehnungsmöglichkeiten seitab der Straße. Schließlich bietet die lineare Anordnung vielen zuziehenden Arbeitskräften die Möglichkeit, wenige hundert Meter abseits der Straße relativ billiges Bauland zu finden oder sich in den etwas abseits der Fernstraße liegenden Dörfern niederzulassen.

Ist eine solche Entwicklung einmal eingeleitet, dann verstärkt sie sich quasi von selbst. Wenn auf einem Grundstück 20 km vor einer Stadt Baumaschinen zu arbeiten beginnen und große Schilder ankündigen, dass hier z. B. mit Unterstützung der Sümerbank ein neues Werk für Gemüsekonserven entstehen soll, dann hätten vor fünfzig Jahren noch Hunderte von Leuten der benachbarten Dörfer davor gestanden, den Kopf geschüttelt und mit Erstaunen, Skepsis und Unverständnis die merkwürdige Aktivität betrachtet. Heute stehen sie auch sehr bald da, aber die meisten überlegen sich bereits, ob wohl ein Arbeitsplatz für sie dabei herauskommt oder ob es sich vielleicht lohnt, den eigenen Gemüseanbau etwas auszuweiten. Sicher sind schon ein paar Dutzend Leute darunter, die sofort noch weitergehende Überlegungen anstellen: Die Ingenieure und Arbeiter müssen hier in der Nähe wohnen und essen, man könnte einen Baustoffbetrieb nahebei etablieren oder vielleicht eine Gaststätte; vielleicht lohnt sich eine Tankstelle und eine Reparaturwerkstatt. Die hergestellten Konserven müssen abtransportiert werden, das Werk wird also Kisten oder Kartons brauchen, die ein benachbarter kleiner Betrieb liefern könnte ...

Die „Verbauung der Landschaft" ist der wesentliche bisher erkennbare Nachteil der Verdichtung entlang der Ausfallstraßen. In nur wenigen Jahren wurde aus der einst so reizvollen Strecke am Nordufer des Golfes von İzmit mit Aussicht auf das Meer eine „Verkehrsschlucht" zwischen Gewerbebetrieben und deren Folgeeinrichtungen. Aber landschaftliche Ästhetik ist für ein Volk, das zunächst einmal seinen Start in die moderne Wirtschaft vollziehen muss, ein teurer Luxus. Darüber hinaus gibt es Tendenzen zu stärkerer Reglementierung der Industrieansiedlung durch gezielte Anlage regelmäßiger Gewerbeflächen (*Organize Sanayi*) in Anlehnung an ältere Vorbilder (*Sanayi Çarşı*) im Umfeld vieler auch kleinerer Städte durch die öffentliche Hand. Sie wachsen mittlerweile auch in einzelnen Peripherräumen des anatolischen „Hinterlandes", sind aber erst denkbar und sinnvoll über eine funktionierende Logistik zu Lieferanten, Abnehmern und Umschlagplätzen, also über ein adäquat ausgebautes Infrastrukturnetz.

Verkehrserschließung

Historische Verkehrslinien

So variabel die Trassenführung moderner Straßen im Einzelnen sein mag – die Hauptrichtungen der Verkehrslinien, ihr Verlauf im Großrelief, sind von der Natur vorgegeben und von historischen Verkehrslinien seit eh und je genutzt. Nicht einmal die tunnelreiche Bahnlinie durch die Schluchten des Çakit Çay, die die Kilikischen Pässe stellenweise umgeht, ist eine nur durch die Technik ermöglichte Neuerung in der Linienführung: Es gab bereits eine alte Heerstraße in der Schlucht, die erst im 19. Jh. zerstört wurde (Hild 1977).

Fast alle *Fernstraßen* und *Bahnen* sind in ihrem Verlauf bestimmt durch die Lage der Siedlungskammern der Ovas, die sie verbinden müssen, und durch die Gebirgspässe, die sie zu überwinden haben. Anders verhält es sich allerdings mit der relativen Bedeutung der einzelnen Linien für den Fernverkehr. Bereits in früher byzantinischer Zeit erfolgte die Umorientierung der Hauptverkehrslinien von der Ost-West-Richtung (ausgerichtet auf Ephesus und andere Ägäisstädte) auf die Südost-Nordwest-Richtung: Konstantinopel als zentraler Verkehrsknoten für Südosteuropa und Kleinasien setzte sich durch (Täschner 1924/26).

Nach dem mittelalterlichen Seldschukenreich mit seiner Hauptachse von Antalya nach Sivas gewann in osmanischer Zeit die auf Konstantinopel ausgerichtete Verkehrsspannung wieder das Übergewicht. Die vom Bosporus nach Anatolien ausstrahlenden Wege, fassbar etwa in den Zweigrouten der staatlichen Tatarenpost, markieren die Hauptachsen des osmanischen Verkehrsnetzes. Die Nordwest-Südost-Transversale von İstanbul über Konya zu den Kilikischen Pässen und weiter nach Syrien gewinnt sogar erheblich an zusätzlicher Bedeutung als wichtigste Pilgerroute des Reiches, während die Wege nach Osten, v. a. über Ankara-Sivas-Erzurum, mehr militärische als wirtschaftliche Bedeutung haben.

Über den genauen Verlauf dieses historischen Verkehrsnetzes sind wir bisher nur sehr unzureichend informiert, weil die „Straßen" nicht fest ausgebaut waren und die schriftlichen Quellen meist nur einzelne Stationen an diesen Routen bezeichnen. Rekonstruktionen liegen für die Taurusübergänge im historischen Kappadokien (Hild 1977) und teilweise auch für den

Bild 56: Straßenbau des frühen 20. Jh.s bei Milas: *An vielen Stellen im Land trifft man auf Reste der Brücken- und Straßenbauten aus dem späten 19. und frühen 20. Jh.*

mittleren Taurus (Truckenbrodt 1977; unveröff.) vor. Bisweilen finden sich an den Passstrecken Reste alter „Treppenwege“, die in den Fels gehauen sind und die Rekonstruktion stützen können. Da der Fernverkehr jedoch bis zur zweiten Hälfte des 19. Jh.s so gut wie ausschließlich Tragtierverkehr war, konnten die Straßen in offenem Gelände vielfältig auffasern oder je nach Wetterlage über Abkürzungen oder Umgehungen laufen. Wenn man nicht gerade antike Pflasterstraßen (Peschlow-Bindokat 1996) weiter benutzte, waren nur Städte, Karawanenstationen, Brunnen, Brücken, Pässe und Furten Fixpunkte des Verlaufs.

Über die quantitative Bedeutung der historischen Verkehrswege sind bisher nur Mutmaßungen möglich, die auf der mehr oder weniger häufigen Erwähnung solcher Straßen beruhen. Sicher war die Nordwest-Südost-Achse in osmanischer Zeit als Pilgerstraße und auch als Hauptlinie des Arabienhandels eine der wichtigsten Strecken. In späterer osmanischer Zeit dürfte auch die Fernstraße aus Persien über Erzurum zum Hafen von Trabzon stark frequentiert gewesen sein.

Die beginnende Modernisierung des Verkehrswesens in der Türkei im 19. Jh. sah sich vor die Aufgabe gestellt, dieses alte Netz von Karawanenwegen auf Fahrverkehr umzustellen. Der Fernhandel hätte das zwar zunächst noch nicht erfordert, aber die reformierte türkische Armee der Tanzimatzeit musste ihre bespannte Artillerie bewegen können. Der frühe Ausbau von befahrbaren Straßen begann demgemäß mit dem Ausbau von Passstrecken, während man im flachen Gelände zunächst noch auf den Wegebau verzichten konnte.

In der türkischen Nationalbibliothek in Ankara ist eine Manuskriptkarte aus der Zeit Anfang des 20. Jh.s erhalten, die das Ergebnis dieser frühen Straßenbaumaßnahmen zeigt. Jeder osmanische Provinzgouverneur des späten 19. Jh.s hatte seinen Ehrgeiz darangesetzt, in seiner Provinz Chausseen zu bauen (Bild 56). Aber kaum irgendwo war man über kurze, unverbundene Strecken, die jeweils einzelne Gebirge überquerten oder zwei Städte verbanden, hinausgekommen. Zudem waren diese frühen Straßen noch so provisorisch gebaut, dass sie selten mehrere Winter überstanden. Die Reiseberichte der Zeit kurz vor dem Ersten Weltkrieg sind voll von Klagen über den miserablen Zustand der kürzlich gebauten Straßenstücke.

Neben dem Überlandverkehr bestand immer schon der *Seeverkehr* entlang der Küsten Anatoliens, der die Hafenstädte der Ägäis, des Mittelmeeres und des Schwarzen Meeres untereinander und mit der Metropole verband. Die politische Entwicklung des 19. Jh.s mit dem wachsenden wirtschaftlichen Einfluss ausländischer Mächte führte nun dazu, dass eine Reihe dieser Häfen florierte und ausgebaut werden konnte. Europäische Dampferlinien liefen viele türkische Häfen an, und die Umgebung der Hafenstädte profitierte durch die Erleichterung des Absatzes über See gegenüber dem umständlichen Landtransport. Logischerweise mussten die Handelshäuser in den Levantehäfen bestrebt sein, die Ressourcen der jeweiligen Hinterländer möglichst optimal zu nutzen und die Anlieferung der Güter zum Hafen nicht nur dem Karawanenverkehr zu überlassen. Das neue technische Mittel, das sich hier als ideal anzubieten schien, war die Eisenbahn.

Das türkische „Eisenbahnzeitalter"

Als 1888 der erste Zug von Wien aus auf durchgehendem Schienenstrang die alte Metropole İstanbul erreichte, gab es auf dem Boden Anatoliens bereits einige kleinere Bahnstrecken, die von Hafenstädten landeinwärts führten (Hecker 1914). Diese Stichbahnen entsprachen zwar nicht den Zielvorstellungen der osmanischen Regierung, die zunächst eine große Transversale bevorzugt hätte, aber sie entsprachen den wirtschaftlichen Interessen der Eigentümer, und das waren verschiedene ausländische Konzessionäre.

Der erste Bahnbau begann durch eine britische Gesellschaft von İzmir aus mit einer Strecke über Torbalı-Selçuk nach Aydın, das 1866 erreicht wurde. Eine französische Gesellschaft errichtete die Strecke von İzmir nach Norden, die durch den Gedizdurchbruch nach Manisa und weiter nach Turgutlu führte. Die großen, potenziell fruchtbaren Grabenebenen Westanatoliens waren dadurch an einen schon relativ leistungsfähigen Hafen angeschlossen. Seit jener Zeit hat İzmir zwei Bahnhöfe. Die Aydınstrecke wurde in den 80er-Jahren über Denizli weitergeführt und erreichte 1889 bei Dinar den Westrand des inneranatolichen Hochlandes. Die İzmir-Manisa-Strecke wurde bis Alaşehir im Gedizgraben verlängert und bekam eine Zweigstrecke in nördlicher Richtung bis Soma (1890). In Südanatolien führte eine (französische) Stichbahn vom Hafen Mersin über Tarsus bis Adana (1886) zur Erschließung der Çukurova. Eine kurze Stichbahn mit Schmalspur wurde von Mudanya am Marmarameer nach Bursa gebaut. Im Osten führte eine (Breitspur-)Strecke von Tiflis über das damals noch russische Kars bis Sarıkamış an die türkische Grenze heran. Das Muster der Bahnen entsprach mit seinen unverbundenen Stichbahnen weit eher dem eines von außen erschlossenen Koloniallandes als dem eines europäischen Staates.

Die osmanische Regierung verfolgte nach wie vor das Projekt einer großen Transversale, das zwar nicht besonders wirtschaftlich zu werden versprach, aber aus politischen und militärischen Gründen wünschenswert schien. Die eigenen Finanzmittel reichten jedoch nur für die Strecke von Haydarpaşa, dem Hafen auf der asiatischen Seite İstanbuls, bis İzmit. Gerade das war jedoch der unwichtigste Teil der Linie, denn İzmit war unschwer per Schiff zu erreichen.

Nach langwierigen Verhandlungen gelang es, die Deutsche Bank für den Weiterbau des eigentlich „türkischen" Projektes zu gewinnen. Die Linienführung entsprach durchaus den Intentionen der osmanischen Regierung und keineswegs denen der Konzessionäre, die in Inneranatolien sehr wenig Frachtaufkommen erwarteten. Die Deutsche Bank vereinbarte daher – wie die anderen Gesellschaften auch – eine Kilometergarantie, die die türkische Staatskasse zuerst allerdings stark belastete. Zunächst wurde die Strecke von İzmit über Eskişehir bis Ankara (1892) fertig gestellt, danach die Konyastrecke (1896). Bereits 1911 bzw. 1912 konnte die Kilometer-Garantie des Staates eingestellt werden. Für die Weiterführung wurden zwei Projekte erwogen, eines von Ankara über Kayseri-Sivas-Elazığ nach Südosten, das andere von Konya über die kilikischen Pässe nach Nordsyrien. Gegen das erste Projekt erhob Russland Einspruch. Das zweite wurde 1902 wiederum der Deutschen Bank (als Hauptaktionär) übertragen, es war die eigentliche „Bagdadbahn" (Mühlmann 1926).

Bis zum Ende des Ersten Weltkrieges war der Bau dieser Südostlinie weitgehend fertig gestellt, es fehlten nur Teile der Tunnelstrecken im Taurus und im Amanusgebirge. Auch in Westanatolien war die französische Strecke von Alaşehir weiter landeinwärts vorgedrungen und hatte bei Afyon Karahisar eine Verbindung mit der Anatolischen Bahn. Ihr Abzweig von Manisa nach Soma war nordwärts bis Bandırma am Marmarameer verlängert, sodass Westanatolien schon über ein weitmaschiges „Netz" verfügte.

Die Türkische Republik verfolgte in ihrer Verkehrsplanung zunächst zwei Ziele: Erstens sollten die ausländischen Bahnen nach und nach in türkischen Staatsbesitz übergeführt werden, was bis 1937 gelang, und zweitens war der Ausbau des Bahnnetzes nach ausschließlich türkischen Interessen voranzutreiben.

Das wichtigste Projekt war aus strategischen Gründen eine Strecke vom inneren Hochland in Richtung auf die Dardanellen. 1932 wurde die Verbindung von Kütahya nach Balıkesir fertig gestellt. Den Anschluss an einen Schwarzmeerhafen ermöglichte seit 1932 die Linie von Sivas über Amasya nach Samsun, und 1937 wurde die Kohlenbahn nach Zonguldak eröffnet. Erzurum wurde 1939 von der Nordostlinie erreicht, die damit über eine von den Russen im Ersten Weltkrieg gebaute Schmalspurbahn bis Sarıkamış und weiter über die alte russische Breitspur von da an über Kars den Anschluss an das sowjetische Netz fand (inzwischen auf Normalspur umgestellt). Im Südosten wurde eine Linie jenseits der Amanustunnel von der Bagdadbahn nach Nordosten abgezweigt. Sie führt über Malatya und Elazığ zu den Minen von Ergani-Maden (deshalb auch bisweilen „Kupferbahn" genannt) und dann weiter über Diyarbakır bis Kurtalan westlich von Siirt am Fuß des Passes von Bitlis. Mit der Fertigstellung der Linie von Elazığ bis Muş westlich des Vansees besaß die Türkei nunmehr ein zwar noch sehr weitmaschiges, aber einigermaßen gleichmäßiges Eisenbahnnetz. Vier Strecken führen vom zentralen Hochland nach Ostanatolien, und an den Küsten von Schwarzem Meer, Marmara, Ägäis und Mittelmeer waren jeweils die Häfen erreicht. In den ersten 25 Jahren ihrer Existenz hat die Türkische Republik es fertig gebracht, die bereits vorhandenen 4138 km Streckennetz aus dem Besitz fremder Gesellschaften zu kaufen und darüber hinaus noch 3187 km neue Strecken zu bauen (1996 vorhanden: 8607 km, davon 17 km elektrifiziert).

Nicht alle in Erwägung gezogenen Ausbaupläne wurden jedoch realisiert. Die geplante Verbindung des Netzes mit dem Hafen Antalya kam nicht zustande und wird heute, in einer Zeit, in der der Kraftfahrzeugverkehr zunehmend den Gütertransport übernimmt, wohl auch nicht mehr gebaut werden. Auch die erwogene West-Ost-Bahn durch die Beckenfluchten des inneren Nordanatolien, von Adapazarı über Bolu-Osmancik bis Amasya, wird wohl nie mehr realisiert. Hingegen haben einige kürzere Verbindungen sich noch in den letzten Jahren als zweckmäßig erwiesen: etwa der Abzweig von der alten Bagdadbahnstrecke bei Cerablus am Euphrat, der über Gaziantep zur Malatyalinie führt und damit die Durchquerung syrischen Territoriums über Aleppo überflüssig macht, oder die Verlängerung der mittleren Oststrecke nach Tatvan und von da per Fähre nach Van, später ihr Weiterbau bis zur iranischen Grenze mit Anschluss an das iranische Bahnnetz (1975). Wichtig ist auch die inzwischen kürzere Strecke von İstanbul nach Edirne, die den Europaverkehr beschleunigen soll. Auch die im Bau befindliche Verkürzung der wichtigen Strecke İstanbul-Ankara durch die neue Trasse über Nallihan-Mudurnu dürfte sich wirtschaftlich lohnen.

Bis etwa 1955 waren die Bahnen das wichtigste Landverkehrsmittel der Türkei für den Fernverkehr. Sie ermöglichten den Transport der Steinkohle von Zonguldak und der Braunkohle von Tuncbilek und Soma, sie schafften die Eisenerze von Divriğı und die Chrom- und Kupfererze aus dem Osttaurus zu den Hütten bzw. Häfen, und sie ermöglichten den Massentransport landwirtschaftlicher Erzeugnisse. Wenn im 20. Jh. trotz gelegentlicher regionaler Missernten kein Landesteil mehr von ernsthaften Hungersnöten betroffen war, dann ist das in erster Linie dem großräumigen Versorgungsausgleich zu danken, den die Bahnen sicherten.

In der Gegenwart ist die türkische Eisenbahn zwar nach wie vor der größte Staatsbetrieb und damit das größte Unternehmen des Landes überhaupt, aber ihr Anteil am Verkehrsaufkommen sinkt ständig, ihre Rentabilität leidet unter personeller Überbesetzung, und die notwendige Erneuerung des rollenden Materials und die

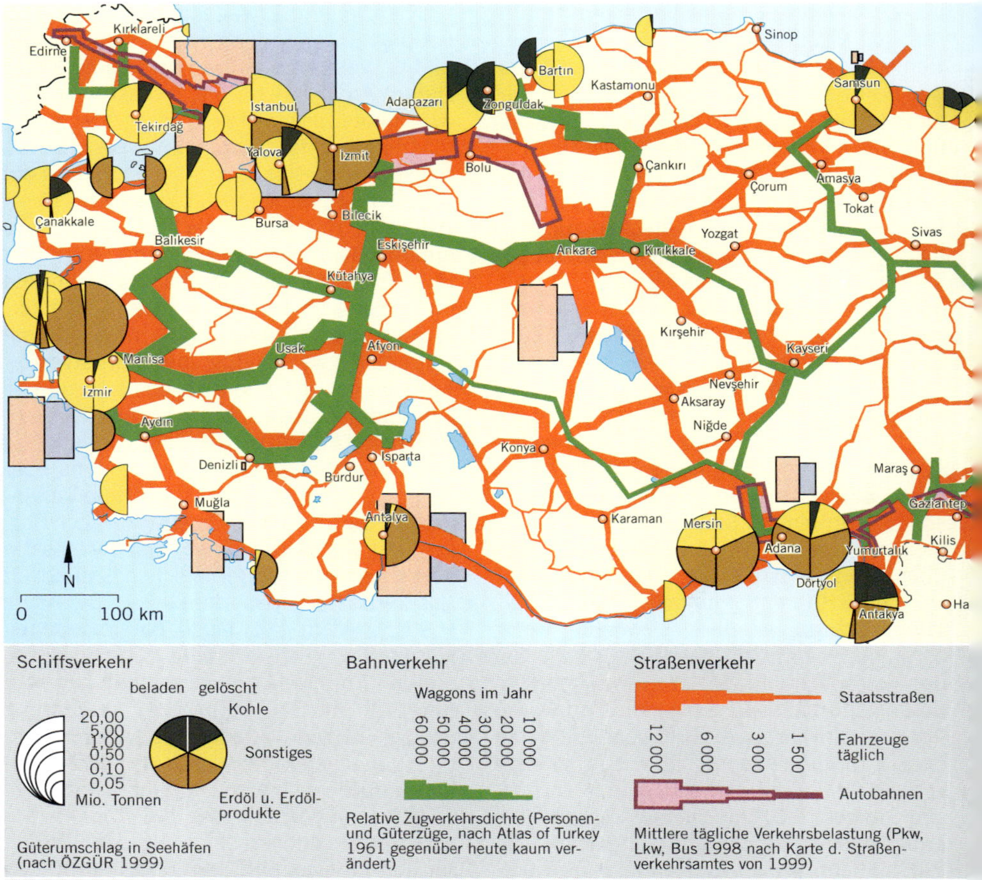

Abb. 100: Abstufung der Verkehrsdichte: *Die dargestellten Verkehrsdichten sind untereinander wegen verschiedener Einheiten quantitativ nicht vergleichbar. Die Schwerpunktbildung im Nordwesten tritt jedoch durch die Kombination hervor.*

Instandhaltung des Schienennetzes kann mit dem Bedarf nicht Schritt halten. Während noch 1950 die Türkische Staatsbahn mit rund 3 Mrd. Tonnenkilometern (tkm) etwa drei Viertel der Gütertransporte des Binnenverkehrs bewältigte, sank ihr Anteil bis 1996 – trotz absoluter Erhöhung auf etwa 9 Mrd. tkm – auf 7 % des gesamten Güterverkehrs.

Leider gibt es keine verlässliche Darstellung über die Streckenbelastung im Einzelnen. Wir haben lediglich eine kleine Karte aus dem Türkiye Atlası (Tanoğlu 1961) zur Verfügung, in der die Zugdichte, wohl für die 50er-Jahre, dargestellt ist. Seither hat sich zwar die Gesamtleistung erhöht, es sind jedoch keine nennenswerten Verschiebungen in der relativen Beanspruchung der einzelnen Strecken eingetreten, weshalb diese Darstellung in vereinfachter Form hier in die Abb. 100 aufgenommen ist. Nach wie vor sind die Strecken des Ägäisgebietes, die Linie İstanbul-Ankara und die Kohlenbahn nach Zonguldak die meistbefahrenen Strecken. Diese relative Bahnverkehrsdichte im Nordwesten und Westen des Landes wird durch die Erztransporte aus dem Osten nicht ausgeglichen.

Straßen, Häfen und Flugplätze

Die Zeit nach dem Zweiten Weltkrieg, besonders die Jahre ab etwa 1955, brachten der Türkei einen rapiden Anstieg des *Kraftfahrzeugverkehrs* und des *Straßenbaus.*

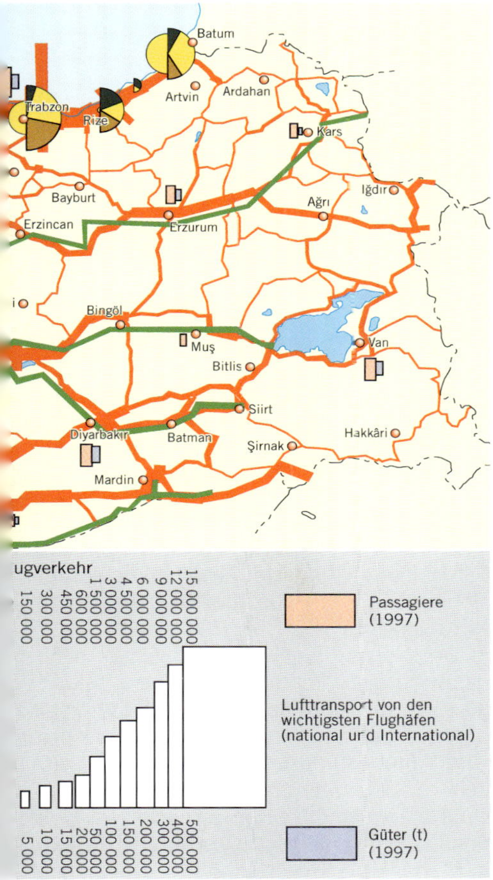

Eine der wesentlichsten Voraussetzungen war die enge politische Beziehung zu den Vereinigten Staaten, von wo die finanziellen Mittel, die Fachleute und Tausende von schweren Straßenbaumaschinen geliefert wurden. 1950 wurde das „Staatliche Straßenbauamt" (*Karayolları Umum Müdürlüğü*) gegründet. Es übernahm einen Bestand von etwa 47 000 km Staats- und Provinzstraßen, von denen knapp 1300 km eine feste Decke hatten. Am Aufbau der Organisation und an der Planung für den großzügigen Ausbau des Straßennetzes war das „US Federal Bureau of Public Works" wesentlich beteiligt.

Inzwischen arbeiten die türkischen Straßenbauer an Hunderten von Baustellen im ganzen Land. Ihre Straßen brauchen technisch keinen Vergleich mit anderen Ländern zu scheuen, viele Gebirgsstrecken sind mit außerordentlichem Geschick und oft mit Gefühl für landschaftliche Ästhetik gebaut.

Der türkische Straßenbau ist in mancher Hinsicht typisch für viele modernen Entwicklungen im Land: Ein paar hundert gut ausgebildete Spezialisten entwerfen und leiten das ganze Programm, und einige zehntausend Arbeiter führen Anordnungen aus. Im Gegensatz zur Modernisierung „in die Breite", die etwa in der Landwirtschaft und im Bildungswesen notwendig ist, kommt es beim Straßenbau nicht auf Überzeugungsarbeit, auf die Überwindung alter Traditionen und auf die freiwillige Mitarbeit breiter Bevölkerungsmassen an. Zudem gerät der Straßenbau kaum mit jemandem in Konflikt, da alle nicht beackerten Flächen ohnehin dem Staat gehören und die für Straßenbau nötigen Kulturlandflächen verhältnismäßig unbedeutend sind. Dieser Teil der Modernisierung des Landes vollzieht sich daher reibungslos und zügig. Die Ingenieure und Mechaniker, die Wissenschaftler und die Facharbeiter des Straßenbauamtes fühlen sich, wie die staatlichen Wasserbauer, die Geologen oder die Leute von der Elektrizitätsversorgung, als die „Pioniere der Nation". Bei den Straßenbauern wie bei anderen technischen Institutionen des Staates wächst eine selbstbewusste Gruppe von Technokraten heran, vom Planer und Ingenieur bis zum Bulldozerfahrer und Sprengmeister, die ein relativ hohes Sozialprestige genießt.

Der Ausbauzustand des Straßennetzes ist unterschiedlich. Grundsätzlich ist jedoch die Dichte der Staats- und Provinzstraßen im Westen und im Osten des Landes nicht sehr verschieden. Die Karten, die das Straßenbauamt und der Automobilclub jährlich herausgeben, zeigen in ihrer Folge über die Jahre hinweg die Entwicklung eines räumlich relativ ausgeglichenen Netzes. Im Verhältnis zur Bevölkerungsdichte und zur Wirtschaftskraft scheint sogar Ostanatolien bevorzugt zu sein. Im „Kampf um Abbau oder Verstärkung des West-Ost-Gefälles" zielt der staatliche Straßenbau also eindeutig auf Abbau des Gefälles und Ausgleich der Entwicklungschancen, so wie das einer verfassungsmäßigen Verpflichtung des Staates entspricht. Erwartungsgemäß zeigt sich nun aber, dass die konkrete Inanspruchnahme des Straßennetzes das bekannte West-

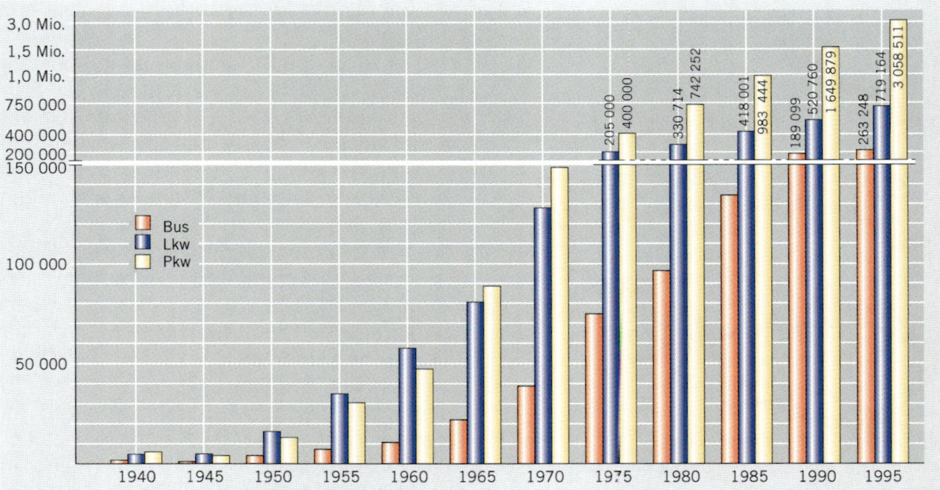

Abb. 101: Anstieg der Kraftfahrzeugbestände.

Quelle: ??

Ost-Gefälle wieder deutlich hervortreten lässt (vgl. Karte Abb. 100). Die Verkehrszählungen von 1960 und 1970, die das Straßenbauamt veröffentlichte, lassen die starke Konzentration des Straßenverkehrs im Raum um das Marmarameer bereits deutlich hervortreten. Daneben stellen Ankara und İzmir, seit den 60er-Jahren auch die Çukurova zwischen Mersin und İskenderun Verkehrsdichtegebiete zweiter Ordnung dar.

In der Entwicklung des Kraftfahrzeugbestandes zeigt die Türkei ähnliche Tendenzen wie andere Schwellenländer (Abb. 101). Auffallend ist der steile Anstieg der Gesamtzahlen der Kraftfahrzeuge besonders seit den 60er-Jahren, wozu eine Reihe von Lkw- bzw. Bus-Montagewerken (Mercedes, Otomarsan) und Lizenz-Fabrikationen für Personenwagen (Ford, Fiat, Renault, Mercedes, Suzuki u. a.) beigetragen haben. Auffallend ist besonders der hohe Anteil der gewerblichen Nutzfahrzeuge (Lkw, Kleinlaster, Transporter und Busse) im Verhältnis zu den Personenwagen. Das beruht zunächst natürlich darauf, dass sich bislang lediglich ein begrenzter Personenkreis ein privates Auto leisten kann. Darüber hinaus war zunächst der Lkw auch für den Personenverkehr in vielen Landesteilen abseits der Chausseen die einzige Transportmöglichkeit, weil der Ausbauzustand der Nebenstraßen das Durchkommen anderer Fahrzeuge verhinderte. Mittlerweile deutet sich bereits eine Phase des überwiegenden Privatverkehrs an.

Der *Überlandbusverkehr* ist zurzeit noch das wichtigste Personenverkehrsmittel. Es gibt kaum noch eine Kreisstadt, die nicht durch mindestens eine, meist mehrere private Autobusunternehmen mit Linienverkehr an die nächste Provinzstadt angeschlossen wäre. Häufig werden zusätzlich noch Linien nach Ankara und İstanbul betrieben. Die Busbahnhöfe (*Garajlar*) am Rand der Innenstädte gehören selbst bei kleineren Orten zu den belebtesten Plätzen (Bild 57). Die Überlandbusse großer türkischer touristischer Unternehmen und die Busbahnhöfe in den großen Städten der Türkei gehören oft zu den modernsten Europas. Seit den 70er-Jahren haben sich in den entwickelteren Landesteilen zunehmend auch größere Dörfer eigene Buslinien zugelegt. Meist kauft sich ein Einwohner des Ortes einen alten „Minibüs“, bastelt ihn wieder zusammen, hängt ein Schild *maşaallah* (Gott befohlen) daran und betreibt damit einen Linienverkehr zur nächsten Kreis- oder Provinzstadt. Die Preise sind niedrig, und die Benutzung durch Marktbesucher ist meist rege. Zwar sind Zufahrtsstraßen zu den Dörfern oft noch sehr schlecht, aber der einheimische Chauffeur weiß, wie er seine Strecke zu fahren hat. Zudem verbessert sich die Situation stän-

Bild 57: Aydın, Bus- und Minibus-Bahnhof: *Der Personennah- und -fernverkehr in der Türkei wird fast ausschließlich über private Busunternehmen abgewickelt.*

dig durch die Aktivitäten des Dorfministeriums: Zufahrtswege zu den Dörfern sind mit Beteiligung der betroffenen Dorfbewohner leichter und billiger zu errichten als andere Versorgungseinrichtungen. Deutlich bevorzugt sind bei diesen Maßnahmen allerdings die Dörfer in den Ebenen, den Tälern und Hügelländern, während der Wegebau im Gebirge wegen des großen technischen Aufwandes nicht nachkommt. Das jeweilige Entwicklungsgefälle Becken – Gebirge wächst.

Gegenüber dem Landverkehr hat der *Seeverkehr* relativ stark an Bedeutung verloren. Wie überall auf der Welt, spielt die Masse der kleinen Küstenplätze außer für Fischerei und lokalen Küstenverkehr kaum noch eine Rolle, weil die teuren staatlichen Modernisierungsmaßnahmen sich auf wenige Häfen mit wichtigen Hinterlandverbindungen beschränken müssen. Abgesehen von den Bosporushäfen İstanbuls und den Buchten von İzmit und İzmir sind alle wichtigen und ausbauwürdigen Häfen von Natur aus gegenüber dem offenen Meer nur wenig geschützt, und die größeren Seeschiffe mussten zudem wegen zu geringer Wassertiefe bis vor einigen Jahrzehnten geleichtert werden.

Das Vergleichsmaß der wirtschaftlichen Bedeutung der Häfen, der Gesamtgüterumschlag, ist erst seit jüngerer Zeit greifbar, weil Küstenschifffahrt nicht einheitlich erfasst wurde und auch die moderneren Häfen je nach der betreibenden Institution (Maritimbank, Staatsbahnen, Kohlengesellschaften, Ölfirmen) ihre Ergebnisse nach unterschiedlichen Prinzipien erstellten. Die Transportstatistik des Statistischen Landesamtes fasst das heute zusammen, und ihre Werte sind der Abb. 100 zugrunde gelegt (nicht einbezogen sind nur Vieh- und Holzfrachten).

Bei der Art des Umschlags (1996) dominiert in den Häfen von İstanbul mit rund 80 % der Tonnage der Import, wobei Kohle für die städtischen Kraftwerke und Stückgut (Investitionsgüter) den Hauptanteil stellen. Import von Rohprodukten (Rohöl) beherrscht den Umschlag in İzmit und in Mersin (Raffineriestandorte), in wachsendem Maße auch bei İzmir (Sonderhafen der Raffinerie bei Aliağa). Zonguldak und Ereğli sind fast reine Kohlenhäfen, bei Ereğli tritt neuerdings Import von Eisenerz in stärkerem Maße hinzu. In allen anderen Häfen hat der Export von agrarischen Rohstoffen den größten Anteil am Umschlag. Die Nähe von Chromerzlagern, etwa bei Fethiye oder Edremit, war bisher noch kein Anlass für wesentliche Ausbauten, die Mengen sind zu gering bzw. können mit relativ schlichten Verladeeinrichtungen bewältigt werden. Der Gesamtumschlag aller türkischen Häfen dürfte (1996) eingeschlossen Küstenschifffahrt bei 75 Mio. t liegen, wovon etwa ein Viertel auf die Marmarahäfen mit İstanbul und knapp 20 % auf Häfen im Bereich der Çukurova entfallen.

Im *Luftverkehr* hat die Türkei mit einer eigenen staatlichen Luftverkehrsgesellschaft inzwischen kräftigen Anteil am europäischen Fluggeschäft, das durch die Gastarbeiter- und Touristenflüge zwischen Mitteleuropa und der Türkei floriert. Wichtiger sind jedoch für das Land mit seinen nicht unbeträchtlichen Distanzen die Binnenflüge. Es gibt bei 26 Provinzhauptstädten Zivilflughäfen. Regelmäßige Flüge – mindestens einmal wöchentlich – gibt es nur zu 24 innerstaatlichen Flughäfen. Die Mehrzahl davon liegt in der östlichen Hälfte des Landes. Das erscheint angesichts der großen Distanzen zu den Metropolen İstanbul und Ankara auch sinnvoll. Die Masse des Verkehrs spielt sich jedoch im Westen ab, v. a. auf der Strecke İstanbul-Ankara, daneben noch auf den Linien İstanbul-İzmir, İstanbul-Antalya und İzmir-Ankara. Auf diese vier Flughäfen entfallen allein 82 % der Flüge und des Fluggastaufkommens (1996). Es zeigt sich also im Prinzip das gleiche Phänomen wie bei den Straßen: Der Staat sorgt zwar für den „West-Ost-Ausgleich“, aber wahrgenommen werden eher die Verkehrsmöglichkeiten im Westen. Nicht nur die alten internationalen Flughäfen İstanbul, Ankara und İzmir, auch viele der früheren nationalen Flughäfen werden heute vom internationalen Flugverkehr bedient. Dort wird die Zahl der Binnenflüge oft von der der internationalen Linien- und Charterflüge weit übertroffen. Das gilt speziell auf dem Hintergrund eines wachsenden Tourismus für die Flughäfen naher attraktiver Urlaubsziele, wie Antalya, İzmir, Adana, Muğla-Dalaman (alle heute international) und seit 1998 auch Güllük-Milas (Bodrum).

Fremdenverkehr

Eine breite Palette von mehr oder weniger traditionsreichen Fremdenverkehrseinrichtungen verschiedener Art dient dem einheimischen Reiseverkehr, einschließlich jenes nicht unbedeutenden Anteils, der nicht in irgendeiner Form beruflich bedingt, sondern wirklicher „Tourismus“ ist. Dieser einheimische Tourismus ist, was oft übersehen wird, die eigentliche Basis des türkischen Hotelgewerbes und aller verwandten Einrichtungen. Es ist ein oft wiederholter Fehler, nur den Ausländertourismus für erwähnenswert zu halten und seine Bedeutung den entsprechenden Entwicklungen in anderen mediterranen Ländern gegenüberzustellen. Trotz auffällig wachsender Zahlen im Ausländertourismus ist der Anteil Einheimischer am Reiseverkehr in der Türkei mit etwa 40 % erheblich (vgl. Tab. 5). Noch in den 70er-Jahren entfielen auf Ausländer nur ein Bruchteil aller im Fremdenverkehrsgewerbe der Türkei getätigten Umsätze und unter 10 % der Übernachtungen in den meisten Orten mit Tourismusbetrieb.

Während sich die Zahlen der einreisenden Touristen in den 60er-Jahren noch um einige hunderttausend bewegten (1966: 375 000; 1969: 626 000), stiegen sie bis in die 80er-Jahre auf über 2 Mio. (1983: 2,24 Mio.) und ließen bis Mitte der 90er-Jahre mit über 4 Mio. ausländischen Touristen enorme Zuwachsraten von bis zu 22 % im halben Jahr (1994) erkennen. Allerdings sind in diesen Zahlen so genannte „Exkur-

Jahr	In- und ausländische Touristen gesamt (mit Exkursionisten = Tagesausflügler) (Mio.)	Türkische Binnenurlauber* (Mio.)	(%)	Ausländ. Touristen (mit Exkursionisten) (Mio.)
1981	2,64	1,99	75,4	0,65
1983	3,37	2,24	66,5	1,13
1985	4,10	2,31	56,3	1,79
1987	5,56	2,90	52,2	2,66
1989	6,20	3,10	50,0	3,10
1991	6,20	3,80	61,3	2,40
1993	8,90	4,80	53,9	4,10
1995*	13,20	5,50	41,7	7,70
1997*	16,50	6,50	39,4	10,00

*geschätzt

Tab. 5: Entwicklung des Tourismus seit 1981

Quellen: Ministry of Tourism (Hrsg.): Bulletin of Accomodation Statistics 1993.

sionisten“ enthalten, d. h. Ausflügler von griechischen Inseln oder von Kreuzfahrtschiffen, deren Aufenthaltsdauer weniger als einen Tag beträgt. Ihr Anteil liegt bei etwa 13 %.

Das türkische Hotelgewerbe musste sich folglich in der Art des Angebots und in der Preisgestaltung vor 1980 überwiegend auf die einheimische Nachfrage einstellen. Dabei wurde so gut verdient, dass die meisten Hoteliers es nicht für nötig hielten, die Qualität ihrer Hotels auch in den Jahren danach den Bedürfnissen der wenigen durchreisenden Ausländer anzupassen. Erst um 1992 war das Verhältnis von Binnen- zu Auslandstouristen etwa gleich. Es zeigt derzeit zunehmendes Übergewicht von Ausländern, darunter etwa 1,5 Mio. Besucher aus den GUS-Staaten (Schleehauf 1996; vgl. Abb. 102 a, b, c und d), und zwingt

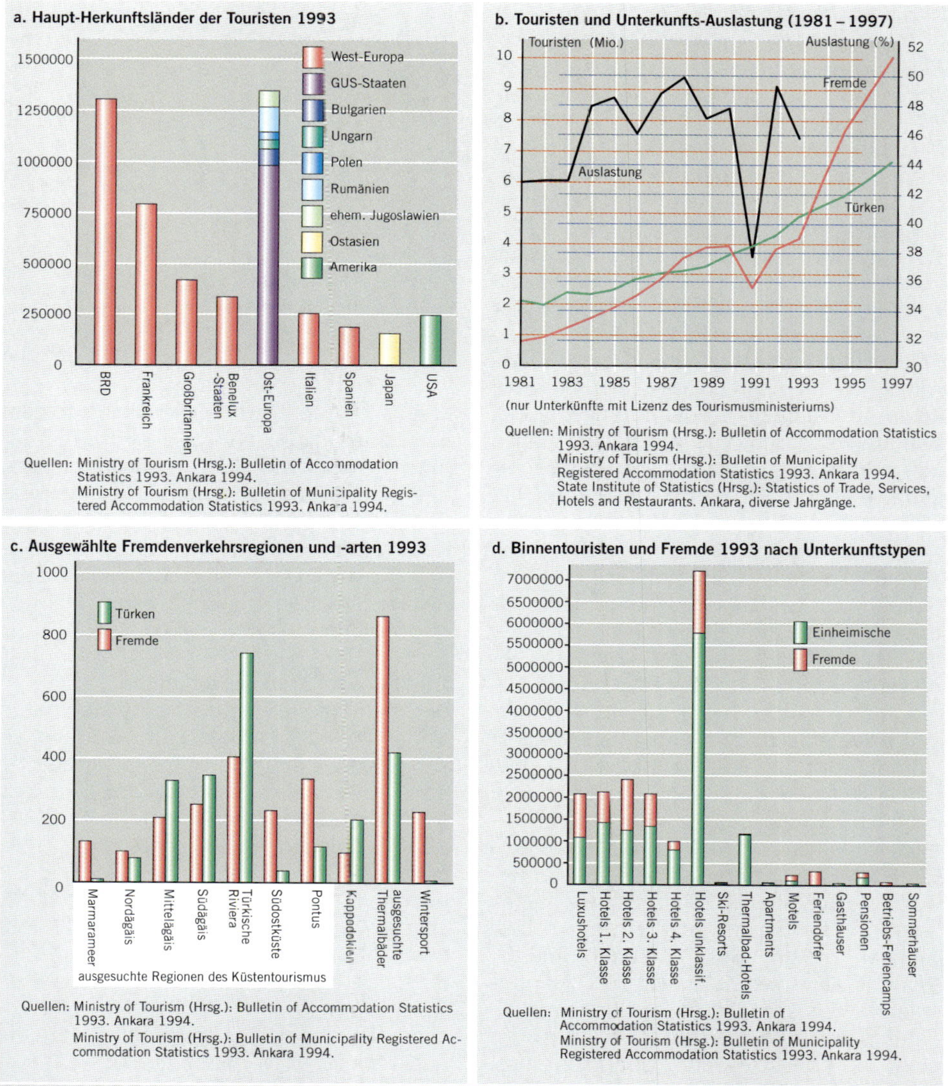

a. Quellen: Ministry of Tourism (Hrsg.): Bulletin of Accommodation Statistics 1993. Ankara 1994. Ministry of Tourism (Hrsg.): Bulletin of Municipality Registered Accommodation Statistics 1993. Ankara 1994.

b. Quellen: Ministry of Tourism (Hrsg.): Bulletin of Accommodation Statistics 1993. Ankara 1994. Ministry of Tourism (Hrsg.): Bulletin of Municipality Registered Accommodation Statistics 1993. Ankara 1994. State Institute of Statistics (Hrsg.): Statistics of Trade, Services, Hotels and Restaurants. Ankara, diverse Jahrgänge.

c. Quellen: Ministry of Tourism (Hrsg.): Bulletin of Accommodation Statistics 1993. Ankara 1994. Ministry of Tourism (Hrsg.): Bulletin of Municipality Registered Accommodation Statistics 1993. Ankara 1994.

d. Quellen: Ministry of Tourism (Hrsg.): Bulletin of Accommodation Statistics 1993. Ankara 1994. Ministry of Tourism (Hrsg.): Bulletin of Municipality Registered Accommodation Statistics 1993. Ankara 1994.

Abb. 102 a, b, c, d: Unterkünfte und Gästezahlen nach Herkunft, Auslastung, Unterkunftstypen und Fremdenverkehrsregionen 1993.

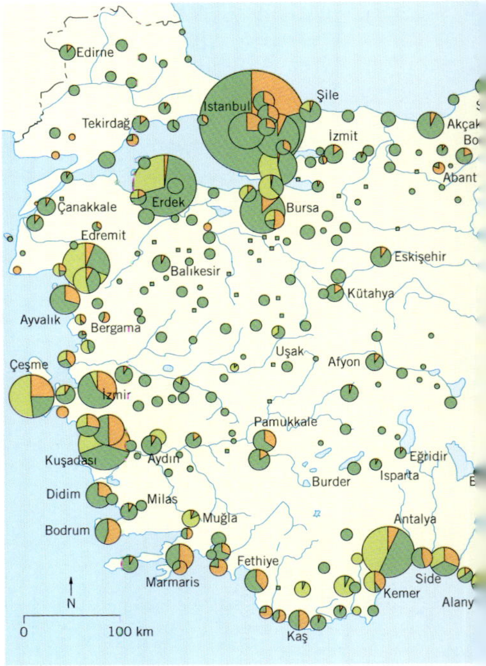

durch veränderte Nachfrage hinsichtlich Qualität und Preis-Leistungs-Verhältnis zum Umdenken in der Tourismusbranche.

Der einheimische Fremdenverkehr hat in der Türkei drei historische Wurzeln:

1) die antike (wie auch zentralasiatisch-türkische) Tradition des Besuchs von Thermal- und Mineralquellen;
2) die alte türkische Gewohnheit, den Sommer in den Bergen auf der Yayla zu verbringen;
3) die gemein-islamische Verpflichtung zur Pilgerfahrt.

Alle drei Reisemotive sind gerade bei den einfacheren Schichten des Volkes so verbreitet und so selbstverständlich, dass die Mehrzahl der Türken auch für reisende Fremde volles Verständnis hat. Diese psychologische Voraussetzung für die Entwicklung einer modernen „Tourismusindustrie“ ist nicht zu unterschätzen. Allerdings finden gerade die wichtigsten Motive des gegenwärtigen Ausländertourismus, das Baden im Meer und Bildungsreisen zu historischen Stätten und Kunstdenkmälern, in der Türkei selbst wie in allen islamischen Ländern kaum traditionelle Anknüpfungspunkte. Breitere wissenschaftliche Untersuchungen über den Tourismus in der Türkei gibt es verstärkt erst seit Ende der 70er-Jahre (Rau 1979, Höhfeld/Doğan 1986).

Bis vor wenigen Jahren wurden in den allgemein zugänglichen Statistiken nur Unterkünfte für ausländisches und finanzkräftiges türkisches Publikum ausgewiesen, in der Regel Betriebe mit einer undurchsichtig vergebenen Lizenz des Tourismusministeriums (vgl. Abb. 102 d). Darüber hinaus gibt es vereinzelt veröffentlichte Daten für Unterkünfte, die „nur“ von einer Lokalbehörde lizenziert wurden und in denen wohl nach Auffassung des Fremdenverkehrsministeriums kaum Fremde, d. h. weitgehend Einheimische logieren, was aber keineswegs die Regel ist. Die offiziellen Zahlen über die Bettenkapazität einzelner Orte weichen zudem meist erheblich von der Realität ab, weil viele Hotelbesitzer aus steuerlichen Gründen die Daten verschleiern und weil die untersten Preisklassen gar nicht mit erfasst werden. Übernachtungszahlen mit auch nur größenordnungsmäßiger Verlässlichkeit gibt es nicht, da der traditionelle Reiseverkehr der Einheimischen überhaupt nicht erfasst wird. Die folgenden Darlegungen und v. a. die Abb. 103 beruhen – neben jahrelangen Beobachtungen – in erster Linie auf detaillierten Informationen, die von Ort zu Ort, von Hotel zu Hotel gesammelt und nur aufgrund eines weit verzweigten Netzes persönlicher Bekanntschaften erhältlich waren (Höhfeld 1985; Höhfeld/Doğan 1986).

Traditioneller Fremdenverkehr

Der traditionelle *Pilgerverkehr* spielt heute in der Türkei, im Gegensatz zu manchen arabischen Ländern, keine überragende Rolle. Die Zahlen türkischer Mekkapilger, die in den 60er-Jahren meist um 10 000–30 000 gelegen hatten, sind zwar wegen politischer und devisenrechtlicher Erleichterungen angestiegen (1990: 145 000), aber auf die Entwicklung bestimmter Tourismuseinrichtungen hat das wenig Einfluss. Die Reise, die heute meist eine Busreise ist, wird möglichst selten unterbrochen. Da die alten Hane, die auch die Funktion der Pilgerherberge hatten, nicht mehr in dieser Funktion existieren, übernachtet man in billigsten Hotels oder im Sommer sogar nach Möglichkeit im Freien.

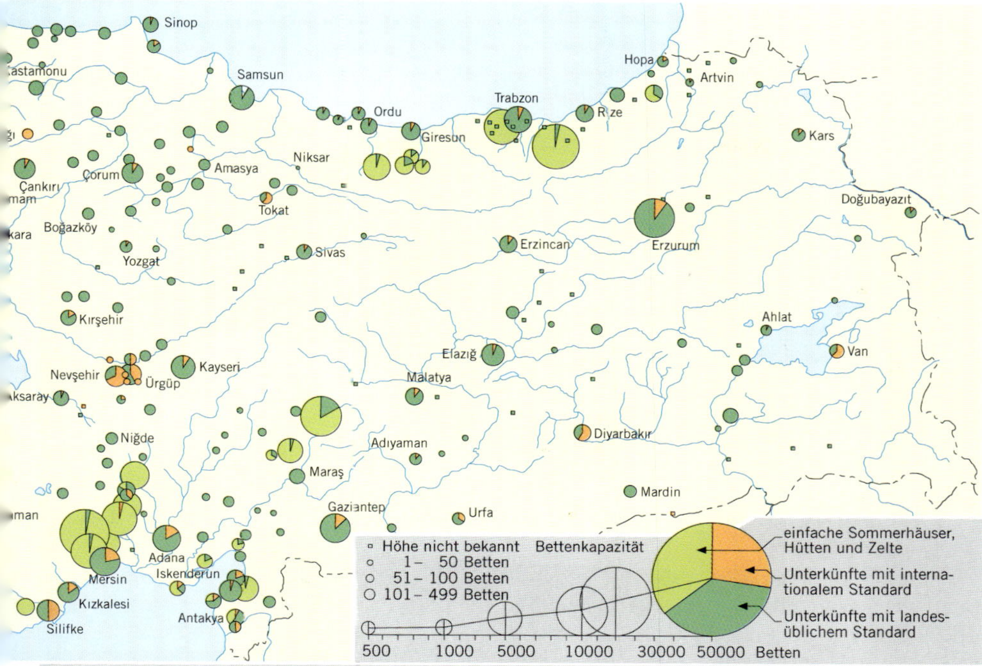

Quelle: ergänzt nach Höhfeld 1985.

Abb. 103: Typen des Fremdenverkehrs und des Bettenangebotes: *Standorte und Zahlenwerte der späten 80er-Jahre. Die Unterkünfte einfachen und einfachsten Standards sind für kleinere Orte nicht vollständig erfasst*

Einzige Auswirkung der Pilgerreisen ist ein gewisses Devotionalienangebot in Orten, die unterwegs als Plätze von religiöser Bedeutung aufgesucht werden Es sind die traditionellen Zentren regionaler oder auch nur lokaler Wallfahrten bei den Mausoleen bekannter Heiliger. Dazu gehört für die Pilger aus der nordwestlichen Türkei das Grab von Eyüb al-Ansari im İstanbuler Stadtteil Eyüb, ferner Bursa mit den Gräbern der osmanischen Gazis, der „Sieger im heiligen Krieg", und das Mevlanakloster in Konya mit dem Grab von Celal ed-Din Rumi. Pilger aus Nordanatolien besuchen Hacibayram in Ankara und eventuell Hacıbektaş, und die aus Ost- und Südostanatolien reisen über Urfa, die Stadt Abrahams.

In derartigen Orten finden sich in der Nähe der Heiligengräber Läden, in denen Rosenkränze, Korandrucke, Schriften religiösen Inhalts, Pilgerkappen, Bilder von Mekka und anderen religiös bedeutsamen Orten angeboten werden, in anderen fallen Bilder von Ali, dem Schwiegersohn des Propheten, in besonderer Häufung auf.

Nach einer Schätzung des türkischen Tourismusministeriums gibt es in der Türkei etwa 400 *Thermalquellen* (Ilıca oder Kaplıca genannt). Die Karte der Thermalquellen von Erentöz und Ternek (in Brinkmann 1976) führt 240 Quellen auf und gibt einen Eindruck von ihrer Dichte und Verteilung. Eine ganze Reihe davon sind seit langem bekannt und wurden bereits in der Antike genutzt, manche gaben Anlass zur Entwicklung von Städten in ihrer Nähe. Prusa (Bursa) und Hierapolis (Denizli) sind die bekanntesten Beispiele.

Wo eine Stadt oder ein größeres Dorf in der Nähe war, baute man in osmanischer Zeit in der Regel neben die Quelle ein Hamam, ein türkisches Dampfbad, um so das heiße Wasser auszunutzen. Die Bäder von Çekirge bei Bursa zählen zu den schönsten Beispielen.

Ein großer Teil der warmen Quellen lag jedoch von älteren Siedlungen der osmanischen Zeit mehr oder weniger weit entfernt und bot nach Lage und agrarischem Potenzial des Umlandes keine sonstigen Anreize

Bild 58: Thermalbad in Pasinler, Männerbad: *An sehr vielen Thermalquellen haben sich feste, von den jeweiligen Gemeinden bewirtschaftete oder verpachtete „Badeorte" mit Badehäusern entwickelt.*

zur Entwicklung einer Dauersiedlung. Hier entstand nun der Typus des *Yaban Hamam* (wörtlich „Wildbad"), wo sich ein sommerlicher Badebetrieb mit einem Minimum an Installationen abspielte. Eine Reihe dieser Wildbäder haben sich v.a. seit dem Ende des 19. Jh.s zu festen „Badeorten" entwickelt. Man kann diesen Prozess hier und da noch in der Gegenwart beobachten. Rechtlich gehören die Quellen heute der jeweiligen Gemeinde, die sie selbst bewirtschaftet oder verpachtet. Meist wird dann über der Quelle ein zweigeteiltes Badehaus (für Männer und Frauen) errichtet (Bild 58), und in der Nähe entstehen kleine Herbergen, die den Kabinenreihen von Freibädern ähneln und in denen jeder Raum gerade Platz für zwei Betten bietet. Teestuben, Bäckereien und Gaststätten – meist nur saisonal bewirtschaftet – schließen sich an, ein Gendarmerieposten kommt gelegentlich dazu und in neuerer Zeit eine Station des Roten Halbmondes. Bei belebteren Bädern wird in der Saison auch Wochenmarkt gehalten.

Die zumeist wenig anspruchsvollen Besucher stammen in der Masse aus den Dörfern der jeweiligen Provinz. Wenn das Bad im Ruf außerordentlicher Heilkraft für dieses oder jenes Leiden steht, kann der Einzugsbereich auch erheblich größer sein. Die Benutzungsgebühren oder „Kurtaxen" sind meist minimal und auch für Bauern erschwinglich. Die Besucher kommen heute meist mit dem Autobus oder Lkw, häufig aber auch mit dem eigenen Traktor, wobei der Anhänger dann während des Kuraufenthaltes zum Schlafen benutzt wird. Viele wohnen auch in mitgebrachten oder am Ort gemieteten Zelten. Die Aufenthaltsdauer ist weniger eine Frage ärztlicher Indikation oder des Geldbeutels als vielmehr eine Sache der verfügbaren Zeit. Nach Schätzungen von Verwaltern derartiger Bäder bleiben die Gäste meist ein bis zwei Wochen, viele aber auch monatelang.

Quantitativ ist der Anteil des einheimischen Bäder-Tourismus nicht unbedeutend. Mit offiziell nur 6878 Betten in 34 vom Tourismus-Ministerium lizenzierten Hotels (Newspot 12, 1998, S. 6) scheinen die Unterkunftsmöglichkeiten zwar begrenzt zu sein. Die meisten Bäder haben aber mehrere hundert, manche über tausend „einfache" Betten, und in der Saison rechnet man noch einmal mit der gleichen Zahl von Gästen, die in Zelten oder im Freien kampieren.

Einige dieser traditionellen Thermalbäder haben inzwischen einen Standard erreicht, der auch die einheimische Mittel- und Oberschicht der Städte anzieht. Voraussetzung ist dafür immer die Existenz moderner Hotels, die dann häufig einen Teil des Wassers in hoteleigene Baderäume abzweigen. Derzeit weisen 62 einen entsprechend akzeptablen Standard auf (Newspot 12, 1998, S. 6f.). Yalova ist das älteste und bekannteste dieser „Modebäder", es hat sich seit dem späten 19. Jh. zu einem Kurort von İstanbul entwickelt, ist mittlerweile eine Kleinstadt und hat den Ruf eines geruhsamen Pensionärsitzes. Kırşehir ist ein anderes Beispiel, wo F. Baade, bei Kriegsende hier zeitweise interniert, nach antiken Nachrichten die Quellen freilegen ließ und den modernen Kurbadebetrieb anregte. Am eindrucksvollsten ist Pamukkale bei Denizli, wo die Kalkabsätze des Wassers die vielfach abgebildeten Sinterterrassen aufbauen und damit eine zusätzliche malerische Touristikattraktion darstellen. Eine ganze Reihe moderner Hotels (die die Sinterterrasse allmählich zubauen) leitet das Wasser in ihre eigenen Becken. Wie immer der medizinische Wert der Bäder auch sein mag und wie entsetzt türkische Ärzte die Hygiene der traditionellen Bäder auch beurteilen, sie sind und bleiben populär.

Die Tradition der sommerlichen *Yaylawanderung* hat sich in den späteren osmanischen Jahrhunderten von ihrer zunächst nur weidewirtschaftlichen Bedeutung aus erweitert, der „Sommerfrischeneffekt" macht für die Städter der Südküste den eigentlichen Sinn des Yaylaaufenthaltes aus. Alle traditionellen Städte der Südküste haben „ihre" Yayla: Tekir und Bürücek gehören zu Adana, Namrun (Çamlıyayla) zu Tarsus, Fındıkpınarı zu Mersin, Soğukoluk (Belen) zu İskenderun, und so weiter. Auch an der Schwarzmeerküste ist der sommerliche Yaylaaufenthalt von Städtern bekannt.

Diese Stadtyaylas brauchen ihre Lage nicht nach der Weidequalität für Viehherden zu wählen, sondern ausschließlich nach der Schönheit der Lage, nach der Wasserversorgung und nach der bequemen Erreichbarkeit von der Stadt aus. Sie dürfen nicht zu hoch liegen, frieren will man schließlich auch nicht. An solchen Stellen, die wie die Ausflugsorte vor den Städten möglichst etwas von ländlicher Idylle haben sollen, mit schattigen Ruheplätzen und murmelnden Bächen, entwickelte sich schon vor Jahrhunderten die „Sommerfrische" der städtischen Mittel- und Oberschicht. Für einige Städte Südanatoliens wird die Wanderung zur Sommerfrische bereits von dem türkischen Reisenden Evliya Celebi aus dem 17. Jh. beschrieben. Man baute zunächst mehr oder weniger schlichte Holzhütten, ärmere Bevölkerungsteile wohnten und wohnen z.T. noch heute in traditionellen Zelten oder Laubhütten, aber seit Mitte des 20. Jh.s traten auch recht aufwendige Sommervillen hinzu. Der Straßenbau der neueren Zeit verbesserte entscheidend die Erreichbarkeit: Statt ein bis zwei Tagesreisen hat man nunmehr nur noch wenige Stunden zu fahren. Es verkehren Linienbusse, und man kann ohne Schwierigkeiten zwischen dem Arbeitsplatz in der Stadt und der Yayla pendeln. Die Zahl der Stadtyaylas stieg an, während der sommerlichen Saison werden regelrechte Ladenstraßen mit permanentem Verkauf unterhalten, und alle Handwerke des täglichen Bedarfs, vom Bäcker bis zum Automechaniker, finden sich hier. Große Stadtyaylas haben oft mehrere tausend Häuser und Hütten, und die periodische Einwohnerzahl kann weit über zehntausend liegen. Einige dieser Orte werden „modisch", wie Soğukoluk bei İskenderun: Hotels, Gaststätten und Bars öffnen im Sommer, und der Platz wird zum Vergnügungsort für zahlungskräftige Leute aus den Küstenstädten und aus den arabischen Nachbarländern.

Jüngere Entwicklungen des Binnentourismus

Seit Ende der 60er-Jahre zeigt sich eine

interessante Wandlung in der Wertschätzung der Sommerfrische auf der Yayla. Zunehmend geht die jüngere Generation der städtischen Oberschicht nicht mehr hinauf, weil ganz einfach zu wenig „los“ ist. Die Kühlung verschafft man sich durch Air-Condition, und zur Unterhaltung ahmt man die mit den Ausländern eingedrungenen Gewohnheiten nach und geht an den Strand zum Baden. Die Strände des Marmarameeres, der Ägäisküste und der Touristenziele an der Türkischen Riviera zwischen Mersin und Kemer sind im Sommer schon gefüllt mit Jugendlichen der türkischen Oberschicht. Nach und nach ist das Strandbadleben auch zu konservativeren Städten der Südküste vorgedrungen, und Badekabinen, Strandrestaurants, Duschen und ähnliche Einrichtungen werden von findigen Geschäftsleuten errichtet.

Es gab zwar schon traditionellerweise ein sommerliches „Strandleben“, aber kaum zum Baden. In vielen Dörfern der Küstenebenen war und ist es üblich, sofern man keine Yayla hat, während der heißesten zwei Monate direkt an den Strand zu ziehen, um die kühlende leichte Seebrise zu genießen. Natürlich plantschen die Kinder im Wasser herum, aber viele türkische Erwachsene baden nicht oder, wenn überhaupt, höchstens mal nachts, die Frauen sind komplett bekleidet. Man errichtet sich unmittelbar auf dem Strand leichte „Pfahlbauten“ aus Stangen und Brettern, mit einer schattigen Plattform zwei Meter über dem Boden. Der Wintersturm mag die Hütte zusammenbrechen lassen, im nächsten Jahr wird sie wieder errichtet. Noch nach dem Zweiten Weltkrieg kamen Bauern der Çukurova aus Entfernungen bis zu 30 km mit dem Ochsenkarren zur Sommerfrische zum Strand, später mit dem Traktor oder Lastwagen. Noch Mitte der 70er-Jahre waren die Strände von Side und von Konyaaltı westlich von Antalya über mehrere Kilometer Länge mit derartigen Strandhüttenbebauungen dicht bei dicht besetzt.

Die Stadtverwaltungen bemühen sich, auch mit staatlichem Druck, diese wilde Bebauung der Strände einzudämmen, weil die hygienischen Bedingungen miserabel sind und weil der devisenbringende Ausländertourismus davon abgeschreckt werden könnte. Wenngleich dadurch die Zahl dieser *Oba-* oder *Çadır*-Siedlungen mittlerweile deutlich zurückgegangen ist, so werden sie wohl auch künftig nicht gänzlich aus dem Landschaftsbild verschwinden. Kaum ist eine Siedlung beseitigt, entsteht im nächsten Jahr, ähnlich wie bei den Gecekondu-Siedlungen am Rand der Großstädte, wieder eine neue. Einen billigeren Sommeraufenthalt kann der Bauer aus dem Hinterland oder der Kleinhändler aus der Stadt seiner Familie kaum bieten, und welche Verwaltung geht schon gerne gegen die Vergnügungen der unteren Bevölkerungsschichten vor?

Eine interessante Variante des einheimischen Tourismus kam in den späteren 1950er-Jahren auf: die *Feriencamps von Betrieben*. Vorangegangen waren Ministerien, es folgten Banken, Militäreinheiten, einzelne Behörden, Industriebetriebe und Genossenschaften. Inzwischen gibt es über hundert derartiger Feriencamps. Gemeinsam ist allen das Prinzip, dass hier sämtlichen Angehörigen des betreffenden Betriebs, vom höheren Beamten bis zum Arbeiter, für geringes Entgelt die Möglichkeit gegeben wird, zwei Wochen mit der Familie Ferien zu machen. Diese Camps (*Kamplar*) liegen fast alle am Meer oder an größeren Seen. In der Regel bestehen sie aus einer Gruppe von ein paar Dutzend kleinen Bungalows und einem zentralen Restaurant, dazu einigen Badeeinrichtungen. Manche haben auch größere, hotelartige Gebäudekomplexe, und einige stellen zusätzlich Hauszelte mit Betten zur Verfügung. Das gesamte meist sehr große Grundstück hat immer Strandanschluss, ist hoch umzäunt und streng bewacht.

Bemerkenswert ist, dass dieses soziale Betriebsangebot tatsächlich gut angenommen wird. Zwar bevorzugen die höheren Beamten und Angestellten den privaten Urlaub, aber die mittleren Gehaltsgruppen machten sehr bald davon Gebrauch, und der Anteil der unteren Einkommensgruppen ist gewachsen. Die Gesamtzahl der Betten ist nicht unbeträchtlich (vgl. Abb. 102d), und ein wachsender Kreis von Einheimischen wurde und wird so, durch „von oben gesetzte“ Ferienideale, mit dem ungewohnten Strandtourismus vertraut gemacht.

Daneben treten *private Beherbergungsbetriebe* aller Standards. Das ist eine rela-

Bild 59: Modernes Strandhotel in Marmaris İçmeler: *Seit dem Aufkommen des Küstentourismus entsteht eine mit europäischen Verhältnissen vergleichbare, attraktive und komfortable Hotellerie.*

tiv junge Entwicklung; noch Banse (1916) stellte Hotels als einen Fremdkörper in der orientalischen Welt dar. Die bekannte Gastfreundschaft der Türken und in den Städten die öffentlichen Hane machten bis zum 19. Jh. Hotels überflüssig, und als sie gegen Ende des Jahrhunderts in İstanbul und İzmir aufkamen, da waren es meist Nichtmoslems, die sie betrieben. Von einem „Gast" ein Entgelt für die Beherbergung zu fordern, widersprach der türkischen Ehrauffassung.

Diese Einstellung hat sich gründlich geändert. Das Hotelgewerbe ist im öffentlichen Bewusstsein als „Geschäft" akzeptiert. Städte wie İstanbul, İzmir und Ankara haben ein Beherbergungsangebot, das dem anderer mediterraner Länder vergleichbar ist. Die meisten Provinzstädte, v. a. aber ausgesuchte Fremdenverkehrszentren an den Küsten (Türkische Riviera, Ägäisküste) und im Binnenland (Kappadokien) haben mittlerweile neben einfacheren Hotels und Herbergen Unterkünfte westlichen Standards. Ausländische Reisende, die nicht nur am Strand liegen und baden wollen, sondern sich der Fülle historischer und kunsthistorischer Denkmäler des Landes widmen oder die landschaftliche Vielfalt der Türkei erleben möchten, finden also im Abstand weniger Autostunden immer akzeptable Unterkunft. Entsprechend verteilen sich die (offiziellen) Besucherzahlen. Aber das „große Geschäft" bringt der Massentourismus, und der ist entsprechend dem Modetrend auf die Küsten konzentriert und besucht nur wenige besonders attraktive Binnenlandorte mit organisierten Busrundreisen (Bild 59).

Die für die Türken so neue „Mode" des Seeaufenthalts hat inzwischen zu noch weiteren Beherbergungsformen geführt. Zahlreiche planmäßig angelegte und einheitlich bewirtschaftete „Feriendörfer" mit bungalowartigen Gebäuden sind entstanden, organisatorisch und z. T. auch baulich den „Camps" nachgebildet, aber von privaten Baugesellschaften zum Zweck der Einzelvermietung betrieben. Daneben häufen sich private Landkäufe von zahllosen Städtern, die sich in der Umgebung bekannter Fremdenverkehrsorte eigene Sommerhäuser als Zweitwohnsitz zulegen. Dazu werden überall an den Küsten größere Flächen von Interessenten-Genossenschaften aufgekauft, mit Reihenbungalows bebaut und mit gemeinsamen Infrastruktureinrichtungen ausgestattet. Sie alle, und sie gehen sicherlich in die Tausende, tauchen in keiner Statistik auf.

Bemerkenswerterweise hat sich in vielen Küstenstädten auch eine Beherbergungsform eingestellt, die den traditionellen islamischen Sitten völlig entgegenzulaufen scheint: die Zimmervermietung in Privathäusern. Die lokale Tourismusorganisation überwacht die hygienischen Einrichtungen und Preise, übernimmt auch die Zimmervermittlung, aber die Initiative ist privat. Es sind durchweg relativ kleine, malerische Küstenstädtchen, in denen sich diese Form des Beherbergungsbetriebs eingespielt hat, wo also der Ferienaufenthalt wenigstens in einer angenehmen, überschaubaren Stadt ohne viel Verkehr und mit kurzen Wegen zum Meer möglich ist.

Innerhalb der in Frage kommenden Küstenstädte ist meist kein Platz mehr zum Neubau größerer Hotels vorhanden, zumal meist geeignete Strandzugänge fehlen. Es werden also die Uferstrecken zu beiden Seiten der Stadt, soweit sie einen Strand haben und nicht unzugängliche Steilküste sind und soweit eine küstenparallele Straße den Zugang erlaubt, für die Bebauung mit Fremdenverkehrseinrichtungen herangezogen. Bei vielen Orten ist bereits eine geschlossene Kette von Hotels, Motels, Feriendörfern, Camps, Gaststätten, Campingplätzen usw. von bis zu 40 km Länge entstanden, etwa zwischen Tekirdağ und Selimpaşa, bei Erdek am Marmarameer, um Kuşadası oder bei Antalya, Side und Belek.

Längere Küstenstrecken, die sich für eine derartige Bebauung mit strandnahen Hotels eignen, sind in der Türkei nur an der Türkischen Riviera östlich von Antalya verfügbar. Weite Steilküstenabschnitte scheiden ohnehin aus, und nicht einmal alle Buchten der 8333 km langen Küsten kommen in Frage, denn in vielen Fällen handelt es sich nur um eine schmale Nehrung mit dahinter folgender ausgedehnter Versumpfungszone. Diejenigen Küstenstücke, die sich nach Ihren physischen Voraussetzungen eignen und gleichzeitig verkehrsgünstig zu erreichen sind, dürften mittlerweile bereits weitgehend von privaten Hotelunternehmern, von Baugesellschaften oder von den Planern von „Camps“ aufgekauft, eingehegt und zum großen Teil auch schon bebaut sein.

Trotz dieser linienhaften „Besetzung“ der Küsten ist die Dichte des Fremdenverkehrsangebots verglichen mit anderen Mittelmeerländern noch gering. Eine „zweite Reihe“ ist zwar bislang nur vereinzelt zu sehen, obwohl Zusatzeinrichtungen wie Strandcafés, Kioske, Bootsvermietungen, Bars usw. stark zugenommen haben, das Potenzial für Erweiterungen des Angebots aber ist seit einiger Zeit deutlich geschrumpft.

Dieses seit Anfang der 70er-Jahre entstandene Angebot von Hotels und Motels in Strandlage wurde noch bis etwa 1980 zum größten Teil von Einheimischen genutzt, und zwar fast ausschließlich in der sommerlichen Ferienzeit. Das größte der jungen Seebäder, Erdek am Marmarameer, hatte 1973 eine Kapazität von etwa 20 000 Gästebetten. Die Besucher waren (und sind auch heute noch) zu über 90 % Türken, wobei die Ankaraner den Hauptteil stellen. In den Ferienzentren von Ayvalık, Kuşadası, Çeşme, Marmaris und Bodrum allerdings, seit neuerer Zeit auch in Fethiye, Sarıgerme, Kalkan und Kaş an der Ägäisküste, an der Türkischen Riviera zwischen Kemer und Gazipaşa am Mittelmeer dürfte der Anteil der Ausländer in den Hotels der besseren Klassen mittlerweile jedoch bereits um oder sogar über 50 % liegen.

Der moderne Ausländertourismus

Der Ausländertourismus hat in der Türkei trotz mancher Rückschläge (Ölkrise, Kurdenprobleme) mittlerweile einen beträchtlichen Stellenwert erreicht. Die Attraktionen, die das Land an Kulturdenkmälern, an fremdartigem Bazarbetrieb und Landleben, an Naturschönheiten und an mediterranen Stränden zu bieten hat, können sich mit jedem anderen Mittelmeerland messen (Bild 60). Golf- und Skitourismus sind bereits in bescheidenem Maße angelaufen. Wenngleich die Planungsexperten in den Ministerien noch nicht von Deviseneinnah-

Bild 60: Konyaaltı Plaj, Türkische Riviera bei Antalya: *Die Attraktionen der Türkischen Riviera können sich mit jedem anderen Mittelmeerland messen.*

men in der Größenordnung von Spanien zu träumen wagen, so setzt man doch recht stattliche Zuwachszahlen in die Perspektivpläne ein, und auch staatliche Förderungsmittel stehen in vielfältiger Form zur Verfügung. Bereits zwischen 1981 und 1995 hatte sich die Zahl ausländischer Touristen in der Türkei mehr als verzehnfacht und damit die der türkischen Binnenurlauber klar überholt (vgl. Tab. 5). Im Tourismus weltweit steht das Land mittlerweile an 19. Stelle, mit den Deviseneinnahmen bereits vor Griechenland und Portugal. Für 1997 schätzte man etwa 10 Mio. Besucher und erwartete Einnahmen aus dem Fremdenverkehr von 7,5 Mrd. US-$. Gegenüber den Touristenströmen, die etwa nach Spanien oder Italien (25–35 Mio.) vermittelt werden, ist das aber noch deutlich weniger.

Bei der „Tourismusindustrie" ist es nicht damit getan, dass man eine Hand voll geschulter Experten planen und leiten lässt und dass dann eine große Zahl angelernter Kräfte bestimmte Handgriffe ausführt. Hier geht es, wie bei der Schulbildung, um eine „Entwicklung in die Breite", und das lässt sich nicht von heute auf morgen erreichen. Natürlich können türkische Architekten hochmoderne Hotels planen und bauen, aber das Personal zur Unterhaltung und Bewirtschaftung kann damit mangels entsprechender Ausbildung nur begrenzt umgehen.

Darüber hinaus fehlen dann noch immer jene tausend Details, die dem Durchschnittstouristen den Aufenthalt am Mittelmeer als ein klimatisch verfremdetes Zuhause erscheinen lassen. Die Atmosphäre der „Gepflegtheit", gerade auch außerhalb der Hotels, lässt sich nicht befehlen. Die Vielsprachigkeit des Personals, die breite Verfügbarkeit der gewohnten Kleinigkeiten, die der Tourist in vielen Kiosken, Boutiquen, Restaurants, Bars usw. erwartet, der Stil von Flanierstraßen und Strandpromenaden – alles das setzt voraus, dass die

Einheimischen derartiges auch unterstützen. Zwar ist absehbar, dass auch künftig, wie in Antalya, Dalaman und Muğla bereits geschehen, die direkte Erreichbarkeit der attraktiven Fremdenverkehrsgebiete für Charter- und Linienflüge weiter ausgebaut und die Straßen verbessert werden. Aber die Anpassung der Menschen hält noch nicht Schritt, die Unterschiede in Lebensform und Anspruchsniveau sind noch zu groß. Auf dem Wege zum sicherlich kommenden großen Geschäft stellt für die Mehrzahl der Küstenorte die Entwicklung des einheimischen Tourismus eine durchaus vernünftige Zwischenstufe dar.

VERSTÄDTERUNG UND STÄDTE DER GEGENWART

Bild 61: Neubauten in İstanbul: *Den meisten türkischen Städten fehlen Merkmale traditioneller orientalischer Städte. Speziell der junge Baubestand in den Großstädten des Landes unterscheidet sich nur unwesentlich von dem moderner westlicher Stadtviertel.*

Überblick

- Im Laufe der letzten 150 Jahre hat sich die Zahl städtischer Siedlungen in der Türkei etwa vervierfacht. Da die meisten türkischen Städte sehr jung sind und oft durch Aufwertung dörflicher Siedlungen geschaffen wurden, fehlen ihnen Merkmale traditioneller orientalischer Städte fast immer. Es kam eher zu systematischen Anlagen von Gewerbevierteln, Industrieanlagen, Einrichtungen des öffentlichen Fernverkehrs, Kredit- und Verwaltungsinstitutionen.
- Nach dem Zweiten Weltkrieg wuchs das türkische Volk in einer Art Bevölkerungsexplosion an. Dabei veränderte sich die türkische Bevölkerung in ihrer räumlichen Verteilung besonders auffällig mit einem markanten Anstieg der städtischen Bevölkerung. Vor allem in den letzten 40 Jahren erhöhte sich die Bevölkerungsdichte in manchen Landesteilen überdurchschnittlich.
- Hohe natürliche Wachstumsraten der Bevölkerung fallen besonders in Landesteilen mit nur geringen agraren Intensivierungs- und Expansionschancen und ohne alternative Arbeitsplätze auf. Weitere überdurchschnittliche Dichtewerte entfallen auf städtische Ballungsräume. Hier haben Industrialisierung, Straßenbau und Binnenwanderung vom Land zur Stadt erhebliche Einflüsse. Eine besondere Rolle bei diesen Prozessen spielen als Innovationszentren traditionelle Metropolen wie die „heimliche Hauptstadt" İstanbul oder die „Beamtenstadt" Ankara als neues Staatszentrum.
- Über ein Drittel der türkischen Stadtbevölkerung lebt allein in den Städten des Großraumes des türkischen Nordwestens und Westens. Schon vor 30 Jahren wohnten dort bis zu 40 % mehr „Fremdgeborene", als es im Lande sonst üblich war. Dabei wuchsen nicht nur die städtischen Zentren selber, sondern als suburbane Verdichtungsräume auch ehemals ländliche Regionen und trugen mit der wirtschaftlichen Prosperität den Verstädterungsprozess aufs Land. Daraus ergaben sich hohe Lärmbelästigung, Verkehrsinfarkte, steigende Schadstoff-Emission und Luftverschmutzung in den Ballungszentren.
- Auffälligste Erscheinung als Resultat der Landflucht in den städtischen Zielgebieten sind ausgedehnte und unkontrolliert wachsende, ungeplante Viertel mit Selbstbauunterkünften finanzschwacher ländlicher Zuwanderer, die „Gecekondu".

Städte in der Türkei

Unter unseren Augen läuft seit wenigen Jahrzehnten in der Türkei ein Prozess rapider Verstädterung ab. Der Anteil der städtischen an der gesamten Bevölkerung wächst zunehmend (vgl. Abb. 65), und auch die Zahl der Orte, die als Städte gelten, hat seit dem Zweiten Weltkrieg mit einer Phasenverzögerung von Westen nach Osten stark zugenommen (Tümertekin 1965; Höhfeld 1977, 1982).

Jeder Ort, der die Funktion einer Provinz- oder Kreishauptstadt hat, gilt als „Stadt" (*Şehir*), unabhängig von seiner Größe. Darüber hinaus können Orte von einer bestimmten Mindestgröße an auch ohne die genannten Funktionen bzw. nur mit der Funktion eines Amtsbezirkshauptortes (*Nahiye Merkezi*) die kommunale Selbstverwaltung (*Belediye*) bekommen und damit rechtlich als Stadt oder Kleinstadt (*Kasaba*) gelten. Die starke Zunahme administrativer Einheiten musste also notwendigerweise die Zahl der „Städte" beträchtlich steigen lassen. Jede Klassifizierung nach Größengruppen oder Rangordnungen wird damit müßig, weil sich durch einfache Verwaltungsakte, durch Stadterhebungen oder durch Eingemeindungen die Relationen wieder verschieben.

Entscheidend und interessant ist die Frage, wie die älteren Städte mit ihrer traditionell-orientalischen Struktur sich überhaupt den Erfordernissen modernen Verkehrswesens und neuer Bautechniken, neuen Geschäftsbedürfnissen und den wachsenden Zuwandererströmen gegenüber verhalten. Dazu gehört auch der junge Einfluss der Industrie, speziell die Industrialisierungseffekte in und um Großstädte wie İstanbul, İzmit, Bursa oder Adana (Stewig 1980f.; Höhfeld 1987; Standl 1992).

Verdichtung des Städtenetzes

Die Regionalmetropolen und die Provinzstädte

Eine der bemerkenswertesten Eigenschaften der meisten Provinzstädte ist die Konstanz ihrer zentralen Funktionen seit über 600 Jahren. Wenngleich die relative Bedeutung der einzelnen Städte untereinander sich mehrfach verschoben hat, so liegen doch mit diesen traditionsreichen Orten die Hauptknoten eines zentralörtlichen Netzes seit langem fest.

Die Auswahl als Residenzort durch seldschukische Fürsten und Gouverneure und der Fürsten der Beylikperiode sicherte das Überleben dieser Städte in einer nomadisierten Umwelt. Die sukzessive Eroberung durch die Osmanen im 14.–16. Jh. hat das vorhandene Städtesystem wenig verändert. Die alten Residenzen wurden zu Garnisons- und Verwaltungszentren der osmanischen Rekrutierungsbezirke (*Sancaks*) oder Provinzen (*Eyalets*), und auch die zugehörigen Gerichtsdistrikte (*Kaza*) wurden in ihren Umgrenzungen nur unwesentlich verändert (vgl. Abb. 55 mit Abb. 58). Die osmanische Provinzreform des 19. Jh.s und die republikanische Regierung ließen die administrative Funktion der Provinzstädte unberührt.

Das Prinzip des stark zentralistischen Staates erfordert, dass alle Provinzstädte mit den gleichen öffentlichen Institutionen ausgestattet sind, wodurch zumindest im Bereich der Verwaltungszentralität weitgehende Gleichrangigkeit besteht. Aber auch bei fast allen Förderungsmaßnahmen des Staates, bei der Stromversorgung, beim Schulbau oder im Gesundheitswesen werden die Provinzmetropolen bevorzugt. Hierher werden nach wie vor die militärischen Garnisonen gelegt, die diesen Städten zwar keinen zusätzlichen Zentralitätszuwachs, aber mindestens zusätzliche Kaufkraft verschaffen. Die Provinzstädte sind – bei aller Unterschiedlichkeit ihrer Einwohnerzahl und ihrer wirtschaftlichen Aktivität – die wichtigsten Organisationszentren nach der Verwaltungshauptstadt Ankara und der wirtschaftlichen Metropole İstanbul. Auf sie werden neue Verkehrslinien „zugeführt", während die Kreisstädte sich vielfach mit einer Stichstraßenverbindung begnügen müssen. Die Provinzstädte sind jedermann so bekannt, dass bei allen modernen Umbenennungsaktionen kaum eine von ihnen einen neuen Namen bekam.

Nur wenige der heutigen 76 Provinzstädte sind junge Gründungen des 19. oder des 20. Jh.s. Adapazarı gehört dazu, die Hauptstadt der Provinz Sakarya, die mit der jungen agrarischen Erschließung des Beckens so viel Gewicht erlangte, dass man sie aus der Provinz Kocaeli (İzmit) ausgliedern konnte. Cölemerik im äußersten Südosten, Zentrum der Provinz Hakkâri, ist auch erst seit republikanischer Zeit „Provinzhauptstadt". Zwar gab es einen *Sancak Hakkâri* schon in osmanischer Zeit, aber er wurde, soweit er überhaupt kontrolliert werden konnte, von anderen Garnisonsplätzen aus verwaltet. Karaköse (Ağrı), Bingöl und Tunceli sind drei weitere Neugründungen, alle traditionslos in ostanatolischen Gebirgstälern gelegen. Relativ jung als Provinzstadt sind Uşak und Sinop, aber hier wurden immerhin traditionsreiche alte Kreisstädte zu Provinzhauptorten aufgewertet. Dazu zählen auch die noch ganz jungen Provinzzentren Aksaray, Karaman, Kırıkkale, Bartın und Bayburt, die wohl im Zusammenhang mit einer rezenten Effektivierung der Verwaltung in den 80er- und 90er-Jahren eingerichtet wurden, während die ebenfalls erst kürzlich zu Provinzstädten aufgewerteten Orte Batman, Şırnak, Ardahan und Iğdır eher als Akt verstärkter innenpolitischer Staatspräsenz in Gebieten mit hoher kurdischer Bevölkerungskonzentration zu sehen sind. Die Bergbaustadt Zonguldak ist durch das rasche Anwachsen ein Sonderfall. Nachdem sie ihre älteren Nachbarstädte Bartın, Safranbolu und Ereğli überflügelt hatte, erschien die Ausgliederung einer gesonderten Provinz und die Wahl von Zonguldak zu ihrem Zentrum sinnvoll. Aus ähnlichem Grund wurde die Verwaltung der Provinz İçel von ihrem historischen Sitz Silifke in die prosperierende junge Hafenstadt Mersin verlegt die Silifke inzwischen an Einwohnern weit überflügelt hat. Ein bemerkenswerter Sonderfall ist Yozgat, das bis zum Beginn des 19. Jh.s nichts anderes war als die Yayla einer nomadischen Fürstenfamilie (Capanoğlu). Mit der De-facto-Anerkennung und Ernennung zum osmanischen Sancakbey machte Capanoğlu seine „Sommerresidenz" zum Verwaltungszentrum der Provinz Bozok (heute Yozgat).

Die Neugründungen von Kreisstädten

Nur etwa ein Drittel bis ein Viertel der heutigen Kreisstädte schließt an ein altes osmanisches Kaza, das heißt den Sitz eines Kadi, an. Die junge Entwicklung der Masse dieser Kleinstädte (1990 waren insgesamt 894 Orte mit einer Stadtverwaltung ausgewiesen) hat erst zu einer Zeit eingesetzt, als die alten Bautraditionen und die Vorstellungen von dem, wie eine Stadt eigentlich auszusehen habe, schon im Umbruch waren.

Der Anfang der jungen, bis zur Gegenwart reichenden Phase neuer Stadtgründungen liegt in der Tanzimatperiode des 19. Jh.s, synchron und in genetischem Zusammenhang mit der Ausbaubewegung bei den agrarischen Siedlungen. Zur dauerhaften Sicherung der inneren Ordnung wurde schrittweise ein neues System ziviler Verwaltung eingeführt, das an französischen Vorbildern orientiert war und das alte System der Militärgouverneure und der geistlichen Richter (*Kadis*) ablöste. Der islamische Gerichtsbezirk wurde zum zivilen Landkreis, wenngleich der Name (Kaza) noch blieb, und der militärische Rekrutierungsbezirk (*Sancak*) wurde zum übergeordneten Regierungsbezirk.

Die alten Gerichtsbezirke, die nun mit neuer Funktion wieder belebt wurden, hatten jedoch für eine zivile Verwaltung, die modern und effektiv sein wollte, einen entscheidenden Nachteil: Sie waren zu groß. Die entlegeneren Teile ließen sich kaum von der Stadt aus kontrollieren. Sie waren deshalb teilweise schon seit langem als gesonderte Nahiye abgegliedert und wurden theoretisch von Hilfsrichtern (*Na'ib*) betreut. Faktisch wurden sie jedoch im 17.–19. Jh. meist von mehr oder weniger selbstherrlichen *Derebeys* (Talfürsten) regiert.

Beide Probleme, das der zu großen Verwaltungseinheiten und das der illegitimen Lokalherrschaften, ließen sich einer Lösung näher bringen, wenn man die Verwaltungseinheiten verkleinerte. Man ging dazu über, einen Teil der alten Nahiyes zu Kreisen „aufzuwerten", einen geeigneten Mittelpunkt auszuwählen und dorthin einen Landrat mit dem nötigen Stab (v.a. Gendarmerie) zu setzen. Diese „Aufwertung" vollzog sich auf verschiedenen Ebenen: Zu große Sancaks wurden durch Aufwertung einer Kreisstadt zur Sancakhauptstadt untergliedert, Kreise wurden durch „Erhebung" von alten Nahiyes geteilt, und neue Nahiyes wurden durch Unterteilung alter geschaffen.

Auf allen Verwaltungsebenen bestand also Bedarf nach neuen Zentren, und zwar im Osten und im Westen des Landes in ganz unterschiedlicher Weise. Sehr aufschlussreich sind hierzu die ersten Versuche eines Bevölkerungszensus im Jahre 1831 (Akbal 1951), die zeigen, dass bei diesen ersten Versuchen einer Verwaltungsverdichtung im Westen Anatoliens bisherige Kreisstädte zu Sancakzentren aufgewertet werden konnten, während das in Ostanatolien nicht möglich war, weil es zu wenige gab. Man musste dazu übergehen, schlichte Dörfer in den Rang von Sancakzentren zu erheben.

Zwei Gesichtspunkte scheinen für die Auswahl neuer Zentren ausschlaggebend gewesen zu sein: erstens die Erreichbarkeit im Netz der Fernverkehrswege und zweitens die Mittelpunktslage im Gefüge des erst in jüngerer Zeit verdichteten ländlichen Siedlungsnetzes (Höhfeld 1977). Beides sprach dafür, die neuen Verwaltungsmittelpunkte an zentrale Stellen in Becken und Tälern zu legen. Da die älteren untergeordneten Herrschaftszentren vielfach Burgen von Beys und Wohnsitze lokaler Notabeln in versteckter Lage im Gebirge waren, bedeutete das die Notwendigkeit vielfältiger Verlegungen. Die Bergnester der Beys ließen sich nicht im erforderlichen Umfang kontrollieren, und sie waren für die zu verwaltende Bevölkerung zu schlecht erreichbar. Die Berichte der Reisenden des 19. Jh.s sind voll von Beobachtungen über den Verfall der Burgorte in den Bergen. An ihre Stelle trat der *Konak*, der neue Sitz des staatlichen Landrats, an einem geeigneten Platz in der Ebene oder im Tal.

Voraussetzung für die Wahl dieser neuen Verwaltungssitze war das Vorhandensein zentraler Orte in den Tälern und Becken. Entweder lagen dort einzelne Dörfer, bei denen aufgrund ihrer günstigen Erreichbarkeit schon seit langem periodische Märkte stattfanden, oder aber es gab bestimmte Plätze in freiem Gelände, an Wegkreuzungen oder anderen gut erreichbaren Punkten, auf denen regelmäßige Wochenmärkte als „Feldmärkte" abgehalten wurden. Das Zusammenrücken von Markt- und Verwaltungsfunktion ist also das entscheidende Ereignis, das am Anfang der Entwicklung der meisten jungen türkischen Kleinstädte steht. Das zu verwaltende und durch einen Markt zu versorgende Gebiet bleibt dabei zumeist völlig unverändert in seinem Umfang, es hat lediglich eine Verlagerung des wirtschaftlichen Gewichtes von den Bergen in die Täler und Becken stattgefunden.

Es gibt eine Reihe von Modifikationen dieses Prozesses. Der häufigste Fall dürfte wohl die administrative Aufwertung von Dörfern gewesen sein. Fast jedes größere Dorf in Becken- und Tallage, das von den Reisenden des 19. Jh.s als relativ bedeutend und als periodischer Marktplatz erwähnt wird, hat sich inzwischen mindestens zum Nahiyezentrum, oft bis zur Kreisstadt entwickelt. Bisweilen spiegelt sich diese bevorzugte Position der alten Dörfer in den Namen bzw. im Namensbestandteil *Ova* (Artova, Yeşilova, Karlıova, Ovacık, Yüksekova). In einer Reihe von Fällen tritt einfach nur die Bezeichnung für „Mitte" (*Orta* oder *Merkez*) als Namensbestandteil hinzu. Bisweilen ist auch die Funktion als periodischer Marktort im Namen ausgedruckt: Die Bezeichnung *Pazar* kommt als Namensbestandteil vor oder auch die Namen einzelner Wochentage, an denen der Markt üblicherweise abgehalten wurde (*Çarsamba* = Mittwoch; *Persembe* = Donnerstag; *Salı* = Dienstag; *Cuma* = Freitag; *Pazar* = Sonntag).

Daneben sind Fälle bekannt, wo das neue administrative Zentrum an einem nicht permanent bewohnten Feldmarkt entstand. Der Amtssitz des Landrats oder des Amtsvorstehers (*Nahiye Müdür*) stand dann als erstes ständig bewohntes Gebäude da, in dessen Umgebung sich erst allmählich einzelne Händler und Handwerker und auch bäuerliche Bevölkerung niederließen. Bei dieser Gruppe junger Kleinstädte ist der Anteil von Namen, die auf den ehemaligen Markt hinweisen, besonders hoch.

In einer begrenzten Zahl von Fällen wurden antike Ruinenplätze als neue Verwaltungszentren ausgewählt. Ihre Lage gewann mit fortschreitender Verdichtung des ländlichen Siedlungsnetzes ihre alte zentrale Bedeutung zurück, und darüber hinaus boten sie als Ruinenplätze oft reichlich verfügbares „Baumaterial". Ein Sonderfall dieser Gruppe sind antike Hafenplätze, die – wie z. B. İskenderun oder Kaş – im frühen 19. Jh. nur noch unbewohnte Landeplätze waren, oder die durch fortschreitende Verlandung vom Meer abgeschnitten waren – wie Tarsus, dessen neuer Hafen Mersin die Mutterstadt bald überflügelte. Ein anderer Sonderfall der neuen Inwertsetzung antiker Ortslagen sind die Thermalquellen, die in osmanischer Zeit nur als „Wildbäder" genutzt worden waren und nun den Ansatz zu neuer Siedlungsentwicklung boten. Kızılcahamam, Haymana oder Havza sind Beispiele dafür.

Nicht ganz so häufig sind die Fälle, wo eine Muhacirsiedlung sich bis zur Kreisstadt weiterentwickelte. Immerhin sind aber Çumra, Eşme, Ceyhan und Pınarbaşı aus derartigen Flüchtlingssiedlungen hervorgegangen, mit denen sie das regelmäßige Grundrissschema gemein haben.

Gegen Ende des 19. und zu Anfang des 20. Jh.s, bis in die ersten Jahre der Republik hinein, erreichte die Welle der administrativen Stadterhebungen ihren Höhepunkt. Neben den Gesichtspunkt besserer Kontrollierbarkeit des Landes war inzwischen ein weiterer getreten, der zum ersten Mal die Interessen des Landbewohners berücksichtigte: Der Bauer sollte seinen zuständigen Landrat oder andere Kreisbehörden innerhalb einer Tagesreise mit traditionellen Verkehrsmitteln oder zu Fuß erreichen können. Das erforderte Kreisstädte im Tagesreiseabstand, und damit war eine „Stadtdichte" vorprogrammiert, die heute, angesichts der modernen Verkehrsmittel, bereits überholt ist. Das administrative Versorgungsprinzip mit seinen Versuchen der Schaffung gleichrangiger Zentren wird also früher oder später durch die wirtschaftliche Entwicklung modifiziert werden. Bereits heute ist zu bemerken, dass manche der jungen Kreisstädte in ihrer Entwicklung stagnieren, während benachbarte prosperieren und den Umlandverkehr auf sich ziehen.

Eine gewisse Konzession an lokale wirtschaftliche Entwicklungen ist die Tendenz, groß gewordene Dörfer in den Rang eines Nahiyezentrums und stark gewachsene Nahiyezentren zu Kreisstädten zu machen, und zwar unabhängig vom Bedarf des Umlandes nach einem entsprechenden administrativen Mittelpunkt. Wenn der betreffende Ort eine gewisse Größe erreicht hat, finden sich „pressure-groups", die seine Statuserhöhung anstreben, gleichgültig, ob ein hinreichend großes Umland zu versorgen ist oder nicht. Einige Dörfer werden dann vom bisherigen Kreis abgetrennt und dem neuen Zentrum zugeteilt. Das Prinzip gleichmäßig dichter administrativer Versorgung des Landes wird damit unterlaufen. Das Ergebnis sind eine fortschreitende Kleinstadtverdichtung in einigen Ballungsräumen, wie im Ägäisgebiet oder an Teilen der Schwarzmeerküste, und andererseits nach wie vor relativ weit abständige, langsamer wachsende und oft mäßig ausgestattete Kleinstädte in den Periphergebieten.

Verlegungen und Verschiebungen

Wenn im vorigen Abschnitt von dem räumlichen Zusammenrücken von Markt und Administration die Rede war, dann handelte es sich dabei zunächst einmal um die Verlegung von Institutionen. Die Siedlungen selbst blieben vorerst, wo und wie sie waren.

Es hat sich jedoch gezeigt, dass der Verlegung von Institutionen bald auch zunehmend Bewohner der jeweils älteren Orte gefolgt sind und dass die administrative Aufwertung von Orten attraktiv auf die Umlandbevölkerung wirkte, den Markt stärkte und zu beschleunigtem Ausbau des neuen Ortes beitrug. Dieser Vorgang verleiht dem türkischen Städtewesen – in erster Linie den kleineren Städten – eine spezifische Note: Die Lage des kleinstädtischen Zentrums einer bestimmten kleineren Region ist nicht streng topographisch fixiert, sondern sowohl rechtlich wie auch im Bewusstsein der Umlandbevölkerung durchaus variabel.

Die älteren, meist größeren und traditionsreicheren Städte sind von derartigen Verlegungsprozessen seltener betroffen. Die Mehrzahl hat ihr heutiges wirtschaftliches Zentrum unmittelbar im oder neben dem historischen Stadtkern. Bei diesen älteren Städten ist der materielle und der emotionale Wert der historischen Bausubstanz so hoch, dass man an eine Aufgabe dieser

Siedlungsplätze in der Regel nicht denkt. Immerhin ist jedoch eine Reihe von Fällen bekannt, wo der allmähliche Übergang zum Wohnen in den Gartenvorstädten, sei er durch kriegerische Ereignisse (Malatya, Van), durch Erdbeben (Erzincan) oder wirtschaftlich (Harput/Elazığ) motiviert, zur Aufgabe der traditionsreichen älteren Siedlung führte. Der alte Name des Ortes bezeichnet jetzt einen Platz, der viele Kilometer von seiner ursprünglichen Siedlungslage entfernt sein kann.

Bei den kleineren Städten ist das Prinzip der Siedlungsverlegung im Gefolge administrativer oder wirtschaftlicher Verschiebungen nahezu die Regel. Dieser im Vergleich zur europäischen Stadtentwicklung ungewöhnliche Prozess wird ermöglicht und erleichtert durch das traditionelle Recht wie auch durch das gewachsene Verständnis der ländlichen Bevölkerung von „ihrem" lokalen oder regionalen Zentrum. Der Platz einer Siedlung hat als solcher nicht eine bestimmte unverrückbare Rechtsqualität, die etwa der klar markierten Immunität oder Bannmeile alter europäischer Städte entsprechen würde. Einer Verlegung der Wohnstätte steht also nach traditionellem Recht wenig im Weg. In osmanischer Zeit gab es keine planerische Autorität, die auf derartige Wohnstättenverlegungen Einfluss genommen oder auch nur Interesse daran gezeigt hätte. Bis heute macht dies der jungen Stadt- und Landesplanung Schwierigkeiten. Die notwendigen Konflikte zwischen geltendem neuem Recht und Gewohnheitsrecht werden häufig auf dem Wege der „Konfliktvermeidung", d.h. durch politisch motivierte Anpassung des Rechtszustandes an die vollendeten Tatsachen, gelöst.

Dazu kommen gewohnheitsmäßige Einstellungen und Erwartungen der Bevölkerung gegenüber ihrem lokalen Markt- und Verwaltungsort: Man wünscht sein nächstes Kleinzentrum in einer möglichst optimal erreichbaren Lage und mit möglichst guten Verkehrsverbindungen zur Provinzhauptstadt. Wenn sich die Verkehrssituation ändert und ein anderer Platz günstiger erscheint, wird es als quasi selbstverständlich angesehen, dass das Zentrum der Kleinregion, des Amtsbezirks oder Kreises, allmählich dorthin verlegt wird. Dies drückt sich u.a. darin aus, dass auch der Name „mitwandert": Der Amtsbezirk oder Kreis hat seine Bezeichnung ursprünglich nach einem kleinen Hauptort in den Bergen, und wenn der neue Mittelpunkt an einen Platz an der Talstraße gelegt wird, dann ist das jetzt eben der Mittelpunkt des so benannten Kreises oder Amtsbezirks, und der neue Zentralort übernimmt damit den Kreisnamen auch als Ortsnamen. Diese „Namenswanderungen" sind nicht selten; sie lassen sich bisweilen daran erkennen, dass der ehemalige Hauptort jetzt die Vorsilbe *eski-* (alt-) führt und der neue *yeni-* (neu-), oder aber dass man der Lage entsprechend den älteren Ort mit dem Zusatz *yukarı-* (ober-) und den neueren mit *aşağı-* (unter-) versieht.

Abgesehen von den Verlegungen aus Berglagen in die Täler und Becken, die parallel zur Siedlungsumschichtung seit der Tanzimatperiode stattfanden und im Prinzip zu der im vorigen Abschnitt besprochenen Städteverdichtung führten, sind es in der Folgezeit verkehrstechnische Innovationen, die zu weiterer Verlegung oder mindestens teilweiser Verschiebung der jungen Kleinstädte Anlass gaben: der Ausbau oder Wiederausbau von Häfen, die Entwicklung eines Eisenbahnnetzes und bis in die Gegenwart der Ausbau eines modernen Straßennetzes.

Bereits im Verlauf des 19. Jh.s verliert Silifke seine Funktion zugunsten des neuen Hafenorts Mersin und von Belen zogen Verwaltung und Markt hinab zum wiedererrichteten Hafenort Iskenderun. Auch das Nahiyezentrum Perşembe (Prov. Ordu) wurde zum kleinen Küstendorf Vona verlegt, zum Kazazentrum aufgewertet und weiterhin Perşembe genannt. Wo die entsprechende Verlegung nur über kurze Distanz erfolgte und alter und neuer Ort quasi in Sichtweite voneinander lagen (z.B. Kesap, Prov. Giresun), da bürgerte sich mehrfach für die neuen Küstenplätze die Zusatzbezeichnung *-Liman* (Hafenbucht) oder *-İskele* (Anlegeplatz, Hafen; aus ital. Scala) ein. Diese *İskele*-Orte sind also eine Parallele zu den Marina-Gründungen der italienischen Halbinsel. In wachsendem Maße etablierten sich die neueren städtischen Einrichtungen um die Landestelle, während der alte Ortskern zu dörflichem Charakter herabsank.

Häufiger sind im späten 19. und frühen 20. Jh. die Fälle, in denen der Eisenbahnbau Anlass zur Verlegung gab. Da die Bahntrassen aus Reliefgründen vielfach in einigem Abstand an bereits bestehenden kleinstädtischen Siedlungen vorbeiführen mussten, gerieten manche Kleinzentren in eine etwas abseitige Lage. Sie erhielten jedoch meist am nahe gelegensten Punkt der Bahn einen Bahnhof, der zum Kristallisationspunkt neuer Ansiedlung wurde. Materiallager, Arbeitersiedlungen, Gendarmerieposten waren oft die ersten Einrichtungen, Teestuben und Gaststätten traten hinzu, und bald folgte auch der Sitz des Landrats oder des Nahiye-Müdürs mit einem neuen Konak. Es entstanden so Bahnhofsvorstädte, die in der Regel den gleichen Namen führten, nur mit dem Zusatz *-Istasyon* (Station). Die Verwaltungsverlegung von Küçükyozgat nach Elmadağ-Istasyon, von Yerköy nach Yerköy-Istasyon, von Banaz nach Islamköy und weiter nach Banaz-Istasyon sind einige weniger bekannte Beispiele. Çumra-Istasyon ist ein bekannterer Fall, wo die Verwaltungsverlegung vom alten Amtsort Hatunseray im Gebirge nach Çumra (heute Içeriçumra) in der Ebene vorausging und bald danach von der erneuten Verlegung an die Bahnlinie (heute Çumra) gefolgt wurde.

In fast allen diesen Fällen ist inzwischen der ehemalige „Vorort" an der Bahnstation zum eigentlichen Zentrum geworden. Bisweilen, bei kürzeren Distanzen zwischen älterem Ort und Bahnhofssiedlung, hat sich die Verbindungsstraße zwischen beiden zu einer Art Hauptgeschäftsstraße entwickelt, mit Moschee und Viktualienmarkt am einen Ende im älteren Ortsteil, und Landratsamt und anderen Behörden, dazu Geschäften für moderneren Bedarf am anderen Ende in Bahnhofsnähe. Der Ort ist gewissermaßen „auf die Bahn zu" gewachsen. Wo hingegen die Entfernung zwischen beiden zu groß war, sank nicht selten der alte Ort zu völliger Bedeutungslosigkeit ab: Der alte Landratssitz Bulgar-Maden im Taurus verlor seine Funktion an Ulukşla an der anatolischen Bahn und ist heute, da auch der Bergbau keine Rolle mehr spielt, ein unbedeutendes Dorf. Das ältere Kreiszentrum Sarıoğlan (Prov. Kayseri) wurde nach dem Bahnbau Kayseri-Sivas an die Bahn verlegt, der ursprüngliche Ort ist heute nicht einmal mehr Dorf, sondern nur noch ein Çiftlik. Das alte Harran (heute Eski Akçakale) in der Provinz Urfa wurde als Verwaltungszentrum aufgegeben zugunsten des neuen Akçakale an der Bagdadbahn.

Die häufigsten Fälle junger Verlegung, Weiterverlegung oder Verschiebung von Kleinstadtlagen sind durch den modernen Straßenbau ausgelöst. Dieser Prozess ist relativ jung, er setzt eigentlich erst in den 1950er-Jahren ein. Die modernen Straßen mit fester Decke, die das staatliche Straßenbauamt anlegt, führen in der Regel in einigem Abstand an den kleineren Städten vorbei, weil die Kleinstädte selbst wegen dichteren, älteren Baubestandes für den Kraftfahrzeugverkehr nur begrenzt durchgängig sind, oder weil die Straßenbauer schon das moderne Prinzip der „Umgehungsstraße" bewusst anwenden.

Es zeigt sich allerdings eine Entwicklung, die in der Regel nicht geplant war, ja sogar meist direkt den Planungsintentionen der Straßenbauer zuwiderläuft: Der Ort wächst an seiner Abzweigverbindung auf die Umgehungsstraße zu und an dieser entlang weiter, sodass diese Straße hier und da schon zur neuen Hauptgeschäftsstraße geworden ist. Am Abzweig der Ortszufahrt entstehen zunächst Bushaltestellen, Tankstellen, Teehäuser und Restaurants, es folgen einzelne Einzelhandelsgeschäfte, auch Materialdepots und Camps der Straßenbauverwaltung selbst. Bald folgen an der Zufahrtsstraße moderne öffentliche Einrichtungen: Das neue Landratsamt wird hier gebaut, zudem der Getreidesilo, neue Schulen – alles Einrichtungen, die einerseits großen Flächenbedarf haben, den sie im alten Ortskern nicht finden können, und die andererseits auf gute Kommunikationsmöglichkeiten angewiesen sind. Dazwischen beginnen sich jetzt erste private Geschäftshäuser anzusiedeln: Kraftfahrzeugersatzteile, landwirtschaftliche Maschinen, Filialen der großen Banken. Bald ist die ehemalige Umgehungsstraße erreicht, und die Fälle sind nicht selten, wo sie von der neuen Bebauung so weit überwachsen ist, dass die Straßenbauverwaltung eine neue Umgehungsstraße in weiterem Abstand plant.

Derartige „Verschiebungen" von Orten in Richtung auf die jeweils modernste Verkehrslinie sind nicht mehr möglich, wenn der alte Ort von der neuen Straße zu weit entfernt liegt. In solchen Fällen entsteht ein quasi selbständiger Vorort an der Straße, bisweilen mit dem gleichen Namen und dem Zusatz -*Şose* (Chaussee) oder *Yeni*- (Neu-). Solche Orte können sich jedoch im Laufe der Zeit so entwickeln, dass der alte Ort völlig überflügelt wird, in seiner wirtschaftlichen Bedeutung absinkt und schließlich auch seine Verwaltungsfunktion an den neuen Ort an der Straße verliert.

Es ist zwar bekannt, welche räumliche Entwicklungstendenz das Wachstum der kleineren Städte prägt (Höhfeld 1984), aber es ist bisher keinesfalls für jede Stadt zu sagen, welche einzelnen Verlegungen und Verschiebungen sie nun durchlaufen. Man muss sich diese junge, die ganze Entwicklung beherrschende Tendenz ständig vor Augen halten, wenn man die Struktur einzelner Städte untersucht.

Periodische Märkte

Die Jugendlichkeit der meisten kleineren Städte hat auch eine späte Herausbildung eines zentralörtlichen Netzes zur Folge. Die größeren Städte, wie die bedeutenderen heutigen Provinzhauptstädte, waren allerdings wohl schon lange die zentralen Marktorte ihrer weiteren Umgebung, wie Sivas für das obere und Kayseri für das mittlere Kızılırmakgebiet, Erzurum für den Nordosten und Diyarbakır für den Südosten des Landes, Konya für den Süden und Ankara für den Norden Inneranatoliens. Ihre jeweils traditionelle Lage im Fernverkehrsnetz und in der betreffenden Region des Landes bestimmte sie zu dieser Rolle. Auch die älteren unter den kleineren Städten, die traditionellen Kazazentren, nehmen meist eine von der Physis des Raumes derart vorgezeichnete Position ein, dass sie immer der zentrale Ort ihrer jeweiligen Ova oder ihres Talgaues sein mussten.

Allerdings zeigt sich auch bei den größeren Städten eine deutliche Differenzierung in der zentralörtlichen Ordnung. Bei allem Bestreben der staatlichen Verwaltung, die Provinzstädte „gleichrangig" zu machen, lassen sich gewisse Abstufungen nicht vermeiden. In der Attraktivität ihrer Märkte und Geschäftsstraßen sind die größeren unter den Provinzstädten eindeutig überlegen. Der private und öffentliche Verkehr zeigt entsprechende Beziehungen, etwa von den Provinzhauptstädten Mardin, Bitlis und Siirt nach Diyarbakır, oder von Ağrı, Bingöl und Tunceli nach Erzurum. Selbst im staatlichen Bereich lohnt es sich nicht, eine regionale Unterbehörde in jede Provinzstadt zu legen. Die entsprechenden Ämter konzentrieren sich auf eine begrenzte Zahl von Provinzstädten, von denen aus Nachbarprovinzen mit betreut werden (Bazin 1969). Problematisch waren immer die Gebiete „dazwischen". Ihre Bevölkerungsdichte und Kaufkraft waren zu gering, um ein dichteres Städtenetz tragen zu können. Das traditionelle System des orientalischen Handels kannte für diese abgelegenen Landesteile daher Ersatzinstitutionen: den Wanderhändler und den periodischen Markt.

Einzeln reisende Händler, mit einem oder mit wenigen Tragtieren, zogen von Dorf zu Dorf, um Güter wie Salz, Zucker, Tee, Kaffee, Streichhölzer, Messer oder auch einfache Werkzeuge anzubieten, allesamt Dinge also, derentwegen der Besuch eines weit entfernten städtischen Marktes allein kaum lohnt. Diese reisenden Händler mit Maultieren konnte man noch in den 1950er- und 60er-Jahren im Taurus treffen. Heute ist an die Stelle des Maultiers bereits der Kleinlaster getreten.

Daneben aber – an Bedeutung viel wesentlicher – gab und gibt es das System periodischer Märkte, die an bestimmten gut erreichbaren Orten zu festen Wochentagen abgehalten werden. Dieses System des Güteraustausches ist einer spärlich verteilten und kaufkraftschwachen Bevölkerung angepasst: Innerhalb eines Gebietes, das einen Marktbesuch im Tagesreiseabstand erlaubt, findet sich nicht genug Kaufkraft, um einen ständigen Markt zu tragen. Kaufleute, die sich fest niederlassen würden, fänden keine ausreichende Existenzgrundlage. Die Konsequenz muss sein, dass die Händler den Kunden entgegenkommen und an verschiedenen Tagen in jeweils verschiedenen Teilgebieten Markt abhalten. Der einzelne Händler kann dabei die ganze Woche über täglich einen Markt besuchen und somit genauso viele Geschäfte machen wie in einem städtischen Bazar. Er muss nur die Unbequemlichkeit des Reisens auf sich nehmen. Der Marktbesucher findet zum Absatz eigener Produkte und zum Kauf gewerblicher Erzeugnisse einen vielfältig be-

Bild 62: Jahresmarkt in Ivrindi: *Das Warenangebot auf ländlichen Märkten ist im Gegensatz zu den Städten erwartungsgemäß eher einfach und auf ländliche Käuferschichten ausgerichtet.*

schickten Markt in erträglicher Entfernung vor, wenn auch nur einmal in der Woche.

Die Wochenmärkte sehen sich meist sehr ähnlich. Am wöchentlichen Markttag erwacht bereits vor Sonnenaufgang ein reges Leben in dem kleinen Marktflecken. Von allen Seiten strömen Landbewohner mit Packeseln, Pferdegespannen, Traktoren und Lastkraftwagen auf den Markt zu, und Händler reisen mit Lastwagen oder Personenwagen an. Auf einem Platz im Ort und in den umgebenden Gassen, oft die ganze Hauptstraße entlang, werden Buden aufgeschlagen oder Traktoranhänger als Verkaufsstände eingerichtet. In fortschrittlicheren Orten hat die Ortsverwaltung bereits betonierte Boxenreihen um einen offenen Platz herum bauen lassen, die an Händler vermietet werden. Aber auch die Ladefläche von Lastwagen und selbst die Kühlerhaube von Personenwagen sind Ausstellungsfläche.

Es werden Obstkisten und Getreidesäcke gestapelt, Melonen aufgetürmt, Textilien schön sichtbar ausgehängt und Werkzeug auf dem Boden ausgebreitet. Das Prinzip der Branchensortierung, bestens bekannt von den städtischen Märkten, setzt sich auch hier durch (Bild 62).

Die meist nicht sehr zahlreichen ortsansässigen Krämer und Handwerker haben am Markttag ebenfalls ihren stärksten Umsatz, während an anderen Tagen ihre Ladenboxen in der Hauptstraße häufig geschlossen bleiben. Auch die Dienstleistungen des Ortes werden am Markttag eifrig frequentiert, wie etwa das Dampfbad (*Hamam*) und die Moschee, v.a., wenn der Markttag auf einen Freitag fällt. Gleichzeitig hat das ortsansässige Reparaturgewerbe für Kraftfahrzeuge Hochbetrieb. Selten fehlt eine Zigeunergruppe, und ihr Klang von *Davul* und *Surma* (Trommel und Flöte) mischt sich zwischen Transistormusik, Autogehupe und die Rufe der Marktschreier. Der Markttag ist gleichzeitig ein gesellschaftliches Ereignis, fast eine Art Festtag.

In entwickelteren Landesteilen, etwa im Ägäis- und Marmaragebiet, tauchen schon moderne Damenkonfektion, Kinderspielzeug oder Elektrogeräte auf den Märkten auf, und die Verkäufer preisen ihre Ware durch ein Mikrofon an. Im Osten hingegen dominieren noch traditionelle Handwerkserzeugnisse, einfache landwirtschaftliche Geräte und billige Plastik- und Blechartikel. Je größer ein Marktort ist, umso mehr geht der relative Anteil der Gebrauchsgegenstände am Marktangebot zurück. Textilien und Haushaltsartikel, auch landwirtschaftliche Geräte werden in größeren Orten zunehmend von

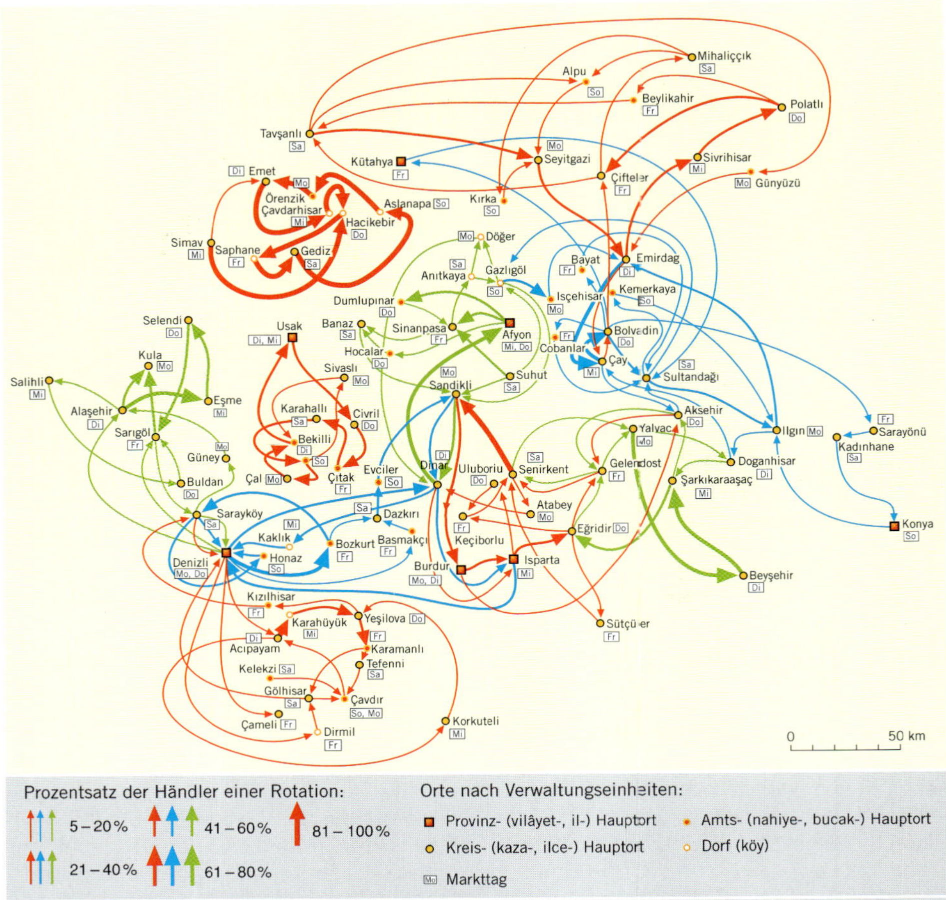

Abb. 104: Marktrotationen zwischen Kleinstädten: *Die Pfeile zeigen die wöchentliche Rundreise von Händlergruppen zwischen den Orten des jeweiligen Markttages.*

Quelle: nach Oettinger 1976.

fest ortsansässigen Händlern angeboten. Hier vollzieht sich, parallel zum Bevölkerungs- und Wohlstandswachstum der Marktorte, der allmähliche Übergang vom periodischen Markt zum festen Geschäftsviertel (*Çarsı*), neben dem bei größeren Städten der Wochenmarkt nur noch eine Ergänzungsfunktion hat.

Die Händler, die von auswärts den Wochenmarkt besuchen, reisen in der Regel noch am gleichen Nachmittag oder Abend weiter, um am kommenden Tag rechtzeitig auf dem Markt eines Nachbarortes sein zu können. Es haben sich dabei gewisse „Rotationen" herausgebildet, die es den Händlern erlauben, in fester Reihenfolge mehrere Marktorte nacheinander zu besuchen. Nicht alle Kaufleute folgen dabei unbedingt der gleichen Reihenfolge: Diejenigen, die vielleicht am Dienstag alle zusammen in einem bestimmten größeren Marktort erscheinen, teilen sich am Mittwoch zum Besuch von zwei oder drei kleineren Marktorten, um sich am Donnerstag wieder in einem größeren Ort zu treffen. Es handelt sich um ein eingespieltes System, das auf jede Änderung in der Kaufkraft an einem Ort sofort durch größere oder geringere Händlerzahl und entsprechende Verschiebungen in den Rotationen reagiert (vgl. Oettinger 1976 und Abb. 104).

Diese Marktrotationen stellen eine sehr interessante und für die Türkei (wie für viele andere Entwicklungsländer) typische

Art zentralörtlicher Verflechtung dar. Sie verbinden die jeweils wirtschaftlich dominierende Stadt einer Region, in der die Händler ihren Hauptsitz haben, mit einer Reihe von nachgeordneten Zentren auch über Provinzgrenzen hinweg.

Dieses System muss in der Türkei wie in vielen Ländern des islamischen Orients alt eingespielt gewesen sein, mit tradierten Plätzen, die sich durch ihre Lagegunst auszeichnen. Es war sehr nahe liegend, dass man im 19. Jh. derartige Lokalitäten zur Gründung neuer administrativer Zentren der unteren Ebenen heranzog. Die Konsequenz musste dabei natürlich sein, dass die administrativen Grenzen unterer Ordnung mehr oder weniger mit den Grenzen des jeweiligen Markteinzugsbereiches identisch waren. Es verwundert deshalb nicht, wenn bei den wenigen Informationen, die über zentralörtliche Bereiche in der Türkei vorliegen (Rother 1971; Eggeling 1973), die Koinzidenz von lokalem Markteinzugsbereich und Verwaltungseinheit betont wird. Die bisweilen als Ursache herausgestellte Chance für den Marktbesucher, gleichzeitig Behördengänge zu erledigen, ist wahrscheinlich nicht der ausschlaggebende Grund für dieses Zusammenfallen. Dagegen spricht der gar nicht seltene Fall von Markttagen am Sonntag, wenn die Behörden geschlossen sind. Es ist viel wahrscheinlicher, dass sich die von der Natur vorgezeichnete Umgrenzung der einzelnen Siedlungskammern in beiden Fällen gleichermaßen durchpaust.

Bislang ist allerdings unklar, wie der wechselnde Besuch periodischer Märkte durch Händler im Zeitalter des Tragtierverkehrs erfolgte, also noch etwa vor zwei Menschenaltern. Die Distanzen der heute bekannten periodischen Märkte sind oft so groß, dass der einzelne Händler nur mit dem Kraftfahrzeug im Tagesrhythmus einen anderen Markt erreichen kann – selbst wenn er den Marktort, was in Ländern mit unzureichender Verkehrserschließung recht häufig zu beobachten ist, bereits gegen Mittag verlässt.

Innerstädtischer Strukturwandel

Chancen und Grenzen der Modernisierung

Das Bild der alten osmanisch-türkischen Stadt gehört bald weitgehend der Vergangenheit an (Bild 63). Teile des Baubestandes und des Grundrissmusters mögen noch erhalten sein, manche gewohnheitsmäßigen Verhaltensweisen der Bevölkerung mögen weiterwirken und viele Strukturelemente erneut in traditioneller Weise funktionieren lassen – insgesamt jedoch dürften die heutigen Städte für einen im frühen 19. Jh. lebenden Türken kaum wiederzuerkennen sein. Die Wandlungen sind optisch auffälliger als bei mitteleuropäischen Städten.

Derartige Entwicklung und relative Modernisierung hat es allerdings schon länger gegeben. Bartsch (1954) zitiert Evliya Celebi, der z. B. im 17. Jh. Ankara als eine Stadt mit Flachdachhäusern beschreibt, während doch Reisende des 19. Jh.s bereits die aufwendigeren Fachwerkbauten und die Ziegeldächer vorfanden (Faroqhi 1987). Bereits in osmanischer Zeit setzte ebenfalls die Mode ein, moderne Amtsgebäude mit spitzbogigen Fenstern und Türen und mit nachempfundener alter türkischer Ornamentik zu bauen. In Parallele zur mitteleuropäischen Neugotik könnte man von einem „neuosmanischen Stil“ sprechen, der in so manchen Provinzverwaltungsgebäuden und alten Bankpalästen seit der späten osmanischen Zeit überlebt.

Eine Reihe von institutionellen Veränderungen setzte ebenfalls bereits vor dem Ersten Weltkrieg ein. Der Bau von Bahnhöfen und das Wachstum der an die Bahn angeschlossenen Städte auf diese Bahnhöfe zu, moderne Kasernenbauten, Krankenhäuser, Depots und andere staatliche Einrichtungen außerhalb des traditionellen Stadtgebietes und auch die ersten Regulierungen mit schematisch-rechtwinkliger Grundrissanordnung gehen auf vorrepublikanische Ansätze zurück (Aktüre 1978).

Die Stadtentwicklung der Gegenwart muss mit den Ansprüchen des 20./21. Jh.s fertig werden. Ihr steht dafür theoretisch das gesamte Arsenal moderner Bauverfahren, Infrastruktur- und Kommunikationstechniken zur Verfügung, und türkische

Bild 63: Altstadtgassen, Ankara İç Kale: *Selbst in den älteren Städten des Landes gehört das Bild der alten osmanisch-türkischen Stadt weitgehend der Vergangenheit an, auch wenn Teile noch erhalten sein mögen.*

Architekten und Ingenieure können damit durchaus umgehen. Nur, der Bedarf an neuen staatlichen und privaten Dienst-, Geschäfts- und Privatgebäuden steigt rapide, der Kraftfahrzeugverkehr verstopft die zu engen Straßen, und die städtische Bevölkerung wächst in geometrischer Progression. Die öffentlichen Mittel reichen kaum für die allerdringendsten Bauprojekte und Infrastruktureinrichtungen. Der Anteil von „Selbsthilfe"-Maßnahmen, von illegal gebauten Häusern, von selbst eingefahrenen „Privatwegen" ohne Rechtsgrundlage ist entsprechend hoch.

Daneben stehen andere Rahmenbedingungen, die besonders für Länder des islamischen Orients charakteristisch sind. Hierzu zählen v. a. Aspekte des Bodenrechts, bei dem die traditionelle Trennung von *Mülk*- und *Miri*-land heute in der Rechtsform von Privateigentum und öffentlichem Grundbesitz weiterexistiert. Flächen beider Art liegen räumlich oft eng verzahnt, und die Dokumentation ihres Rechtscharakters macht mangels älterer Katasterpläne Schwierigkeiten, sodass alle Raumordnungsmaßnahmen erschwert werden. Dazu kommt das Fortleben des Clandenkens, das jede Stadtplanung beeinflusst. Jede Interessengruppe hat „ihre Leute" in Ministerien und nachgeordneten Behörden, in Rathäusern und Banken, und vielfach können damit Planungsmaßnahmen blockiert werden. Die Türkische Republik war im Inneren niemals so stark wie etwa die persische Regierung zur Zeit von Schah Reza Pahlevi: Die Rücksichtslosigkeit, mit der persische Städtebauer Schneisen durch die Altstädte schlugen und breite Boulevards und Kreiselplätze anlegten, ist in der Türkei völlig undenkbar. Der türkische Staat nimmt auf seine Bürger und deren Individualinteressen mehr Rücksicht, als es dem ausländischen Beobachter oft scheinen mag, jedenfalls, solange sich diese Rücksicht durch Nichteingreifen bewerkstelligen lässt. Die Fälle, wo legal oder illegal gebaute Häuser aus Stadtplanungsgründen wieder abgerissen werden, sind nicht sehr häufig und führen immer zu großem Aufruhr in der Presse.

Die neuere bauliche Entwicklung türkischer Städte kann nur stattfinden auf

- Grundstücken im Eigentum von Staat, Stiftungen oder Kommunen, die in einigermaßen ebenem Gelände liegen und sich für moderne Bebauung eignen;
- Privatland, das von den Eigentümern parzelliert und verkauft wird, sobald es entsprechende Rendite verspricht;
- stark reliefiertem oder aus anderen Gründen für moderne Bebauung schlecht geeignetem Gelände, das als Ödland meist im Staats- oder Stiftungsbesitz ist.

Land des ersten Typs wird so gut wie immer nach kommunalen Bebauungsplänen bebaut, die Durchsetzung von Planungskonzeptionen stößt hier kaum auf Schwierigkeiten. Bei Privatland, das als Bauland attraktiv wird, gelingt das nicht immer, es sei denn, eine größere Bauträgergesellschaft hat viele Einzelparzellen zusammengekauft und plant ganze Blocks. Der dritte Typ potenziellen Baulands wird völlig ungeplant aufgesiedelt, und meist erst nachträglich, als soziale Maßnahme, sorgt die Kommune für ein Minimum an Infrastruktureinrichtungen. Die Unterscheidung von „geplanten" und „ungeplanten" Ortsteilen ist also für türkische Städte aller Größenordnungen charakteristisch. Das mehr oder weniger regellos erscheinende Durcheinander beider Flächenerschließungsformen führt zu dem oft so unharmonisch wirkenden Eindruck vieler türkischer Neustadtviertel.

Geplante Wohngebiete und Gecekonduviertel

Die traditionellen Wohnviertel der Altstädte beherbergen heute in der Regel nur noch einen Bruchteil der städtischen Bevölkerung, sie sind viel zu klein geworden. Darüber hinaus hat sich auch die Zusammensetzung der Altstadtbewohner geändert: Während früher alle sozialen Schichten vertreten waren, sind es heute fast nur noch Angehörige der sozialen Unterschicht und der unteren Mittelschicht. Meist reicht das Geld nicht für die notwendigen Renovierungen, und die oft sehr kunstvollen Altstadthäuser verfallen zusehends. Sie sind dann praktisch nur noch zum Vermieten an einkommensschwache Bevölkerungsteile, besonders Zuwanderer vom Land, zu gebrauchen.

Neue Wohnviertel hingegen spiegeln in ihrem Aussehen das gewandelte Selbstverständnis der städtischen Türken und lassen den Anspruch auf modernen Wohnkomfort erkennen, und zwar aufseiten der Wohnungssuchenden wie auch bei den öffentlichen Bauträgern, die, in der Tradition der kemalistischen Reformen, von ihren Bediensteten das Wohnen in modernen Häusern erwarten. Da Innenhofkonstruktionen bei Privathäusern in der Türkei ohnehin nie verbreitet waren, macht das auch psychologisch keine Schwierigkeiten: Die Apartmentwohnung bietet auch der konservativeren Familie nicht weniger Intimität als das traditionelle Stadthaus. Lediglich die individuelle Expansionsmöglichkeit entfällt, und damit sind dem Zusammenwohnen von Großfamilien Grenzen gesetzt.

Eine Besonderheit ist der große Anteil von modernen Mietwohnungen, die von bestimmten staatlichen oder halbstaatlichen Institutionen für ihre Angestellten errichtet werden. Selbst in kleinen Kreisstädten findet sich immer ein Ortsteil, in dem die Häuser für die Regierungsbeamten nach genormten Plänen erstellt und in schematischer Anordnung aufgereiht sind. In größeren Städten sind es ganze kompakte Viertel, äußerlich an ihren schematischen, mit der Umgebung wenig verknüpften Straßengrundrissen erkennbar. Solche Viertel lassen mitunter schon im Namen erkennen, welche Institution sie gebaut hat: *Ordu Evler* (Heeres-Häuser), *Memurlar Mahalle* (Beamten-Viertel) oder ähnliche Bezeichnungen sind offiziell oder inoffiziell üblich.

Bisweilen schafft es auch die Stadtverwaltung, in Kooperation mit großen Banken moderne Wohnviertel zu planen, die ohne Bindung an bestimmte Institutionen und zu mäßigeren Preisen vermietet werden. Die Intention ist die des sozialen Wohnungsbaus, aber faktisch sind die Mietpreise immer noch so hoch, dass sie kaum von den unteren Einkommensgruppen bezahlt werden können.

Schließlich beteiligt sich private Initiative in starkem Maße an modernem Wohnungsbau, verstärkt in den mittleren und größeren Städten. Vielstöckige Apartmenthäuser gelten als besonders attraktiv für private Investoren, weil sie dauerhafte Renditen versprechen, die zudem jeweils der Inflation angepasst werden können. Diese Investition ist außerordentlich beliebt, weil sie relativ risikolos ist, begrenzte Einzelparzellen auszunutzen erlaubt und schließlich traditionellen, „rentenkapitalistischen" Geschäftsvorstellungen entgegenkommt. Sie ist allerdings nur da möglich, wo die Stadtverwaltung schon Straßen und Versorgungseinrichtungen gebaut hat oder bald bauen wird, und infolgedessen blüht die Grundstücksspekulation und treibt die Bodenpreise in schwindelnde Höhen.

Bei aller bewusst angestrebten Modernität der Neubauviertel stellen sich dennoch immer wieder traditionelle Elemente ein: Findige Leute aus den ärmeren Vierteln errichten hier und da kleine Kaufläden, Wäschereien und Barbierstuben, oft in recht provisorischer Weise, und ambulante Straßenhändler mit Milch, Trinkwasserflaschen und Obst gehören selbst in der Neustadt von Ankara zum alltäglichen Straßenleben. Früher oder später wird auch eine Viertelsmoschee errichtet, in modernem Stahlbetonbau, aber äußerlich nach dem Vorbild der großen İstanbuler Moscheen. Sie ist zwar meist schlecht besucht, aber sie gehört zur Selbstidentifikation der Bewohner mit ihrem Viertel, und dafür ist man bereit, Geld zu stiften.

„Villenviertel" im modernen Stil sind in türkischen Neustädten noch relativ selten. Die Tradition der alten Sommerhäuser in den Gärten vor der Stadt hätte eigentlich dahin führen können, und stellenweise bemerkt man auch einzelne Einfamilienhäuser in der äußeren Gartenzone, die bereits ständig bewohnt werden. Größere Verbreitung kann diese Wohnform jedoch nur bedingt erlangen: Wo die Parzellenpreise noch einigermaßen für Einfamilienhäuser erschwinglich sind, da fehlt meist noch der Straßen-, Wasser- und Stromanschluss, und wo die Stadtverwaltung das schon installiert hat, da steigen die Bodenpreise derart, dass man lieber noch etwas wartet und dann ein einträgliches Mietshaus dahin baut. Die städtische Oberschicht der Türkei wohnt also zumeist noch, im Gegensatz zu europäischen und nordamerikanischen Mustern, weitgehend in der Stadt, nicht an ihrem Rand. In den letzten Jahren zeichnet sich allerdings mancherorts eine Trendwende zum Wohnen im modernen Eigenheim am Stadtrand ab, besonders auffällig in neu erschlossenen Wohngebieten der Stadt Ankara: Ähnlich wie bei Feriendörfern an den Küsten entstehen hier über private kooperative Finanzierung planmäßig angelegte Einfamilienhaussiedlungen mit oft bungalowartigen Gebäuden. Dazu werden am Stadtrand größere Flächen von Interessentengenossenschaften aufgekauft, mit Infrastruktureinrichtungen ausgestattet und Reihenhauszeilen werden hochgezogen.

In krassem Gegensatz zu den geplanten Neubauvierteln stehen die ungeplanten Viertel, in denen kleine Einfamilienbehausungen in Selbstarbeit errichtet werden (Bild 64). Man nennt diese Häuschen *Gecekondu* (*gece* = Nacht; *kondu* = gemacht, gesetzt), also „über Nacht gebaute Häuser". Die Bezeichnung spielt auf einen alten Grundsatz des islamischen Rechtes an, nach dem es verboten ist, jemandem sein einmal erbautes Dach über dem Kopf wegzunehmen. Bei Tage und bei längerer Bauzeit könnte die Behörde einschreiten und einen Abriss verfügen; wenn aber „plötzlich" über Nacht ein Gebäude mit Dach dasteht, dann verbietet die Tradition den Abriss. Jede Behörde scheut sich, moderne Baugesetze gegen diese Tradition einzusetzen, es sei denn, die wilden Siedler hätten

Bild 64: Gecekonduviertel in Ankara: *Welch riesige Flächen die „über Nacht gebauten" Einfamilienbehausungen (Gecekondu) z. B. in Ankara einnehmen, kann man bei einem Blick von der Ankaraner Burgmauer ermessen.*

Land okkupiert, das allzu offensichtlich schon für andere Zwecke – Straßen, öffentliche Bauten, Militärgelände – bestimmt ist.

Diejenigen, die sich da eine Behausung errichten wollen, wissen natürlich, dass das nach geltendem Gesetz nicht erlaubt ist. Es kommt also alles darauf an, den Bau möglichst unauffällig vorzubereiten und dann in einer Nacht bis zum Dach aufzuführen: An einem steilen Talhang am Stadtrand, wo zwischen einzelnen bereits stehenden Häuschen noch viel Platz ist, diskutieren eines Nachmittags ein paar Männer und schätzen das Gelände ab. Gegen Abend bringt einer mit einem Esel ein paar Schaufeln und Hacken, und am nächsten Morgen ist ein 4×8 m großes Podest in den Hang gegraben und gebrochen. Nach ein paar Tagen holpert ein Lastwagen auf dem Hügelrücken entlang, bis auf 200 m kommt er an die Baustelle heran und lädt dort die Fuhre Steine und Balken ab. Kein Erwachsener lässt sich sehen, aber ein Schwarm Kinder beginnt sofort, die Steine zum Bauplatz zu schleppen. Wieder ein paar Tage später beginnt im Abenddämmern die Großaktion. Etwa fünfzehn Männer, Freunde und Verwandte, ziehen in einer Nacht die Mauern hoch, Frauen rühren Mörtel und reichen Balken hinauf. Die ganze Nachbarschaft, einschließlich des städtischen Viertelsnachtwächters, vernimmt das Gehämmer in der Nacht, aber natürlich hat keiner etwas gesehen oder gehört. Am Morgen glänzt ein neues Blechdach in der Sonne, und für die restlichen Arbeiten kann sich der Besitzer jetzt Zeit lassen.

Diese selbstgebauten Häuschen sind nicht zu vergleichen mit den primitiven Bretterbuden tropischer Bidonvilles, und sie sind nicht einmal besonders billig. Das Klima im größten Teil des Landes zwingt zu recht solider Bauweise. Das Dach muss fest und dicht sein, und Glasfenster sind ebenso unumgänglich. Die Bauqualität muss also mindestens dem Standard selbstgebauter Dorfhäuser entsprechen. Selbst wenn man den Bruchstein an Ort und Stelle gewinnt und zum Mauern nur Lehm verwendet, entstehen doch für Balken und Fenster und manche anderen Materialien unumgängliche Kosten. In den 60er-Jahren rechnete man, dass z. B. ein Bauhilfsarbeiter das Einkommen eines ganzen Jahres ansparen oder leihen musste, ehe er bauen und seine Familie vom Land nachkommen lassen konnte.

Gecekondus entstehen fast nie alleine, sondern immer in Gruppen, die sich meist bald zu ganzen Vierteln verdichten. Es hat sich in vielen Untersuchungen gezeigt, dass sich dabei ganz bestimmte soziale Raummuster herausbilden, informelle Nachbarschaften, die in der Regel auf gemeinsamer Herkunft basieren. Das schafft für die meist ländlichen Zuwanderer ein gewisses Sicherheitsgefühl. In der neuen, ungewohnten Umgebung sind Landsleute eine Garantie nachbarschaftlicher Solidarität. Innerhalb dieser Herkunftsnachbarschaften sind nicht selten sogar noch verwandtschaftlich verbundene Häusergruppen feststellbar. Diese Nachbarschaften sind dann die Anlaufstelle für junge Leute aus der Heimat, die ebenfalls ihr Glück in der Stadt versuchen wollen und hier eine erste Unterkunft finden.

Die Dimensionen der Gecekonduviertel sind beträchtlich, und die Zahl ihrer Bewohner macht nach Kalkulationen türkischer Behörden einen sehr großen Teil der gesamten Stadtbevölkerung aus. Das Bau- und Siedlungsministerium (Imar Iskan Bakanlığı 1965) schätzte für 1960, dass in Ankara 59%, in İstanbul und Adana je um 45% und in den größeren Provinzstädten jeweils zwischen 30 und 40% der gesamten Bevölkerung in Gecekondus lebten. Die Prozentsätze sind seither wahrscheinlich eher gestiegen, da der Zustrom vom Land nach wie vor ansteigt und die öffentlichen Finanzen einen sozialen Wohnungsbau immer weniger erlauben (Höhfeld 1984, Czapek 1985, Oberweger 1991). Allerdings hat sich auch der Habitus der Gecekonduviertel dem anderer neuerer Viertel angenähert. Immer mehr vielstöckige, moderne Gebäude werden errichtet, und schließlich erinnert nur noch das ungeplante Straßennetz und die unvollkommene Abwasserentsorgung an den ursprünglichen Gecekondu-Charakter.

Man fragt sich natürlich, was große Menschenmengen veranlasst, vom Land in die Städte oder vielmehr an den Rand der Städte zu ziehen. Die Motive sind sehr vielschichtig. Der starke ländliche Bevölkerungsanstieg bei nicht mehr ausweitbaren agrarischen Ressourcen ist sicher eines der wesentlichen Motive. Der arbeitswillige junge Mann lebt mit seiner Familie in einem Gecekonduviertel als Gelegenheitsarbeiter zweifellos besser als auf einem zu kleinen Bauernhof in einer entlegenen Gegend oder als Landarbeiter, dessen Arbeitsplatz durch die Mechanisierung bedroht ist. Kiray hat festgestellt, dass das durchschnittliche Einkommen solcher Gelegenheitsarbeiter immer noch fast doppelt so hoch ist wie das Durchschnittseinkommen ländlicher Familien.

Dazu treten soziale Vorteile: Eine mehrklassige Schule ist fast immer in der Nähe, ärztliche Versorgung ist kostenlos und leicht erreichbar, und die Stadt bietet eine Vielfalt an beruflichen Chancen. Schließlich zeigt sich, dass selbst die neuen Einwanderer vom Land mit der Zeit das „städtische Leben" angenehm finden, selbst wenn sie sich wenig leisten können: Das abendliche Flanieren auf erleuchteten Straßen, das Bestaunen von Schaufensterauslagen, die vielfältigen Bekanntschaften und Anregungen, Neuigkeiten und Informationen verfehlen nicht ihre Wirkung. Dieser Eingewöhnungsprozess benötigt Zeit, und sicher werden die „Neustädter" in der ersten Generation noch sehr stark die dörflichen Verhaltensweisen beibehalten. Planck (1974) spricht in diesem Zusammenhang sogar von einer „Verdörflichung orientalischer Städte".

Die weitere Entwicklung einmal begonnener Gecekonduviertel ist meist sehr ähnlich: Die anfangs noch locker gebauten Einzelhäuschen werden von den Besitzern allmählich ausgebaut und erweitert, es werden Bäume gepflanzt und manchmal kleine Gärten angelegt. Verwandte ziehen hinzu, sodass das ganze Viertel sich zunehmend verdichtet. Jetzt beginnen Probleme aufzutreten: Die erste, meist noch recht primitive Wasserversorgung reicht nicht mehr, die Abfallbeseitigung bereitet Schwierigkeiten, befahrbare Straßen fehlen. Das ist der Zeitpunkt, an dem die Stadtverwaltung eingreift. Eine Stichstraße wird in das Viertel gelegt, an deren Ende bisweilen ein freier Platz geschaffen wird, an dem eine neue Volksschule entsteht. Einige Wasserleitungen werden bis zu ein paar Hydranten gelegt, an denen dann jeweils eine Gruppe von Häusern Wasser zapfen kann. Ältere Gecekonduviertel in größeren Städten haben oft auch schon Elektrizität. Als Schwierigstes und Letztes folgt meist die Kanalisation. Befahrbare Zugänge bekommen die meisten Häuser nie, aber in der Mitte oder am Rand des Viertels wird nicht selten eine Busstation eingerichtet oder eine Haltestelle für die traditionellen Sammeltaxis (*Dolmuş*) oder Kleinbusse (*Minibüsler*).

Mit zunehmender Verdichtung stellen sich alle Institutionen allmählich ein, die auch für die traditionellen Wohnviertel der alten Städte charakteristisch waren: An einer zentralen Stelle etablieren sich Krämerläden, eine einfache Moschee wird gebaut, eine Teestube eröffnet, und hier und da organisiert ein findiger Kleinunternehmer ein öffentliches Bad (*Hamam*). Dazu treten Viertelbüros der Parteien – in Gecekonduvierteln bisher dominant konservativer Parteien. Interessant ist das häufige Entstehen von Baustoffhandlungen und Fabrikationsbetrieben, wo auf einfache Weise Ziegel- oder Gusssteine und Dachpfannen hergestellt werden und Bauholz zugeschnitten wird. Die Inhaber entstammen in der Regel selbst dem Viertel.

Die mangelnde Verkehrserschließung der Gecekondus und die geringe Mobilität ihrer Bewohner bewirken, dass das Wachstum dieser Viertel möglichst nahe am Stadtkern einsetzt. Man baut nicht, wie es vielleicht zu erwarten wäre, weit draußen an den Ausfallstraßen, sondern so nahe wie es geht an der City, wohin man ja schließlich meist zur Arbeit muss. Das führt dazu, dass die türkischen Städte nicht, wie westliche Städte, bevorzugt entlang der Ausfallstraßen wachsen, sondern (bisher) im Prinzip ringförmig, soweit das Gelände es erlaubt. Dabei konzentrieren sich öffentliche Anlagen, Industriegelände und militärische Einrichtungen beiderseits der Ausfallstraßen, während die Sektoren dazwischen von Wohnbauten besetzt werden – und zwar auf leicht erschließbarem Grund in planmäßiger Form, auf schwierigem Gelände in Form von wildem Gecekonduwachstum. Die Nähe von wichtigen Verkehrswegen wird von der wilden Bebauung geradezu gemieden, weil hier die Gefahr am größten ist, dass eine Behörde doch einmal durchgreift, die Gecekondus abreißen lässt und Baugrund für öffentliche Einrichtungen schafft.

Die Schärfe des Kontrastes zwischen geplanten und ungeplanten Stadtvierteln ist in den großen Städten am auffälligsten. Bei Kleinstädten spielt sich das Stadtwachstum zwar genauso ab, bloß fällt es hier nicht weiter auf, weil schon die älteren Stadtteile oder eingemeindete Dörfer in sehr schlichter Bauweise errichtet waren. Hier setzt sich das traditionelle Wachstum fort, und die Größe der „modernen“ Wohnviertel ist noch bescheiden. Aus der Sicht der Kleinstädte oder ostanatolischer Mittelstädte würde es ein „Gecekonduproblem“ überhaupt nicht geben, weil dort diese Bauweise oft noch die Norm darstellt. Zudem lässt der Fortschritt moderner Bautechnik auch in den Gecekonduvierteln die Schärfe des Gegensatzes allmählich schwinden.

Die neuen Geschäftsviertel

Wenn man einmal von den alten Handelsmetropolen İstanbul und İzmir absieht, dann lässt sich selbst für eine Mehrzahl der größeren türkischen Städte sagen, dass sich eigentlich „moderne“ Geschäftsviertel nach dem Stil der Zeit kaum vor den 1930er-Jahren entwickelt haben. Bis dahin genügten die traditionellen *Çarsı-Mahalle*, die Geschäftsviertel im Zentrum der Altstädte, noch völlig den Anforderungen. Dann aber beschleunigte sich das Wachstum. Die Behördengebäude außerhalb des älteren Baubestandes vermehrten sich, und neue Wohnviertel entstanden um sie herum. Eine räumliche Expansion des Geschäftslebens musste notwendigerweise folgen.

Wenn wir heute vielfach moderne Teile des städtischen Geschäftsbereiches neben solchen traditioneller Art finden, dann ist das keineswegs mit der scharfen Zweigliederung zu vergleichen, die sich in vielen ehemaligen Kolonialstädten als Folge der Lage von Europäervierteln neben einheimischen Altstädten entwickelt hat. Für ein so schroffes Nebeneinander – mit entsprechenden Geschäftsvierteln für verschiedene Ansprüche – fehlten in der Türkei die sozialen Voraussetzungen. Eine Oberschicht moderner Art, mit westlichen Wohn- und Kaufansprüchen, entwickelte sich erst sehr allmählich.

Zunächst einmal stiegen die Einwohnerzahlen der Städte selbst rasch an, und damit waren die alten Geschäftsviertel der Innenstädte in ihrer Größe nicht mehr ausreichend. Es ist nahe liegend, dass eine räumliche Expansion des Geschäftszentrums in der Richtung erfolgt, in der sich auch das gesamtstädtische Wachstum bevorzugt abspielt, also in Richtung auf die etwas außerhalb liegenden neuen Regierungsbauten oder Bahnhöfe. Die ersten neueren Geschäftsstraßen – mit einem Baubestand, der bei mittleren Städten der Zeit vor dem Zweiten Weltkrieg entstammt – schließen in den meisten Fällen unmittelbar an das traditionelle Zentrum an.

Dazu treten neue Bedürfnisse und neue Techniken. Selbstverständlich bestand und besteht der Bedarf für das klassische Angebot des Bazars weiter, aber eine Reihe von Geschäften brauchte schon, entsprechend ihrem Angebot oder ihrer moderneren Betriebsführung, Platz für Büros, Lagerhaltung, Schaufenster und eventuell für Bearbeitung. Dafür waren die engen Gassen des Çarş nicht ausgelegt, Erweiterungen konnten nur an neuen Standorten vorgenommen werden.

Schließlich ist mit einem gewissen Prestigebedürfnis zu rechnen, sowohl bei Ladeninhabern wie auch bei Kunden. „Man hat jetzt" große Schaufenster, Dekoration nach westlichem Vorbild, Artikel im westlichen Design. Und „man" muss als moderner Republikaner sehen, dass man seine Lebensführung an den Sitten der neuen Elite von Ankara orientiert. Die Frau eines in die Provinz versetzten Beamten oder Offiziers wird wohl auf den Bazar zum Gemüseeinkauf gehen, aber Textilien, Haushaltsgeräte und Ähnliches kauft sie in einem modernen Geschäft auf der neuen Hauptstraße. Hier sitzen die wendigen jungen Geschäftsleute, die jene neuen Produkte führen, für die der alte Vater in seiner Bazarbox überhaupt kein Verständnis hätte.

Dementsprechend ist auch das Spektrum des Angebotes in den neuen Geschäftsstraßen zusammengesetzt: hochwertige Textilien, Konfektion, Schuhe, Elektroartikel, Computer, Mobiltelefone, Papierwaren und Bücher, Optik, Photoartikel, Uhrmacher, Bürobedarf, Feinkostgeschäfte, Konditoreien, modische Möbel, sogar Blumenläden und Autosalons.

Dazwischen finden sich die Filialen der größeren Banken, Parteibüros, hier und da ein relativ besseres Hotel, einige Clubs, Agenturen größerer Reiseunternehmen, Kinos und Speiserestaurants. In größeren Städten ist die Lage des örtlichen Büros der türkischen Fluggesellschaft (THY) ein ganz gutes Indiz für den zurzeit besonders hoch bewerteten Hauptstraßenabschnitt.

Wie vollständig dies alles beisammen ist, wie zahlreich und wie gut ausgestattet die Geschäfte sind, das hängt von der Größe der betreffenden Stadt, von der Kaufkraft ihrer Oberschicht und vom allgemeinen Entwicklungstand der ganzen Region ab. Manche Kreisstadt an der Ägäis oder am Marmarameer dürfte ein moderneres und vielfältigeres Geschäftsleben auf ihren Hauptstraßen vorzuweisen haben als die eine oder andere ostanatolische Provinzhauptstadt.

An einer Stelle hat die moderne Hauptstraße in der Regel eine platzartige Erweiterung, den *Hükümet Meydanı* (Regierungsplatz). Die repräsentative Funktion wird fast immer durch ein Atatürkdenkmal unterstrichen, bei dem an bestimmten Feiertagen offizielle Zeremonien stattfinden. Rings um den Platz finden sich vielfach Parkanlagen, dazwischen die im Sommer so beliebten offenen Teegärten. An diesem Platz liegen Regierungsgebäude: die Provinzialverwaltung oder bei Kreisstädten das Landratsamt, das Gericht, die Stadtverwaltung und einige lokale Abteilungen verschiedener Behörden. Es ist der Brennpunkt des offiziellen öffentlichen Lebens, das man selbst in Kleinstädten im Stil des Vorbildes Ankara zu gestalten sucht.

Interessanterweise spiegelt sich in der Umgebung dieses Verwaltungszentrums der Stadt die Anpassung traditioneller Gewohnheiten an moderne Bedürfnisse: Die klassische Branchenkonzentration zeigt sich hier bei Rechtsanwälten und Notaren, die oft Zimmer an Zimmer ganze Bürohochhäuser füllen und außen, vor ihr Fenster im dritten Stock, ein entsprechend großes Schild gehängt haben. Diese Dienste werden genau dort angeboten, wo noch bis vor wenigen Jahrzehnten die berufsmäßigen „Schreiber" saßen und den Illiteraten ihre Hilfsdienste bei den Behörden anboten.

Bei größeren und mittleren Städten reicht das modernere Geschäftsleben noch etwas in die Seitenstraßen hinein. Auffallend sind auch hier spezifische Konzentrationen einzelner moderner Berufe, etwa die von Ärzten, Zahnärzten und Apothekern, oft zu mehreren in einem Haus. Der Patient überschaut das entsprechende Angebot einer Stadt meist in einer einzigen Straße, oft in derjenigen, an deren stadtauswärtigem Ende das staatliche Krankenhaus und die Geburtsklinik stehen.

Während in den neueren Teilen von Kleinstädten die modernen Häuser noch weitgehend Wohn- und Geschäftshäuser zugleich sind, mit Läden und Büros im Erdgeschoss und Wohnungen darüber, nimmt mit dem Wachstum der Orte allmählich das Geschäftsleben alle Stockwerke ein. Das neuere Geschäftsviertel verliert allmählich seine zusätzliche Wohnfunktion, genauso wie die westliche City und wie der traditionelle alte Çarşı. Die Übergänge zu den reinen Wohnvierteln mögen etwas fließender sein, als sie früher beim alten Çarşı waren, aber dennoch ist der Geschäftsbereich als Ganzes jedem Einwohner völlig in seiner Umgrenzung bewusst. Wenn der von außerhalb kommende Fremde in einer türkischen Mittelstadt nach dem Çarşı fragt, bekommt er mit größter Selbstverständlichkeit den Weg dorthin gewiesen, wo sich das zurzeit hochwertige Geschäftsleben abspielt – es sei denn, der Befragte taxiert den Fremden als „arm“ und schickt ihn in das altstädtische Geschäftsviertel.

Besondere Akzente oder Brennpunkte des städtischen Geschäftslebens liegen innerhalb des neuen Geschäftsviertels da, wo die Stadtverwaltung oder private Bauherren ein Kaufhaus oder eine städtische Passage (*Belediye Pasajı*) errichten. Beides sieht sehr modern aus, hat aber funktional wie formal traditionelle Anknüpfungspunkte. „Kaufhaus“ bedeutet in der Türkei nicht einen Betrieb mit großer Angebotsvielfalt, sondern zunächst nur ein bestimmtes Gebäude. Meist handelt es sich um einen vielstöckigen modernen Betonbau mit Innenhof, und bisweilen mit Galerien vor den einzelnen Stockwerken. Die von der Galerie oder den geräumigen Treppenhäusern abzweigenden Zimmer sind jedoch einzeln an kleinere Firmen vermietet. Hier finden sich im Erdgeschoss Branchen, die auf Passantenverkehr angewiesen sind, während in den oberen Stockwerken oft Betriebe angesiedelt sind, die gleichzeitig gewisse Fertigungsprozesse durchführen, wie Konfektion mit Schneiderei, feinmechanische Geräte mit Reparaturwerkstatt, Fotoateliers und Kopieranstalten mit Labor. Dazu treten in den höheren Stockwerken oder im Kellergeschoss Firmen, die Lagerfläche benötigen. Die Konzeption des einheitlichen Gebäudes, das an viele geschäftliche Einzelnutzer vermietet wird, entspricht im Prinzip der des alten innerstädtischen Hans und in bewusster Fortführung des Begriffes werden solche neuen Geschäftshäuser dann auch als „Han“ (mit einem Zusatznamen) bezeichnet.

Bei der „Passage“ handelt es sich um lang gestreckte, oft doppelstöckige Gebäude, die mit den Schaufensterseiten einander gegenüberstehen und damit eine Art passagenartiges Ladenzentrum darstellen. Die Stadt will damit einerseits den Einzelhändlern Verkaufsflächen anbieten, andererseits aber auch die Schwerpunkte für das Geschäftsleben setzen, um neu ausgebaute Straßenabschnitte attraktiv zu machen. Auch diese neue Institution hat Vorläufer in der *Arasta* (Ladenzeile). Diese neuen städtischen „Passagen“ sind genauso uniform und aus einem Guss hingesetzt, nur sind sie heute mit allen notwendigen Infrastruktureinrichtungen ausgestattet. Für kapitalschwächere Einzelhändler sind derartige Boxenreihen ein interessantes Angebot, wenn sie am richtigen Standort liegen.

Der alte Çarşı im Kern der Altstadt besteht trotz alledem noch weiter. Er expandiert sogar noch in benachbarte Wohnviertel hinein. Sein Angebotsspektrum ist wenig verändert, nur im Vergleich zu den Gütern der modernen Welt sind jetzt die traditionellen Stoffe, Gewürze, Werkzeuge und einfachen Schmuckwaren relativ im Wert abgefallen. Die fortdauernde Funktion des alten Çarşı wird getragen von den Bedürfnissen der Landbevölkerung und dem wachsenden Anteil ländlicher Zuwanderer in den Städten. Die Bevölkerung der Gecekonduviertel ist sogar auf den alten Çarşı angewiesen. Der Bedarf des Fremdenverkehrs spielt daneben, wenn man von İstanbul, Bursa, Kayseri und Urfa absieht, kaum eine Rolle. Dass sich in den größeren Städten in einzelnen Vierteln Subzentren bilden, die in ihrem Angebot auf den Standard der betreffenden Wohnbevölkerung eingestellt sind, ist selbstverständlich. Hervorzuheben ist jedoch ein Typ von Subzentren, der wiederum mit Läden an traditionelle Einrichtungen an denjenigen Ausfallstraßen der Stadt anschließt, die von der Landbevölkerung bevorzugt benutzt werden.

Außen vor den Toren oder außerhalb des geschlossen bebauten Gebietes pflegten noch im 19. Jh. schlichte Hane zu liegen, wo die Landbevölkerung bei Stadtbesuch ihre Reittiere abstellte und in deren Umgebung auch schon ein auf Bauernbedarf abgestelltes Warensortiment angeboten wurde. Diese Funktion der Anlaufstelle am Stadtrand haben heute die Busbahnhöfe und ihre Umgebung (*Garajlar*). Mit dem flächenhaften Wachstum der Städte liegen die entsprechenden Punkte weiter stadtauswärts. Vorreiter dieser Entwicklung waren meist Tankstellen und einzelne Kraftfahrzeugwerkstätten, an denen Busbesitzer ihre Wagen vor der nächsten Überlandtour überholen ließen. Bei kleinen, jungen Landstädten ist die Entwicklung heute noch nicht viel weitergekommen.

Bei größeren Städten hingegen sind die Geschäftsviertel an den Ausfallstraßen durch ihr Warenangebot ganz charakteristisch von den zentralen Geschäftsbereichen abgesondert. Hier finden sich Läden mit Wollfarben, Seilen und Ketten, Geschirr, Riemen, Säcken, Pflugscharen, Sicheln, Kleineisenteilen – der traditionelle Bauernbedarf. Daneben treten neuerdings Geschäfte auf für landwirtschaftliche Maschinenersatzteile, Traktorreifen, Insektizide, Spezialdüngemittel, Pumpen und Pumpenteile. Ein paar Händler mit Textilien, mit Gebrauchtkleidung und den bunten Stoffen, die von den Frauen auf dem Land getragen werden, sind vom alten Çarşı übergesiedelt. Dazwischen finden sich Garküchen, Erfrischungsbuden und Barbiere, Agenturen lokaler Minibuslinien und Parkplätze für Gespanne, Traktoren und Lastwagen. Auch der private Großhandel mit Agrarprodukten ist hier angesiedelt. Hier und da sind einige Gebäude locker um einen Innenhof gruppiert, und ein Schild „Han“ oder „Otel“ deutet auf eine sehr schlichte und billige Übernachtungsmöglichkeit. Selbst Lebensmittelgeschäfte mit dem einfachen Sortiment, das die Landbevölkerung braucht, liegen dazwischen.

Verkehrszentren und Gewerbegebiete

Die *Bahnhöfe* an früheren Rändern einiger Städte haben zwar eine Zeit lang das bevorzugte Wachstum der Stadt in diese Richtung gelenkt und eine Reihe öffentlicher Gebäude entstand in ihrer Umgebung. Es kam jedoch nicht immer zur Ausbildung einer „Bahnhofstraße“ mit Einzelhandelsangeboten für jene Kunden, die auf dem Wege vom oder zum Bahnhof sind. Der Grund dafür ist einmal, dass dem Bau der Bahnen und Bahnhöfe meist schon nach wenigen Jahrzehnten der Boom des Kraftfahrzeugverkehrs folgte. Dazu mag kommen, dass die Eisenbahn in der Türkei für den Personennahverkehr nie eine Rolle gespielt hat. Das Netz der Strecken ist so weitmaschig geblieben, dass nur ein Bruchteil der Umlandbevölkerung die Chance hat, per Bahn in die Stadt zu reisen. Zudem war und ist die Zugfrequenz zu gering, um für den Verkehr über kürzere Distanzen attraktiv zu sein.

Wo eine Stadt Bahnanschluss hat, da entstanden in Bahnhofsnähe nur solche Handels- und Gewerbeeinrichtungen, die vom Frachtverkehr profitieren. Hier ist der Platz für Baustoff- und Kohlehandlungen, für Getreidesilos und größere Gewerbebetriebe.

Die eigentlichen Brennpunkte des Überland- und Umlandverkehrs der Städte sind die *Garajlar* (Garagen) bzw. das *Otobüs Terminal* (Busbahnhof). Sie setzen die Funktion der früheren vorstädtischen Hane fort und liegen im Prinzip an den gleichen Punkten, wo die Masse der Umlandbevölkerung in die Stadt kommt. Der Begriff „Garajlar“ wird dabei immer im Plural (-lar) gebraucht, denn es sind eigentlich immer mehrere oder viele „Garagen“, die an diesem Platz zusammenkommen. Die Übersetzung mit dem Wort „Garage“ ist nicht ganz treffend, denn es handelt sich nicht um Unterstellmöglichkeiten für Fahrzeuge, sondern um eine spezifische Kombination von Haltestellen und Reparaturwerkstätten.

Im einfachen Fall einer kleinen Mittelstadt besteht das Garajlarviertel aus einem größeren Platz mit Tankstelle, um den sich eine Reihe von sehr einfachen Gebäuden mit Einrichtungen zur Kraftfahrzeugreparatur und -wartung gruppieren. Häufig wird unvollkommene Ausrüstung durch Findigkeit und Improvisationsgabe der Mechaniker kompensiert. Manche der Mechaniker sind auch schon spezialisiert (Elektrik, Reifen, Autofenster). Diese Konzentration der Branche ist für den Kunden sehr praktisch.

An einer Seite des Platzes sind einige Reisebüros mit mindestens einem privaten Autobus zu finden, für dessen Linienfahrt zur Nachbarstadt oder zur Hauptstadt hier die Billetts verkauft werden. Gleichzeitig sind diese Büros oft noch Warteräume für die Reisenden. Die Besitzer von Kleinbussen oder Lastkraftwagen, die den Verkehr mit den Dörfern der Umgebung bestreiten, haben nur einen festen Standplatz, den jeder aus ihrem Dorf kennt.

Beim weiteren Wachstum der Städte und damit des Verkehrsgewühls wird die Situation um das Garajlarviertel irgendwann einmal so chaotisch, dass die Stadtverwaltung regulierend eingreift. Das geschieht meist in der Art, dass für die Haltestellen der Busse und ihre Büros Boxenreihen in moderner Bauweise errichtet werden, die von den eigentlichen Werkstätten abgesondert sind: der moderne „Busterminal". Um einen geräumigen Innenhof mit Fahrsteigen sind dann die Busunternehmen angeordnet, und jeder Bus hält vor seinem Firmenbüro. Das Ganze macht jetzt den Eindruck eines regulären Busbahnhofs. Bisweilen ist noch ein gesonderter Lkw-Güterbahnhof mit Großmarkt danebengesetzt, sofern die Dimension der Stadt das schon erfordert.

Um diesen Komplex herum gruppieren sich Werkstätten und Läden mit Kraftfahrzeugbedarf aller Art, dazu Gaststätten und Teestuben (Bild 65). Bei größeren Städten siedeln sich im modernisierten Garajlarviertel auch Autofirmen mit ihren Lokalagenturen und Servicestationen an, freilich in gesonderten Gebäudekomplexen, deren Größe und Straßenfrontgestaltung dem Ruf der Firma entsprechen müssen.

Überschreitet die Stadt gewisse Schwellenwerte der Größe, dann reicht ein Garajlarviertel nicht mehr aus, räumliche und funktionale Trennungen treten auf. Der von der Stadt gebaute Busbahnhof behält zwar seine wichtige Funktion und wird unter Umständen zu einem modernen, luxuriösen Groß-Busbahnhof (Ankara) ausgebaut. Aber daneben bilden sich an wichtigen Ausfallstraßen weitere Viertel dieser Art. Der zunehmende Betrieb der Überlandbusse lässt den einfachen Dorfbussen keinen Platz mehr. Garajlar für Lastwagen, Minibusse und Traktoren für den Umlandverkehr suchen neue Plätze, vielleicht schon wieder weiter stadtauswärts verschoben, und hier beginnt die Entwicklung von vorne. Ebenso schaffen einzelne Busbesitzer den Sprung zu größeren Unternehmen, die gan-

Bild 65: Neues Gewerbegebiet in Alaca: *Um die „Garajlar" oder das „Otobüs Terminal" gruppieren sich oft einfache Gebäude mit Kraftfahrzeugwerkstätten, Gaststätten und Gemischtwarenläden.*

ze Flotten von „Lüks" (Luxus-)-Bussen zwischen den größeren Städten verkehren lassen. Sie kosten mehr Geld und bedienen ein anderes Publikum, verlegen dementsprechend ihre Agenturen und Endstationen an vornehmere Plätze in der Neustadt.

Die Kraftfahrzeugmechaniker des Garajlarviertels sind meist das erste Gewerbe, das von einem relativ neu scheinenden Typ räumlicher Gewerbekonzentration Gebrauch macht: dem *Sanayi Çarşı* (wörtlich: Gewerbemarkt; heute *Organize Sanayi*). Es handelt sich dabei um ein größeres Gelände vor der Stadt, wo die Stadtverwaltung planmäßig erschlossenes Land zur Verfügung stellt und mit relativ großzügigen Boxenreihen versieht, die dann an Gewerbetreibende vermietet werden. Daneben werden bisweilen auch größere Hallen gebaut, die für mittlere Fertigungsbetriebe gedacht sind, oder es werden einfach nur die Grundstücke vorbereitet und mit Anschlüssen versehen, um den Betrieben die Möglichkeit zum Bau nach eigenen Bedürfnissen zu geben.

Dieser *Sanayi Çarşı* entspricht dem „industrial estate" des englischen Sprachgebrauchs, und auf entsprechende US-amerikanische Vorbilder berufen sich die jeweiligen Planer. Sowohl Kommunen wie auch private Genossenschaften betätigen sich als Träger. Ihre Lage ist oft in der Umgebung des Busbahnhofs, dessen „Bereinigung" meist den Anstoß zur geschlossenen Einrichtung eines solchen Gewerbeparks gegeben hat. Ebenso regelmäßig wird mit der Anlage der Bau von guten Verbindungsstraßen verknüpft, die das Gewerbegebiet an verbreiterte Ausfallstraßen oder an neue Umgehungsstraßen anschließen. Die meisten Gewerbeparks sehen jedoch nach einigen Jahren keineswegs so aus, wie die Bebauungspläne das vorsahen. Privatinitiativen führen zu Umwidmungen, und unerwartete Schwierigkeiten können dadurch auftreten, dass gewachsene Verflechtungen mit anderen Gewerbezweigen, die in der Innenstadt verbleiben, zerrissen werden.

Die Absicht bei der Einrichtung von Gewerbeparks ist zunächst einmal die Auflockerung der Innenstädte, daneben der Versuch, hiermit die Gewerbetätigkeit in Umfang und Qualität überhaupt zu fördern. Vor allem das Handwerk und die Kleinindustrie sollen aus den engen Gassen des alten Zentrums, aus der traditionellen Nähe zum alten Çarşı, herausgeholt werden. Die Reaktion der angesprochenen Branchen ist allerdings unterschiedlich. Gewerbe, denen größere Arbeits-, Betriebs- und Lagerflächen und bessere Verkehrszugänglichkeit einen wesentlichen Vorteil versprechen, haben meist einen hohen Anteil von Umzugswilligen. Außer Mechanikern aller Art sind das vielfach Metall verarbeitende Betriebe, Holzverarbeitung oder Baustoffherstellung. Die Übersiedlung ist oft mit einer Betriebserweiterung verbunden. Demgegenüber neigen Gewerbe, deren Platz- und Verkehrsbedarf unbedeutend ist oder die auf starken Passantenverkehr angewiesen sind, zum Verbleiben im Zentrum. Vor allem gilt das für den Handel. Höchstens der Großhandel legt sich draußen im Sanayi Çarşı ein Lager oder einen Verpackungsbetrieb zu.

Die bereitwillige Annahme dieser Gewerbegebiete beruht nicht zuletzt darauf, dass ihre Konzeption gewissen Berufstraditionen entgegenkommt. Die Handwerker sind es gewöhnt, ihre Werkstätten branchenweise beisammenliegen zu haben, und zwar schon immer in mehr oder weniger gleichförmigen, standardisierten Räumen. Früher baute ein privater Unternehmer oder die Vakıf-Verwaltung eine Boxenreihe am Rand des alten Çarşı, heute bauen andere Institutionen Entsprechendes am Stadtrand. Alles ist moderner, großzügiger, mechanisierter geworden, aber die Verhaltensformen der „Berufsnachbarschaft" bleiben erhalten. Mitteleuropäische Handwerker würden sich bedanken, wenn man ihnen zumuten wurde, zusammen mit der gesamten Konkurrenz in standardisierten Räumen nebeneinander zu arbeiten, ohne die Möglichkeit individueller Betriebsgestaltung und Expansion. In der Türkei erleichtert jedoch gerade die Tradition die Modernisierung: Nur auf diese Weise ist es bei den begrenzten Finanzmitteln der Betroffenen wie der Kommunen überhaupt möglich, jedem Betrieb einen Maschinenanschluss zu bieten. Die planmäßigen neuen Sanayi Çarşı sind meist von beträchtlicher Größe und Regelmäßigkeit. Hunderte, manchmal Tausende von Handwerkern sitzen branchenweise zusammen in den genormten Boxenreihen. Immerhin hat auf diese Weise jeder seine

Anschlüsse für Wasser, Abwasser und Strom und eine Autozufahrt.

Neben handwerklichen Betrieben ziehen bisweilen schon Fabriken, die in den frühen Phasen der türkischen Industrialisierung an den damaligen Stadträndern entstanden waren, in die neuen Gewerbegebiete um. Das gilt besonders für Städte mit einer starken Gewerbetradition im Textilbereich, wie Bursa, İzmir oder Adana. Es ergeben sich dadurch „Standort-Generationen" von innen nach außen (Stewig 1970). Die jeweils größten und modernsten Betriebe einer Branche liegen da, wo zu ihrer Anlagezeit der Stadtrand war und die Verkehrslage optimal erschien. Je bedeutender ein Betrieb ist, umso weniger ist er allerdings auf die Einrichtungen vorbereiteter Gewerbeparks angewiesen. Er kann sich weiter entfernt niederlassen, soweit die Verkehrsverbindungen und das Stromnetz das bereits erlauben, und er verdichtet damit die „Industrie entlang der Straße". Die eigentlichen Sanayi Çarşı aber werden vom Stadtwachstum früher oder später eingeholt, und dann liegt das Kleingewerbe wieder, wie im Prinzip seit eh und je, branchenweise sortiert innerhalb der Stadt.

Die alte Metropole İstanbul

Die Metropole am Bosporus (Abb. 105) ist nicht einfach nur eine türkische Stadt mit ein paar antiken, byzantinischen und osmanischen Relikten. Nach Geschichte, Dimension und Vielfalt ihrer Funktionen ist diese Stadt einmalig. Über längere Perioden ihrer Entwicklung muss sie als eine der führenden Weltstädte angesehen werden (Stewig 1964). Ihre Schönheiten und wertvollen Denkmäler sind oft beschrieben worden, sowohl in populären Bildbänden und Reiseführern wie in vorzüglichen wissenschaftlichen Dokumentationen (speziell Müller-Wiener 1977). Ihre urbanen Strukturen und baulichen Entwicklungen belegt sehr gut die Darstellung von Seger und Palenczar (1994). Weit weniger ist bekannt, wie diese Zwölfmillionenstadt (1995) mit ihrer Geschichte lebt und sich entwickelt.

Die keilförmige Landzunge, die durch das Goldene Horn vom Hauptteil der thrakischen Halbinsel abgetrennt wird, entsprach eigentlich nicht ganz der idealen Topographie einer griechischen Polislage. Dem 60–80 m hohen Höhenrücken, der zum Goldenen Horn und zum Marmaraufer hin durch mehrere Tälchen in einzelne Sporne zerlegt wird, fehlen vorgelagerte Schwemmlandebenen, einen isolierten Akropolisberg gibt es auch nicht, und die Wasserversorgung macht Schwierigkeiten. Byzantion ist, vielleicht deshalb, eine relativ späte griechische Kolonie (Mitte 7. Jh. v. Chr.). Immerhin dient das Goldene Horn seit eh und je als idealer Naturhafen, und die großräumige Lage des Platzes am Bosporus wog alle anderen Mängel auf.

Der östlichste Sporn, der heute vom *Topkapı Saray* (ehemalige Sultansresidenz, heute Museum) eingenommen wird, trug die griechische Akropolis. Ihre Umwallung mag etwa der gegenwärtigen äußeren Saraymauer entsprochen haben. Wie weit das besiedelte und wohl auch umwallte Stadtgebiet reichte, ist nicht bekannt. Als die Stadt im Jahr 324 n. Chr. unter Kaiser Konstantin als „Konstantinopolis" zu ihrem steilen Aufstieg zur Weltstadt ansetzte, begann auch das interessante Wechselspiel von topographischer Funktionskonstanz versus Verlegungstendenzen.

Der Ausbau zur kaiserlichen Residenz brachte zunächst eine beträchtliche Ausweitung mit sich, die konstantinische Stadtmauer umfasste bereits etwa die Hälfte des späteren, 17,2 km^2 großen Altstadtgebietes. Da Wachstum nur nach Westen möglich war, musste in dieser Richtung auch die Hauptverkehrsachse verlaufen, und zwar auf dem zentralen Höhenrücken entlang, von dem aus die einzelnen Sporne zum Goldenen Horn abzweigen. Dies war die byzantinische Mese, die Parade- und Prachtstraße der Stadt. In der Divan Yolu und ihrer Nordwestfortsetzung überdauerte sie bis in die Gegenwart, wenngleich in osmanischer Zeit weithin von den Seiten her durch Wohnbauten unregelmäßig verbaut, verengt und abgeknickt. Je weiter sich die Stadt nach Westen ausdehnte, umso mehr entstand die

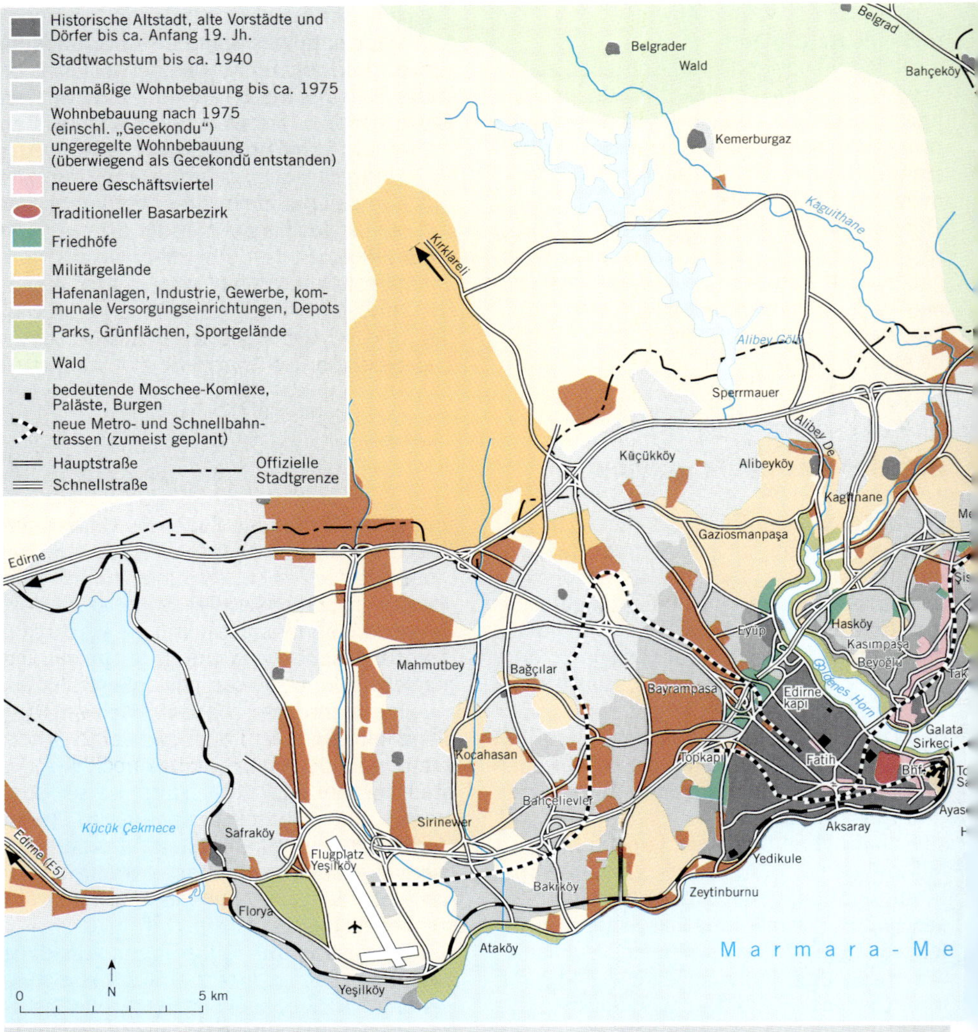

Abb. 105: Die alte Metropole İstanbul.

Notwendigkeit zu einer Aufgabelung der Hauptstraße nach Westen hin. Die Theodosianische Mauer, die Anfang des 5. Jh.s errichtet wurde und bis heute die Altstadt im Westen begrenzt, überspannt die Halbinsel bereits an ihrer Basis. Zu ihren Toren hin mussten vom östlich gelegenen Stadtzentrum verschiedene Straßen führen. Westlich des *Theodosiusforums* (Forum Tauri), etwa des heutigen Beyazitplatzes, zweigen alte Hauptstraßen nach Westen und Südwesten ab. Dieses „strahlige" Grundmuster des Hauptstraßennetzes blieb trotz vielfältiger Überbauungen seither im Prinzip erhalten. Es musste so sein, weil die Verbindung der wichtigsten Tore in der Landmauer mit dem wirtschaftlichen und politischen Zentrum im östlichen Teil der Halbinsel das erforderte. Die Achse nach Nordwesten, auf dem Haupthöhenrücken entlang zum Edirnetor, wird unterstrichen durch die parallele Wasserleitung, die nur auf diesem Höhenrücken entlang den Aquädukt tragen konnte, der die Wasserversorgung der Zisternen sicherstellte (Bild 66). Der erhaltene Valensaquädukt in der Stadtmitte ist ein eindrucks-

volles Zeugnis davon. Die Freilegungen und Straßenerweiterungen für den modernen Autoverkehr folgen weitgehend den gleichen alten Linien.

Die repräsentativen Punkte der Stadt – Foren und Kirchen in römisch-byzantinischer Zeit, Moscheekomplexe unter den Osmanen – zeigen allerdings in ihrer Lokalisierung weniger konstante Prinzipien. Die großen Foren, die sich entlang der Mese aufreihten, verschwanden in osmanischer Zeit, soweit überhaupt noch etwas davon übrig war. Die traditionelle islamische Stadtgesellschaft hatte keine Verwendung für repräsentative öffentliche Plätze. Lediglich das Hippodrom erhielt sich in verkleinerter Form; der türkische Name *At Meydanı* (Pferdeplatz) ist nicht nur eine Übersetzung, sondern zeigt die Nutzung für Reiterspiele und Paraden.

Die zahlreichen Kirchenbauten und Klöster scheinen – abgesehen von der Irenenkirche und der *Hagia Sofia* (*Aya Sofya*) als kaiserlichen Repräsentationsbauten – mehr der zufälligen Verteilung von Landbesitz bei den Stiftern ihre Lokalisierung zu verdanken (Müller-Wiener 1977). Hier schufen erst die Osmanen jene Akzente, die heute der städtischen Silhouette ihre Einmaligkeit verleihen: Die meisten der großen Moscheekomplexe des 15./16. Jh.s liegen exponiert auf den zum Goldenen Horn hin vorspringenden Spornen. Ob und inwieweit damit allerdings eine ästhetisch-städtebauliche Konzeption verbunden war, ist schwer zu beweisen.

Mehrfache Verlegungen erfuhr die Residenz der Kaiser und Sultane. Zur Zeit Konstantins muss die Landspitze noch wichtige Bausubstanz des alten Byzantion getragen haben, dieser ideale Platz konnte daher wohl nicht für die imperialen Bauten gewählt werden. Die Hauptkirchen, das Hippodrom und die kaiserlichen Paläste schlossen deshalb südlich an. In byzantinischer Zeit wird die Residenz an die Theodosianische Landmauer verlegt, in das Blachernenviertel im Nordwesten der Stadt, wo einige Mauern des *Tekfur Saray* noch heute an den letzten Sitz der Kaiser erinnern.

Mehmed der Eroberer fand viel freies Baugelände in der seit langem verfallenen Stadt vor. Er wählte seinen Sitz zunächst im Zentrum: Am Platz des ehemaligen *Forum Tauri* entstand der erste Palast, der später „Altes Saray" genannt wurde und als Witwensitz bis zum frühen 19. Jh. diente. Später wurde das Gelände Kriegsministerium und ist heute Universität. Der vor wenigen Jahrzehnten vor dem Universitätstor geschaffene Beyazit-Platz lässt gewissermaßen das alte *Forum Tauri* wieder aufleben (Bild 67). Noch im 15. Jh. allerdings wurde mit dem Bau eines neuen Palastbe-

Bild 66: İstanbul, Yerebatan-Zisterne: *Von den zahlreichen antiken Zisternen Konstantinopels ist die Yerebatan-Zisterne am At Meydan (Hippodromplatz) sicherlich die eindrucksvollste.*

zirkes begonnen. Dieser liegt an der Spitze der Landzunge, auf dem Gelände der Akropolis des ehemaligen Byzantion und bleibt die Residenz der türkischen Großmachtzeit und der topographische Brennpunkt der osmanischen Geschichte. Erst in der Tanzimatperiode des 19. Jh.s zogen die Sultane hier aus und bauten sich am Bosporus „Uferpaläste" (*Çırağan Saray, Dolmabahçe Saray, Yıldız Kösk*).

Zwischen den Hauptverkehrsachsen füllten sich die Wohnviertel nach der türkischen Eroberung sehr bald auf, im Osten dichter, zur Landmauer hin lockerer. Diese Wohnviertel waren bis ins 19. Jh. in keiner Weise geplant, und entsprechend unregelmäßig entwickelten sich Gassen und Sackgassen. Die bekannten Absonderungen einzelner Religionsgruppen stellten sich dabei ein und hielten sich bis zum frühen 20. Jahrhundert. Die nichtislamischen Viertel konzentrierten sich mehr zur Peripherie der Stadt hin, an der Landmauer und an den lockerer besiedelten Ufern des Marmarameeres, aber auch entlang des Goldenen Hornes, wo im Stadtteil Fener der Sitz des griechisch-orthodoxen Patriarchats bis heute liegt.

Dass in der Metropole des Reiches, auch in privater Hand, erheblicher Reichtum zusammenströmte, zeigt sich bis heute in der Ausgestaltung der Stadt. Moscheen, Hane, Medressen, Bäder, Mausoleen, repräsentative Brunnen und andere Stiftungsbauten in dekorativer Gestaltung zeugen von der Finanzkraft der sozialen Oberschicht des Reiches, selbst in etwas abgelegeneren Wohnvierteln. Die Aufwendigkeit der Bauweise ist dabei das eigentlich „Hauptstädtische". Daneben wurden byzantinische Kirchen und Klöster vielfach umgewidmet und weiterverwendet, ihre Bausubstanz blieb dadurch erhalten. Wenige Städte der Welt besitzen eine derartige Fülle schützenswerter Einzelbauwerke verstreut in den Mauern ihrer Altstadt. Das physiognomische Bild İstanbuls ist dadurch nachhaltig geprägt, die Geschichte manifestiert sich allenthalben und unübersehbar.

Die heutige Stadtverwaltung ist damit vor gravierende Probleme gestellt. Die große Zahl erhaltenswerter (und meist restaurierungsbedürftiger) Bauwerke erschwert jede moderne Planung im Altstadtbereich.

Die eigentlichen Wohnviertel bestanden wohl schon immer zur Masse aus locker nebeneinander gesetzten Holzhäusern. Sicher waren Bauaufwand und Wohnkultur in der Metropole des Reiches höher als in den Provinzstädten, und so manche kleine Gas-

Bild 67: İstanbul, Beyazit-Platz mit Seraskiertor: *Der Beyazit-Platz vor der Universität ist ein beliebter Treffpunkt der studentischen Jugend und ambulanter Trödler.*

se in den westlichen, peripheren Altstadtteilen birgt noch heute mehrstöckige, reich dekorierte Holzhäuser als Zeugen vergangener Jahrhunderte (Bild 68). Allerdings ist die Geschichte İstanbuls voll von Berichten über große Brände, die ganze Viertel verwüsteten. Bis zum frühen 19. Jh. erfolgte der jeweilige Wiederaufbau individuell, wobei sich zwar das Gassennetz verändern konnte, die Struktur jedoch im Großen und Ganzen unverändert blieb. Erst seit dem 19. Jh. versucht die Verwaltung, nach größeren Brandkatastrophen planend einzugreifen. Seither zeigen eine Reihe von Stadtvierteln mit rechtwinklig-geplanten Grundrissen und stärkerem Anteil von Steinbauten die jeweils vorausgehenden Brandgebiete an. Seit den 1950er-Jahren treten planmäßige Flächensanierungen daneben, sodass das Sackgassensystem heute fast verschwunden ist.

Von bemerkenswerter Lagekonstanz ist über lange Zeit der *Çarşı*, das Zentrum des Marktgeschehens. Bereits in byzantinischer Zeit hatte der Hauptmarktbezirk zwischen der Mese, dem Forum Tauri und dem Ufer des Goldenen Horns gelegen. In osmanischer Zeit verdichtete sich dieses Gebiet zum wirtschaftlichen Brennpunkt des ganzen Staates. Mit dem *Kapalı Çarşı* (dem gedeckten Basar) auf dem Höhenrücken und dem Ägyptischen Basar im Norden nahe dem Bosporus entstanden zwischen dem 15. und dem 18. Jh zwei Hauptzentren des Handels. Der Abhang zwischen diesen beiden Basaren wurde mit individuellen Geschäftsgebäuden besetzt: bis zum frühen 19. Jh. vorwiegend einstöckige Buden, später Wohn-/Geschäftshäuser sehr unterschiedlicher Art. Eine Reihe von Hanen liegt dazwischen, (vgl. Karte in Wirth 1974/75), ihre ehemalige Großhandelsfunktion ist allerdings weitgehend dem einfachen Handwerk und der Nutzung als Speicher für geringwertige Waren gewichen. Heute bietet der Basarbezirk zwar immer noch das Bild eines außerordentlich lebendigen Geschäftslebens, aber der Beobachter wird doch bemerken, dass hier nicht mehr „das große Geschäft" gemacht wird. Neben den oberen Teilen des Kapalı Çarşı, die stark in den modernen Tourismusbetrieb einbezogen sind, dienen die tieferen Teile des Basarbezirks der Versorgung der einfacheren Stadtbevölkerung. Das Angebot der hochwertigeren und der moderneren Waren hat sich nach Beyoğlu und Şişli, jenseits des Goldenen Horns, verlagert.

Das alte Konstantinopel/İstanbul war von drei Vorstädten umgeben, die im 19. Jh. An-

Bild 68: İstanbul, Sülemaniye-Viertel, alte Holzhäuser: *Nur in wenigen Gassen der peripheren Altstadtteile findet man heute noch die mehrstöckigen, reich dekorierten Holzhäuser der vergangenen Jahrhunderte.*

satzpunkte moderner Stadterweiterungen werden sollten. Im Nordwesten liegt am Goldenen Horn, aber außerhalb der Altstadtmauer, die Vorstadt *Eyüp*. Sie verdankt ihre Existenz der Auffindung des Grabes von Eyüp al-Ansari, eines Fahnenträgers der Kalifatsarmee, der hier bei der ersten Belagerung Konstantinopels durch die Muslime (674–78) gefallen war. Um die Grabmoschee entwickelte sich in osmanischer Zeit ein Wallfahrtsort, umringt von ausgedehnten Friedhöfen, die sich von hier aus wenig unterbrochen vor der Landmauer entlang bis zum Marmarameer ziehen. Bis heute ist Eyüp ein Stadtteil, in dem bevorzugt einfachere, konservativere Bevölkerungsgruppen leben. Die nördlich und westlich anschließenden Erweiterungen sind teils ungeplant gewuchert, vielfach vom Gecekondu-Typ, teils aber auch als moderne, geplante Wohnblocksiedlungen weit über den Flughafen Yeşilköy hinausgewachsen.

Jenseits des Bosporus liegt die Vorstadt *Üsküdar*, in osmanischer Zeit in erster Linie Fährhafenort und Brückenkopf der Hauptstadt. Auch Üsküdar gehört heute zu den Stadtteilen mit einfacherer Bevölkerung und geringerer Dynamik. Die stark expandierenden und moderneren Vororte schließen erst jenseits des Friedhofsgürtels an, nördlich Beylerbey und südöstlich in Kadiköy. Einen wichtigen Impuls erhielt Üsküdar bzw. das asiatische Ufer des Bosporus gegen Ende des 19. Jh.s, als die anatolische Bahn gebaut wurde und ihren Kopfbahnhof, ihre Verwaltung und ihre Werkstätten in Haydarpaşa bekam (1892). Relativ umfangreiche Hafenbauten folgten bald, und am Ufer zwischen Üsküdar und Haydarpaşa wurden ausgedehnte Kasernen errichtet.

Die dritte und für die neuere Entwicklung wichtigste Vorstadt war das alte Genuesenviertel *Galata* auf der Nordseite des Goldenen Horns. Hier siedelte sich seit dem 13. Jh. die Genuesische Handelskolonie an, mit Zustimmung und mit Privilegien der byzantinischen Kaiser. Die osmanischen Sultane behielten diese Haltung gegenüber den „Franken" bei. Die Niederlassung Galata lag genau jener Stelle gegenüber, wo der alte Marktbezirk an den Hafen stieß, wo bereits Handelsniederlassungen anderer Nationen lagen und wo bis heute der Großhandel und der Hafenumschlag einen Schwerpunkt haben.

Diese eigenständige Vorstadt wurde bald befestigt. Da sie zu Füßen und am steilen Abhang des Beyoğlurückens liegt, musste die Befestigung möglichst bis an den Rand der Hochfläche hinaufgeführt werden: Hier errichteten die Genuesen im 14. Jh. den Galataturm als nördlichen und höchsten Eckpfeiler ihrer Befestigung. Er ist bis heute das Wahrzeichen der Stadtteile nördlich des Goldenen Horns. Während an der Uferlinie die Vorstadt Galata noch mehrfach durch Hinausschieben der Mauern erweitert wurde, wuchs sie zunächst nicht oben auf den Höhenrücken hinaus. Ihre Bedeutung für die Gesamtstadt, v. a. in osmanischer Zeit, lag darin, dass sich hier das „Frankenviertel" weiter entwickelte, in dem sich westeuropäische Handelsniederlassungen, später auch Botschaften etablierten. Von hier aus wurde der Außenhandel des Osmanischen Reiches weitgehend organisiert.

Die neue Expansion von Galata beginnt im 18. Jh. und führt auf den Höhenrücken hinauf. Diese Entwicklung wurde dadurch erleichtert, dass Ende des 18. Jh.s neben den alten Wasserleitungen, die das Wasser des Belgrader Waldes über Aquädukte von Westen her in die Altstadt führten, eine neue Leitung gebaut worden war, die die Stadtteile nördlich des Goldenen Horns versorgen konnte. Außer Galata waren dies das neue Marinearsenal- und Werftviertel und die benachbarten Werkstätten und Arbeitersiedlungen, die sich westlich von Galata am Nordufer des Goldenen Horns entwickelt hatten. Diese Leitung führte bis zu einem Hauptverteiler (arab. *Taksim*) auf dem Höhenrücken, nach dem heute einer der verkehrsreichsten Plätze benannt ist. Vom Galataturm führte auf dem Rücken bereits ein Weg hierher, und er wurde jetzt zur Hauptachse der Neustadt, die von Europäern und Griechen Pera genannt wurde. Zunehmend wurde die Perastraße (*İstiklal Caddesi*, heute Fußgängerzone) auf dem Höhenrücken zur modernen bis mondänen Geschäftsstraße, und die Seitenstraßen, die beiderseits die Hänge hinabführen, zeigen bis heute einen Baubestand, wie er in ganz Europa in den Jahrzehnten vor dem Ersten Weltkrieg als modern galt. Hier entstanden die Neubauten von Botschaften, neue Fach- und Hochschulen, Militäreinrichtungen und auch Kirchen. Es war das „europäische Stadtviertel" İstanbuls, in dem sich die griechische, armenische und jüdische Oberschicht bald etablierte. Noch bis in die Mitte des 20. Jh.s hatten die Geschäfte der alten Perastraße weitgehend nichttürkische Inhaber.

Gleichzeitig änderte das Viertel Galata am Hafen seinen Charakter. Große Geschäftshäuser, Banken und ausländische Agenturen entstanden hier, eine Art moderner City. Westlich und östlich schlossen die ersten modernen Kaianlagen und Lagerhäuser an, der Stückgut- und Personenverkehr zu Schiff konzentrierte sich hier. Die Gebäude stehen weitgehend noch heute, und die Namen der großen Banken stehen als Reklame immer noch daran, aber das Steuerungszentrum des Großhandels hat sich bereits weiterverlagert.

Die neuere Entwicklung und die Verlagerung des Geschäftslebens konnte nur in eine Richtung gehen, in der sich für moderne Verkehrserschließung und für großflächige Bebauung mit vielstöckigen Gebäuden hinreichend große und geschlossene Flächen boten. Das war theoretisch in drei Richtungen möglich: von der Altstadtmauer aus nach Westen und Südwesten, von Üsküdar aus nach Südosten und von Beyoğlu aus nach Norden. Die letztere Richtung wurde die wichtigste. Nördlich des Taksimplatzes beginnen sich die einzelnen zum Bosporus und zum Goldenen Horn hin abfallenden Sporne und Riedel zu breiteren Rumpfflächen zusammenzuschließen – hier war Platz und Baugrund vorhanden.

Die beiden anderen Alternativen schieden aus wirtschaftlichen Gründen aus: Sie hätten eine totale Verlagerung „über die Altstadt hinweg" erfordert, dazu völlig neue Infrastruktureinrichtungen, und alle gewachsenen Beziehungen des geschlossenen Geschäftsviertels Galata-Beyoğlu wären zerrissen worden. Nach Norden zu brauchte das Geschäftsviertel hingegen einfach nur über den Taksimplatz hinaus weiterzuwachsen. Die nach Şişli und weiter nach Norden führende Straße (Cumhuriyet-Caddesi) wurde zur Leitlinie der modernen Entwicklung. In der Qualität des Einzelhandelsangebots und in der modernen Aufmachung der Läden ist sie bereits der älteren Geschäftsstraße Beyoğlus, der İstiklal-Caddesi, überlegen. Hier liegen heute die Neubauten der Bankzentralen und der großen Geschäftshäuser, die Agenturen der Fluglinien, die höchstklassigen Hotels, die Kinos mit den neuesten Filmen, die Ausstellungsräume für Luxusgüter.

Relativ spät fanden moderne Verkehrstechniken in İstanbul Eingang. Der Seeverkehr fand zahlreiche Anlaufpunkte an den langen Uferstrecken der Stadt, und dort lagen gleich die Lagerhäuser und die Verarbeitungsbetriebe (mittlerweile aufgrund von Sanierungsmaßnahmen weitgehend beseitigt). Der innerstädtische Verkehr ließ sich mit Karren, Tragtieren und Trägern bewältigen, einem Ausbau des Fahrverkehrs standen ohnehin die vielfach recht steilen Hänge entgegen. Der Verkehr mit den Vororten war zu Wasser völlig problemlos. Ein paar Pferdebahnstrecken waren um 1900 das wichtigste moderne Verkehrsmittel, sie wurden in den 20er- und 30er-Jahren elektrifiziert. Ein İstanbuler Spezifikum ist allerdings die „Tunnelbahn" (*Tünel*), die –

als Seilzug-Zahnradbahn mit zwei Waggons im Pendelverkehr – den steilen Anstieg von Galata zur Höhe von Beyoğlu überwindet. Sie wird als „die älteste U-Bahn Europas" bezeichnet.

Im 19. Jh., mit dem Wachstum der Vororte nördlich des Goldenen Horns, genügte der Fährverkehr mit Ruderbooten nicht mehr den Anforderungen. 1836 wurde die erste Brücke über das Goldene Horn gebaut, später durch einige andere ersetzt, bis schließlich die neue *Galatabrücke* 1875 errichtet wurde, die 1991 durch eine 42 m breite moderne Brückenkonstruktion abgelöst wurde. Wie die 1940 eröffnete zweite (Atatürk-) Brücke haben sie alle Vorrichtungen zur zeitweisen Öffnung für den Schiffsverkehr zu den Werften und Marineanlagen.

Als Ende der 1880er-Jahre die europäische Bahnlinie İstanbul erreichte, konnte sie wegen des stark gegliederten Reliefs überhaupt nur am Marmaraufer entlang in die Stadt geführt werden. Die Strecke wurde um die Sarayspitze herumgeführt bis Sirkeci am Eingang des Goldenen Horns. Dieses Viertel gewann damit an wirtschaftlicher Bedeutung; die Verladeeinrichtungen der Bahn lagen neben den Kais, Einrichtungen für den Fährverkehr kamen später hinzu, Post und Telegraphenamt wurden in die Nähe gebaut. Die Viertel beiderseits der Galatabrücke waren damit zum eigentlichen wirtschaftlichen Zentrum der Gesamtstadt geworden. Die Galatabrücke ist bis heute die belebteste und vom Autoverkehr am stärksten beanspruchte Stelle der Stadt, eine Art Nadelöhr, das durch die Atatürkbrücke und die neue Autobahnbrücke nur wenig entlastet wurde. Leitner (1965) zählte hier Anfang der 60er-Jahre eine Verkehrsdichte, die höher war als die des Münchener Stachus oder der Hamburger Lombardsbrücke.

Merkwürdig spät erst wurden die Uferstrecken für den Straßenverkehr erschlossen. Die durchgehende Autostraße an der Marmaraseite der Altstadt entstand erst um 1960. Die Uferstraße am Goldenen Horn war bis in die 80er-Jahre mehr eine Gasse, durch die sich der Zubringerverkehr zu den zahlreichen kleinen Werften und Gewerbebetrieben zwängte. Die Nordseite des Goldenen Horns ist noch schlechter erschlossen. Die Uferstraßen am Bosporus wurden erst Anfang des 20. Jh.s begonnen, die auf der europäischen Seite ist allerdings inzwischen ausgebaut und verbindet die sich rasch verdichtenden Vororte an der Meeresstraße.

Das Projekt einer *Bosporusbrücke* ist relativ alt. Die Schiffsbrücke des Darius ist nicht vergessen, und am Anfang des 16. Jh.s trug sich der Sultan Bayazt II. mit ähnlichen Plänen. Seit dem Ende des 19. Jh.s wurden der türkischen Regierung zahlreiche Brückenpläne unterbreitet, aber erst in den 1960er-Jahren begann man konkret mit Vorbereitungen. Ein Konsortium von englischen, japanischen, französischen und deutschen Firmen baute die Brücke (und zusätzlich die dritte Brücke über das Goldene Horn), und die türkische Straßenbauverwaltung verband das gleich mit dem Bau einer Autobahn-Umgehungsstrecke um die ganze Stadt. 1973, zum 50. Jahrestag der Republik, wurde das Jahrhundertwerk eröffnet. Nach der Spannweite ist es die viertgrößte Hängebrücke der Welt, die größte in Europa. Die Höhe über dem Wasserspiegel (64 m) erlaubt die Überbrückung des ganzen Tales zwischen den beiderseitigen Hochflächen und ermöglicht zugleich auch den größten Seeschiffen die Passage.

Mittlerweile wurde die Galatabrücke durch eine zeitgemäße Variante ersetzt, eine weitere Fernstraßenbrücke überspannt knapp südlich Rumeli Hisar und Anadolu Hisar den Bosporus, und ein U-Bahn-Projekt zur Untertunnelung des Bosporus zwischen der Altstadt (Sirkeci) und Üsküdar nähert sich der Realisierungsphase.

Der wachsende Güter- und Personentransport von und nach İstanbul erfordert neue Verkehrslösungen (Bild 69). Der zeitgemäße Ausbau des *öffentlichen Nahverkehrsnetzes* zwischen den westlichen Vororten und der İstanbuler Altstadt ist – bis auf die Untergrundbahn – inzwischen weitgehend realisiert: Eine Vorstadtbahn erschließt die Altstadtviertel im Süden über die ältere Bahntrasse am Marmarameer bis Yeşilköy (Flughafen), eine ältere Straßenbahnlinie versorgt die Altstadt zwischen Sirkeci/Eminönü und dem Vorort Zeytinburnu, und seit 1989 sind die nordwestlichen und westlichen Stadtteile mit dem Altstadtzentrum Aksaray über eine Schnellbahnlinie verbunden, die bis zum Flughafen verlängert werden soll.

Für die Stadtteile im Norden des Goldenen Horns und auf der asiatischen Seite besteht bislang noch keine entsprechende öffentliche Nahverkehrsverbindung mit der Altstadt. Der erste 7 km lange Bauabschnitt einer Untergrundbahn (Metro seit 1993 im Bau) mit insgesamt drei Linien und 64 km Länge zwischen dem Zentrum der Neustadt (Taksim) und den nördlichen Vororten (Şişli, Levent) wurde 1999 eröffnet. Bis dahin lief nur die alte Untergrundbahn von 1874 (Tünel) zwischen Galatabrücke und Beyoğlu und in Fortsetzung die für den Tourismus als Nostalgiebahn hergerichtete alte Straßenbahn über die İstiklal Caddesi zum Taksim. Entsprechend chaotisch gestaltet sich die Verkehrssituation während der Verkehrspitzen auf den Zubringerstraßen, speziell auf den Bosporusbrücken.

In den großen Zentren des Landes wird mittlerweile die Schiene favorisiert. Weitere Schnellbahnen zur Verbindung der Innenstädte mit den Vororten wurden in Adana (13,5 km), İzmir (11,4 km, vorgesehen 50 km), Konya (10 km, insgesamt angestrebt 58 km mit 4 Linien) und Ankara (23,4 km, projektiert insgesamt 76 km mit 5–6 Linien bis 2015) teilweise bereits in Betrieb genommen und für Bursa (21 km) zumindest geplant.

Die gegenwärtige bauliche Entwicklung von İstanbul ist gekennzeichnet durch Verdichtung und lineare Expansion in mehreren Richtungen. Verdichtung bedeutet dabei, in der Altstadt wie auch in Üsküdar oder selbst in Beyoğlu, den Abriss der Altbausubstanz und ihr Ersatz durch vielstöckige Wohnhäuser, allerdings auch die zunehmende Durchsetzung mit Industrie-, Gewerbe- und Dienstleistungsbetrieben. In den Zentren des Geschäftslebens nimmt allerdings, wie zu erwarten, die Wohnbevölkerung bereits ab.

Auffällig ist die Konzentration der Gewerbebetriebe in ganz bestimmten Stadtteilen. Neben die älteren Gewerbegebiete um den Basarbezirk und entlang der Ufer des Goldenen Horns, die mittlerweile weitgehend saniert oder ausgelagert wurden, trat seit der Zwischenkriegszeit das Bomontiviertel am Westabhang des Höhenrückens

Bild 69: Verkehrschaos in İstanbul: *In İstanbul führt der seit Jahren unkontrolliert wachsende innerstädtische Personennahverkehr täglich zu einem Verkehrskollaps.*

von Beyoğlu-Şişli: Arbeitstechnisch scheint es ideal gelegen zwischen dem Organisationszentrum in den neuen Vierteln auf der Höhe und andererseits den Gecekonduvierteln, die an den Talhängen westlich davon das Arbeitskräftereservoir darstellen.

Eine zweite Konzentration neuerer Betriebe, von denen ebenfalls einige in den letzten Jahren nach außerhalb verlegt wurden, etablierte sich jenseits des Friedhofsgürtels vor der Landmauer der Altstadt. Bevorzugt an den größeren Ausfallstraßen liegen weitgehend größere und modernere Betriebe, deren Platzbedarf sie zur Aussiedlung veranlasste. Entlang der *Londra Asfalti* (Londoner Straße), der Hauptausfallstraße in Richtung Europa, wächst dieser Industrieausbau auf die thrakische Halbinsel hinaus, bis weit jenseits der administrativen Stadtgrenzen. Ungeregelte Arbeiterviertel entstehen meist gleichzeitig. Die gleiche Entwicklung, die als „Industrie entlang der Straße" charakterisiert wird, vollzieht sich an der Hauptausfallstraße von Üsküdar nach Anatolien, der *Ankara Asfalti*.

Etwas anders verläuft die Verdichtung beiderseits des Bosporus. Industriekonzentration findet sich hier nur in einigen Buchten (Beykoz, Istinye, Sariyer), weil sonst das nötige flache Gelände fehlt. Hier sind es meist größere, z.T. staatliche Werften oder Betriebe für Schiffsausrüstung, dazu verschiedene Hafenumschlaganlagen, die punktuelle Industrialisierungsansätze darstellen.

Wichtiger sind die Vororte am Bosporus als städtisches Wohngebiet, wobei der ländliche Charakter von Ausflugs- und Fischerdörfern, der einst ihre Attraktivität bewirkte, mittlerweile verloren ist. Wohl alle Grundstücke am Bosporus wurden längst von der kaufkräftigen İstanbuler Oberschicht erworben, desgleichen Häuser in Hanglage mit schöner Aussicht. Seit eine ausgebaute Straße von Sariyer aus über die Hochfläche direkt nach Beyoğlu hineinführt, sind zumindest die europäischen Bosporusvororte auch direkt an das Geschäftszentrum angeschlossen und nicht mehr auf die überlastete Uferstraße angewiesen. Aber selbst hier wachsen schon weit vor der Stadt die Wohnhochhaus-Komplexe empor, und in der Nachbarschaft bilden die Hütten der dabei beschäftigten Arbeiter die ersten Ansatzpunkte neuer Gecekonduviertel.

Die bevorzugten Oberschichtwohngebiete sind in İstanbul, im Gegensatz zur Mehrzahl türkischer Städte, periphere Vororte. Außer den Orten am Bosporus sind das die Prinzeninseln, ferner Kadiköy und Moda südlich von Üsküdar, aber auch Bakırköy und Yeşilköy, wenngleich das Letztere durch den wachsenden Flughafenverkehr an Attraktivität verloren hat. Die Vororte am Marmarameer, sowohl auf der europäischen wie auf der asiatischen Seite, profitieren von ihrer relativ guten Verkehrsverbindung: Zusätzlich zur Bahnlinie mit ihren Vorortzügen sind die Hauptausfallstraßen autobahnartig ausgebaut. Entlang dieser Linien wuchs die Bebauung zwischen Küçükçekmece im Westen und Kartal im Osten als ununterbrochenes Siedlungsband von über 50 km Länge weiter stadtauswärts und – entlang des Bosporus – fast bis an die Küste des Schwarzen Meeres. Einstmals selbständige Kreise mit eigenen städtischen Zentren, wie Pendik und Kartal, wurden dabei eingemeindet.

Die neue Hauptstadt Ankara

Die junge Hauptstadt Ankara (Abb. 106) ist heute fast nur noch historisch-topographisch mit ihrem Kern, der alten Phryger- und Galaterburg bzw. der Römerstadt Angora, dem seldschukisch-osmanischen Engüre, verbunden. Wenn heute die Türken mit gewissem Stolz auf „ihr" Ankara sehen, dann meinen sie die Stadt der breiten Boulevards und der modernen Gebäude, der Ministerien, des Militärs und der Hochschulen, meinen eine Stadt in ständigem Umbau und Wandel, in der zwar die malerische Kulisse der Burg und der Altstadt im nördlichen Zentrum aufragt, deren Symbolbauten aber weit eher das Reiterdenkmal des Staatsgründers am Ulusplatz, das Atatürkmausoleum oder das Gebäude der Nationalversammlung sind. Ankara hat wie keine andere Stadt Vorbild- und Modellcharakter für das Land. Am Baustil Ankaras und an der Lebensweise seiner Bewohner orientiert sich jene schon recht breite Schicht moderner Türken, die sich als neuer staatstragender Bevölkerungsteil empfinden. Lebensstandard und neue technische Errungenschaften, die in der Metropole eines zentralistischen Staates einen großen Vorsprung haben, setzen die Maßstäbe für die Provinzstädte, und zwar weit mehr als das große schöne İstanbul, dessen Lagegunst und traditionsreiche Vielfalt nicht wiederholbar sind. Ankara aber war vor gar nicht langer Zeit noch selbst eine unbedeutende Provinzstadt.

Die Entwicklung dieser Stadt seit der Staatsgründung ist recht stürmisch, und entsprechend inhomogen wirken ihre einzelnen Stadtteile. Von einer Einwohnerzahl von etwa 30 000 zur Zeit des Ersten Weltkrieges ausgehend, erreichte Ankara nach der Gründung der Republik bereits 74 000 Einw. (1927); die Zahl stieg rasch weiter auf 157 000 (1940), 288 000 (1950), 650 000 (1960), 1 236 000 (1970), 1 701 000 (1975) und lag 1999 bei etwa 3,5 Mio. Der Anstieg ging zunächst in erster Linie auf den Zuzug von Bevölkerungsgruppen zurück, die mit Regierungsinstitutionen zu tun hatten. Aber spätestens nach dem Zweiten Weltkrieg begann die selbstverstärkende Entwicklungsdynamik, die allen großen Metropolen junger Staaten eigen ist. Landesweit wurde Ankara als Wohnort und Arbeitsplatz attraktiv. Einige Grundlinien im Entwicklungsgang waren allerdings schon vor der Gründung der Republik vorgezeichnet. In der Altstadt hatte sich der Basarbetrieb schon vor der Wende zum 20. Jh. aus dem Gebiet um den alten Bedesten (heute Hethitermuseum) in Richtung auf den Platz der Provinzialverwaltung ausgedehnt, und bis etwa dahin reichte als gerade Linie die neue Straße vom 1 km entfernten Bahnhof heran. Eine zweite ebenso geradlinige Straße erschloss vom Bahnhof her den südwestlichen Altstadtrand. Auch die Ausfallstraße nach İstanbul führte bereits schnurgerade nach Nordwesten hinaus. Außerhalb der Altstadt waren also einige Leitlinien der modernen Entwicklung bereits vorgegeben.

Die *Altstadt* selbst war noch kaum über ihren mittelalterlichen Rand hinausgewachsen. Ein Gürtel von Friedhöfen umgrenzte im Westen und Süden die Stadt, etwa in der heutigen Lage von Atatürk Bulvarı im Westen und Eisenbahn im Süden. Im Norden und Nordosten bildete das Tal des Hatıp Çay (Bent Dere) noch die Stadtgrenze. Zwischen Bahnhof und Stadt lag im Tal die weite versumpfte Gartenzone als Hindernis jeder Expansion (Aktüre 1978). Jegliche Planung war zudem gehemmt durch dichte Altstadtbebauung im Zentrum und durch steiles Relief im Norden und Nordosten. Dazu kam die Notwendigkeit, die Eisenbahnlinie vom Bahnhof aus weiter nach Osten zu führen, wofür nur die Tiefenlinie über Cebeci in Frage kam. Jede südwärtige Expansion der Stadt hatte also mit der Barriere des Bahngeländes zu rechnen.

Wesentliche neue Strukturen erhielt die Ausbauentwicklung durch den *Stadtentwicklungsplan*, den der deutsche Planer H. Jansen im Auftrag der Regierung erarbeitete und Ende der 20er-Jahre zu realisieren begann. Demnach sollte die Altstadt im Wesentlichen unverändert belassen werden, und eine große, mehrspurige Straßentangente sollte an ihren westlichen Rand gelegt werden. Dies wurde der *Atatürk Bulvarı*, bis heute die Hauptachse der Stadt. Seine Weiterführung unter der Bahnlinie hindurch und auf die südlichen Riedel und Hochflächen hinauf, bis zum Dienstsitz des Staatspräsidenten in Çankaya, wies die entscheidende erste Expansionsrichtung.

Von dem Punkt an, wo die Bahnlinie gekreuzt war, konnte jetzt ein nach Süden hin auffächerndes Straßennetz entwickelt werden, das sich die Hänge hinaufzog. Dieses ist das Kernstück der jansenschen Planung, es ist der Stadtteil, an dem der Name *Yenişehir* (Neustadt) seit jener Zeit haftet. Einige große Boulevards kreuzen den Straßenfächer von Yenişehir in weitem, von Westen (Bahnhof) nach Osten (Cebeci) führendem Bogen, der wichtigste ist der *Mustafa Kemal Bulvarı*. Wo er die Nord-Süd-Achse, den Atatürk Bulvarı, schneidet, entstand bald einer der verkehrsreichen Plätze, der nach dem damaligen Gebäude der Sanitätsorganisation Roter Halbmond den Namen *Kızılay* bekam (Bild 70). Hier entwickelte sich in den Jahrzehnten nach dem Zweiten

Bild 70: Ankara, Kızılayplatz: *Nach dem Gebäude des Roten Halbmondes ist der verkehrsreiche Platz am Schnittpunkt des Mustafa Kemal Bulvarı und des Atatürk Bulvarı mit dem modernen Geschäftszentrum benannt.*

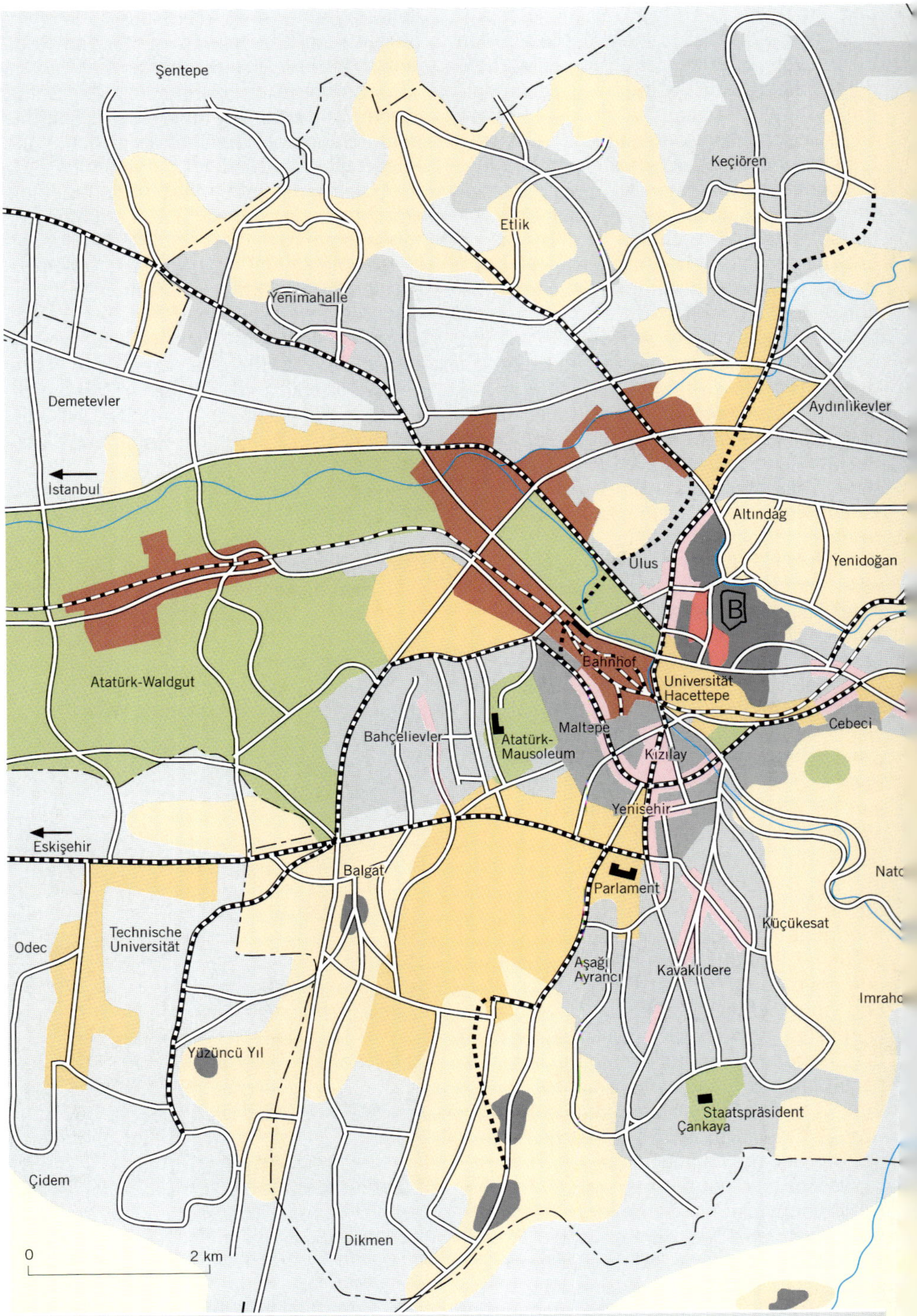

Abb. 106: Die neue Hauptstadt Ankara.

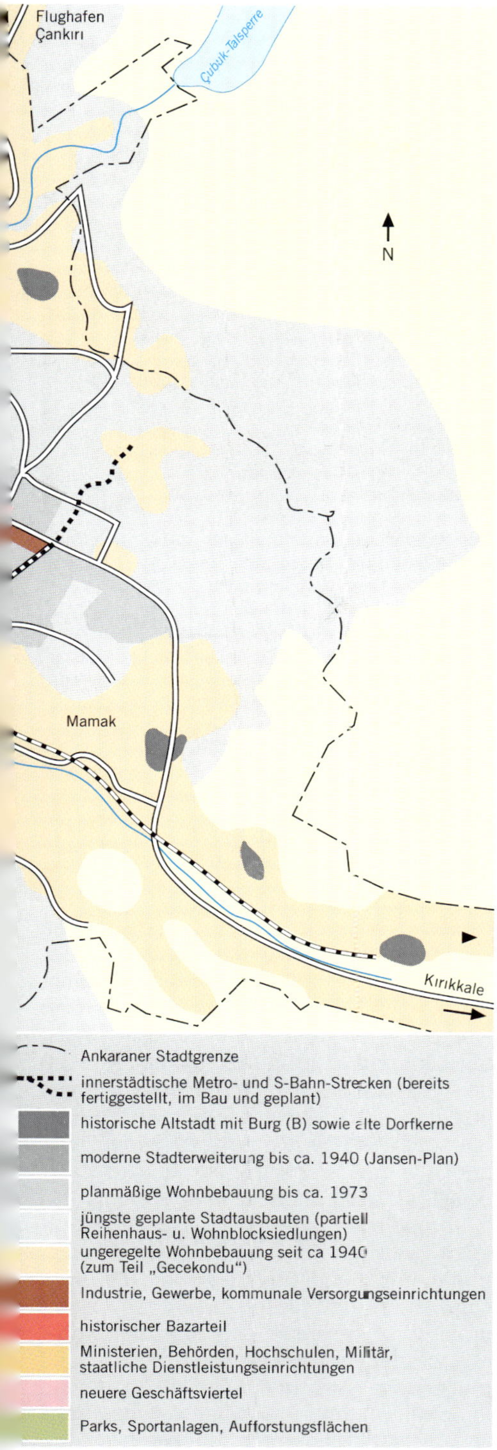

Weltkrieg das neue Geschäftszentrum der Stadt.

Das weitere Wachstum nach Süden beiderseits des Atatürk Bulvarı wurde durch die frühe Funktionszuweisung der verfügbaren Flächen westlich dieser Hauptachse festgelegt. In der Gabelung zwischen Atatürk Bulvarı und einer weiter westlich bergauf führenden Straße entstand das geschlossene Regierungsviertel mit zahlreichen Ministerialbauten, und als zunächst südlichster, höchster Punkt dieses Viertels der wuchtige Bau des Parlaments. Bergaufwärts schließen am Boulevard die Komplexe der Botschaftsgebäude und ihrer Parks aus den 30er-Jahren an, und westlich davon, wo zunächst noch ausgedehnte agrarische Flächen die Riedel überzogen, okkupieren militärische Einrichtungen große Areale. Der Fächer von Yenişehir konnte in den folgenden Jahrzehnten also nur östlich vom Atatürk Bulvarı mit privater Bebauung weiter nach Süden, bergaufwärts bis Kavaklıdere und Çankaya, ausgedehnt werden. Wegen der Nähe zu den Regierungsbauten wurde dieser Neustadtteil sehr bald von der Oberschicht bevorzugt.

Das Wachstum hatte bald die höheren Rumpfflächen im Bereich der Wasserscheide, die etwa um 1100–1200 m liegen, erreicht, womit sich die Stadt über einen Höhenspielraum von über 300 m erstreckte (Bahnhof ca. 850 m). Die jeweils höheren Wohngebiete blieben auch in der Folgezeit die bevorzugten, weil die Luftverschmutzung im Becken bei windstillen Hochdrucklagen bisweilen zu extremen Werten ansteigt. Das steilhängige Incesutal, das vom Moğansee her das Ankarabecken erreicht, setzte allerdings der weiteren Expansion zum Elma Dağ hin eine Schranke.

Die breite Talaue zwischen der Altstadt und dem Bahngelände im Südwesten, ebenso der Gürtel der Friedhöfe um die Altstadt, stellten einer planmäßigen Bebauung zunächst Hemmnisse in den Weg. Nach Dränage der Niederung entstanden oder hielten sich hier, zwischen Bahnlinie und İstanbulstraße, Offenflächen und Grünanlagen: der *Gençlik Parkı* (Jugendpark) zwischen Atatürk Bulvarı und Bahnhof (Bild 71), nordwestlich anschließend Sportstätten und Rennplatz, und noch weiter westlich das Atatürk-Staatsgut mit seinen Forstpflan-

***Bild 71: Gençlik-Park in Ankara:** Der Gençlik Parkı (Jugendpark) reicht in der Niederung zwischen Atatürk Bulvarı und Bahnhof von Westen her als „Grünkeil" bis an den Rand der Altstadt.*

zungen und Parkanlagen. Ein „Grünkeil" reicht hier in der Niederung von Westen her bis an den Rand der Altstadt heran. Die alten Friedhöfe sind inzwischen völlig verschwunden. In der modernen Hauptstadt scheint das weniger Probleme gemacht zu haben als in anderen Städten. Sie wurden überwiegend für Planung und Bau öffentlicher Einrichtungen verwendet: Hier im Süden der Altstadt liegt der größte Teil der Hochschulbauten, von der philosophischen Fakultät am Atatürk Bulvarı sich hinziehend über Hacettepe bis zum Klinikviertel und Konservatorium in Cebeci. Ähnliches gilt für die Konzentration öffentlicher Bauten im Westen der Altstadt um den Ulusplatz.

Die Bahn mit ihrem vergrößerten Güterbahnhofsgelände und die Kette öffentlicher Flächen und Gebäude zwischen Bahn und südlichem Altstadtrand akzentuieren damit die Trennung zwischen Altstadtkern und südlicher Neustadt. Auf fast 1 km Länge hat der hier hindurchführende Atatürk Bulvarı so gut wie kein Geschäftsleben; die Ausbildung von mindestens zwei getrennten neueren Geschäftsvierteln im Norden und im Süden erscheint also zwangsläufig.

Das neuere, südliche Geschäftsviertel um den Kızılayplatz ist in den letzten Jahrzehnten stark gewachsen, und zwar sowohl in die Höhe durch Auffüllung fast aller Oberstockwerke mit Geschäften und Büros wie auch in die Seitenstraßen hinein. Wie zu erwarten verlagert sich das hochwertigste Angebot zunehmend den Atatürk Bulvarı aufwärts in Richtung auf das Regierungs- und Diplomatenviertel. Hier liegen die Luxusrestaurants, die besten Teppich- und Juweliergeschäfte und die teuersten Hotels. Aber auch in der Nordstadt hat sich eine kräftige Entwicklung vollzogen. Im Kerngebiet um den alten Bazar, etwa um die heutige Anafartalar Caddesi, ist das Geschäftsleben aufgeblüht. Das Angebot ist zwar meist auf einfachere Kundschaft eingestellt, aber die Aufmachung der meisten Läden ist doch durchaus modern. Um den Ulusplatz entwickelt sich mit einigen großen Kaufhäusern sogar eine Art Konkurrenz zum Kızılay-Zentrum im Süden, und die Lage mehrerer Bankzentralen verstärkt das Gewicht dieses Geschäftszentrums.

Industriegebiete waren in der Hauptstadt zunächst nur relativ schwach ausgebildet. Ein Band von Betrieben, das sich südwestlich der Eisenbahn entlang zieht, umfasst im Wesentlichen Depots und Reparaturbetriebe staatlicher, kommunaler und militärischer Institutionen, dazu kommunale Infrastruktureinrichtungen. Eine Reihe von Einzelbetrieben und auch schon „Ge-

Bild 72: Ankara, neue westliche Stadtteile: *Das moderne Stadtwachstum Ankaras richtet sich vor allem nach Westen auf das Universitätsviertel, auf Sincan und die Mürted-Ova.*

werbeparks" sind entlang der Umgehungsautobahn im Nordwesten und Norden der Stadt lokalisiert. Mit der zunehmenden Ausdehnung der Stadt nach Westen in die Mürted-Ova wuchsen in den letzten 10 Jahren weitere ausgedehnte Gewerbeflächen an den Ausfallstraßen nach İstanbul und nach Eskişehir, besonders entlang der Bahnlinie nach Westen um die Vororte Etimesgut und Sincan. Charakteristischer sind jedoch für Ankara die vielen kleinen Gewerbebetriebe des Konsumgütersektors, die im Stadtbild wenig auffallen und sich über die Wohngebiete verteilen. Es ist anzunehmen, dass darunter ein besonders hoher Anteil von Betrieben ist, der Güter für „Ämterbedarf" im weitesten Sinne herstellt.

Die Entwicklung der neueren Wohngebiete von Ankara folgt der landesüblichen Regeln (Bild 72). Wo größere Flächen bebaubaren Geländes im Besitz der öffentlichen Hand sind oder von Bauträgern zusammengekauft wurden, können geschlossene und geplante Viertel mit moderner Wohnbebauung entstehen. Die Viertel Cebeci, Bahçelievler oder Yenimahalle sind etwas ältere Beispiele; Aydınlikevler, Varlık, Iskitler oder der Südwesten von Kavaklıdere sind jünger. Die jüngsten, Çiğdem und Çayyolu (neues Universitätsviertel) im Süden in Richtung Gölbaşı bzw. Eskişehir, v. a. aber Batıkent im Nordwesten, sind mit Hochhauswohnblöcken, oft sogar weitflächig mit modernsten Reihenhaussiedlungen besetzt. Kleinere Geschäftszentren entwickeln sich jeweils an ihren Hauptstraßen.

Dazwischen bleiben weite Strecken in sehr lockerer Nutzung durch öffentliche Einrichtungen, v. a. des Militärs, der Hochschulen und zahlreicher staatlicher Behörden, die mit ihrer Landreservierung vielfach dem Stadtwachstum vorauseilen und sich so relativ große Areale sichern. So zählen die für private Wohnbebauung in Frage kommenden Restflächen zum Stadtrand hin nicht immer zum besten Bauland.

Schließlich bleiben die weniger attraktiven Flächen an steileren Hängen oder randliche, noch agrarisch genutzte und durch Infrastruktur nicht erschlossene Flächen übrig, wo die vom Land zuwandernde Bevölkerung ihre selbstgebauten Einzelhäuser errichtet. Die Bebauung des Altın Dağ (Timur Tepe) südlich des Burgberges begann bereits in den 30er-Jahren, und nach dem Zweiten Weltkrieg setzte das wilde Wachstum auf breiter Front namentlich im Osten und Norden der Stadt ein. Etwas später folgte auch der Südwesten beiderseits der Ausfallstraße nach Konya, wobei mehrere ältere Dorfkerne einbezogen wurden. Einige dieser ungeplanten Viertel kann man allerdings kaum (mehr) als Gecekonduviertel ansprechen, da hier relativ moderne Ein- und Mehrfamilienhäuser schon das Bild bestimmen. Das Ganze ist nur ungeplant gewachsen, entsprechend unregelmäßig sind die Grundrisse des Straßennetzes und unvollkommen die Versorgung mit Infrastruktureinrichtungen. Die in Abb. 106 dargestellten „ungeregelten" Wohnviertel dürfen also keineswegs mit „squatter housing" gleichgesetzt werden.

Zwar hatte Ankara nie so sehr mit Verkehrsproblemen zu kämpfen wie İstanbul, dennoch sind mit dem raschen Wachstum auch hier Infrastrukturmaßnahmen notwendig geworden, um den Verkehrsspitzen frühzeitig begegnen zu können. Ein Autobahnring, der die Stadt an die großen NW-SE- bzw. W-E-Transitrouten anschließt, ist bereits seit 1993 realisiert. Das Metro- und Schnellbahnsystem „Ankaray", das bis 2015 die Vororte Batıkent, Aştı Çayyolu und Dikimevi für bis zu 60 000 Fahrgäste je Stunde mit dem Neustadtzentrum Kızılay verbinden soll, ist seit 1987 geplant und seit 1995 partiell in Betrieb.

Eines der schwierigsten Probleme für eine Millionenstadt im semiariden Gebiet ist die *Wasserversorgung*. Das alte Ankara war in der Oberstadt auf Zisternen angewiesen, die Unterstadt besaß einige Brunnen. Größere Wassermengen boten nur die Bäche am Fuße des Burgberges, besonders der Hatıp Çay, der zwischen Burgberg und Altın Dağ durch kleine Wehre (*bent*) gestaut wurde. Eine bereits in römischer Zeit existierende Wasserleitung von den Bächen des Elma Dağ her wurde um 1890 wieder instand gesetzt, sie leitete das Wasser allerdings nur bis in die tieferen Teile der Altstadt.

Für den Bedarf der neuen Hauptstadt reichen diese Wasserressourcen keineswegs aus. Man erwartete in den 30er-Jahren zwar nur einen Bevölkerungsanstieg auf 250 000 – 300 000 bis etwa 1990, aber selbst dafür hätte die traditionelle Wasserversorgung nicht ausgereicht. Da die seinerzeitige Wachstumsschätzung heute um mehr als das Zehnfache übertroffen wird, steht die Stadt ständig vor dem Problem der Erschließung neuer Wasserquellen.

In der Zwischenkriegszeit wurde zunächst die Zahl der am Elma Dağ gefassten Quellen vermehrt, und in den Talböden des Ankarabeckens und seiner südlichen und östlichen Zuflüsse wurde Grundwasser erschlossen. Das erste größere Staudammprojekt des Landes, die 1936 eröffnete Talsperre im Çubuktal, diente ebenfalls der Wasserversorgung der Hauptstadt. Mit ihrer Speicherkapazität von damals über 13 Mio. m^3 schien sie die Wasserversorgung sicherstellen zu können.

Das rapide Stadtwachstum nach dem Zweiten Weltkrieg hat diese frühen Planungen und Ausbauten längst überholt und erzwang neue Wege. Nördlich der Çubuk-Ova kam die Sperre Çubuk II hinzu, später im Südosten am Elma Dağ die kleinere von Bayındır, im Nordwesten Kurtboğazı in der Nähe der Straße nach İstanbul und die große Bayındır Baraj bei Çamlıdere. Selbst das reichte oft noch nicht aus. Die Wasserleitungen müssen im Sommer oft für mehrere Stunden abgestellt werden. Weitere Talsperren an den Flüssen, die nordwestlich von Ankara das Köroğlu-Gebirge in Richtung auf den Ankarafluss und Sakarya entwässern, sind geplant oder im Bau – in ständigem Wettlauf mir der wachsenden Einwohnerzahl.

Darüber hinaus lässt die Qualität des Wassers wegen der starken Chlorbeigaben durch die Stadtwerke erheblich zu wünschen übrig. Die Türken haben jedoch eine ausgeprägte, traditionelle Vorliebe für wohlschmeckendes Wasser. Viele behaupten, einzelne Quellen am Geschmack unterscheiden zu können. Infolgedessen konnte sich ein ausgedehnter, privater Handel mit Trinkwasser in abgefüllten Flaschen entwickeln, der das Wasser von Quellen der weiteren Umgebung der Stadt heranschafft und zum großen Teil ambulant vertreibt.

Das Problem der Wasserversorgung wird dem Wachstum der Hauptstadt wohl nicht die entscheidende Schranke setzen. Die Erschließungsmöglichkeiten im weiteren Umland, speziell im Norden der Stadt, sind sicher besser als z. B. bei Teheran, das deutlich mehr Einwohner als Ankara hat und sie einigermaßen mit Wasser versorgen kann. Im Vergleich zu westeuropäischen Städten wird jedoch deutlich, welche speziellen Kosten für eine Millionenstadt im semiariden Gebiet entstehen.

ABBAU ODER VERSTÄRKUNG REGIONALER DISPARITÄTEN?

Bild 73: Frauen bei der Getreideernte mit der Handsichel unweit der Dardanellen bei Çanakkale.

Überblick

- Aus den überaus markanten Unterschieden im Produktionspotenzial und in den Entwicklungstendenzen zwischen einzelnen Teilräumen des Landes, die mit dem weltweit zu beobachtenden Gegensatz Land – Stadt oft zusammenfallen, ergeben sich für die Türkei ernst zu nehmende Zukunftsprobleme. Es sind in erster Linie Unterschiede der Erwerbschancen, der Verkehrs- und Versorgungsmöglichkeiten und der Bildungschancen.
- Auffallend ist dabei das Gefälle von unzureichend erschlossenen Gebirgen zu prosperierenden Beckenlandschaften, das sich vermutlich weiter verstärken und in seiner Schärfe akzentuieren wird. Die seit langen daraus resultierenden Binnenwanderungen sind noch längst nicht abgeschlossen. Sie werden anhalten, solange man in den Gebirgsdörfern auf Subsistenzniveau lebt und wirtschaftet. Ungeklärt ist, welche Rolle zukünftig die zunehmend entvölkerten Gebirgslandschaften spielen werden.
- Verschärfend wirkt darüber hinaus der zentral-periphere Gegensatz zwischen Binnen- und Randgebieten, der einhergeht mit einem historischen Gegensatz zwischen dem Osten und Westen des Landes, der fraglos auch auf physischen Ursachen beruht: Ostanatolien ist insgesamt kontinentaler und höher und damit in langen Wintern kälter als der Westen, sodass der Anbau kultivierbarer Pflanzen begrenzt ist. Der Anteil gebirgiger und damit schwer erschließbarer Landesteile ist besonders hoch. Die potenziellen Wirtschafts- und Siedlungsräume sind begrenzt, liegen isoliert voneinander und ihre Erreichbarkeit ist durch lange Winter, hohe Pässe und weite Straßendistanzen zu anderen Landesteilen eingeschränkt.
- Zusätzlich entscheidend für den Entwicklungsrückstand des Ostens ist seine historisch periphere Stellung am Rande von Staaten, deren Macht- und Wirtschaftszentren stets weit entfernt lagen und bis heute liegen. Auch zukünftig dürften Versuche zum Abbau des Entwicklungsrückstandes zum peripheren Binnenland oder gar nach Ostanatolien nicht immer zum gewünschten Ausgleich der Kontraste, oft eher ungewollt zu ihrer Verschärfung führen.

Abschätzung der Entwicklungschancen

In vielen Abschnitten dieser landeskundlichen Darstellung klangen die Diskrepanzen des Produktionspotenzials und der Entwicklungstendenzen zwischen verschiedenen Teilräumen des Landes an. Die Türkei hat damit ernste Zukunftsprobleme zu bewältigen, deren Lösungsmöglichkeiten vielfältig diskutiert werden. Die Geschichte zeigt, dass überall auf der Welt die menschliche Bewertung von einzelnen Räumen gewechselt hat, dass neue Wirtschaftstechniken oder neue soziale Konstellationen zum wirtschaftlichen Aufblühen oder zum relativen Niedergang von Teilräumen führen. Dass in der bis zum 19. Jh. weitgehend von der wirtschaftlichen und sozialen Entwicklung Europas abgekoppelten Türkei derartige Vorgänge heute in einer Art von Nachholprozess umso stürmischer verlaufen, ist nicht verwunderlich.

Für die detaillierte Betrachtung müssen wir drei Gedanken aufgreifen, die zuvor schon als Determinanten der räumlichen Differenzierung angesprochen wurden:

1) die Kammerung des Landes mit ihrem Gegensatz von Becken und Berglandschaften;
2) das System der zentral-peripheren Ordnung mit Binnen- und Randgebieten;
3) den historischen Gegensatz zwischen dem Osten und Westen des Landes und seine Abstufung.

Die *Kammerung des Landes* in Becken und breitere Täler einerseits, Berg- und Gebirgsland andererseits ist eine unveränderliche Konstante. Die Bewertung dieses Gegensatzes allerdings war historisch sehr verschieden. So führten die Zeiten der türkischen Eroberung im Mittelalter und dann wieder die letzten Jahrhunderte osmanischer Herrschaft zu einer Verödung der Beckenebenen. Während die Ovas weitgehend nur noch als jahreszeitliche Weidegebiete fungierten, konzentrierte sich die dörfliche Siedlung in den geschützteren Gebirgslagen (Höhfeld 1988). Viele dieser Dörfer bestehen nach wie vor, aber seit dem späten 19. Jh. hat ein Umschwung in der Bewertung eingesetzt: Die Ebenen – jetzt wieder sicherer – wurden attraktiv. Hier fanden sich freie Ackerflächen, vielfach bessere Böden und teilweise Bewässerungsmöglichkeiten. Das flachere Gelände erlaubte relativ frühen Maschineneinsatz. Der Wert des Grundbesitzes stieg, Intensivierungen des Anbaus konnten vorgenommen werden. Die Dörfer in Becken- und Tallagen wuchsen und zogen weitere Bevölkerung aus den Gebirgen nach sich.

Die staatlichen Erschließungsmaßnahmen der Gegenwart kommen ebenfalls in erster Linie den Beckenlandschaften zugute. Sie werden durch Straßen verbunden, ihr agrarischer Absatz wird damit verbessert und ihr Lebensstandard eilt mit dem Bau von Dorfzubringerstraßen, Trinkwasser- und Stromversorgung dem der Gebirgsdörfer voraus. Die rasch wachsenden großen Dörfer sind auch bei der Besetzung von Lehrerstellen wichtiger als entlegene Weiler im Gebirge, wo jeder dorthin versetzte Beamte so schnell wie möglich wieder das Weite sucht.

Fast jedes Becken hat – abgestuft nach Größe und Verkehrslage – eine traditionelle Stadt oder einen zur Stadt aufgewerteten Marktort. Ihre Marktfunktionen wurden mit der Siedlungsverdichtung stärker in Anspruch genommen, und der Staat fügte administrative Funktionen hinzu. Solche Landstädte konnten also verstärkt wachsen, boten Chancen für Arbeit, Bildung und Versorgung. Soweit staatliche Institutionen mit Produktionsbetrieben direkt in die Wirtschaftsentwicklung eingriffen, wie das ja dem etatistischen Prinzip entsprach, mussten Lokalisierungsentscheidungen im Detail zugunsten der Becken fallen, wo es Überwachung und Schutz, Infrastruktur und Arbeitskräftepotenzial gab.

Jeder Versuch zum Abbau des Entwicklungsrückstandes im Binnenland oder gar in Ostanatolien musste also notwendigerweise zur Verschärfung der Kontraste auf der unteren Ebene, zwischen Bergland und Becken, führen. Die Folge ist bis in die Gegenwart eine Land-Stadt-Wanderung. Möglicherweise läuft sie in Etappen ab: Die Bevölkerung der stadtnäheren Dörfer neigt früher zur Abwanderung und Gebirgsbevölkerung rückt zuerst in die Beckendörfer, später in die Städte nach. Vorerst fehlen dafür aber noch die Belege. Im Ergebnis jedoch nehmen die Bergdörfer an Einwohnerzahl ab oder mindestens kaum mehr zu. In den Dörfern der Becken hält das Wachstum länger an, bis schließlich die ländlichen Besitz- und Betriebsformen eine gewisse Schranke setzen. Sobald jedoch die Bodenmobilität so groß wird, dass arbeitsintensive Kleinbetriebe mit einem hohen Grad agrarischer Spezialisierung möglich werden, geht die Verdichtung weiter. Die meist problemlosen Verkehrsmöglichkeiten innerhalb der Beckenebenen erlauben enge Beziehungen zur jeweiligen Stadt, und die Suburbanisierung der stadtnahen Dörfer schafft nichtagrarische Arbeitsplätze. Wenn einmal infolge steigender Mechanisierung die agrarischen Arbeitsplätze absolut abnehmen, dann wird das die Siedlungen der Beckenebenen am wenigsten in ihrer Bevölkerungsentwicklung hemmen, weil sie sich zu Wohngemeinden oder vorstädtischen Gewerbestandorten entwickeln können. In einigen Beckenebenen um das Marmarameer ist dieser Prozess bereits zu beobachten. Das überdurchschnittliche Wachstum der ländlichen Bevölkerung in den „Zentrallandkreisen" vieler Provinzen ist ein gewisser Hinweis auf diesen Entwicklungsverlauf.

Insgesamt hat sich also ein Gefälle von den Gebirgen zu den Becken herausgebildet, das sich tendenziell weiter verstärkt und in seiner Schärfe dadurch akzentuiert wird, dass es mit dem überall auf der Welt zu beobachtenden Land-Stadt-Gegensatz partiell zusammenfällt. Es ist in erster Linie ein Gefälle der Erwerbschancen, aber auch der Verkehrs- und Versorgungsmöglichkeiten und der Bildungschancen. Die notwendig anschließenden Bevölkerungsverschiebungen, die seit über 100 Jahren daraus folgen, sind noch längst nicht abgeschlossen. Sie werden anhalten, solange in den Gebirgsdörfern Menschen existieren, die noch fast auf dem Subsistenzniveau leben.

Der Gegensatz Gebirge – Becken wurde bewusst in einer gewissen Zuspitzung formuliert, obwohl es dazwischen natürlich vielerlei Übergangsstufen gibt. Die Attraktivität der einzelnen Beckenlandschaften ist unterschiedlich, je nach Größe, Erschließbarkeit, Verkehrszugänglichkeit und nach dem Arbeitsplatzangebot der betreffenden zentralen Stadt. Andererseits gibt es neben den Gebirgslagen auch weniger benachteiligte ländliche Räume in Hügel- und Plateaulandschaften verschiedenster Dimension und agrarischer Eignung. Es wird sicher einmal möglich sein, diese Unterschiede skalaartig abzustufen und für die konkrete Landesplanung flächenmäßig abzugrenzen. Es ist jedoch höchst unwahrscheinlich, dass neben den Ovas jemals ein anderer Typus von Eignungsraum zu vergleichbaren Ballungsprozessen führt. Das Relief und damit die Verkehrsmöglichkeiten setzen Schranken, und wo das nicht der Fall ist, wie auf den flachen Tafeln Zentral- und Südostanatoliens, da erlaubt die Wasserarmut keine stärkere Konzentration.

Es stellt sich die Frage, was aus den zunehmend sich entvölkernden Gebirgslandschaften langfristig werden soll. Es wird sich kaum vertreten lassen, für schrumpfende Restbevölkerung in entlegenen Dörfern die gleichen Infrastruktureinrichtungen zu erhalten oder gar zu bauen, die in den wirtschaftlich expandierenden Vorzugslandschaften nötig sind. Fremdenverkehr ist nur für wenige der Abwanderungsgebiete eine Alternative, und großflächige Aufforstung, so sinnvoll sie aus ökologischen Gründen wäre, dürfte vorerst noch zu große Kosten verursachen. Das großzügig entworfene *Dorf-Stadt-(köy-kent)*Projekt, das Zusammensiedlungen entlegener Bergweiler zu geschlossenen Großdörfern in Tallage vorsieht, dürfte als allgemeine Maßnahme nur in begrenzten Fällen realisierbar sein und darüber hinaus an den Kosten scheitern. Bei der nach wie vor verbreiteten Neigung, möglichst viele Probleme sich selbst regeln zu lassen, ist die langfristig wahrscheinlichste Entwicklung in den agrarischen Ungunstgebieten verstärkte Abwanderung und eine Rückkehr zu Formen der Weidewirtschaft, wobei sich wohl modernere Betriebsformen bald einstellen und – von West nach Ost – durchdringen werden.

Die *zentral-periphere Gliederung*, die in der Türkei durch die Halbinselnatur und durch die Randgebirge so markant hervortritt, wirkt sich primär auf die Entwicklungschancen im Agrarsektor aus. Das Klima der Küstengebiete erlaubt eine größere Vielfalt von Anbauprodukten, auch und gerade von „cash crops". Vom späten 19. Jh. bis in die Gegenwart hat die Verdichtung der agrarischen Bevölkerung der Küstengebiete angehalten. An der östlichen Schwarzmeerküste ist bereits eine Dichte erreicht, die zu starker Abwanderung zwingt. In Südanatolien ist der durch den historischen Nomadismus bedingte Rückstand in der Gegenwart einigermaßen aufgeholt.

Innerhalb der Küstenregionen sind wiederum die Schwemmlandbecken günstiger gestellt, der vorgenannte Gesichtspunkt der Bevorzugung der Ovas tritt hier additiv zur regionalen Klimagunst. Gerade in den fruchtbaren, bewässerungsfähigen Küstenebenen des Südens kann jedoch die Agrarsozialstruktur zum Hemmnis fortschreitender Modernisierung und Verdichtung werden. Die Maßstäbe für die Erschließbarkeit der Ovas an der Mittelmeerküste setzen Israel und der Libanon – das mag verdeutlichen, was an den türkischen Küsten möglich sein müsste, wenn hinreichende Infrastruktur, geeignete Besitzgrößen und Betriebsformen gegeben sein werden.

Selbst die Peripherie im Südosten, das Gebirgsvorland des äußeren Osttaurus um Urfa und Diyarbakır, ist zumindest gegenüber den angrenzenden Gebirgsgebieten noch durch submediterranes Klima, durch großflächigere Anbaumöglichkeiten und durch Chancen der Bewässerungswirtschaft (GAP-Projekt) ausgezeichnet. Auch in diese Gebirgsvorlandgebiete sind Bevölkerungsströme aus dem Hochland gerichtet, die zur Auffüllung beitragen. Die historisch bedingten, agrarsozialen Probleme sind allerdings hier im Südosten am krassesten, der zivilisatorische Rückstand besonders groß: Das Ost-West-Gefälle interferiert mit dem zentral-peripheren vom Hochland zu den Gebirgsvorländern.

Die traditionellen Zentren von Küstenhöfen haben mit ihren Häfen gegenüber den Städten in den Beckenebenen des Binnenlandes einen wesentlichen Vorteil: Sie sind potenzielle Industriestandorte von wachsender Bedeutung. Der internationale Güteraustausch nimmt ständig zu, aber die Distanzen zu den großen Ballungsräumen der Erde bleiben konstant. Da die Landverkehrswege in diesem vorwiegend gebirgigen Land sehr schwierig für einen leistungsfähigen Massengutverkehr auszubauen sind, bieten die Küstenstädte relativ günstige Ansatzpunkte der Industrialisierung. Die wachsende Dichte der Umlandbevölkerung stellt Arbeitskräfte und in zunehmendem Maße auch Kaufkraft. Probleme der Wasserversorgung dürften, im Gegensatz zu vielen Binnenlandstädten, kaum auftreten. Der Energieaufwand zumindest für Heizungszwecke ist erheblich geringer, ohne dass jedoch wie in den Tropen die Notwendigkeit des Air-Conditionings gleiche Kosten erzwingen würde. Die Entwicklungschancen der Küstenovas sind also recht gut, und im Nordwesten, um das Marmarameer, zeichnet sich bereits die Intensivierung, die Verdichtung und die Industrialisierung ab, die wir auch für die anderen Küsten noch erwarten. Schlecht agrarisch erschließbare Küstenbergländer prosperieren bereits seit etwa 1985 durch zahllose Ferienhaus- und Wohn-Kolonien, die im Zuge des in der Türkei beliebten Trends zum Bau von Zweitwohnsitzen an den Küsten aus dem Boden schießen.

Das „Voranschreiten" des Nordwestens und des Westens der Türkei in der modernen Entwicklung ist ein Ausdruck des dritten räumlichen Gefälles, des *Ost-West-Gegensatzes* innerhalb des Staates. Dieser Gegensatz hat teilweise auch direkte physische Ursachen: Das östliche Binnenland ist als Ganzes höher und winterkälter als der Westen, selbst seine Beckenebenen liegen noch so hoch, dass die Auswahl kultivierbarer Pflanzen sehr begrenzt ist. Der Anteil schwer erschließbaren, gebirgigen Landes ist besonders hoch. Die Flächen, die höhere Bevölkerungsdichten auf agrarischer Basis erlauben, sind begrenzt und voneinander isoliert. Der Verkehr ist durch lange Winter und hohe Pässe behindert, und die Straßendistanz zu anderen Landesteilen ist ein weiterer Ungunstfaktor.

Entscheidender für den Entwicklungsrückstand des Ostens ist jedoch seine historisch periphere Stellung am Rande der Staaten, deren Zentren jeweils sehr weit entfernt lagen. Weder die römische und byzantinische noch die persische oder arabische Staatsmacht haben sich hier nachhaltig und dauerhaft durchsetzen können. Die mittelalterliche mongolische Herrschaft oder Oberherrschaft blockierte die Parallelentwicklung zu den westlicheren türkischen Fürstentümern. In den Jahrhunderten der Osmanen waren die Provinzen des Ostens je entfernter umso unsicherer. Einerseits lohnte sich hier der Einsatz staatlicher Macht weniger, etwa im Vergleich zu den Balkanländern, weil weniger an Steuereinnahmen herauszuholen war. Andererseits erlaubte die schwache Präsenz des Staates das Fortdauern oder Wiederaufleben von lokalen Autoritäten und Stammesstrukturen, die einer schärferen Kontrolle erheblichen Widerstand entgegensetzten. Als in İstanbul und İzmir bereits die ersten Dampfschiffe verkehrten, als die Sultane der Tanzimatzeit die Armee nach westlichem Vorbild reformierten, als die Osmanische Bank entstand und viele andere Neuerungen den zivilisatorischen Anschluss an Europa vorbereiteten, mussten im Osten und Süden Regierungstruppen regelrechte Kriege gegen lokale Häuptlinge führen, die sich in mittelalterlichen Burgen verteidigten (v. Moltke 1841). Die Effizienz, mit der der osmanische Staat sich in seinen entlegeneren Provinzen durchsetzen konnte, wird sehr gut verdeutlicht am Beispiel der Durchführbarkeit der ersten Volkszählung im 19. Jh. (vgl. Abb. 58).

Das Verharren in alten Sozialstrukturen und Wertvorstellungen konnte überhaupt nur von Nordwesten her durch Neuerungen beeinflusst werden. Alle vom osmanischen Staat gegebenen Impulse setzten wie selbstverständlich zunächst in der Hauptstadt an. Die Nähe der Hauptstadt erleichterte frühe Kontrollmaßnahmen und Verwaltungsreformen, und die Kontakte zu Europäern, zu ihren diplomatischen, kulturellen und wirtschaftlichen Institutionen, konzentrierten sich auf Konstantinopel/İstanbul und die Städte des Westens und der Küsten. Der Osten und selbst noch das anatolische Binnenland waren zunächst noch viel zu unsicher und zu wenig produktiv, im Westen hingegen lohnten sich schon die ersten Erschließungseisenbahnen und förderten den wirtschaftlichen Aufschwung.

All dem hatten die Binnenlandschaften und der Osten mitsamt ihren Städten wenig entgegenzusetzen. Ein städtisches „Bürgertum" gab es nicht. Das geistige Leben wurde beherrscht von einer Haltung, die jede Neuerung als Abweichung von religiös sanktionierten Normen ansah. Reformen konnten überhaupt nicht von unten her, sie mussten von oben her verordnet werden. Träger solcher Reformen waren weitgehend Offiziere, deren Prestige die beste Garantie für die Durchsetzung ihrer Maßnahmen schien. Da sie in der Regel aus der städtischen Oberschicht İstanbuls stammten, konzentrierte sich ihr Interesse und Engagement auch bevorzugt auf die hauptstadtnäheren Landesteile.

Das Binnenland Anatoliens und der ganze Osten kamen also mit den Errungenschaften der „Neuen Zeit" erst ein bis zwei Generationen später in nachhaltige Berührung. Dieser bereits in osmanischer Zeit vorhandene Entwicklungsrückstand setzt sich in der Gegenwart fort, wo immer eine Entwicklung „in die Breite", bei den Massen der einfachen Bevölkerung notwendig ist. Schulbesuch von Mädchen etwa ist in Thrakien und am Marmarameer vielfach schon in der dritten Generation eine Selbstverständlichkeit. In Zentralanatolien ist er auch inzwischen üblich, und in den Gebirgen Ostanatoliens ist man froh, wenn überhaupt eine Schule existiert, die Lehrer dableiben und außer den Jungen wenigstens der größere Teil der Mädchen kommt. Obwohl der allgemeine Schulbesuch auch im Osten inzwischen durchgesetzt ist, haben die Ballungsgebiete des Westens längst schon den Vorsprung der höheren Bildung.

Diese generationsweise Phasenverzögerung fast aller Innovationen von Westen nach Osten limitiert nun auch sehr viele staatliche und private wirtschaftliche Maßnahmen. Der geringe Bildungsstand im Osten bietet nicht genug qualifizierte Arbeitskräfte für modernere Betriebe, und gleichzeitig hindert er die Bevölkerung daran, traditionelle Erwerbstätigkeiten so zu rationalisieren, dass das Einkommen und damit die regionale Kaufkraft steigt. Wo keine ausreichende Kaufkraft ist, lohnt sich natürlich auch nicht die Ansiedlung privater Konsumgüterindustrie, womit wiederum die Aussichten auf zusätzliche Arbeitsplätze sinken. Was bleibt, ist die Abwanderung, deren Chancen inzwischen schon die Mehrheit zu beurteilen imstande ist.

Der türkische Staat unternimmt im Rahmen seiner Möglichkeiten vieles, um diesem Entwicklungsrückstand entgegenzuwirken. Mit zum Wichtigsten gehören die Maßnahmen der Verkehrserschließung, die überhaupt erst einmal Kommunikation und Information ermöglichen. Die starke Prä-

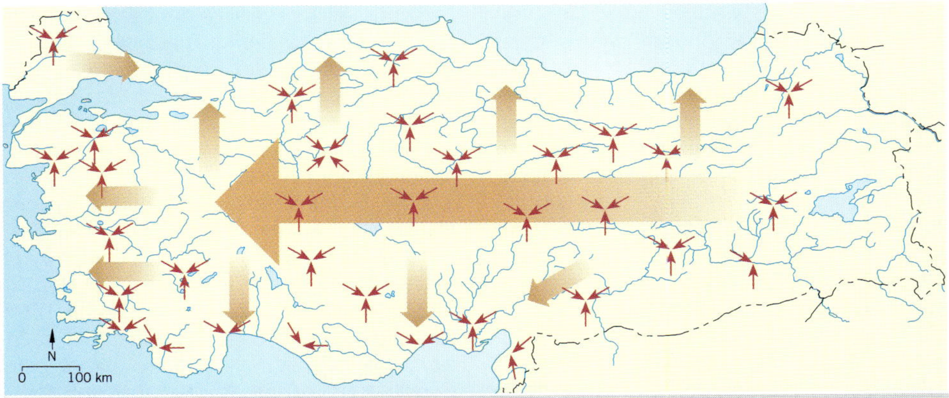

Abb. 107: Schema der Richtungen des Entwicklungsgefälles: *Drei Dimensionen von Bevölkerungsverschiebungen zu den relativen Gunstgebieten sind angedeutet: Gebirge – Becken (Land – Stadt), Binnenland – Küsten, Ost – West.*

senz des Militärs gerade in Ostanatolien trägt zur Durchsetzung und allmählichen Anerkennung staatlicher Rechtsnormen bei. Die Ansiedlung einzelner staatlicher Industriebetriebe wenigstens in den größeren Städten des Ostens soll wirtschaftliche Impulse geben. Alles das verursacht allerdings Kosten, die im Wesentlichen vom Steuerzahler der reicheren westlichen Landesteile aufgebracht werden. Solange bei fast allen Parteien die patriotische Einstellung zu den Fragen der nationalen Einheit anhält, lassen sich auch weiterhin Förderungsmittel für die östlichen Landestelle ausgeben. Diese Mittel fehlen dann allerdings an Stellen, wo sie für die gesamte Volkswirtschaft effektiver eingesetzt werden könnten, und das sind wiederum die Ballungsgebiete des Nordwestens, die Küsten und ein paar größere Städte des Binnenlandes.

Das Gefälle der Entwicklungschancen, das hier in drei (dimensionsmäßig verschiedenen) Richtungstendenzen dargestellt wurde (vgl. Abb. 107), dürfte noch längere Zeit die Wandlungsprozesse des Landes kennzeichnen und Bevölkerungsverschiebungen in diesen Richtungen verursachen. Es vollzieht sich damit ein Prozess der inneren Umstrukturierung, den andere europäische Länder mehr oder weniger schon vollzogen haben, eine Anpassung an die veränderten Erfordernisse des technischen Zeitalters. Die Türkei des 21. Jh.s wird in ihren Grenzen vielleicht nicht gerade solche Gegensätze bergen wie Großbritannien zwischen Londoner Becken und Schottischen Highlands, aber markanter als heute werden die Kontraste zwischen dem Marmararaum und der östlichen Peripherie sicher noch werden. Die flächenhafte Gleichwertigkeit der Lebensverhältnisse war in einer nomadischen und bäuerlichen Subsistenzwirtschaft gegeben. Sie heute wieder zu fordern, hieße einem gefährlichen und teuren Traum nachzuhängen.

Einblicke

Bürger und Islam

Islamische Strukturen

Nationalismus: Auf der Suche nach Identität

Kultur im Umbruch

Bürger und Islam

In der islamischen Welt gelten die Türken, speziell die der jüngeren Generation, nicht unbedingt als strenge Mohammedaner. Seit Mustafa Kemal Atatürks Reformen ist die Türkei eine laizistische Nation mit einem wöchentlichen Feiertag am Sonntag, und man findet genügend Ausreden, um den vom Koran verbotenen Alkohol in Form von Rakı oder Bier zu trinken. Dennoch sind die Moscheen am Freitag, dem traditionellen islamischen Gebets- und Feiertag, selbst in großen Städten oft so voll, dass Gläubige auf der Straße beten müssen, und vor dem Genuss von Schweinefleisch schreckt man immer noch zurück. Auch in einem betont laizistischen Staat wie der Türkei sind die Zeichen auffälliger Re-Islamisierung unübersehbar, und neben dem Gequirle der Basare bleiben dem Türkeibesucher die Gebetsrufe der Muezzine von den Minaretten der Moscheen wohl als der „orientalischste" Eindruck aus der moslemischen Welt in Erinnerung. Viele Türken, v. a. auf dem Lande, sind tief gläubig und in ihren Weltanschauungen, in ihrer Lebensweise, ihren Normen eher konservativ. Sie bekennen sich zum moslemischen Glaubensbekenntnis, der „Shahada". Sie beten fünfmal am Tag gegen Mekka gerichtet, halten den Fastenmonat Ramadan ein, geben den Armen Almosen und unternehmen wenn eben möglich eine Pilgerfahrt (Hac) zu den heiligen Stätten des Islam.

Die traditionelle Institution der „Hac", die als „konfliktfreie Zeit" der vorislamisch-arabischen Tradition entstammt, um allen Gläubigen die Huldigung ihres Gottes an der Ka'aba in Mekka zu ermöglichen, wurde vom Islam übernommen und schreibt allen gesunden Gläubigen mindestens eine Pilgerfahrt nach Mekka vor. Moderne Verkehrsmittel haben eine solche Reise vielen Gläubigen erst ermöglicht und ihre Strapazen gemildert.

Stellenwert des Islam

Neben den vielen Moschee-Neubauten sind es die kleinen Dinge, die den hohen Stellenwert des Islam auch in einer modernistischen Türkei deutlich machen: Frauen mit Kopftüchern, bärtige Männer mit ihren Käppchen, Sprüche wie „Bismillah Errachman Errachim" oder „Maşallah" an Pkw, Lkw oder über dem Sitz des Bus- oder Taxifahrers, Auto-Aufkleber gegen den bösen Blick, Gebetsperlenketten in den Händen eines Mannes, Beschneidung der jugendlichen männlichen Gläubigen – in all diesem findet die Religiosität immer wieder ihren Ausdruck. Auch Eheschließungen, die seit den 1920er-Jahren nach weltlichen Gesetzen erfolgen, sind ohne islamisch-religiösen Ehebund (Imam Nikâhe) auf dem Lande praktisch wertlos. Am Opferfest (Kurban Bayram), dem wohl höchsten Festtag des Jahres, werden Hunderttausende von Opfertieren rituell geschlachtet und das Fleisch als Almosen an die Armen verteilt.

Von Geburt an, über Beschneidung, Heirat, Kindererziehung bis hin zum Tod ist das Leben eines Moslems in der Türkei eng in die Gemeinschaft des Islam eingebettet, viel enger als heute das der meisten Europäer ins Christentum. Dennoch sieht der türkische Gläubige manche religiöse Pflicht eher gelassen – speziell im Licht der wachsenden modernen türkischen Industriegesellschaft. Das strikte Fasten im Fastenmonat Ramadan von Sonnenauf- bis Sonnenuntergang – wo man nicht einmal den Speichel schlucken darf – stößt auf unterschiedlichste Resonanz bei der Bevölkerung. Auflagen des Fastenmonats sind für Reisende, Kranke und Kinder ohnehin nicht gültig: Ein großer Teil der progressiven Mittel- und

Oberschicht aus Großstädten, wie Ankara, İstanbul und İzmir weicht deshalb, v. a. wenn der Ramadan in die heiße Jahreszeit mit langem Tageslicht fällt, auf Urlaubsreisen aus: nach Edremit-Akçay, Burhaniye-Ören oder Erdek. Der junge Moslem nimmt zudem erst vom siebten Lebensjahr an am Fasten (Oruç) teil, als schwaches oder kränkliches Kind sogar einer später.

Bis zur Pubertät lernen die meisten türkischen Kinder das Gebetsritual zu zelebrieren, das mit der rituellen Waschung beginnt und fünfmal täglich vollzogen werden sollte. Und sie haben, zumeist allerdings ohne sie zu verstehen, wenigstens die wichtigsten Suren des (arabisch geschriebenen) Koran auswendig gelernt. Wer das islamische Glaubensbekenntnis (Fatiha) „La Illah il Allah wa Mohammed Rassul Allah" einmal bewusst ausgesprochen hat, hat sich nicht nur für eine Religion entschieden, sondern für eine ganz neue Art zu leben, denn Religion und Alltag sind im Islam nicht voneinander getrennt – auch in der Türkei nicht, trotz strenger laizistischer Reformen durch Atatürk. Wer als Moslem allerdings zu einem anderen Glauben übertritt, wird von den Gläubigen gemieden. Die Strafe für Abtrünnige ist natürlich nicht mehr, wie nach dem traditionellen islamischen Recht der Shariah, der Tod. Heute genügt die gesellschaftliche Ächtung.

Bild 74: Gläubige beim Gebet in der Sultan-Ahmet-Moschee (İstanbul): *Das Leben eines Moslems ist auch in einem betont laizistischen Staat wie der Türkei eng in die Gemeinschaft des Islam eingebettet.*

Islam als Staatsreligion

Vor der Gründung der Türkischen Republik lieferte der Islam als Staatsreligion das ethische und gesetzliche Fundament des Osmanischen Reiches. Der osmanische Sultan repräsentierte seit der türkischen Eroberung Ägyptens im 16. Jh. als geistlicher Führer (Kalif) auch die gesamte islamische Welt. Gelehrte auch aus anderen islamischen Ländern erreichten über das islamische heilige Gesetz der Shariah eine weitgehende Konformität der Gläubigengesellschaft. Sie kontrollierten Glauben, Bildung, Wissenschaften und Gerichtsbarkeit. Allerdings verwarfen sie schon früh die konservative Idee, Wissenschaft verletze die islamische Doktrin, sodass sich viele türkische Wissenschaftler erfolgreich mit Astronomie, Mathematik und Medizin befassen konnten. Kadizade Musa Pasha schrieb im 15. Jh. Kommentare zu Euklid und gründete eine Sternwarte in Samarkand. Ibni-Sina von Bukhara (980–1037) beschrieb 670 medizinische Drogen und entdeckte die Tuberkulose. Der türkische Transoxanier Al Farabi verband in seinen Schriften aristotelisches, platonisches und sufistisches Gedankengut.

Sufi-Bruderschaften

In diesem Zusammenhang lieferten die türkischen philosophisch-mystisch-religiösen Bruderschaften der Sufi einen der wichtigsten Beiträge zum Islam. Vergleichbar den christlich-klösterlichen Orden suchten Sufismus-Sekten über Frömmigkeit und

Armut einen Weg zur mystischen Vereinigung von Mensch und Gott. Orthodoxe Mohammedaner betrachteten diese z. T. von Schamanismus, Tanz, Musik und Feuerritualen begleiteten Zeremonien als Ketzerei. Zwei früh entstandene mystische türkische Sufi-Bruderschaften, die des Mevlevi- und des Bektaşı-Ordens, sind heute noch sehr populär, und die Gräber (türbe) ihrer Begründer, die als „Heilige" (evliya) angesehen wurden, sind auch heute noch Zentren der Verehrung durch konservative Bevölkerungsteile.

Mevlevi-Orden

Die Mitglieder des eher hochgeistig-städtisch ausgerichteten Mevlevi-Ordens sehen sich als Jünger und Nachfolger des Mystikers und Dichters Mevlana Jelaleddin Rumi (1207–1273). Zu Klängen mystischer Musik („tanzende Derwische") suchen sie im Tanzritus die Entrückung aus dem Irdischen und die Vereinigung mit Allah. Ihr Zentrum mit dem Grab des Begründers steht in der zentralanatolischen Stadt Konya, und ihre Anhänger rekrutierten sich vorwiegend aus städtischen Intellektuellen und Mitgliedern der Oberschicht.

Bektaşı-Orden

Da der Bektaşı-Orden des Mystikers Hacı Bektaş Veli (1209–1271), in Hacıbektaş in der Provinz Kırşehir, Ali als den rechtmäßigen Nachfolger Mohammeds (Kalifen) ansah, sprach er besonders die türkischen Schiiten oder Aleviten an. Seine Anhänger übernahmen auch nicht-moslemische Rituale wie die Taufe. Die Bruderschaft war lange Zeit eng mit den Janitscharen verknüpft, und ihre Mönche (Derwische) übernahmen verstärkt die Bekehrung von Christen in Anatolien und auf dem Balkan.

Mit zunehmendem Niedergang des Osmanischen Reiches wurden die islamischen Gelehrten zum Instrument reaktionärer Strömungen. Ein rigider Klerus, der an mittelalterlichen islamischen Ideen festhielt, gab den Ton an, verschloss sich gegenüber allen modernen wissenschaftlichen und kulturellen Veränderungen und öffnete sich mehr und mehr der Reaktion. Während man in Europa in der Reformationszeit bemerkenswerte wissenschaftliche und technische Fortschritte verzeichnete, ließ Sultan Murad III. 1580 durch die obersten Gerichte eine Sternwarte in İstanbul schließen, weil die dortigen Astronomen Geheimnisse des Universums offen zu legen gewagt hatten, die nur Allah kannte.

Mustafa Kemal Atatürk

Mustafa Kemal Atatürk hat die meisten religiösen Aktivitäten, auch die der Bruderschaften, unterbunden, da er hierin eine Bedrohung für das junge Staatswesen sah. Mit der Abschaffung von Sultanat und Kalifat spielte Religion in der Politik und in den meisten Bereichen des öffentlichen Lebens für längere Zeit keine Rolle mehr. Der religiöse Ritus öffentlicher Opfer wurde verboten, die Shariah durch ziviles Recht europäischer Vorbilder ersetzt. In der neuen Türkischen Republik unterliegen religiöse Schulen seitdem der Kontrolle des Bildungsministeriums. Der Einfluss religiöser Führer (Imame), heute bezahlte Staatsdiener, wird scharf beobachtet.

Seit sich die Türkei eher am (christlichen) Westen als am islamischen Osten orientiert, hat sich im Land ein zwiespältiges Verhältnis zum Islam entwickelt. Nicht zuletzt vor dem Hintergrund einer eher zurückhaltenden Haltung in Europa zum türkischen Wunsch des EU-Beitrittes stehen mittlerweile viele Türken den Glaubensbrüdern der moslemischen Nachbarstaaten näher als je zuvor. Und weil die meisten traditionellen Stützen ihres religiösen Lebens seit Atatürk ausgemerzt wurden, greifen manche traditionell eingestellten Bürger nach stabilen Alternativen, die man ihnen im Lande bietet. Nur so ist der politisch-religiöse Widerspruch zu erklären, der sich bei einer der letzten Parlamentswahlen ergab: Die fundamentalistisch-islamische Refah-Partei unter Erbakan übernahm 1996 die Regierung – eine Entwicklung, die niemals die Zustimmung Atatürks gefunden hätte. Aufgeklärte Bürger sehen in derartigen Trends eine Bedrohung der Nation und einen Affront gegen den Kemalismus.

Wiederbelebung des Islam

Seit den 1980er-Jahren konnte man generell eine auffällige Wiederbelebung des Islam und ein wachsendes Interesse vieler Türken an ihrer religiösen Vergangenheit beobachten. Junge Türken und Türkinnen üben heimlich die Trancetanz-Zeremonie der Mevlevi in Privathäusern, und in ehemaligen Derwischklöstern zelebriert man das Ritual für touristische Vorführungen. Die Schülerzahlen in Korankursen, an religiösen Schulen und höheren Instituten für Religionsbildung nahmen zu. Kassetten, Bücher und Zeitschriften islamischen Inhalts, auch solche über religiöse Bruderschaften, sind heute in der Türkei überall zu haben. Eine der populärsten Musikkassetten enthält islamische geistliche Lieder des zum islamischen Glauben konvertierten englischen Popsängers Cat Stevens (Pseudonym Yusuf Islam).

Islamische Strukturen

Das Gros der moslemischen Türken ist zwar sunnitischer Glaubensrichtung; damit ist die Masse der Landesbewohner im Sinne des Atatürk'schen Nationalgedankens unproblematisch. Allerdings gehören auch Teile der türkischen Bevölkerung dem schiitischen Glauben an, und es existieren weitere sektenartige islamische Gruppierungen, über die die Mehrzahl der Landesbewohner aus verschiedenen Gründen kaum oder nur verzerrt informiert ist: Aleviten und alevitische Splittergruppen in Ost- und Südostanatolien, die auch unter dem Namen „Kızılbaş" (Rotköpfe, nach der früheren roten Kopfbedeckung) bekannt sind, und Yeziden.

Aleviten und Sunniten

Die Aleviten (bisweilen auch Alawiten benannt nach Ali, dem Schwiegersohn des Propheten Mohammed) hatten ihren generellen Ursprung in den Schia-Bewegungen des 12 Jh.s. Das Alevitentum erhielt eine erste festere Ausprägung in Anatolien durch Hacı Bektaş Veli, entwickelte sich aber als größere Religionsbewegung wohl hauptsächlich erst aus einer messianischen Revolution unter dem Schiiten-Schah Ismael von Persien im 16. Jh.: Nach dem Sieg der Osmanen unter Yavuz Selim (1514) über Persien waren die aufgrund neu gezogener Grenzen auf osmanischer Seite verbliebenen Schiiten systematisch von sunnitischen Eiferern als Glaubensfeinde verfolgt worden. Um zu überleben begannen die anatolischen Schiiten, mit unterschiedlichsten Begründungen ihren Glauben zu verheimlichen. Um an andersartigen Riten nicht erkannt zu werden, verzichtete man auf Moscheebesuche, hörte auf, öffentlich zu beten, verkürzte die Fastenzeit, hielt sich nicht an das Alkoholverbot des Koran, verwendete gar Wein bei Zeremonien und entfernte sich so immer weiter von der orthodoxen sunnitischen Glaubensgemeinschaft, die bis heute das Leben besonders national-konservativer Schichten auf dem Lande prägt.

Ihre Isolation von ihren sunnitischen Nachbarn gipfelte in obskuren Gerüchten über diese Gruppen bis zur Unterstellung orgiastischer Vermehrungsriten. Selbst kultivierte sunnitische Städter teilen bis heute diese Vorurteile. Da viele der Kurden (vgl. Abb. 67 u. 68) Aleviten sind, werden auch rechtgläubig schiitische, ja selbst sunnitische Kurden mit diesen identifiziert und entsprechend behandelt.

Die Minorität der als „Teufelsanbeter" bezeichneten kurdischen Yeziden (Yezidi) dagegen führt sich auf den (sunnitischen) Yezid Ibn Muawiya, einen Gegner Alis, zurück. Die Yeziden, die eine Glaubensrichtung entwickelt haben, die auf die Staatsreligion der persischen Sassaniden angeblich zurückgeht, werden von den sunnitischen Türken meist nicht als islamisch anerkannt und gelten selbst bei schiitischen Kurden als häretisch.

„Die politische Linke"

Die meisten Aleviten und Yeziden stehen fest zu ihrem Glauben, sehen sich andererseits aber gern als politische Linke – erfahrungsgemäß allerdings oft ohne zu wissen, was das wirklich bedeutet. Sie gelten damit sowohl für die nationalistisch-kemalistischen wie für die traditionell konservativen sunnitischen Strömungen in der Türkei als „reaktionäre" Elemente und Feinde der Nation. Manche der gewaltsamen politischen Auseinandersetzungen der letzten Jahrzehnte innerhalb der Türkei, die man als Kampf rechter gegen linke Kräfte hinstellte, waren Kämpfe von Sunniten gegen Aleviten. Diese tief verwurzelte Dissidenz kam auch 1938 in der Revolte von Dersim zum Ausdruck, als Bewohner im Raum der heutigen Provinz Tunceli die nationale Wehrpflicht verweigerten, Steuerforderungen zurückwiesen und unter der Führung von Seyyid Riza in Terroranschlägen Brücken sprengten, Pässe in ihre Bergtäler blockierten und als Vergeltung für Massaker an Zivilpersonen Soldaten ermordeten. Die damaligen Ereignisse und ihre Konsequenzen werden bis heute in der offiziellen Geschichtsschreibung der Türkei nicht gerne diskutiert. Auch die rezenten Kämpfe türkischer Sicherheitskräfte gegen kurdische Rebellen in Südostanatolien muss man als Fortsetzungen solcher Konflikte sehen. Mittlerweile hat man dort – möglicherweise aus Gründen innerstaatlicher Sicherheit – anstelle weniger bestehender großer mehrere kleinere, überschaubarere und kontrollierbarere Provinzen geschaffen (Ardahan, Iğdır, Bayburt, Batman, Şırnak). Hier ist aus dem Zwist religiöser Gruppierungen innerhalb des Islam mittlerweile ein innenpolitischer Kampf geworden.

Nationalismus: Auf der Suche nach Identität

Kritische Stimmen sehen ein elementares Versäumnis des türkischen Staatsgründers Atatürk darin, dass in seiner Vision einer neuen türkischen Nation mehr die Einhaltung eines Programms als die Beachtung der Bedürfnisse der Bürger dieses Staates berücksichtigt wurde. Den Schlüssel der Zukunft sah Atatürk in der Schaffung einer neuen, zeitgenössischen Zivilisation, nicht in der Suche nach einer neuen Identität des türkischen Volkes. Atatürks Ausspruch „Ne mutlu Türküm diyene! – Wie glücklich bin ich, Türke zu sein!" aus seiner berühmten Rede von 1927, in der er sein Zukunftsprogramm für eine neue Türkische Republik darlegte, offenbart gleichzeitig Ziele und Probleme dieser Vision. Auf Wänden, Denkmälern und Bergen steht der Satz geschrieben und signalisiert: Ohne Ansehen der Religion oder der Ethnie sollen alle Bewohner des neuen Staates Türken sein. Daraus resultierende

Konflikte dauern bis heute an: die elementare Gewalt des Kurdenproblems und die zunehmende Re-Islamisierung.

Gründung der türkischen Republik

In der hoffnungsvollen Vision auf eine positivere Zukunft bewerteten viele Türken mit der Republikgründung 1923 die Relikte der osmanischen Vergangenheit als weitgehend negativ, als unzeitgemäß und ablehnenswert. Das betraf auch die materiellen Hinterlassenschaften aus der vorislamischen Zeit, zu deren Kulturrelikten man ohnehin nahezu keinerlei Verbindung besaß. Die neue Nation hatte somit weder politisch noch kulturell oder sozioökonomisch, im höchsten Fall noch in religiöser Hinsicht eine Vergangenheit. Sie musste sich von einem äußerst verlustreichen Krieg erholen, und es fehlte jegliche wirtschaftliche, soziale und politische Basis für eine Neuordnung. So fanden es die tonangebenden Schichten besser, die meisten Brücken zu jener alten und „düsteren" Vergangenheit abzubrechen und die Nation mit einem radikalen Bruch in die neue und moderne Welt zu befördern. Die Einführung des lateinischen Alphabets trennte Generationen von Türken von einem in fast tausend Jahren in arabischer Schrift verfassten kulturellen Erbe. Kaum jemand in der Türkei kann heute noch Osmanisch lesen oder schreiben. Atatürks Weltanschauung hatte weg von Traditionen jeglicher Art gewiesen und hin zur Übernahme aller Modernismen. Keine „islamisch-türkische", sondern nur eine „europäisch-kemalistische" Lösung wurde als sinnvoll akzeptiert. Traditionen, wie der Islam, wurden zwar toleriert, aber v.a. in den großen Städten als Lebensstil abgelehnt. Mehr als ein halbes Jahrhundert nach Atatürks Tod sind seine Prinzipien noch immer – zumindest offiziell – die Richtlinien türkischer Politik.

Mochten manche dieser Reformen aus heutiger Sicht auch fragwürdig gewesen sein, von der Masse der gebildeten städtischen Schichten wurden sie in den 20er- und 30er-Jahren durchaus akzeptiert. Die Bürger des Landes waren nicht mehr Gläubige in einem Vielvölkerstaat, jetzt waren sie *nur* Türken, und damit *eine* Nation. Abgesehen von ein paar Widerstandskämpfern war die Geburt dieser neuen Nation innerhalb einer bemerkenswert kurzen Zeit abgeschlossen.

Einflüsse der westlichen Welt

Überall in der Türkei allerdings ist die lange und wechselvolle Geschichte des Landes in Denkmälern unübersehbar. Relikte aus vielen Kulturen, Mauern, Paläste und Moscheen, die viele hundert Jahre alt sind, sind allgegenwärtig. Es ist unmöglich, dieses Nebeneinander von Alt und Neu zu übersehen. Zunehmende Einblicke in die Wohnstuben Europas und westliche Lebens- und Denkungsweisen haben die Einstellung des türkischen Bürgers zur eigenen Vergangenheit und alltäglichen Gegenwart radikal verändert. Mehr als drei Millionen Türken leben heute im Ausland, davon über die Hälfte in der Bundesrepublik. Die türkische Presse berichtet über das Leben in Europa. Die Deutsche Mark war in der Türkei eine Art Zweitwährung, und westliche Touristen dringen mit ihrem „europäischen" Gedankengut in die entlegensten Ecken der Türkei vor. Und auch die Türken selbst reisen seit Jahren mehr, sehen ausländische Filme und empfangen ausländisches Fernsehen über Satelliten. Der „Durchschnittstürke" hat heute weit bessere Vergleichsmöglichkeiten über wirtschaftliche und soziale Zustände als zu Zeiten Atatürks. Er versucht, neue Lebensstile anzu-

Bild 75: Zeitungsleser im Teegarten (Ürgüp, Inneranatolien): *Als Medium der Auseinandersetzung zwischen alten und neuen religiösen, sozialen, kulturellen und wirtschafftlichen Strukturen dient nicht zuletzt das breite Angebot der türkischen Tagespresse.*

nehmen und mit den materiellen Vorteilen und Weltanschauungen der westlichen Welt zurechtzukommen.

Nationale Identität

Die fast 70 Mio. Einw. (2000) der Türkei haben sich offenbar nicht mit jener Identität zufrieden gegeben, wie sie vor 80 Jahren von Atatürk auf 10 Mio. Türken zugeschnitten wurde. Dreimal in der noch jungen Geschichte der Republik musste das Militär eingreifen, um die Richtlinien der türkischen Politik im Atatürk'schen Sinne zu korrigieren. Arbeitslosigkeit, Inflation, tiefe sozioökonomische Gräben, Terrorismus und Kleinkriege beherrschen seit Jahrzehnten die Bühne des türkischen Alltages. Die unter der Oberfläche des quirligen Tagesgeschehens latent gärenden innenpolitischen Querelen und das überall spürbare wachsame Auge des Militärs als Hüter des kemalistischen Erbes signalisieren, dass bis heute weder die Fragen nach der türkischen Identität noch die Probleme einer zeitgemäßen Nation für die türkischen Bürger wirklich zufriedenstellend gelöst worden sind.

Bei der Suche nach der nationalen Identität und dem nationalen Erbe der Türkei hat die Schicht des gebildeten Bürgertums eine besondere Rolle übernommen. Man hält es für eine staatsbürgerliche Pflicht und für ein Privileg, den jungen Staat bei Demokratisierungsprozessen und Identitätssuchen zu leiten. Man ist mit dem Land entrüstet, wenn die Türkei in den westlichen Medien aus westlicher Sicht dargestellt wird, und man weist vermeintliche Kritik aus dem Ausland empört zurück. Dieser überspitzte Nationalismus wird im Westen gerne als „nationaler Hochmut" angesehen. Er hat das Ansehen der Türkei und notwendige Hilfen aus dem Ausland oft beeinträchtigt. Und er führte auch im eigenen Land immer wieder zu vermehrten innenpolitischen Auseinandersetzungen mit ethnischen oder religiösen Minderheiten.

Kultur im Umbruch

Die Auflösung des Vielvölkerstaates des Osmanischen Reiches mit seinen politischen und gesellschaftlichen Veränderungsprozessen hat eine tief greifende Wandlung auch im Kulturleben des Landes zur Folge gehabt. Vor dem Hintergrund der intellektuellen Auseinandersetzung zwischen alten und neuen religiösen, sozialen, kulturellen und wirtschaftlichen Strukturen erwuchs eine vielfältige eigenständige Kunst und Kultur in der Türkei mit z.T. sehr eigenwilligen Künstlern und Literaten.

Literatur

Bereits 1937 waren türkische Schriftsteller aufgerufen worden, mündlich tradierte anatolische Volksliteratur schriftlich zu fixieren. In der Folge hatte sich die Literatur aus dem erstarrten Formalismus osmanischer „Diwan-Literatur" zu einer eigenständigen Nationalliteratur entwickelt. In der Lyrik wurde die gesprochene Sprache des Alltags zum bevorzugten Medium. Zeitgenössische türkische Erzähler, darunter auch viele Frauen wie Leyla Erbil, Nezihe Meriç oder Sevgi Soysal, distanzierten sich von Strömungen des Nationalismus und Patriotismus. Die Liste neuer satirischer Schriften als literarische Waffe im gesellschaftlichen Transformationsprozess ist ebenso lang wie die ihrer Verbote, Zensuren und Konfiszierungen. Literaten, wie Sait Fait Abasıyanık, Sabahattin Ali, Mahmut Makal, Fakir Baykurt oder Orhan Kemal machten mit zunehmender Alphabetisierung und wachsendem Bildungsstand der Bevölkerung Begebenheiten aus der Welt der „kleinen Leute" und als „Dorfprosa" in Romanen, Kurzgeschichten und Erzählungen mittlerweile auch einer breiteren Leserschaft zugänglich. Unter diesen Literaten zwischen Realismus und Traditionalismus hat als einer der bekanntesten modernen türkischen Schriftsteller Yaşar Kemal mit seinen sozialkritischen Werken aus der Çukurova auch in europäischen Leserkreisen Eingang gefunden.

Populäre Musik

Westliche Musik war zu Anfang der Republik vom Staat so stark gefördert worden, dass türkische Musik zeitweise nicht mehr im Radio gesendet werden durfte. Charleston, Rumba und Tango erreichten – wenn auch nur über eine kleine Minderheit – die Türkei etwa gleichzeitig wie die restliche Welt. Bereits in den 50er- und 60er-Jahren waren türkische Versionen westlicher Popmusik äußerst beliebt und ihre Interpreten kandidierten beim „Eurovisions-Schlagerwettbewerb".

Mit der Veränderung des gesellschaftlichen Klimas durch Migration und Bevölkerungsexplosion veränderte sich auch die Volkskultur. Die breite Palette populärer Musik der Türkei spiegelt die soziale Vielfalt der gegenwärtigen türkischen Gesellschaft wider. Mittlerweile haben Künstler des linken Flügels eine neue türkische Popmusik ins Leben gerufen, die ihre Ursprünge in der Folklore des Landes hat. Adyja Pekkan singt türkische Übersetzungen und Kopien westlicher Disco-Schlager, Sezen Aksu ist eher bekannt für original türkische Popmusik vergleichbar mit Melodien von Barbra Streisand. Zu Interpreten alter Schule mit vereinfachter klassischer türkischer Musik gehören Zeki Müren, Emel Sayin und Bülent Ersoy.

Arabesque

Seit den frühen 70er-Jahren wird das Land von einem neuen Musiktrend überrollt, der aus jedem Minibus, Kaffeehaus, Restaurant oder Privathaus schallt: der Arabesque, einer Mischung aus Leben im Gecekondu, Leidenschaft, rührseliger Sentimentalität und unerwiderter Liebe. Der Starinterpret der neuen Richtung heißt Ibrahim Tatlıses, ein Bauarbeiter aus Urfa. Auf verfeinertem Niveau stehen als Vertreter der Protestmusik Zulfi Livaneli, der mit Theodorakis zusammenarbeitet, sowie Cem Karaca und Timur Selcuk. Traditionelle „Orientalische" Musik dagegen ist in der modernen städtischen Gesellschaft weitgehend in den Hintergrund getreten.

Militärmusik

Da osmanische Militärkapellen einen wesentlichen Bestandteil der Taktik des osmanischen Janitscharenheeres gebildet hatten, die zusätzlich zum Kanonendonner mit Kesselpauken, Hörnern und Dudelsäcken auch auf ihren Europa-Feldzügen ein Höllengetöse erzeugten, fanden die entsprechenden Instrumente im Laufe der Zeit nicht nur Verwendung in der traditionellen Militärmusik der Türkei, sondern auch Eingang in Kompositionen bedeutender Musiker wie Mozart, Haydn und Beethoven.

Klassische türkische Musik

Zusätzlich zu dieser Kriegsmusik entwickelte sich als eigene Synthese aus asiatischer Musik trotz hohem Fremdanteil die klassische türkische Musik, denn unter den osmanischen Herrschern gab es Musikliebhaber und gute Komponisten (Mahmud I. und Selim III.). Diese Art türkischer Musik hatte sich mit der Zeit aufgrund mehrerer Emigrationswellen aus Zentralasien und diverser Eroberungskriege aus vielerlei Musikkulturen und -stilen entwickelt, in denen man selbst chinesische und afrikanische Elemente ausmachen kann. Die persischen und byzantinischen Hauptwurzeln der echten klassischen türkischen Musik haben sich bis in unser Jahrhundert erhalten. Bedeutende Komponisten klassischer türkischer Musik waren auch Armenier, Griechen und Juden, die besonders durch religiöse Musikstücke bekannt geworden sind.

Allerdings war aufgrund der Unkenntnis einer Notationsmöglichkeit das Fehlen schriftlicher Vorlagen eine Besonderheit der türkischen Musik. Die allgemein übliche Methode blieb Auswendiglernen des Musikstücks. So gingen mit jedem Weitergeben einer Komposition manche Originale verloren, obwohl ein osmanischer Armenier, Hamparsum Limonjuian (1768–1839), ein eigenes Notensystem geschaffen hatte.

Europäische musikalische Einflüsse

Europäische musikalische Einflüsse traten erstmals im 19. Jh. in Erscheinung. Ein bekannter italienischer Musiker (Guiseppe Donizetti, 1788–1856) unterrichtete und leitete die Kapelle im prowestlich eingestellten Topkapı-Palast in İstanbul und komponierte osmanische Märsche. Im 19. Jh. begann eine erste Schallplattenproduktion der Firmen „Odeon" und „His Master's Voice" in der Türkei.

Fahrende Sänger

Während das erste städtische türkische Unterhaltungsmusik-Genre des „Canto" (Lieder- oder Singspielform mit einem breiten Spektrum unterschiedlicher Musikstile von russischen bis zu italienischen) aus dem späten 19. Jh. heute kaum noch bekannt ist, kann man die Kunst des fahrenden Sängers (aşik; dieser Stil tauchte im 15. Jh. in Anatolien auf) immer noch in Erzurum, Kars, in der Çukurova oder bei Festen in Konya erleben. Wie ein mittelalterlicher französischer Troubadour spielt der Sänger von Dorf zu Dorf reisend die Bağlaman (oder Saz, ein langhalsiges Instrument mit drei Saitenpaaren) zu politischen und sozialsatirischen Liedern.

Nachdem 1924 im Zuge des kulturellen Aufbaus der Republik eine Schule für Musiklehrer und 1936 ein staatliches Konservatorium eingerichtet worden waren, flossen u.a. durch Ulvi Cemal Erkin (1906–1972) auch Themen und Rhythmen aus der türkischen Volksmusik in Form von Symphonien, Symphonetten, Rhapsodien, Klavier- und Violinkonzerten in die klassische westliche Musik ein. Als 1946 von deutschen Flüchtlingen, wie Hindemith, die türkische Staatsoper und das türkische Staatstheater gegründet wurden, waren klassische westliche Musik und Kultur in vielerlei Form in der Türkei in Kreisen der gehobenen Mittelschicht gesellschaftsfähig geworden.

Ballett

Vor allem İstanbul wurde Standort eines facettenreichen kulturellen Panoramas von Oper, Theater, klassischer Konzertmusik, Ballett, Malerei und Bildhauerei. Die russische Emigrantin Krassa Arzumanova baute Anfang der 30er-Jahre eine Ballettschule auf, aus der sich das klassische türkische Ballett, später dann die Ballettakademie von Ninette de Valois (1948–1950) als Basis für die Ballettabteilung des neuen staatlichen Konservatoriums von Ankara entwickelte, die heute den Kern des türkischen Staatsballetts bildet. Die Ungarin Olga Nuray Olcay gründete 1953 das Städtische İstanbuler Konservatorium und bildete zusammen mit dem Choreographen Rezzan Abidinoğlu junge, talentierte Tänzer aus. Heute treten regelmäßig zwei ständige Ballettensembles (Staatsopernballett und Zeitgenössisches Ballett) im Atatürk-Kulturzentrum auf. Die Darbietungen umfassen klassische, neoklassische, avantgardistische und moderne Stücke, sind qualitativ hoch stehend, lassen aber zeitgenössische Stücke für ein türkisches Publikum vermissen.

Theater

Seit Eröffnung der Staatstheater hat die Türkei den Aufstieg verschiedener Theatergruppen miterlebt, deren Repertoire vom traditionellen improvisierten Schauspielen (ortaoyunu) über die Schattenspiele (karagöz) bis hin zu Shakespeare-Inszenierungen und Avantgarde-Produktionen reichen. Was man bietet, ist in der Regel gut, was fehlt, ist oft ein innovativer experimenteller Bühnengeist.

Allein in der Bosporusmetropole hebt sich in weit über zwanzig verschiedenen Theatern allabendlich der Vorhang für Klassiker wie Ibsen und Tschechow, amerikanische Komödien, französische Lustspiele, Broadway-Musicals und Stücke junger türkischer Autoren. Viele der Interpreten und Regisseure absolvierten staatliche türkische Konservatorien in İstanbul und Ankara oder studierten in Europa und in den Vereinigten Staaten. Das Kent- und das Ankara-Kunsttheater widmen sich dem klassischen Drama, das Ali-Poyrazoğlu-, das Dostlar- und das Komödientheater sowie das Ostrich-Kabarett bringen leichtere Stücke.

Oper

Im Rahmen des Kulturaustausches kommen namhafte Künstler aus ganz Europa nach İstanbul, und für ausländische Besucher bietet das Internationale İstanbul-Festival vor der mittelalterlichen Kulisse von Rumeli Hisar Inszenierungen verschiedener englischer, französischer und italienischer Gruppen.

Seit 1969 heißt die 1960 in İstanbul gegründete städtische Oper İstanbuler Staatsoper. Opern- und Operettenaufführungen in İstanbul waren bereits im 19. Jh. sehr beliebt. Gastspielkünstler aus Italien führten sogar im Palastbezirk vor dem Sultan Verdi-Opern auf. Seit über zehn Jahren – nach einer eher ruhigen Phase in der türkischen Opernkultur während der ersten vier Jahrzehnte nach der Gründung der Republik – finden derzeit wöchentliche Konzerte in beachtlicher Qualität mit Werken von Beethoven, Mozart, Tschaikowsky, Mahler und Bach bis hin zu Schönberg statt. Als Keimzelle der İstanbuler Gesellschaft für Kunst und Kultur bildet das Internationale İstanbul Festival Mitte Juni bis Ende Juli unter Leitung des Industriellen Nejat F. Eczacıbaşı einen kulturellen Höhepunkt und ein Forum für Schauspiel, Kunst und Musik mit weltbekannten Interpreten: Yehudi Menuhin, Igor

Bild 76: Männer in einem Teegarten (Çay, Inneranatolien): *In den dörflichen Teestuben des Landes demonstriert auch in einer modernen Türkei eine immer noch auffällige „Männergesellschaft" die Einhaltung traditioneller Werte.*

Oistrach und Rudolf Nurejew; die Jazzmusiker Chick Corea, Miles Davis oder Ray Charles; Tanzdarstellungen der Merce Cunningham's Company, des Bolschoi-Balletts und des London Festival Ballet; die Royal Shakespeare Company, Pariser Symphoniker, Leningrader Philharmonie und Berliner Symphoniker. Für das Lokalkolorit mit z.T. jahrhundertealten Klangformen sorgten das türkische Ayangil-Orchester samt Chor, das Musikensemble des Städtischen Konservatoriums für türkische Musik oder der Klassische Chor des Ministeriums für Kultur und Tourismus.

In der bildenden Kunst begannen erste Studenten ihre Ausbildung als Bildhauer an der Akademie der Künste nach 1923 in İstanbul. Zunächst wurden v. a. Statuen und Büsten vom Staatsgründer Mustafa Kemal Atatürk und anderen Republikhelden angefertigt. Viel versprechende junge Bildhauer erhielten die Möglichkeit, in Europa zu studieren. Sie brachten neue Stilrichtungen nach Anatolien.

Bildhauerei

Bereits im 19. Jh., nachdem der Sultan türkische Künstler zum Studium nach Paris geschickt hatte, hatte die Malerei in der Türkei einen stürmischen Aufschwung erlebt. Heute gibt es im Lande mehr Maler als Schauspieler und eine schier unzählbare Fülle von Galerien. Der Kunstliebhaber kann beim Besuch zwischen zahlreichen verschiedenen avantgardistischen und klassischen Kunstgalerien wählen. Die bedeutendsten darunter sind wohl Urart, Baraz, Sanfa, B. M. und Vakko in İstanbul. Während aber bei den Bildhauern der klassische Realismus nach wie vor bestimmend blieb, dominierten in der türkischen Malerei in den 50er-Jahren Kubismus und abstrakte Kunst, später dann Impressionisten und Primitive. Aber nicht nur in der Kunst, in jedem Winkel der türkischen Wirtschaft, Kultur und Gesellschaft, in die inzwischen auch der Personal-Computer unaufhaltsam Einzug gehalten hat, spürt man eines unverkennbar: Bei aller Besinnung auf traditionelle Werte ist man überall immer noch auf der Suche nach einem geeigneten türkischen Weg in eine moderne türkische Welt.

Anmerkungen zur Literatur

Unter den Tausenden von einschlägigen Titeln, die in einer Landeskunde eigentlich berücksichtigt werden müssten, eine überzeugende Auswahl zu treffen, gelingt so gut wie nie. Die Forschungsergebnisse sehr vieler Disziplinen sind derart miteinander verzahnt und aufeinander angewiesen, dass konventionelle Fächergrenzen der Sache abträglich wären.

Dennoch ist der Kenntnisstand über die Türkei sehr unterschiedlich. Vielfach sind relativ gut bearbeitete Disziplinen – etwa die osmanische Geschichte oder die Geologie der Türkei – bereits in neuen Zusammenfassungen aufgeschlossen, während zu anderen Sachgebieten eine Vielzahl verstreuter Einzelarbeiten zitiert werden muss und dennoch nur Beispielfälle oder Einzelaspekte damit bekannt werden. Das Interesse an den Stätten der antiken Kultur in Kleinasien setzte über hundert Jahre eher ein als etwa die Befassung mit den sozialen Strukturen der ländlichen Bevölkerung; alle Erkenntnisse, die flächenhafte Feldarbeit voraussetzen, sind mühsamer zu gewinnen als diejenigen, wo punktuell an Ruinenplätzen, Bergbaustandorten oder in Archiven gearbeitet werden muss; und schließlich stehen bis heute der Bearbeitung vieler Fragen zur wirtschafts- und sozialgeschichtlichen Situation und Entwicklung administrative Hemmnisse im Wege, die zumindest ausländische Forscher vielfach abschrecken.

Eine landesspezifische Schwierigkeit ergibt sich dadurch, dass unter keinen Umständen die *türkische* Fachliteratur übergangen werden kann. Während in den meisten Ländern der „Dritten Welt“ wissenschaftliche Literatur bisher fast nur in westlichen Sprachen geschrieben worden ist, gilt das nicht für die Türkei, wo schon drei Generationen modern ausgebildeter Wissenschaftler ihre Ergebnisse in der Landessprache veröffentlichen. Diese Arbeiten müssen zitiert werden, weil sie unmittelbar benutzt wurden oder weil ihr Inhalt bedeutsam und nicht in Übersetzungen greifbar ist. Darüber hinaus sind die Verfasser der Ansicht, dass es nicht nur ein Gebot der Höflichkeit gegenüber den Kollegen der jungen Hochschulen der Türkei ist, wenn man ihre Arbeiten zitiert. Eine nicht unbeträchtliche Zahl türkischer Arbeiten verdient es durchaus, auch außerhalb des eigenen Landes zur Kenntnis genommen und gewürdigt zu werden.

Bei der Auswahl der Titel wurden Übersichtsarbeiten bevorzugt aufgenommen. Breitere Erfassung wurde bei den eigentlich geographischen Titeln angestrebt. Bei den Arbeiten aus einschlägigen Nachbarfächern richtete sich die Auswahl in erster Linie nach der Verwendbarkeit im Rahmen einer Landeskunde, da es dem Geographen natürlich nicht zusteht, hier sachlich zu „gewichten“.

Unter der großen Zahl älterer Reiseberichte des 19. und frühen 20. Jh.s musste stärker gesiebt werden. Bis zur Mitte des 19. Jh.s sind sie bei C. Ritter ausgewertet, und die späteren sind meist in Petermanns Mitteilungen oder im Geographical Journal publiziert, zitiert oder besprochen, sodass der interessierte Leser sie relativ leicht findet.

Nicht einzeln angeführt sind – von wenigen Ausnahmen abgesehen – die Artikel der großen Enzyklopädien, wie Paulys Real-Encyklopädie der klassischen Altertumswissenschaften, die Enzyklopädie des Islam oder deren neue englische und französische Ausgabe. Für alle Fragen zur lokalen und regionalen Geschichte vermitteln sie knappe, aber umfassende Dokumentationen und Literaturbelege. Ausführlicher als die letztgenannten sind für die Türkei die türkische Islam Ansiklopedisi, wenngleich nicht mehr ganz auf aktuellem Stand, bzw. die türkische Staats-Enzyklopädie (Yurt Ansíklopedisi).

Die Zahl der Fachzeitschriften, aus denen Arbeiten zitiert werden, ist außerordentlich groß. Es gibt zwar, außer wenigen türkischen Zeitschriften, keine speziell die Geographie der Türkei betreffenden Fachorgane. Einen großen Anteil an Arbeiten, die sich auf die Türkei beziehen, enthalten jedoch einige Fachzeitschriften, die der Geschichte, Wirtschaft oder Sozialstruktur des Nahen und Mittleren Ostens insgesamt gewidmet sind, wie Journal of the Economic and Social History of the Orient (Leiden), Orient (Hamburg), Middle East Journal (Washington), Internat. Journal of Middle East Studies (Cambridge). Daneben finden sich hin und wieder für den Geographen wichtige Artikel in den sonst überwiegend philologisch bestimmten Fachzeitschriften der Orientalistik, von denen hier stellvertretend Der Islam (Hamburg) und die Zeitschrift der Deutschen Morgenländischen Gesellschaft (Wiesbaden), dazu die Wiener Zeitschrift für die Kunde des Morgenlandes (mit Turkologischem Anzeiger) genannt seien.

In der Türkei gibt es inzwischen für jede Disziplin mindestens eine eigene Fachzeitschrift. Die Qualität der Beiträge ist allerdings noch recht unterschiedlich. Darüber hinaus geben die einzelnen Fachinstitute der größeren Universitäten eigene Reihen oder Zeitschriften heraus, die zu finden und die wesentlichen Beiträge aufzuspüren eine oft mühevolle Tätigkeit ist. Dasselbe gilt für die schon kaum mehr übersehbare Masse von amtlichen Publikationen von Ministerien und Einzelbehörden. Das ist jenes oft als „graue Literatur" bezeichnete Material, das meist nur in geringer Auflage gedruckt wird und nicht in den Buchhandel und Bibliothekstausch kommt.

Die Abkürzungen für Zeitschriften, Reihen usw. wurden so gehalten, dass der vollständige Titel auch für den Nichtfachmann ohne weiteres ersichtlich sein dürfte. Problematisch sind lediglich die türkischen Veröffentlichungen, vor allem weil sie bisweilen die Namen der Zeitschriften oder Reihen modifizieren, die Modalitäten der Nummerierung abwandeln oder mal unter türkischem, mal unter englischem oder französischem Titel genannt werden. Für *türkische* und *einige wenige andere* Publikationen folgt daher unten ein *Verzeichnis der verwendeten Abkürzungen*. Es ist zu beachten, dass vielfach eine doppelte Nummerierung auftritt: Eine Arbeit hat z. B. eine bestimmte Nummer als Publikation der Philosophischen Fakultät İstanbul und eine andere Nummer als Arbeit aus dem Geographischen Institut dieser Fakultät.

Derg.: *Dergi(si) = Zeitschrift (für)*
Yay.: *Yayın(lar) = Veröffentlichung(en)*
Neşr.: *Nesriyat(lar) = Veröffentlichung(en)*
Müd.: *Müdürlük = Direktion*

Ank. Üniv. D. T. C. Fak. Derg.: *Ankara Üniversitesi Dil Tarih ve Coğrafya Fakültesi Dergisi*
Ank. Üniv. D. T. C. Fak. Yay.: *Ankara Üniversitesi Dil Tarih ve Coğrafya Fakültesi Yayınları*
Bull. Min. Res. Expl. Inst.: *Bulletin of the Mineral Research and Exploration Institute, Ankara*
Coğr. Araşt. Derg.: *Cografya Arastırmaları Dergisi*
İst. Üniv. Coğr. Enst. Derg.: *İstanbul Üniversitesi Coğrafya Enstitüsü Dergisi*
İst. Üniv. Ed. Fak. Yay.: İstanbul *Üniversitesi Edebiyat Fakültesi Yayınları*
M. T. A. Yay.: *Maden Tetkik ve Arama Enstitüsü Yayınları (= Publications de l'Institut d'Etudes et de Recherches Minières en Turquie = Publications of the Mineral Researches and Exploration Institute of Turkey)*
Mitt. D. T. Ges.: *Mitteilungen der Deutsch-Türkischen Gesellschaft (Bonn)*
Orm. Araşt. Enst. Yay.: *Ormancılık Arastırma Enstitüsü Yayınları*
Rev. G. I. Ist.: *Review of the Geographical Institute of the University of Istanbul*
TAVO: *Tübinger Atlas des Vorderen Orients*
T. Coğr. Derg.: *Türk Coğrafya Dergisi (= Revue de Géographie Turque)*

Literaturverzeichnis

Acaroğlu, I. A.: Conditions for Socioeconomic and Spatial Changes in the Gecekondu (Squatter) Areas around Turkish Cities. – Ekistiks 224. 1974, S. 47–49.

Akbal, F.: 1831 Tarihinde Osmanlı Imparatorluğunda Idari Taksimat ve Nüfus. – Belleten 15, Istanbul 1951, S. 617–628.

Akçura, T.: Urbanization in Turkey and some Examples. – In: Benedict/Tümertekin/Mansur (Hrsg.): Turkey, Leiden 1974, S. 295–326.

Akdağ, M.: Celali isyanlarının Başlaması – Der Beginn der Celaliden-Aufstände. – Ank. Üniv. D. T. C. Fak. Derg., Bd. 4, Nr. 1, Ankara 1945, S. 22–50.

Akgün, H.: Türkische Häfen und ihre Hinterlandsbeziehungen am Beispiel der Mittelmeerhäfen. – Diss. Bochum 1988, Materialien und kleine Schriften 117, Bochum 1988 (Institut für Entwicklungsforschung und Entwicklungspolitik).

Akkın, G.: Laternendeckenhäuser in Ostanatolien. – architectura – Zeitschr. f. Gesch. d. Baukunst 19. 1989, S. 1–19.

Akkaya, Ç. et al.: Länderbericht Türkei. – Darmstadt 1998.

Akmandor, N.: Bewässerung in der Türkei. Wasser und Boden 20/12, 1968, S. 39–40.

Akoğlu, T.: Le Tourisme dans l'Economie de la Turquie. Evolution, Importance, Problèmes. (Tourism in the Turkish Economy. Evolution, Importance, Problems). – Diss Bern 1965.

Akova, S. B. Geographical Distribution and Characteristics of Banana Cultivation in Turkey. – In: Review of the Department of Geography of the University of Istanbul 4. Istanbul 1997, S. 11–51. [1997a]

Akova, S. B.: Population and Settlement in the Plains to the North of the Bay of Antalya. – In: Review of the Department of Geography of the University of Istanbul 4. Istanbul 1997, S. 117 – 140. [1997b]

Aksoy, S.: Die Flurbereinigung in der Türkei. – Occasional Papers 3, Saarbrücken 1976.

Aktan, R.: Problems of Land Reform in Turkey. – The Middle East Journal, Bd. 20, Nr. 3, 1966, S. 317–334.

Aktüre, S.: 19. Yüzyıl Sonunda Anadolu Kenti Mekansal Yapı Çösümlemesi. – Orta Doğu Teknik Univ., Mimarlik Fak. Yay., Ankara 1978.

Alağöz, C. A.: Sivas Çevresi ve Doğusunda Jips Karst Olaylar (Les phénomènes karstiques du gypse aux environs et à l'est de Sivas). – Ank. Üniv. D. T. C. Fak. Yay., Nr. 175, Ankara 1967.

Albaum, M. u. C. S. Davies: The Spatial Structure of Socio-Economic Attributes of Turkish Provinces. – Internat. Journ. of Middle East Studies 4, 1973, S. 288–310.

Alex, M.: Klimadaten ausgewählter Stationen des Vorderen Orients. – Beihefte zum TAVO Reihe A, Nr. 14, Wiesbaden 1985.

Altan, T.: Untersuchungen zur derzeitigen Situation und Entwicklung türkischer Nationalparke. – Diss. Fak. f. Gartenb. u. Landeskultur, Hannover 1971.

Amann, U.: Industrialisierung und Stadtentwicklung. Das Beispiel Bozüyük, Westanatolien. – Dipl.-Arb. Tübingen 1997.

Ambraseys, N. N. u. C. F. Finkel: The Seismicity of Turkey and Adjacent Areas – A Historical Review 1500–1800. – Istanbul 1995.

Andrews, P. A.: Republik Türkei. Ethnische Minderheiten im ländlichen Raum (Westteil u. Ostteil) 1 : 2 000 000. – TAVO-Kartenblatt A VIII 14, Wiesbaden 1987. [Karte]

Andrews, P. A. (Hrsg.): Ethnic Groups in the Republic of Turkey. – Beihefte zum TAVO Reihe B Nr. 60, Wiesbaden 1989.

Andrews, P. A.: Vorderer Orient. Nomadenzeltformen 1 : 8 000 000. – TAVO-Kartenblatt A IX 6, Wiesbaden 1990. [Karte]

Anschütz, H.: Einige Ortschaften des Tur Abdin im Südosten der Türkei als Beispiele gegenwärtiger und historischer Bedeutung. – Zeitschr. d. Dt. Morgenländ. Ges., Suppl. III, 1: 19. Dt. Orientalistentag Freiburg 1975, Vorträge. Wiesbaden 1977.

Ardel, A.: Formation et évolution des bassins Anatoliens. – Rev. G. I. Ist., Nr. 9–10, Istanbul 1964, S. 1–15.

Ardel, A. u. H. Inandık: Formation et évolution de la mer de Marmara pendant le Quaternaire. Rev. G. I. Ist., Nr. 7, Istanbul 1961, S. 1–18.

Arni, P.: Tektonische Grundzüge Ostanatoliens und benachbarter Gebiete. Publ. Min. Res. Explor. Inst., Reihe B, Nr. 4, Ankara 1939.

Aurenche, O., Bazin, M. u. S. Sadler: Villages Engloutis – Enquête ethnoarchéologique à Cafer Höyük (vallée de l'Euphrat). – Lyon 1997.

Avcı, S.: Distribution of Cities and Urban Population in Turkey (1922–1990). – In: Review of the Department of Geography of the University of Istanbul 4. Istanbul 1997, S. 53–79.

Aybar, C.: Türkiyede Zeytincilik. – T. Coğr. Derg., Nr. 5–6, Ankara 1944, S. 153–165.

Aydın, H.: Das ethnische Mosaik der Türkei. – Zeitsch. f. Türkeistudien 10/1. 1997, S. 65–101.

Aygün, H.: Türkische Häfen und ihre Hinterlandsbeziehungen am Beispiel der Mittelmeerhäfen. – Institut f. Entwicklungsforschung und

Entwicklungspolitik, Materialien und Kleine Schriften, Bochum 1988.

Baade, F.: Moderne Bewässerung – ein Schlüssel zur wirtschaftlichen Entwicklung des Nahen und Mittleren Ostens. – Orient 4, H. 4, Hamburg 1963, S. 142–146.

Bahri, Y.: Die wirtschaftliche Entwicklung der Türkei von 1923–1980. – Südosteuropa Mitt. 4/33. 1993, S. 350–356.

Banse, E.: Die Türkei. – Braunschweig 1916.

Baratta, M. v. (Hrsg.): Der Fischer Weltalmanach 1996–1999. – Frankfurt 1995–1998.

Barkan, O. L.: Les déportations comme méthode de peuplement et de colonisation dans l'Empire Ottoman. – Rev. de la Fac. des Sciences Économiques de l'Université d'Istanbul, 11. Jg., 1949–1950, S. 67–131.

Barkan, O. L.: Research on the Ottoman Fiscal Surveys. – In: Cook, M. A. (Hrsg.): Studies in the Economic History of the Middle East from the rise of Islam to the present day. London 1970.

Bartels, D.: Türkische Gastarbeiter aus der Region Izmir. – Erdkunde 22, 1968, S. 313–324.

Bartels, D.: Luftbild Innenstadt von Izmir, Türkei. – Die Erde 101, 1970, S. 233–237.

Bartsch, G.: Der Erdschias Dagh und die Stadt Kayseri in Mittelanatolien. – Jb. Geogr. Ges., Hannover 1934/35, S. 89–202.

Bartsch, G.: Ankara im Wandel der Zeiten und Kulturen. – Peterm. Mitt. 98, 1954, S. 256–266.

Bartsch, G.: Siedlungsgang und Siedlungsraum im südöstlichen anatolischen Hochland (settlement process and settlement space in the southeast Anatolian plateau). – Bericht der Oberhessischen Gesellschaft für Natur und Heilkunde zu Gießen, Bd. 28, Gießen 1957, S. 58–81.

Başbakanlık Basın Yayın Genel Müdürlüğü (Hrsg.): Türkiye Yıllığı 1973. – Ankara 1973.

Bates, D. G.: Differential Access to Pasture in a Nomadic Society. The Yörük of Southeastern Turkey. – In: Irons, W. u. N. Dyson-Hudson (Hrsg.): Perspectives on Nomadism. International Studies in Sociology and Social Anthropology, Leiden 1972, S. 48–59.

Bates, D. G.: Nomads and Farmers: a Study of the Yörük of Southeastern Turkey. – Michigan 1973.

Bazin, M.: Erzurum, un centre régional en Turquie. – Rev. Géogr. de l'Est, 1969, S. 269–314.

Bazin, M: Le réseau urbain de la Turquie. – In: Bazin, M. (Hrsg.): La Turquie. – Travaux de l'Institut de Géographie de Reims 65/66. Reims 1986.

Bazin, M. (Hrsg.): La Turquie. – Travaux de l'Institut de Géographie de Reims 65/66. Reims 1986a.

Bazin, M.: L'impact du barrage de Karakaya sur la vallée de l'Euphrate à l'est de Malatya (Turquie). – Revue Géogr. de l'Est 28/1. 1988, S. 3–17.

Bazin, M.: Land und Raumnutzungskonflikte in Kilikien (Türkei). – In: Geographische Rundschau 42. Braunschweig 1990, S. 584–591.

Bazin, M., Kanval, S., Perez, R. u. J. Thobie (Hrsg.): La Turquie entre Trois Mondes. – Varia Turcica XXXII. Paris 1998.

Bazin, M. u. St. de Tapia: L'Industrialisation de la Turquie: Processus de Développements et Dynamiques Spatiales. – In: Méditerranée 64. Aix u. a. 1999, S. 121–133.

Beaumont, P., Blake, G. H. u. J. M. Wagstaff: The Middle East: A Geographical Study. – London u. a. 1976.

Becker, F., Hottes, K. H. u. E. Schultheis: Flächennutzungsplanung in der Türkei. – Materialia Turcica, Beiheft 2, Bochum 1978.

Becker, H.: Über die Entstehung von Erdpyramiden. – In: Mortensen, H. (Hrsg.): Neue Beiträge zur internationalen Hangforschung. – Göttingen 1963, S. 185–194.

Beeley, B. W.: Rural Turkey: A Bibliographic Introduction. – Hacettepe University (Institute of Populations Studies) Publ., Nr. 10, Ankara 1969.

Beeley, B. W.: The Turkish Village Coffeehouse as a Social Institution. – Geogr. Rev., Bd. 60, 1970, S. 475–494.

Beldiceanu-Steinherr, I.: Fiscalité et Formes de Possession de la Terre Arable dans l'Anatolie Préottomane. – Journal of the Economic and Social History of the Orient, Bd. 19/3, 1976, S. 233–322.

Beldiceanu-Steinherr, I. u. N. Beldiceanu: Deux villes de l'Anatolie préottomane – Develi er Qarahisar d'après des documents inedits. – Paris 1973.

Benedict, P.: The Changing Role of Provincial Towns: A Case Study from Southwestern Turkey. – In: Benedict/Tümertekin/Mansur: Turkey, Leiden 1974, S. 241–281.

Benedict, P., Tümertekin, E. u. F. Mansur (Hrsg.): Turkey – Geographic and Social Perspectives. – Social, Economic and Political Studies of the Middle East, Bd. 9, Leiden 1974.

Bengsch, A.: Beregneter Kartoffelanbau in Zentralanatolien, Provinz Nevşehir. – Dipl.-Arb. Tübingen 1985.

Beşikci, I.: Doğuda Değişim ve Yapısal Sorunlar. – Ankara 1969.

Bilgin, T.: Samanlı Dağlar – Coğrafi Etüd. – İst. Univ. Ed. Fak. Yay., Nr. 1294; Coğr. Enst. Yay., Nr. 50, Istanbul 1967.

Bilgin, T.: Formes Volcaniques à l'est de Ceyhan et „Lece" de Hassa. – Rev. G. I. İst., Nr. 13, Istanbul 1971, S. 97–112.

Bilitza, U. V.: Die Ägäische Küste Anatoliens – Eine küstenmorphologische Studie unter Berücksichtigung des Problems der eustatischen Terrassen. – Diss. Bochum 1973.

Biller, J. u. E. Olshausen: Notizen zur historischen Geographie von Pontos. – Studien zur Religion und Kultur Kleinasiens, Festschr. f. F. K. Dörner, Bd. 1, Leiden 1978.

Birand, H.: On the Vegetation of Central Anatolia and its Waterbalance. – In: UNESCO (Hrsg.): Symposium on Arid Zone Hydrology. Paris 1953, S. 239–246.

Birand, H.: Erste Ergebnisse der Vegetations-Untersuchungen in der zentralanatolischen Steppe. – Botan. Jahrb. 79, 1960, S. 255-296.

Birken, A.: Die Provinzen des Osmanischen Reiches. – Beih. zum TAVO, Reihe B, Nr. 13, Wiesbaden 1976.

Bittel, K.: Grundzüge der Vor- und Frühgeschichte Kleinasiens. – 2. Aufl. Tübingen 1950.

Blanchard, R.: The Exchange of Populations between Greece and Turkey. – Geogr. Rev., Bd. 15, Nr. 3, 1925, S. 449–456.

Blumenthal, E.: Die altgriechische Siedlungskolonisation im Mittelmeerraum unter besonderer Berücksichtigung der Südküste Kleinasiens. – Tübinger Geogr. Studien, H. 10, Tübingen 1963.

Blumenthal, M. M.: Niğde ve Adana Vilayetleri Dahilindeki Torosların Jeolojisine Umumi bir Bakış (Un Aperşu de la Géologie du Taurus dans les Vilayets de Niğde et d'Adana). – M. T. A. Yay., Ser. B, Nr. 6, Ankara 1941.

Blumenthal, M. M.: Bolu Civari ile Aşağı Kızılırmak Mecrası Arasındak Kuzey Anadolu Silsilelerinin Jeolojisi (Un aperşu de la géologie des chaines nordanatoliennes entre l'Ova de Bolu et le Kızılrmak inférieur). – M. T. A. Yay., Ser. B, Nr. 13, Ankara 1948.

Bobek, H.: Forschungen im Zentralkurdischen Hochgebirge zwischen Van- und Urmia-See (Süd-Ost-Anatolien und West-Azerbaican). – Peterm. Mitt. 84, 1938, S. 152–162 u. 215–228.

Bobek, H.: Soziale Raumbildungen am Beispiel des Vorderen Orients. – Verh. 27. Dt. Geogr. Tag München 1948, Landshut 1950, S. 193–206.

Boxem, H. W. u. W. G. Wielemaker Soils of the Kücük Menderes Valley, Turkey (Küçük Menderes Havzası Toprakları, Türkiye). – Centre for Agricultural Publishing and Documentation, Agricultural Research Reports 785, Wageningen 1972.

Bozkurt, A.: Das Kurdenproblem in der Türkei. Die Manifestation und Konsolidierung des ethnischen Konflikts und die Frage seiner Lösung. – Europäische Hochschulschriften, Reihe Politikwissenschaft 250. Frankfurt am Main u. a. 1994.

Braudel, F.: La Méditerraneé et le monde méditerranéen à l'époque de Philippe II. – 2. Ed. Paris 1966.

Braun, F.: Die Siedlungen und die Bevölkerung der thrakischen Halbinsel. – Geogr. Zeitschr. 31, 1925, S. 144–162 u. 204–219.

Brice, W. C.: The Desiccation of Anatolia. – In: Brice, W. C. (Hrsg.): The Environmental History of the Near and Middle East since the Last Ice Age, London 1978, S. 141–148.

Brinkmann, R.: Geologie und Bodenschätze. – In: Kündig-Steiner (Hrsg.): Die Türkei, Tübingen – Basel 1974, S. 25–40.

Brinkmann, R.: Geology of Turkey. – Stuttgart 1976.

Broughton, T. R. S.: Roman Asia Minor. – In: Frank, T. (Hrsg.): An Economic Survey of Ancient Rome, Bd. 4: Africa, Syria, Greece, Asia Minor. Paterson N.J. 1959.

Brückner, H.: Geoarchäologie an der türkischen Ägäisküste. Landschaftswandel im Spiegel geologischer und archäologischer Zeugnisse. – In: Geographische Rundschau 48. 1996, S. 568–574.

Bruinessen, M. van: Agha, Scheich und Staat – Politik und Gesellschaft Kurdistans. – Berlin 1989.

Brunn, J. M.: Le problème de l'origine des nappes et de leurs translations dans les Taurides occidentales. – Bull. Soc. Geol. Fr., Bd. 7/16, 1974, S. 101–106.

Bumke, P.: Kızılbaş-Kurden in Dersim (Tunceli/Türkei). Marginalität und Häresie. – Anthropos 74. 1979, S. 530–548.

Burger, D.: The Travertine Complex of Antalya/Southwest Turkey. – Zeitschr. f. Geomorphologie Supplementband 77. 1990, S. 25–46.

Busch-Zantner, R.: Agrarverfassung, Gesellschaft und Siedlung in Südosteuropa unter besonderer Berücksichtigung der Türkenzeit. – Leipziger Viertelj.-Schr. f. Südosteuropa, Beih. 3, Leipzig 1938.

Butzer, K. W.: Quaternary Stratigraphy and Climate in the Near East. – Bonner Geogr. Abh., H. 24, 1958.

Butzer, K. W.: The Late Prehistoric Environmental History of the Near East. – In: Brice, W. C. (Hrsg.): The Environmental History of the Near and Middle East since the Last Ice Age, London 1978, S. 5–12.

Cahen, C.: Le problème ethnique en Anatolie (The ethnic problem in Anatolia). – Cahiers d'Histoire Mondiale, Bd. 2, Paris 1951, S. 347–362.

Cahen, C.: Pre-Ottoman Turkey. – London 1968.

Çağlayan, L. u. A. Olgun: Olivenölproduktion in der Türkei: Struktur und Exportpotential. – Materialien des Zentrums für regionale Entwicklungsforschung der Justus-Liebig-Universität, Gießen 1993.

Calder, W. M. u. G. E. Bean: A Classical Map of Asia Minor 1 : 2 000 000. – British Institute of Archaeology at Ankara, London 1958. [Karte]

Çelik, B.: Ihre Chance; die Türkei. – Wirtschaftskatalog Türkei 1. 1997, S. 38–39.

Chaput, E.: Voyages d'études géologiques et géomorphogéniques en Turquie. – Mémoires de l'institut Français d'archéologie de Stamboul 2, Paris 1936.

Charre, J.: Classification des climats de la côte pontique Turque. – Rev. Géogr. Alpine 60, 1972, S.601–612.

Charre, J.: La forèt de la chaine pontique orientale. – Revue Géogr. Alpine 62/2, 1974, S. 91–204.

Charre, J. u. P. Dumolard: Essai de classification synthétique des climats de la Turquie. – Méditerranée, Bd. 14, H. 3, 1973, S. 51–66.

Christiansen-Weniger, F.: Feststellung von Trokkenjahren und Dürrekatastrophen der letzten Jahrhunderte in ariden Gebieten. – Mitt. D. T. Ges., H. 68, Bonn 1966, S. 1–4.

Christiansen-Weniger, F.: Ackerbauformen im Mittelmeerraum und Nahen Osten, dargestellt am Beispiel der Türkei. – Frankfurt 1970.

Cingel, A.: Arbeitsmigration in der Türkei. – In: Heller, W. (Hrsg.): Migration und sozioökononische Transformation in Südosteuropa. – Südosteuropa-Studien 59, München 1997, S. 83–104.

Clark, C.: The Ottoman Industrial Revolution. – Internat. Journ. of Middle East Studies 5, 1974, S. 65–76.

Cohen, H. R. u. O. Erol: Aspects of the Paleogeography of Central Anatolia. Geogr. Journal 135, 1969, S. 388–398.

Çölaşan, U. E.: Türkiye İklimi. – Ankara 1960.

Çölaşan, U. E.: Türkiyenin Fenolojik Atlası. Ziraat Yüksek Mühendisleri Birliği Neşriyatı. – Ankara 1961.

Cook, M. A.: Population Pressure in Rural Anatolia 1450–1600. – London Oriental Series 27, Oxford 1972.

Cuinet, V.: La Turquie d'Asie. – Geographie administrative, statistique, descriptive et raisonnée de chaque province de L'Asie-Mineure, Bd. 1–4, Paris 1890–1895.

Czapek, F.-M.: Binnenerholungsverkehr im türkischen Schwarzmeergebiet. Eine sozialgeographische Untersuchung. – Eichstätter Beiträge 6. Abt. Geogr., Regensburg 1983.

Daher, Y.: Agricultura Anatolica 1: Die volkstümlichen landwirtschaftlichen Geräte. Eine wort- und kulturgeschichtliche Untersuchung mit besonderer Berücksichtigung der Türkvölker. – Studia Orientalia 42, Helsinki 1970.

Darkot, B.: Türkiyenin Coğrafi Bölgeleri Hakkında (Sur les régions géographiques de la Turquie). – T. Coğr. Derg., Nr. 13–14, Istanbul 1955, S. 141–150.

Darkot, B.: Türkiye Coğrafyası. – Istanbul 1970.

Davis, P. H.: Flora of Turkey. 4 Bde. – Edinburgh 1965, 1967, 1969, 1972.

Davison, R. H.: Turkey. – Englewood Cliffs 1968.

Dawkins, R. M.: Modern Greek in Asia Minor. – Journal of Hellenic Studies 30, 1910, S. 109–132 u. 267–291.

Demirel, S.: Türkiyede mevcut ve mutasavver sulama tesisleri (Die in der Türkei vorhandenen und geplanten Bewässerungsanlagen). – Ankara 1958.

Denker, B.: Die Siedlungs- und Wirtschaftsgeographie der Bursa-Ebene. – Diss. Freiburg 1963.

Denker, B.: Die heutige Agrarwirtschaft der Bursa-Ebene (Türkei). – Rev. G. I. İst., Nr. 9–10, Istanbul 1964, S. 116–134.

Dettmann, K.: Zur Variationsbreite der Stadt in der islamisch-orientalischen Welt. Die Verhältnisse in der Levante sowie im Nordwesten des indischen Subkontinents. Geogr. Zeitschr. 58, 1970, S.95–123.

Devlet Istatistik Enstitüsü (Hrsg.): Genel Nüfus Sayımı. İdari Bölünüş 20.10.1985 (Census of Population by Administrative Division). – Ankara 1985.

Devlet Istatistik Enstitüsü (Hrsg.): Genel Nüfus Sayımı. İdari Bülünüş 1990 (Census of Population. Administrative Division). – Yay., Nr. 1457, Ankara 1991.

Devlet Istatistik Enstitüsü (Hrsg.): Yıllık İmalat Sanayı İstatistikleri 1993 (Annual Manufacturing Industry Statistics). – Yay., Nr. 2028, Ankara 1997.

Devlet Istatistik Enstitüsü (Hrsg.): Madencilik ve Taşocakçılığı İstatistikleri 1995, 1996 (Mining and Quarrying Statistics). – Yay., Nr. 2085, 2134, Ankara 1997, 1998.

Devlet Istatistik Enstitüsü (Hrsg.): Diş Ticaret İstatistikleri 1996 (Foreign Trade Statistics). – Yay., Nr. 2122, Ankara 1998.

Devlet Istatistik Enstitüsü (Hrsg.): Türkiye İstatistik Yıllığı 1994, 1995, 1996, 1997 (Statistical Yearbook of Turkey). – Ankara 1995, 1996, 1997, 1998.

Devlet Istatistik Enstitüsü (Hrsg.): The Population of Turkey, 1923–1994. Demographic Structure and Development with Projections to the Mid-21st Century, Ankara 1995/1996.

Devlet Istatistik Enstitüsü (Hrsg.): Dış Ticaret İstatistikleri 1996 (Foreign Trade Statistics). – Yay., Nr. 2122, Ankara 1998. [1998]

Devlet Istatistik Enstitüsü (Hrsg.): Istanbul. Ekonomik ve Sosyal Göstergeler. – Ankara 1998. [1998]

Devlet Meteoroloji İşleri Genel Müdürlüğü (Hrsg.): Türkiyede Yıllık Ortalama Yağış Dağılışı 1 : 2 250 000. – Ankara 1960. [Karte]

Devlet Su İşleri Genel Müdürlüğü (Hrsg.): Türkiye Hidrojeoloji Haritasi (Hydrogeological Map of Turkey) 1 : 500 000. – Ankara 1970 [Karte in 18 Bl.]

Devlet Su İşleri Genel Müdürlüğü (Hrsg.): Haritalı İstatistik Bülteni (1971). – Genel Yay., Nr. 707, Ankara 1971.

Devlet Su İşleri Genel Müdürlüğü (Hrsg.): Türkiyedeki Mevcut ve Mutasavver Barajlar. – D. S. İ. Yay., Ankara 1989.

Dewdney, J. C.: Turkey. – London 1971.

Diest, W. v.: Von Pergamon über den Dindymos zum Pontus. – Peterm. Mitt., Erg.-Bd. 20, H. 94, 1889.

Dittmann, H.: Kurden – Flüchtlinge im eigenen Land. – In: Geographische Rundschau 45. 1993, S. 58–63.

Donath, M.: Chrom. – In: F. Friedensburg (Hrsg.): Die metallischen Rohstoffe, ihre Lagerungsverhältnisse und ihre wirtschaftliche Bedeutung, Bd. 14, Stuttgart 1962.

Dönmez, Y.: Trakya Bitki Ortüsünün Coğrafi şartları (Geographical Conditions of Vegetation in Trakya (Thrace). – T. Coğr. Derg., Nr. 24–25, Ankara 1968, S. 99–157. [1968a]

Dönmez, Y.: A New Approach to the Problem of the Steppe of Trakya. – Rev. G. I. İst., Nr. 11, Istanbul 1968, S.47–67. [1968b]

Dostal, W., Klaey, E. J. u. S. Sana: Alacahöyük. Ethnographische Skizzen eines anatolischen Dorfes. – Jahrb. des Bernischen Histor. Museums 47–48, 1967/68 Bern 1971.

Drakakis-Smith, D. W. u. W. B. Fisher: Housing problems in Ankara. – Occasional Publications N.S., Nr. 7, Dep. of Geogr., Univ. of Durham 1975.

Dubertsky, A.: Kinship, Primordial Ties, and Factory Organization in Turkey: An Anthropological View. – Internat. Journ. of Middle East Studies 7, 1976, S. 433–451.

Eberhard, W.: Nomads and Farmers in Southeastern Turkey. – Oriens, Bd. 6, Leiden 1953, S. 32–49.

Eggeling, W. J.: Beiträge zur Kulturgeographie des Kücük-Menderes-Gebietes. – Diss. Bochum 1973.

Eggeling, W. J.: Türkei – Land, Volk, Wirtschaft in Stichworten. Hirth-Stichwortbücher, Wien 1978.

Eggeling, W. u. G. Ritter: Entwicklung und räumliche Analyse der türkischen Binnenverkehrsnetze. – Materialia Turcica, Beiheft 3, Bochum 1979.

Elbir, N.: Orköy uyğalamalarında Yığılca projesi örneği. – In: Deutsche Stiftung für Internationale Entwicklung (Hrsg.): Referate des Seminars über aktuelle Fragen der forstlichen Entwicklung in der Türkei, Bolu/Aladağ 1980, S. 133–150.

Elektrik İşleri Etüt İdaresi (Hrsg.): Türkiye Elektriklendirme Planı 1966 Başı (Electrification Plan of Turkey, Beginning of 1966). – ca. 1 : 3 000 000. [Karte], Ankara 1966.

Emiroğlu, M.: Akçakocada Nüfus Yerleşme ve Ekonomik Faaliyetler. – Ank. Üniv. D. T. C. Fak. Yay., Nr. 192, Ankara 1970.

Enerji ve Tabii Kaynaklar Bakànlığı (Hrsg.): Dams and Hydroelectric Power Plants Turkey. – Ankara 1997

Erdentuğ, N.: A study on the social structure of a Turkish village. – Ank. Üniv. D. T. C. Fak. Yay., Nr. 130, Ankara 1959.

Erder, L. u. S. Faroqhi: Population Rise and Fall in Anatolia 1520–1620. – Middle Eastern Studies 15, 1979, S. 322 ff.

Erder, L. u. S. Faroqhi: The Development of the Anatolian Urban Network during the Sixteenth Century. – Journ. of the Economic and Social History of the Orient 23, 1980, S. 256 ff.

Erdmann, K.: Das anatolische Karavanseray des 13. Jahrhunderts. – Istanbuler Forschungen, Bd. 21, Berlin 1961.

Eren, A. C.: Die Bedeutung des Flüchtlingsproblems in der Türkei. – Integration – Bulletin International, Fridjof Nansen-Inst., Nr. 6, H. 3, Vaduz 1959.

Erentöz, C. u. Z. Ternek: Les sources thermominérales de la Turquie et l'étude de l'énergie géothermique. – Bull. M. T. A., Ankara 1968, S. 1–59.

Erinç, S.: Kuzey Anadolu Kenar Dağlarının Ordu-Giresun Kesiminde landşaft şeritleri (Landschaftszonen in dem Ordu-Giresun-Abschnitt des nordanatolischen Randgebirges). – T. Coğr. Derg., Nr. 7/8, Ankara 1945.

Erinç, S.: Türkiyede nisbi azami yağış sahasının yıllık sahnımı (Annual Oscillation of the Relative Maximum Precipitation Area in Turkey). – İst. Üniv. Coğr. Enst. Derg., Bd. 1, H. 1, Istanbul 1951, S. 63–66.

Erinç, S.: The Pleistocene History of the Black Sea and the Adjacent Countries with Special Reference to the Climatic Changes. – Rev. G. I. İst., Nr. 1, Istanbul 1954, S. 85–133.

Erinç, S.: Regional and Seasonal Distribution of Climatic Elements in Turkey and its Dynamic-Genetic Background. – Rev. G. I. İst., Nr. 5, Istanbul 1959, S. 23–76.

Erinç, S.: On the Karst Features in Turkey. – Rev. G. I. İst., Nr. 6, Istanbul 1960, S. 1–14.

Erinç, S.: On the Relief Features of Blown Sand at the Karapınar Surroundings in the Interior Anatolia. – Rev. G. I. İst., Nr. 8, Istanbul 1962, S. 113–130.

Erinç, S.: Changes in the Physical Environment in Turkey since the End of the last Glacial. – In: Brice, W. C. (Hrsg.): The Environmental History of the Near and Middle East since the Last Ice Age. – London 1978, S. 87–110.

Ernst, C. und U. Ernst: Wird der Garten Eden wieder blühen? Eine Unterrichtsanregung zum

Südostanatolien-Projekt. – Geographie heute 90. 1991, S. 14–19.

Erol, O.: Zur Frage der Rumpfflächen in Anatolien, unter besonderer Berücksichtigung des Gebietes um Ankara. – Mitt. Geogr. Ges. München 48, 1963, S. 173–191.

Erol, O.: Haymana Güneyi ve Kurak Çöl Havzası Çevresinde Coğrafya Araştırmaları – Ank. Univ. D. T. C. Fak. Derg., Bd. 21, Nr. 1–2, Ankara 1964.

Erol, O.: Cihanbeyli Güneyinde, Boluk Gölü Cevresindeki Traverten konileri (The Travertine Cones of Boluk Lake, in the south of Cihanbeyli Tuzgölü Area, Central Anatolia). – T. Coğr. Derg., Nr. 24–25, Ankara 1968, S. 64–98.

Erol, O.: Les hauts niveaux pleistocènes du Tuzgölü (lac salé) en Anatolie Centrale (Turquie). Annales de Geographie 79, 1970, S. 39–50.

Erol, O.: The Quaternary History of the Lake Basins of Central and Southern Anatolia. – In: Brice, W. C. (Hrsg.): The Environmental History of the Near and Middle East since the Last Ice Age, London 1978, S. 111–140.

Erol, O.: Die naturräumliche Gliederung der Türkei. – Beihefte zur TAVO Reihe A Nr. 13, Wiesbaden 1983.

Erseçen, N.: Türkiye'nin bilinen maden ve mineral kaynaklar. – Maden Tetkik ve Arama Genel Müdürlüğü No. 185, Ankara 1989. [1989 a]

Erseçen, N.: Türkiye'nin bilinen maden ve mineral kaynaklar haritası 1 : 2 000 000 (Karte). – Ankara 1989. [1989b]

Esin, E.: The Genesis of the Turkish Mosque and Madrasa Complex. – Annali d'Istituto Orientale di Napoli 32, 1972, S. 151–185.

Evliya Efendi: Narrative of Travels in Europe, Asia and Africa in the seventeenth Century by ... Translated from the Turkish by the Ritter Joseph von Hammer. – London 1834.

FAO (Hrsg.): Trade and Production Yearbook 1996. – FAO Statistics Series Nr. 135 u. 138, Rom 1998.

Faroqhi, S.: Bektaschiklöster in Anatolien vor 1826 – Fragestellungen und Quellenprobleme. Der Islam 53, H. 1, 1976, S. 26–69.

Faroqhi, S.: Rural Society in Anatolia and the Balkans During the Sixteenth Century – Turcica – Revue d'Etudes Turques IX/1. 1977, S. 161–195 u. XI. 1979, S. 103–153.

Faroqhi, S.: Towns and Townsmen of Ottoman Anatolia: Trade, Crafts and Food Production in an Urban Setting 1520–1650. – Cambridge Univ. Press 1984.

Faroqhi, S.: Men of Modest Substance – House Owners and House Property in Seventeenth Century Ankara and Kayseri. – Cambridge Univ. Press 1987.

Faroqhi, S.: Kultur und Alltag im Osmanischen Reich – vom Mittelalter bis zum Anfang des 20. Jahrhunderts. – München 1995.

Faroqhi, S.: Approaching Ottoman History – An Introduction to the Sources. – Cambridge Univ. Press 1999.

Fischer, H.: Geschichte der Kartographie von Vorderasien – Peterm. Mitt. 66, 1920, S. 82–89, 164–166, 203–205 u. 219–225.

Fischer, N. (Hrsg.): H. v. Moltke als Topograph: Eine Auswahl aus seinen handgezeichneten Karten und Kartenskizzen. – Preuß. Staatsbibl. Berlin 1944.

Fischer, W.: Periodische Märkte im Vorderen Orient, dargestellt an Beispielen aus Nordostanatolien. – Mitteilungen des Deutschen Orient-Instituts 24. Hamburg 1984.

Fıskobırlık (Hrsg.): Fındık Tarım Satış Kooperatifleri Birliği. – Giresun o. J. (ca. 1973).

Flohn, H.: Klimaschwankungen in historischer Zeit. – In: Rudloff, H. von (Hrsg.): Die Schwankungen und Pendelungen des Klimas in Europa seit dem Beginn von regelmäßigen Instrumenten Beobachtungen (1670). – Die Wissenschaft 122. 1967, S. 81–90.

Franz, E.: Der Streit um die Rechte am Schelf im Ägäischen Meer zwischen Griechenland und der Türkei. – Orient 3, 1974, S. 116–126. [1974a]

Franz, E.: Die ländliche Türkei im 20. Jahrhundert – Eine bibliographische Einführung. Teil 1: Wirtschaft und Soziologie. – Dokumentationsdienst moderner Orient, Reihe A, Nr. 4, Hamburg 1974. [1974b]

Franz, E.: Die ländliche Türkei im 20. Jahrhundert. Eine bibliographische Einführung. Teil 2: Geographie und Ethnologie. – Dokumentationsdienst moderner Orient, Reihe A, Nr. 6, Hamburg 1975.

Franz, E.: Zur türkischen Boden- und Landwirtschaftsreform. – Orient 2. 1974, S. 73–79.

Franz, E.: Kurden und Kurdentum – Zeitgeschichte eines Volkes und seiner Nationalbewegungen. – Deutsches Orient-Institut Hamburg, Mitt. 30. 1986.

Franz, E.: Population Policy in Turkey. Family Planning and Migration between 1960 and 1992. – Deutsches Orient-Institut, Mitteilungen 48. Hamburg 1994.

Frey, W. u. H. Kürschner: Vegetation. Beispiele. Zentralanatolien (Türkei). Vegetation am Tuz Gölü 1 : 300 000. – TAVO-Kartenblatt A VI 10.1, Wiesbaden 1982.

Frey, W. u. H. Kürschner: Die Vegetation im Vorderen Orient. – Beihefte zum TAVO Reihe A, Nr. 30, Wiesbaden 1989. [1989a]

Frey, W. u. H. Kürschner: Vorderer Orient. Vegetation 1 : 8 Mio. – TAVO-Kartenblatt A VI 1, Wiesbaden 1989. [1989b]

Frödin, J.: Les Formes de la vie pastorale en Turquie. – Geogr. Annaler 26, 1944, S. 221–272. [1944a]

Frödin, J.: Neuere kulturgeographische Wandlungen in der Türkei. – Zeitschr. Ges. f. Erdk. 1944, S. 1–20. [1944b]

Gabriel, A.: Monuments Turcs d'Anatolie. Bd. I: Kayseri-Niğde, Paris 1931.

Gabriel, A.: Monuments Turcs d'Anatolie. Bd. II: Amasya-Tokat-Sivas, Paris 1934.

Garbrecht, G.: Wasserbau in der Geschichte Anatoliens – Wasserkraftpotential und Wassernutzung – Gediz und Euphrat als Beispiele großräumiger Wasserwirtschaftsplanungen. – Wasser u. Boden, Jg. 20, H. 2, 1968, S. 29–32, S. 41–42 u. S. 42–46.

Gassner, G. u. F. Christiansen-Weniger: Dendroklimatologische Untersuchungen über die Jahresringentwicklung der Kiefern in Anatolien. – Nova Acta Leopoldina N. F., Bd. 12, Nr. 80, Halle 1942–43.

Georgacas, D. J.: The Names for the Asia Minor Peninsula and a Register of Surviving Anatolian Pre-Turkish Placenames. – Beiträge z. Namenforschg. N. F., Beih. 8, Heidelberg 1971.

Giel, W.: Die Wirtschaftsbeziehungen der Türkei zur westlichen Welt. – Mitt. D. T. Ges., H. 100, Bonn 1978, S. 1–12.

Glasgow, I. K.: East-West Regional Differentials in the Role of Males in the Determination of Family Size in Turkey. – Institute of Social Studies, Working Paper Series 104. Den Haag 1991.

Gleick, E.: Was last week the big one? – Time 154/9. 1999, S. 22–23.

Gökalp, A.: Les Alevis. – In: Les Turcs. Orient et Occident, Islam et Laicité, Éditions Autrement, Série Monde 76. Paris 1994, S. 112–125.

Goltz, C. Frhr. v. d.: Anatolische Ausflüge. – Berlin 1896.

Göney, S.: Ländliche Dorfhäuser im Mengen-Becken (NW Anatolien). – Rev. G. I. Ist., Nr. 14, Istanbul 1972/73, S. 155–176.

Göney, S.: Adana Ovalar. – Istanbul Üniv. Yayın 2162, Coğrafya Enst. Yay. 88. Istanbul 1976.

Goodwin, G.: Turkish Architecture 1840–1940. – Art and Archaeology Research Papers 11, 1977, S. 6–14.

Gould, A. G.: Pashas and Brigands: Ottoman Provincial Reform and its Impact on the Nomadic Tribes of Southern Anatolia 1840–1885. – Diss. Univ. of California 1973.

Gröger, H.: Die Standortentwicklung der eisenschaffenden Industrie in der Türkei. – Orient 12, H. 5–6, 1971, S. 160–166

Gross, H.: Die deutsch-türkischen Wirtschaftsbeziehungen. – In: Grothusen, K.-D. (Hrsg.): Die Türkei in Europa, Göttingen 1979, S. 167–191.

Grothusen, K.-D. (Hrsg.): Die Türkei in Europa. Beiträge des Südosteuropa-Arbeitskreises der Deutschen Forschungsgemeinschaft zum IV. Internationalen. Südosteuropa-Kongreß der Association Internationale d'Etudes du Sud-Est Européen, Ankara 13.–18. 8. 1979. – Göttingen 1979.

Grothusen, K.-D. (Hrsg.): Türkei. – Südosteuropa-Handbuch, Bd. 4, Göttingen 1985.

Grove, J. M.: The little ice age. – London 1988.

Gschwender, F.: Der Gewächshaus Gemüseanbau in der Provinz Antalya/Türkei. Eine entwicklungsstrategisch bedingte Agrarmodernisierung. – Dipl.-Arb. Tübingen 1987.

Güldali, N.: Karstmorphologische Studien im Gebiet des Poljesystems von Kestel (Westlicher Taurus, Türkei). – Tübinger Geogr. Studien, H. 40, Tübingen 1970.

Güldali, N.: Seydişehir and Akseki Bauxite Deposits and their Relation to Paleokarst Phenomena in Taurus Mountains. – Congress of Earth Sciences on the Occasion of the 50th Anniversary of Turkish Republic 1973, Ankara 1975.

Gumpel, W.: Die Türkei im wirtschaftlichen Entwicklungsprozeß Europas. – In: Grothusen, K.-D. (Hrsg.): Die Türkei in Europa. – Göttingen 1979, S. 192–198.

Gumpel, W. (Hrsg.): Turkey and the European Community. An Assessment. – Wirtschaft und Gesellschaft in Südosteropa 8. München 1992.

Gümüş, A.: Türkiye Metalojenisi (1 : 2 500 000 Ölçekli Türkiye Metalojenik Haritasının Izahı). – M. T. A. Yay., Nr. 144, Ankara 1970. [Karte]

Güngör, K.: Cenubi Anadolu Yörüklerinin Etno-Antropolojik Tetkiki. – D. T. C. Fak. Antrop. ve Etnol. Enst. Nşr., Nr. 24. Ankara 1941.

Güngör, N. D.: Education and Economic Growth in Turkey 1980–1990: A Panel Study. – In: Studies in Development 24. Ankara 1997, S. 185–214 (Middle East Technical University).

Gürbüz, O.: A Nomadic Way of Housing in Turkey: The Tent. – Review of the Department of Geography of the University of Istanbul 4. 1997, S. 1–10.

Gürgenarazılı, F.: Zwischen Anerkennung und Verbot: Nichtmuslimische und sprachliche Minderheiten. – Geogr. Rdsch. 4/41. 1989, S. 206–210.

Gürsoy, C. R.: Türkiye'nin Coğrafi Taksimatında Yapılması Icabeden Bazı Tashihler (Über die geographische Gliederung der Türkei und einige Verbesserungsvorschläge). Ank. Üniv. D. T. C. Fak. Derg., Bd. 15, Nr. 1–3, Ankara 1957, S. 219–245.

Hain-Ernst, D.: Binnenwanderung in der Türkei. – Praxis Geographie 11/19. 1989, S. 16–19.

Hamilton, W. J.: Reisen in Kleinasien, Pontus und Armenien. Nebst antiquarischen und geologischen Forschungen. 2 Bde. – Leipzig 1843.

Hammer, H. v.: Des Osmanischen Reiches Staatsverfassung und Staatsverwaltung. – Wien 1815.

Handel-Mazetti, H. Frhr. v.: Ergebnisse einer botanischen Reise in das Pontische Randgebirge im Sandschak Trapezunt. – Ann. d. K. K. Naturhistor. Hofmuseums, Bd. 23, Wien 1909.

Handel-Mazetti, H. Frhr. v.: Die Vegetationsverhältnisse von Mesopotamien und Kurdistan. – Ann. d. K. K. Naturhistor. Hofmuseums, Bd. 28, Wien 1914.

Harıta Genel Müdürlüğü: Yeni Türkiye Atlasi. Ankara 1977.

Harıta Genel Müdürlüğü (Hrsg.): Türkiye 1 : 800 000. – Ankara 1936, 8 Blatt. [Karte].

Harıta Genel Müdürlüğü (Hrsg.): Türkiye 1 : 200 000. – Ankara 1930–1950, 124 Blatt. [Karte]

Harıta Genel Müdürlüğü (Hrsg.): Türkiye-Fiziki 1 : 1 000 000. – Ankara 1977, 3 Blatt. [Karte].

Haude, W.: Über vieljährige Schwankungen des Niederschlags im Vorderen Orient und nordöstlichen Afrika und ihre Auswirkungen auf die Ausbreitung von Tier und Mensch. – Die Erde 94, 1963, S. 281–312.

Hecker, M.: Die Eisenbahnen der asiatischen Türkei. – Archiv für Eisenbahnwesen 37, 1914, S. 744–800, 1057–1087, 1283–1321 u. 1539–1584.

Hellenkemper, H.: Burgen der Kreuzritterzeit in der Grafschaft Edessa und im Königreich Kleinarmenien. Studien zur Historischen Siedlungsgeographie Südost-Kleinasiens. Geographica Historica Bd. 1, Bonn 1976.

Helling, B. u. a.: Rural Turkey: a new Socio-statistical Appraisal. – Istanbul Univ. Institute of Economics and Sociology, Publ. Nr. 795, Istanbul 1958.

Hershlag, Z. Y.: The Economic Structure of the Middle East. Leiden 1975.

Hild, F.: Das byzantinische Straßensystem in Kappadokien. – Österr. Akad. d. Wiss., Phil.-Hist. Kl., Denkschr., Bd. 131 (Veröff. d. Komm. f. d. Tabula Imperii Byzantini, Bd. 2), Wien 1977.

Hinderink, J. u. M. Kiray: Social stratification as an obstacle to development. A study of four Turkish villages. – Praeger Special Studies in Internat. Economics and Developm., New York 1970.

Höhfeld, V.: Anatolische Kleinstädte. Anlage, Verlegung und Wachstumsrichtung seit dem 19. Jahrhundert. – Erlanger Geogr. Arb., Sonder-Bd. 6, Erlangen 1977.

Höhfeld, V.: Vorderer Orient. Städte und Städtewachstum 1 : 8 Mio. – TAVO-Kartenblatt A IX 6, Wiesbaden 1982.Höhfeld, V.: Vorderer Orient. Städte und Städtewachstum im Vorderen Orient. – Beihefte zum TAVO B 61, Wiesbaden 1984.

Höhfeld, V.: Tourismus in der Türkei 1 : 4 000 000. – Auf: Vorderer Orient. Tourismus 1 : 8 000 000. TAVO-Kartenblatt A X 19, Wiesbaden 1985.

Höhfeld, V.: Die Industrieachsen von Adana. Formung, Wandel und Gefüge rohstofforientierter Industrie im Wirtschaftsgunstraum der Çukurova (Südtürkei). – Beihefte zum TAVO B 79, Wiesbaden 1987. [1987a]

Höhfeld, V.: Türkei. Landnutzung 1 : 2 000 000 (Westteil und Ostteil). – TAVO-Kartenblatt A X 2, Wiesbaden 1987. [1987b]

Höhfeld, V.: Vorderer Orient. Alt besiedelte und jung besiedelte Räume 1 : 8 000 000. – TAVO-Kartenbl. A IX 1, Wiesbaden 1988.

Höhfeld, V.: Dörfer zwischen Gunst und Ungunst. Die moderne Entwicklung ländlicher Siedlungen in der Türkei. – Geographie heute 12./90. 1991, S. 31–37. [1991a]

Höhfeld, V.: Naturraum und Naturraumprobleme in einer Abwanderungsregion. Aspekte der Landnutzung und Siedlungsentwicklung im zentralen Yavu-Bergland (Südwest-Türkei) anhand einer Kulturlandschafts-Gliederung. – Istanbuler Mitt. 41. 1991, S. 247–260. [1991b]

Höhfeld, V.: Landschaftsmuster und Siedlungslagen im Yavu-Bergland. Versuch einer systematischen Zuordnung. – In: Kolb, F. (Hrsg.): Lykische Studien 1. Die Siedlungskammer von Kyaneai. – Forschungsstelle Asia Minor Studien 8. 1993, S. 151–158.

Höhfeld, V.: Türkei. Schwellenland der Gegensätze. – Perthes Länderprofile, Gotha 1995.

Höhfeld, V.: Wüstungen im Bergland von Yavu (Lykien): Eine vorläufige Dokumentation. – In: Kolb, F. (Hrsg.): Lykische Studien 4. – Asia Minor Studien 29. 1998, S. 131–176 [1998a].

Höhfeld, V.: Kırandağ, ein Peripherraum im ›Hinterland‹. – In: Kolb, F. (Hrsg.): Lykische Studien 5. – Asia Minor Studien 29. 1998 S. 231–243. [1998b]

Höhfeld, V. u. Y. Doğan: Persistenz und Wandel der traditionellen Formen des Fremdenverkehrs in der Türkei. – Beihefte zum TAVO Reihe B Nr. 71, Wiesbaden 1986.

Hovannissian, R. G. u. S. Shaw: Forum: The Armenian Question. The Critics View: Beyond Revisionism (Hovannissian). The Authors Respond (Shaw). – Internat. Journ. of Middle East Studies, 1978, S. 379–400.

Hümmer, P.: Die Schädlingskatastrophe im Baumwollanbaugebiet der Çukurova/Türkei – Ihre geographischen, wirtschaftlichen und sozialen Konsequenzen. – Zeitschr. f. ausländ. Landw., Jg. 16, H. 4, 1977, S. 372–382.

Hümmer, P.: Siedlungsstrukturen und sozialräumliche Beziehungsmuster in der ländlichen Türkei. – Bayreuther Geowiss. Arb. 5. 1984.

Hütteroth, W.-D.: Bergnomaden und Yaylabauern im mittleren kurdischen Taurus. Marburger Geogr. Schriften, H. 11, 1959.

Hütteroth, W.-D.: Getreidekonjunktur und jüngerer Siedlungsausbau im südlichen Inneranatolien. Erdkunde 16, 1962, S. 249–271.

Hütteroth, W.-D.: Ländliche Siedlungen im südlichen Inneranatolien in den letzten vierhundert Jahren. – Göttinger Geogr. Abh., H. 46, 1968.

Hütteroth, W.-D.: Fragestellungen und Ergebnisse anthropogeographischer Forschung in Anatolien. – Mitt. Geogr. Ges. München 56, 1971, S. 77–95.

Hütteroth, W.-D.: Zum Kenntnisstand über Verbreitung und Typen von Bergnomadismus und Halbnomadismus in den Gebirgs- und Plateaulandschaften Südwestasiens. – In: Vergleichende Kulturgeographie der Hochgebirge des südlichen Asien, hrsg. v C. Troll i. Auftr. d. Akademie d. Wiss. u. Lit. Mainz, Erdwissenschaftliche Forschung, Bd. 5, Wiesbaden 1973.

Hütteroth, W.-D.: Türkei. – Wissenschaftliche Länderkunden 21. Darmstadt 1982.

Hütteroth, W.-D.: Artikel „Geographische Grundlagen" und „Landwirtschaft". – In: Grothusen, K.-D. (Hrsg.): Türkei. – Südosteuropa-Handbuch, Bd. 4, Göttingen 1985, S. 13–26 bzw. S. 391–413.

Hütteroth, W.-D.: The Role of the Ottoman Empire in the Early Modern World System. – In: Nitz, H. (Hrsg.): The Early-Modern World System in Geographical Perspective. – Erdkundl. Wissen 10. 1993, S. 343–354. [1993a]

Hütteroth, W.-D.: Die Siedlungs- und Wirtschaftsimpulse der Anatolischen Bahn und der Bagdadbahn. – Schr. d. Zentralinstituts f. Fränkische Landeskunde u. Allgem. Regionalforschg. a. d. Univ. Erlangen-Nürnberg 32. 1993, S. 53–67. [1993b]

İller Bankası (Hrsg.): Analitik Etüdleri. – [Stadtplanungs-Studien m. zahlr. Plänen u. Karten, vorh. für Gaziantep, Izmit, Konya, Adana, Erzurum u. a., Ankara o. J.].

Inalcık, H.: Eyalet. – Encyclop of Islam, 2. Aufl. Leiden 1960ff.

Inalcık, H.: Istanbul. – Encyclop. of Islam, 2. Aufl. Leiden 1960ff., S. 224–248.

Inalcık, H.: [Beiträge:] The Emergence of the Ottomans – The Rise of the Ottoman Empire – The Heyday and Decline of the Ottoman Empire. – In: Holt, P. M., A. K. S. Lampton u. B. Lewis (Hrsg.): The Cambridge History of Islam, Vol. 1: The Central Islamic Lands, Cambridge 1970, S. 263–291, S. 295–323 u. S. 324–353.

Inalcık, H.: The Ottoman Empire – The Classical Age 1300–1600. – London 1975.

Inalcık, H.: The Emergence of Big Farms, Çiftliks: State, Landlords and Tenants. – In: Contributions à l'histoire économique et sociale de l'Empire Ottoman. – Collection Turcica III, Louvain 1983.

Inalcık, H.: The Ottoman State: Economy and Society 1300–1600. – In: Inalcık, H. u. D. Quataert (Hrsg.): An Economic and Social History of the Ottoman Empire. – Cambridge Univ. Press 1994.

Issawi, C.: The Economic History of the Middle East 1800–1914. – Univ. of Chicago Press. Chicago 1966.

Issawi, C.: The Tabriz-Trabzon Trade 1830–1900: Rise and Decline of a Route. – Internat. Journ. of Middle East Studies, Bd. 1, Nr. 1, 1970, S. 18–27.

Izbirak, R.: Geomorphologische Beobachtungen im Oberen Kızılırmak- und Zamantı-Gebiet (östliches Mittelanatolien). – Münchner Geogr. Hefte, H. 22, München 1962.

Izbirak, R.: Türkiye, Bd. 1, 2. – Istanbul 1972/1973.

İzmirli, R.: Das ländliche Genossenschaftswesen in der Türkei und seine Bedeutung für die türkische Landwirtschaft. – Schr. a. d. Inst. f. ländl. Genossensch.-Wesen, Gießen, H. 18, 1977.

Jahn, G.: Die Beydağları – Studien zur Höhengliederung einer südwestanatolischen Gebirgslandschaft. – Gießener Geogr. Schriften, H. 18, 1970.

Jäschke, G.: Die Türkei seit dem Weltkriege, 2. Türkischer Geschichtskalender für 1929 mit neuem Nachtrag zu 1918–1928 – 3. Türkischer Geschichtskalender für 1930. Die Welt des Islam, Bd. 12, 1930–3l, S. 1–50 u. S. 137–166.

Jäschke, G.: Die türkisch-armenische Grenze und der Friedensvertrag von Gümrü (Alexandropol). Mitt. d. Seminars f. Orient. Sprachen, Bd. 35/25 1932, S. 162–176.

Jäschke, G.: Die Türkei seit dem Weltkriege, 4. Türkischer Geschichtskalender für 1931–1932: Die Entstehung der Angora-Regierung. – Die Welt des Islam, Bd. 15, 1933, S. 1–33 u. S. 49– 52.

Jäschke, G.: Die Türkei in den Jahren 1933 und 1934. Geschichtskalender. – Mitt. d. Seminars f. Orient. Sprachen, Bd. 38/2, 1935, S. 105–140: Das britisch-französische Abkommen über Syrien und Kilikien vom 15. September 1919. – Mitt. d. Seminars f. Orient. Sprachen, Bd. 39, 1936, S. 61–67.

Jäschke, G.: Geschichte der russisch-türkischen Kaukasusgrenze. – Archiv des Völkerrechts 4, 1953, S. 198–206.

Jäschke, G. u. G. Pritsch: Die Türkei seit dem Weltkriege, 1. Geschichtskalender 1918–1928. – Die Welt des Islam, Bd. 10, 1927–29, S. 1–154.

Jastrow, O.: Die Mesopotamisch-arabischen Qaltu-Dialekte 1: Phonologie und Morphologie. – Abh. f. d. Kunde des Morgenlandes, Bd. 53/4, Wiesbaden 1978.

Jennings, R. C.: Urban Population in Anatolia in the Sixteenth Century: A Study of Kayseri, Karaman, Amasya, Trabzon and Erzurum. – Internat. Journal of Middle East Studies 7, 1976, S. 21–57.

Johansen, U.: Alttürkisches Leben im modernen

Staat: zum Problem der Taurus-Nomaden. – Mitt. D. T. Ges., H. 22, Bonn 1958, S. 1–4.

Johansen, U.: Die letzten türkischen Nomaden. – Das Parlament, Jg. 10 (Türkei-Sonderheft), 1960, S. 34–35.

Jones, A. H. M.: The Cities of the Eastern Roman Provinces. – 2. Aufl. Oxford 1971.

Jung, L.: Beobachtungen und Untersuchungen über Bodenerosion in Thrazien und Westanatolien. – Zeitschr. f. Kulturtechnik, 3. Jg., 1962, S. 337–355.

Karaboran, H. H.: Die Stadt Osmaniye in der oberen Çukurova. Entwicklung, Struktur und Funktion einer türkischen Mittelstadt. Ein Beitrag zur regionalen Stadtgeographie und zur Landeskunde der südöstlichen Türkei. – Diss. Heidelberg 1975.

Karaboran, H. H.: Die Aktionen der „Firka-i İslahiye" und ihre Bedeutung für einen Strukturwandel der oberen Çukurova (Türkei). – Ztschr. f. Wirtschaftsgeographie 5. 1981, S. 141–148.

Karal, E. Z.: Osmanlı İmparatorluğunda İlk Nüfus Sayımı 1831. – Başbakanlık İstatistik Umum Müdürlüğü Yay., Nr. 195, Ankara 1943.

Karayolları Genel Müdürlüğü (Hrsg.): Tarihi Türk Hanlar. – Ankara 1969.

Karayolları Genel Müdürlüğü (Hrsg.): Trafik Sayımı – Traffic Survey 1970. – Ankara 1973.

Karnik, U.: Seismicity of the European Area. – Dordrecht 1971.

Karpat, K. H.: Social Change and Politics in Turkey. A Structural-Historical Analysis. – Social, Econ. a. Polit. Studies of the Middle East, Bd. 7, Leiden 1973.

Karpat, K. H.: The Gecekondu: Rural Migration and Urbanization. – Cambridge University Press, Cambridge 1976.

Karpat, K. H.: Ottoman Population Records and the Census of 1881/82–1893. – Internat. Journ. of Middle East Studies 9, 1978, S. 237–274.

Kaygusuz, K. u. F. Turkerm: Use of Wood as an Energy Source in Turkey. – In: Energy Sources 24. London 1998, S. 605–614.

Keleş, R. Y.: Eski Ankara'da – bir şehir Tipolojisi. – Ank. Üniv. Siyasal Bilgiler Fak. Yay., Nr. 314, Ankara 1971.

Kemal, Y.: Ince Memed. – Frankfurt 1960.

Kettermann, G.: Atlas zur Geschichte des Islam. Darmstadt 2001.

Ketin, I.: Tectonic Units of Anatolia (Asia Minor). – Bull. Min. Res. Expl. Inst., Ankara 1966.

Kienitz, F. K.: Osmanische Uhrtürme. – Mitt. D. T. Ges., H. 54, Bonn 1963, S. 2 – 5.

Kiepert, H. u. a.: Memoir über die Construktion der Karte von Kleinasien und Türkisch Armenien. – Berlin 1859.

Kiepert, R.: Die Verbreitung der griechischen Sprache im pontischen Küstengebirge. – Zeitschr. Ges. f. Erdk. Berlin 25, 1890, S. 317–330.

Kiepert, R.: Karte von Kleinasien in 24 Blatt 1 : 400 000. – Berlin 1902–06. [Karte]

Kinast, K.: Wald- und Forstwirtschaft. – In: Kündig-Steiner (Hrsg.): Die Türkei, Tübingen, Basel 1974, S. 542–550.

Kıray, M. B.: Social Change in Çukurova: A Comparison of Four Villages. – In: Benedict/Tümertekin/Mansur (Hrsg.): Turkey, Leiden 1974, S. 179–203.

Kirisci, K.: Erzwungene Migration in der Türkei. – Südosteuropamitteilungen 37. 1997, S. 165–184.

Kirsten, E.: Die griechische Polis als historisch-geographisches Problem des Mittelmeerraumes. – Colloquium Geographicum, Bd. 5, Bonn 1956.

Klaer, W.: Untersuchungen zur klimagenetischen Geomorphologie in den Hochgebirgen Vorderasiens. – Heidelberger Geogr. Arb., H. 11, Heidelberg – München 1962.

Klaey, E. J.: Dörfer tatarischer „Rückwanderer" (Muhacir) aus Rußland in Inneranatolien. – Diss. Bern 1974.

Kleiss, W. u. H. Hauptmann: Topographische Karte von Urartu. Verzeichnis der Fundorte und Bibliographie. – Archäologische Mitt. aus Iran, Erg.-Bd. 3, Berlin 1976.

Kolars, J. F.: Community Studies in Rural Turkey. – Annals of the Ass. of American Geographers, Bd. 52, 1962, S. 476–489.

Kolars, J. F.: Tradition, Season and Change in a Turkish Village. – Univ. of Chicago Press. Department of Geography, Research Papers, No. 82, Chicago 1963.

Kolars, J. F.: Systems of Change in Turkish Village Agriculture. – In: Benedict/Tümertekin/ Mansur (Hrsg.): Turkey, Leiden 1974, S. 204–236.

Kolars, J. F.: The Hydro-Imperative of Turkey's Search for Energy. – In: The Middle East Journal 40. 1986, S. 53–67.

Kopp, K.-O., N. Pavoni u. C. Schindler: Geologie Thrakiens 4: Das Ergene-Becken. – Geol. Jahrb., Beih. 76, 1969.

Kornrumpf, H. J.: Osmanische Bibliographie mit besonderer Berücksichtigung der Türkei in Europa. – Handbuch der Orientalistik, 1. Abt., Erg.-Band 8. Leiden 1973.

Kortum, G.: Zuckerrübenanbau und regionale Agrarentwicklung in der Türkei. – Erde 113. 1982, S. 21–42.

Kortum, G.: Zuckerrübenanbau und Entwicklung ländlicher Wirtschaftsräume in der Türkei – Ausbreitung und Auswirkung einer Industriepflanze unter besonderer Berücksichtigung des Bezirks Beypazarı (Provinz Ankara). – Kieler Geogr. Schr. 63., Kiel 1986.

Kortum, G.: Die Türkei im Schnittpunkt der Regionen und Kulturen. – Geographische Rundschau 48. 1996, S. 591–594.

Köse, H.: Der Steinkohlenbergbau in der Türkei. – In: Glückauf 124. Essen 1988, S. 719–725.

Kotschy, T.: Reise in den cilicischen Taurus über Tarsus. – Gotha 1858.

Köy İşleri Bakanlığı (Hrsg.): Köy Envanter Etüdleri. – [67 Provinz-Bände] Köy İşleri Bakanlığı Yay., 1963 ff.

Köy İşleri ve Kooperatifleri Bakanlığı (Hrsg.): Kırsal alan için kalkınma önerisi köykent. Van – Özalp 1978 köykent demetleri düzeni. – Ankara o. J.

Kreiser, K.: Zur inneren Gliederung der Osmanischen Stadt. – Zeitschr. d. Dt. Morgenländ. Gesellsch., Suppl. 2, Wiesbaden 1974, S. 198–212.

Kreiser, K.: Bedesten-Bauten im Osmanischen Reich. – Istanbuler Mitt., Bd. 29, 1979, S. 367–401. [1979a].

Kreiser, K.: Über den „Kernraum" des Osmanischen Reichs. – In: Grothusen (Hrsg.): Die Türkei in Europa, Göttingen 1979, S. 53–63. [1979b]

Kreiser, K.: Kleines Türkei Lexikon. – München 1991.

Kumerloeve, H.: Die Säugetiere der Türkei. – Veröff. Zool. Staatssamml. München, Bd. 18, 1965, S. 69–158.

Kündig-Steiner, W. (Hrsg.): Die Türkei. – Inst. f. Auslandsbeziehungen, Buchreihe Ländermonographien, Bd. 4, Tübingen – Basel 1974.

Kunkel, D.: Market Structure, Conduct and Performance. The Turkish Cotton Textile Industry as a Case Study. – Diss. Univ. of Wisconsin 1972.

Kunze, W.: Die Trockenlegung der Sümpfe und die Hochwasser-Regulierung in der Brussa-Ebene (1932–36). – Bautechnik, Jg. 16, H. 9, 1938, S. 110–114.

Kürschner, H.: Mittlerer Taurus (Türkei). Vegetation 1 : 600 000. – TAVO-Kartenblatt A VI 4, Wiesbaden 1983.

Kürschner, H., Frey, W. u. W. Probst: Mittlerer Taurus (Türkei). Hochregionen der Aladağlar. Vegetation 1 : 70 000. – TAVO-Kartenblatt A VI 10.3, Wiesbaden 1983.

Kürschner, H., Frey, W. u. W. Probst: Die östlichen Orta Toroslar (Mittlerer Taurus) und angrenzende Gebiete. Eine formationskundliche Darstellung der Vegetation Südost-Anatoliens.– Beihefte zum TAVO Reihe A, Nr. 15, Wiesbaden 1984.

Lahn, E.: Türkiye Göllerinin Jeolojisi ve Jeomorfolojisi Hakkında bir Etüd. (Contribution à l'étude géologique et géomorphologique des lacs de la Turquie). – M. T. A. Yay., Seri B, Nr. 12, Ankara 1948.

Lehmann-Haupt, C. F.: Armenien einst und jetzt. 3 Bde. – Berlin – Leipzig 1910, 1926, 1931.

Leitner, W.: Die innerurbane Verkehrsstruktur Istanbuls. – Mitt. Österr. Geogr. Ges. 107, 1965, S. 45–70.

Leitner, W.: Die Standorts- bzw. Lokalisationsfaktoren der Istanbuler Industrie. – Arb. Geogr. Inst. Univ. Graz, Nr. 13, 1970, S. 2–23.

Leitner, W.: Die Industrie der Türkei. – Arb. Geogr. Inst. Univ. Graz, Nr. 19, 1973, S. 179–230.

Leitner, W.: Istanbul und sein Wirtschaftsraum. Strukturänderungen der „Region Marmara". Österreich in Geschichte und Literatur mit Geographie, Jg. 22, H. 6, 1978, S. 356–377.

Leitner, W.: Die türkischen Metropolen Ankara und Istanbul im Vergleich. Ein Beitrag zur Zentralitätsforschung und zur Ermittlung von Großstadtregionen. – In: Mitteilungen der Österreichischen Geographischen Gesellschaft 131. Wien 1989, S. 109–144.

Lenz, K. O.: Die Bewässerungs-Landwirtschaft im zentralanatolischen Trockengebiet der Türkei. – Zeitschr. f. Bewässerungswirtschaft, 2. Jg., H. 1, 1967, S. 47–55.

Leonhard, R.: Paphlagonia – Reisen und Forschungen im nördlichen Kleinasien. – Berlin 1915.

Lewis, B.: The Emergence of Modern Turkey. – 2. Aufl. Oxford 1968.

Louis, H.: Eiszeitliche Seen in Anatolien. – Zeitschr. Ges. f. Erdk. Berlin 1938, S. 267–285.

Louis, H.: Das natürliche Pflanzenkleid Anatoliens, geographisch gesehen. – Geogr. Abh. 3, H. 12, Stuttgart 1939.

Louis, H.: Über den geographischen Europabegriff. – Mitt. Geogr. Ges. München, Bd. 39, 1954, S. 73–93.

Louis, H.: Die Entstehung der Poljen und ihre Stellung in der Karstabtragung auf Grund von Beobachtungen im Taurus. – Erdkunde 10, 1956, S. 33–53.

Louis, H.: Städtische und ländliche Bevölkerungszunahme in der Türkei zwischen 1935–1965. In: Deutsche Geogr. Forschung in der Welt von heute. Festschrift für E. Gentz, Kiel 1970, S. 155–166.

Louis, H.: Die Bevölkerungsverteilung in der Türkei 1965 und ihre Entwicklung seit 1935. – Erdkunde 26, H. 3, 1972, S. 161–177.

Louis, H.: Landeskunde der Türkei vornehmlich aufgrund eigener Reisen. – Geogr. Zeitschr.Beihefte, Erdkundliches Wissen Heft 73, Stuttgart 1985.

Lubig, E.: Wie die Welt in das Dorf und das Dorf in die Welt kam. Transformation ökononischer und sozialer Strukturen in einem türkischen Dorf. – Spektrum 15. Saarbrücken u. a. 1988 (Berliner Reihe zu Gesellschaft, Wirtschaft und Politik in Entwicklungsländern).

Lüttig, G.: Stand und Möglichkeiten der Braunkohlen-Prospektion in der Türkei. – Geolog. Jb. Bd. 85, Hannover 1968, S. 585–604.

Lüttig, G. u. P. Steffens: Explanatory Notes for the Paleogeographic Atlas of Turkey from the Oligocene to the Pleistocene. Paleogeographic Atlas of Turkey, 7 maps 1 : 1 500 000. – Bundesanstalt f. Geowissenschaften und Rohstoffe (Hrsg.), Hannover 1976. [Karte]

Maden Tetkik Ve Arama Enstitüsü (Hrsg.): Maden Kömürü ve Petrol Yataklarının Yerleri ve Rezervleri (Locations and Reserves of Coal and Oil Fields) 1 : 2 500 000. – 2. Aufl. Ankara 1961. [Karte]

Maden Tetkik Ve Arama Enstitüsü (Hrsg.): Türkiye Jeoloji Haritası 1 : 500 000. [18 Blatt mit Erläuterungsbänden] – Ankara 1961 ff. [Karte]

Magnarella, P. J.: Tradition and Change in a Turkish Town (Susurluk). – New York, London, Sidney, Toronto 1974.

Makal, M.: Mein Dorf in Anatolien. – Frankfurt 1971.

Mardin, S.: Super Westernization in Urban Life in the Ottoman Empire in the Last Quarter of the Nineteenth Century. – In: Benedict/Tümertekin/Mansur (Hrsg.): Turkey. Leiden 1974, S. 403–446.

Markus, A.: Das Schöpfrad der zilizischen Ebene. – Tropenpflanzer 34, 1931, S. 61–65.

McCarthy, J.: Muslims and Minorities. The Population of Ottoman Anatolia and the End of the Empire. – New York 1983.

McCarthy, J.: Death and Exile – The Ethnic Cleansing of Ottoman Muslims 1821–1922. – Princeton 1995.

McGeary, J.: Buried alive. – Time 154/9. 1999, S. 16–21.

McNicoll, A.: The Development of Urban Defences in Hellenistic Asia Minor. – In: Ucko, P., Tringham, R. u. G. W. Dimbleby (Hrsg.): Man, Settlement and Urbanism, London 1972, S. 787–791.

Meeker, M. E.: The Black Sea Turks: Some Aspects of their Ethnic and Cultural Background. – Internat. Journ. of Middle East Studies, Bd. 2, Nr. 4, 1971, S. 318–345.

Melikoff, I.: Le problème Kızılbaş. – Turcica 6, 1975, S. 49–67.

Mellaart, J.: The Neolithic of the Near East. – London 1975.

Merz, A. u. L. Möller: Hydrographische Untersuchungen in Bosporus und Dardanellen. Veröff. Inst. Meeresk. Berlin, N. F. Reihe A, H. 18, 1928.

Messerli, B.: Die eiszeitliche und die gegenwärtige Vergletscherung im Mittelmeerraum. – Geographica Helvetica 22, H. 3, Bern 1967, S. 105–228.

Metz, H. C. (Hrsg.): Turkey – A Country Study. – 5. Auflage. Washington 1995 (Area Handbook Series).

Ministry of Tourism (Hrsg.): Bulletin of Municipality Registered Accomodation Statistics 1993. – Ankara 1994. 1957, S. 115–129.

Ministry of Tourism (Hrsg.): Bulletin of Accomodation Statistics 1993. – Ankara 1994.

Moltke, H. v.: Briefe über Zustände und Begebenheiten in der Türkei. – 1. Aufl. Berlin 1841.

Mühlmann, C.: Die deutschen Bahnunternehmen in der asiatischen Türkei 1888–1914. – Weltwirtsch. Archiv 24, 1926/2, S. 121–137 u. S. 365–399.

Müller-Wiener, W.: Bildlexikon zur Topographie Istanbuls. – Dt. Archäol. Institut (Hrsg.), Tübingen 1977.

Munro, J. M.: Migration in Turkey. – Economic Development and Cultural Change, Bd. 22 Nr. 41, 1974, S. 634–653.

Mutlu, S.: The Southeastern Anatolia Project (GAP) of Turkey. Its Context, Objectives and Prospects. – In: Orient 37. 1996, S. 59–86.

Naval Intelligence Division (Hrsg.): Turkey, Bd. 1–2. – Oxford 1942/1943.

Naumann, E.: Vom Goldenen Horn zu den Quellen des Euphrat. – München–Leipzig 1893.

Nestmann, L.: Türkische Heil- und Thermalbäder. – Mitt. D. T. Ges., H. 43, Bonn 1961, S. 1–4.

Neve, P.: Hattusa, Stadt der Götter und Tempel. Neue Ausgrabungen in der Hauptstadt der Hethiter. – Mainz 1996.

Newspot (Wochenzeitung des türkischen Presse- und Informationsamtes). – Ankara, verschiedene Ausgaben.

Nestmann, L.: Minoritäten und Ausländer. – In: Kündig-Steiner (Hrsg.): Die Türkei, 1974, S. 93–103.

Nicolas, M.: Poissons et pêche en Turquie. – Paris 1974.

Nienhaus, V.: „Spezial-Finanzhäuser" (islamische Banken) in der Türkei. – In: Zeitschrift für Türkeistudien 2. 1989, S. 95–113.

Nieuwenhuijze, C. A. O. van: Sociology of the Middle East. A Stocktaking and Interpretation. – Social, Economic and Political Studies of the Middle East, Bd. 1, Leiden 1971.

Nikitine, B.: Les Kurdes. Etude Sociologique et Historique. – Paris 1956.

Oakes, H.: The Soils of Turkey. – FAO, Ankara 1954.

Oakes, H. u. Z. Ariкök: vgl. Ziraat Vekaleti.

Oberweger, H. G.: Gecekondus in İstanbul. – Geographie heute 12/90. 1991, S. 20–23.

Oettinger, B.: Die Wochenmärkte und ihre Rotation im westlichen Mittelanatolien. Erdkunde, Bd. 30, H. 1, 1976, S. 19–24.

Okyar, O.: Privatization of State Enterprises in Turkey. – In: Gundel, W. (Hrsg.): Europa und die Türkei in den neunziger Jahren, München 1991 S. 48–63.

Onur, A.: Türkiyede Kar Yağışları ve Yerde Kalma Müddeti Üzerine Bir Etüd. – Ank. Univ. D. T. C. Fak. Yay., Nr. 152, Ankara 1964.

Orak, K.: Die Automobilindustrie in der Türkei und der EG-Binnenmarkt. – Wirtschaft und Gesellschaft in Südosteuropa 7. München 1991.

Oran, D.: Thoughts on the State and Kurdish Identity in Turkey. – Zeitschr. f. Türkeistudien 10/1. 1997, S. 109–118.

Orhonlu, C.: Osmanlı İmparaturluğunda Aşiretleri Iskan teşebbüsü 1691–96. – İst. Üniv. Ed. Fak. Yay., Nr. 998, Istanbul 1963.

Orman Bakanlığı Milli Parkları Dairesi (Hrsg.): Göreme Historical National Park. Ankara 1967.

Orman Bakanlığı Milli Parkları Dairesi (Hrsg.): Bogazköy-Alacahöyük Historical National Park. – Ankara 1971. [1971a]

Orman Bakanlığı Milli Parkları Dairesi (Hrsg.): Halicarnassus Seashore National Park. – Ankara 1971. [1971b]

Orman Bakanlığı Milli Parkları Dairesi (Hrsg.): Köprülü Canyon National Park. – Ankara 1971. [1971c]

Orman Genel Müdürlüğü (Hrsg.): Türkiyede Orman Ağaç ve Ağaçcıklarının Yayılışı (Distribution of the Forest Trees and Shrubs in Turkey) 1 : 2 500 000. – Ankara 1962. [Karte]

Osterkamp, H.: Zum Problem der ländlichen Unterbeschäftigung in den Entwicklungsländern – Ergebnisse einer Untersuchung in zwei türkischen Dörfern. – Zeitschr. f. ausl. Landw., Materialsammlungen, H. 8, 1967.

Otten, H.: Hethiter, Hurriter und Mitanni. – In: E. Cassin, J. Bottero, J. Vercoutter (Hrsg.): Die Altorientalischen Reiche II. Fischer-Weltgeschichte, Bd. 3, Frankfurt 1966.

Otto-Dorn, K.: Der Seldschukische Moscheebau in Kleinasien. – Inst. f. Auslands-Beziehungen (Hrsg.): Zeitschr. f. Kulturaustausch, Stuttgart 1962, S. 158–162.

Özbayrı, K.: Tahtacılar ve Yörükler. – Bibl. Arch. et Hist. de l'Inst. Français d'Arch. d'İstanbul 23, Paris 1972.

Paleczek, G.: Der Wandel der traditionellen Wirtschaft in einem anatolischen Dorf. – Wiener-Beiträge zur Ethnologie and Anthropologie 4, Horn-Wien 1987.

Panzac, D.: La Peste dans l'Empire Ottoman 1700–1850. – Louvain 1989.

Paschinger, H.: Die Türkei als Entwicklungsland. – Mitt. Österr. Geogr. Ges. 104, 1962 S. 25–42.

Peeters, Y. J. D.: The Rights of Minorities in Present-Day Turkey. – In: Europa Ethnica 44. Wien 1987, S. 131–138.

Penck, W.: Grundzüge der Geologie des Bosporus. – Veröff. Inst. Meeresk. Berlin, N. F. Reihe A, H. 43, 1919.

Perouse, J.-F.: La population turque en 1994: dynamique, perspectives et tensions. Méditerranée 1995, 1/2, S. 71–80.

Perrot, G.: Les Kourdes de l'Haimaneh. – Revue des Deux Mondes 25/2, Paris 1865.

Peschlow-Bindokat, A.: Der Latmos. Eine unbekannte Gebirgslandschaft an der türkischen Westküste. – Mainz 1996.

Peters, E. W.: Anonyme Lehmbauten Anatoliens. – Erdkunde, Bd. 31, H. 1, 1977, S. 52–64.

Pfannenstiel, M.: Die diluvialen Entwicklungsstadien und die Urgeschichte von Dardanellen, Marmarameer und Bosporus. – Geol. Rundsch., Bd. 34, 1944, S. 342–434.

Pfannenstiel, M.: Das Quartär der Levante, Teil 3: Rezente Froststrukturböden und Karst am Uludagh (Westtürkei). – Abh. math.-naturwiss. Klasse d. Akademie d. Wiss. u. d. Literatur, Mainz, Jg. 1956, Nr. 3, Wiesbaden 1956.

Pfeifer, W.: Die Paßlandschaft von Niğde – Ein Beitrag zur Siedlungs- und Wirtschaftsgeographie von Inneranatolien. – Gießener Geogr. Schriften, H. 1, 1957.

Philippson, A.: Das Vulkangebiet von Kula in Lydien, die Katakekaumene der Alten. – Peterm. Mitt. 59, 1913/2, S. 237–241.

Philippson, A.: Wirtschaftliches aus dem westlichen Kleinasien. – Archiv f. Wirtschaftsforschg. im Orient, Jg. 1, H. 2–4, 1916, S. 243 bis 256 u. S. 344–362; Jg. 2, H. 1, 1917, S. 20–40.

Philippson, A.: Zur Völkerkarte des westlichen Kleinasien. – Peterm. Mitt. 65, 1919, S. 17–19.

Planck, U.: Die Dorfinventur in der Türkei. – Orient 11, H. 6, Hamburg 1970, S. 191–193.

Planck, U.: Die ländliche Türkei. – Zeitschr. f. ausl. Landw., Materialsammlung, H. 19, Frankfurt 1972.

Planck, U.: Zur Frage der Verdörflichung orientalischer Städte am Beispiel der Türkei. – Orient 2, 1974, S. 43–46.

Planck, U.: Lage und Probleme der Kinder in der ländlichen Türkei – ein Forschungsbericht. – Sozialökonomische Schr. z. Ruralen Entwicklung 83, Aachen 1990.

Planhol, X. de: Limites antique et actuelle des cultures arbustives méditerranéennes en Asie-Mineure. – Bull. de l'Association de Géogar. Français, Nr. 239–240, Paris 1954.

Planhol, X. de: Les ententes intervillageoises d'assolement. – Bull. de l'Association des Géogr. Français, Nr. 255, Paris 1956, S. 39–40. [1956]

Planhol, X. de: De la Plaine Pamphylienne aux lacs Pisidiens – Nomadisme et vie paysanne. – Bibl. Arch. et Hist. de l'Inst. Français d'Arch. d'İstanbul, Bd. 3, Paris 1958.

Planhol, X. de: Geography, Politics and Nomadism in Anatolia. – Internat. Social Science Journal, 1959, S. 525–531.

Planhol, X. de: Nomades et Pasteurs. I–XV. – Revue Géographique de l'Est 1961–75.

Planhol, X. de: Caractères Généraux de la vie montagnarde dans le Proche-Orient et dans l'Afrique du Nord. Annales de Geographie, 71. Jg., Nr. 384, 1962, S. 113–130. [1962]

Planhol, X. de: Les Nomades, la Steppe et la Forêt en Anatolie. – Geogr. Zeitschr. 53, H. 2–3, 1965, S. 101–116.

Planhol, X. de: Principes d'une Géographie urbaine de l'Asie Mineure. – Rev. Géogr. de l'Est, 1969, S.249–268.

Planhol, X. de: Ankara: Aspects de la croissance d'une metropole. – Rev. Géogr. de l'Est, Bd. 13, 1973, S. 155–187.

Planhol, X. de: Kulturgeographische Grundlagen der islamischen Geschichte. – (Übers. v. H. Halm) Zürich/München 1975 (Orig.-Titel: Les fondements géographiques de l'histoire de l'Islam. Paris 1968).

Preissig, E. u. G. Klebes: Eisenbahnbau und Eisenbahnprojekte im Orient und die damit verfolgten wirtschaftlichen und politischen Ziele. – Jahrb. f. Eisenbahngeschichte 21, S. 43–102, 1989.

Ramsay, W. M.: The Historical Geography of Asia Minor. – Royal Geogr. Society Suppl. Pap. 4, London 1890.

Rauh, G.: Beobachtungen zum innertürkischen Fremdenverkehr in der Provinz Antalya. Nürnberger Wirtschafts- u. Sozialgeogr. Arb., Bd. 30, 1979.

Refik, A.: Anadolu'da Türk Aşiretleri H. 966–1200. – Istanbul 1930.

Rickertsen, W.: Haselnüsse aus der Türkei. – Mitt. D. T. Ges., H. 90, Bonn 1973, S. 15–17.

Rikli, M.: Das Pflanzenkleid der Mittelmeerländer. 3 Bde. – 2./3. Aufl. Bern 1943–48.

Ritter, C.: Die Erdkunde von Asien. – Bd. 10: Euphrat- u. Tigrisländer sowie Armenien; Bd. 18 u. 19: Vergleichende Erdkunde des Halbinsellandes Kleinasien, 1. u. 2.Teil [3.Teil, Westkleinasien, nicht erschienen], Berlin 1843, 1858 u. 1859.

Ritter, G.: Landflucht und Städtewachstum in der Türkei. – Erdkunde, Bd. 26, 1972, S. 177–196.

Ritter, G. u. H. Toepfer: Aktuelle Binnenwanderung in der Türkei. – Petermanns Geographische Mitteilungen 136. 1992, S. 267–293

Ritter, W.: Morgenländische Traditionen im Tourismus. – In: Rauh, G.: Beobachtungen zum innertürkischen Fremdenverkehr in der Provinz Antalya. Nürnberger Wirtschafts- und Sozialgeogr. Arb., Bd. 30, Nürnberg 1979, S.113–121.

Röhrborn, K.: Untersuchungen zur osmanischen Verwaltungsgeschichte. – Studien z. Sprache, Geschichte u. Kultur d. islam. Orients, N. F., Bd. 5, Berlin, New York 1973.

Rother, L.: Die Städte der Çukurova: Adana – Mersin – Tarsus. – Tübinger Geogr. Stud., H. 42, 1971.

Rother, L.: Tradition und Wandel in Antakya (Antiochia). Eine türkische Mittelstadt zwischen 1930 und heute. – In: Schweizer, G. (Hrsg.): Beiträge zur Geographie orientalischer Städte und Märkte. Beihefte zum TAVO, Reihe B, Nr. 24, Wiesbaden 1977.

Rüstow, D. A.: Die Türkei. Brücke zwischen Orient und Okzident. – Göttingen 1990.

Saint-Martin, V. de: Histoire des Déscouvertes Géographiques des Nations Européennes, Bd. 2/1: Asie Mineure (2 Bde.). – Paris 1845–46.

Saraçoğlu, H.: Doğu Anadolu (Türkiye Coğrafyası Üzerine Etüdler Cilt 1). – Istanbul 1956.

Scheumann, W.: New Irrigation Schemes in Southeast Anatolia and in Northern Syria: More Competition and Conflict over the Euphrates? – In: Quarterly Journal of International Agriculture. Zeitschrift für ausländische Landwirtschaft 32. 1993, S. 240–259.

Schiffgen, W.: Deutsch-Türkische Zusammenarbeit im Bereich des Genossenschaftswesens. – Mitt. D. T. Ges., H. 84, Bonn 1971.

Schirmer, A.: Industrielle Wachstumskerne in der Metropolitan Area Istanbul/Türkei. – Diss. Bonn 1977.

Schleehauf, T.: Jüngere Entwicklungen im Türkei-Tourismus. Fallbeispiel Alanya/Prov. Antalya. – Zulassungsarbeit Freiburg/Brsg. 1996.

Schlenke, U. u. R. Stewig: Endogener Tourismus als Gradmesser des Industrialisierungsprozesses in Indusrie- und Enwicklungsländern. – Erdkunde 37. 1983, S.137–145 (auch in: Stewig, R. [Hrsg.]: Endogener Tourismus. – Kieler Geographische Schriften 81. 1991, S. 1 bis 16).

Schliephake, K.: Wasser im Arabisch/Persischen Golf – natürliches Potential und Krisenfaktor; in: Orient, 33. Jahrgang, Opladen 1992, S. 227–241.

Schuler, E. v.: Stand und Aufgaben der Hethitologie. – Zeitschr. d. Dt. Morgenländ. Ges., Suppl. III, Nr. 1, Wiesbaden 1977.

Schwarck, A.: 10 Jahre türkisch-deutsches Entwicklungsprojekt Tahirova (1957–1967). – Mitt. D. T. Ges., H. 78, Bonn 1969, S. 1–10.

Schwarz, O.: Die Eichen der Türkei (mittl. und westl. Teil). – Repertorium specierum novarum regni vegetabilis 33, 1934, S. 321–338.

Schwarzbach, M.: Das Klima der Vorzeit. Eine Einführung in die Paleoklimatologie. – 3., neubearbeitete Auflage, Stuttgart 1974.

Schweizer, G.: Untersuchungen zur Physiogeographie von Ostanatolien und Nordwestiran. Geomorphologische, klima- und hydrogeographische Studien im Vansee- und Rezaiyehsee-Gebiet. – Tübinger Geogr. Stud., H. 60 (Sonderband 9), Tübingen 1975.

Schweizer, G.: Pontisches Gebirge (Türkei). Almwirtschaft im Distrikt Çaykara, Provinz Trabzon. – TAVO-Kartenblatt A X 12.4, Wiesbaden 1989.

Seger, M. u. F. Palenczar: Istanbul: bauliche Entwicklung und urbane Strukturen – city development and urban structures – Bina inşasında gelişme ve şehir yapısı. – Klagenfurt 1994.

Seger, M. u. F. Palenczar: Istanbul – Primate City zwischen den Welten. – Geographische Rundschau 51. 1999, S. 562–569.

Selenoy, G. J. u. N. v. Seidlitz: Die Verbreitung der Armenier in der asiatischen Türkei und in Transkaukasien. – Peterm. Mitt. 42, 1896, S. 1–16. [Karte]

Şen, E.: Die Entwicklung der Wohngebiete der Stadt Ankara seit 1923 unter besonderer Berücksichtigung des Gecekondu-Phänomens. – Diss. Saarbrücken 1975.

Şen, F.: Zur aktuellen Lage der Kurden in der Türkei. – Zentrum für Türkeistudien, Aktuell 7, Essen 1992.

Şen, F.: Die wirtschaftlichen Beziehungen zwischen der Türkei und der Europäischen Union und die Auswirkungen der Zollunion auf die türkische Wirtschaft. – Südosteuropa 45. 1996, S. 330–341.

Serozan, R.: Die Rolle des Militärs in der Entwicklung der Türkei. – Frankfurt am Main 1986.

Shaw, S. J.: History of the Ottoman Empire and Modern Turkey. Bd. 1: Empire of the Gazis – The Rise and Decline of the Ottoman Empire 1280–1808; Bd. 2: Reform, Revolution and Republic – The Rise of Modern Turkey 1808–1975, Cambridge 1976–1977.

Shaw, S. J.: The Ottoman Census System and Population 1831–1914. – Internat. Journ. of Middle East Studies 9, 1978, S. 325–338.

Sieger, R.: Die Schwankungen der hocharmenischen Seen seit 1800 in Vergleichung mit einigen verwandten Erscheinungen. – Mitt. Österr. Geogr. Ges., Nr. 31, 1888, S. 95–115, S. 159–181 u. S. 390–426.

Sinner, P.: Gründung von Fabrikationsstätten in der Türkei durch Gastarbeiter aus der Bundesrepublik. – Mitt. D. T. Ges., H. 81, Bonn 1970, S. 1–3.

Sönmez, M.: A Social and Economic Atlas of Turkey. – Istanbul 1991 (Istanbul Chamber of Commerce).

Sözer, N.: Types d'habitat et repartition géographique des villages dans la plaine d'Erzurum (Anatolie orientale). – Rev. G. I. Ist, Nr. 13, Istanbul 1971, S. 113–118.

Soysal, M.: Die Siedlungs- und Landwirtschaftsentwicklung der Çukurova. – Erlanger Geogr. Arb. (Sonderbd. 4), 1976.

Späth, H. J.: Das Konya-Çumra-Projekt – Ein Beitrag zur Problematik des Bewässerungsfeldbaus in winterkalten Trockensteppen. – Geogr. Zeitschr. 62, H. 2, 1974, S. 81–104.

Späth, H. J.: Bodenerosion und Bodenfeuchtebilanz in Zentralanatolien – Ein Beispiel für bewirtschaftete, winterkalte Trockensteppe. – Erdkunde, Bd. 29, H. 2, 1975, S. 81–92.

Spreitzer, H.: Zur Geographie des Kilikischen Ala Dağ im Taurus. – In: Festschr. zur Hundertjahrfeier Geogr. Ges. Wien, 1957, S. 414–459.

Spreitzer, H.: Hangformung und Asymmetrie der Bergrücken in den Alpen und im Taurus. Zeitschr. f. Geomorph. Sonder-Bd. 1, 1960, S. 211–236.

Spreitzer, H.: Rezente und eiszeitliche Grenzen der glazialen und periglazialen Höhenstufe im Zentralen Taurus (vornehmlich am Beispiel des Kilikischen Ala Dağ). – In: Festschr. für H. Paschinger, Graz 1971, S. 139–162.

Spuler, B.: Betrachtungen zur Lage des Islams in der heutigen Türkei. – In: Grothusen (Hrsg.): Die Türkei in Europa, Göttingen 1979, S. 107– 117.

Standl, H.: Der Industrieraum İstanbul. Genese der Standortstrukturen und aktuelle Standortprobleme des verarbeitenden Gewerbes in der türkischen Wirtschaftsmetropole. – Bamberger Geogr. Schriften 14. 1994 (Diss. Bamberg 1992).

Starr, J.: Dispute and Settlement in Rural Turkey. – An Ethnography of Law. – Social, Econ. and Polit. Studies of the Middle East, Bd. 23, Leiden 1978.

Statistisches Bundesamt Wiesbaden (Hrsg.): Allgemeine Statistik des Auslandes, Länderberichte. Türkei. 1959, 1972, 1994. – Stuttgart, Mainz 1959, 1972, 1996.

Statistisches Bundesamt Wiesbaden (Hrsg.): Allgemeine Statistik des Auslandes, Länderkurzberichte. Türkei. 1968, 1969, 1973–75, 1977–78. – Stuttgart, Mainz 1968, 1969, 1975, 1978.

Statistisches Bundesamt Wiesbaden (Hrsg.): Länderbericht Türkei 1994. – Wiesbaden 1994.

Steinbach, U.: Die Türkei im 20.Jahrhundert. Schwieriger Partner Europas. – Bergisch Gladbach 1996.

Steinbach, U.: Die Türkei, der Nahe Osten und das Wasser. Verschiebungen des Kräftegleichgewichtes. – Intern. Politik 53. 1998, 1/2, S. 9 –16.

Stewig, R.: Byzanz – Konstantinopel – Istanbul – Ein Beitrag zum Weltstadtproblem. – Schr. Geogr. Inst. Univ. Kiel, Bd. 22, H. 2, 1964.

Stewig, R.: Bemerkungen zur Entstehung des orientalischen Sackgassengrundrisses am Beispiel der Stadt Istanbul. – Mitt. Österr. Geogr. Ges., Bd. 108, H. 17, 1966, S. 25–47.

Stewig, R.: Die Industrialisierung in der Türkei. – Die Erde 103, H. 1, 1972, S. 21–47.

Stewig, R.: Bursa, Nordwestanatolien – Strukturwandel einer orientalischen Stadt unter dem Einfluß der Industrialisierung. – Schr. Geogr. Inst. Kiel, Bd. 32, 1970.

Stewig, R.: Bursa, Nordwestanatolien. Auswirkungen der Industrialisierung auf die Bevölkerungs- und Sozialstruktur einer Industriegroßstadt im Orient. Teil 2. – Kieler Geogr. Schriften 65., Kiel 1986.

Stewig, R.: Wandlungen einer byzantinischen Zisterne in der Altstadt von Istanbul. – Materialia Turcica 19. 1998, S. 69–76. [1998a]

Stewig, R.: Entstehung der Industriegesellschaft in der Türkei. Teil 1: Entwicklung bis 1950. – Kieler Geogr. Schriften 96, Kiel 1998. [1998b]

Stewig, R.: Entstehung der Industriegesellschaft in der Türkei. Teil 2: Entwicklung 1950–1980. – Kieler Geogr. Schriften 99, Kiel 1999.

Stewig, R.: Entstehung der Industriegesellschaft in der Türkei. Teil 3: Entwicklung seit 1980. – Kieler Geogr. Schriften 102, Kiel 2000.

Stirling, P.: Turkish village. – London 1965.

Stratil-Sauer, G.: Beobachtungen im Ostpontischen Gebirge unter besonderer Berücksichtigung der Kaltzeitformen. – Mitt. Österr. Geogr. Ges., Bd. 103, 1961, S. 1–24; Bd. 106, 1964, S. 17–44; Bd. 107, 1965, S. 20–44.

Stratil-Sauer, G.: Klima und Vegetation des Çoruh-Raumes. Ein Beitrag zur Landeskunde Nordostanatoliens. – Wiener Geogr. Schriften, H. 24–29 (Scheidl-Festschr., Teil 2), 1967, S. 175–193.

Struck, E.: Landflucht in der Türkei. – Passauer Schriften zur Geographie 1. 1984.

Struck, E.: Gemüseanbau an der türkischen Südküste. – In: Haversath, J.-B. u. K. Rother (Hrsg.): Innovationsprozesse in der Landwirtschaft. – Passau 1889, S. 133–144.

Struck, E.: Die Treibhauskulturen der türkischen Südküste. Eine Diffusionsanalyse. – Erdkunde 3/44. 1990, S. 161–170.

Struck, E.: Das Südostanatolien-Projekt. Die Bewässerung und ihre Folgen. – Geographische Rundschau 2/46. 1994, S. 88–95.

Struck, E.: Konflikte, Konfrontationen und Kooperation im östlichen Mittelmeerraum. – Geographische Rundschau 48/10, 1996, S. 548–555.

Struck, E.: Probleme Europas mit der Türkei – der Türkei mit Europa. Geopolitik im Spannungsfeld zwischen Orient und Okzident. – Arb. aus d. Inst. F. Geogr. d. Univ. Graz 36, 1997/98, S. 383–296.

Struck, E.: Das Erdbeben in der Türkei am 17. August 1999 – ein Erfahrungsbericht. – Geographische Rundschau 51/11, 1999, S. 643–646.

Sür, Ö.: Nevşehir ve Ürgüp Çevresinde Jeomorfoloji Araştırmalar. – Coğr. Araşt. Derg., Nr. 1, Ankara 1966, S. 179–199.

Sür, Ö.: Türkiyenin, özellikle Iç Anadolunun Genç Volkanik Alanlarının Jeomorfolojisi (Geomorphological Research in the Volcanic Area of Turkey, especially in Central Anatolia). – Ank. Üniv. D. T. C. Fak. Yay., Nr. 223, Ankara 1972.

Suzuki, P. T.: French, German and Swiss University Dissertations on Twentieth Century Turkey. A Bibliography of 593 Titles with English Translation. – Wiesbaden 1970.

Sykes, J. T.: The Influence of Climate on the Regional Distribution of Nut Crops in Turkey. – Economic Botany, Vol. 29, Nr. 2, 1975, S. 108–116.

Sykes, P. M.: The Kurdish Tribes of the Ottoman Empire. – Journ. Anthrop. Inst., Bd. 38, N. S. 11, London 1908.

Taeschner, F.: Das anatolische Wegenetz nach osmanischen Quellen. – Türkische Bibliothek, Bd. 22 u. 23, Leipzig 1924–26.

Taeschner, F.: Anadolu. – Encyclop. of Islam. Bd. 1; 2. Aufl. Leiden, London 1960, S. 461–480.

Taeschner, F.: Ankara. – Encyclop. of Islam. Bd. 1; 2. Aufl. Leiden, London 1960, S. 509–511.

Talim, M.: L'économie de la production du raisin sec en Turquie. – Options mediterranéennes 12, 1972, S. 59–63.

Tanoğlu, A.: Die Verteilung der Bevölkerung in der Türkei. – Rev. G. I. İst., Nr. 5, Istanbul 1959, S. 94–107.

Tanoğlu, A. u. S. Erinç: The Garsak Gorge and the Sakarya River Diversion. – Rev. G. İst., Nr. 3, Istanbul 1956, S. 1–12.

Tanoğlu, A., Erinç, S. u. E. Tümertekin: Türkiye Atlası – Atlas of Turkey. Ist. Üniv. Ed. Fak. Yay., Nr. 903, Istanbul 1961.

Tarhan, N. (Hrsg.): Tarihte Türkiye (Turkey in History) ca. 1:1 000 000. – Ankara 1962. [Karte]

Tarkan, T.: Türkiye'de Çay Ziraat ve Endüstrisi. – Atatürk Üniv. Yay. Nr. 195, Ankara 1973.

Ter-Mowsesjanz, P.: Das armenische Bauernhaus. – Mitt. Anthrop. Ges. Wien, Jg. 22, 1892.

Thobie, J. u. J.-L. Bacque-Grammont (Hrsg.): L'Accession de la Turquie à la Civilisation Industrielle. Facteurs Internes et Externes. – Varia Turcica VI, Istanbul 1987.

Tibi, B.: Die postkemalistische Türkei. – Intern. Politik 53. 1998, 1/2, S. 1–16.

Timur, S.: Türkiyede Aile Yapısı. – Hacettepe Üniv. Yay., Nr. D-15, Ankara 1972.

Toepfer, H.: Mobilität und Investitionsverhalten türkischer Gastarbeiter nach der Remigration. – Erdkunde 34. 1980, S. 206–214.

Toepfer, H.: Das Südostanatolien-Projekt. Grundlagen und Ziele eines integrierten Entwicklungsprojektes in der Türkei. – Erdkunde 43. 1989, S. 293–299.

Toepfer, H.: Die Diffusion von Innovationen in Gebieten intensiver landwirtschaftlicher Nutzung in der Westtürkei. – Erdkunde 44. 1990, S. 171–180.

Tolun-Denker, B: Die heutige Agrarwirtschaft der Bursa-Ebene (Türkei). – Rev. G. I. ist., Nr. 9-10, Istanbul 1964, S. 116–134.

Tolun-Denker, B.: Balıkesir Ovasında Yerleşme ve İktisadi Faaliyetler. – İst. Üniv. Ed. Fak. Yay., Nr. 1530, Coğr. Enst. Yay., Nr. 59, Istanbul 1970.

Tolun-Denker, B.: Die Wandlung türkischer Siedlungen unter europäischem Einfluß. – Rev. G. I. İst., Nr. 15, Istanbul 1976, S. 63–72.

Trak, S.: Türkiye Coğrafya Eserleri Genel Bibliyografyası. – Ank. Üniv. D. T. C. Fak. Yay. Coğr. Serisi, Nr. 1, Ankara 1942.

Triepel, H.: Nouveau recueil général de traités et autres actes relatifs aux rapports de droits international. – Troisième série, Bd. 12, Leipzig 1924.

Tschihatscheff, P. v.: Reisen in Klein-Asien und Armenien. – Peterm. Mitt., Erg.-Bd. 4, Nr. 20, 1867.

Tuchelt, K.: Uferpaläste osmanischer Zeit am Bosporus. – Inst. f. Auslandsbeziehungen (Hrsg.): Zeitschr. f. Kulturaustausch, H. 2–3, Stuttgart 1962, S. 170–178.

Tümertekin, E.: Note on the Rainfall Intensity in Turkey. – Rev. G. I. İst., Nr. 1, 1954, S. 183–186.

Tümertekin, E.: Time Relationship between the Wheat Growing Period and Dry Months in Turkey. Rev. G. I. Ist., Nr. 2, Istanbul 1955, S. 73 bis 84. [1955a]

Tümertekin, E.: Indexes of Aridity in Turkey during the Period of 1930–1951. – Rev. G. I. Ist., Nr. 2, Istanbul 1955, S. 97–111. [1955b]

Tümertekin, E.: Dry Months and Dry Seasons in Turkey (According to De Martonne's and Thornthwaithe's formula). – Rev. G. I. Ist., Nr. 3, Istanbul 1956, S. 74–79.

Tümertekin, E.: Turkey's Industrialization. – Rev. G. I. ist., Nr. 6, İstanbul 1960, S. 22–31. [1960a]

Tümertekin, E.: Türkiyedeki Şehirlerin Fonksiyonel Sınıflandırması – A functional Classification of Cities in Turkey. – İst. Üniv. Ed. Fak. Coğr. Enst. Yay., Nr. 43, Istanbul 1965.

Tümertekin, E.: İstanbul'da Bir Sanayi Bölgesi: Bomonti. – İst. Üniv. Ed. Fak. Yay., Nr. 48, Istanbul 1967.

Tümertekin, E.: Türkiyede İş Göçler (Internal Migrations in Turkey). – İst. Univ. Yay., Nr. 1371, Coğr. Enst. Yay., Nr. 54, Istanbul 1968.

Tümertekin, E.: Manufacturing and Suburbanization in Istanbul. – Rev. G. . Ist. Nr. 13, Istanbul 1970/71, S. 1–40.

Tümertekin, E.: Les Structures de l'Agriculture Turque. Tendences Nouvelles. – Travaux de l'Institut de Géographie de Reims 65/66. 1986, S. 31–48.

Tümertekin, E. u. H. Cöntürk: Study of Droughts in Turkey by Statistical Methods. Rev. G. I. Ist., Nr. 3, Istanbul 1956, S. 47–61.

Tümertekin, E. u. H. Cöntürk: Maximum Daily Rainfall in Turkey. – Rev. G. I. Ist., Nr. 4, Istanbul 1958, S. 43–49.

Tunçdilek, N.: Türkiyede Toprak Erozyonuna Ait Gözlemler ve Düşünceler (The Observation and Some Ideas about Soil Erosion in Turkey). – İst. Univ. Cogr. Enst. Derg., Nr. 2, Istanbul 1951, S. 91–101.

Tunçdilek, N.: Eine Übersicht über die Geschichte der Siedlungsgeographie im Gebiet von Eskişehir. – Rev. G. I. Ist., Nr. 5, Istanbul 1959, S. 123–137.

Tunçdilek, N.: „Yayla"-Settlements and Related Activities in Turkey. – Rev. G. I. Ist., Nr. 9–10, Istanbul 1963–64, S. 58–71.

Tunçdilek, N.: Türkiye Işkan Coğrafyası. – İst. Univ. Ed. Fak. Yay., Nr. 1283; Coğr. Enst. Yay., Nr. 49, Istanbul 1967.

Tunçdilek, N.: Types of Rural Settlement and their Characteristics. – In: Benedict, Tümertekin, Mansur (Hrsg.): Turkey. Leiden 1974, S. 48–70.

Turan, O.: Anatolia in the Period of the Seljuks and the Beyliks. – In: Holt, P. M., Lambton, A. K. S. u. B. Lewis (Hrsg.): The Cambridge History of Islam, Bd. 1: The Central Islamic Lands. Cambridge 1970.

Türkiye Atlaslı: vgl. Tanoğlu.

Türkiye Odalar ve Borslar Birliği (Hrsg.): Ekonomik Rapor '95. – Yayın No. 307, 51. Genel Kurul, 1996.

Türkiye Petrolleri A. O. (Hrsg.): 50. Yıl ve Türkiye Petrolleri A. O. – Türk. Petrolleri A. O. Yay., Ankara 1973.

Unbehaun, H.: Türkische Arbeitsmigration in den Nahen Osten, nach Osteuropa und Mittelasien. – Orient 37. 1996, S. 87–109

Unesco-FAO (Hrsg.): Vegetation Map of the Mediterranean Zone (1 : 5 Mio.) (Ostblatt von M. Lalande). – UNESCO, Paris 1970. [Karte]

Unesco-FAO (Hrsg.): Ecological Study of the Mediterranean Zone. Vegetation Map of the Mediterranean Zone – Explanatory Notes. – Arid Zone Research 30, UNESCO, Paris 1970.

United Nations-FAO (Hrsg.): 1994 International Trade Statistics Yearbook. – New York 1995.

United Nations-FAO (Hrsg.): Statistical Yearbook 1995. – New York 1997.

Uslu, S.: Untersuchungen zum anthropogenen Charakter der zentralanatolischen Steppe. – Gießener Abh. zur Agrar- u. Wirtschaftsforsch. d. europ. Ostens, Bd. 12, Gießen 1960.

Vryonis, S.: The Decline of Medieval Hellenism in Asia Minor and the Process of Islamization from the Eleventh through the Fifteenth Century. – Los Angeles/London 1971.

Waal, E. H. van de: Settling in Silifke, Turkey. – Tijdschrift voor Economische en Sociale Geografie 6, 1968, S. 347–365.

Waal, E. H. van de: De Ontwikkeling van een Turks district: Silifke in de periode 1966–1971. Integratieconflicten en regeringsbeleid (Development of a Turkish District: Silifke from 1966 to 1971. Integrational Conflict and Public Policy). – Utrecht 1978.

Walter, H.: Vegetationsgliederung Anatoliens. – Flora, allgem. botan. Zeitung 143, H. 1, Jena 1956, S. 295–326.

Walter, H.: Die Vegetation der Erde in ökophysiologischer Betrachtung. – Bd. 1: Die tropischen und subtropischen Zonen, 3. Aufl. – Bd. 2: Die gemäßigten und arktischen Zonen, Stuttgart 1973 u. 1968.

Walter, H. u. H. Lieth: Klimadiagramm-Weltatlas. – Jena 1957ff.

Weickmann, L.: Auswirkungen sommerlicher Kaltlufttropfen als Beitrag zur Niederschlagsverteilung des Marmaragebietes. – Ber. d. Dt. Wetterdienstes in d. US-Zone, Nr. 38, Bad Kissingen 1952, S. 93–95.

Weickmann, L.: Häufigkeitsverteilung und Zugbahnen von Depressionen im Mittleren Osten. – Meteor. Rundsch. 13, H. 2, 1960, S. 33–38.

Weickmann, L.: Beiträge zur Klimatologie des subtropischen Strahlstromes in Nordafrika und Asien. – Beitr. z. Physik der Atmosphäre 35, H. 3–4, 1962, S. 165–183.

Wenzel, H.: Forschungen in Inneranatolien 1, Aufbau und Formen der Lykaonischen Steppe. – Schr. Geogr. Inst. Univ. Kiel 5, H. 1, 1935.

Wenzel, H.: Forschungen in Inneranatolien 2. Die Steppe als Lebensraum. – Schr. Geogr. Inst. Univ. Kiel, Bd. 7, H. 3, 1937.

Werner, R.: Alte Geschichte: Die Hethiterzeit – Die griechisch-römische Zeit – Die byzantinische Zeit. – In: Kündig-Steiner (Hrsg.): Die Türkei, 1974, S. 276–318.

Weulersse, J.: Antioche. Essai de Geographie urbaine. – Bull. d'Etudes orient. 4, 1934, S. 27–79.

Wiessner, G.: Der Kurdenkonflikt in Ostanatolien – eine Analyse der politischen Lage am Beispiel der Provinz Van. – Schweizerische Friedensstiftung, Bericht 1995, Zürich/Chur 1995, S. 161–176.

Wilbrandt, H.: Landwirtschaft. – In: Kündig-Steiner (Hrsg.): Die Türkei, 1974, S. 475–541.

Wilbrandt, H.: Fünfzig Jahre Entwicklung und Zukunftsaspekte der türkischen Landwirtschaft. – Materialia Turcica, Bd. 2, Bochum 1976, S. 66–78.

Willcox, G. H.: A History of Deforestation as Indicated by Charcoal Analysis of Four Sites in Eastern Anatolia. – Anatolian Studies 24, 1974, S. 117–133.

Winfield, D.: Northern Routes across Anatolia. – Anatolian Studies 27, 1977, S. 151–166.

Winkler, E.: Die Wirtschaft von Zonguldak, Türkei. – Wiener Geogr. Schr. 12–13, 1961.

Wirth, E.: Strukturwandlungen und Entwicklungstendenzen der orientalischen Stadt. – Erdkunde, Bd. 22, 1968, S. 101–128.

Wirth, E.: Syrien – Eine geographische Landeskunde. – Wiss. Länderkunden Bd. 4–5, Darmstadt 1971.

Wirth, E.: Zum Problem des Bazars (suq, çarşı). – Der Islam, Bd. 51, H. 2, 1974, S. 203–260; Bd. 52, H. 1, 1975, S. 6–46.

Wirth, E.: Die orientalische Stadt im islamischen Vorderasien und Nordafrika. Bde. I u. II. – Mainz 2000.

Wojtkowiak, G.: Die Zitruskulturen in der küstennahen Agrarlandschaft der Türkei. Mitt. Geogr. Ges. Hamburg, Bd. 58, 1971.

Yalçınlar, I.: Türkiye İktisadi Haritasi (Economic Map of Turkey) 1 : 800 000. – İst. Üniv. Ed. Fak. Yay., Nr. 625; Ed. Fak. Coğr. Enst. Yay., Nr. 17, Istanbul 1955. [Karte]

Yalçınlar, I.: Terrasses marines quaternaires dans la région côtière de Samsun (N de la Turquie). – Rev. G. I. Ist., Nr. 5, Istanbul 1959, S. 146–154.

Yazman, I.: Die Situation und Zukunftsaussichten des Handwerks in der Türkei; in: König, W. u. K. Müller (Hrsg.): Handwerk in Europa. – Göttingen 1994, S. 107–110.

Yurt Ansiklopedisi. Türkiye, il il, dünü, bugünü, yarını. Ciltler 1 – 10 ve Türkiye genel. – İstanbul, Anadolu Yayıncılık 1981/82 – 1982/84.

Zech, W. u. N. Cepel: Anatolien – ein bodengeographischer Streifzug. – Mitt. Geogr. Ges. München, Bd. 62, München 1977, S. 155–166.

Zeist, W. van, R. W. Timmers u. S. Bottema: Studies of Modern and Holocene Pollen Precipitation in Southeastern Turkey. – Palaeohistoria XIV, 1968, S. 19–39.

Zengin, Y.: The Mode of Distribution of Chrome-Ores in Periodites in Turkey. – Bull. Min. Res. Expl. Inst. Foreign Ed. 49, Ankara 1957, S. 84–92.

Zentrum für Türkeistudien (Hrsg.): Das ethnische und religiöse Mosaik der Türkei und seine Reflexionen auf Deutschland. – Wiss. Schriftenreihe d. Zentrums f. Türkeistudien 1, Münster 1998.

Ziemke, K.: Die neue Türkei, politische Entwicklung 1914–1929. – Stuttgard/Berlin/Leipzig 1930.

Ziraat Vekaleti: Türkiye Umumi Toprak Haritası (General Soil Map of Turkey) 1 : 800 000. – Toprak ve Gübre Araştırma Enstitüsü. Prepared by Harvey Oakes and Ziya Arıkök, Ankara 1956. [Karte]

Zohary, M.: Geobotanical Foundations of the Middle East. 2 Bde. – Geobotanica selecta III, Amsterdam/Stuttgart 1973.

Zotschew, T. D.: Die Türkei und die Europäische Gemeinschaft. – In: Grothusen (Hrsg.): Die Türkei in Europa, Göttingen 1979, S. 199–227.

Zürcher, E. J.: Turkey. A Modern History. – London, New York 1993.

Sachregister

Ortsregister